U0448101

锁定中国

中国经济的真相与使命

龙白滔 —— 著

人民东方出版传媒
People's Oriental Publishing & Media
东方出版社
The Oriental Press

自序

为了帮助读者更快地了解本书，我在序言的第一部分概述了本书内容。第二部分"当代经济学的普遍缺陷"和第三部分"对中国经济数据的普遍误读"各引用一篇短文来解释本书写作的主要动机。第四部分"中国传统文化的价值观和哲学观"是理解中国政治和经济治理的起点，其引导作用贯穿全书。第五部分回顾了本书的创作过程。第六部分描述了我作为唱响中国经济光明论的独立经济学者所经历的心路历程。第七部分介绍了我的研究方法。

一、本书写了什么?

本书致力于向读者提供一个全面且客观的视角，以深入理解中国经济的现状、存在的问题、基本面特征及其治理逻辑，进而增强对中国未来发展前景的信心。

第一章，通过中国市场化改革的成功范例，探讨中华优秀传统文化与马克思主义在中国实践中的融合与创新。

第二章，概述了中国的经济、金融和技术政策，并指出中国发展道路的核心在于发展生产力和技术创新。

第三章与第四章，深入探讨了经济租金的理论与现象，并重点展开论述了平台经济的寻租案例，中国对平台经济的监管方法和全球监管趋势。

第五章，聚焦于中国的工业化与技术创新。

第六章与第七章，在央地分治的背景下，深入剖析了中国银行业泡沫与地方政府债务问题的政治经济根源与历史演变，同时探讨了金融去杠杆的背景、方法及其对中国经济的影响。

第八章至第十三章，系统性地反驳了围绕"中国过度投资论"的一系列错误叙事，包括中国家庭部门收入低、消费水平畸低、过度投资导致效率低下以及持续巨额出口顺差引发美国金融失衡等。这一部分涵盖了以下几个方面的内容：

1. 澄清了居民可支配收入、实物社会转移、虚拟租金等关键概念，并相应进行调整，以在可比基础上进行 GDP 核算的跨国比较，得出结论：中国家庭部门收入水平并不低，消费水平亦属正常；同时，深入分析了中国家庭部门的储蓄行为与支出偏好，探讨了中国以供给为中心的宏观视角与方法。

2. 针对不同投资类型对国民经济增长的不同影响，建立了投资资本存量的分析与绩效评估框架，对住房和高铁等基础设施的财务回报与非财务的社会回报进行了综合评估，并对地方政府融资平台的债务所建立的资产进行了深入分析，得出结论："中国投资过度"的说法被夸大，房地产投资整体适中但分布失衡，基础设施具有显著的正外部性，地方债务问题亦非如外界所言那般严峻。

3. 明确指出中美贸易失衡并非美国金融失衡的根源。

第十四章，着重讨论了中国经济正在经历的结构性转型，这一部分涵盖以下内容：

1. 中国经济正在从房地产和传统基建转向先进制造业和服务业拉动，

并变得更加由国内需求主导，部门转移将带来生产力提振，中国欲通过科学"升级"其发展模式。

2. 驳斥了西方对中国"产能过剩"的批评。

3. 对中国经济增长进行了长期乐观的预测。

4. 指出劳动力结构的演变是中国经济结构转型面临的最大挑战。

5. 探讨了中国下一阶段工业化的特征，包括产业向内陆地区转移以及保持完整制造业链条。

6. 分析了中国的绿色能源转型及长期地缘政治影响。

7. 通过中日韩三国的比较，有力地反驳了中国陷入资产负债表衰退的论调。

二、当代经济学的普遍缺陷

本书撰写的初衷源自我在深入探究中国经济时所遭遇的一系列疑惑，但无法从主流经济学中获得有说服力与实证依据并合乎逻辑的解答。2015年诺贝尔经济学奖得主、普林斯顿大学教授安格斯·迪顿（Angus Deaton）在其 2024 年的文章《重新思考经济学》中，尖锐地揭示了当前经济学存在的五大普遍性缺陷，这些缺陷不仅与我的疑惑相呼应，也成为本书试图解决的核心问题。迪顿深刻反思了经济学现状，指出尽管经济学取得了诸多成就，但经济学家群体却未能预见到金融危机，甚至可能因过度信赖市场（特别是金融市场）的有效性而加剧了危机。

迪顿，这位拥有超过半个世纪的经济学实践经验的学者认为，对过去 50 年间崛起的经济学家群体是资本主义现行系统的既得利益者的指责，是颇为中肯的。他的批评不仅针对主流经济学家，也涵盖了非主流经济学家。

来看看迪顿提出的经济学五大普遍性缺陷：

1. 权力：经济学家过于强调自由市场、竞争和外生技术变革的优势，这可能使人们忽视了权力在价格与工资设定、技术变革方向以及政治规则中的关键作用。缺乏对权力的深入分析，便难以理解现代资本主义中的不平等现象。

经济租金，即通过对稀缺资产的所有权或对经济生产所需活动的控制所获得的收入，正是权力作用的一个体现。第三章将回顾经济租金理论的演变，区分好租金与坏租金，并探讨其政策影响，同时以中国银行业的高利润、水务市场化以及大型制造业企业的应收款融资为例，具体分析中国经济中的三类典型经济租金。平台经济兴起并成为当代食利经济演化的关键要素，将在第四章中予以详细讨论。

2. 哲学与伦理缺失：迪顿指出，当代经济学家与历史上的伟大思想家如亚当·斯密、卡尔·马克思、约翰·梅纳德·凯恩斯、弗里德里希·哈耶克和米尔顿·弗里德曼等相比，已停止了对伦理和人类福祉的深入思考。他们成为专注于效率的技术官僚，鲜少接受关于经济学的目的、福祉含义或哲学家对平等的看法的培训。当被问及这些问题时，他们往往依赖基于收入的功利主义，将福祉等同于金钱或消费，忽视了人们真正珍视的事物。

相比之下，中国传统意义上的"经济"是"经世济民"之学，原本就蕴含着厚生、惠民的人文主义思想。因此，"以人民为中心"应被视为中国经济学的首要伦理。中国经济学的哲学基础应是多元、多维、动态、基于实践和实证的。后文将在"中国传统文化的价值观和哲学观"这一部分进一步展开，这部分内容是理解中国政治和经济的起点。

3. 效率至上的误区：许多人赞同莱昂内尔·罗宾斯对经济学的定义，即在相互竞争的目标之间分配稀缺资源。但这一定义往往被曲解为经济学家应专注于效率，而将公平留给其他人（如政治家或管理者）负责。然而，通常没有其他人来负责公平。因此，当效率伴随着向上的财富再分配时，经济学家的建议几乎成了掠夺的许可证。凯恩斯曾指出，经济学的问题在于调和经济效率、社会公正和个人自由。但经济学家擅长的是经济效率，自由主义倾向则不断推动个人自由，而社会公正往往被忽视。

这一话题同样涉及哲学和伦理问题，也将在"中国传统文化的价值观和哲学观"中予以关注。贯穿全书的效率与公平、自由与管控等辩证思维，对于理解地方经济发展与财政纪律、民营经济活力与引导管控、基础设施投资效率等议题至关重要。

4. 实证方法：计量经济学通过引入可信度计算来确定因果机制，但这一过程往往充满争议且不可靠。当前流行的随机对照试验、双重差分模型或断点回归方法等将注意力集中在局部效应上，而忽视了可能很重要但作用缓慢、存在长期多变的滞后效应的机制。历史学家通常比经济学家更能识别出合理、有趣且值得思考的重要机制，即使它们不符合当代应用经济学的推论标准。

许多宏观观察和观点的错误归因往往源于选择了错误的比较对象。例如，将当今的中国比作 90 年代 "失去的 30 年" 之前的日本，从而断言中国面临 "通缩" 并已陷入 "资产负债表衰退"；或者基于韩国和中国台湾地区经验的 TFP 趋势线来低估中国大陆的经济增长潜力；以及本书批判的迈克尔·佩蒂斯（Michael Pettis）错误观点背后的逻辑错误。

另一种典型的实证缺陷是使用异常值来得出普遍性结论。在关于中国经济的分析中，媒体和一些学术界人物过于关注负面异常值的现象似乎很常见。例如，讨论高铁时必定提及（中国利用率最低的）兰新线，尽管它仅占高铁网络整体投资成本的不到 2%。从个别奇闻逸事中轻易得出的结论很容易误导读者。中国高铁网络如此庞大，很容易找到次优规划的例子。因此，不应只关注离群值或平均值，而应更关注离群值是否具有指示性，以及从好到坏的具体分布。

更糟糕的实证缺陷是完全缺乏数据和事实的支持，这在佩蒂斯的评论中颇为常见。

5. 谦逊：这是中国一些经济学家身上尤为罕见的品质。一些著名首席经济学家轻视大众智商，甚至发出不恰当的言论——要么鼓励年轻人洗洗睡，要么教年轻人到日本做赘婿吃绝户。他们的放纵言论导致监管机构要求券商约束其公开言论。在中国，经济学家这一职业越来越倾向于被贬低，公众对其的敬意也迅速流失。

三、对中国经济数据的普遍误读

自 2019 年以来，中国经济增长的放缓引发了诸多观察家的担忧，他们纷纷断言中国作为经济强国已经达到顶峰。那些对中国崛起持怀疑态度的人指出，中国家庭支出疲软、民营投资下滑，以及通货紧缩现象持续存在。他们预测，在超越美国之前，中国可能会陷入长期衰退，甚至面临"失去的十年"。

然而，彼得森国际经济研究所的高级研究员尼古拉斯·拉迪（Nicholas R. Lardy）在 2024 年《外交事务》杂志上发表的《中国仍然在崛起》一文中，对上述观点提出了质疑。他认为，"中国顶峰论"低估了中国经济的韧性和潜力。诚然，中国正面临着房地产市场低迷、美国技术封锁以及劳动年龄人口减少等逆风，但回顾历史，中国在 20 世纪 70 年代末开始改革开放时，也曾克服过更为艰巨的挑战。尽管近年来增长有所放缓，但拉迪预测，中国未来几年的经济扩张速度仍将是美国的两倍。他指出，对中国经济潜力的悲观预期主要源于对经济数据的误读，并在文中剖析了几项常见的误解。

误解一：中国经济与美国经济规模趋同的进程停滞

从数据上看，从 2021 年到 2023 年，中国 GDP 占美国 GDP 的比例确实从 76% 下降到了 67%。然而，与此同时，中国 GDP 在 2023 年比 2019 年增长了 20%，而美国仅增长了 8%。这一悖论的产生，主要归因于两个因素：一是中国通胀率低于美国，导致名义 GDP 增长低于实际增长；二是美联储自 2022 年 3 月起大幅加息，提高了美元资产的吸引力，而中国央行则降息，导致人民币贬值。然而，拉迪认为这两个因素可能是暂时的。随着美国利率的下降，人民币贬值趋势开始逆转，IMF 预测 2024 年人民币汇率将回升。因此，中国以美元计算的名义 GDP 有望在 2024 年恢复与美国 GDP 规模趋同的趋势，并可能在大约十年内实现超越。

误解二：中国家庭收入、支出和消费者信心疲软

数据并不支持这一观点。2023 年，中国实际人均收入增长了 6%，人均消费增长了9%，均远高于前一年度。如果消费者信心真的薄弱，家庭应该会减少消费、增加储蓄。但实际情况是，中国家庭在2023年的消费增长超过了收入增长，这表明消费者信心并未减弱。

误解三：中国价格通缩根深蒂固，导致经济衰退

尽管2023年消费者价格上涨幅度较小（仅0.2%），但核心消费价格（即食品和能源以外的商品和服务价格）实际上涨了0.7%。此外，虽然用于生产其他商品的工具和原材料价格在2023年下跌，反映了全球能源和大宗商品价格的下降以及中国对某些工业商品需求的相对疲软，但中国企业并未因此减少投资。相反，制造业、采矿业、公用事业和服务业的投资均有所增加，没有经济衰退的迹象。

误解四：房地产投资可能崩溃

住房新开工数据的下滑确实令人担忧，2023年的新开工面积仅为2021年的一半。然而，在这两年间，房地产投资仅下降了20%，因为开发商将更多资金用于完成"保交楼"项目。2023年，完工面积首次超过新开工面积，达到99 831万平方米。政府政策也鼓励银行向即将完工的住房项目提供贷款，这有助于缓解房地产市场的压力。

误解五：中国民营企业家信心不足，资金外流

虽然国家自2020年年底开始加强对大型平台公司的治理，但数据并不支持中国民营企业家信心普遍不足的观点。首先，2014年后民营投资占比的下降主要源于房地产市场——由民营企业主导——的调整，而非整体经济环境的恶化。当排除房地产后，民营投资在2023年增长了近10%。此外，尽管一些知名企业家选择了离开，仍有3 000多万家民营企业继续在中国投资。同时，未正式归类为公司的个体工商户数量也在不断增加，2023年增加了2 300万，达到1.24亿家，雇用了约3亿人。

以主旨而言，本书是一本综合的中国经济数据解读手册。它试图以正确的分析框架和逻辑来解读中国经济数据，并在适当的时候进行必要的调整，以帮助读者更准确地理解中国经济的真实状况。

四、中国传统文化的价值观和哲学观

1. 儒家思想与政治体制

自秦朝以降,中国封建社会逐步确立了一套以郡县制为核心的全国行政区划体系,实现了地方直接由中央政府管辖的官僚政治体制。这一体制下的郡县制行政区划不仅保持了相对的稳定性,而且其深远影响直至现代中国的政治架构中依然可见。西汉时期中国设有1 577个县,至清代有1 305个县,而截至2021年4月,中国的县级行政区数量为2 843个。

汉代时期,儒家思想凭借封建国家的政治力量,赢得了"独尊儒术、罢黜百家"的崇高地位,从而奠定了儒学国家学说的基础。金观涛和刘青峰(2011)将儒家学说细分为三个子系统:以国家学说为核心的社会观、以伦理观念和行为准则为主体的价值观,以及涵盖自然观、方法论和认识论的哲学观。

儒家哲学观中的方法论,可概括为"直观理性"或"常识理性",它强调将常识转化为智慧,并倡导将"中庸"作为处世之道,形成了重视现实与经验的传统。此外,儒家还从常识中抽象出对立或相关的基本概念(如夜与昼、男与女、地与天、阴与阳及五行等),以此阐述事物间的关联及发展变化,作为"直观理性"的有益补充。

本书后续章节将深入探讨中国政策制定者如何在政治和经济治理中运用儒家的方法论,特别是在处理和调和对立事务(如国家与市场、效率与公平、中央与地方、自力更生与对外开放、自由与控制等)时,如何寻求折中平衡。

儒家价值观倡导积极入世,强调对世事的干预。因此,儒家大一统的国家学说具有鲜明的有为特征,主张积极参与国家事务,勇于担当责任。"国家兴亡,匹夫有责"正是这一精神的生动写照。

儒家国家学说还主张由具有统一信仰的知识分子组成国家官僚机构,运用统一的国家学说治理国家。这一理念在世界历史上较为罕见,直到近代才在一些国家出现,如日本明治维新时建立的中央集权政府就依赖于新兴的知识分子阶层。古希腊哲学家苏格拉底也曾提出由哲学家、学者管理国家的构想，但中国在此方面显然走得更早、更远。

中国长期实行的一党执政体制，其深厚的文化底蕴可追溯至儒家思想。这一体制的执政基础在于"民心"，这是一个与选票截然不同且更为抽象的概念。孟子有云："得民心者得天下"，这在中国传统中一直是获得政治正当性的核心概念。儒家思想强调"民为邦本"，这是一种具有两千年历史的精英政治模式。在这种模式下，通过培育与选拔德才兼备的人才进入政府体系，并辅以道德激励、物质奖励以及监察举报等机制，确保国家治理机构以谋求全民福祉为基本导向，最终实现"民享"的目标（朱云汉，2015）。这也是我们"以人民为中心"的发展思想的文化渊源。

2. 完全照搬西方路径行不通

通过对中西价值系统的深入对比，我们可以从一个独特的视角来理解中国传统文化的哲学观和价值观。

西方二分式的思维传统往往在理论与实践（类似于中国所说的"知"与"行"）或理想与现实之间划出较大的鸿沟，紧张程度较为显著；而中国思想则明显倾向于重实际，不走形式化、系统化的道路，且擅长调和矛盾。

如果继续深入探讨中国文化中价值来源的问题，或许可以说中国传统文化并不认为人间秩序和价值完全源自人间，它们有着超越人间的根源。因此，我们不应简单地将中国的"人文精神"归结为一种仅局限于人间的世俗精神。

西方的发展路径受其特殊文化系统制约，与中国的历史文化背景截然不同，所以中国无法简单地照搬西方模式。中国属于内在超越的文化类型。曾有一些反传统的人错误地认为现代化必须全面抛弃中国文化，也不懂得思考如何转化和运用传统精神资源来推动现代化。他们试图在中国推动"文艺复兴"和"启蒙运动"，但这只是机械地将西方历史移植到中国这片土地上，并不符合中国的实际情况。中国没有西方教会的传统，即使勉强将六朝隋唐的佛教与西方中古的基督教相提并论，禅宗和宋明理学也早已完成了"世俗化"的进程。中国的古典研究从未中断，自然无需所谓的"文艺复兴"；同时，中国也并无信仰与理性的对立，更不是理性长期受信仰压抑的局面，因此"启蒙"之说在中国并无立足之地。

历史已经证明，完全照搬西方经典和路径在中国革命中并不可行，必须将马克思主义的先进理论与中华优秀传统文化和中国革命的实践相结合。同样地，中国模式的现代化也必须遵循这一原则。

3. 家国同构与人类命运共同体

这个问题开始于人和人的关系，涵盖个人与个人、个人与群体，以及不同层次社群之间的关系。在中国文化中，这些关系被统称为"人伦"，"伦"表示一种秩序。具体而言，"五伦"——父子、君臣、夫妇、长幼、朋友——均围绕个人展开，并强调人与人之间的自然关系。

从文化价值的角度来看，中国和西方都拥有适用于所有个人的最高普遍原则。在西方，这一原则是"公平"（justice），它源自上帝立法说的法律观念，体现了外在超越的倾向。而在中国，对应的则是"仁"（后来发展为"理"），它是一个基于心性论的道德观念，展现了内在超越的取向。"仁"与"公平"虽然都是普遍性的价值，但它们的差异源于不同文化所预设的不同价值基础。由于中国价值系统没有预设客观的、形式化的"上帝"观念，法律并未被赋予绝对的神圣性，而是作为次一级的普遍性观念存在。相比之下，西方法律的绝对神圣性更像是一种意识形态。近年来，在国际地缘政治紧张的局势下，我们已目睹西方如何迅速破坏自己建立的法律和规则的神圣性，从对俄罗斯的制裁到对中国的极限施压，再到瑞士政府违背商业和市场规则合并两大银行，以及巴以冲突中以色列对人类规则的挑战和美国对以色列的纵容。从中国的"仁"和西方的"公平"的普遍原则的不同，可以更好地理解，在中国，党的领导与法治的关系、政治与法治的关系以及依法治国与以德治国的辩证关系。

在个人与群体以及不同层次社群的关系上，中国的价值系统同样以个人自然关系为起点。《大学》中的"修身、齐家、治国、平天下"便是这一系统的生动体现。政治社会的组织不过是人伦关系的逐步扩展，即以个人为中心，一伦一伦地向外"推"去。在各层社会集合中，"家"无疑是最重要且最基本的一环，"国"与"天下"亦以"家"为范本。因此，我们有了"国家"、"天下一家"、"四海之内皆兄弟"以及"人类命运共同体"等观念。这是重视自然关系所必然得出的结论。如果人类的集合源于自然关系的不断扩大，那么"国"便不能是终点，最终应推向"天下大同"。"天下"意识虽与中国的历史和地理背景相关，但"大同"无疑是"仁"的价值观念的最高体现。庄子所言"不同同之之谓大"，意指"大同"是在肯定各种"不同"的基础上达到更高层次的综合。"（全）人类"作为人类集合的终点，"命运共同体"可视为"大同"的现代化和文化中立表述。因此，"人类命运共同体"体现了"天下大同"的理念，是中国文化价值观念的最高展现。这种价值系统深刻影响了中国的对外政策原则——不输出价值观，不强加意志于他国，与不同政体、文化的国家和平共处并发展共同利益。

4. 致中和

深入探讨中国传统社会理论，必须聚焦于两大核心要素：一是具备价值自觉能力的个人，二是以自然关系为基石的"家"。在此基础上，"家"的延伸与扩展，形成"族"、"国"乃至"天下"。维系这些自然关系的核心价值，在于"均"、"安"与"和"。

孔子曾言："有国有家者，不患寡而患不均，不患贫而患不安。盖均无贫，和无寡，安无倾。"在"一家人"的观念下，自然发展的关系理应促进和谐共处。值得注意的是，"和"并非要求整齐划一，而是强调"君子和而不同"，即在承认差异的基础上寻求和谐。同样，"均"也非简单的机械平均，而是追求一种动态的均衡。在中国历史上，"均"与"和"的价值观念在制度层面得到了充分体现，如均田、均税、均役、均徭、和价、和籴、和买、和售、和市、和雇等，无不彰显了这一理念的重要性。

在推动共同富裕的进程中，实现基本公共服务的均等化，旨在增强服务的均衡性和可及性，而非盲目追求绝对平均。共同富裕的目标，是在消除两极分化和贫穷的基础上，实现普遍富裕，而非陷入绝对平均主义的误区。

当然，中国人并非无视自然与社会中存在的冲突。均衡与和谐并非轻易可得，而是需要克服重重矛盾与冲突方能达成的境界。中国思想史上关于"致中和""执中"的艰难探讨，正是这一事实的生动写照。然而，在中国人的社会观中，"和""均""安"被视为常道，而冲突与矛盾则被视为变道。这一观念的核心在于，中国人认为各层次的社群，如同"家"一般，均建立在自然关系的基础之上。

均衡与和谐的关系，不仅是中国传统社会理论的核心价值，也深刻影响着中国的政治和经济治理。中国崛起后，不追求霸权，正是基于维系均衡的国家间关系的价值观。以中美贸易关系为例，持续失衡的贸易关系可能削弱两国间的稳定关系。因此，中国贸易政策的总体方向是减少总体顺差，通过购买全球北方国家更多的产品和服务，并更多向全球南方国家出口，以维持均衡的贸易关系。

本书后续章节将深入探讨中国政治经济中追求均衡与和谐关系的更多实例，如市场经济与国家管控的平衡、地方经济发展与财政纪律的协调、投资与消费在经济发展模式中的关系，以及激发经济活力与减少不良经济租金等议题。

五、创作过程

在《数字货币：从石板经济到数字经济的传承与创新》一书中，我详尽阐述了自己投身数字货币金融理论研究的初衷。该书于2020年面世后，我的研究不断深化，最终我回溯至传统货币金融这一理论源头，并结合中国实际，确立了"人民币国际化"这一具体研究方向。

与众多货币技术官僚及主流学者聚焦于人民币自由兑换与资本账户开

放的视角不同，我采用了国际政治经济学（IPE）的研究范式，并得出结论：人民币若要成为国际主导货币，中国国内必须完成一系列政治经济调整，具体而言，就是"共同富裕"和"双循环"。

基于此，我将"人民币国际化"的研究主题转化为——深入理解中国宏观经济的现状与趋势，借鉴美元国际化的历史经验，同时结合"共同富裕"与"双循环"的国家战略，规划人民币国际化的实施路径。至2022年，我已围绕该主题积累了近百万字的素材与手稿，萌生了撰写一部70万字专著的念头。

自2022年6月起，我陆续与多家出版社接洽，探讨出版事宜。一家出版社的社长对我的写作大纲提出"缺乏重点""难以捉摸"的反馈；另一家虽对主题及我的新思路颇感兴趣，却要求将书稿字数从70万缩减至20万，这远远超出了我的接受范围。幸运的是，有家出版社迅速与我签约，并要求提交样章以供评估。我提交了一篇近3万字的关于人民币创造机制的论文（该论文得到了在央行工作的朋友、央行前副行长及多位经济学者前辈的高度评价，其关键结论也在2023年6月陆家嘴论坛上被时任中国人民银行副行长潘功胜的发言所证实）。出版社随后对样章提出了详尽的评审意见，坦诚表示对我这部政治经济分析较重的宏观著作缺乏足够把握，不得不遗憾地解约。此外，还有两家出版社一开始就提出了数万元的出版费用，自费出版对我来说显然不可接受，因为我坚信，将独立研究的成果分享给社会是我对社会的重要贡献。

转折点出现在与东方出版社的沟通中。东方出版社的编辑对我的写作大纲赞誉有加，认为其"逻辑清晰""层层递进""极具说服力"，并建议我无须删减70万字的书稿，而是将其分拆为三本相互关联但各有侧重的系列书籍。最终，这三本书的主题分别确定为：中国宏观经济、经济民主化与共同富裕，以及人民币国际化。本书即为该系列中的第一本，最初暂定名为"锚定中国——中国经济结构的真相与使命"。

2023年10月，书稿顺利完成，共计约45万中文字符。尽管书稿已成，出版社也表达了出版意愿，但这仅仅是万里长征的第一步。令人欣慰的是，这本书最终成功通过了出版社的选题审核。关于我的专业并非经济学这一情况，事实上，我在清华大学计算机专业接受了十年的系统和专业训练，这使我在任何新的学科领域都能成为专家。自2017年年底以来，我在宏观、金融和政治经济领域进行了7年的全职独立研究，这相当于在这些领域完成了博士级别的学术工作。获得清华大学计算机学士、硕士、博士学位的学术经历赋予了我进行完全由兴趣和价值观驱动的独立研究的能力与底气，而这种研究是毫无名利诉求的。在进行这种独立研究时，我能达到的深度和高度，可能超出了常人的想象。独立研究赋予我道德和智商优越感，使我能够坦然面对任何对我"民间科学家"身份的质疑。

本书对诸多话题（如国进民退、经济租金、平台经济、央地分治、金融去杠杆等）进行了大胆而专业的政治经济分析，对"流行叙事"（如中国投资过度、消费不足、中美贸易失衡导致全球金融危机、中国经济通缩类似20世纪90年代日本经济停滞等）进行了基于实证的反驳，并判断中国经济正在成功地由传统房地产和旧基础设施转向高科技、先进制造业、新基建和服务业驱动。

本书独特的政治经济分析与实证分析相结合的方法，以及自成体系、与主流叙事迥异的观点，或许能为中国宏观经济领域的辩论带来一丝新意，但同时也面临着诸多挑战。

首先，相较于高层次的政治经济辩论，本书更注重基于翔实事实、准确数据和严谨逻辑的实证分析，因此攻击面相对较小，能够"站稳脚跟"，对读者可能大有裨益，但也可能让部分人感到难以对付。本书的这些特征提高了理解的认知门槛，要求读者具备较强的独立思考能力和丰富的人生阅历。我的视频号"龙白滔博士"的关注者画像恰好符合这些要求。我的数万关注者当中，50岁以上占37%，40岁以上占78%，30岁以上占97%，而在年轻人占主导的B站我的关注者数量可以忽略不计。

其次，我的知识主要来源于学术领域，因此本书叙述带有强烈的学术色彩，这可能会影响读者的阅读体验。用通俗易懂的语言阐述深刻的道理是一种天赋，我一直在努力提升这方面的能力。幸运的是，我的编辑团队非常给力，经过多轮审校，显著提升了本书的可读性，帮助读者更准确地理解我的想法，同时避免了阅读时的枯燥感。

最后，本书所表达的观点与"主流"叙事和认知存在显著差异，尽管编辑们在主旨上认同我所倡导的"中国经济光明论"，但他们仍感到本书中的诸多观点与他们的微观感受相悖。这是可以理解的。微观观察是宏观研究的一种基本方法，也是"接地气"的宏观研究所必需的。然而，应避免简单地将微观观察等同于宏观判断，因为对于中国这样一个复杂的大陆经济体，在微观层面可以为任何观点找到足够的支持性证据。正确的做法是确定微观观察对宏观变量（如地域、城乡级别、社会经济阶层、经济部门、发展阶段等）的敏感性及代表性，理解分布比理解离散的观察更为重要。

六、唱多中国经济：一段光明而艰难的旅程

作为一位坚持唱多中国经济的独立经济学者，我犹如一叶孤舟，孤独地航行在惊涛骇浪中。这份孤独，源自我对中国政治经济所持立场与我所处的社会经济阶层的深刻背离。

过去四五年间，中国的政策选择在显著改善社会经济不平等的同时，或许会触动高净值人群等的利益。我的朋友圈大多属于这类人群。因此，我为中国经济政策辩护的立场，也让我自然而然地成为周围人眼中的"异类"。

尽管如此，我始终坚守以广大人民为出发点来观察宏观和判断价值。在 2022 年春节的清华 MBA 同学聚会上，我坦诚地分享了对中国宏观和货币金融的看法，却换来了一些人"你说的都对，但我们不喜欢听"的冷漠回应。这并非个例，曾经与我理念相近的读者，在去五道口金融学院深造金融 MBA 后，也开始批判我的观点，甚至用恶毒的语言咒骂我。更有 20

多年的清华好友，因我批评金融的立场而选择退群、删除和拉黑。

在北京郊区的一场线下讨论会上，我曾与一位地产商出身的前私募大佬（"私奔帝"）就中国宏观问题展开了激烈辩论。大佬对我唱多中国经济的立场恼羞成怒。

2022年6月，我在社群中创建了"党管金融，金融为人民服务"的微信群，在当时官方尚未鲜明提出"金融和经济的人民性"的背景下，这无异于"异端"之举。这一鲜明的意识形态宣扬，引发了朋友圈中一些金融圈人士的反感和"仇视"，甚至给我打上"极左"标签。这段时期，我仿佛置身于一片荒漠之中，四周皆是冷漠与敌意。

然而，正如黑夜之后终将迎来黎明，我的坚持与努力终于迎来了转机。2023年11月召开的中央金融工作会议，犹如一盏明灯，照亮了我前行的道路。会议强调必须坚持党中央对金融工作的集中统一领导，并明确阐述了党中央在金融的哲学、价值观、方法论和意识形态等关键领域的观点和立场，强调了"坚持以人民为中心的价值取向"。这一精神与我一直以来的主张不谋而合。会后，我收到了来自国有大行上海和深圳支行行长朋友们的真诚感谢，他们表示通过学习中央金融工作会议精神，更加清晰地看到我所描绘的图景，也验证了以往的判断。

2024年10月，我开通了视频号，尽管视频内容专业且冗长，但粉丝们的热情却如潮水般涌来。在不到2个月的时间内，我就拥有了超过1万高质量的粉丝。他们来自五湖四海，但共同的信念是看多中国！粉丝群中不乏金融从业者，有基金经理、宏观研究员、财经博主以及严肃的投资者群体。他们告诉我，金融圈至少有20%的人认同我的观点，只是他们没有话语权，因此特别渴望我能够发出更响亮的声音。

这份来自粉丝的支持与鼓励，如同沙漠中的甘霖，滋润了我干涸的心田。唱响中国经济光明论的道路不再是形单影只的孤勇者之旅。

七、研究方法

我的学习与研究模式与博士课题研究相仿，更侧重于深入研读文献而非依赖教科书。我几乎未曾涉猎任何经济学派的经典教科书。我的知识源泉主要有以下几个维度，也包括一些批判性引用的内容：

首先，除个别特例，国内学术界或政策界并非我知识积累的主要渠道。在探索中国传统思想、文化及政治领域时，我追随了钱穆、金观涛与刘青峰、朱云汉等大师的脚步，深入研读了他们的大部分重要著作。至于当代中国政治经济方面，我深受温铁军和潘维的启发，细致研读了他们的诸多作品，特别是温铁军在新中国工业化与现代化历程以及"三农"问题上的独到见解，让我收获颇丰。尽管在产业政策上我与林毅夫和路风有诸多共鸣，在发展模式和消费与投资的选择上倾向于林毅夫的观点，在央地关系问题上则与兰小欢不谋而合，但我尚未有机会阅读他们的原著。至于国民经济核算领域，我系统地学习了许宪春的著作。

其次，我的文献资源主要源自国外政治经济领域的学术论文、各国央行（如中国人民银行、美联储、纽约联储、英格兰银行等）及多边国际组织（如联合国、国际货币基金组织、世界银行、国际清算银行、国际能源署等）的研究报告；还有外国智库或研究所的学术成果，例如经济政策研究中心（CEPR）、新经济思想学会（INET）等；此外，我还订阅了智库出版的杂志。

再者，我的文献库也包含了众多外国财经媒体的报道，如《纽约时报》《金融时报》《经济学人》《南华早报》《日经亚洲评论》等。

最后，我深受众多外国学者、智库研究员、时事评论员或分析师的启迪，包括迈克尔·赫德森（Michael Hudson）、杰弗里·萨克斯（Jeffrey Sachs）、约瑟夫·尤金·斯蒂格利茨（Joseph Eugene Stiglitz）、伊莎贝拉·M.韦伯（Isabella M.Weber）、凯萨琳·泰森（Kathleen Tyson）、斯科特·麦克奈特（Scott McKnight）、本·诺顿（Ben Norton）、诺亚·史密斯（Noah Smith）、罗根·赖特（Logan Wright）、史宗翰（Victor Shih）、

刘遥（Adam Liu）、迈克尔·昆霍夫（Michael Kumhof）、迈克尔·佩蒂斯（Michael Pettis）、伍晓鹰（Harry X. Wu）、布拉德·赛瑟（Brad Setser）、理查德·赫德（Richard Herd）、朱鸿深（Hongshen Zhu，音译）、亚当·沃尔夫（Adam Wolfe）、格伦·卢克（Glenn Luk）、大卫·费克林（David Fickling）、大卫·保罗·高德曼（David P. Godman）、安德鲁·巴特森（Andrew Batson）、辜朝明（Richard Koo）、史蒂夫·许（Steve Hsu）以及大卫·菲什曼（David Fishman）等。

我尤其感激卢克、费克林、朱鸿深、菲什曼和沃尔夫 vs. 佩蒂斯、赛瑟和史密斯在 X（原 Twitter）平台上，就中国经济增长模式展开的激烈辩论。在 2022 年之前，我曾是佩蒂斯的忠实拥趸，他的《伟大的再平衡》和《贸易战是阶级战》两部作品对我影响深远。然而，随着时间的推移，我逐渐发现他的观点缺乏实证支持、数据缺失、逻辑漏洞频现，且深受意识形态驱动。他的观点与同在北京大学的伍晓鹰的一些观点，被西方世界广泛引用以支持关于中国的悲观叙事。因此，我开始对这两位学者（以及与他们观点相近的史密斯和赛瑟）进行批判。可以说，本书自第八章起的大部分内容，都是直接或间接针对这一"阵营"的理论或观点进行批判的。我很庆幸自己最终经历了"重新发现上帝的时刻"，摒弃了错误和扭曲的观点，形成了对中国宏观经济的独特见解。在这个探索过程中，卢克及其 X 平台上的盟友如同灯塔，指引我前行。同时，我也要向萨克斯致敬——这位曾经的"芝加哥男孩"和休克疗法的发明人，经历了"重新发现上帝的时刻"，成为坚定的凯恩斯主义者和发展主义经济学家。他为我树立了"经济学家的自我修养"（持续学习、完善与提升）的光辉典范。

当然，我对于中国宏观经济的见解仅代表我个人的一点浅见。我诚挚地邀请读者对我的方法与佩蒂斯"阵营"的方法进行批判性对比，并得出自己的结论。

最终，我衷心感谢东方出版社的编辑团队李烨和袁园，还有众多在本书创作过程中给我鼓励和帮助的朋友！

我诚挚地邀请所有对中国未来满怀憧憬与信心的朋友，通过我姓名的拼音与我建立联系，共同探索与见证中国的美好未来。

2024 年 12 月 24 日

目 录

第一章 其命维新——古典智慧与中国市场改革 / 001

一、实验性渐进主义帮助中国拒绝休克疗法 / 002

二、宏观调控：中国特有的市场与政府关系 / 005

　　宏观调控与市场分配之双生子 / 005

　　从域外概念到中国特色 / 008

　　信贷政策作为核心工具 / 010

　　党政组织层次结构是制度条件 / 013

　　国有资本是主要基础 / 014

三、宏观调控的哲学含义 / 016

第二章 中国经济、金融和科技发展策略 / 018

一、中国对市场经济的拥抱没有松懈 / 018

二、经济和贸易 / 021

三、金融 / 025

四、技术 / 029

第三章 好租金和坏租金 /032

一、经济租金的理论 /034

  古典政治经济学中的经济租金 /035

  法国和德国的产业改革者和制度经济学家 /037

  新古典理论与寻租 /039

  凯恩斯的金融食利者和金融化 /041

二、不同经济部门的租金 /043

  现代土地和金融租金 /043

  自然资源租金与气候变化 /047

  股东租金与公司治理金融化 /048

  创新和专利租金 /051

  平台资本主义和数字租金 /052

三、经济租金的政策影响 /055

  区分好的和坏的租金 /055

  租金社会化和改革反垄断监管 /057

四、中国银行业利润水平高于发达国家 /059

五、中国水务的市场化问题 /063

六、大型制造业企业的应收款融资 /068

第四章 平台经济实践和监管智慧 /072

一、中国建立和监管平台经济的三个阶段 /072

  平台治理方法 /073

  20世纪90年代末期至21世纪第一个十年中期，扩散的平台市场力量和支持性治理方法 /074

  21世纪第一个十年末期至第二个十年中期，正在集中的平台市场力量和指导的治理方法 /077

自 21 世纪第二个十年末期以来，已集中的平台市场力量和抑制的治理方法 / 080

二、中国大型网络平台的垄断和寻租 / 083

  电商 / 084

  直播电商 / 086

  网络贷款 / 089

  在线订餐 / 外卖 / 091

  教育 / 099

三、全球平台经济的监管趋势 / 102

  以竞争为中心的反垄断建制派 / 102

  欧盟转向更全面的社会经济监管 / 104

  对大型科技公司应该采取新的反垄断方法 / 105

  中国的科技"黄金股"/ 特殊管理股 / 108

第五章　大国崛起的基础——工业化和技术创新 / 111

一、大规模工业化：中国经济高速发展的密码 / 111

  发展以工业化为核心的生产力 / 112

  新自由主义时代美国去工业化和日益金融化 / 115

二、中国的产业政策 / 117

三、国家加速系统：中国大力培养"小巨人" / 121

  梯度培育体系 / 123

  中小企业快速增长：中国政府促进中小企业发展的完整框架 / 125

  中国国家加速体系的影响 / 131

四、中国何以造就超级工业力量 / 132

  基础设施的规模推动创新和降低成本 / 132

  商业化比发明更重要 / 134

  硬核执行帮助企业实现伟大想法 / 137

对规模和数量的追求，解释了中国股市和经济增长的悖论 /139

五、外国公司为国内产业提供动力 /146

　　全球领导者充当"鲇鱼"，提振国内供应链 /148

六、中国全球价值链案例 /150

　　申洲国际 /150

　　苹果公司 /153

第六章　金融去杠杆为服务实体经济做准备 /164

一、去杠杆化的经济背景 /165

　　2013年银行间市场危机是诱因 /166

　　进入影子银行 /169

　　道德风险与影子银行的快速增长 /172

　　巨大的资金球 /174

　　监管重击 /176

　　必须采取行动了 /177

二、去杠杆化的机制 /179

　　避免迫在眉睫的危机 /179

　　为什么要去杠杆化？ /180

　　货币紧缩 /183

　　监管收紧 /186

　　政府机构重组 /190

　　对地方政府债务和投资的控制 /191

　　道德风险及其根源 /192

三、评估中国的去杠杆化 /194

　　对中国金融体系的主要影响 /194

　　对中国经济的影响 /196

　　重新膨胀房地产泡沫 /198

评估有效性 / 199

中国达成了目标 / 201

第七章 少年的零花钱——央地金融和财政 / 204

一、中国财政系统现状概览 / 205

政治和体制特征 / 205

支出 / 206

收入 / 207

借款 / 209

二、中国地方政府债务之谜 / 210

三、1994年前后的地方政府债务 / 213

一次性政策导致的相关债务 / 213

来自上级援助的债务 / 213

持续性债务来源：无资金授权 / 214

配套资金 / 215

四、解决财政困境的"大妥协" / 216

五、交换条件之城商行 / 218

政治激励与市场竞争塑造地方银行市场 / 222

城商行与地方债务和房地产部门的纠缠 / 224

影子银行和道德风险 / 228

政府与市场：中国银行这枚硬币的两面 / 230

六、交换条件之地方政府融资平台 / 231

土地出售和将土地用作抵押品 / 232

扩大借壳融资：LGFV发行债券 / 233

坚持对地方债务的财政纪律 / 234

关后门开前门：地方政府公债 / 235

七、通过分权实现中央集权：经济增长和地方政府债务 / 237

第八章　中国家庭消费没有想象中那么低——叙事与真相　/240

一、GDP 计算基础和中国过度投资论　/242
　　GDP 计算的技术准备　/242
　　中国"过度投资理论"　/245

二、澄清关键概念　/250
　　居民可支配收入：基于资金流量核算 vs 基于住户调查的方法　/250
　　引入"实物社会转移"和"实际最终消费"概念　/251
　　采用市场租金法计算城镇居民自有住房服务产出　/254

三、中国居民可支配收入并不低　/258
　　比较中美居民可支配收入　/259
　　中国居民可支配收入的分配　/262
　　"中国家庭收入增长疲软"的说法站不住脚　/264

四、重新计算中国居民消费支出水平　/266
　　额外的思路　/271

五、中国家庭部门的支出偏好　/271
　　中国家庭的马斯洛需求层次　/272
　　住房/基础设施的投资 vs 消费辩证关系　/276

六、富人储蓄更多　/277
　　跨收入群体和城乡差异明显　/279
　　驱动因素　/280

七、政府刺激应匹配家庭行为　/287

八、以供给为中心的宏观观点和方法　/293
　　供给侧投资导致需求增加　/293
　　所谓"通缩"是生产力提高导致供应增加　/295
　　通过供给侧改革协调内需和供给　/299
　　进步政策　/302

向家庭部门价值转移的方式　/ 304

　　解决稀缺性问题　/ 306

第九章　龟兔赛跑——哪种投资更好？　/ 310

　一、中国资本存量还有很大提升空间　/ 310

　二、不同投资原型对GDP的影响有差异　/ 316

　　不是所有的资本存量都一样　/ 319

　　模拟资本存量构成和对投资回报的影响　/ 320

　　投资构成的变化对TFP的影响　/ 321

　　以高铁为例说明不同类型资本存量对GDP的短期和长期影响　/ 325

第十章　高铁——成功基建投资的典范　/ 329

　一、从高铁建设资金结构透视央地财政关系　/ 329

　二、反驳中国高铁是"灰犀牛"　/ 335

　　债务及相关财务风险　/ 336

　　少数干线以外的线路利用率低　/ 339

　　货运网络投资不足的机会成本　/ 341

　三、高铁运行效率分析　/ 345

　　中国高铁网络运营效率全貌　/ 345

　　高铁系统成本的跨经济体比较　/ 348

　　高铁可负担性改善和铁路旅行平均长度变化　/ 351

　　高铁比航空旅行更能有效适应流量飙升　/ 353

　　后疫情时代的高铁网络及乐观财务估计　/ 355

　　高铁为什么涨价？　/ 356

　四、高铁的社会经济回报　/ 359

　　网络效应显著，增量投资回报率（ROI）上升　/ 359

第三阶段仍有低垂的果实 / 362

旺盛需求促使新开通平行高铁线路 / 363

对比美国现代铁路凸显中国高铁高度的安全性 / 365

地理一体化和公司出口 / 368

第十一章　地方债没那么严重 / 369

一、背景 / 369

二、LGFV 的五种类型 / 379

三、中央和地方政府以及民营部门持有的资产 / 384

  三个部门和它们持有的资产 / 385

  国家与民营部门 / 387

  投资的经济回报 / 389

四、LGFV：改革方案 / 391

  未来十年地方政府角色的演变 / 391

  偿付能力与流动性 / 392

  对价值 23 万亿美元的资产进行"复盘"评估 / 393

  LGFV 是企业集团，涉及典型的企业集团问题 / 396

  重组和改革 / 396

第十二章　只能选择投资——资源穷国的发展之路 / 404

一、中国债务的资产支持性质 / 406

二、中国尚未完成城市化 / 413

三、住房投资总量适度但分布失衡 / 417

  生产力指标——房价和空置率 / 417

  住宅过度建设程度 / 422

  房地产危机的性质和影响 / 424

房地产危机的数据分析 / 427

四、驳斥《贸易战》中国过度投资理论的数项支柱 / 430

将家庭/精英的阶层划分与消费/投资的宏观经济分类混为一谈 / 430

硬约束与软约束 / 433

GDP 目标是对系统的一种投入 / 435

五、帕累托效率框架 / 437

"中国过度投资"说法的根本问题是对世界的看法过于简单 / 437

刘易斯拐点 / 440

六、总结：对中国过度投资叙事的关键反驳 / 441

第十三章 中美贸易失衡不是美国金融失衡的原因 / 445

一、贸易相关经济学知识 / 445

二、贸易逆差对宏观经济的影响 / 448

三、贸易失衡和金融失衡的因果关系 / 451

四、获得竞争力 / 457

五、储蓄和盈余 / 464

六、"脱钩"的修辞和现实的纠缠 / 468

七、浅谈贸易再平衡 / 474

第十四章 最柔软的着陆和稳健的转身 / 479

一、后地产经济时代是什么样 / 479

二、经济已从房地产部门转型 / 485

投资部门转移将推动生产率恢复增长 / 485

通过科学"升级"中国发展模式 / 486

先满足国内需求 / 488

中国 FDI 疲软部分是因为国内市场走强 / 494

收入增长和消费疲软的"背离" / 499

　　就业稳健 / 504

　　农民工流动性的积极面 / 505

　　最柔软的着陆 / 508

三、减少外需依赖，部门转移提振生产力 / 511

　　中国与贸易伙伴国的潜在趋势 / 511

　　从部门视角考虑生产力增长 / 514

　　生产力与劳动密集度的均衡 / 517

四、新质生产力推动中国经济增长（以电动汽车为例）/ 519

五、西方批评中国"产能过剩"以掩饰企业缺乏竞争力 / 524

　　关键指标不支持中国"工业产能过剩"的说法 / 527

　　中国新能源汽车供应严重不足 / 530

　　光伏和锂电池催生几乎无限、免费的能源供应 / 533

　　传统芯片产能提升主要为满足国内需求 / 536

六、中国银行业危机损失评估和资本重组的方法 / 538

　　中国银行业危机损失评估 / 538

　　中国银行系统资本重组的方法 / 540

七、中国经济增长的长期预测 / 542

　　中国不同类型资本存量的资产久期／折旧率及其对 TFP 的影响 / 543

　　基于中国台湾地区与韩国经验的 TFP 趋势线低估了中国大陆的经济增长潜力 / 546

　　PWT 的中国 GDP 数据来源问题 / 547

　　TFP 下降不能仅仅解释为生产力下降 / 548

八、中国经济结构转型的最大障碍 / 549

　　家庭偏好 / 549

　　劳动力演化 / 550

九、中国第二阶段的工业化 / 554

中国制造业的变迁　/ 554
沿海向内陆转移　/ 559
保留全部制造业　/ 561

十、能源转型和长期地缘政治影响　/ 565
基本数据　/ 565
清洁能源转型可行性和长期地缘政治影响　/ 568

十一、中日韩比较和中国未发生资产负债表衰退　/ 571
20世纪90年代日本与中国的比较　/ 571
"广场协议"对日本的影响　/ 576
中国没有陷入资产负债表衰退　/ 580

彩图　/ 584

参考文献　/ 623

01

第一章

其命维新

——古典智慧与中国市场改革

中国当代伟大的政治家、领导人，除了是革命者和国家建设者以外，也是被中国传统文化所武装的思想家和哲学大儒。他们本能且稔熟地将世界先进科学知识、政治经济思想与中国国情相结合，在实践的基础上形成了适合中国的方案。在这个过程中，他们还善于调和矛盾，处理复杂的局面和关系。可以说，这些历史充分体现了儒家学说所包含的国家观、价值观和世界观。

已经有较多的学术研究者和智库讨论了中华优秀传统文化与马克思主义的关系。20世纪90年代的《开放中的变迁：再论中国社会超稳定结构》（金观涛和刘青峰，2011a：331-342）中的观点，认为中国革命就是马列主义儒家化的过程。《马克思与孔夫子：一个历史的相遇》（何中华，2021）从运思方式、历史观、自由观、实践观和真理观等多个方面，探寻了马克思主义与儒学相通的内在理由。2023年，中国收视率排名第二的湖南卫视推出了一档名为《当马克思遇见孔夫子》的电视节目。在节目中，"马克思"和"孔子"讨论了政治的本质，并得出结论：儒家思想和马克思主义是兼容的。2024年2月美国外交关系委员会的《外交事务》杂志发表文章《习近平思想的真正来源》（Rana Mitter，2024），讨论了中国领导人"已经开始尝试提出一种新的意识形态，将马克思主义的社会观与儒家社会观融合在一起"，并认为"这是更有道理的"。

本章将用两个相关案例来讨论中国的领导智慧如何融合这两者：中国在20世纪八九十年代的市场改革中是如何拒绝休克疗法的；中国是如何在四十年左右的时间中发展、应用宏观调控这一概念和政策工具，并将其作为调和政府与市场、计划经济与市场经济的最佳工具的。

一、实验性渐进主义帮助中国拒绝休克疗法

20世纪80年代初，中国启动"改革开放"，社会主义计划经济开始转型。中国既不是唯一也不是最早进行市场化改革的国家，却是社会主义国家中转型最成功的。中国没有选择大爆炸式的改革，而其他欧洲社会主义国家选择了休克疗法，并遭遇了持续的经济混乱和改革失败。德国经济学家伊莎贝拉·M.韦伯（Isabella M.Weber）在2021年出版的《中国如何摆脱休克疗法：市场改革之辩》一书中探讨了关于中国经济改革道路的争议，并阐明在中国传统智慧和当代知识分子的影响下，中国政府是如何决定采用"实验性渐进主义"，而不是全面市场自由化的休克疗法进行改革的。

20世纪80年代新自由主义传至中国，一批受新古典主义启发的自由派经济学家成为休克疗法的拥趸，他们提出的休克疗法是指通过大爆炸式的价格自由化和快速私有化来结束价格管制和计划经济。他们认为，这样

做在短期内可能会引起大规模失业和通胀，但最终将激活市场，经济得以复苏。

休克疗法曾拉开联邦德国"经济奇迹"的序幕，但在20世纪90年代俄罗斯和东欧广泛的实践中却引发了经济灾难。80年代中国领导人和改革派官员进行市场化改革时的智慧或许来源于三个方面：以《管子》为主的中国古典思想、西方国家价格管制和放松的经验，以及新中国成立前干部管理经济的具体实践。

《管子》是两千多年前的一本"政治教科书"，讲述了政治方面的各种智慧。其中之一是教导当政者为了人民生活和社会稳定，应该遵循"轻重"的原则——控制重的、重要的、必不可少的；放开轻的、不重要的和不必要的。基本生活用品和生产投入总是"重的"，每种商品的相对重要性会随着市场波动而变化，国家对市场的参与应当集中在"重的"商品上。《管子》的初衷是阐明如何提高增加和利用资源的能力，以应对战时之需。实现经济繁荣和社会稳定是《管子》的核心内容。在后来的王朝中，抽象的经验转化为具体的实践，例如，盐铁专卖和用来平抑粮食价格的常平仓制度等。在有关国家与经济的关系方面，盐铁专卖是一个经典的案例。商人、官僚与文人就国家是否应该垄断盐、铁等战略商品的生产和商业等问题展开了辩论。这场辩论体现了关于国家监管和市场作用的两种相互对立的观点：理想主义的自由放任和实用主义的政策行动。《管子》的一个重要逻辑是：**即使以经济自由为代价，也要优先考虑政治稳定**。例如，价格大幅波动会引发社会混乱，进而危及政治合法性。明智的政治家应当尽力避免这种局面。今天的中国在社会结构和政治意识形态方面与过去有很大的连续性，20世纪三四十年代的共产党干部的做法实际上也受到了中国古典智慧的影响。

与东欧社会主义国家一样，中国也曾推行计划经济，价格由政府严格控制，生产和分配由计划委员会的指令进行调节。到20世纪70年代末，中国仍然是世界上最贫穷的国家之一。70年代后期，政治家们开始尝试放松管制和推进以西方为导向的工业化。80年代初，价格管制被认为是市场化改革的核心，但是政治家与经济学家对如何在一开始就建立自由价格机制未能达成共识。政治家们采取了一种实验性的方法："摸着石头过河"。政府谨慎而缓慢地承认了黑市的存在和计划机制之外商品的小规模流通。市场在边际上蓬勃发展，这成为双轨制的基础。

双轨制在中国市场化改革中发挥了根本性的作用。通过双轨制，中国逐步实行价格市场化。一方面，国有工厂和农村家庭等生产单位有义务为完成国家调拨任务而生产；另一方面，这些单位可以额外生产更多的商品供自由流通，价格市场化机制在这里占主导地位。通过这一过程，价格市场化机制逐步扩大了范围。

在整个80年代，人们都认为改革是必要的，但关于大爆炸式改革和渐进式改革哪种办法更好的辩论仍在继续。80年代初，东欧和西方的经济学家来中国访问并讲学，但是中国的决策者并没有采纳他们的建议。一些年轻的中国知识分子被外国经济学家提出的"一揽子改革"所吸引，他们中的许多人基于寻租理论，认为现行的价格管控制度是一种扭曲，应迅速废除。

但为什么中国还是倾向于渐进主义的方法？答案的关键可能在于，当时的决策者认识到巨变可能会带来不可控的风险后果，而他们把社会稳定看得高于一切。

坚持"实验性渐进主义"的人认为新制度应当通过实验和实证研究来引导，而不是通过理论上推导出的模型。这就是中国实用主义的本质：在改革的情况下，只有经济中相对不重要的部分才能（首先）尝试价格自由化，即在国家不放弃对一切被认为至关重要的东西的控制的情况下，逐步实现扩大市场的目的。总之，这方所主张的是总需求过剩不应通过抑制需求（财政紧缩和货币紧缩）来解决，而应通过大幅增加供给来解决（参考第八章"以供给为中心的宏观观点和方法"这一小节）；短缺应在部门一级加以管理，同时维持国家对能源和基础商品的管控；重点是迅速实现国家的工业化。

他们几次成功地中止了那些想要更快推进市场自由化的人的计划。在这种情况下，双方达成了一个折中方案：在社会稳定的前提下，允许有限的价格市场化机制逐步介入；政府必须控制日常生活中必不可少的东西，以避免社会动荡。这一政治逻辑源于中国古典智慧。正如《管子》所宣扬的那样，政治家优先考虑社会稳定，强调务实行为。从方法的角度来看，有必要以具体的方式研究经济关系，并以试验的方式调整公共政策。简而言之，实用主义也与儒家传统的"直观理性"和"执两用中，守中致和"的方法论相一致。

80年代的辩论并没有使决策者相信休克疗法的好处，而是暴露了这种改革的潜在风险。久经考验的政治逻辑也告诉他们，要避免采取可能危及稳定的行动。通过借鉴渐进主义的方法，中国最终在21世纪前后形成了具有中国特色的市场机制。

中国市场化改革成功的背后，一方面是在自由市场观念下寻求经济繁荣，另一方面是在潜意识中寻求政治稳定。《中国如何摆脱休克疗法：市场改革之辩》描述的就是中国如何在古典智慧、现存教训和当代辩论的帮助下"逃脱了休克疗法"。

二、宏观调控：中国特有的市场与政府关系

宏观调控与市场分配之双生子

从20世纪90年代初到今天，中国关于经济的政策演讲和文件里常常出现"宏观调控"这个短语。宏观调控背后的基本思想是让国家负责以协调的方式对国民经济的重大发展行使权力，承担指导关键宏观经济总量水平的责任。因此，宏观调控话语的一个持续性的主题是跨行政行为体和政策

领域的"综合协调"，旨在弥合财政政策、货币政策和产业政策，以实现三位一体。

"宏观调控"一词最初在1992年中国共产党第十四次全国代表大会上得到认可。第二年，它被纳入《中华人民共和国宪法》（以下简称《宪法》）；2007年，被纳入《中国共产党章程》。鉴于过去30多年其作为经济模式基本原则的地位，国内的学者和官员几乎不可能拒绝将宏观调控作为治理原则。

自这个短语出现以来，中国经济学家、政策专家和领导干部就宏观调控应该是什么样子一直持有不同观点。例如，宏观调控是应该主要致力于保持国家层面金融总量的稳定平衡，还是应该旨在调动国家发展目标背后的财政资源？它应该首先通过价格信号（如利率）来实施，还是应该对经济活动进行更直接的控制？应该由央行在执行中发挥主导作用，还是应该依靠几个有影响力的中央政府行为体进行合作？同样重要的是，以实施宏观调控的名义，针对特定地区、部门或公司的微观层面的干预在多大程度上是合理的？

宏观调控包含不同的可能性，这使其成为围绕中国经济政策产生专家意见重大分歧和官僚竞争的根源。然而，在过去的几十年里，一些宏观调控领域的概念已经得到认可，而另一些概念则被边缘化。简而言之，自21世纪第一个十年中期以来，宏观调控**主要依赖对经济中金融资本的数量和分配的细粒度干预**，较为明显的是（但不限于）银行贷款。与直接信贷控制相反，财政调整和市场化的货币政策工具发挥了次要作用。因此，诞生于20世纪80年代、与西方范式逐渐趋同的改革政策被21世纪初开始的宏观调控的现实证伪了。

尽管今天的宏观调控似乎体现了中国政治经济明显的特征，但在20世纪80年代中期创造的这个短语其实是为了模仿发达资本主义国家的宏观经济政策框架。

1985年9月在长江"巴山"号游轮上召开的"宏观经济管理国际研讨

会"中，凯恩斯主义经济学家詹姆斯·托宾（James Tobin）发表演讲时给出了一个"宏观经济管理"的表述。世界银行官员林重庚和中国经济学者吴敬琏首次使用"宏观调控"这个词来翻译托宾的这一表述。托宾谈论的美国货币政策的运作，尤其是总供需平衡和维持价格稳定的观点给中国听众留下了深刻的印象。

20世纪80年代中期至90年代初期，一些学者和官员撰写了关于宏观调控的文章和书籍，试图以符合他们各自政策偏好的方式定义其范围，尽管在宏观调控的具体内容上仍存在分歧。

亲市场的中国经济学家认为，宏观调控的目的是使中国宏观经济政策稳步与西方实践保持一致。这需要将货币政策的责任分配给一个强大的中央银行，通过利率和其他市场化的干预措施来监督货币供应。然而，这种政策框架只有在经济格局彻底市场化的情况下才能有效运作，因为只有如此金融机构才会对来自央行的价格信号做出充分反应。从亲市场的角度来看，在20世纪80年代中国只是部分改革的经济背景下，选择"调控"（调整和控制）这一复合词也有助于向最高领导层传达市场改革的主张，因为它提供了"管控"的承诺，而不是"自由放任"。彼时的决策层接受了这一概念，并在1987年10月的党的第十三次全国代表大会的报告中首次提及"宏观调节"。5年后，即1992年10月召开的党的第十四次全国代表大会上，"宏观调控"才成为中国正式的政策话语。在1992年年初邓小平南方谈话的背景下，党的第十四次全国代表大会首次确立了"社会主义市场经济"的体制。这相当于接受了整个经济体系的市场分配原则，但并不意味着让经济规划消失，而是在计划和市场之间建立新的关系，两者之间的联系受到宏观调控的影响。党的十四大报告中指出，在宏观调控上，我们社会主义国家能够把人民的当前利益与长远利益、局部利益与整体利益结合起来，更好地发挥计划和市场两种手段的长处。

在当时被认可的概念中，"宏观调控"和"市场分配"被理解为一对，前者是不可或缺的工具，通过这些工具使后者为国家的发展目标服务。这种认知一直持续到现在,所以"市场经济"和"宏观调控"在中国政策话语中几乎总是同时出现。在20世纪90年代初中国修订改革战略的背景下,这代表了一枚硬币的两面。

1993年11月,党的十四届三中全会审议通过了《中共中央关于建立社会主义市场经济体制若干问题的决定》。这份具有里程碑意义的文件首次提出了"宏观调控"的定义,特别是为宏观调控制定了以下任务:"保持经济总量的基本平衡,促进经济结构的优化,引导国民经济持续、快速、健康发展,推动社会全面进步。"虽然第一个任务与托宾所说的宏观经济管理基本一致,但其他任务为将宏观调控解释为干预的方式打开了大门,即根据发展愿景指导国民经济。决策者的主要焦点落在何处,宏观调控的重点就有可能随之发生显著变化。

从域外概念到中国特色

继党的十四大和十四届三中全会之后,中国的金融架构在1993年至1995年期间得到了彻底重构。

这次改革使中国人民银行(The People's Bank of China,PBOC)正式成为一家完全负责货币政策的中央银行。然而,1995年的《中华人民共和国中国人民银行法》并没有授予其像大多数西方央行那样的法定独立性(在2023年国务院机构改革之前,PBOC一直是国务院下属部长级机构,在执行有关货币供应、利率和汇率等重大决定之前必须获得批准)。大约在同一时间,中国还成立了包括国家开发银行在内的三家政策性银行,它们与先前存在的四大国有商业银行(中国工商银行、中国建设银行、中国农业银行和中国银行)并列。随着外汇管制的放松,1994年开始实施人民币在经常项下有条件的可兑换,人民币大幅贬值并与美元挂钩。这些措施加上进一步扩大债券和股票市场,使中国金融部门的结构更加合理化,并使其在资本积累中发挥了越来越重要的作用。然而,这些措施并没有让主要的中央管理的金融机构面临重大的市场竞争,但强化了整个金融部门的政治性和协调机制。

21世纪第一个十年的宏观调控政策，在实施方式上很大程度延续了前十年的做法。2003年，中央委员会的一次全体会议呼吁"完善宏观调控体系"；一年后，另一次全体会议承诺"正确处理加强宏观调控和发挥市场作用的关系"。在决策方面，2004年决策层试图限制失控的投资增长，并给经济"过热"降温（经济"过热"是改革时代中国经济决策中反复出现的主题）。然而，亲市场的经济学家们批评这一做法过分地以宏观调控的名义对银行贷款和投资项目实施直接控制。在他们看来，到2005年，官员对宏观调控的理解已经变得"相当混乱"，因为"政府的所有行动都被称为宏观调控。而事实上，许多问题都与微观层面的干预有关，而不是宏观调控"。

以上对宏观调控的疑虑反映了21世纪第一个十年中期中国改革派预计政府干预主义会加深。20世纪90年代的重大结构改革，其效果是将更多的经济权力集中在中央政府手中，但当时也有观点将这些改革解释为一种"中间里程碑"，为的是通往下一步更完整、更系统的自由化道路。然而，自世纪之交以来，系统的自由化并没有到来。"停滞的改革"这一叙事当时在亲市场的经济学家和美国政策机构中越来越流行，仿佛中国已经陷入了理想型的集体主义和自由市场中的一个尴尬位置。但这种描述未能以中国自己的政治经济术语来理解中国政治经济的动态。一个更有依据的解释表明，在21世纪第一个十年，宏观调控版本决定性地战胜了较少干预主义的版本。因此，一种独特的经济格局得以形成，既不是计划经济，也不是自由市场。而且，此后这种经济格局继续得到巩固。

在2008年全球金融危机导致西方陷入衰退的几年后，中国为房地产和基础设施注入了较多的逆周期贷款，以至于在21世纪第一个十年末期和21世纪第二个十年初期，中国经济一直保持了8%~10%的增长率。中国和西方之间的这种差距反过来又增强了政府的信念——国家能够将金融资本引向国家战略方向上，建立在国家能力之上的强力宏观调控，与衰弱的西方资本主义模式相比体现出一种优越性。

宏观调控起源于20世纪80年代中期，虽然是在改革初期效仿发达资本主义国家的一种方式，但到新时代，宏观调控已成为中国不同于西方的公开标志。

新时代的另一个发展是宏观调控的复杂化，即为该概念附加新的任务，并采取更精细的实施方法。中央委员会2013年全体会议重新表述了1993年版宏观调控的定义，增加了"减缓经济周期波动影响"、"防范区域性系统性风险"和"稳定市场预期"的目标。会议还强调宏观调控应更加"主动"、"定向"和"协调"。一方面，表明中国决策层在2008年之后重新关注金融危机和波动，明显地希望吸收当时全球金融论坛上流行的宏观审慎监管的做法。另一方面，宏观调控变得更加"定向"，与过去相比，我国更愿意以宏观调控的名义进行干预。

信贷政策作为核心工具

中国的宏观调控行动中最明显的一个表现是政府**对经济中信贷的创造和分配行使权力**。虽然宏观调控的目标和工具超出了信贷政策的界限，但在过去几十年里，没有其他宏观经济杠杆像信贷那样被频繁使用，而且产生了如此大的影响。无论是实现年度GDP增长目标、管理房地产行业的金融风险，还是为技术发展目标提供资金，中央都一再将对信贷的控制作为主要的宏观调控手段。

值得注意的是，这与中央对20世纪90年代初货币制度改革的理解不同，具有里程碑意义的中央委员会1993年全体会议决定要从"主要依赖管理信贷规模"的货币政策框架过渡到运用准备金率、中央银行的贷款利率、公开市场操作和其他手段。新方法受到外国央行常规操作的启发，旨在取代过去遏制经济过热和通胀的主要方法。根据这一决定，于1998年取消了对商业银行信贷规模的直接控制。

然而，在21世纪第一个十年初期，面对另一场失控的投资、工业产能过剩和经济过热，中央政府和PBOC发现，所谓的市场化工具没有足够的影响力，如制定政策利率和调整准备金率，无法实现预期的宏观调控。国外一项详细研究表明，中国市场化的货币政策工具未能有效地将政策变化传递到相关的金融部门。面对这一挑战，中央决定对国有银行发出特别指令，称为"窗口指导"，作为限制贷款和解决过热的更方便和直接的方式。

PBOC向金融机构发出直接指令的另一个好处，是可以调整金融机构在不同行业间的投资比例——微调宏观调控政策以解决某些行业明显的过度投资问题，同时在其他行业保持支持性的信贷条件。举例来说，在21世纪第一个十年初期，中国四大商业银行被指示在批准钢铁、水泥和房地产投资贷款之前，提高35%~40%的自筹资金门槛。经济学家林毅夫2004年的一篇文章详细讨论了这些信贷控制，并得出结论："在中国当前的环境中，采用窗口指导并利用商业银行在批准投资项目方面的职能，代表了我们宏观调控措施的进展。"（林毅夫，2004）

时至今日，按照这些思路向金融机构发出指令一直是中国经济决策的一个持续性特征。这表明，像这样对经济采取某种干预的手段，最终盖过了亲市场学者长期倡导的更加市场化、政府应保持与市场的距离的建议。"窗口指导"在这一点上也有指导意义。这种表述最初来自日语，是指日本央行影响商业银行信贷行为的货币政策工具。当这个表述首次在中文中使用时，表明中国打算学习更发达的资本主义国家的经验。这与20世纪80年代创造"宏观调控"的初衷是一致的。然而，从今天的角度来看，政府向金融机构发布窗口指导的能力更加强大，反而说明了中国在政治经济问题的处理上与西方的不同。

就像詹姆斯·托宾的"宏观经济管理"，最终在中国具有完全不同的含义一样，中国对窗口指导的使用范围远远超出了日本。截至今天，窗口指导可以理解为政府机构向公司行为者传递的可操作指示。这些指示要求公司满足的需求远不只是总贷款配额。具体而言，在金融部门，不仅

PBOC向商业银行发出指示，银保监会也是如此，而证监会也会给参与资本市场的机构发出指示，包括交易所、投资银行、券商等。这种做法也反映在国家的各级治理中，例如，PBOC的地方分支机构保留对地方级银行提出运营要求的权力。

与"宏观调控"一词相反，"窗口指导"一词在主要的政策演讲和文件中较少被提及。这是因为这种做法在一定程度上仍然是非正式的，一般是通过书面和口头指示或通过监管机构与金融机构工作人员的会议下达。在许多情况下，PBOC、银保监会和证监会都会选择公开其指导的内容。

过去20多年，中国经济决策的主要关键时刻体现了通过窗口指导对信贷进行宏观层面的引导和微观层面的调整。2009年，全球经济衰退，中国出口订单减少。中国的逆周期调节是大规模调动财政资源和银行贷款，但后者优先于前者。由于政府对银行部门的指导，未偿贷款一年内增长了29%。这些银行贷款大部分是通过地方政府融资平台（LGFV）用于基础设施和建筑项目。2010年，当中央认为此类投资的增长速度过快时，再次使用窗口指导，而这次是为了指导银行遏制失控的信贷增长。面对2015年和2016年的金融波动和增长放缓，中央再次支持了总信贷的快速增长，在2017年和2018年进行遏制。2020年年初中国受到新冠疫情的影响，再次依靠商业银行贷款来确保对公司的财政支持以避免破产。

下面来看一个从一般情况到特定部门的实例。中国房地产市场也迎来了已经连续数轮的应对金融风险的窗口指导。2020年8月，央行和银保监会联合发布了针对房地产开发商的"三道红线"监管通知，以限制它们获得银行贷款和发行公司债券的能力。然而2022年后，面对疫情的影响和房地产交易急剧下降的经济困境，这"三道红线"已被新政策取代。到2023年11月，中国人民银行、金融监管总局、证监会联合召开金融机构座谈会，会议强调"要一视同仁满足不同所有制房地产企业合理融资需求"。这是在前几轮特别指令之上叠加新的特别指令的典型案例。虽然这种叠加的窗口指导不可能治愈中国房地产的结构性问题，但到目前为止，它阻止了积聚巨大债务的房地产部门引发金融的系统性风险。

产业和技术是另一个可归入宏观调控的政策领域，也大规模使用了具权威性的信贷指导。例如，2017年3月，工业和信息化部、PBOC、证监会、银监会和保监会联合发布《关于金融支持制造强国建设的指导意见》，承诺为该计划涵盖的企业提供更好的获得银行贷款、IPO和债券发行的机会。通过将各种金融资本引导到制造业企业来为产业政策提供资金，这在中国各级发展规划中普遍存在，数额上显著超过对企业直接补贴的预算。

总而言之，从正式采用窗口指导这一方式起，中国政府对信贷数量及其在整个经济中的分配进行直接调控一直是宏观调控的引擎。尽管有改革思想的经济学家和官员一再主张从直接指令过渡到间接的市场化措施，但政府从未放弃把对市场行为者的权威性指导作为一种基本的调控方法。这种发出具有约束力指令的倾向经常被认为是计划经济的遗留物，注定要逐步被淘汰。但从改革开放40多年的现实来看，被淘汰的是自由化框架，而不是窗口指导。最近20年，中国政府都毫不犹豫地以宏观调控的名义进行定向的微观干预。虽然直接信贷调控不是解决中国众多经济问题的灵丹妙药，却是管控经济活动的强大力量来源。这种力量是西方任何国家都无法比拟的。

党政组织层次结构是制度条件

宏观调控变得可行，是因为中国独特的制度性条件。它能成功被部署是因为有两个平行的组织层次结构：政府的金字塔结构和党的决策结构。

在政府内部，宏观调控的关键执行者（而不是最终决策者）是国务院的一系列组成部门或直属机构，包括但不限于PBOC、财政部、发改委、国家金融监督管理总局（以下简称"金监总局"）、证监会。与大多数西方国家的行政安排不同，我国央行和金监总局在法律上并不是独立的机构，如同财政部和发改委一样也受组织结构的约束。部级实体机构虽然具有权威性，但受国务院、中央财经委员会、中央金融委员会和中央金融工作委员会等决策和协调机构领导。正是这些更高级别的机构可能会明确主要的宏观调控政策方向。金融系统中受国家管控的企业行为体的管理者也被授予行政级别。例如，四大商业银行相当于副部级，比其监管者央行和金监总局低半级。央行和金监总局的地方分支机构的行政级别同样高于当地金融机构。窗口指导和宏观调控的有效性就是依赖于这样的全国行政级别系统。

将中国政治经济形容为高度集中化可能会产生误导，因为一些省、市和县内拥有一定程度的经济特权，但负责实施宏观调控的机构层级设置是严格的。在整个政府和金融领域，层级制度相互加强，以确保高层通过的决定能传递给部级机构及其地方分支机构，然后传递给各自所管理的金融机构。没有政府和党的层级制度，任何关于宏观调控、总体平衡或综合协调的论述都无法付诸实践。

从这样一个组织角度看政策实践，宏观调控学说似乎很自然地就从中国独特的政治和行政架构中产生了。在这个政体中，所有政治、行政和监管机构，以及大型金融机构，恰好被整合在一个正式的、基于序列的、金字塔式的制度设计中。

国有资本是主要基础

为了在组织上理解宏观调控，不仅要掌握其实施的细节，还要掌握中国行政制度的关键特征。显然，宏观调控范式只有在理解了中国政体包罗万象的组织层次结构的背景下才能展开想象。但如果再退一步呢？无论是在中国还是在其他地方，行政运作本身都会受到经济和社会中更广泛的权力关系的影响。政府塑造经济活动的能力，与其说来自组织架构和行政法规，不如说来自对国民经济中物质资源的有效控制。

考虑到这一点，国有资本在中国经济中无处不在，特别是在金融体系中。这应被视为实施宏观调控（作为政策学说和政策工具）的主要基础。如上所述，信贷干预是一种宏观调控工具，而这些干预又依赖于严格的政治和行政层级制度。但归根结底，中国几乎所有大型金融机构都由政府领导，这使得这些层级制度能够有效地渗透到金融企业格局中，并指导信贷创造和去向。

没有任何其他主要的经济体，能够与中国政府直接参与金融部门的规模相提并论。首先，在银行业，政府实体和国有控股公司是所有重要机构的控股股东。截至2022年，在拥有不少于19万亿美元资产的四大商业银行中，国有股占多数。中国最大的开发性金融机构国家开发银行也完全归政府所有。中国邮政储蓄银行和交通银行虽然也以四大商业银行的方式公开上市，但也是国有控股公司作为其主要股东。事实上，在中国排在前面的20多家银行中，只有三家（民生银行、浙商银行和平安银行）没有国有实体作为控股股东。

除了银行业，保险业也是如此。在中国资产较大的保险公司中，中国人寿保险和中国人民保险都归国有，平安保险拥有较为分散的股权结构。资本市场方面，应该注意的是，上海和深圳证券交易所不像洲际交易所（ICE）或纳斯达克证券交易所（Nasdaq）那样是营利性公司，它们是受中国证监会监督和管理的公共机构。它们的使命涉及审查申请上市的公司，确保其业务符合国家的产业政策。在高度精细干预下，这意味着证券交易所向交易员和券商发布窗口指导，以在特定时间抑制对特定产品的投机行为。中国的债券市场同样以政府为中心，除了主权债务外，重要的金融和非金融债券发行人都是国有实体，无论是开发银行、国有企业还是地方级投资公司，包括LGFV。此外，风险资本也主要在政府规定的轨道内运作，过去10余年政府引导基金的显著增长就说明了这一点。

由此可见，中国实施宏观调控的前提是大多数金融资本由国家控制和管理。增长目标、信贷控制、各级窗口指导，以及总体平衡和综合协调等整个体系，都是经济结构本身以国家为中心的产物。党和政府以及国有企业的管理者、执行层和经理精英，是国家主要的经济主导力量。鉴于此，宏观调控首先应被视为一种不断发展的方法，以在市场发生剧烈波动和国家应对各种风险时，使这些庞大的资源大致保持同步并为实现国家的发展目标而努力。

三、宏观调控的哲学含义

宏观调控的历史几乎跨越了整个改革时代。20世纪80年代中期我国引入了这个概念，在90年代初正式认可了它，并开始拥抱市场经济。从那时起，市场化和宏观调控齐头并进，相继加强。这驳斥了许多西方评论员试图解释中国经济发展时所依赖的"政府与市场对立"的模式。

30多年来，宏观调控在决策中被深入贯彻，它会持久地作为政策范式，不会很快消失。这说明了20世纪90年代进行一系列系统性改革后，中国主要的金融、工业和行政结构的稳定性。这些结构同时支撑了整个经济格局的市场分配，并指导了政府侧的市场活动。由宏观调控概括的政府和市场的融合，可能会继续定义中国的政治经济。

宏观调控作为一种概念、政策工具在中国的演化，充分体现了中国政治家所继承的中国古典智慧、方法论和哲学观。正如《管子》所教导的"要控制重要和必不可少的"，这里的"重要"主要是指国家的经济和金融权力。即使以牺牲经济自由为代价，中国也从未放弃且实质上一直在不断加强这一权力。事后来看，这无疑是成功的。宏观调控和窗口指导作为最初引入的域外概念，在本土化过程中结合中国国情，历经持续辩论、试验、校准、调整、充实并最终形成，成为中国制度特色和制度优势的一部分。这很好地诠释了重现实、重经验的儒家世界观。关于计划与市场，很多人在意识形态上固守非此即彼的二元对立，中国的实践者们却本能地运用中国传统哲学观中的调和对立事物的思维，承认两者都是社会主义市场经济的一部分，并引入宏观调控的工具加以调节，让市场服务于国家发展目标，达到政府与市场、计划经济与市场经济的对立统一和"致中和"。

为什么改革没有按照自由派经济学家预期的那样发展，而是更具国家干预性质的版本取得了胜利？这就要先回到比宏观调控更根本的一个问题上来，即中国的市场化改革是如何进行的？

在20世纪80年代，国内许多经济学家深信经典西方经济学理论及其成功经验。因此，在80年代，西方的一切，包括知识和思想，随着资金、商品和流行文化如洪水般涌入中国，对国人产生了深刻影响。在这个时期，人们来不及挑肥拣瘦。当时中外经济发展的巨大差距也在一定程度上强化了一部分国人崇尚西方的心理，他们深信西方的知识和经验在中国也可以取得成功，完全没有考虑中西方实际情况的差异，更没有提防别人故意在其中掺杂的"毒药"。

那个时代的学院派经济学家试图从西方经济学的理论中找到中国改革的方案。他们与东欧流亡经济学家、世界银行的官员以及包括米尔顿·弗里德曼在内的其他外国访客之间的交流，为激进的市场改革奠定了基础。这种改革方案与"休克疗法"的逻辑非常相似，在中国辩论中被称为"一揽子改革"。这种范式的总体逻辑是，先设计一个目标模型，然后阐明一揽子改革措施，以建立理想的经济体系。

一揽子改革与当时盛行的中国渐进实验主义相抗衡，它以新古典经济学为基础，无论是新自由主义经济学还是以波兰经济学家布鲁斯（Włodzimierz Brus）和捷克经济学家奥塔·锡克（Ota Šik）的贡献为代表的社会主义经济体制改革。

中国的经济学家们都赞同市场化的必要性，但在如何推进改革的问题上存在分歧。新自由主义"休克疗法"的观点认为，理想的经济模式及建立它的手段都可以从新古典经济学理论中推导出来，并且必须通过完全的市场化来实现。相比之下，渐进主义者认为，理想的经济模式以及实现的路径都是不可知的，因此，改革机制和新制度的具体细节需要通过试验验证再制定，即国家参与并创造市场，同时保持对制度核心的控制。

也因此，在渐进实验主义市场化的改革中，宏观调控被作为政策工具得以存在并持续演变。

02

第二章

中国经济、金融和科技发展策略

一、中国对市场经济的拥抱没有松懈

1978年召开的党的十一届三中全会打响了中国拥抱市场经济的发令枪，迎来了四十多年的经济腾飞。此后，人们习惯在每一次的三中全会上寻找中国未来改革的新线索。习近平总书记掌舵领航后首次召开的三中全会开启了被称为"全面深化改革"的新时代。

面对一些对中国改革的质疑和对政策的不同意见，我们应该看到，中国的改革没有结束。中国作为世界第二大经济体正在改变其增长轨迹。

改革开放标志着转向市场经济。时下的改革承继了这一事业。中国共产党第十八届中央委员会第三次全体会议承认了市场在资源配置中的"决定性"作用，这是一个重大突破。因为自1992年国家正式确定"市场经济"以来，市场在资源配置中一直都发挥着基础性作用。

一些所谓"国进民退"的说法并不符合客观事实。国有企业的壮大在2008年全球金融危机之后的几年中达到顶峰。为了应对这次全球金融危机，中国推出4万亿元人民币刺激计划，以挽救市场。这些巨额资金中的大部分流向了国有企业。到2012年，央企的资产总额比2002年增加了三倍。正是在那个时候，"国进民退"的说法开始盛行。

然而，根据世界银行的数据（World Bank，2017），中国国有部门的固定资产投资占GDP的比率从2006年约48%下降至2015年的32%，同时期民营部门的固定资产投资占GDP的比率从35%上升到50%；国有企业员工占城镇就业人口的比率从1978年的近80%下降至2016年的16%；国有企业的工业产出从1998年的52%下降至2015年的22%。自2013年以来，或者从更长的历史周期来看，国有部门的这三项指标一直在下降。

国家通过强化市场在资源配置中的作用来启动全面深化改革，还准备精简国有部门并使其适应"市场化、法治化"。2012年至2021年，具有法人资格的央企数量减少了38.3%，截至2020年年底，央企的人员编制减少了20%（张琪和徐芸茜，2022；王雅洁，2020）。

相反，民营企业非但没有衰败，反而在2012年后蓬勃发展。根据经济政策研究中心（CEPR）的一项研究（Nicolas Véron 和 Tianlei Huang，2022），2010年，中国民营部门仅占中国最大100家上市公司总市值的8%，到2021年年中已飙升至55.4%。在新冠疫情之前，中国每天注册超过15 000家公司，是2010年的三倍。此外，一批具有全球影响力的独角兽民营公司应运而生，在锂电池、电动汽车、无人机甚至移动支付方面处于领先地位。在过去十多年中，国家只有通过改善知识产权保护、更适当地监管金融体系和减少行政干预，才有可能实现这一成就。

中央文件多次重申"毫不动摇鼓励、支持、引导非公有制经济发展"，媒体也发文称"民营企业和民营企业家是我们自己人"（《人民日报》，2018）。民营部门是经济领域活力和创新的主要源泉，培育民营部门的重要途径是提供一个更加自由和法治的市场环境。

当前深化改革的关键之一是减少烦冗的程序以及平衡政府在市场中的作用。与"加强国家控制"的叙事相反，各级政府部门都被敦促遵循"服务导向"。政府已经取消了1 000多项商业、投资、生产、建设和其他经济活动的行政审批。现在只需四天即可完成开设公司的所有必要程序，而过去走完同样的流程需要花费一个月。因此，中国营商环境的年度排名从2012年的第91位上升到2019年的第31位，超过了法国、瑞士和荷兰（World Bank Group，2019a）。

尽管为改善市场环境做出了很多努力，但中国经济还是告别了两位数增长的时代，有一些人开始预测"中国经济已到达顶峰"甚至将走向"苏联式的崩溃"。美国总统拜登曾在提到中国经济的表现时称中国为"定时炸弹"。有些人把经济增长放缓当作中国从以经济建设为中心转向的证据，而经济建设一直是改革的核心任务。

在2023年12月召开的中央经济工作会议明确指出，"必须把坚持高质量发展作为新时代的硬道理"（新华社，2023a）。基于邓小平"发展才是硬道理"的经济思想，这次会议强调了平衡经济发展的速度和质量的迫切需要。

虽然中国在2010年才飙升至世界第二大经济体，但其飞速增长却陷入了失衡。在21世纪的第一个十年，投资成为中国经济崛起的主要驱动力，但重资产产业内部重点不平衡，2008年后的大规模刺激计划加剧了这一趋势。中国在2011年的投资占GDP的47%，达到峰值，而同年世界的平均水平约为20%。加上国内需求低迷，以投资为主的增长模式促使中国过度依赖出口，并被锁定在全球供应链中的低附加值领域。这种模式还导致资源被掠夺性消耗、自然环境和生活环境被破坏、贫富差距持续扩大以及房地产价格继续飙升。

习近平总书记领导下的"全面深化改革"旨在通过经济的结构性调整来解决这些深刻的问题。在2013年这一届关键的三中全会召开之前，中共优化了地方官员的考核体系，更加重视他们在公民福利、社会发展和环境保护方面的表现，再也不能简单以国内生产总值增长率论英雄（新华社，2013）。作为全面深化改革的重要部分，提振内需是促进国家长远发展和长治久安的战略决策。中国的中等收入群体从2002年的7000万激增到2019年的3.46亿（国家发展和改革委员会就业司，2022）。近1亿人脱贫的运动不仅践行了邓小平的"共同富裕"的论述，而且从长远来看，推动了需求侧的扩张。在产业升级、绿色经济、环境改善等方面也取得了公认的成就。

戒断已经成瘾的GDP高增长既痛苦又昂贵。经济学家曾预测，在痛苦的再平衡期间，中国GDP的年增长率将降至5%~7%，有些人甚至将这一数字下调至3%~4%（Michael Pettis，2013b）。但除了流感全球大流行造成的异常情况外，中国的表现都好于这些预测。2023年12月初，IMF将中国2023年的经济增长预期上调至5.4%。IMF的一位高级官员认为，中国"不仅对总体数字感兴趣"，还希望增长是可持续的和高质量的（Evelyn Cheng，2023）。显然，中国当下的改革并没有将经济发展边缘化，而是在以不同的方式进行。

正如邓小平曾经说过的那样，"改革是中国的第二次革命"，而当下中国正在以自我革命的精神推进改革。随着中国的经济发展进入换挡模式，情况尤其如此。所以现在是改革的新阶段，而不是改革的结束。

二、经济和贸易

当前关于中国经济政策的讨论基本上有两种观点。一种是可以称为"堡垒中国"的观点，强调需要优先考虑经济和技术的"自立自强"，党和国家通过国有企业、产业政策和国家补贴来引导重点领域的发展，通过减少经济不平等实现共同富裕，为地缘政治竞争做好准备。另一种是可以称为"开放中国"的观点，认为增强国家调控和限制国际资本等经济政策可能会损害民营部门的信心，影响生产力的发展，最终可能会影响中国经济的前景。虽然他们还不是鼓吹自由市场的激进分子，但他们更希望看到中国推进以市场为导向的政策。

种种迹象表明，"堡垒中国"的观点更加符合中国的长期经济规划，并且这一进程因中国所面临的日益严峻的地缘政治环境而加快。党的二十大报告提出，从现在起，中国共产党的中心任务就是团结带领全国各族人民全面建成社会主义现代化强国、实现第二个百年奋斗目标，以中国式现代化全面推进中华民族伟大复兴。通过"中国式现代化"走向"中华民族伟大复兴"是一段新的征程，凸显了党引导中国经济走中国道路的决心。在这条不同于西方的道路上，党的领导是根本保证。报告体现了"系统观念"，认为"万事万物是相互联系、相互依存的"，因此不论是推进改革还是调整利益关系，都会"牵一发而动全身"。对中共来说，解决日益复杂的治理问题就是要加强党的集中统一领导，并加强政策的协调联动来推进各个领域的发展。

因此，党的二十大报告提出"构建高水平社会主义市场经济体制"，在党的集中统一领导下，加快被认为对经济和国家安全至关重要的领域的发展。市场改革和开放等在报告中仍有体现，而现在党中央希望加强对宏观经济决策和金融工作的集中统一领导；推动国有资本和国有企业做强做优做大；并引导非公有制经济发展。这体现了国家在经济决策中的双重转变——从高速发展转向高质量发展，从粗放式的发展转向更加平衡和安全的发展。

第一个转变是分阶段进行的。2015年10月，党的十八届五中全会提出了新发展理念，即创新、协调、绿色、开放、共享。2017年10月党的十九大指出，我国社会主要矛盾已经转化为人民日益增长的美好生活需要和不平衡不充分的发展之间的矛盾。党的二十大报告进一步强调"全面贯彻新发展理念"，发展仍然是党的"第一要务"，而"高质量发展是全面建设社会主义现代化国家的首要任务"。

第二个转变是为了顺应中国政治经济发展的最新态势。在特朗普和拜登执政期间，美国对中国的经济政策从合作转向遏制，即在地缘政治竞争加剧的背景下，中国不得不减少与以美国为首的西方国家的经济和技术合作。2020年4月，习近平总书记在中央财经委员会第七次会议上的讲话中提出"构建以国内大循环为主体、国内国际双循环相互促进的新发展格局"。简而言之，所谓的双循环战略旨在促使国内需求和技术发展成为增长驱动力，同时使全球制造更加依赖中国的供应链。粮食安全以及能源安全也是内循环的重要部分，乡村振兴战略与"全方位夯实粮食安全根基"的目标相交汇。

为了加强党的全面统一领导，中央高度重视民营企业的党建工作，鼓励党组织在企业发展中发挥更大的作用。2020年7月，习近平总书记在企业家座谈会上指出，民营企业家需要成为"爱国企业家"（新华社，2020a）。同年9月，中共中央办公厅印发了《关于加强新时代民营经济统战工作的意见》（新华社，2020b），强调"进一步加强党对民营经济统战工作的领导"和"加强民营经济人士思想政治建设"，"打造一支关键时刻靠得住、用得上的民营经济人士骨干队伍"，并鼓励他们参与国家重大战略。

党的二十大报告表明，希望加强民营企业的党建工作。此外，报告还强调，加强重点领域、新兴领域、涉外领域立法，健全反制裁、反干涉、反"长臂管辖"机制。国家已经展开部署以应对美国的制裁和出口管制，但可能也会增强执法力度和颁布新法律，跨国公司将面临越来越严格的合规挑战。

党的二十大报告进一步明确了2035年"基本实现社会主义现代化"目标的具体内容，与十九大报告相比，增加了"综合国力大幅跃升""居民人均可支配收入再上新台阶"等新内容。报告还指出，在2027年党的二十一大前要实现的主要目标任务，包括**居民收入增长和经济增长基本同步，劳**

动报酬提高与劳动生产率提高基本同步。

自2022年年底以来，政府采取了很多措施，将经济复苏作为优先事项，并出台了一系列房地产新政来缓解投资者的担忧。这一连串的行动也在一定程度上带动了中国股市的反弹。然而，外国资本返回中国的速度可能比最初预期的要慢。投资者从中国债券市场撤出了1 000多亿美元，并大幅削减了他们在中国股市的股份。原因有很多种：中俄关系的走势；人民币对美元汇率的贬值；地缘政治紧张局势升级和国家安全法的颁布，导致外资担心中国的投资环境变得不友好；货币政策方面，中国减息，美国加息，导致中美债券之间缺乏可观的利差。

在这一情况下，国务院总理李强向外国公司发出了强有力的邀请。2023年3月在北京举行的中国发展高层论坛上，李强总理与世界五百强企业负责人进行了会谈，并保证中国将坚定不移扩大对外开放。他鼓励这些企业不仅要在中国投资，而且要在这里扎根。他强调，今天的中国经济已与世界经济深度融合。他还说："我们将对接高标准国际经贸规则，深入实施准入前国民待遇加负面清单管理制度，继续提升贸易投资自由化便利化水平，稳步扩大制度型开放，着力打造市场化、法治化、国际化一流营商环境。"（外交部，2023）2023年10月，国家主席习近平在第三届"一带一路"国际合作高峰论坛上宣布，中国将全面取消制造业领域外资准入限制措施。

对供应链安全的担忧加剧，促使中国采取了更加警惕的立场，特别是中美科技竞争的紧张局势升级——美国限制中国获得先进芯片技术的尝试加剧了这种担忧。中国未来或许将公布旨在加强供应链安全的措施，这可能涉及制造业补贴和调整教育政策，以促进国内技术进步。企业可以期待更多信贷支持和政府对制造业升级与创新的补贴。中国政府还可能会继续加强与其他经济体的贸易联系以提高生产力和竞争力，尽管与美国的直接贸易联系在减少。

中国的经济在相当长的时期内仍面临挑战，需要进行改革，以提升正在放缓的生产力增长速度，缓解人口负增长的压力，增加家庭消费，减轻不断上升的债务负担，给年轻人创造更多的就业机会，并减少经济对房地产业的过度依赖。这包括改革国有企业，厘清央地财政关系，改善民营企业融资环境，提高退休年龄，完善房地产和资本性所得等的税收制度，加强社会保险和再分配，以及通过户口改革提供更公平的公共服务等。

三、金融

金融已日益成为现阶段的政策重点。中国金融体系中的杠杆率过高引发了社会的担忧，不可持续的借贷正在增加金融危机的风险，这可能会导致经济衰退和一系列社会问题。这种担忧促使中央加强了对金融行业的监督管理。

在中国，党中央始终坚持对金融工作的集中统一领导，并将这种领导视为应对金融危机的必要举措，特别是在政府干预帮助中国经济渡过了1997—1998年的亚洲金融危机和2008—2009年的全球金融危机之后。国有银行的大部分信贷流向了地方政府和国有企业，这种贷款通常基于政策考量而不是市场信号，这导致不良贷款不断积累。民营企业的生产总值占中国GDP的60%以上，但比国有企业更难获得贷款，而且利息更高。中国并没有向国际金融体系完全开放自己的市场，政府长期实行外汇管制，这使其能够控制国内资金向海外流动。与此同时，也导致许多民营企业，甚至是一些国有公司和地方政府，转向风险更高的非国有"影子"融资机构来筹集资金，特别是在国内证券市场募集资金的能力相对较弱的情况下，更倾向于做出这一选择。

因此，政府对民营公司的财务状况知之甚少，包括在关键行业中具有系统重要性的几家集团。对中国政府而言，这种信息缺乏是不可接受的，因为它使得政府无法管控债务上升的经济风险和巨富的政治影响力。在2015—2016年中国股市动荡之后，中央提出在适度扩大总需求的同时去杠杆，降低企业债务负担。

党的十九大报告中强调"守住不发生系统性金融风险的底线"。这个表述的背景有一部分是当时中国新生的P2P贷款行业开始出现违约和卷款跑路的案件。该行业作为一种新兴的融资解决方案，迎合了渴望资金的个人和民营企业，最初并没有受到太多监管。但这些金融案件让一些普通人的积蓄归零，导致社会不稳定，因此，中国需要大幅升级金融监管的力度，以保护投资者，保护经济免受互联网融资带来的金融风险的影响。

随后，中国人民银行等十部门于2021年9月发布通知，打击虚拟货币交易炒作。区块链的匿名性违背了中国对金融透明度和监管的要求。与此同时，中国人民银行开始启动数字人民币的试点测试。

中央防范金融风险的另一个重点是降低房地产企业的杠杆率。房地产部门约占中国经济活动的25%，这一比例异常高。2020年8月，中国人民银行与住房和城乡建设部明确了重点房地产企业资金监测和融资管理规则，即剔除预收款后的资产负债率不得大于70%，净负债率不得大于100%，现金短债比不得小于1。被称为"三道红线"的新规推翻了房地产部门以高杠杆率维持房价不断上涨的商业模式，许多开发商不得不违约或重组以实现合规。受此影响的也包括恒大集团——中国最大的房地产开发商之一。该公司杠杆使用过度，并于2021年12月正式宣告违约。到2023年10月恒大重组基本宣告失败，其董事会主席因涉嫌违法犯罪被依法采取强制措施。这三道红线，加上抵押贷款限制（按揭比例和利率等）和租金上限等政策，导致房地产部门发展放缓，引发了人们对金融危机及其在更大范围内的传导的担忧。

地方政府债务也可能带来金融的系统性风险。主要问题是中央和地方财政失衡，中央获得了税收收入的大部分，并将大多数公共支出责任留给了地方政府，而没有完全弥补地方的财政缺口。这种失衡导致一些处于

"灰色地带"的地方政府融资工具激增。这些工具之一是向开发商出售土地，但其效果因房地产市场冷却而大受影响，中央特别强调，中央政府必须更多地了解地方政府的财政状况，并监督债务水平的纠正和未来借款，因此许多懂金融技术的官员获得提拔，担任主管金融工作的副省长。

在中共中央的监督下，中国**继续向更市场化的方向推进中国货币政策的渐进式改革**。21世纪第一个十年中期之前的10年，中国采取汇率政策大幅低估人民币，这使得中国海外出口更加便宜。渐进式改革举措包括扩大允许人民币兑美元汇率浮动的区间，以及通过银行流动性和贷款工具制定更有针对性的国内政策。2016年10月，国际货币基金组织（International Monetary Fund，IMF）将人民币正式纳入特别提款权货币篮子，这是人民币受到市场认可和提升国际地位的重要一步。中国加大了人民币国际化的力度，通过"一带一路"倡议促进了人民币在跨境交易中的使用。结果人民币在全球贸易融资中的份额翻了一番还多，尽管份额仍然很小。资本账户自由化愈发变得不可能，因为这将取消对进出中国资金的监管。

党的二十大报告指出，中国将"深化金融体制改革，建设现代中央银行制度，加强和完善现代金融监管，强化金融稳定保障体系，依法将各类金融活动全部纳入监管，守住不发生系统性风险底线"。此外，该报告特别强调要"推进国有企业、金融企业在完善公司治理中加强党的领导"。报告还指出要健全资本市场功能，提高直接融资比重。总体而言，该报告表明，对金融体系的监管将持续强化，对金融风险应高度关注，特别是通过在党和国家机构改革中创建的新的金融监管机构。

然而，中国的金融政策仍将在监管和增长之间寻找平衡。例如，为房地产融资带来一系列宽松措施，包括保证未完工项目交付的系列措施，放松抑制需求的控制措施［降低首付比例和贷款（存量贷款）利率，放松或取消限购政策等］，以及通过商业银行贷款、债券融资和股权融资等方式改善优质房地产公司的现金流。

2023年10月召开的中央金融工作会议，可能是中国金融事务遵义会议般的里程碑。会议强调必须坚持党中央对金融工作的集中统一领导，并且更明确地阐述了党中央在金融的哲学、价值观、方法论和意识形态等关键领域的观点和立场。

会议指出，开拓中国特色金融之路必须把马克思主义金融理论同当代中国具体实际相结合、同中华优秀传统文化相结合（新华社，2023）。马克思主义金融理论阐明了货币、信用、金融危机等金融领域的重要内容。马克思对货币来源和货币本质的揭示建立在劳动价值论基础上。中央旗帜鲜明地指出，马克思主义金融理论为做好新时代的金融工作提供了根本遵循。这与西方金融系统在意识形态上有根本不同。"把马克思主义金融理论同中华优秀传统文化相结合"可以理解为"坚持诚实守信、以义取利、稳健审慎、守正创新、依法合规"。

会议强调，"必须坚持党中央对金融工作的集中统一领导"。这表明，金融系统完全在党的领导下运作，金融系统的作用是服务于党的使命任务，避免成为纯粹受经济利益驱使的无纪律的机构。2023年版的《党和国家机构改革方案》中包括组建中央金融委员会和中央金融工作委员会，在原银保监会的基础上组建国家金融监督管理总局，中国人民银行、国家金融监督管理总局的工作人员纳入国家公务员统一规范管理，央行恢复设立省分行，证监会从国务院直属事业单位调整为国务院直属机构，建立以中央金融管理部门地方派出机构为主的地方金融监管体制（地方政府设立的金融监管机构专司监管职责，不再加挂金融工作局、金融办公室等牌子）等。形成了在中央金融委员会下"一行一总局一会一局"（中国人民银行、国家金融监管总局、中国证监会、国家外汇管理局）的金融监管新架构。

会议强调"坚持以人民为中心的价值取向"，体现了中国金融与西方金融在价值取向上的根本不同。在西方背景下，主要关注点通常集中在营利能力和股东回报最大化，同时遵守美联储等机构的监管要求；在中国，金融机构尤其是国有金融机构，受党的领导，其首要目标并不是经济利益，而是履行更广泛的责任。

更广泛的责任是什么？会议指出，高质量发展是全面建设社会主义现代化国家的首要任务，金融要为经济社会发展提供高质量服务。中国坚持把发展经济的着力点放在实体经济上，而金融作为一个行业应该为实体经济服务，而不是超越实体经济单独发展。

2024年5月，中共中央政治局召开会议审议《防范化解金融风险问责规定（试行）》，再次重申必须坚持金融工作的政治性、人民性，纠正金融系统此前长期存在的"重营利、轻党建，重私利、轻公利"不良政绩观与价值观，坚定不移走中国特色金融发展之路（新华社，2024）。

四、技术

新时代中国网络治理制度的关键词包括：网络安全、网络信息保护、反对垄断和不正当竞争等。目前该制度的高层设计已经完成，但各种监管、计划和标准还将继续在执行层面展开。数字化和数字经济也将继续作为一个重点，特别是在云计算、数字人民币、电子政务和数字乡村等电子商务以外的领域。

2022年10月，在党的二十大报告中增加了"实施科教兴国战略，强化现代化建设人才支撑"的新章节，专门讨论科技、教育和人才的发展，这发出了强烈信号——这些领域在国家发展过程中的优先级正日益提升。中国已经意识到"来自外部的打压遏制"将是未来面临的重要挑战，因此"科技自立自强能力显著提升"是2027年前的主要目标任务之一，并在党的二十大报告中把"实现高水平科技自立自强"加入国家发展的总体目标之中。党的二十大报告确定了政府将重点支持的新的增长引擎：**新一代信息技术、人工智能、生物技术、新能源、新材料、高端装备、绿色环保**。这份高科技行业清单与十九大报告中确定的以消费为导向的增长驱动引擎明显不同。

自党的十八大以来中国便一直专注于"创新驱动发展",习近平总书记在2016年发表了《为建设世界科技强国而奋斗》的重要讲话,2021年3月《国民经济和社会发展第十四个五年规划(2021—2026)》(新华社,2021a)发布,科技逐渐成为国家发展的核心要素。该五年规划强调,"把科技自立自强作为国家发展的战略支撑"。国家发展将侧重于全球前沿科技和人民生计。在国务院印发的《"十四五"数字经济发展规划》中为"数字经济"引入了一个新的主要目标,即到2025年要达到占GDP的10%,高于2021年的7.8%。

面对日益严峻的国际环境,中国必须调整发展战略,在关键技术投入方面要更加自立自强。2023年3月,习近平总书记在参加十四届全国人大一次会议江苏代表团审议时强调:"我们能不能如期全面建成社会主义现代化强国,关键看科技自立自强。"(《人民日报》,2023)《中国制造2025》(2015年)的文件要求:到2025年,自主知识产权高端装备市场占有率要实现大幅提升。后来的"十四五"规划更加注重维护科技安全。该规划旨在通过实现以往以进口为主的关键科技产品的国内生产(和需求)来维护国家安全问题,它所推动的创新驱动发展也与中央所强调的"推动高质量发展"相一致。

中国希望通过"双循环"战略,建立一个被其他国家更依赖的更强大的国内市场。国家会通过更为具体的产业政策和指导意见影响公司和投资者的布局,从而希望建立一个以先进制造业、科技创新和核心技术为重点的现代产业体系,同时确保该体系可以促进保护消费者权利、保护环境和提高社会福利。数字技术的发展应该加强而不是取代实体经济,数字商业和数字金融的发展需要与实体经济相融合。

2020年10月开始,根据《中华人民共和国反垄断法》(以下简称《反垄断法》),国家对互联网平台企业开启了一轮"强监管",多个平台企业陆续受到处罚,这一轮"强监管"旨在反垄断、促进公平竞争、保护消费者利益、保护劳动者权利、保护个人数据安全、维护金融安全等。特别重要的是，国务院反垄断委员会于2021年2月发布了《关于平台经济领域的反垄断指南》，并于2022年6月修订了《中华人民共和国反垄断法》。

互联网平台企业的野蛮生长和迅猛扩张使其暴露出很多问题，如过度使用杠杆、过度数据收集、消费者价格歧视等。中央认为，中国经济和社会发展的健康状况在很大程度上取决于防止"资本无序扩张"。自党的十九大以来，中国政府有关部门一直在强化平台经济的监管议程。这样的严厉监管是希望平台经济更有序地发展，而不是要打倒科技巨头。

2023年1月，时任银保监会主席的郭树清宣布"14家平台企业金融业务专项整改已经基本完成"，随后将进行"常态化监管"，使平台企业能够"在引领发展、创造就业、国际竞争中大显身手"（新华社，2023b）。这场整改的结束并不代表恢复过去的状态。相反，这是新监管常态的开始。尽管一些不确定性有所减少，但互联网平台企业现在显然需要优先考虑合规性的问题，将更多的资本用于服务国家战略利益。在2023年3月的"两会"上，国家领导人表示，"始终把民营企业和民营企业家当作自己人"，"高质量发展对民营经济发展提出了更高要求，民营企业要践行新发展理念"（新华社，2023c）。

虽然中国政府正在将更多资源用于党的二十大报告中点明的高科技领域，但中国的增长率仍在持续放缓。中国也要避免通常伴随着新的核心优先发展事项的浪费性投资，因为难免会有一些不合格的企业涌入该领域，而觊觎政府补贴。

政府对科技创新的推动给外国公司带来的影响喜忧参半。对它们不利之处包括：国家补贴、采购偏见和促进国内技术行业的监管偏好，但对它们有利之处是，技术的提升可以为所有市场参与者提供更强的质量保证、监管执法和知识产权保护。政府还可能会采取额外的激励措施，以吸引外国高科技公司在中国建立生产设施并进行其他投资，特别是那些参与先进制造的公司。

03

第三章

好租金和坏租金

"经济租金"逐渐成为政策界、学术界和公共辩论领域的热点题目,多数人认为,现代经济正在遭受过高的经济租金。

租金是什么?不仅仅是房租或地租,更广义的租金定义是,基于对稀缺资产的控制或所有权而产生的回报。金融部门越来越多地将资源分配给非生产性活动,在此过程中收取费用和利息。在许多发达经济体的城市,土地租金随着住房可负担性危机而爆炸式增长。越来越多的实体部门也开始接受租金榨取的商业模式,从过度的股票回购到数字平台垄断经营,再到大型制药公司激进的药物定价策略,都有这种模式的影子。自然资源租金维持了生态上不可持续的生产形式,俄乌冲突导致能源成本上升后,部分推高了许多经济体的生活成本,且导致许多发达经济体去工业化。这些造成不平等程度扩大的重要因素,也有助于解释投资、收入、创新和经济增长水平的下降。

尽管有越来越多被接受的批评,但全球范围内对经济租金的政策反应似乎并不大，为什么？原因之一在于占主导地位的新古典主义经济学中关于租金的观点强烈影响着政策思维。这种观点对租金采取了主观的解释，在决定市场中的经济价值时，更注重个人偏好和边际生产力，却忽视了所有权、权力和租金（原始）分配所发挥的作用。这种观点将分析的重点从生产的客观方面（通过这种分析，人们可以了解"谁在做什么，谁在赚什么"）转移到主观方面（价值来自交易分析），从这个意义上说，**它不再把租金当作非劳动收入，而是把租金当作市场的低效部分。**

然而，即使考虑到权力、所有权和租金，政策制定者仍然面临着挑战。因为并不是所有租金在经济上或社会运行中都是不可取的。熊彼特曾指出，资本主义经济增长是一个动态过程，其中必然会存在竞争和创新，随着新产品的开发，会不可避免地产生租金。该过程在创新扩散和其他市场参与者"追赶"上来之前，为企业家创造了暂时形成垄断的条件。

对创新和增长至关重要的短期租金是"好租金"，导致不平等和经济停滞的长期租金是"坏租金"。但如何把握租金的"好"或者"坏"，尚缺乏实证或理论分析，因此难以制定处理租金的有效政策框架并证明其合理性。

多数有关租金的研究，根据经验确定租金的主要方法是，先假设某些部门是"食利者部门"（金融、房地产和自然资源部门往往会被纳入），然后跟踪这些部门的收入或总增加值，要么将其作为 GDP 中的一部分，要么与其他经济部门比较，看它们随时间的变化（增长）。这种做法有明显的局限性。例如，某些形式的金融收入可被视为对经济增长有利，如支持非金融初创企业的贷款利息收入和投资于创新的现有企业的贷款利息收入。而经济学和国民账户中其他常用的测量方法有时却忽略了"坏"租金。例如，专利经常被用来衡量一个经济部门或国家经济中的创新成果。从短期来看，专利费用可以被视为支持熊彼特租金（即"好"租金），但更长期、更广泛的专利收费可以实现垄断利润，高通或微软等企业经常因此被批评为"专利流氓"。然而，在关于创新的研究中，很少有人试图区分这两种类型的专利。英国经济学家玛利安娜·马祖卡托（Mariana Mazzucato）等人（2023）从理论和经验上探讨了如何区分"好的"熊彼特租金和"坏的"榨取性租金。

本章首先回顾了租金理论的历史沿革，包括古典政治经济学、二十世纪早期的制度经济学、新古典主义经济学和凯恩斯主义对金融食利者的分析。其次，通过好与坏的不同视角，绘制并定义了关键部门现代租金的一些典型特征，其中重点关注了房地产和金融部门；气候变化和能源安全问题突出的自然资源部门；特别侧重于商业活动的金融化企业部门；以及数字平台部门。再次，为区分"好"租金与"坏"租金提出关键问题，并阐述了新的研究和政策议程，以确定现代经济租金并制定有效的政策来处理这些问题。其中特别强调了国家在将"坏"经济租金社会化（如通过税收、公有制）以及通过对创新研发的公共投资来刺激"好"租金方面所起到的作用，但这种作用通常都被忽视了。本章讨论了中国经济中分别对应金融、自然资源和企业部门[①]的经济租金案例。考虑到数字平台部门的租金涉及更广泛的讨论，在另外的章节详细讨论。

一、经济租金的理论

早期的经济学家（重农主义者）认为，如何以收入最大化地再投资于"生产性"活动（相对于非生产性活动）的方式来引导增长，一直是经济学和政策关注的核心。重农主义者希望确保土地的收获被重新投入农业技术和农业活动中，而不是被商人或皇室随便抽走。古典经济学家们（如大

[①] 通过企业部门金融化抽取经济租金，在美国拥有更多案例，中国较不普遍。因此此处给出的"大型企业应收款融资"案例更多对应房地产和金融部门的金融租金。

卫·李嘉图、约翰·密尔、亚当·斯密和卡尔·马克思）将如何区分生产性和非生产性置于政治经济学研究的核心，将经济租金定义为从稀缺资产（如土地或其他自然资源）的所有权或从对经济生产所需活动的控制中获得的收入。

古典政治经济学中的经济租金

古典经济学家发展了一种客观的价值理论，其基础是对何种劳动应被定义为生产性的以及什么应被视为寻租的规范性分析。人类的活动可被归类为在"生产边界"之内或之外，而那些被排除在外的活动不包括在国家经济增长和财富的计算中。古典经济学家将来自土地所有权和金融活动的收入视为租金，因为它只是将资金从一种活动转移到另一种活动，而并没有为总体财富增长做出贡献。同样，他们认为，商品或服务的价格应该反映这种贡献。如果不是这样——例如，一种生产要素的稀缺性导致了高水平的寻租——那么由此产生的财务收益应被视为非劳动收入，并应成为国家征税的主要对象。因此，李嘉图、斯密和密尔都主张从土地所有者的收入中抽取大部分作为国家税收，因为在他们看来，土地所有者从经济发展推动的地租上涨中获得了非劳动收入，而这与他们的努力无关。

因此，古典主义者确定了在经济过程中与不同主体的角色相关的三个独立的收入类别。利润归资本家所有；工资支付给劳动者；租金支付给在生产过程中对必需的生产资料拥有控制权的那些人，这些生产资料没有生产成本或生产成本可以忽略不计。其中既包括土地和其他自然资源，也包括基于对市场的垄断控制或特权的回报，还包括向银行支付的利息。密尔将租金描述为"无须工作、无须冒险或节约"的所有权收入，描述了食利者阶层如何"在睡梦中变得更加富有"。

古典经济学家的一个主要担忧是，如果太多的经济盈余以租金的形式被占掉，就没有足够的利润留给资本家用于投资再生产和足额支付工资，从而会导致经济停滞和不平等加剧。最终，支付给食利者的租金，以及劳动力和资本成本都会体现在价格中——价格会变得过高,而且租金还将挤出生产性投资。因此,古典主义经济学派将利润定义为在支付工资、投入资本并扣除地租和利息之后所创造的剩余价值。古典主义经济学家是具有政治性目的的,因为他们搞研究是为了制定政策,将工业资本主义从封建主义和重商主义的食利者土地和银行结构中解放出来。斯密谈到的自由市场,指的是没有租金的市场。

在早期古典经济学家的贡献的基础上,基于劳动价值论,马克思提出了一个更全面的地租理论,认为地租产生于将他人排除在资源使用之外,无论是自然资源还是人为制造的资源。从这个角度来说,土地所有者和产业资本家都可以获得地租。除了李嘉图的"级差地租"理论,马克思还发展了"绝对租金"和"垄断地租"的概念。"绝对地租"是指在结构性稀缺的情况下,对一类消费者拥有权力的生产者阶级能够在群体之间转移剩余价值,而不会通过生产增加任何价值。"垄断地租"是由于某种商品的不可替代性而实现的价值榨取,其经典例子是土地。马克思主义的分析表明,在资本主义发展过程中,对土地的需求将上升,从而导致房地产价格膨胀和超额地租榨取。马克思认为,这种情况是资本主义生产方式决定的,因此,不可能像英国古典主义者斯密、李嘉图和密尔所提议的那样,通过税收等手段对地租进行有效监管。相反,从长远来看,更可行的解决方案是通过所有资产的国有化来实现经济租金的社会化。

最近,新马克思主义学者详细阐述了"不平等交换经济"和"食利者经济"之间的区别。关于前者,帝国主义理论家着眼于国家之间的剥削,认为即使国际贸易处于接近完全竞争的"理想"状态,核心经济体也能通过垄断和行使国家权力从欠发达经济体那里榨取价值和资源。与当代全球化工业生产体系中工资和利润的不平等交换相反,租金榨取只是从现有的金融资产或其他资产的垄断中获得收入,并不对应实际生产或投资形成的任何增长。

总体而言,古典经济学家为租金的概念化提供了一个重要的知识框架，但在考虑现代经济租金时，他们的理论尚不完善。较为明显的是，对地租的强烈关注导致他们忽视了支持创新和经济技术发展的"好租金"的概念。同时，对物质稀缺性的强调又使古典经济学家——除了马克思——忽视了工业资本家通过专利或控制经济交换所需的平台（包括金融的作用）来人为制造稀缺性，从而设计榨取租金。法国和德国的改革者在18世纪和19世纪提出了这些问题，并对20世纪早期的制度经济学和演化经济学产生了影响。

法国和德国的产业改革者和制度经济学家

英国古典经济学家关注的是地租的概念及其对快速工业化的国家的影响，而法国和德国的经济学家的注意力则转向金融的作用，以及如何最好地构建金融体系以支持产业和技术发展，从而使自己的国家赶上英国。在法国，圣西门（Saint-Simon）和他的追随者阐述了金融领域中"好"租金和"坏"租金之间的区别。他们对法国贵族进行了强有力的批评，称其为食利者阶级，尽管他们在法国大革命期间在政治上被推翻，但他们依靠继承的财富生活，收取利息、股息和租金，却不用从事任何生产劳动。圣西门提出，通过建立产业信贷体系，从而为重大基础设施和工业项目提供股权投资而不是债务，金融应服从于产业利益。通过从股本产出中获得股息而不是获得利息，金融和产业的利益将以一种互惠的方式联系在一起。生产率的提高将有助于通过股权增加投资者的回报，并鼓励他们积极关注产业发展和减少租金榨取。圣西门等改革者吸引了社会主义者和法国政府的支持，并在1852年见证了佩雷尔兄弟的动产信贷银行（Societe Generale Credit Mobilier）的创立，该银行体现了圣西门的经济思想。它以购买铁路和公共事业发行的股票和债券的形式提供低成本长期信贷。

圣西门的思想影响了马克思，他们都深信，产业信贷最终将取代工业革命前的投机和高利贷银行。圣西门的思想在德国也很有影响力，德国在19世纪下半叶迅速发展了以产业为导向的银行部门。同样地，这些银行持有股权资本而不是贷款，认识到将利润投资于扩大再生产限制了企业支付利息的能力，在与政府一起指导德国发展的大部分规划中发挥了主导作用。相比之下，英国商业银行更喜欢贸易融资业务，而不是为产业长期发展提供资金或基于现有抵押品的贷款。他们还将大部分收入作为股息进行支付，并对他们的贷款收取高额利息。

圣西门的著作以及法国和德国的发展，对演化和制度经济学家的出现产生了强烈的促进作用，如托斯丹·凡勃伦（Thorstein Veblen）和西蒙·派顿（Simon Patten）。在对地租进行古典分析的基础上，他们引入了政治、法律法规和制度，在确定食利者的经济行为和推动资本主义市场发展方面起到了更强的作用，并对美国和欧洲的发展进行了比较。例如，两位经济学家都声称，地租榨取与金融体系的自由化有着因果联系。更自由化的金融体系，如英国和美国的金融体系，允许出于投机目的的更多的银行信贷创造和股票投资，即对土地或其他自然资源等资产的短期投资。这种做法推高了这些资产的价格，增加了租金并进一步增强了它们的投机吸引力。

制度经济学为房地产价格膨胀提供了一种解释，这是对古典政治经济学的补充。不可替代的、本质上有限的商品（如土地）的租金榨取的程度不仅取决于其固有的实物稀缺性，还取决于信贷和资金的分配。这些信贷和资金可以直接用于更具生产力的部门，如德国和法国的圣西门模式，也可以流入土地或金融资产等现有资产，进一步抬高土地或金融资产价格。制度经济学认为：如果经济的关键部门是国有的或国家监管的，那么租金榨取将被最小化（假设国家本身不参与租金榨取）。

因此，与古典经济学不同，制度经济学认为租金可以在很大程度上得到调节，并且可以在不牺牲经济效率的情况下增加福利。此外，凡勃伦和派顿对租金的理解比古典学派更为宽泛：对信用创造的垄断，通信和运输网络也是关键的寻租部门。与李嘉图的规模收益递减假设相反，这两位都认为递减是一种特殊情况，在大多数情况下，收益是递增的。像熊彼特一样，他们将租金描述为由于技术进步而导致的回报递增所产生的超额利润。凡勃伦的论点主要集中在华尔街的案例上，它是收益递增的一个关键例子，而派顿的论点则主要集中在由于技术驱动的垄断而导致的收益递增。

熊彼特认为租金是充满活力的资本主义经济的重要特征。熊彼特认为，租金随着新产品的开发，在竞争和创新的过程中产生，这为企业家创造了垄断的条件，从而以更先进的技术和更低的成本获得租金收益。然而，重要的是，这种现象是暂时的。随着新的生产技术在生产者之间传播，效率较高的生产者的优势将会减弱。需求曲线变得更具价格弹性，生产者之间的差异程度下降，熊彼特租金也随之下降。初始阶段商品的差异化程度越高，对新产品的需求越高，租金就越高。这些熊彼特租金是"创造性破坏"过程的自然组成部分，而"创造性破坏"是追求创新驱动增长的动态经济模式的关键。熊彼特没有将银行系统视为租金榨取者，而是将其视为资本主义体系的监督者，而银行创造信用的过程使得事先没有储蓄的企业家能够将资源引入新的投资组合。

新古典理论与寻租

新古典主义经济学兴起于19世纪，它认为在市场交换过程中，企业和消费者的主观偏好决定价值。在竞争性市场中，商品的均衡价格将反映不同经济主体的主观偏好，这些主体都在寻求自身效用最大化。

边际生产力理论就是从这一角度出发的。这一理论认为，从长期来看，不同生产要素之间的回报没有根本差异。每一种要素，无论是劳动力、土地还是资本，都将获得其边际效用。土地的所有者会把土地借出去，直到这样做的边际效用低于自己耕种的边际效用，因此，土地租金收入被理解为利润的一部分。从这个角度而言，食利者利润被视为对承担投资风险的"回报"，与生产性资本投资没有什么不同，而不是像李嘉图、凡勃伦和派顿认为的那样将食利者利润视为来自资本收益、利息或垄断收益。因此，边际生产力理论的焦点集中在劳动收入和非劳动收入（资本利润）之间的分配上。

经济租金就是一项要素生产的总回报与其在完全竞争情况下的均衡供给价格之间的差额。租金被视为异常或超常利润,产生租金的条件,要么是享有特权的某些群体人为垄断或干预市场(如集体谈判),要么是短期摩擦和信息不对称。乍一看,这些类型的租金似乎接近前文所描述的熊彼特租金。然而,有一个主要的区别:熊彼特并不认为租金是"不完美的",他把租金当作健康的资本主义制度所固有和必要的要素。如果这种租金消失,那么它将不再是健康均衡的证据,而是缺乏动态创新的证据。

边际生产力理论在20世纪的经济学思想中占据主导地位,而它很少关注租金。20世纪50年代有几项研究,试图计算垄断和关税的社会成本。当垄断企业以价格巩固其高于边际成本的权力时,它会在消费者和供应商承担的成本之间制造"楔子"(可以理解为一种税收)。结果是,征收这种有效的税收扭曲了市场结果,而楔子会导致销售量下降,低于没有这种楔子的社会最优水平(造成的损失也被称为"无谓损失")。然而令人惊讶的是,这些研究普遍认为这些社会成本可以忽略不计。

在20世纪60年代末和70年代,在新古典主观价值理论的基础上,出现了寻租理论。寻租理论认为,垄断和关税的无谓损失低估了真正的社会成本,因为它们忽略了为获取相关租金的支出(例如,旨在确保垄断租金而向政府或选举候选人的转移支付)。这些支出本可以用于更具生产性的活动,一旦它们被纳入食利者活动的社会成本,租金的经济意义就会大大提高。因此,寻租的社会成本造成的浪费,是由投入这一活动的资源的机会成本以及由非均衡定价所产生的无谓损失而产生的。

的确,大量资金被用于影响政府政策,尤其是竞选捐赠。尽管寻租这一理论是有用的,但主观价值这一更广泛的概念仍然存在问题。从根本上说,新古典主义经济学无法捕捉到这样一个事实,即某些类型的回报——如资本收益——仅仅是由于地位优势和权力而不是因为努力和对社会更广泛的贡献。这种特殊类型的食利者活动可能会榨取而不是创造价值。20世纪30年代的大萧条表明，金融部门尤其容易出现这种情况。

此外，寻租理论还影响了劳动经济学。源于这一范式的实证研究表明，强大的工会有可能会争取更高的工资溢价并降低企业赢利能力，因此，企业可能会减少对实物资本和研发的投资。假设经济是由利润驱动的，强大的工会被认为是不可取的，因为减少固定资本投资将导致增长放缓。然而，这种对工会权力寻租—增长关系的简单化的观点仅是一家之言。最近的研究表明，工会也可能会激励研发投资，这是因为强有力的社会契约通常会促使雇主和雇员之间达成长期协议，这确保了稳定的商业环境，进一步促使投资者进行长期投资，这对于研发密集型项目是必要的。此外，强大的工会可以确保投资的收益在雇主、管理层和雇员之间公平分配（通过相互协议或劳工行动的威胁），这也能促使进一步的研发。强大的工会可能会吸引更多的投资，因此，工资溢价可以被认为是一种好租金。

凯恩斯的金融食利者和金融化

凯恩斯的金融食利者这一概念建立在生产性和非生产性投资的区别之上。尽管凯恩斯对食利者的实际定义是模糊的，但他们被解释为一个不同于资本家的阶层，其主要区别在于选择投资的部门不同。产业资本家寻求通过投资实体经济来获利，也就是说，他们的投资是生产性的，这些投资最终会创造新的价值。而金融食利者通过他们对稀缺资源（货币）的控制来寻求利润，即通过借钱给产业资本家和工人来获取利息。凯恩斯认为，这种获利方式是寄生性的，即食利者从其积累的财富中获利，整个过程不创造就业或价值。

这些食利者行为是凯恩斯衰退理论的核心，也是资本主义经济出现周期的原因之一。食利者获取的收益在国民收入中所占的份额越大，失业率就越高。这是因为工人有更高的消费倾向，这种收入分配向食利者的倾斜最终将导致初始消费不足的危机。有效需求不足会促使产业资本家调整预期，减少未来的投资，从而进一步减少就业，进而减少消费。与制度主义经济学家和古典主义经济学家一样，凯恩斯将租金榨取视为一种政治现象。虽然土地确实是有限的，这意味着地租是自然产生的，但金融租金取决于私人金融机构的政治和制度权力。正如凯恩斯有一句名言：……虽然土地稀缺可能有内在原因，但资本稀缺没有内在原因。因此，他认为，通过降低利率，适当的货币政策和信贷政策可以导致"食利者的安乐死"，这最终将使经济稳定在以充分就业为特征的增长轨道上。

凯恩斯的同时代人，如卡莱茨基（Kalecki），并不认同凯恩斯对食利者衰落的乐观态度。他认为既得利益和宏观经济表现之间的联系是资本主义的一个基本方面。在卡莱茨基的理论基础上，最近的一些后凯恩斯主义、新马克思主义和政治经济学的研究者认为，从亲劳工的福特主义制度向亲资本的新自由主义制度的过渡是由既得利益者推动的。诚然，在第二次世界大战后的福特主义时期，资本主义在大多数发达经济体中确实受到了一定程度的监管，但自20世纪80年代初以来，世界目睹了食利者的复活，而不是它的死亡。

更广泛地说，"金融化"的概念与食利者从非金融企业和工人身上榨取利润和收入密切相关。

第一，过去30多年来，非金融公司越来越热衷参与金融活动，这与发达经济体和发展中经济体的实际投资下降有关。第二，许多非金融公司的投资组合转向对金融资产的大额投资，导致自身赢利能力与价值创造"脱节"，进一步导致了实体投资和增长水平的下降。第三，与此同时，非金融公司在偿还债务、提高股价等方面所面临的压力，往往会导致他们通过减薪的方式将这些成本转嫁给工人。第四，家庭金融化的兴起使负债累累的工人家庭在工作场所更加厌恶风险，因为他们担心债务违约，所以更顺从地接受减薪或不稳定的合同。

前文对经济租金的关键理论进行了简要和选择性的回顾，展示了各种不同的观点，其中许多观点都存在理论和实证的缺陷。古典经济学家关注的是所需自然资源（尤其是土地）的稀缺性，认为这为所有者提供了议价能力，使其能够在需求上升时提高价格。制度主义者和熊彼特认识到，金融和技术密集型行业的规模收益的上升，引发了一系列更广泛的经济租金。熊彼特还认识到，某些好租金是充满活力的资本主义经济的一个有用且不可避免的特征，但同时他也认为，在一个健康的经济中，租金存在的时间应该是短暂的。

相反，早期的新古典经济学将地租放入边际生产力的元理论中进行研究，从而降低了其重要性。后来出现了寻租理论，研究施加某些限制或允许某些利益集团获得垄断权力如何导致次优、非均衡的结果。

凯恩斯将注意力转移到了金融部门，将其视为"出类拔萃"的食利者。通过对货币和信贷的控制，金融食利者让经济周期变短。在一个充满不确定性的世界里，可以尝试的政策解决方案是将货币价格（利率）降至接近零的水平，减少食利者利润，并最终摧毁食利者阶层，以造福产业和生产性资本。

这些理论本身或许都有不完善的地方，但它们如何理解现代的租金榨取，以及什么构成"好"与"坏"的租金呢？下一节将讨论这个问题，并介绍21世纪的租金在理论和实践中是什么样子的。

二、不同经济部门的租金

本节将分析五个关键部门的现代经济租金：土地部门、金融部门、自然资源部门、企业部门和数字平台部门，并分析如何区分"好"租金和"坏"租金，以及促成这些事态发展的体制和政策发展。

现代土地和金融租金

今天的地租比古典学派写作时要复杂得多。20世纪，除了富裕的精英阶层之外，住房所有权的广泛增长导致了地租的民主化，越来越多的中产阶级从他们的房产中获得了财富收益。但在过去40多年中，主要受土地价值驱动的房价在几乎所有发达经济体的上涨速度，都远远快于收入和消费者价格的上涨速度，许多发达经济体的住房拥有率已经趋于平稳，其中有一些实际上已经开始下降。其结果是土地和房主的租金回报持续增加，其形式包括上涨的地租和资本收益。许多城市发生住房可负担性危机，随着人们被迫举债来购买房产，家庭债务日益膨胀。并且很多发达经济体的政府支持了这一过程。

相较于其他类型的金融资产和其他形式的所有权，有些政府对土地和不断增值的房产的征税有所减少，因为在发达经济体中，拥有住房已成为一种期望，这使得房产成为一种非常理想的储存和积累财富的资产。此外，自20世纪80年代以来，银行部门的去监管化导致抵押贷款大幅扩张，推高了土地价格和房价。

事实上，如今发达经济体的大多数银行贷款都是以现有资产为抵押，或为了交易现有资产，而不是为了创造新的生产性资产提供资金。图3–1显示了17个发达经济体的抵押贷款从何时起超过了非抵押贷款（其中大部分是商业贷款），这些贷款最终达到GDP的70%，而50年代仅为20%。房价也遵循类似的轨迹。例如，在英国，只有约10%的银行贷款支持非金融公司投资，其余则仅为房地产交易或购买金融资产提供资金，这个过程也推高了这些资产的价格。

随着房产和土地价格的上涨，家庭和企业需要借更多的钱才能负担得起，这进一步增加了对抵押贷款的需求，并创造了一个正反馈循环。家庭和企业在越来越大的抵押贷款上支付的利息可以被视为支付给银行的租金，因为土地和房屋价格上涨并没有创造出任何新的或生产性的物品。这些资产本可以同样的质量和较低的成本提供给社会。其结果是社会总需求下降，因为购房者的消费能力下降，他们的收入更多地用于支付不断增加的抵押贷款、利息或地租。面向企业的房地产市场也出现了类似的情况，尽管总体上更具周期性和波动性。在这种情况下，不断上涨的地租增加了企业的间接成本，对工人工资和社会总需求都造成了连锁效应。利率的长期下降也支持了这一进程，从而降低了家庭的偿债率，即使收入保持不变。

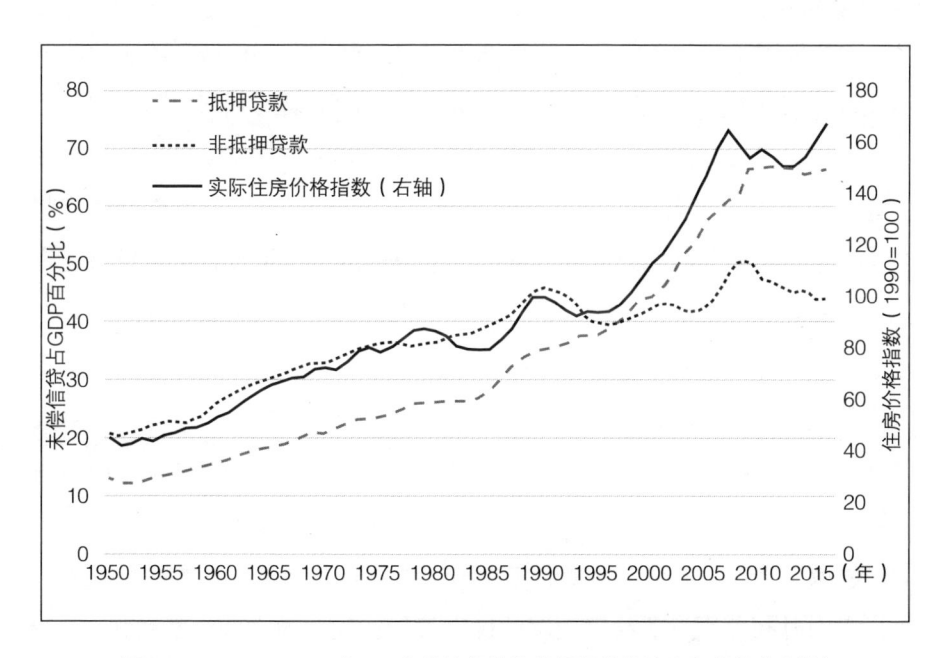

图 3-1　1950—2015 年 17 个发达经济体的银行贷款比率和房价（右轴）

来源：Mariana Mazzucato 等人（2023）。

通过创造抵押贷款支持证券和相关的金融创新，机构投资者的资金也被导入了房地产。在大多数情况下，这些资金只是进一步抬高了现有土地价格，而不是支持任何形式的生产性活动。20 世纪 80 年代和 90 年代的金融去监管化使这些创新成为可能，而购房者希望获得更高水平的房屋所有权的愿望以及金融部门向政府的游说推动了金融监管的不断放宽。政策决定也参与了对市场的塑造。

那么，政府该如何确定这些租金，以便做出更开明的、有利于创造价值的政策决策呢？一种可能的选择是，将银行贷款分解为更具生产性的贷款和较低生产性的贷款，然后计算不同部门的利息和费用。例如，根据中央银行和最近几项研究使用的区分标准，"生产性"可以被定义为所有用于非金融的商业贷款。这些研究还分析了银行贷款对经济增长和"金融不稳定"的影响。

一旦确定了租金的性质，政策就可以寻求抑制非生产性贷款（如购买现有住房的贷款）并鼓励商业贷款；从原始资产市场的贷款中赚取的利息或费用可以按更高的税率征税。或者更为直接的做法是，中央银行和金融监管机构可以实施各种形式的信贷指导和管理，例如，一种选择是控制"实体经济"（不包括抵押贷款）资产比率——例如，银行有义务确保其贷款总额中至少有40%支持非金融企业。这两种方法的复杂之处在于，越来越多的非金融贷款被用于购买金融资产，包括股票回购、兼并收购。这意味着需要进一步分解，考察非金融企业如何利用银行贷款，才能产生更大的政策影响。中国央行的结构型货币政策工具是此类信贷指导和管理的高级版本——向特定经济部门，如广义的"三农"和小微企业部门，和某些专门领域（交通、物流、养老、保交楼、碳减排、煤炭清洁高效利用等），在特定的时间范围发放给定额度的优惠信贷，利率通常低于基准利率100个基点。中国央行目前超过一半的再贷款采取了这种形式，这导致中国央行的实际政策利率大幅低于所谓的基准利率。

政府还可以在消费侧实施有关抵押贷款的政策改革。例如，可以对贷款收入比或贷款价值比实施更严格的宏观审慎限制，以降低债务杠杆；又如，可以限制贷款占房屋年租金的比率。这些政策将有助于打破房价上涨与信用创造之间的反馈循环，这种循环若不打破将在金融和土地食利者之间产生强大的共同利益。

除了金融部门，政府还需要对土地市场本身进行改革，以减少食利者对房地产的投机性需求。尽管地租和房价普遍呈上升趋势，但也有例外情况，某些经济体会以较低的成本向社会提供相同质量的住房和其他形式的住所。自20世纪80年代以来，一些成功的发达经济体（如德国、韩国和新加坡）的房价和土地价格与收入之比一直保持在较低水平甚至呈逐年下降的趋势。值得注意的是，在韩国和新加坡，土地在很大程度上由国家拥有或控制（在新加坡，90%的土地是公有的），这意味着土地租金实际上是社会化的，可以用来支持更多的经济适用房建设。与发达经济体的平均水平相比，德国的私人住房拥有率要低得多（约60%），而且租房者与房东的权利更加均衡，租房者的权利也会受到更多保护。中国正在利用2020年"三道红线"政策以后解决房地产危机的机会，推进保障性住房建设，这项被称为"新房改方案"的政策或许在一定程度上是学习了新加坡组屋的公共住房模式。

同样值得注意的是，德国和韩国的银行体系更加多样化。在英国等国家，股份制商业银行占主导地位，而德国和韩国则有强大的公共和合作银行存在。这包括向符合产业和经济政策目标的部门提供贷款的大型国有投资银行——类似于圣西门追随者成立的动产信贷银行——以及合作银行和本地银行。后两者与借款人的牢固关系使银行能够降低贷款风险，而不是像股份制银行那样依赖基于财产的抵押品。

国家塑造金融和土地市场的这些制度和政策差异值得进一步研究，以了解如何减少土地和金融租金，并帮助国家扭转不断上升的家庭债务以及随之而来的对消费者需求的拖累。

自然资源租金与气候变化

早期古典主义经济学家对土地的定义是广义的，或隐或显地包括了自然资源的所有权。更宽泛的土地定义包括自然资源，如能源、水、生态系统，这些对资本主义生产和人类生存同样重要。作为地理空间的土地可以随着时间的推移被重新用于不同目的，而不可再生的自然资源则不同，它们可以被耗尽，而且实际上正在被耗尽。因此，这种稀缺资源的所有权背后是巨大的垄断权力和获得大量食利者收入的机会。自然资源租金如果不断提高确实会增加生产成本，从而减少投资、创新和总需求。

自然资源是福是祸，在很大程度上取决于国家与市场之间的互动。某些国家，如挪威，通过发展主权财富基金获得了资源租金。这些基金支持高水平的社会公共福利，并在支持对生产性活动的可持续投资方面发挥了塑造市场的作用。而其他发达经济体，如英国的北海石油，已经浪费了类似的机会，并且英国政府允许这些租金私有化。

对许多发展中国家来说，在全球化的世界中，自然资源的所有权并没有带来福利的增加，而是带来了租金上涨和剥削。例如，非洲的大型石油部门一直是一种"诅咒"，因为自身薄弱的政治体制和全球化导致国内公司的信托和跨国公司垄断了这些租金，而对本国人民的经济利益的贡献却很小（甚至没有）。同样，中东石油资源丰富的国家出现了"食利者国家"，少数政治精英吸走了石油开采的大部分利润。由此可见，资源租金的社会化并不总是显而易见的政策解决办法，因为它更取决于所选择的政治民主体制。

气候变化为如何看待资源租金提出了重要的新问题。如果一家能源公司（无论是国有还是民营）因其对某一特定国家的石油开采的控制而获得食利者利润，那么可以认为它不仅从该国或该地区目前的自然财富中获取了收益（假设它没有公平地重新分配这些财富），同时，由于气候变化具有全球影响，该公司也在国际层面上降低了后代的福祉。然而，可再生能源生产产生的租金可能被视为是非常可取的，特别是在短期内，可以被视为支持经济快速脱碳和绿色能源创新。事实上，在德国这样的国家，向清洁能源成功转型的一个关键，是政府对钢铁和天然气等部门的更清洁生产的积极干预和补贴。由此可见，决策者不需要一揽子政策来降低自然资源租金，而是需要引导市场转向更可持续的模式，因为这些模式在短期内可能需要租金来支持创新。

股东租金与公司治理金融化

自 20 世纪 80 年代以来，股东价值最大化成为公司治理的主导形式，导致部分非金融企业部门的租金不断上涨。这已变成事实，相关条例促进了金融自由化，并允许在非金融公司的公司治理体系内进行重组。公司不再由一个人或一小群产业资本家所拥有，而是由一群更分散的股东所拥有，这些股东的利益不一定与公司直接管理层的利益一致。特别是，现代股东（更准确地说，是管理股票的基金）重视公司股票的短期市值，超出了对长期投资收益的关注。这导致公司的利润被用于通过股票回购、兼并收购来推高股价。

例如，在 2006—2017 年的美国，非金融公司的净股本发行平均每年为 -4120 亿美元（Lazonick，2018），这意味着进入股市的资金多于被取出的资金。同样，金融部门在这方面发挥了关键作用。最近的一项研究发现，美国超过一半的股票回购现在由债务提供资金。实际上，这些信贷直接推高了金融资产的价格。股票回购或并购活动导致的股价上涨所产生的资本收益不会增加实体经济的价值，因此这是一种经济租金。

这一过程不仅会减少可用于投资的资金，还会给工人工资带来下行压力。股东向公司经理施压来保持高股价，因为这会使他们从股息支付中获得的收入最大化。如果对股票的需求不足以使股价保持在高位，公司经理就会提高公司债务比率以回购股票，以此来刺激市场对股票的需求，从而提高股价水平。公司因维持高股价和股息支付需要承担更多债务，从而推高了公司的债务比率，公司财务状况随之恶化。劳动力市场灵活的国家的公司经理将挤压工资作为降低成本的一种手段。类似地，激进的兼并收购（通常也是通过债务杠杆融资的）或私募股权收购通常涉及"资产剥离"活动，这些活动会提高公司的短期效率，但会导致工人失业、减薪以及公司债务增加，最终会降低公司的长期生存能力。从宏观经济角度来看，这将导致消费进一步减少，从而导致有效需求、投资和创新进一步减少，这进一步降低了由价值驱动的积累速度。

如图 3-2 所示，自 20 世纪 80 年代中期以来，美国非金融公司的股息支付与资本收入比率，即股东的食利收入迅速增加。同时，固定资本形成总额（占 GDP 的比例）的长期趋势，尽管中期有一些复苏，但自 70 年代末以来一直在下降。此图清楚地表明，在 21 世纪初，非金融企业的目标从实体投资（和价值创造）转向了租金最大化。

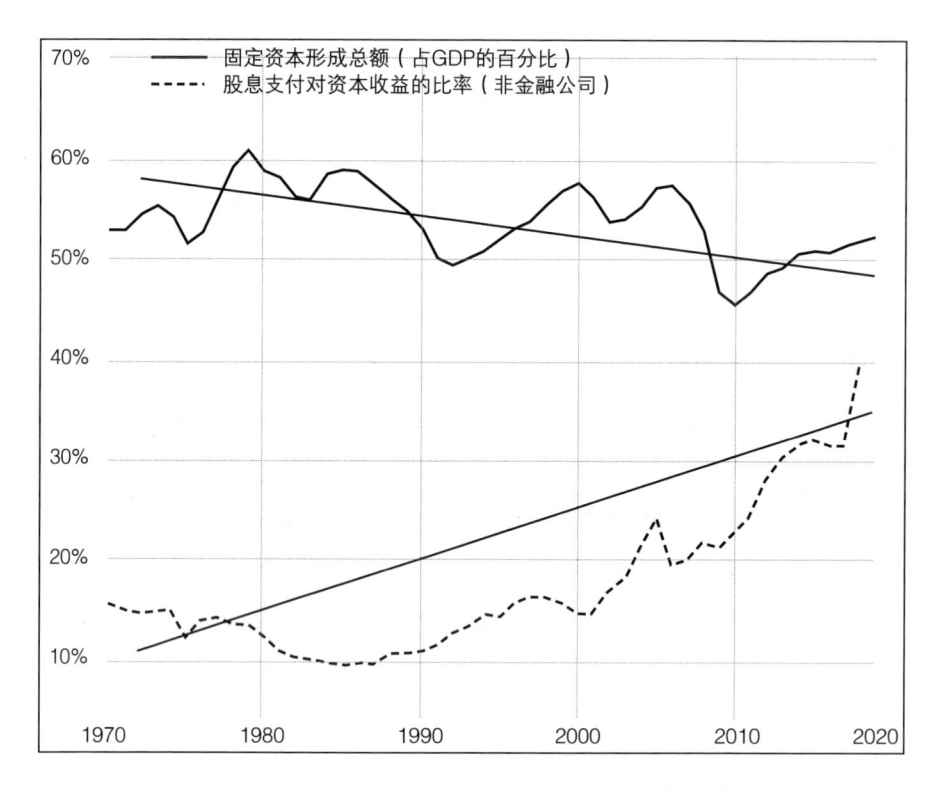

图 3-2　美国的固定资本形成总额和非金融公司股息支付

来源：stat.oecd.org 和 fred.stlouisfed.org。

股东价值至上为确定经济租金提出了哪些问题？要回答这个问题，就必须分别研究股东租金和企业银行租金（即企业贷款的利息支付）。首先，股东股息就像土地租金一样，是从现有资产中提取价值，在这种情况下，现有资产就是公司的股票。正如前文所指出的，公司可以通过股票回购来提振股价，资金来自利润或银行借款或发行公司债券。

因此，债务驱动的股息支付可以归类为租金，因为它们是一种对生产或流通过程没有贡献的报酬。与此同时，企业不得不减少生产性支出，即长期投资和研发支出，以偿还它们为助长股价泡沫而签署的借款。因此，这种做法进一步限制了企业的生产性能力。

其次，原则上企业银行租金可能会促进或阻碍创新，这取决于信贷的用途。如果公司利用债务为长期生产性投资提供资金，就可以支持价值创造和赢利能力的提高。在这种情况下，向商业银行支付的利息可能确实可以被视为对银行耐心行事和承担风险投资于长期投资项目的回报。因此，还需要对发达经济体的非金融企业使用银行信贷的目的进行更多的研究。

创新和专利租金

熊彼特的技术租金作为对创新和增长的激励，能很好地解释研发支出的动态。新技术导致产品差异化，从而获得短期垄断收益，直到新技术被广泛使用。这为其他公司创造了一种激励，使其愿意成为研发密集型企业，以在未来赚取这种短期租金，因此，创新促进竞争，竞争促进进一步的创新。

传统上，专利权收益被认为是为了激励企业家的努力，使他们能够从创新中获得回报，它就是熊彼特租金。然而，要想激励创新，专利应该是狭窄的（仅限于与新发明相关的创新链的下游部分）和弱的（易于许可），而不是宽的和强的。然而，在实践中它们过于宽泛和强大，阻碍了创新，并导致了鲍莫尔（Baumol）所称的"非生产性企业家精神"。

根据世界知识产权组织（WIPO）的规定，专利的授予期限一般为20年，外观设计专利的授予期限最短为14年（1995年法案）。专利的平均期限如此之长，使用这些专利需要付出高昂的成本，以至于对投资起到了抑制作用。因为一旦一家公司进行创新并获得专利，该公司就可以从中获得大约20年的专利收入。同时，竞争对手公司必须支付费用才能使用这些专利，从而会减少这些公司研发支出的可用资金。在这方面可以得出结论，自20世纪90年代中期以来，许多专利收入确实是租金。在这方面，长期专利并不奖励长期投资和创新，而是保护那些在成功创新一次后不再冒险的人。

根据寻租理论，只有当专利导致更高的价格时，专利才会创造租金。然而，即使在价格保持不变的情况下，专利产生的垄断租金也可能会损害经济增长。与对自然资源租金的分析类似，专利支付是经济间接成本的一部分（尽管并非所有企业都需要专利商品）。因此，企业可以通过压低工资或降低利润率来保持竞争力（即不提高价格）。在这两种情况下，可能会引发积累和投资的放缓，要么是因为不平等加剧的需求降低，要么是因为留存利润减少（考虑到这些利润本应被再投资）。自90年代初以来，美国和英国的专利租金总额都在上升，但前者的上升速度要快得多。

鉴于这一事实，未来的研究将检验创新的专利化是否确实通过挤压利润率或工资导致了经济停滞，这对理解创新的动态至关重要。从我国政策角度来看，关键是要在国内和国际两个层面重新思考和修订专利法，以鼓励生产性而不是非生产性的创业精神。首先，专利的期限必须比目前的期限要短很多。其次，这些专利的收益必须再投资于企业内部的人力资本开发和新的高风险创新导向的投资项目，而不是再分配给股东。再次，当一家公司通过获得国家支持的项目或建立在公共部门创造的现有知识基础上的项目获得专利时，公共部门也应该通过某种方式分享这种专利的利润。最后，长期专利可能确实有用，并在以发展某些欠发达产业为目标的发展战略中被视为一种"好"租金。允许这些领域的长期专利将可能会吸引资本，提高社会整体就业水平，并促使经济更加协调地增长。然而，国家必须监督和积极干预这一进程，以确保租金不会导致该部门的垄断，并对就业和增长产生不利影响。

平台资本主义和数字租金

近年来数字平台的垄断及其对流通领域不断上升的影响力，引发了对实体经济中租金榨取的担忧。在现实中，有证据表明，由于重要的网络效应，数字平台一旦达到临界规模和用户数量，其边际收益将会增加而不是减少。数字平台是生产者和消费者之间的中介，在成交价格的基础上收取费用。虽然它们在某些情况下可能有助于商品流通，支持交换和经济增长，但为访问平台而向生产者收取的费用是非生产性收入，因为这在很大程度上是由市场力量决定的，对最终商品的价值的增长没有任何帮助。

虽然最终商品和服务的价格可能会通过数字中介和流通而降低，但平台越受欢迎，就越容易通过收费和其他激进政策挤压生产者的收入来增加其自身的收入份额。从这个意义上说，虽然消费者可以相对稳定或较低的价格获得产品，但生产者的利润可能会下降，因此，他们再投资和创新的动力也会下降。消费者虽然可以通过在一个易于访问的平台上拥有更多的选择，在短期内获益，但最终他们可能会因商品质量低下或选择种类减少而遭受损失，因为平台上参与竞争的公司会由于利润下降而被迫降低生产成本或退出市场。

例如，像 Uber 和 Lyft 这样的数字平台已经成为出租车行业的垄断企业，平均从每个订单中抽取总费用的 25%~35%（Rapier，2019）。独立的司机必须付费才能加入这些平台，否则，他们将无法获得足够的乘客来参与市场竞争。然而，在这个过程中，经济并没有增加任何表面上的价值。有些矛盾的是，这些平台在链接平台中的新用户方面创造的价值并没有体现在 GDP 中，部分是因为现有 GDP 核算规则没有定义如何计算这里的价值，因为用户免费提供了他们的个人信息。由此可见，个人信息的商品化是平台经济租金的来源。

亚马逊就是一个数字经济食利者的案例。亚马逊为无法分销自身产品的公司提供中介服务，让这些公司通过"亚马逊销售"（SBA）平台按需在其仓库存储并运输这些公司的产品，并因此项服务收取费用。SBA 系统还提供了一项额外服务：自动动态价格调整，即亚马逊根据卖家中竞品的定价，降低或提高卖家的商品价格，以保持其竞争力。

亚马逊收取租金作为一个卖家加入 SBA 的费用，作为交换，这些卖家可以获得其竞争对手的定价策略数据，并根据这些信息进行动态价格调整。亚马逊有效地利用其在商品分销和定价数据方面的垄断权力，为那些加入 SBA 的卖家提供此项服务，将他们面对市场的不确定性和竞争压力"最小化"。这个过程中有两种类型的数字租金：（1）为获得商品分销服务付费；（2）为获得竞争对手的定价决策/策略数据付费。

使用亚马逊的在线费用计算器会发现，如果一个客户支付的总金额为 1 400 英镑，该公司的最终收入为 1 140 英镑，亚马逊的租金为 260 英镑（或 22%）。其中不包括每月 25 英镑的订阅费、增值税费用或任何其他服务费，如 SBA 费用。同时，亚马逊也成了各种产品的生产商，这构成了与其他入驻商家重大的利益冲突，因为亚马逊也是其他竞争对手的商品分销商。因为亚马逊无须为自有品牌支付费用，因此会抑制竞争，将其垄断力量从流通领域扩展到商品市场。这类似于苹果应用商店的算法租金榨取模型。

数字食利者的另一个有趣的例子是谷歌，它通过其搜索引擎的普及建立了信息分发权的全球垄断，同时成为数字广告垄断者。从生产商的角度来看，虽然被包含在搜索结果中是免费的，但如果希望在搜索结果中排位靠前以获得"推广"，便需要向谷歌支付费用。这种费用构成了食利者收入，因为谷歌正在利用其市场垄断地位，仅仅依靠区分付费用户和非付费用户，就能在不提供其他特定服务的情况下收取费用，但对于谷歌来说，排序"工作"是通过成本相对较低的算法完成的。

从消费者的角度来看，企业也倾向于使用这种数字服务来将客户导向更有利可图的方向。一个典型的例子是有权享受免费报税服务的客户放弃的收入，他们没有足够的关于其权利的信息。客户通常最终会为他们不需要的昂贵报税服务付费，因为报税公司推广在线的特定的高成本服务，间接限制了对免费服务的基本信息的访问。

数字科技公司看上去是向用户提供了补贴或免费服务。但事实上，他们赚钱的本质是通过出售关于用户的信息来帮助预测其未来的活动，从而使广告商能更快触达其目标受众，而这些信息是用户免费提供的。Zuboff（2019）将此描述为"行为盈余"的创造，平台公司通过使用机器学习和算法来收集、处理和共享此类用户数据几乎没有成本，而他们向广告商收取的费用却被包括在 GDP 数据中，但用户提供信息的价值却没有被包括在内。

总体而言，平台经济的兴起成为当代食利者演化的一个关键要素。与其他食利部门相比，其独特之处在于，该类型的企业正在主导商品和信息的流通，它们将消费者免费提供的信息货币化，并向生产商收取平台费用，来榨取租金，从而压低生产商的利润。虽然这种价值提取过程可能不会导致更高的总体价格水平，但对生产商而言间接成本的重组很可能会以降低工人工资和企业利润份额为代价来增加平台的租金份额，从而引发长期的经济停滞。针对最近出现的数字技术平台，我们或许需要一项研究以便对以上这些假设进行实证检验，也许这比对任何其他领域的研究都要迫切。

三、经济租金的政策影响

区分好的和坏的租金

马克思指出了经济租金理论的必要性："没有这一点，我们对资本的分析就不完整。"（Marx，1984）本书分析的目的是在人们普遍担心资本主义已经被"操纵"，仅有利于越来越少的一群企业和金融精英的时候，帮助人们对现代经济租金有更深刻的理解。分析的工作假设，资本主义经济中社会盈余的很大一部分是以租金的形式提取的，特别是对金融和房地产部门而言，当然也包含一部分大型非金融公司（这些公司开发了新的商业模式来抽取租金）。然而，我们和熊彼特一样，也承认某些类型的租金是充满活力的资本主义经济的必然特征，这种经济自然会产生创新。此外，某些部门（如可再生能源部门）的租金可能仅在中短期内对需求和经济增长总体有利。问题是如何更准确地识别好的和坏的租金，衡量它们，然后制定核算框架和政策来处理它们。

前面的分析和案例显示了过去几十年来不良租金是如何迅速增加的。不幸的是，租金积累的过程似乎是自我强化的。租金积累鼓励进一步寻租或炫耀性消费，而没有从事生产性投资。正如在房地产和非金融企业部门所观察到的，金融化导致了由资产价格通胀驱动的正反馈周期。

其结果是，经济的成本结构被人为地提升到了一个高水平。这破坏了生产性投资和创新，并且破坏了对经济增长非常重要的熊彼特式创新租金的产生。除此之外，它还抑制了家庭部门的需求，对消费产生了连锁效应，而企业的竞争越来越多地基于其短期股价，而不是创新。新形式的经济租金也在出现，不可再生资源租金威胁着人们的生存环境，数字租金威胁着人们的隐私和产业资本主义。

国家的相关部门应该更好地确定和测量这些租金，而不仅仅是关注简单的宏观经济总量指标，如总增加值。在金融部门，**重要的是研究信贷和投资的分配及其数量**，然后追踪企业，特别是非金融企业，实际使用信贷和投资的情况。这将有助于更细致地了解金融部门的利润（通过利息和越来越多的费用）在多大程度上代表经济租金或支持了更具生产性的活动。

研究租金的结构也是理解一家公司的商业模式是否可以真正被描述为"食利"的关键。股票回购和其他旨在抬高金融资产价格的投资的增长表明，许多美国公司已经陷入了食利经济模式。在中国，也有一些大型公司在使用市场力量创造寻租机会。资源租金可以有效地用于支持增长和创新，但实际情况却是被滥用，从而忽视了国民的利益。气候变化和生物多样性丧失的威胁意味着，政府有充分的理由要减少从今世和后代的福祉中提取价值的不可再生资源租金，可能是实现向更可持续的经济的结构性转型的关键。

租金社会化和改革反垄断监管

虽然租金在某种程度上是资本主义经济不可避免的特征,但目前"坏"租金的激增肯定不是不可避免的。政策的作为将发挥关键作用。以发达资本主义国家为例,相较于从事有薪工作,大城市的房主可以从房屋的资本收益中"赚取"更多,因为他们不用为其基本住宅下面的土地的巨大增值缴税,都是躺赚的。在企业金融化严重的国家,通常支付利息可以享受税收优惠,这使得激进的并购所需的债务杠杆实际上比股权投资更便宜,这一事实加剧了由股东价值驱动的企业金融化过程。目前在欧盟广泛使用的"专利箱"政策对注册专利所产生的利润给予税收减免,这本身就是一种对垄断的奖励,旨在保护创新者的专有收益不受潜在竞争者的侵犯。监管机构和政府对资源行业不可持续活动中的食利者利润以及科技部门高度侵入性和垄断性的商业模式也熟视无睹。

经济中不同主体如何为创造新市场和新租金做出贡献,又如何因自身贡献而获得回报?如今关于租金的讨论中,对这些问题的理解很欠缺。尤其缺乏的是对公共部门在减少租金或使租金社会化方面可以发挥的积极作用的理解。无论是投资新地铁站,使其邻近地区的土地价值大幅增加,还是为了新技术而投资于早期军事或学术研发,例如,彻底改变多个行业的触屏手机,结果往往都是相同的。这些投资产生的租金被其他主体获取,这些主体要么根本没有为他们获得的租金做出贡献(如新地铁站邻近地区土地的当前所有者),要么只是在利润更加确定的后期阶段才进行投入。

因此,政策框架需要**承认国家在价值创造过程中的作用**,并确保在经济发展和创新取得成功时对国家的贡献给予奖励。奖励的方式可以是,国家保留或将土地收归公有,以便将经济增长带来的土地增值社会化。就像新加坡在公共研发投资中持有股权或对投资附加利润分配和条件,这是非常成功的。鉴于俄乌冲突造成的能源危机,一些欧洲国家最近将主要的全国性能源公司国有化,这也是租金社会化的一个例子。

税收也可以更好地将租金社会化。目前,在中国和大多数发达经济体中，大部分税收都来自生产（公司税）、收入和消费（增值税），而不是租金和财富。然而，现在已经确定的是，对经济租金（特别是稀缺资源租金，如土地租金）征税对经济的扭曲影响很小或没有影响，因为将土地等要素投入生产不涉及任何成本（Blöchliger，2015）。平台经济公司以线上方式获取信息，成本可忽略不计。对于这些享受网络正外部性的新型公司，也符合类似论点。

监管政策受到新古典主义经济理论的强烈影响，并变得以竞争问题为中心，狭隘地围绕消费者的选择（和主观价值）以及对定价结构和定价效率的有限理解进行定义。相反，竞争政策应侧重于使垄断型企业制定的价格更接近实际生产成本加上正常利润。必要时还应进行反托拉斯类型的立法，以防止垄断的产生。例如，一些公司利用市场力量接管其他公司，从而形成垄断。可以拆分这种类型的公司，来避免产生垄断。

然而，在一些部门，改革竞争监管的首要步骤，是更好地了解现代食利者的商业操作以及他们如何创造和提取价值，这尤其适用于现代平台公司。它们的财务报告框架假设消费者在竞争的市场中购买实物商品，而不是假设用户访问免费的在线服务，从而免费提供用户数据，这些数据的货币化就产生了食利者利润。监管机构可以要求平台公司提供非财务运营指标，例如，在确定的主要细分市场中每月活跃用户的数量（目前的规则允许公司定义自己的细分市场）。随着按产品细分的经营和财务信息的改善，反垄断机构可以更好地考虑平台公司对消费者和生产者的市场力量的范围和持久性。通过更严格地考察更复杂的垄断租金，研究人员可以为加强反垄断监管提供强有力的理由。

此外，虽然古典经济学派认为土地所有者是关键的食利者阶层，而凯恩斯则以金融部门为目标，但分析众多案例表明，当代食利主义是一种普遍现象，不同部门和社会阶层存在不同的租金榨取商业模式，具有不同的食利者利益。很多经济体的中产阶级家庭将住房作为一种金融资产进行投资，要么享受"躺赚"的资本收益，要么在成为房东后收取房租。通过乘坐优步或滴滴，或在亚马逊或京东上订购商品，作为消费者，人们正在支持也受益于一种数字租金榨取模式，但这种模式可能会导致失业和需求停滞。随着社会经济群体的利益识别变得更加复杂，以及中等收入家庭和精英食利者之间形成多样化的联盟，相应的政策改革变得具有挑战性。在第四章将专门讨论数字平台的租金和监管。

四、中国银行业利润水平高于发达国家

中国社科院的学者张斌和朱鹤（2020）分析并指出，"中国银行业利润畸高，可向实体让利万亿元"。

中国以银行为主体的金融服务"太贵"，结果是中国的非金融部门/实体经济向金融部门支付了昂贵的费用。金融业作为一个中间服务部门，其增加值占比越高，说明其他部门向金融服务支付的成本越高。2017—2019年，中国金融业增加值在 GDP 中的占比的均值为 7.8%，不仅超出了同等收入水平的国家，也超出了金融业更加成熟的发达国家的平均水平 5.1%。考虑到中国的金融体系由银行主导，如果与同样由银行主导金融业的日本和德国相比（后两者金融业附加值在 GDP 中的占比分别为 4.18% 和 3.76%），也远高于这两个国家的水平。

从利润方面来说，麦肯锡全球研究院（2016）测算得出，中国金融行业的经济利润[①]占到中国整体经济利润的 80% 以上，其他主要行业的经济利润往往为负值，美国的该比例仅为逾 20%，而中国的这一比例在全球可能是最高的。

从银行部门的资产负债表来看，银行对非金融企业部门的贷款中，约

[①] 此处所指的经济利润为息前税后经营利润（扣除调整税后的经营业利润）减去资本支出。

1/3去向制造业和批发零售业。这两个行业的贷款以短期流动性贷款为主，且利率市场化程度较高。民营中小企业相对集中于这两个行业，因此不良贷款率也较高。2017年，这两个行业不良贷款率为4%~5%。总体来看，虽然银行可以适度上浮贷款利率水平，但考虑到较高的不良贷款率后，银行难以从这些行业获得明显盈利。另外1/3是地方政府融资平台主导的基础设施贷款。这部分贷款期限长、收益稳定且不良率极低，是目前银行对企业贷款中最重要的赢利来源之一。其余1/3是对建筑和房地产、租赁和商业服务业的贷款。这部分贷款虽然不良率稍高，但仍显著低于制造业和批发零售业，同样是银行重要的赢利来源。

银行对居民部门的贷款，近年来持续增加，到2021年年末达到了37%。居民贷款分为住房抵押贷款和消费贷款两类。前者不良率极低，只有0.3%，收益率较高且非常稳定，这是银行业当前最重要的赢利来源之一。与此同时，后者也逐渐成为银行的重要赢利来源。虽然这部分不良率偏高，在1%~2%之间，但根据抵押条件和贷款人资质的不同，贷款利率可达5%~15%之间，为银行提供了巨额的超额利润。

由此可见，中国银行主要的赢利来源是居民贷款、地方政府基建贷款和房地产相关贷款三个部分。其中，居民贷款和基建贷款都是特定政策下的红利，为银行提供了超额利润。

一方面，居民住房抵押贷款利率受到严格管制，相对利率显著高于发达国家的平均水平。目前，个人住房贷款利率与LPR利率完全挂钩，银行在住房抵押贷款利率方面几乎没有价格手段竞争。在缺乏竞争的环境下，中国银行业从住房抵押贷款中获得了超额赢利。考虑到银行的融资成本大致相当于同期限的国债收益率，可以计算出住房抵押贷款利率与同期限国债收益率的利差（可以认为这是银行的息差）。2015年以来，中国住房抵押贷款利率与国债收益率的利差显著高于大部分经济体。中国比发达国家和地区的利差均值高出了50~100个基点。如果只考虑美国、日本和德国这三个经济体，中国比它们的房贷利差高出了接近100个基点，日本和德国同样是银行主导的金融体系。

另一方面，地方政府通过融资平台获得了大量的银行贷款，这种融资方式显著高于地方债和专项债融资成本，是银行超额利润的重要来源。中国的基础设施建设投资规模巨大，其中包括了超过半数的基建投资具有公共物品或者准公共物品性质，这些投资获得的现金流收益很有限。来自公共财政预算、地方政府一般债和专项债的资金远不足以满足基础设施建设项目投资的需要，因此地方政府融资平台大量通过商业银行贷款的方式融资，以用于基础设施建设。根据估算，地方政府融资平台从商业银行融资的成本在5%~6%之间，远高于地方政府一般债或者专项债3.5%左右的利率水平。

张斌和朱鹤（2020）建议，通过放松放贷利率和优化地方政府基建融资结构，让金融让利于实体经济。

首先是引入居民住房抵押贷款利率的充分竞争。中国住房抵押贷款利率是以5年的LPR利率为基准。以2020年的数据为例，2020年Q2个人住房贷款平均利率是5.42%，5年期国债到期收益率均值为2.2%，二者利差为3.2%。如果此利差可以下降1.7%以达到发达国家1.5%的平均水平，那么在当期个人住房贷款规模32.5万亿元的前提下，居民房贷利息支出可以减少约5 500亿元。

其次，通过政府债券置换银行贷款，银行赢利会减少3 400亿~5 300亿元。政府通过银行贷款融资比政府直接发债融资成本高出2%~2.5%。如果银行从持有对融资平台的贷款转而持有地方政府一般债或专项债，那么地方政府将少支出利息4 200亿~5 300亿元。

上述估算表明，通过引入住房抵押贷款利率的市场化改革，和推进地方政府投资的融资机制改革，会促使银行部门向居民和政府部门让利接近1万亿元。

以上是相对保守的估算。如果预期的银行降本增效普遍发生于所有贷款业务，前述1.7%的利差优化转化为银行普遍息差水平优化并发生于除地方政府贷款以外的所有贷款业务，则会带来金融向除政府外的部门让利约1.56万亿元，加上地方政府基建融资结构的优化，金融可以向居民和政府部门让利约2万亿元。如果作为基准利率的LPR进一步下降，那么这个数字还可以进一步放大。政府部门减少的利息支出用于支付教育、医疗和养老等公共基础服务，居民部门减少的利息支出用于其他居民消费，2020年居民部门消费占GDP的比例便可以提高2个百分点（2020年中国GDP约为101万亿元），这将显著改善中国长期偏低的居民消费支出水平。

反过来考虑，可以安全地得出结论，中国的金融部门从实体经济"抽血"过度，在一定程度上抑制了内需。

2020年国务院要求金融系统对实体经济让利1.5万亿。从监管部门公布的数据来看，这一让利目标已经完成。中国央行货币政策司官员在2021年1月的国新办发布会上介绍，人民银行会同有关部门通过降低利率、减少收费、贷款延期还本付息等措施，引导金融系统在2020年向实体经济让利1.5万亿元。从央行披露的数据来看，引导贷款利率下降让利5 900亿元，占比让利总额近4成。此外，银行减少收费以支持企业重组和债转股、设立两项直达实体经济的货币政策工具以引导债券利率下行、再贷款、再贴现、支持发放优惠利率贷款分别让利4 200亿元、3 800亿元、1 200亿元、460亿元。前述五项让利规模合计达到1.56万亿元，略超目标值。

2020年年末，全国企业贷款加权平均利率为4.61%，比上年年末下降了0.51个百分点，创2015年有统计以来的最低水平。而同期LPR降幅为0.3个百分点，因此银行息差水平降低只贡献了0.21个百分点（0.51-0.3），即贷款利率下降让利的5 900亿元中，41%来自银行息差水平的优化，59%来自央行基准利率的下降。其余4项让利中，除4 200亿元来自银行减少收费之外，其余都是央行直接向实体经济的让利，因此在1.56万亿元让利中，真正来自银行的让利仅有6 600亿元。银保监会数据显示，2020年全年商业银行累计实现净利润1.94万亿元，同比下降了2.7%。由此可见，金融系统向实体经济让利，几乎没有削弱中国银行系统的赢利水平。

五、中国水务的市场化问题

改革开放以后，新自由主义思潮影响了政府针对公共基础服务和设施领域的市场化改革，外资、民营资本进入教育、医疗、公共事业等领域，这已经为中国经济结构带来了显著的负面影响。本节将以水务的话题为例进行讨论。

2014年4月11日，兰州威立雅水务（集团）有限责任公司在进行水质检测分析后，检出出厂水苯含量为78微克/升，超过了国家10微克/升的限制标准。苯是一种有机化合物，长期大剂量吸入或接触皮肤会对人体的造血系统产生损害。如果出现苯中毒，则容易引发白血病、急性再生障碍性贫血、低血压等。一时间，兰州市大量市民纷纷来到各大超市、商店抢购并搬空了纯净水。兰州威立雅通过向水厂沉淀池投加活性炭，吸附有机物来处理苯对水体的污染。

经专家组调查之后通报，兰州自来水中的苯来源于兰州石化以往两次（1987年和2002年）泄漏事故后渗入地下的污染物。这些含苯污染物随着地下水慢慢流动，到达自流沟，并渗透进水泥沟壁，造成了水质污染。

所谓"自流沟"，是指兰州供水集团1955年建设之初铺设的封闭输水渠，用钢筋混凝土建造，因年久失修，沟体伸缩缝材料出现裂痕和缝隙，导致污染物的渗透。目前国内大多数水厂早已淘汰钢筋混凝土这种落后的工艺，自流沟普遍采用球墨铸铁管道，外部物质进入管道会被监测到。国际水务巨头法国威立雅（以下简称"威立雅"）2007年中标入股兰州供水集团，却一直在使用这样落后的工艺，实在让人惊讶。

把兰州水污染的源头指向（中石油）兰州石化的历史上两次泄漏事故，这是典型的"甩锅"行为。此事真正的两大主角，兰州市唯一的供水单位——兰州威立雅水务集团公司——和2007年主导水务改革并把兰州供水集团45%的股权转让给威立雅的兰州市政府，把兰州石化推到前台去直面兰州民众的愤怒和质疑。实际上，在苯污染事件发生之前一个月，兰州市自来水就出现了大范围存在异味的情况，但兰州市环保、疾控、水厂公布的检测数据都显示水质达标，兰州市政府"最后认定"异味原因是氨氮含量较高，但"仍符合国家标准"。一个月后，市民发现自来水的颜色已经发生了肉眼可观测的明显变化，污染已经相当严重，此时威立雅水务（集团）有限责任公司才主动检出自来水中苯严重超标。

事件发生之后有人指出，事故原因是地方政府监管不到位。但在这样落后的技术和复杂的环境下，政府如何做到有效监管呢？每天都检测一遍显然不现实。这里更应该反思的是为什么水务改革没有带来当初设想的设备改造和技术创新？

兰州在2007年进行了水务改革。这一年，兰州供水集团转让45%的股权，估值为4亿多元人民币，威立雅、中法水务、首创股份分别报价17.1亿元、4.5亿元和2.8亿元参与竞标。威立雅报价数倍于估值，也数倍于竞争对手，成功中标。威立雅的这种高溢价收购方式被称为"兰州模式"，引起了非常大的争议。

外资为何高溢价入股中国的水务，它们如何收回成本并赢利呢？威立雅在全球（包括中国）的扩张都以自己"公共服务运营商"的定位为核心，因为这种定位能够让其在经营中获得核心支配地位。在这种定位下，收购传统水务企业股权的模式成为威立雅在中国水务市场进行扩张的首选，因为此模式使得运营商能够直接向用户提供服务，管理范围包括管网、水厂、服务等水业的所有环节，能够发挥威立雅的经验优势。这种模式不是一般非专业投资人能够精确测算与控制的，但这恰恰是威立雅所希望的，它作为运营商也因此成为各个环节的核心。因此，威立雅在我国水务的股权收购中虽然并没有达到绝对控股的50%以上股权，但都能获得项目的实际控制权。此外，威立雅投资控股集团的股权形式，具有我国一般企业无法比拟的资本运作能力。即使是与其在国内进行资本合作的首创、光大、平安、中信泰富、嘉利等大型金融集团，也与其资本运作能力存在很大差距。

逐利是资本的本性，跨国垄断资本积极谋取的还是高额垄断利润，外资高溢价竞购水务资产隐藏了诸多玄机。2007年9月，全国工商联环境服务业商会发布《关于城市水业资产溢价转让行为的公告》，其中指出：在政府定价的背景下，水业资产溢价是地方城市用未来预期的水价和水量进行的短期融资行为，溢价的收益最终将进入消费者的支付体系中。跨国水务集团付给中方的高溢价最终要在中国收回（《第一财经日报》2012）。

威立雅在入股兰州供水集团之后，除了更换名字之外，水务处理的绝大部分设施、办公建筑等都是兰州供水集团原来的资产。在人员层面，除了几位来自外方的高薪高管之外，没有任何变化。此外，也没有兰州水务改革之初预想的设备改造和技术创新。

这个"什么事情都没有干"的"新"公司，在合资后第二年就打破了政府每隔一年上调一次水价的承诺，迫不及待地以成本为由要求涨价。在舆论压力下，威立雅公布了股权收购合同的相关条款，公众才获悉，涨价的依据不是成本，而是兰州市的物价和收入水平。根据威立雅用于保证运营赢利的测算模型，水价应随着CPI等变量上涨。如若水价不能上涨，兰州市政府就必须动用财政资金、国有企业收益等来支付威立雅的高水价。经过一番争议之后，兰州居民用水的价格在2009年正式从1.45元/吨上调至1.75元/吨。

虽然外资水务公司收购国内水务项目股权都不超过50%，但是对项目都拥有"绝对控制权"。在获得水厂的控制权后，外资水务公司还会通过与项目公司的关联交易来赚钱。例如，通过合同安排与其合作的项目公司向外资公司（威立雅）高价采购设备，并每年向威立雅支付高额咨询费用等。

像威立雅这样的外资水务公司十分重视成本控制，因此他们宁愿节省污水处理的成本而将未达标的污水直接排放。上海浦东、青岛和海口威立雅都因持续、反复违反水污染防治管理制度而被处罚。

威立雅还通过资本运作来降低自身风险和实现高收益。其并购中国水务项目惯用的资本运作手段,是首先与国内水务项目和地方政府签署一个保证收益的协议,随后拿该协议到国际资本市场去轻松融资。2005年之后,威立雅集团先后收购了柳州、海口、天津等地水务集团的股权,表面上是威立雅独立投标并出资收购相关股权,但实际上转身就寻求资金接盘股权。例如,威立雅通过平安信托,实现了柳州水务项目的资产证券化,融资模式进一步翻新。

根据威立雅与兰州市政府签署的协议,在30年的特许经营期满后,威立雅将以有偿转让的方式将水务资产移交给当地政府。依据威立雅的资本运营能力,我们有理由相信,在经营期内,威立雅完全可以把项目资产通过财务技巧做大数倍,再按照当时的资产估值与政府进行股权交接。

眼前利益、局部利益、地方利益使得一些部门与地方政府出现了"把自己卖了还要给别人数钱"的荒唐困境。其他国家的私有化改革教训反复表明,一个缺乏战略性预见的国家注定要被国际资本洗劫。

威立雅全球CEO曾表示,"中国是吸引和善待我们的市场,是对非本地技术最开放的国家"。(毕福泉,2014)

从国际惯例来看,少有国家将城市公共供水、污水处理和管网等公共服务对外资开放,大部分发达国家的水务市场只对国内资本开放,而对外资介入具有严格限制。在国家快速发展的过程中,我国的一些地方政府部门却忽略了水务的公共事业属性,而将其看作一般营利性企业,以解决基础设施建设资金短缺的问题。

从国际上来看,美国的水厂实施军事化管理以防止被敌国投毒,意大利反对水资源私有化的运动很有影响力,2004年荷兰立法禁止水资源私有化。在玻利维亚、乌拉圭、阿根廷和委内瑞拉等拉美国家,印度和斯里兰卡等南亚国家,以及南非等非洲国家,都有各种抵制水资源私有化的运动。

而中国水务市场从1997到2007年,威立雅获得了参与中国一些主要城市的25个水务项目,期限均在20~30年之间(中国水网,2008)。到

2014年，威立雅已经成为中国水务领域最大的投资运营商。在中国34个省级行政区都拥有运营项目，经营期限一律在20~30年之间，股权份额均接近或等于绝对控股的50%。苏伊士集团也在中国14个城市建立起18家合作公司，日供水能力达391万立方米。让情况变得更糟的是，2021年年底，欧盟委员会正式批准了威立雅以130亿欧元收购苏伊士集团。在中国，苏伊士虽然将保留其水务业务，两者仍将继续竞争，但这并没有改变法国环保双雄垄断中国几十个城市用水的局面。根据保守估计，截至2021年，中国近1亿人的用水与它们有关。（吴苏，2021）

中国水务市场化和国际化的恶果已经凸显出来。

首先，外资水务集团通过垄断不断抬高用水价格并创造了大量"租金"，导致中国居民和企业长期为高昂水价买单。

其次，供水价格飙升，反而公众对作为公共事业的水务的监督权利大为减少，饮用水水质和企业服务质量不断下降。由此催生了国内瓶装水、饮水机、滤水设备，以及各种质量参差不齐的与饮水需求相关的行业，进一步抬高了居民生活和企业经营的成本。

最后，大量外资已经在我国水务领域深度介入，尤其是城市供水和排水领域，给国家或城市长远的公共安全带来了巨大隐患。一项研究表明，中国六大水系的雌激素污染超过其他国家（鲍铭东和安莹，2012），自来水公司均未将雌激素纳入检测指标。雌激素过量，别说男人，就是女人都会罹患乳腺癌。

2021年年底，中央经济工作会议明确提出需要正确认识和把握我国发展面临的新的重大理论和实践问题，其中一个重要方面就是"正确认识和把握初级产品供给保障"。《人民日报》评论"农产品、能源、矿产等初级产品是整个经济最为基础的部分，加强初级产品供给保障，是现实所需也是长远战略，事关我国持续稳定发展"。习近平总书记反复强调，"中国人的饭碗任何时候都要牢牢端在自己手上"。同样地，作为生命之源的水，中国人的水杯任何时候都必须牢牢握在自己手中。

2022年威立雅与兰州供水分道扬镳，由兰州本地企业接收了原属于威立雅的全部股份。原计划30年的合作期仅过去一半就成为一场幻梦（全新丽，2023）。分手的原因是当年高溢价收购与后续持续的低收益率不匹配，还是2014年苯污染事件后的"一地鸡毛"，抑或是本土水务企业在技术和资本方面的崛起，不得而知。但威立雅的中国故事为中国公用事业和基础设施领域的市场化改革留下了持续的思考和辩论空间。

六、大型制造业企业的应收款融资

中国获得了某种程度市场优势地位的一些大型企业，竭力创造寻租机会，以从实体经济进行支付转移。本节将讨论某大型制造业企业[①]如何通过供应链金融、应收账款融资创造金融利息租金。

2020年6月14日，互联网突然爆出了XY集团大股东、身家数千亿的李某在自家别墅被挟持的消息。但随着李某获救，一则网络传闻——"闯入者是某公司供应商"——在网上刷屏了。

聊天截图显示，李某别墅的闯入者"不是劫匪，而是供应商"，"长期结算不到货款，贷了高利贷，几年都结算不到货款，活不下去了，冲到他家里闹，要死要活的"。

这张聊天截图还称，"XY集团对供应商一直很苛刻，老板儿子不愿进入制造业，因为制造业赚钱很辛苦。他开了家财务公司，所有XY集团贷款都必须用这个财务公司的票据支付。供应商可以用应收账款来抵押向这个财务公司贷款。也就是说，压在XY的应收货款，这家财务公司可以给你一部分，但得另外给利息"。

---

① 本节对涉及的企业和人名做了处理。

6月16日，XY集团辟谣称，该聊天截图是捏造事实，否认"闯入者是XY供应商"。XY集团强调，公司对供应商的付款已经实现了数字化自动排款，对供应商的付款周期也优于行业水平。

这则被辟谣的传闻揭开了XY集团供应商的艰难处境。长账期占用供应商现金流只是第一步。供应商如果想提前拿到属于自己的货款，得给占用货款资金的XY集团额外交一笔利息。大部分类似XY的制造业巨头都拥有庞大的供应商网络，其中很多是财务吃紧的中小企业。而XY集团供应商的艰难处境，可能是整个制造业里中小企业困境的缩影。

网易记者赵妍（2020）指出，在XY集团长达6个月的账期下，供应商如果想提前拿到XY集团的货款，就需要向XY集团支付一定比例的费用。该集团内部存在一个名为"ABC"的应收账款融资平台；供应商在该平台上将持有的XY集团下属子公司的应收账款，转让或质押给XY集团下属的保理公司或小额贷款公司，从而获得资金；而供应商因此需要付出资金成本。根据中登网信息，受让供应商对XY集团应收账款的保理公司和小额贷款公司，均为上市公司XY集团的全资子公司。这意味着是上市公司XY集团，而非传言中的"李某的儿子开的"财务公司，在供应商货款层面，赚取了一笔相当于银行承兑汇票贴现利息的额外收入。

据供应商称，ABC业务自2018年上半年开始强制性地推广，但实际上，XY集团做供应商的应收账款融资业务早就存在，而在家电行业，只有XY这么强势。2020年的银行承兑汇票贴现利率在3%~4%，供应商本身利润就稀薄，XY的供应商应收账款融资业务相当于不仅推迟支付货款还赚取了供应商的利息，等于从供应商本已稀薄的利润中又拿去了几个点，这让供应商的财务吃紧，生存更加艰难。

通过了解XY应收账款的规模和周转天数，我们可以估算XY集团通过占用供应商货款而赚取的财务费用。2019年年末，XY集团应付账款为425.36亿元，同比增长了15.27%，超过了营业收入增速（7.14%），应付账款周转天数为122.51天，进一步占用供应商现金流。得益于集团应付账款的大幅增长，公司经营活动产生的现金流净额同比增长了38.50%，远远超过了同期净利润增速。作为对比，XY集团同期应收账款的周转天数仅仅为9.41天，应收账款规模比应付账款小一个数量级。我们可以认为，XY集团拥有较强的市场地位，能够充分占用供应商的资金，并及时收回自己的款项。从上述数字可以估算出，XY集团2020年通过占用供应商的货款获得的财务费用约为13亿元。

一位在家电行业从业数十年的资深人士评述，制造业中的整机厂对供应商尤其是对中小企业的压榨，是一个巨大的社会问题，非常不公平。不仅仅是XY集团，格力电器、TCL等企业均存在一定程度的类似情况。行业普遍对供应商的规则是"3+6"的账期，即整机厂确认收到供应商货物3个月后，才开出银行承兑汇票或者商业承兑汇票，再6个月以后供应商才能收到货款。而供应商都缺流动资金，只能去承兑，因此需要付出资金成本。如果企业说话不算数，那么供应商真正拿到货款的时间就有可能超过9个月。大企业不缺钱，却把中小企业的货款拿在手里压榨，而中小企业供应商缺流动资金又贷不到款，只能忍气吞声。

账期在一定程度上影响了中国出口企业的定价策略和偏好。"数字经济公社"群友沈建明指出，其所在的小公司服务过多家全球排名在前100位的银行，只有中国的银行账期会超过45天。这也可以解释为什么这些供应商内销的报价普遍比外销报价高几个点，为的就是弥补国内更长账期带来的财务成本。群友云海指出，中美贸易摩擦导致出口萎缩，原本做出口贸易的工厂转战国内市场，但是会因为国内买家更长的账期而"水土不服"，因为过去国外买家给了工厂合意的账期，所以国内工厂普遍更愿意做外贸而不是内销的生意。

群友孙朝阳指出，在强调"以国内大循环为主的国内国际双循环"的大环境下，解决账期问题是建设国内大循环的前提。账期与供应链金融密切相关。供应链管理的三个流动分别是物流、信息流和资金流，三者都通畅且高效才能保证双循环。资金流应该具化为营运资金（应收、应付和库存），对任何企业的生存发展都至关重要。关于现在的国内大循环，资金流（营运资金）是短板和梗阻。在这方面可以考虑结合数字人民币和相关法规进行制度创新，从而真正支持中小企业的发展。

账期问题也涉及商业伦理——通过"自由"市场竞争获得市场主导力量的大企业，是肆意挤占供应商资金以"赚取每一个铜板"，还是为整个生态企业共荣而只赚取恰当利润？此类商业伦理问题实为目前中国企业面对的重大难题。

国际大企业也不乏类似通过占用向供应商的应付账款而创造寻租机会的例子。例如，苹果公司无敌的市场地位使其对供应商有极强的议价能力，应收账款和应付账款的周转天数分别为40天以内和140天，2019—2020年苹果应收账款和票据合计为390亿美元，而应付账款和票据合计约为995亿美元，公司在运营资金方面的租金收益是惊人的，以至于改变了"股神"对苹果公司的投资策略。2016年股东大会上，巴菲特在回答企业融资相关问题时，提到苹果或戴尔这样的公司会通过供应商进行融资，所以其营运资金可以为负。此时大众还不知道巴菲特已开始持续加仓苹果公司的股票了。

可喜的是中国政府"有形的手"开始发挥作用，以更积极有效地支持实体经济。国资委在2021年12月17日发布了《关于认真贯彻落实〈保障中小企业款项支付条例〉进一步做深做实清理拖欠中小企业账款工作的通知》，要求"央企原则上不再开具6个月以上的商业承兑汇票和供应链债务凭证"，以防止变相延长付款时限。在当前经济形势下，清理拖欠中小企业账款将是国务院及相关部门的长期工作重点之一，即从制度、机制、流程和信息化管控上杜绝滥用市场优势地位恶意拖欠账款的行为。

04

第四章

平台经济实践和监管智慧

大部分人认为中国政府对平台经济的监管和治理处于不确定的钟摆状态。对于这种说法，我认为，首先，少数垄断性的科技平台并不代表2 000多万家中国的民营企业，无论是从资本来源、业务和人力规模来看，还是从（单个企业）对经济的主导程度来看，都是如此。其次，中国政府对平台经济的治理实际上遵循了一定的原则并适应了经济不同发展阶段的需要，因此要将这个问题置于一种结构化框架中来加以理解。这就是本章论述的核心。

一、中国建立和监管平台经济的三个阶段

伯克利大学的学者斯科特·麦克奈特（Scott McKnight）等人提出了一

种结构化的解释，认为中国平台企业的市场力量的演进可以划分为扩散、集中和集中后三个阶段（McKnight 等人，2021）。这种力量必须根据中国政府的目标来理解，即保持经济增长、实现技术自立自强，更为重要的是，维护中国共产党的执政地位。平台市场力量与中国政府目标之间的关系动态使得政府对平台经济有不同的治理方法。当市场力量没有威胁到中国政府的核心目标时，治理方法对平台公司和政府是互利的（"支持"或"指导"）；但当平台的市场力量变得过于集中，政府就会以"抑制"的方式回应。

自 20 世纪 90 年代以来，中国政府一直坚持通过数字化和平台经济实现其目标：利用信息和通信技术（ICT）革命促进经济增长，减少国家对外国技术的依赖，重要的是保持执政党的人民性。

20 世纪 70 年代末，在"改革开放"的口号下发起的试验性改革，逐渐重塑了中国的国家能力，导致了中央政府与地方政府复杂的分权和相对动态。国家各级政府的讨价还价往往会导致渐进的政策变化。自 20 世纪 70 年代末以来的大量改革，也产生了所谓的"结构性不确定性"的制度背景。在这种情况下，政策试验是受到鼓励的。中国经济快速增长所带来的广泛共同经济利益，形成了关于进一步市场化试验的广泛共识的基础。这些有形利益也有利于中国实质性改善民生，捍卫中国领土完整。

法治建设、积极招募民营部门行为者加入党的队伍，以及普遍愿意尝试各种政策，这些结合在一起，创造了一个广泛的框架，不仅使得中国民营部门爆炸性增长，还为广大中国消费者和企业参与平台经济开辟了道路。

平台治理方法

可能的治理方法主要有三种：**支持、指导和抑制**。

从 20 世纪 90 年代末到 21 世纪第一个十年的中期，在平台经济的萌芽和增长阶段，中国政府采取了一种支持性的方式，试图促进服务于中国快速增长的市场并与美国平台公司竞争的高科技公司的增长。在20世纪90年代和21世纪第一个十年，政府在关键的ICT基础设施上投入了大量资金。政府还特别允许设立准法律变通机制（VIE架构），以便中国初创企业可以先获得风险资本，然后在公开交易所上市。这也意味着允许外国投资者收购这些初创企业的股份。在另一种形式的支持中，中国政府使用了审查政策，有效地限制了外国竞争。而阿里巴巴、腾讯、百度和新浪等平台公司则通过满足国内消费者和企业日益增长的需求，在这个竞争激烈的市场上蓬勃发展。

在接下来的一个时期，从21世纪的第一个十年末到第二个十年末，政府采取了一种方法来指导这些技术能力强、财务实力雄厚的平台巨头。这些巨头相对较高的发展水平消除了中国对美国平台公司的需求。为了在2008年全球金融危机后重振经济增长，中国政府将这些平台公司设想为在"自主创新"、"掌握核心技术"和"中国制造"等标签下服务于国家总体的技术自立自强的目标。因此，政府并没有阻止这些企业跨越原有业务，并扩展到金融、娱乐和物流等领域。

到21世纪第二个十年末，中国政府逐渐看到，这些平台巨头凭借巨大的金融资源、海量的消费者数据，以及在越来越多的商业活动中的主导地位，对包括国有银行、推动了大部分经济增长的小企业在内的各个部门良性发展构成了威胁。这些平台巨头的多方向扩张和多方面主导地位，促使国家采取了抑制措施。这一转变最终导致政府出台更具制度性和行业性的举措，例如，加强反垄断政策、对巨头处以巨额罚款、对平台商业行为展开反垄断调查等。

20世纪90年代末期至21世纪第一个十年中期，扩散的平台市场力量和支持性治理方法

从20世纪90年代末期至21世纪第一个十年中期，中国在线平台的

市场力量是扩散的，这是市场进入门槛较低、初创企业的大量资源相对有限以及竞争激烈所导致的结果。在此期间，中国的平台经济规模很小，但正在迅速扩张。

三个需求侧的因素导致基于互联网的初创公司数量急剧增加。

第一，中国人均收入正以惊人的速度增长。第二，从20世纪90年代中期到21世纪第二个十年中期，中国中小企业的收入年均增长率超过了7%，最终到2015年贡献了中国GDP的70%（《中国统计年鉴—2016》）。第三，中国加入了WTO，进一步融入了全球经济。这三个因素使中国的互联网用户数量激增，从1998年年中的不到120万增加到了2001年年中的2650万，2018年超过了8.02亿。互联网用户需求的巨大增长，催生了对各种平台便利商品和服务的需求，因此极大地推动了中国企业家组建基于互联网的初创公司，并利用这些市场。在网络搜索、即时通信和电子商务等领域，中国企业家以西方平台的设计为基础，通过调整外观和用户体验，以适应中国市场的特殊性。阿里巴巴、百度和腾讯等许多今天的巨头就是在那个时候成立的。

在供给侧，中国政府对关键的ICT相关基础设施进行了大量投资。由于这些投资，到2008年，中国的电信密度（即人均电话线数量）超过了人口的28%，而1978年仅为0.38%（工业和信息化部，2009）。初创企业之间的竞争非常激烈，但国有企业很少参与这些新兴的基于平台的活动，而是保持在银行、能源和电信等所谓的支柱行业的传统主导地位。

总的来说，这一时期的特点是需求快速增长、技术可用性条件不断变化，并且市场竞争异常惨烈。所有这些都是广泛扩散的市场力量的特征。

平台经济的市场力量在扩散，同时政府也在追求ICT带动经济增长和技术自立自强。这两者导致政府在21世纪第一个十年的大部分时间里都采取了支持性的方法。在国家层面普遍存在着以市场为导向的共识。在此基础上，政府认识到，ICT革命代表了一种新的方式，不仅能继续中国20年来的经济增长，还能使中国跨越到更高的技术发展阶段。例如，1998年的政府工作报告里说，ICT 部门贡献了 GDP 增长的 10.5%，并预估到 2010 年将贡献 40.1%[①]。那些有前途的初创企业是 ICT 部门的重要组成部分。与此同时，政府也开始重新评估"以市场换技术"的智慧。这种智慧形成了中国在 20 世纪八九十年代技术升级的方法。

因此，本土互联网初创公司的激增对中国政府很有吸引力，因为这些基于数字技术、具有高附加值的本土企业，能够保护中国市场不受美国公司的影响，就像中国在计算机硬件方面所做的那样。对中国新兴平台公司的支持在政治上也很有吸引力，因为不需要与既得利益集团相对抗。

1992—2002 年，中国采取了所谓的"双轨战略"，将由国家主导的工业遗产与对正在萌芽的数字经济的支持结合了起来。

这种支持性的治理方法包括三个方面。第一，政府允许外国投资者为中国初创企业提供风险投资资金；第二，允许中国初创企业在海外交易所上市；第三，政府对平台内容的要求和对平台的监控，让美国大多数大的平台公司都无法进入中国。

第一个方面和第二个方面是相辅相成的：中国政府允许中国初创公司从外国人那里获得风险投资资金，并于此后不久在中国香港或美国证券交易所进行 IPO，同时也允许使用准法律结构，使外国人能够获得这些公司的重大股份。这些措施令人信服地表明，政府鼓励这些初创企业获得外国投资和专业知识。类似地，考虑到从 20 世纪 90 年代中期启动的关键行业改革，这些公司的公开上市并不意味着彻底的政策突破。

与允许中国初创企业在外国上市的政策相关，中国政府允许这些企业形成特殊的法律结构，称为可变利益实体（VIE），这是外商独资企业，让外国人有能力收购一家域外实体的股份。该实体拥有一个合同网络，其中的合同由中国法院与初创公司强制执行。换句话说就是，外国投资者实际上并没有"拥有"中国的运营公司。此外，这些实体还允许中国互联网公

[①]《电子与信息化》月刊，2020 年 5 月刊。

司享受各种税收、监管和法律福利，以及获得外国资本。许多中国互联网搜索引擎和电子商务平台，包括百度、搜狐、阿里巴巴、前程无忧、艺龙、空中网等，均采用了 VIE 结构，并成功在纽约或中国香港交易所上市。这些结构以及政府令人信服和放心的承诺，助力中国成为美国以外最大的风险投资国家市场之一。

有趣的是，这些准法律工具之所以成为可能，只是因为中国政府容忍了它们。按照同样的逻辑，这也意味着政府可以随时堵上这些漏洞。这种灵活性使中国本土的平台公司得以发展壮大，培养自己的能力，并为中国消费者提供在线商业、娱乐和其他服务，同时也惠及政府和更广泛的经济。

这也反映了 1992—2002 年和 2002—2012 年两个阶段对这一"新"ICT 经济的基本政策共识。这项政策虽然对外国投资中国互联网初创企业持开放态度，但外国企业大多不愿意接受中国政府的监管审查，因此选择主动或被动地放弃大量参与中国新兴平台经济的机会。

在 21 世纪第一个十年，上述双重战略的 ICT 越来越被视为具有战略意义的部分，预示着政府在接下来的几年里将更新其支持方式。

21 世纪第一个十年末期至第二个十年中期，正在集中的平台市场力量和指导的治理方法

从 21 世纪第一个十年末期至第二个十年之初的短暂时间里，中国平台经济的力量变得越来越集中，三家公司——百度、阿里巴巴和腾讯——拥有大量且不断增长的用户、巨大的财务资源，并涉及数量快速增长的业务线。21 世纪第一个十年是中国互联网发展和商业化"进取的十年"。

随着智能手机的迅速普及，互联网用户数量达到了新的高度。到 2011 年，中国拥有约 4.2 亿用户，是美国互联网用户数量的两倍（中国互联网络信息中心，2010），轻松成为世界上网络人口最大的国家之一。同样，增长趋势也很明显：2008 年，中国 3 亿互联网用户中有 1/3 是移动用户；而 2013 年，中国 6.5 亿互联网用户中有近 5 亿人使用智能手机上网，这一

数字和比例在继续增长（McCarthy，2018）。基于智能手机的互联的爆炸式增长，进一步激励这些公司成为在线平台公司，并开发各种应用程序进入这个快速扩张的市场。这意味着全球较大的7家平台公司中，就有2家是中国的，即阿里巴巴和腾讯。

形成这种集中的市场力量的一个重要因素，是前文所述的治理方式的准保护主义政策驱逐并屏蔽了对美国最大的在线平台公司的网站访问。在搜索、即时通信、社交媒体、博客和流媒体视频等关键领域，中国的平台几乎没有面临与外国的竞争。

另一个因素是BAT技术能力无可否认的显著增长。在21世纪第一个十年末期至第二个十年之初，中国有几家平台巨头吸引了大量用户。这种容量、用户和财务资源的增长，开启了它们超越各自核心竞争力的扩张潜力。

尽管在少数几家公司的统治下，如今中国的平台经济在互联网用户数量和提供的服务的多样性方面的实力都是巨大的：通信（腾讯）、搜索（百度）、在线支付（阿里巴巴和腾讯）、博客（新浪）、电子商务和分销（阿里巴巴和京东）、流媒体视频（优酷和土豆，2012年合并）、数据存储（阿里巴巴和腾讯）、打车（滴滴）、旅游（Trip.com）、外卖服务（美团和饿了么）等。有了这些基于平台的企业，中国的平台经济在几个重要方面与美国的平台生态系统相似。尽管它与美国的平台生态系统不同，中国人采用的是所谓的"平台商业集团"（PBG）模式，即与其他公司置换股权或将一些部门分拆上市来筹集资金，但不放弃运营控制权（Jia和Kenney，2021）。

在主导各自的行业并因此获得巨大利润后，阿里巴巴、腾讯等现金充裕、技术能力强的平台公司，以及百度（在较小程度上），急切地进入其他行业，从医疗保健到游戏，提供电信和银行等国有企业无法提供的服务和商品。在BAT公司中，阿里巴巴和腾讯的业务扩展到了各个行业。它们的PBG相互竞争，尤其是在移动支付领域，形成了双头垄断局面。在一定程度上，这样的双头垄断是众多创新的关键来源。其中重要的扩张领域是金融服务，首先是阿里巴巴，它为淘宝和天猫在线购物平台的销售提供了托管服务（以支付宝的名义），并迅速扩展到了各种金融服务。

智能手机的普及创造了关键的基础设施，促进了微信（腾讯）和支付宝（阿里巴巴）等超级应用的发展。这些超级应用程序使其母公司能够以惊人的速度将大量用户群商业化，并推广新的应用程序和业务（McKnight 等人，2021）。例如，腾讯即时通信软件QQ用了12年时间才达到1亿用户，而微信只用了18个月，微信支付只用了12个月就达到了同样的规模。类似地，阿里巴巴的电子商务平台淘宝用了8年时间才实现1亿用户，而在线支付应用支付宝仅用了5年时间，阿里巴巴的直播平台只用6个月就获得了第一个1亿用户。

在21世纪第一个十年末期至第二个十年之初，中国的平台市场力量正在集中，尤其是但不完全在BAT公司之下。相比之下，中国互联网的一些早期领导者，如新浪和搜狐，已不复昔日荣光。

在21世纪第二个十年的大部分时间里，政府试图找到方法来平衡这些影响深远的平台公司的持续增长，以缓解政府对社会稳定和国家安全的持续担忧。其结果既不是这些企业的彻底国有化，也不是这些巨头"捕获"国家，而是中国政府引导这些巨头为更广泛的国家目标服务，包括推进中国的自主创新议程、建设（或现代化）中国的电信设施和金融基础设施、投资其他初创企业和加强对信息的控制。

这种指导的方法之所以可行，有几个原因。中国的平台经济有三个显著特点：第一，其主导企业资金雄厚，土生土长，能够满足中国市场的各种需求；第二，遍布全球的美国平台公司被限制在了中国市场的特定利基市场，或被彻底禁止；第三，中国的平台经济结构是寡头垄断的，也就是所说的集中市场力量，少数大型企业有效地对快速增长的平台经济拥有寡头垄断控制权，同时也扩展到了一系列基于平台的业务，有时还包括线下业务。这种寡头垄断的市场结构非常符合政府对"受控竞争"的基本偏好。

这一指导方法的另一方面是，政府为中国本土平台巨头创造了空间，使它们得以继续扩张，并从中国爆炸性的在线增长中赚得盆满钵满。2012—2015 年，百度的收入增长了 44%，腾讯增长了 33%，阿里巴巴增长了 30%。用户的快速增长同样令人印象深刻：2016 年年末，百度平均每月活跃用户 6.6 亿，阿里巴巴 4.93 亿，腾讯的两个关键产品（微信和手机端 QQ）的用户数分别为 8.46 亿和 6.47 亿（Woetzel 等人，2017）。

这一增长伴随着中国风险投资（Venture Capital，VC）行业在短时间内的迅速扩张。2011—2013 年，中国国内 VC 部门的总额约为 120 亿美元，但 2014—2016 年达到 770 亿美元，占全球总额的份额从约 6% 增加到了近 20%（Woetzel 等人，2017）。在内部，这些平台巨头创建了子公司和衍生公司，其中一些在收入和用户基础上变得相当可观。

这种指导方法还有一方面是鼓励中国的新平台巨头在国外扩张，作为政府于 2013 年推出的所谓的"互联网+"政策的一部分。尽管中国的对外直接投资在 21 世纪第二个十年中期每年都在增加，但这些平台巨头在中国境外的市场渗透率有限（McKnight 等人，2021）。例如，2015 年，腾讯从非中国用户那里获得了 13 亿美元的收入，但这只占其当年总收入的 8%。同样地，阿里巴巴从外国用户那里获得了 11 亿美元的收入，占其总收入的 9%。百度成为 BAT 公司中规模最小的一家，其海外业务收入仅为 1.09 亿美元，占 2015 年总收入的 1.1%。这些数字保持停滞状态，表明中国政府推动"走出去"的举措在其平台公司方面取得的成功非常有限。近几年，随着短视频应用 Tiktok 和快时尚公司 Shein 在全球市场逐渐占有重要地位，这种情况有所改变。

总的来说，一方面实现经济增长和技术自立自强，另一方面防止这些平台发展成为影响其他产业发展的垄断集团。

自 21 世纪第二个十年末期以来，已集中的平台市场力量和抑制的治理方法

在 21 世纪第二个十年末期，平台市场力量已被集中，用户基础比美国和欧盟合并还要大，而且更面向移动端。这些平台巨头还可以充分利用资本和用户数据，以及包括一系列业务和收入流在内的多元化投资组合。阿里巴巴和腾讯因为它们惊人的市值，成为中国互联网公司中较为重要的两个。2017 年，两者的市值分别为 2 300 亿美元和 2 200 亿美元。同样，两者 2018 年的利润分别为 103 亿美元和 110.2 亿美元，这使得它们成为中国前十大赢利企业中仅有的两家非国有企业（China Daily，2018）。在这段时间里，一些新进入者，包括抖音（社交媒体）和拼多多（电子商务）迅速流行起来。尽管有这些新进入者，但在 21 世纪第二个十年中后期，中国平台经济的市场力量变得更加集中（集中在所谓的 BAT 之下）。

在另一个集中市场力量的例子中，BAT 实际上垄断了中国市场迅速崛起的 VC 部门。2016 年，这三家公司提供了 42% 的中国 VC 投资，比三年前的 10% 有大幅增长。在此期间，1/5 的中国初创企业是由 BAT 校友或 BAT 三家之一创办的（Woetzel 等人，2017）。

中国公众普遍使用智能手机，促使中国平台巨头不懈地向多个方向扩张，这样一来，就不可避免地重组了社会和经济的大部门。在线零售和手机支付系统的使用量不断增长，并扩展到了更广泛的市场，结果导致线下零售业也受到这些平台的影响。

中国成为移动支付领域无可争议的领导者。早在 2016 年，中国消费者的移动支付交易总额便已达 7 900 亿美元，是同年美国的 11 倍（Woetzel 等人，2017）。这也意味着各种支付都是通过平台进行的，而不是通过银行控制的系统进行的。这就出现了一个问题，即中国国家主导的金融系统是否正在"被科技接管"（Xie，2018）。这些平台收集的大量数据很快就形成了在国家掌控之外有关中国消费者的巨大数据库。平台不仅能够破坏对更大范围的中国商业（包括受严格监管的国有金融体系）的控制，也掌握了普通民众的大量数据。这两点促使政府打破了此前的支持或指导政策，转而采用抑制策略。

第一个方面，在 21 世纪第二个十年末，国家重新加强了对平台经济的管理。这种管理方法有三个特点。第一，政府规范了这些平台的私人金融服务。第二，政府加强了一个原本很薄弱的反垄断部门，对平台巨头展开反垄断调查。第三，政府扩大了对信息的控制。在这三种情况下，这些平台尤其是支付宝和微信支付等超级应用，通过其影响深远的市场力量和在平台上的信息传播，被视为对包括国有银行和小企业在内的广泛行为者和利益群体构成了威胁。

2021年年初，监管机构对阿里巴巴的销售平台和微信支付平台展开了调查，包括调查几年来引起竞争对手和监管机构投诉的反竞争行为。阿里巴巴被罚款创纪录的28亿美元，约占该公司国内年销售额的4%，并导致该公司自2014年IPO以来首次出现亏损（Zhai和Wei，2021）。腾讯从支付和游戏中获得的利润飙升，也受到了国家市场监督管理总局（SAMR）越来越多的审查。根据SAMR的数据，有十几家互联网公司因为没有报告过去的投资交易而被罚，百度是其中之一，被罚款7.7万美元（Yang和Yang，2021）。

这一突然而全面的抑制平台巨头的举动，应该被理解为政府对腾讯和阿里巴巴等巨头持续的多领域扩张形成垄断地位，阻碍创新的回应。因为这些平台成为中国消费者唯一可用途径，而传统零售业和娱乐业在旅行和住所的限制下承担了巨大压力。这些措施表明，政府已经重新考虑对平台巨头的管理，并彰显了将其置于严格监管之下的决心。这些与政府的另一个长期担忧的情况有关——腾讯和阿里巴巴等公司持有的数据量，使它们能够监测整个经济体的宏观模式。政府开始公开表达对平台巨头可能滥用这些数据的担忧（Wei，2021）。2022年7月，国家网信办对打车巨头滴滴的网络安全审查认定，该公司存在严重影响国家安全的数据处理活动，其违法违规运营给国家关键信息基础设施安全和数据安全带来严重的安全风险隐患，并对该公司处以80.26亿元人民币罚款（国家互联网信息办公室，2022）。

抑制的治理方法建立在早期审查方法的基础上，这表明了中国抑制方法的矛盾性质。尽管政府试图限制中国本土平台巨头的权力，但封锁外国平台的做法也与如今的目标产生了矛盾的效果，进一步赋予了一些本土平台权力，政府仍然重视技术自立自强，尽管随之而来的问题包括数据控制严重、市场竞争失衡等。

近年来，政府的举措逐渐向这种抑制的方法转变，这清楚地表明，国家现在认为，一些平台公司的规模和资源对政府的目标构成了威胁，因为政府正在对经济进行系统而深刻的重组以建立法治化、国际化的营商环境。

二、中国大型网络平台的垄断和寻租

中国大型互联网平台近 10~20 年的"免费"策略，背后的核心逻辑是投资人通过境外大量廉价美元融资，对国内平台用户进行补贴和在国内竞争企业之间发起价格战，以期通过资本手段快速完成行业整合，形成最终的垄断寡头。最终胜出者挟垄断地位改变用户定价策略，把先前的补贴和价格战成本从用户身上再捞回来。或者胜出者挟市场的垄断地位和惊天规模的客户基础，以高估值在美国或中国香港上市，资本高价套现并胜利退出。

在此过程中，通过积极影响学术、媒体提出和传播观点，将如是通过补贴和价格战制造垄断寡头的行为美化为"自由市场竞争"，从反垄断审查、数据安全和消费者权益保护等角度予以宽松监管，甚至游说监管为业已形成的垄断局面予以保护和为后来者设置壁垒。互联网出行可谓典型的案例。这种操作在 2010 年后尤其突出，因为 2008 年全球金融危机后美联储通过长期量宽政策为资本市场注入了天量几近零利率的廉价美元。美元基金因此能够更快、更具规模地在中国互联网细分市场制造寡头。这是金融资本创造垄断租金并从资产价格膨胀中获益的典型案例。

本节将逐一讨论中国大型网络平台通过各种服务（电商、电商直播、网络贷款、外卖和教育）创造和提取经济租金的方式，实证地延续"好租金和坏租金"关于平台经济租金和监管的讨论。

电商

中国互联网起飞的一个重要板块——电商业务，通过初期的"免费"策略吸引并培育了一大批企业和用户，电商平台让传统的实体店铺转移到了网络上，这一度对传统线下实体商铺相关行业造成了巨大冲击。实际上从传统线下到线上的转型并没有看上去那么"美"。店铺转型到网络之后，从过去依赖人流变为如今依赖互联网平台的流量。互联网平台通过收集用户行为数据和店铺运营数据，并辅之其他各种相关数据，以及运用大数据和 AI 等各种技术进行分析，可以为店铺提供精准流量服务。这种服务当然不是免费的，基本上电商平台的收费模式都是围绕精准流量服务展开的。

淘宝平台对商家收取的费用包含三项：技术服务费、佣金和引流费。技术服务费可能会因卖家店铺的类型、等级、销售额等因素而有所不同。佣金为商家销售额的一定比例，根据商品价格和类目的不同，一般在 3%～5%。引流费用由商家自愿支付，引流属于增值服务。

对于典型的天猫店铺，涉及的费用包括开店缴纳的保证金和平台服务费，以及为获得流量而进行必要的运营所需的费用，包括购买数据分析工具、进行广告投放、实施推广计划，甚至刷单等。运营的费用可能会占到整体资金的 30%（淘宝千货，2024）。因此，店铺网络化以后或许节省了传统的门店租金，但以运营成本的形式缴纳给电商平台的这部分费用，成为电商平台创造的流量租金。

2020 年，天猫约有 30 万家店铺，其中 80% 以上是不赢利的，赢利的只有 10% 左右，其余 10% 盈亏持平。对于一部分天猫类目，很多店铺的推广费用基本要占销售额 1/3 以上才能获得盈亏平衡的销量。亦即，如果一个月销售10万元，则可能需要支出3万元用来推广（包括直通车、钻展、淘宝客，以及刷单等）。再扣除天猫平台5%的扣点、20%的人工成本，还要考虑商品备货、损耗、物流、办公成本等，如果商品成本超过售价的25%，就很难赢利。在几十万元的小规模投入下，基本上相当于免费为阿里打工。（白云说科技，2020）

唐要家和傅樟洋（2022）分析了中国典型的互联网平台征收佣金的影响因素，并判断是否存在滥用平台的市场支配力量以进行剥削性定价的情况。该论文使用了**勒纳指数**来测度平台的市场势力。勒纳指数通过对产品定价与产品边际成本之间的差值的度量来判断企业垄断程度的高低，反映的是垄断企业在相关市场中的价格控制能力，即企业提高价格的能力。

该文计算的勒纳指数表明，中国在线零售（即"电商"）市场的支配企业具有较强的市场势力，其中淘系（淘宝+天猫）的市场势力最盛，京东次之，拼多多最低。该文对这些企业的佣金水平进行分析后认为：

> 京东的佣金水平主要来自相对高的服务成本、商品低需求弹性和家电商品的高利润边际，其利用市场势力向商家收取不合理高佣金的能力相对受限，其收取比淘系（淘宝+天猫）高的佣金率具有一定的合理性，不属于市场势力滥用的剥削性定价。相对来说，服务成本、市场需求弹性、商家谈判能力等因素是不利于淘系（淘宝+天猫）索取高佣金的，但淘系（淘宝+天猫）相对强的市场势力有可能使其征收不合理的高佣金。目前虽然淘系（淘宝+天猫）的佣金水平相对较低，但淘系（淘宝+天猫）向商家征收的广告费则需要反垄断关注，剔除GMV增长率的影响后，在2016—2019年间，淘系（淘宝+天猫）技术服务费年均增长率为5.75%，广告费年均增长率为24.10%。淘系（淘宝+天猫）广告费的高速增长很可能是一种变相的高佣金征收。淘系（淘宝+天猫）在在线零售市场具有显著的"守门人"地位，其通过算法

构建平台流量竞价拍卖机制来向商家收取较高的广告费，很可能是基于市场势力的不合理收费。

直播电商

流量经济的下一个发展阶段是网红带货，带货网红发展到极致，就会成为头部主播。

2021年12月20日，浙江省税务局给直播行业投下了一颗重磅炸弹。其中一个头部主播被查了，偷逃税款加上滞纳金、罚款共计13.41亿元（国家税务总局浙江省税务局，2021）。税务丑闻直接导致其全平台账号被封，直播带货的"半壁江山"化为乌有。

"直播"这一新兴业态源于淘宝，2013—2016年虽然淘宝已成为国内第一大购物App，但消费者大多是来购物的，很少停留，当时的直播仅作为商家展现产品的路径之一。2016年3月，淘宝直播试运营，定位为"消费类直播"，5月淘宝直播找到了正作为"淘女郎"为自家服装店引流的某主播，邀她开通直播。2017年10月，某主播一夜直播5小时，帮海宁一家零"粉丝"的皮草店引导成交额7000万元，其个人所得佣金可值当时杭州一套房。这天成为不少业界人士口中的"淘宝直播发展第一个转折点"，电商直播也由此大范围进入大众视野。2017—2018年抖音、快手等短视频平台突然火爆。随着视频直播行业持续渗透进入人们的日常生活，2019年直播行业迎来黄金时期，淘宝、蘑菇街及京东等众多知名电子商务平台已相继扩展其电商视频直播业务。2017年，直播电商市场规模不过190亿元，2018年市场规模急速攀升至1330亿元，2020年市场规模逼近万亿元（黄青春，2021）。

直播电商市场的成熟，一方面得益于抖音、快手平台下沉，带来大量短视频直播用户；另一方面是淘宝直播发现，头部IP的造富效应可以把全民裹挟到这一场狂热的游戏中来。因为在移动互联网时代，个人传播势能远远大过于机构。用户没兴趣关心和传播"淘宝直播"这四个字，但是大量用户会狂热地关心职校生如何成为年入过亿的超级网红。

在直播电商流量红利阶段，头部网红主播成为平台金字招牌，资本从资源、流量、品牌等各方面全力支持。这又进一步加剧了已呈现"二八划分"的格局。2021年"双十一"预售直播中，淘宝主播销售榜显示，李佳琦和薇娅当晚销售额分别达到106.53亿元和82.52亿元，分列前两位。另有一组数据显示，2020年A股上市的4510家公司中，仅有403家的年营收超过了180亿元（刘欣怡，2021）。李、薇二人仅一次带货，总额就超过了2020年逾90%的A股上市公司的全年营收。直播行业一直是马太效应的典型，李、薇两家超头部主播独大。从"双十一"战绩就可以看出，两个人的销售额占据了榜单中排名前十位的总销售额的2/3。

拥有大量流量的头部主播选品非常严格，据传李佳琦选品通过率仅为5%~10%，坑位费为6万~18万元，佣金率20%起（玩转企业直播，2020）。头部主播拥有极强的议价能力。他们依靠自身议价能力，向品牌方索要极低折扣，普遍实现全网最低价，通过大销量进一步强化自身能力。商家为获取销量和曝光度，一窝蜂扎堆头部主播，也在不断抬高他们的稀缺性，并促使资源、流量、品牌向他们聚集，而商家自身的话语权被不断弱化。

头部主播虽然是新品牌快速获得流量、打开市场的利剑，但也是慢性毒药。大主播聚拢资源过甚，品牌商将其当成主力渠道是非常危险的，能够借力达到品牌曝光是最好的结果。

但事实上，直播电商发展到如今，并没有真正转化为内容电商。李、薇二人的"神话"，更多的还是依靠简单粗暴的折扣招徕消费者。

消费者也不一定真正获得了实惠。以少数知名、爆款商品低价吸引流量并以多数无名产品攫取利润的做法是传统商业老把戏。此外，主播还会通过将购买时间压缩到几秒钟，用夸张和煽动性话术促使消费者在欠思考的情况下做出非理性消费。不少消费者通过直播带货平台购买了大量用不上的商品。一部分消费者还患上了"直播购物病"，不通过直播购物就仿佛赔了一般。非但没捡到便宜，反而给家庭带来沉重负担。

直播电商的可持续发展也存疑。主播需要不断翻新花样来维持"粉丝"热情，一旦主播江郎才尽，商家就不再为主播支付高额坑位费和佣金。一旦失去折扣，用脚投票的消费者也会远离主播这些中间商，寻找更便捷、划算的消费渠道。

直播带货是高度专业化的工作，对主播的专业知识、独特的个人魅力以及自身不断的坚持和运气，都有很高要求。即便国内已形成完整的网红主播孵化产业链，但是头部高流量主播依然难以规模化培养。

薇娅背后的谦寻MCN，是新内容电商直播机构的头牌。虽然谦寻旗下核心的薇娅消失在公众视野，但薇娅和丈夫董海锋合伙开的谦寻控股，还在阿里巴巴的滨江园区如常运作。谦寻控股最大股东及实际控制人为薇娅丈夫董海锋，他的持股比例约为46%。薇娅是老板娘，也是一名以签约的方式挂在谦寻旗下的主播。谦寻官网信息显示，目前谦寻旗下签约有50余名主播，包括众多名人，至少有7名流量数据位于全网前20。

谦寻已经不仅是一家MCN机构，还贯通了供应链，孵化主播和子品牌，业务涉及从电商主播培训到经纪服务，为品牌方提供店播服务等子业务，这也获得了资本的认可。抛开此前IPO的传闻，可以确定的是，2020和2021年谦寻先后获得联想系君联资本和云锋基金的投资。

随着事业版图的扩大，薇娅和董海锋一次次调整对谦寻的规划。董海锋在2021年的一次采访里提到，谦寻要做直播行业的水电煤，甚至放话，"薇娅没有边界，因为人的消费没有边界"。（字母榜，2021）

薇娅的成功绝对不是她个人的成功。隐现于薇娅公司背后的股东，可能才是这场大戏的导演者。薇娅是被"看不见的手"推上去的，她的存在隐含了很多纷繁复杂的利益纠葛。

直播电商虽然是一种商业模式的创新，但并不额外创造真正的价值，只是实现了商业流通价值的再分配。以薇娅为代表的头部主播带货，实现的是被榨取的商业流通价值和制造业价值聚集到了少数寡头手中，是金融资本创造"流量租金"的极端模式。被誉为多赢模式的头部主播带货不是"多赢"而是"独赢"。"寡头"直播带货挟流量"残酷"地压榨制造业和商业分销的利润,把属于制造业和商业的合理利润变成了极少数寡头的租金收入。有人辩称直播电商提高了商业分销的效率,这有一定的道理。但效率和公平始终是一对矛盾体,维持稳态的经济和社会结构需要在商业模式创新上平衡提升效率和维持公平。

直播电商形成了"流量变现"寡头,对整个经济体具有通缩效应,并且带来了额外的社会成本。根据前文的数据,头部主播仅二人一次"双十一"带货,销售额就超过了中国逾90%A股上市公司的年营收,由此可见,直播电商市场体现了极端的马太效应。考虑到整个万亿的直播电商市场,以及由商家支付给主播的坑位费+20%的销售提成,流量租金估算可超过2000亿元。收获这数千亿流量租金的极少数群体的边际消费和投资倾向较低,因此给整个经济带来了通缩效应。仅就分销效率而言,一个头部主播或许可以替换数万名传统商业分销业者。如果经济体没能为这数万名被替换者创造出同等数量的就业机会,那么将带来额外的社会成本。

一鲸落万物生,超级主播的存在挤压了实体商家的利润(实体商家进而挤压制造业),各类"最低价"实际上是严重干扰正常商业秩序的。正常的商业环境不需要头部主播,这里的关键不是合法纳税与否,而是头部主播作为"寡头"的存在本身就是问题。商业流量和数据不应该掌握在少数人、少数资本手上,制造业和商家不需要把利润压榨到极致。从商业伦理角度而言,掌握"生死"的大渠道需要的是合理利润,(再一次)而不是"赚取每一个铜板",这样经济体才能为创新和产业升级投资,工商业环境才会更好。从这个角度来说,"薇娅们"的偷漏税,只是资本造成的"最小的恶"了。

网络贷款

电商平台以庞大客户群为基础的网络效应、领先的大数据分析能力,发展出了所谓的 DNA（数据、网络和经济活动）商业模式，并演化为普通中国人的生活方式平台。其上的经济活动拓展至方方面面，包括购物、社交、出行、旅游、酒店、消费、娱乐以及以支付为中心的综合金融服务，如借贷、货币市场基金、代销金融产品和保险等。当互联网平台以金融科技的名义而非金融企业的名义拓展进金融核心领域的时候，平台企业凭借其超越传统银行的客户基础和基于大数据的风险识别能力，在消费贷领域狂飙突进，鼓吹消费主义，逐渐滋生诱导性、掠夺性放贷，造成借款人超出其债务承受能力、还款能力和意愿的过度负债，增大了系统性风险隐患。为了弥补可能的坏账损失，网贷平台的利率往往大幅高出正常的银行贷款利率，并且通过各种形式的服务费用（如砍头息）规避对高利贷的监管。有的平台借款的年化利率一度曾接近24%，后来有所下降，但也在15%左右（时雨，2020）。"普惠"的网贷平台结果变成了"普贵"。网贷平台通过自身拥有的用户数据和分析能力，或者通过非法/不合规的数据使用获得全面的用户信息，并且大型互联网平台由于"绑定"了用户的生活方式，因此拥有了近乎"世俗政权"的力量，导致网贷的催收环节往往伴随各种暴力因素，从而悲剧频发，预期的包容性金融最终发展为"嗜血"的掠夺性金融。

如某互联网平台企业在以金融科技创新的名义作为技术服务商提供平台与传统银行合作时，以极少量自筹资金，通过杠杆撬动各家银行进来联合放贷，其中的风险由银行自理，利润由这家互联网企业与银行七三分成。虽然银行只有三成利润，但因为这家互联网企业平台贷款人多，并且可以绕开银行放贷利率的限制（年息一度可达24%），所以对银行有很强的吸引力。资产支持证券化（Asset-Backed Securities，ABS）出表是这家互联网企业做大贷款规模的重要手段之一。

但问题的关键在于《巴塞尔协定Ⅲ》（以下简称《巴Ⅲ》）的监管要求。网络小贷公司能够"规避"杠杆监管，以较低的资本放出高出近百倍的贷款，是因为通过ABS出表后，联合贷款机构不计入杠杆范围，也不需要计提风险资本。

《巴Ⅲ》要求金融机构自己承担风险，交易所 ABS 属于标准化资产而不是"非标"，银行、券商可以合规购买。

为约束网络小贷资本金、联合贷款出资比例，2020 年 11 月 2 日，中国人民银行、银保监会下发了《网络小额贷款业务管理暂行办法（征求意见稿）》（银保监会，2020，以下简称"小贷新规"）。小贷新规的监管指向之一，是"控杠杆"，打破之前以较低资本金实质放出数百亿贷款的怪象。小贷新规对杠杆总体水平全方位"压降"：单笔联合贷款中，网络小贷公司出资比例不得低于 30%。对外融资杠杆率限制在 5 倍，即网络小贷公司的非标融资（银行借款、股东借款等）余额不得超过净资产 1 倍；标准化融资（债券、资产证券化产品等）余额不得超过净资产 4 倍。也就是说，若小贷新规落地，平台发行 ABS 出表，规模最高不得超过 4 倍净资产。

大型平台若通过金融科技创新规避金融监管，足以创造惊人的利息租金和监管租金，然后金融资本就可以将利息租金和监管租金资本化并膨胀其资产价格，并通过 IPO 实现资产价格收益。这个金融资本主义的剧本一定会带来惊天浩劫，中国最高决策者挽狂澜于既倒，拯救了中国资本市场和持续的科技创新。

在线订餐／外卖

外卖平台——美团外卖和饿了么——的收费模式，是根据配送距离与客单价向商家收取订单价格一定比例的佣金的，是典型的创造流量租金的模式。与此同时，这类平台还具有更复杂的寻租机制，来创造社保（社会保障）租金和环境租金。

1. 流量租金

唐要家和傅樟洋（2022）的计算表明，美团的勒纳指数高于所有电商平台，是具有显著市场支配地位的平台企业。外卖市场呈现美团与饿了么双头垄断的局面，2021 年 Q1，两者的市场占比分别为 67.3% 和 26.9%。

美团作为市场领导者，相较于其主要竞争对手饿了么的佣金率高出 4%。唐要家和傅樟洋的论文认为，两者的成本、主营业务服务、经营模式基本相同，因而成本因素、市场需求因素、供应商谈判能力的差异不能解释两者佣金的显著差异，美团相对高的佣金是强市场势力的一种体现。美团对中小商家征收的高佣金很可能是一种不合理的剥削性定价。这突显在以下三个方面。

首先，美团高佣金背离其成本变化趋势，因为其最大的骑手成本在营收中的占比在 2015—2020 年间呈持续下降趋势，从 158% 下降为 73.55%。

其次，随着美团对商家征收佣金率的上涨，美团平台的消费者数量和商家数量的增长率并没有出现显著的上升，而是呈现出显著的下降趋势，甚至在部分时段出现了商户数量负增长的情况。这显示美团高佣金呈现的是两侧用户之间的负强化。

最后，美团向中小商家收取相对较高的佣金，恶化了多方共赢的平台生态。由于平台小商家的谈判力相对较弱，因此美团的佣金方案会向谈判力弱的小商家征收更高的佣金。并且，随着配送距离的增加，佣金差额会逐渐增加。中小商家远距离配送的高佣金使得其不得不收缩配送范围，较小的配送范围与较高的佣金使得中小商家的利润空间被严重挤压。

2021 年 4 月，市场监管总局对美团在中国境内网络餐饮外卖平台服务市场滥用市场支配地位的行为立案调查。调查发现，自 2018 年以来，美团滥用在中国境内网络餐饮外卖平台服务市场的支配地位，促使平台内商家与其签订独家合作协议，并通过采取多种惩罚性措施，以保障"二选一"行为实施。10 月 8 日，市场监管总局依法对其做出行政处罚决定，责令美团停止违法行为，全额退还独家合作保证金 12.89 亿元，并处以其 2020 年中国境内销售额 1147.48 亿元 3% 的罚款，计 34.42 亿元（陈锐海，2021）。

相关监管政策对外卖平台佣金的"窗口指导"，坐实了学术上对美团剥削性高佣金的怀疑。2022 年 2 月 18 日，国家发改委等 14 部门印发了《关于促进服务业领域困难行业恢复发展的若干政策》。在餐饮业纾困扶持措施中，提出了要引导外卖等互联网平台企业进一步下调餐饮业商户服务费标准，降低相关餐饮企业经营成本。港股市场上，美团股价闪跌逾16%以回应监管的铁拳。

对于外卖平台而言，佣金模式的流量租金是显见的，更隐蔽的是社保租金和环境租金。

2. 社保租金

2021年9月17日，北京致诚农民工法律援助与研究中心（以下简称"中心"）发布了《外卖平台用工模式法律研究报告》（致诚劳动者，2021）。该报告通过对5年来1907份有效判决的研究发现，随着外卖平台用工模式的演进，外卖平台成功地将骑手所带来的人力成本和用工风险向外剥离、层层区隔。通过一系列表面的法律安排，以及配合其中的配送商（众包服务公司）和灵活用工平台，将骑手的劳动关系悄悄地推向权益保障的边缘。

该中心是经北京市民政局依法批准正式登记的民办非企业单位，是中国第一家以社会专职律师为主体的专门提供农民工法律援助的机构。

该研究报告缘起于饿了么平台骑手邵某某的真实案例。2019年4月28日，邵某某在工作途中摔伤，经鉴定为九级伤残。此后，邵某某经过北京劳动仲裁，重庆法院一审、二审，北京起诉及再次申请劳动仲裁等多个程序，仍因无法确定谁为用人单位而陷入权益保障的困境。

接手该案例后，中心的律师发现，邵某某的个税缴纳、社保支付、工资发放、工作管理等均属于不同公司，因此出现了法律上无法认定其为谁工作的局面。随后，中心对5年来1907个有关外卖平台劳动纠纷的有效法律判决进行了研究，发表了《外卖平台用工模式法律研究报告》（以下简称《研究报告》）。

《研究报告》指出，10年来，外卖平台用工模式经历了复杂而快速的演变，逐步发展出三大类模式。一是餐馆自行雇员配送的传统模式，二是接单自由、可在多平台兼职的众包模式，三是对传统模式进行调整后的表面外包、实质为合作用工的专送模式。

以上三大类模式随着时间的演变又分别进化出了8种不同模式：餐馆自行雇员配送、外卖平台自行雇用骑手、劳务派遣骑手、平台招募众包骑手、与众包公司合作、表面外包实质为合作用工、网络状外包和骑手个体工商户。

《研究报告》指出，在这种复杂的用工模式下，骑手的劳动关系认定变得非常困难。其中，专送模式下骑手劳动关系认定比例由传统模式的100%下降到了45%~60%。反过来，外卖平台和配送商/众包公司的法律隔离效果显著。当平台用工迭代和升级到网络外包模式和骑手个体户模式后，配送商承担用人单位责任的概率从82%成功地降到了46%~59%，而外卖平台承担的责任则基本控制在1%以内。目前，全国已经出现了超过190万个"疑似骑手个体户"。

在此结论的基础上，《研究报告》提出了相关建议：尽快规范平台用工；明确平台用工模式下外卖平台的主体责任；规范外卖平台以合作用工等方式分担劳动保障义务；加强对众包骑手的权益保护；加强政府监管，开展专项整治，规范明显规避法律责任的做法；充分发挥工会的作用；加强对骑手各类权益的司法保护；培养专业劳动权益保障法律服务机构和公益律师。

在外卖平台的风口期，连风投界的人都能看到即将到来的繁荣背后所暗含的隐忧，因为平台经济会透支社会保障。2020年，配送商市场上的头部企业"趣活"在美国上市，如今已成为中国最大的劳动力运营解决方案平台之一。但资本市场对于外卖盛世之下的趣活始终犹疑不决。有媒体戏称其为"中国最大包工头"，作为"外卖巨头的影子"站在"没有油水的角落"，而其"依靠压缩劳动者的获利空间，来实现毛利率的提升"的做法亦被评价为"不具备可持续性"。甚至有业内人士测算发现，趣活每个月平均在职工人人数与实际参保人数相差甚多，"核算下来2019年平均每天在每名工人身上的支出为5.87元，其中的保险支出又占了多少？"

天风证券在同年发布的关于趣活的报告中写下了这样一条政策风险提示："公司与平台劳动者是业务外包关系，若相关政策变动，公司用人成本可能承压"。如此推断，投资者们似乎早已洞悉这是一场针对国家政策的"豪赌"，只是看破不说破罢了。

具体到美团，外卖平台用工模式为其创造了多少社保租金？根据第三方数据，美团有近 400 万骑手（国联证券，2024）。如果按照国家标准为每个人都缴纳五险一金，按照全国最低标准 200 元计算，那么一个月美团就需要多支付近 8 亿元成本。亦即，美团创造的社保租金为每年 96 亿元。

外卖平台是否应当为骑手承担社保的问题，在"数字经济公社"微信群激起了热议。典型的反方认为，外卖平台为 1000 万左右几乎没有其他技能的低素质人口解决了就业问题，骑手基于自愿选择没有社保的工作。群友邓柯引用美团财务数据佐证自己的观点：2019 年美团外卖平台佣金收入超 80% 用于支付骑手，为骑手支付社保将导致亏损，只有让绝大部分骑手失业才能让公司盈亏平衡。

前述《研究报告》解释了骑手的如是选择，看似自愿，实则迫于环境结构制度设计。社保是国家强制性统筹安排，就是为避免个别劳动者过度关注眼前利益而忽视长远安排。从美团财务数据而言，自 2015 年，美团的骑手支出在营收中的占比逐年下降，营收却是逐年升高。如果 2020 年骑手成本在营收中的占比（实为 74%）维持在 2017 年 87% 的水平，则 2020 年美团可以为骑手多支出 86 亿元（2020 年美团的营收为 660 亿）[①]，这基本可以覆盖 400 万骑手的最低社保支出。在营收增加、骑手支出却降低的背后，是美团大手笔支出，扩张到支付、消费金融、出行、社区团购等业务领域，以及投资共享单车、电动车、无人驾驶和机器人等。退一步讲，一家企业不能以生存为由违反法规，以提供 400 万人的就业为要挟，逃避企业应承担的社会义务，否则将是不可接受的。

[①] 骑手成本在营收中的占比和营收数据来自唐要家和傅樟洋（2022）。根据市场监管总局的信息，美团 2020 年营收为 1147 亿。为保持计算的一致性，这里采用前者的数据。

群友简练指出，外卖是一种极低效率的使用劳动力的配置。对比来看，京东物流的安排类似邮局，劳动力使用车辆装载相当数量的货物进行集中配送，而美团则用大活人派送若干小件。显然美团骑手的劳动效率远低于京东物流小哥。因此京东能够承担正常社保，而美团本身建立在对劳动力的挥霍性使用上面，就必然会逃避社保。此外，这种对劳动力的挥霍性使用，占用了制造业及其他正常服务业对劳动力的需求，恶化了中国制造业和其他实业空心化带来的威胁，同时使得年轻劳动力没有机会获得经验和知识沉淀，技能无法形成。

亲美团的观点辩称，美团为低技能人员提供就业机会是有益的。但笔者认为这是典型的倒果为因。

平台企业逃避社会保障的义务，已经引起政府的高度重视。自2021年下半年至2022年年初，人力资源和社会保障部会同交通运输部、市场监管总局、全国总工会，多次就维护新就业形态下劳动者的社会保障权益，对美团、饿了么、滴滴、曹操、达达、闪送、货拉拉、满帮、到家集团、阿里巴巴、腾讯等11家头部平台企业联合开展了行政指导。

3. 环境租金

外卖企业的环境租金可能是目前受到关注最少的问题之一。环境租金来自处理外卖消费后剩余的垃圾、废物所形成的环境成本，包括食物垃圾和外卖所携带的不可降解包装，以及纸、塑料和泡沫等各种材质的容器、袋子、方便筷子等。这些垃圾随着消费者的丢弃，进入城市垃圾废物处理流程。外卖行业的方便、快速和廉价的特点极大膨胀了客户需求，因此产生了比外卖行业不发达时多若干倍的订单和随之而来的垃圾，并对城市垃圾处理能力提出了更高要求。据相关统计，2017年，美团外卖日均超过1 300万单，饿了么日均约900万单，百度外卖约200万单。有环保组织测算，平均每单外卖会消耗3.27个一次性塑料餐盒/杯，这意味着这三个平台每天产生近8 000万个一次性餐具（王海燕，2018）。有机构测算，外卖平台每天所用的塑料袋可覆盖42万平方米，大约15天即可覆盖一个西湖（李金磊，2016）。

城市垃圾处理作为一项公共事业，预设居民和企业会合理地使用。可以理解的是，这种服务是基于居民正常的饮食住行习惯和相关企业正常的经营行为，并未考虑外卖行业发达时代暴涨的外卖需求，因此外卖行业产生的垃圾和废物已经远超城市垃圾处理能力，具有严重的负外部性。电商行业也同样存在环境租金，但外卖行业更加严峻，因为电商行业大部分包装是无污染、可回收的，而外卖行业绝大部分包装被食物污染，基本不可回收，或者回收成本高昂。由此可见，外卖行业的繁荣是以极度恶化全社会的环境为代价的。

有一些方法可以减少外卖行业的垃圾和废物，但在目前全行业以流量为中心的商业模式下缺乏可行性。基本上任何缓解外卖平台环保压力的措施，只要对平台不是强制性的，就不会真正有效。例如，可以使用可降解的环保材料，但这势必会提高外卖成本。虽然平台可以把增加的成本转嫁给消费者，但消费者会因此而减少订单，这会损害平台以用户基数和流量为核心的商业模式，因此平台缺乏动力去实施。

如果把使用可降解的环保材料作为强制性要求，那么平台必然会把这部分成本转嫁出去，要么进一步提高卖家佣金，要么抬高买家价格，最终达到抑制买家需求从而减少订单的效果。但这可能会进一步恶化平台生态，因为卖家将遭受更严重的剥削。更有针对性的措施是，直接对买家征收环保税，避免平台把这部分成本转移给卖家。如此便可以更有效地抑制外卖需求并减少垃圾和废物。

即使全面采用可降解材料，也不代表100%生物降解。通常会保留40%的不可降解成分，以塑料碎片的形式继续存留于环境中，并且可降解塑料难以鉴别，需要特定环境和较长时间才能大部分分解。对于容量有限的垃圾处理设施，较为现实的做法只能是与普通塑料无差别地一起填埋焚烧（中国石化，2022）。

以上策略以抑制需求、减少垃圾为核心，更积极的策略是"变堵为疏"，可以某种商业模式鼓励买家使用可复用餐具，这需要巧妙的激励设计（例如，买家主动配合清洁并回收可复用餐具）和更复杂、更高成本的运营设计。21世纪第一个十年之初，笔者在上海多次订购"丽华"快餐的可复用砂锅盛装的汤品。尽管这种模式已被验证有效，但目前环保成本完全社会化，鼓励了"劣币驱逐良币"，像如此环保友好的外卖商家必然负担更高的运营成本，因此会处于竞争劣势。

外卖行业可能是中国大型科技平台创造寻租的极致典型，综合了流量租金、社保租金、环境租金以及金融租金（外卖平台也涉足网贷业务），对中国社会和经济产生了结构性的影响。

以群友张露的评论，对外卖行业的分析总结如下。

美国截至2018年，动态的风投资金池近5 000亿美元。在中国这个数字有很多说法，但可能数量级并不会有过大差距。大头儿是软银的新愿景系列，明面上是沙特、阿联酋。新愿景开始较晚，但是之前大一些的基金属性其实差不多。

外卖行业的"烧钱"，与网约车行业发展类似，实则是这些大风投资金先期垫付了行业早期的亏损。亦即，大风投垫付资金支撑外卖补贴和网约车拉客补贴，后期通过平台垄断定价或转手股权或上市收回。这期间最大的变化，并不是产生了几个外卖或网约车巨头，而是有几千万年轻人从事外卖或网约车相关的工作，并习惯于看不上工厂属性的工作。

把上述过程的关键结构抽象出来获得如下逻辑链条：风投资金垫付→就业习惯改变/就业人口分布置换/就业导向改变→几千万或更多的人加入消费，行为和心理模式被固定。

说此中有主动的意图或者谋算，可能有争议，但是形成的结果是事实，并且结构性地改变了社会格局和心理结构。对餐饮行业的影响也是结构性的，除了大幅减少餐饮行业的从业基数，和外卖餐食"黑箱化"带来的食品安全、餐厨安全和环境安全问题外，也带来了城市城镇街区生态的结构性改变和社交行为习惯的改变。上述变化，并非中国所独有，但可能中国的变化幅度最大，受影响最为深远。

教育

在中国，互联网与教育的结合沿袭的仍然是流量经济的基本逻辑。自2021年国家出台史上最严格的"双减"政策以来，中概股教育板块（如新东方、高途等）股价跌去90%（大众网，2021）。这场国际金融资本和中国互联网教育平台裹挟教育收割全中国普通家庭的资本盛宴终于结束了。但大部分老百姓并不理解，为什么培训和学习看上去利国利教育，国家却要下如此重手。

普通人有向上流动的需求，但是任何一个社会向上流动的空间都是有限的，所以向上流动会有门槛。比如，限制高考和公务员考试的录取名额，并保证该机制顺畅和公平。

高考和公务员考试的录取名额是固定不变的。因此砸钱补课一定会导致无效竞争和内卷，所有人补课的结果是每个人的分数都被提高了，录取分数也会随之提高，就像电影院里每个人都站立并不会换来任何人更好的观影体验。因为名额总体有限，为了维持每个人获得均等的机会，要么都补课，要么都不补课。

事实上，中国已经存在的阶层差异、地区差异、城乡差异，导致了不同家庭极其不均衡的财力情况，进而决定了不可能所有人都补课。因此，补课的人相当于作弊，抢夺了未参加补课的人的教育机会。这尤其体现在以城市中产家庭为主体的教培参与者身上，对比那些整体上没有机会参与教培的城镇和农村家庭来说。现在每10个清华/北大本科新生中只有1个农村出身（洞察财经1号，2023）。教培无异于进一步剥夺了农村学生接受公平教育的机会，并且恶化了阶层固化。中产家庭的家长动辄向富人看齐，却忽视了很多低收入阶层是没有财力参与教培的。中国刚刚在2021年年底消灭绝对贫困，但现金支付水平（如支付教育、医疗等）的相对贫困还广泛存在。2020年中国脱贫标准是家庭人均纯收入4 000元，这仅仅稍微高于在线教育企业2 000～3 000元的平均获客成本（知乎，2021）。

教培导致了优质教育资源的乾坤大挪移。资本为了刺激更多家庭去报培训班，通过远超公立学校的薪酬吸引优秀师资到校外授课，甚至"蛊惑"老师在公立学校敷衍而仅在校外辅导班竭力，以此胁迫所有人高价报校外培训班。在流量思维的引导下，校外辅导班不以学生学到的知识或成才学生数量为绩效考核标准，而是以报名人数作为唯一目标。教培销售人员无所不用其极，包括使用像"你不来参加培训，我们就培训你孩子的竞争对手"这样的话术制造全民焦虑，通过焦虑贩卖高价培训服务，还向没有支付能力的家庭兜售掠夺性金融服务等。大部分优秀师资流入培训机构，造成公立学校师资越来越差。这无异于一场资本化的私人教育系统对公立教育系统的冲击。

国内学者已经指出，要警惕教育"拉丁美洲化"对教育公平性的伤害。"拉美化"不是一个好词，它有很多意思，经济学里常谈的"中等收入陷阱"是一种，经济发展不好但福利较高的社会也称为"拉美化"，城市里的贫民窟也是"拉美化"。北大教育财政科学研究所所长王蓉（2017）提出要警惕教育"拉丁美洲化"，其大意就是在社会贫富悬殊的时候，有钱的家庭把孩子从公办学校送至私立学校以获得更高水平的教育，公办学校的质量逐级下滑，并且"公办学校"成为差学校的代名词。而且教培等活动，也会显著地推进中国教育的"拉丁美洲化"。

除可观的时间成本外，教培还给家庭带来了严重的财务成本。有数据显示，2016—2017年，中国城镇的高中教育阶段生均家庭教育支出为19 800元，一线城市是该数字的2倍多，而北京海淀妈妈们标配的是"一年10万元培训费"（澎湃，2021）。2020年，中国仅有26个城市居民人均可支配收入超过了5万元，最高的是上海，为76 437元。即使在中国较富裕的26个城市，每个家庭也需要平均两位成人的收入，才能负担得起海淀妈妈标准的高中孩子的教育成本。中国的孩子从出生开始就是家长眼中的"移动碎钞机"，巨额教育账单让家长们日日惶恐。教育机构却创造了惊人的教育租金，赚得盆满钵满。中产家庭尚勉强可以维持，但低收入家庭根本无力支付。中国高考一向公平，大量低收入家庭的孩子通过考试可以改变命运。现在培训机构人为造成了教育不公，相当于让弱势群体被抛弃。

有人辩称，"双减"对富人没有影响，因为有钱家庭可以请一对一家教，因此并没有改善。这话只对了一半。实际上有没有"双减"，都不影响富人家庭对教育的投入。此外，有限的优质师资可及性决定了一对一家教也只是富裕家庭的小众需求。

中产家庭与少数富裕家庭相比较，实际上是打错了算盘。富裕家庭给孩子补课和进行素质教育的成本只是表象，真正扭转乾坤的不是家教费，而是富裕家庭"洞悉规则、利用规则和改变规则"的能力，这也是超精英家庭的核心能力。

总结而言，内卷的其实只是中产家庭，所以不管制的结果就是，中产家庭沦为镰刀收割的韭菜，而穷人输在了起跑线上，真正有天赋的人无法冒尖，赚钱的则是资本。所以在中国，严格按照高考成绩录取，取消所有补课是最公平的。

对于普通中产家庭的家长而言，国家的"双减"政策的确能帮家长摆脱内卷。然而不可避免的是，之前那些补不起课的弱势地区和低收入家庭在新的规则下拿回了他们的一份"失地"。这体现了中国要为所有人创造均等的教育机会的决心。

界面新闻记者陈振芳（2022）采访北大国家发展研究院院长姚洋教授，后者谈及"农村孩子想出人头地，比城里孩子的难度高5~10倍。共同富裕一定要有切实可行的措施，要抓重点，重点就是教育，如果能在2035年把教育资源拉平，共同富裕就完成了80%，其他就是微调"。

三、全球平台经济的监管趋势

以竞争为中心的反垄断建制派

过去十年，在线平台日益增长的普及性、破坏力和影响力在全世界引起了越来越多的审查和批评。然而，除了对隐私权和个人数据的显著担忧外，关于平台的监管辩论几乎完全以竞争政策和法律为框架。因此，辩论的重点是市场扩张，而不是平台公司不断扩大的市场力量。这可以被视为关于平台、市场和公司的"老的"监管辩论，这样的辩论仍然局限于以市场公平竞争、降低消费者价格的理想为前提，并在21世纪头20年作为公共讨论和政策问题基本始终未变。结果是少数巨头公司已经牢固地控制了市场。

主导"老的"监管辩论的是所谓的反垄断建制派，他们是接受芝加哥反垄断学派的经济学家。他们否认宽松反垄断政策会带来危险，声称"市场"将解决竞争问题并惩罚滥用规模和权力的公司。芝加哥学派狭隘地将直接消费者成本作为衡量伤害的唯一指标，没有考虑对小企业、初创企业、工人的综合影响，或者就其而言，没有考虑对民主规范的影响。他们也没有对技术平台发出危险信号。这些技术平台被吹捧为用户"免费"，却将用户的注意力和个人数据货币化。

越来越多的批评者认为，这些基本假设既错误又过时。这体现在许多行业，特别是技术行业。平台公司逐渐发展壮大，正如任何拥有智能手机的人痛苦地意识到的那样，平台公司似乎可以自由吞噬竞争对手，阻碍创新，并提供蹩脚的、定价过高的产品。

与此同时，更广泛和更全面的在线平台监管概念，以惊人的速度，已经挑战了数十年的竞争法"正统"，并取代了上述这种以竞争为中心的监管辩论框架。这一变化体现在现任美国联邦贸易委员会（FTC）主席琳娜·汗（Lina M. Khan）富有开创性的文章（2016）中，她针对亚马逊增长战略提出了反垄断问题。该文章激发了公众和相关部门对适用于在线平台的竞争和反垄断法律、政策的根本反思，并因此受到广泛赞扬。随着人们对平台公司和市场的不安情绪的加剧，新的监管辩论反映了世界各地公共舆论和政治精英之间广泛而深刻的转变。如果老辩论的核心问题是，是否应该加强竞争法以应对平台日益增长的市场力量，那么新辩论则具体化了这样的问题，即，为解决在线平台普遍和复杂的经济、社会以及最终的政治意义和影响，需要如何扩大多个监管和治理领域。

要理解这种变化和监管政治的重要性，就必须更仔细地审查竞争政策和法律与更广泛的社会经济监管之间的关系。竞争（或反垄断）法一直是经济监管的一个狭窄和有限的子类别，偏向于市场机制、私人秩序和政府对私人领域的最小干预。当代竞争法的局限性，目前在法律学说和法理学中根深蒂固，责任取决于以市场价格狭隘定义的市场支配地位和对消费者利益造成损害的证据调查结果。作为一种监管形式，竞争法通常以事后特定案件的执行为特征，这取决于影响深远的法院审理的影响，即非常适合"乞讨宽恕"的商业战略。

在网络市场中，企业家的假设是，当监管机构质疑他们的行动时，市场已经倾覆了，将不再有替代公司或途径。这种业务逻辑非常适合这样一种监管逻辑，即通过以后的执法行动和/或民事责任的风险来威慑有害行为，但执行上的延迟和适用法律规则的不确定性削弱了这种风险。同样，竞争反垄断法中的法律补救措施因案件而异，针对特定公司和市场量身定制，这为企业和平台的结构和做法留有最大自由空间。简而言之，**竞争法是一种监管形式，非常适合新自由主义金融化的政治经济，非常适合平台公司的扩张**。这些平台公司只是为"威慑性威胁"支付巨额罚金，但保留了自身在现已被"倾覆的"市场中的中心地位。

相比之下，**更广泛的社会和经济监管领域**通常以一般适用的事前规范性和/或禁止性规则为典型，这些规则适用于各种行为类别。虽然竞争法狭隘地关注公司滥用市场力量的行为，**但竞争法以外的社会和经济监管承**

认并涉及更广泛的经济和非经济利益、价值观和支持者。这个更广泛的意义上的监管不仅涉及更广泛的社会、经济和政治支持者的利益，还可能包含规则，并部署明示（或默示）超越或取代市场机制的执行机制。

由此可以看出，监管政治和超越竞争政策的法律辩论运动，代表了私人经济领域与公共政治、法律、国家监管领域之间关系的绝对转变。

欧盟转向更全面的社会经济监管

欧盟于 2020 年 12 月公布了《数字市场法》（DMA）和《数字服务法》（DSA）的提案，并最终于 2022 年 7 月在欧洲议会上以压倒性多数予以通过。这是经济合作与发展组织（OECD）国家迄今平台监管最深远的扩展，这清楚地表明，西方国家关于平台力量的政策辩论已经转向监管干预。尽管在这一点上，中国似乎是解决平台公司权力问题的领导者，但欧盟监管计划的正式法律性质，可能会对依赖西方法律传统的国家和规则制定机构产生更大的影响。前文提到的琳娜·汗（Lina M. Khan，2016）启动并推动了全球范围内针对平台企业的监管辩论。尽管随后美国采取了立法和监管举措，但持续的政治失能以及联邦法院日益保守和反监管的倾向，使这些努力的最终结果不如欧盟明显。因此，由于欧洲市场的规模、监管形式、先发优势，以及欧盟与其成员国立法和监管过程的相对一致性，DMA 和 DSA 对蓬勃发展的平台监管和治理辩论具有巨大的国际影响力。

欧盟在平台公司和市场的监管政治方面已**开始偏离竞争政策，转而支持更全面的监管**。这一运动既有功能原因，也有制度原因。特别是与在竞争法中占主导地位的后芝加哥学派的正统观念相比，这种监管方法，对于政策、实体法、执法的实际有效性和政治控制而言，似乎越来越有吸引力。政治精英不仅寻求限制平台权力，还寻求对决策及其实施和执行方面的更多控制。因此他们更多地依赖行政监管，这符合他们的目标。

鉴于竞争管理部门在解决平台公司集中和滥用市场力量方面的成功案

例有限，以及法院特别是欧洲法院①的执法努力受到挫折，这（依赖行政监管）已成为一个日益突出的考虑。欧洲法院已表明自己在意识形态上被俘虏，并对更严格地执行竞争法抱有明显敌意。根据定义，行政监管至少赋予政府官员一定程度的自由裁量权等权力。在法院的意识形态或法理地位阻碍社会、经济政策的制定和实施的情况下，由此产生的法院权力的局限性，其本身就是扩大正式监管的理由。

与更狭隘地强调并依赖竞争政策和法律相比，社会经济监管还被赋予了功能优势。通过监管来控制平台公司的行为，有**可能解决市场失灵或市场竞争的完全崩溃，而不需要特别的或可能有破坏性的补救措施**，例如，分拆平台公司或继续依赖无效的临时货币制裁。当平台是市场本身时，找到这种监管替代方案来有效限制平台的力量变得尤为紧迫，但也特别困难。而规模收益递增，以及对这种垄断市场进行集中协调和控制，本来就是平台创造的利益。

对大型科技公司应该采取新的反垄断方法

欧洲反垄断和竞争专家克里斯蒂娜·卡法拉（Cristina Caffarra）在接受新经济思想学会（Institute for New Economic Thinking, INET）访谈时痛斥，"经济学家们都明白，通过给律师有用的叙事，可以赚很多钱，他们出卖了自己的灵魂"（Lynn Parramore，2022）。她认为在紧迫的反垄断领域，到目前为止监管和法律行动在很大程度上是失败的，并且太多的经济学家成为问题的一部分，而不是解决方案的一部分。无独有偶，英国《金融时报》记者刘倩儿（音 Qianer Liu）称，"阿里巴巴一直在向学者支付费用，以游说中国放松监管并恢复自己的声誉"（Qianer Liu，2023）。因此卡法拉认为，对大型科技平台应该采取新方法。她在2019年发表了一篇题为《商业模式、激励和危害理论》（Cristina Caffarra，2019）的文章，首次

---

① 欧洲法院是欧盟地区的最高法院。

探讨了商业模式如何影响反垄断，以及如何在反垄断案件中考虑激励和危害理论。

在所有情况下，反垄断的关注焦点都是公司是否**自我优待**，换句话说，就是公司是否在支持自身业务。需要注意的是，并不是所有形式的自我优待都是反竞争的，需要区分是否良性。例如，亚马逊在购物车页面旁边的白色框中为特定产品提供推荐，他们可能会声称这是出于维护消费者利益，旨在提供低价格、高品质、满足消费者需求的产品，以吸引顾客回购。但每次亚马逊推荐自己的产品，是否都算是自我优待？目前尚不清楚。因为亚马逊可以各种方式赚钱，无论是销售亚马逊电池还是金霸王电池，都能获得佣金。要确定哪种产品赚更多的钱需要考虑利润率。激励措施不一定是出售高定价，或者低质量的产品，因为消费者会认识到这一点并最终不再来亚马逊购物。

一些商业模式天生包含"自我优待"，尤其是广告资助的企业。它们只有通过吸引流量到自己的网站上才能赢利，这是它们唯一货币化的方式。如果一家公司希望将平台佣金货币化，如优步、Airbnb 或苹果，它们主要通过销售设备来赢利，这与亚马逊的例子有本质区别，因此不能简单地套用"不应自我优待"的通用规则。监管者面临的挑战在于如何验证公司的说法，因为不能仅凭亚马逊宣称自己有正确的激励措施而轻信。因此，监管者可以要求亚马逊展示其算法和构建方式，尽管科技公司通常不情愿这么做，但这是必要的监督方式。

关键是不能假设公司每次推荐自己的产品都是一种自我优待和非法的行为，因为公司的赢利方式与其激励措施有关，而激励措施是货币化结构的结果。在这方面，英国反垄断监管的差异化方法值得称赞。它不采用通用的"不应自我优待"的原则，而是针对每家公司的具体情况定制监管政策，因为每家公司都面临不同的问题，需要特定的监管措施。这是取得有效监管效果的唯一途径，因为通用模式，如简单的"不应自我优待"原则，会遇到持续的阻力，无法取得实质性结果。欧盟的反垄断机构和 DMA 可能会遇到类似的抵制，因为公司不仅反对具体的指示，还反对强加给它们的义务，认为这与它们无关。

反向杀手收购是指一家大公司收购一家功能公司或初创公司，以避免自己开发同样的产品或服务，这样做会减少创新和竞争。一个例子是 Meta 收购了健身初创企业 Within，这样 Meta 就不需要自己开发沉浸式现实健身应用程序了。

杀手收购是指一家大公司收购一家潜在的竞争对手，以消除竞争威胁或获取其技术、客户或市场份额。这样做会降低市场的多样性和活力，削弱消费者的选择和福利。一个例子是 Facebook 购买 Instagram，这样 Facebook 就可以消除一个社交媒体平台的竞争者，同时增强自己的数据和广告优势。

反向杀手收购和杀手收购都会损害动态竞争，因为它们会减少市场上的新产品、服务和技术，以及激励创新的竞争压力。反向杀手收购的危害是，它会降低收购公司的创新动力，因为它可以通过收购其他公司来获得现成的解决方案，而不是投资自己的研发。这会导致收购公司的内部项目被废弃或忽视，从而浪费资源和人才。它也会剥夺收购目标的独立性和创造力，因为会被收购公司的战略和利益所束缚，而不是根据市场需求和用户反馈来创新。

反向杀手收购对监管的挑战是，它很难被证明是反竞争的，因为它不会直接消除市场上的竞争者，也不会明显提高收购公司的市场份额或定价能力。监管者需要深入了解收购公司的商业模式和激励机制，以及收购目标的创新潜力和市场影响，才能评估收购是否会损害动态竞争。监管者也需要考虑收购公司是否有能力和动机来自行开发类似的产品或服务，以及收购是否会阻碍其他潜在的创新者进入市场。

避免反垄断问题的极佳方法首先是避免并购。这是因为反垄断干预往往来得太晚，无法在实地实现变革。反垄断干预并不会带来实质性的变化。并购政策通常非常宽容，很少有证据表明所有的并购都是良性的且有效率的。大多数并购旨在创造市场垄断力量，而那些声称并购并非如此的人是极其傲慢的。因此，重新审视并购政策以及巨头们如何发展到今天的巨大规模是非常重要的。

中国的科技"黄金股"/特殊管理股

在对中国科技垄断巨头实施严厉的法律和监管打击后，亟待出台一种新做法，既能起到长效作用又不那么令人瞩目。监管正在逐渐走向一种更安静的控制形式，那就是各级政府在民营公司取得股份。政府的股份有时非常小，倾向于授予政府董事会席位、投票权和对商业决策的影响力，俗称为"黄金股"，或官方行话"特殊管理股"。这些股份通常涉及互联网集团关键实体1%的份额。自2015年以来，黄金股已成为国家用来对媒体公司施加影响的常见工具。

根据2013年的文件，当时中央提出黄金股的想法是为了让国家在不完全失去控制权的情况下将其在媒体和其他公司的多数股权交给私人投资者（Lingling Wei，2023a）。

自那以后，政府如何使用黄金股，反映了中国领导人与商业部门之间不断变化的关系。自2016年以来，中国一直在讨论获得在线媒体公司的股份，以交换对其扩张的许可。在过去的两年此类交易增多了。

中国政府已经转向获得黄金股，以求得在引导公众舆论能力较强的公司中间获得影响力，如新闻和内容网站的运营商。目前，中国政府已获得了在美国上市的新浪微博、36kr和趣头条，以及在中国香港上市的短视频应用程序运营商快手的小额股份。

在阿里巴巴子公司和抖音母公司字节跳动有限公司的持股，使政府能够参与并监督科技巨兽的增长。黄金股已成为使此类公司遵守政府的法律制度，助力政府实现经济目标的有用工具，而无须国家成为其主要利益相关者。

政府已通过法律和法规，以确保自己获得民营公司收集的数据，并加倍努力以影响公司的企业治理和决策。政府已将公司整合到庞大的社会信用体系中，并加紧敦促它们成立党委。根据香港城市大学法学院的林郁馨（Lauren Yu-Hsin Lin）和斯坦福法学院的柯蒂斯·米尔哈特（Curtis Milhaupt）的研究，截至 2022 年，约有 37% 的沪深上市公司修订了章程，以正式确定公司内部党委的作用，这一占比高于 2018 年的 6%（Lin and Milhaupt，2021）。

如今国家似乎希望黄金股这一安排能产生它渴望传导的信息和影响，同时避免笨拙监管产生的经济成本。国家投资者通常能借这 1% 的股权任命一人进入董事会，确保内部人员能够参与公司重大决策，并因此在很大程度上缓解政府对"资本无序扩张"的担忧。

与此同时，政府显然还希望这项安排能够帮助科技公司管理监管风险，因为这将使它们能够确保与国家的议程和政策保持一致。任何分歧都将在公司内部处理，消除了国家事后干预的必要性，并为投资者提供了更大的透明度和确定性。

黄金股这一安排还可能会对与打车软件巨头滴滴出行类似的案例有所帮助。当该公司决定在纽约证券交易所上市时，中国网信办（CAC）建议其首先进行网络安全审查，但遭到滴滴无视。滴滴随后在 2021 年 6 月的 IPO 中筹集了 44 亿美元。几天之内，CAC 宣布对滴滴展开调查。随后几个月，监管压力持续存在，滴滴最终被迫从纽约证交所退市，其股价暴跌，并引发中国互联网股的全球性抛售。要是政府有滴滴的黄金股，政府代表可能已经否决了该公司在纽约证券交易所上市的最初决定，从而可以避免后续麻烦。

由此可见，黄金股似乎可以促成政府和科技公司的双赢，且朝这个方向已经有所进展。2020 年 4 月，拥有超过 5 亿活跃用户的社交媒体平台微博将 1% 的股份出售给了中国互联网投资基金（China Internet Investment Fund，CIIF）旗下的一家实体，该基金于 2017 年由 CAC 和财政部成立。

自那以来，CIIF 投资了 40 多家中国科技公司，包括字节跳动（拥有抖音和 TikTok）、热门视频应用快手、播客公司喜马拉雅、AI 初创公司商汤和卡车约车公司满帮。虽然这些投资中的大多数似乎不是黄金股，但 CIIF 或其附属公司至少已在字节跳动和微博这两家公司中拥有一个董事会席位。

英国《金融时报》的一位编辑看到的文件详细介绍了黄金股的安排在字节跳动是如何起作用的（Lingling Wei, 2023），之后发文进行了介绍。该文件展示了政府如何在 2021 年 4 月收紧了对抖音母公司的主要中国实体的控制。CIIF 与其他国有集团一起，支付 200 万元人民币购买了北京字节跳动 1% 的股份。这些国有集团通过一个名为网投中文（北京）科技的实体获得了这些股份。该实体赢得了提名北京字节跳动三位董事之一的权利，然后政府官员吴述纲（曾任 CAC 网评局地方指导处处长）被任命为董事会成员。公司章程显示，作为字节跳动中国主要子公司的董事，吴述纲对公司"商业战略和投资计划"、任何合并或收购、利润分配，以及对集团前三名高管的投票、薪酬计划拥有发言权。虽然北京字节跳动的其他两位董事在某些问题上的投票可以超过吴述纲，但公司章程显示，他有权控制字节跳动在国内媒体平台上发布的内容。这些平台包括新闻聚合器应用程序今日头条和 TikTok 的姐妹应用程序抖音，他有权任命该集团的总编辑。文件还显示，他还有权主持在北京字节跳动内成立的内容安全委员会，或者任命委员会主席。董事会会议至少每季度或在他提出时举行一次。

知情人士表示，2022 年，抖音母公司的高管将北京单位更名为"抖音信息服务有限公司"，删除"字节跳动"，以疏远全球业务。字节跳动表示，该部门拥有抖音和头条的许可证，并且"对字节跳动的全球运营没有所有权、可见性或投入"。

05

第五章

大国崛起的基础

——工业化和技术创新

一、大规模工业化：中国经济高速发展的密码

现代历史上最重要的发展之一是中国经济的崛起。1950年，中国仅占全球GDP的5%。现在，中国的PPP[①]/GDP约占全球经济的19%，而美国经济仅占全球经济的15%。2024年1月，美国智库CEPR的一篇专栏文章《中国是世界唯一的制造业超级大国》（Richard Baldwin，2024）指出，中国的产出超过了其后九大制造业经济体的总和；而作为对比，美国是世界

---

① 购买力平价。

上唯一的军事超级大国，它的军费开支比其后十个国家的总和还要多。

历史上没有任何一个国家像中国一样，成功地经历了革命性的经济转型。中国是如何做到这一点的呢？只有回答了这个问题才能理解美国正在发动的"新冷战"，以及为什么美国经济一直在衰退，而中国正在崛起。

发展以工业化为核心的生产力

这里的重点是工业化。在1949年中国还是一个工业生产很少的农业国，刚刚从第二次世界大战赢得世界领导权的美国是当时世界最强制造国。毛泽东早在新中国成立前的中共七大上就强调，革命胜利后的重要任务是要把中国从农业国变为工业国。

事实上，中国在发展工业方面非常成功，以至于中国现在是"世界唯一的制造业超级大国"。从20世纪90年代到现在的短短30多年内，中国的工业生产大幅增长了6倍，从占全球制造业的5%左右增加到了近1/3，同时美国已经去工业化，从占全球工业生产近25%跌至15%左右（Richard Baldwin，2024）。这一点至关重要。

从1978年改革开放开始，中国仍然坚持社会主义方向，并创造了社会主义市场经济的新制度。中国经济仍然由国家指导，国有企业主导国家经济制高点，包括银行业、制造业、电信和运输业的重要部分。但改革允许创造市场力量以发展经济的生产力。这意味着国家不再为各行业设定价格，而在之前这些都是由国家决定的。在保持对经济的一部分的重要控制的同时，中国运用了一系列市场机制。中国仍然会通过"五年规划"来指导经济。以上举措使中国成为社会主义市场经济国家。不像苏联模式的社会主义，是指令经济，一切都由国家计划。应该有一系列不同类型的社会主义的光谱，不仅仅是国家控制一切。中国自1978年以来一直在进行不同模式的试验。

邓小平领导了改革开放，用他的话说，是为了发展中国经济的生产力，即中国大规模工业化。邓小平说：

>……革命是解放生产力，改革也是解放生产力……社会主义的本质，是解放生产力，发展生产力，消灭剥削，消除两极分化，最终达到共同富裕……（《邓小平文选》第 3 卷）

邓小平在他的著作中非常清晰地阐述了这一战略。他指出，中国的目标是实现"四个现代化"，即工业、农业、国防和科技现代化。他还指出，"马克思主义历来认为，社会主义要优于资本主义，它的生产发展速度应该高于资本主义"（《邓小平文选》第 2 卷），所以，可以理解为社会主义者应该能够比资本家更快、更有效地发展工业。苏联实际上是很好的例子。所有老派马克思主义思想家，包括马克思本人，都特别关注工业化——国家必须大规模工业化，以创造发展社会主义所需的生产力；一个贫穷的农业国家不能发展社会主义。

顺便说一下，东南亚的其他社会主义国家也在采用类似的模式，包括越南和老挝。它们采取类似的由国家主导发展的模式，以实现大规模的工业生产，来发展生产力，为迈向更高级的社会主义阶段奠定必要的基础。

在 20 世纪 80 年代开始改革开放时，中国并没有简单地通过开放市场、私有化并任由外国公司随意进入来发展，而是非常谨慎和具有战略性。作为享受中国廉价劳动力和巨大国内市场的回报，中国要求外国公司与中国本土公司建立伙伴关系，以发展中国的工业部门。这是中国发展自己的本地工业、生产并获得外国技术以发展自身经济的方式，而不是简单地让中国工人被剥削。

今天经常听到美国政府抱怨中国强制技术转让的做法。斯坦福大学法学教授艾伦·赛克斯（Alan Sykes）撰写的一篇学术文章（2021）讨论了这个问题。强制技术转让是正在进行的美中贸易争端的核心问题。该短语涵盖了许多不同的做法，但根据各种评论员的说法，其中最重要的是中国要求外国投资者与国内实体合作，并以组建合资企业或向中国投资者提供控股股权作为进行投资的条件。这些要求使得潜在的中国方面的合作伙伴能够就技术转让进行谈判，并以此作为组建新企业的条件，或者能够通过参与商业企业来学习外国技术的细节。赛克斯教授指出，这实际上不是强迫的，而是完全自愿的。他写道："外国投资者可以自由拒绝这些要求并放弃相关的投资机会。从这个意义上说，任何根据中国要求做出的技术转让都是双方同意的。"由此可见，这是中国用来发展自身产业的一个聪明政策。

中国也通过成为世界供应链来获取全球制造业的关键份额。《亚洲时报》的文章《为什么仍然有这么多的制造业在中国完成》（WALID HEJAZI and BERNARDO BLUM，2023）指出，自2001年中国加入WTO以来，世界上大部分制造业基地都迁移到了中国，不仅因为这里有众所周知的廉价劳动力，也因为中国政府的优惠政策。中国政府已经实施了大规模的产业政策，以试图大规模增加工业生产。这些政策包括对基础设施和贸易能力的大规模投资。所以今天美国正试图迫使所有这些公司离开中国。然而，尽管面临巨大的财务和政治压力，许多公司仍未将生产迁出中国。原因是中国已经掌握了制造工艺，尽管与生产相关的劳动力成本在孟加拉国等其他国家要低得多，但这些国家的生产率也较低。以下内容引自这篇文章：

> 中国制造业拥有高水平的集聚经济或生态系统。以生产连帽衫为例。这不仅涉及切割和缝制成连帽衫所需的纺织品，还涉及关于组装产品所需的装饰、染料、拉链、绳子和其他必要部件。中国已经部署了一项战略，确保整个制造业供应链都位于中国，并掌握了流程的每一步。中国甚至进口和加工了世界上大部分的羊毛和棉花，包括大量的美国种植的棉花，约占世界总量的35%。然后将这种棉花加工成织物、染色并缝制成衣服和其他产品，再将它们出口到全球，包括作为成品运回美国。整个纺织生产生态系统都位于中国，这不仅是织物的情况，所有组件都是如此。

由此可见，中国拥有全球供应链，任何公司想要制造的任何产品，基本上都可以在中国完成。这就是为什么，尽管美国要求"生产回流"到另一个国家或者"友岸"，却很少有公司离开中国。

新自由主义时代美国去工业化和日益金融化

2023年6月，《金融时报》上发表了一篇非常好的文章，题为《美国正在对它所建立的世界感到懊悔》（Martin Wolf, 2023）。该文章显示，1965年超过55%的美国GDP来自制造业和建筑业，这一数字如今已经下降，特别是随着罗纳德·里根和新自由主义的崛起。20世纪80年代，工业化显著下降，许多公司将其业务外包以剥削亚洲、拉丁美洲和非洲的低薪工人，导致美国经济的制造业百分比急剧下降。今天新自由主义像僵尸一样继续存在，但2008年全球金融危机标志着新自由主义时代的结束，这也是美国去工业化的顶点。2008年制造业（加上建筑）仅占美国经济的35%多一点，今天略有增长，约为40%。

与工业相对应的是服务业。在21世纪第一个十年，美国经济中的服务业占GDP近2/3。1965年，大约1/3的工人受雇于工业，特别是1/4以上的工人受雇于制造业，这个数字在2008—2009年全球金融危机时达到低点，之后一直持平。今天美国不到10%的工人在制造业部门工作，不到15%的工人在工业部门工作。这就是去工业化经济的样子。

美国已经去工业化，并采用了新自由主义资本主义的投机性寻租金融化模式，摧毁了自己的工业实体基础，已经无法与中国竞争。具有讽刺意味的是，自愿将业务转移到中国的（作为中国工业化战略的一部分）还是美国同一波资本家，因为他们想剥削中国的廉价劳动力。

外包对美国的伤害超出了大部分人的想象。将这么多制造业外包到海外，在短期到中期确实是节省了资金，但长期来看，美国失去了自然的技能开发引擎的环境，那就是工厂车间。这种情况不仅仅发生在制造业。在IT和IT服务方面，也有类似的努力将所有低级软件功能［如质量管理（Quality Assurance，QA）和支持]和呼叫中心转移到海外的情况。但最近的事实证明，对许多程序员来说，从低级QA角色开始是许多人进入该行业的一种方式。不是每个人都能去麻省理工（MIT）或卡内基梅隆大学（CMU），毕业后直接担任高级工程师等职位的。通过将这些低级软件工作转移到海外，美国无意中从自己的经济中剪除了一个关键技能开发引擎，以及为许多无法从第一天起就完全跃入核心工程的人提供的高新技术工作通道。

制造和软件开发之间的一个共同点，是自然形成的导师与学徒的关系，以及这些以团队为导向的工作"边干边学"的学徒性质。通过这些关系，大量的流程和领域诀窍可以代代相传。如果像外包一样，从价值链中剔除入门级职位，就打破了这种自然的关系动态。上一代员工将信息传递给了外包公司，一旦他们退休，美国经济就会失去该领域的知识积累。

解决这个问题并不容易。这需要付出坚定的努力，需要最低程度的国内制造业运营规模、更深层次的供应链，以及对制造业人力资本发展方面的认可，特别是在入门级。这些条件美国现在都极为欠缺。

另一个重要的点是，这些公司被外包给亚洲国家后，美国不仅可以剥削那里的低薪工人，也可以借此破坏本国的工会。因为在20世纪70年代，当去工业化和外包开始时，新自由主义也同时开始了。这个时候美国的劳工斗争非常激烈，工会非常强大。而美国的实际工资——经通胀调整后的工资——处于有史以来的最高水平，因为工人有更多的权利，这并非巧合。

美国最高国家安全官员——拜登的国家安全顾问杰克·沙利文，于2023年4月在华盛顿发表了历史性的演讲，他在演讲中基本上承认了新自由主义模式和华盛顿共识是彻底失败的（Jake Sullivan, 2023）。新自由主义模式中，所谓的自由市场可以控制一切，政府不允许干预经济。因此他呼吁一个新的华盛顿共识，基本上可以说是回归到国家对经济进行重大干预的凯恩斯主义。他承认，美国实施的新自由主义政策导致了美国工业产业大规模空心化。大公司打破工会后盾的一种方法，是将劳动力外包到海外，这促成了美国的去工业化。然后按照新自由主义模式只向华尔街和标准普尔 500 指数以及股票投机注入资金。美国的实体经济被抛弃了，它成为华尔街在新自由主义时代金融投机的大泡沫。现在美国的许多政治家已经意识到这一现实，但他们基本上无力改变现实，因为在美国，这种极端的资本主义新自由主义模式意味着对大公司没有监管，可以为所欲为。

沙利文承认，通过实施新自由主义政策和外包美国供应链的大部分，削弱了美国的工业基础，使其不得不依赖其他国家。沙利文还承认，所谓的自由贸易政策和自由市场政策导致美国大部分地区出现大规模失业、贫困和不平等，国家必须介入并帮助这些人。

具有讽刺意味的是，前文提到的《金融时报》上的文章《美国正在对它所建立的世界感到懊悔》的作者马丁·沃尔夫（Martin Wolf），在 20 世纪八九十年代，是一个完全的新自由主义芝加哥男孩。但在 2008 年全球金融危机中，他像很多前新自由主义者（如杰弗里·萨克斯）一样，经历了一个发现上帝的时刻，再次成为凯恩斯主义者。现在他明白，美国要摆脱自由市场宗教激进主义的新自由主义模式，必须进行重大的国家干预来指导经济。

几十年来，美国政客不断批评中国政府发展社会主义、国家主导以及由中共领导的大规模工业化计划。而如今，美国正被迫实施一些社会主义政策。世界正处在不可思议的历史时刻，美国不能再轻视与中国的竞争了。中国已成为世界制造业超级大国，占全球制造业的近三分之一，且无意放弃这一努力。

二、中国的产业政策

对于什么算是产业政策，目前尚无共识。尤其是在沙利文强调"美国要回归产业政策"后，人们对这一话题的兴趣有所回升。将什么纳入产业政策或排除在产业政策外，往往是那些关注此类政策成败的人的争论焦点。支持者支持更广泛的定义，批评者支持更狭隘的定义。

更广泛的定义涵盖影响经济体企业或行业竞争力的任何政府干预或政策，这包括横向"非目标"政策。横向政策包括改善商业环境、建设基础设施、加强研究机构和增加小公司机会等措施。

狭义的定义侧重于旨在改变经济部门结构的政府干预。通常此类定义强调针对特定公司、部门或地点的纵向或目标性政策。

横向和纵向政策之间的区别在实践中并不总是很清晰。一些政策，如研究与开发（R&D）税收抵免或政府采购规则，理论上可能会对所有公司开放。但在实践中，对某些部门或某一规模的公司来说，会有更多的好处。

产业政策可以是显性的，也可以是隐性的，包括从直接补贴到非官方的政治指导。发达经济体所使用的工具通常更加透明，这些工具经常在预算或国家附属实体的报告中被披露。不过，各经济体在报告标准方面存在重大差距，其中，OECD成员国在预算和支出报告方面更为主动。

历史上，国家能力较弱或官僚机构透明度较低的经济体，更多地依赖于隐性或非正式机制。例如，对企业或银行的行政指导，或在吸引外国投资方面的地方自由裁量权。此类工具的性质对其可量化性会有影响。

产业政策的目标并非一成不变。传统上，国内企业和行业的商业竞争力被视为主导目标，这有助于推动经济发展和增长。最近，产业政策的目标已经扩大到包括保护环境、创新、提高社会或区域包容性、提升供应链弹性和保护国家安全方面。一些国家在政治上倾向于推行改变经济生产或所有权结构的政策，如支持国有企业。这些目标往往不是相互排斥的，尽管在许多情况下，它们最终很难同时实现。

中国大陆的发展和产业政策经常被拿来与东亚其他经济体进行比较。韩国、新加坡、日本、中国香港和中国台湾是战后少数几个从低收入或中等收入上升到至少占美国人均GDP一半的经济体。它们之间的相似之处包括，产业政策侧重于修复那些阻碍早期制造商崛起的市场失灵，强调出口而不是进口替代，以及鼓励激烈的竞争。这些历史观察显著影响了关于产业政策的辩论。与它们比，中国大陆的发展规模比速度更令人印象深刻。中国大陆的GDP从20世纪90年代初占全球总量的不到2%增长到了2021年的近18%。然而，在此期间，中国大陆的人均GDP增长率仍低于处于可比发展水平的东亚其他经济体。

中国大陆的产业政策及其优势在关键方面与东亚其他经济体主要存在以下不同之处。

首先，中国大陆开始了经济改革，政府对整个经济有很大的影响力，尽管有人说效率很低。

其次，中国大陆对境外投资相对开放，至少在早期，中国大陆的工业发展依赖境外投资。

再次，至少在过去十年里，中国大陆的市场比任何一个东亚经济体都要大，这使得中国大陆能够制定政策，为政府和国有部门提供巨大的资源，并以其他东亚经济体无法提供的利润吸引境外公司。

然后，中国大陆使用了一些独特的产业政策工具，特别是政府引导基金以及政府对民营企业的金融扶持和政治指引。

最后，当其他东亚经济体扭转纵向产业政策以支持横向改革时，中国中央政府加强了纵向产业政策。中国大陆正在加强面向未来的产业政策，将前沿技术作为目标，而不是专注于"追赶"。而"追赶"却是其他东亚经济体在产业政策高峰期的重点。

中国大陆的产业政策在其发展过程中并非一成不变。在20世纪90年代和21世纪第一个十年之初，中国大陆经历了有利于市场化的全面经济改革。第九和第十个五年计划（1996—2000年、2001—2005年）作出了一些指引。然后，政府重振了产业政策，更具体地说是"技术产业政策"，并在2006年后将重点放在了高科技公司等创新领域。

这始于《国家中长期科学和技术发展规划纲要（2006—2020年）》（以

下简称《纲要》，国务院，2006），该《纲要》引入了"自主创新"的概念和相关机构的具体目标。不久之后，为了应对2007—2008年的全球金融危机，中国通过国有部门企业和为一些创新举措提供资金的地方政府，启动了大规模刺激计划。与此同时，中国经济政策制定者对西方"新自由主义"政策感到不满，认为这些政策导致了这场危机。《纲要》安排了16个由国家资助的重大专项，之后又补充了两个"五年规划"（2011—2020年）的战略性新兴产业发展规划（国务院，2012和2016）。这被认为是中国当前产业政策的真正开端。

2015年前后，中国推出了一系列新的产业政策举措，包括《中国制造2025》（国务院，2015）。这些新发力至少体现在两个突出的关键方面。首先，政策针对的是处于创新前沿的行业，而之前的项目大多是为了追赶。其次，中国推出了大部分政府引导基金，以利用国有部门资源，同时实施市场监管。这些基金既支持"国家冠军"，如中芯国际；也支持战略部门较小型的"小巨人"企业。

从那时起，中国政府对本土创新的重视只增不减。2020年，中国提出了"新发展格局"的概念，要求以"实现高水平的自立自强"为本质特征。第十四个五年规划（2021—2025年）虽然不再提GDP增长目标，但重点是实现核心技术自立自强，减少对外国技术和进口资源的依赖。该规划呼吁"深入实施制造强国战略"，稳定制造业在经济中的份额。

后一个目标具有重要的宏观作用和全球影响，因为它意味着中国政府寻求在不进一步扩大服务部门在经济中的份额的情况下实现高收入。通常随着收入的增加，更多的份额将由生产转向服务。这也是中国（到现在）和其他经济体共同的经济发展趋势。

很多分析师关注的问题是，一个产出更多制造业附加值的更富裕的中国是会维持、缩小还是会扩大其支出的份额用于消费这些商品。这意味着，世界其他地区可能需要吸收更少/更多的中国制造业，可能会导致国际贸易缓和/紧张局势，并增加对中国产业政策的关注。这在很大程度上取决于中国后地产经济时代转型取得多大成功。

后文"经济已从房地产部门转型"一节将讨论中国扩大的工业和先进制造业首先为满足国内需求，其次才是出口。

三、国家加速系统：中国大力培养"小巨人"

中国产业政策方针最重要的演变之一，是其最近对培育高科技中小企业的关注。官员们正努力通过**将市场分配和创业利益与国家指导相结合**，促进中国极具前途和极具创新性的小企业的发展。最终目标是打造一支既能在中国国内市场立于不败之地，又能在国际舞台上取得成功的中小企业"奥运军团"。

国家加速系统的出现，标志着中国政策制定者将产业重心向小企业的倾斜。中国政府最初的模式以大型项目、创造新市场和培育国家冠军企业为标志。国家的支持更多地集中在数量较少、规模较大的企业上，遵循着诸如"保持经济制高点"和"挑选赢家"等口号。中国政府的剧本已经从刺激和资助大型企业追求国家目标，扩展到培养大批潜在赢家并利用市场力量挑选最终赢家。

政府对民营企业和小企业作为创新驱动力的重要性有了新的认识。在技术不断创新的新兴市场和行业，中国政府认识到了中小企业可以在试验新技术、生产方法和商业模式方面发挥关键作用。老牌企业已经主导市场的其他领域，中小企业可以占据利基市场或作为关键供应商发挥作用。大公司仍然发挥着核心作用，但中国政府正试图提高小公司的贡献。

凯普林、绿的谐波、心脉医疗等高科技中小企业已经开发了替代国外投入的国内产品，并正在逐步加强中国的产业链。2021年，凯普林和绿的谐波各自的主要产品，即半导体激光器和谐波减速器（机器人的核心部件）的国内市场份额均排名第二。绿的谐波因成功突破"卡脖子"技术和开发机器人核心技术而受到中国电子学会的称赞。在医疗器械领域，心脉医疗开发了第一个自主制造的腹主动脉支架移植物，其主动脉产品占据了国内市场份额的28%。

作为新形成的加速体系的一部分，许多创新型中小企业现在获得了丰厚的政府福利。就像体育教练培养精英运动员一样，中国政府正在推出大量措施来促进中小企业的发展，并培养数千家同样高素质的企业。有潜力的候选者拥有政府认证的高科技中小企业的特殊地位，并根据它们的能力进行排名。截至2023年8月，全国已培育专精特新中小企业9.8万家、"小巨人"企业1.2万家（《经济日报》，2023）。凯普林和绿的谐波均入选2019年首批"小巨人"。

这些政府认证的中小企业通过获得融资、直接补贴、研究资金、与国家实体合作等方式获得了重大支持。除了部署政府资源，中国政府还在寻求激活民营企业和投资者。

国家加速系统的核心目标，反映了中国政府的战略目标及其近年来的演变。事实上，中国政府的高科技中小企业扶持计划是《中国制造2025》（MIC 2025）战略的重要组成部分。"小巨人"计划是国家加速系统的核心项目，于2016年在该战略的一份实施文件中首次被宣布。在2018年正式启动时，"小巨人"计划专注于推动MIC 2025中十大战略制造领域的核心技术和产品创新。到目前为止，在所有获得批准的"小巨人"公司中，约有80%属于这十个关键行业（鹿鸣财经，2022）。按照企业数量排名依次为：新材料、新一代信息技术、能源设备、农业机械、先进数控机床和机器人技术、节能和新能源车、生物制药/高性能医疗设备、航空航天技术、海洋工程设备和高技术船只、铁路设备。

对高科技中小企业支持的行业重点，匹配了中国政府对产业升级的重点以及优先于软科技发展硬科技的愿望——也就是说，优先于面向消费者的软件应用而发展硬件和设备，即使软科技近年来为中国领先的互联网公司带来了巨额收入。硬科技已经承担起未来支撑中国制造业韧性的责任。

经济安全是国家加速系统的另一个关键目标。随着与美国关系的日渐紧张，也面临获得外国技术中断的风险，中国政府加倍努力以加强创新，并填补本地供应链的缺口。中小企业在提供技术突破和产业安全方面发挥着重要作用。

在中国政府看来，最有价值的中小企业是那些从事基础性技术和组件的企业，例如，高度特定的工业机械、测量设备或机器人部件。这些利基市场被欧洲、美国或日本少数供应商占据，它们倾向于通过出口为中国服务。例如，44个中国地铁系统中有41个使用了由仅有不到100个雇员的奥地利公司NEXTSENSE提供的运营和维护测量设备。许多上市的"小巨人"都在公开追求中国政府的进口替代目标。对2021年的719份"小巨人"公司的年报进行分析后发现，有44%的公司至少一次提到"国产替代"一词（安永EY，2023）。最近一批"小巨人"计划的申请表中包含公司如何为本地化和替代外国输入做贡献的问题。由此可见，高科技中小企业被明确寄予逐步取代外国公司在中国的地位的厚望，然后能够在国外市场展开竞争。

梯度培育体系

国家信息中心的董静媚在《新发展格局构建下的隐形冠军培育路径》（2021）中称：

> "隐形冠军"的诞生不是一日之功，需要一个成长过程，因此，培育工作要有战略耐心……要进一步增强对先进制造细分领域生产高端前沿技术产品和关键领域能补短板、强"四基"的隐形冠军企业的培育发展……适当情况下根据战略优先和技术攻克难度等，以美国替代为先……

中国以"梯度培育体系"的形式发展了一个支持中小企业的分级框架。就像体育教练试图培养一支奥运队伍一样,中国政府也是如此——不断举办不同级别的选拔赛,以测试公司的优点,并进行奖励。地方和中央政府根据一组广泛的经济和创新标准,评估高科技中小企业。最好的被授予特殊的头衔,获得补贴和政策支持,并被培养成世界级的竞争对手。

该系统在选择中小企业的过程中进行了充分的竞争,以确保将支持措施和资源分配给极具竞争力和较有前途的参与者。就像竞争的运动员一样,一个公司必须与其他公司在公开市场上"赛跑",来获得市场份额和技术能力以证明自己。政府的头衔和支持为期三年,之后会基于中小企业的经济和创新表现重新评估。

排名在第四级,即排名最低的是以制造业为主的创新型中小企业。省一级政府可以从这一批创新型中小企业池中挑选出更先进的专精特新中小企业,给予一定的政策扶持。它们中的佼佼者将被提升为国家"小巨人"。待企业达到一定规模后,可被公认为在特定细分部门的行业领导者,因此会被称为"制造业单项冠军"。"小巨人"和"制造业单项冠军"是中国追求创新驱动发展的典范。中国已经为每个类别设定了到2025年的数量目标(100万创新型中小企业,10万专精特新企业,1万"小巨人"企业和1000"制造业单项冠军"。数据来自工业和信息化部,2021)。

由于能不断增长并且在传统上由外资主导的领域赢得国内市场份额,绿的谐波(Leaderdrive)在该系统中的排名大幅上升。开始时,江苏省官方授予该企业"高新技术企业""科技型中小企业"等称号,该企业的谐波减速器产品也被视为"专精特新中小企业产品"。在2019年,该企业被纳入第一批国家级"小巨人"企业,到2020年年底,已经上升到"制造业单项冠军"的级别。

"制造业单项冠军"、"小巨人"和其他计划分别启动,并按照自己的时间表评估和宣布新的获奖者。公司不需要从金字塔的底部开始。例如,在最后两批次的"制造业单项冠军"中,只有大约1/4来自"小巨人",不过这一比率在逐批次提高（Karen Hao，2023）。中国政府正在建立一条管道，在创新企业的发展早期就追踪它们，并加速其成长。

中国的加速系统的主要灵感来源之一是德国的"隐形冠军"。

中小企业快速增长：中国政府促进中小企业发展的完整框架
获得独家赞助计划的黄金门票

获认证的高科技中小企业会获得公共部门的特别待遇。它们基本上是中国国家加速系统中享有优先权的赞助"运动员"。政府正在鼓励所有与国有关联的实体为高科技中小企业的发展铺平道路，这意味着会提供更多的国家补贴和研发支持，加大与大学和研究机构的合作，以及搭建更有利的知识产权体系。官员还在推动更大的企业，尤其是国有企业，与当地中小企业进行更多接触，并将它们纳入国有企业的供应链。

值得注意的是，政策制定者正在指导金融体系为创新型中小企业提供额外的资本。这些步骤标志着中国金融机构的一个显著转向。几十年来，金融体系一直倾向于以牺牲中小企业为代价，将更多的资本导向与国家关联的大型企业。政府直到最近几年才开始试图限制这些根深蒂固的做法。对违约和破产的更大容忍度，削弱了与大企业相关的隐性国家担保。然而，这些改革的努力似乎还尚未成熟。为了克服持续不断的挑战，中国政府更直接地改善了贷款的可获得性，改革了国内股票市场，并启动了专门的资金来支持创新的中小企业。

从绿的谐波的例子中可以明显看出，股权融资的重要性以及其他不同的国家支持的重要性。这家机器人"小巨人"在2020年上市后发了一笔财。此外，它还受益于私人和公共投资者的直接股权投资，包括政府引导基金。该公司已经获得了重大的银行贷款。在研发方面，绿的谐波已经与多所大学发展了长期的合作伙伴关系，并在2017—2019年间参与了四个国家重点研发项目。本土一些较大的工业机器人生产商对绿的谐波产品的需求，为该公司的产品提供了稳定和持续的订单。

国家的认证效应发挥作用,即政府批准盖章的积极影响。获得"专精特新中小企业"或"小巨人"标签,表明中小企业在同行中是一个领导者,具有显著的增长和创新潜力,并且将优先获得政府的支持。这就开启了认证高科技中小企业的良性循环——国家福利提振了它们的增长前景,将带来更多的投资者资金,它们更快地扩张,额外获得国家支持的机会,等等,一些公司最终在股票市场上市。

明确的政府支持可以为指定的优先部门中头部公司的最后一公里提供指导。例如,电源设备生产商贵州昌通电气有限公司,在2021年被授予"小巨人"后不久,收获了一亿元的国家支持基金和其他投资者的进一步投资兴趣。考虑到国家近几年的科技治理,"小巨人"公司越来越被视为合理的投资选择。一些风险资本只投资于"小巨人";许多银行的报告也强调了"小巨人"公司,称它们符合政府政策,并显示出强大的增长潜力。

为高科技中小企业开辟专门的融资渠道

不满足于市场力量决定资本流向,中国政府进一步加强了对资本应该分配到哪里的指引。中国的国家加速系统直接进行投资和引导个人投资者。更多的现金现在流向了政府认证的中小企业。这里包括三类资金:通过股票市场加强的直接融资、银行提供的更多贷款融资和政府的引导基金。

中国政府希望将国家干预与市场力量结合起来,通过创建一个多层次的资本市场,为像"小巨人"一样的优秀企业在其整个发展过程中**输送更多直接融资**。为了实现这一目标,政府已经大大提高了为高科技中小企业在股票市场上市的机会。区域性的场外交易市场已成为推动创新型中小企业发展的重要工具。截至2022年11月,中国35家区域性股权市场有20家设立了专门的中小企业板,另外有10家也制订了计划[1]。新的北京证券交易所(BSE)成立于2021年,成立目的就是提高上市机会。它在省级场外交易市场和专注于技术密集型企业的更成熟的市场之间提供了一块互补

---

[1] 中国证券监督管理委员会(证监会)年报,2018—2021年。

的基石。为匹配中小企业的特点，该交易所的波动范围比其他的交易所大，并且有更灵活的上市标准。

决策者还放开了规模较小、技术密集型的STAR（上交所的科创板）和ChiNext（深交所的创业板）股票市场。基于注册制的IPO批准程序首次在STAR市场试点，后来扩展到了ChiNext市场、北京证券交易所，最终扩展到了所有的证券交易所。交易所仅基于官方标准而无须证监会的核实，就可以决定一家公司是否可以公开发行股票。

到目前为止，只有一小部分"小巨人"公司成功上市，但它们构成了中国证券交易所新上市的重要份额。2022年，在上海、深圳和北京证券交易所上市的企业中有40%是"小巨人"公司（睿兽分析，2023）。近年来，"小巨人"公司通过IPO筹集的资金规模在1亿~40亿元之间（万得）。

中国完全国有控制的**银行体系为高科技中小企业提供了更多贷款融资**。无论是国家级还是地方级别的专精特新中小企业，银行现在都会以更优惠的条件更快批准贷款。

致力于向高科技中小企业增加贷款的显著政策变化包括以下几个方面。

针对中小企业的货币政策指导：PBOC已经通过多次削减存款准备金率释放银行额外的融资能力，指导它们为中小企业提供资金。该比率已经从2017年的16.5%下调至2023年的平均7.8%，释放了约19万亿元的流动性。

专门的央行融资工具：自2018年以来，央行已经建立了专门的针对中小企业或创新企业的融资和再贷款工具，以鼓励银行提供此类贷款。例如，在2022年，PBOC设立了一个2000亿元额度的、用于涵盖专精特新中小企业的科技创新再贷款。这是国家明确的"引导更多资金投向先进制造业、战略性新兴产业，更好服务关键核心技术攻关企业和'专精特新'企业"（易纲，2022）雄心的一部分体现。

中国政策性银行之一国开行宣布，2022年头三个季度向44家"小巨人"和71家专精特新中小企业贷款131亿元。地方一级的金融机构也在跟进。例如，广东省政府与三家银行共同承诺，在"十四五"规划期间为专精特新中小企业提供6000亿元融资支持。一些银行，如民生银行成都分行，正努力通过建立新的中小企业部门来改善对高科技中小企业的服务。

政府引导基金（GGFs）已成为向国家产业目标直接引导财务资源的主要工具之一。这是一个清晰的信号，中国不会把资本化战略性企业的事情完全交给市场力量。自2014年开始，GGF在全国范围内得到推广，到2021年年中GGF已经筹集了约6万亿元的资本（Alexander Brown, François Chimits and Gregor Sebastian, 2023）。关于培育中小企业的高层次政策文件强调了GGF在支持高科技中小企业和制造业方面的关键作用。因此，在"小巨人"的股东中看到这样的资金是非常平常的事情。根据政府的指导，GGF引入了类似于风险资本和私募股权基金的股东或有限合伙人结构。这让他们适合为成长中的和更小的企业提供资金。GGF一般作为基金的基金运作，将其投资的政治目标迅速地转移给其他风险投资和私人股本企业，并增加了将股本导向高科技中小企业的公共和私人基金的数量。GGF从银行、地方政府、国有企业和私人投资者（尽管规模很小且低于政府目标）处筹集资本，以引导财政资源流向优先领域。中小企业公开上市的前景有限，这是阻碍一个更有活力的中国风险投资领域增长的主要挑战之一。因此，GGF和上面提到的股票市场改革是高度互补的。公开上市可能允许GGF获得巨大回报，然后GGF又可以将资金再投资到新的企业中。

各种措施帮助中小企业创新和竞争

尽管将财政资源导向高科技中小企业是中国政府培育计划中强大的一环，政府也正在引入全面的培育制度，使中小企业发展成为具有国际竞争力的冠军。政府正在将它们嵌入中国的创新体系，并将中小企业与大型企业配对，力求使后者成为前者的金主、客户和导师。

提供现金来培养"小巨人"。政府正在为活跃于资本密集型制造业部门的现金紧张的高科技中小企业提供补贴。巨大的地区差异仍然存在，而富有的地方政府经常直接下场来支持当地的高科技中小企业。其中广州市政府就是一个特别慷慨的赞助人（梧桐树下V，2022）：广州为专精特新中小企业提供50万元人民币，为"小巨人"提供200万元补贴；租金一次性最高补贴200万元；对土地或生产设施的新投资得到5%，最高达1亿元的补贴；搬迁到广州的"小巨人"会得到额外200万元补贴；销售已列入政府目录的设备最高补贴50万元；人才支持最高达20万元。

与地方政府的密切关系，可以对中国的中小企业产生巨大的影响。"小巨人"贵州安达科技能源（贵州安达）生产新型锂电池阴极材料，是比亚迪的主要供应商。在2022年，成为"小巨人"一年后，该公司与广西的南宁市政府和横州市政府成立了一个合资企业，生产磷酸铁锂，这将惠及下游的中国电动汽车产业。这两家市政府不仅授予了土地和生产设备，还成立了一家产业基金来覆盖该合资公司49%的投资成本。

大学与高科技中小企业合作。高科技中小企业可以利用合作项目外包研究、创新和培训等活动。然而，中国的中小企业在确定合适的大学并使合作起作用方面存在困难。中央政府已经明确表示，希望改变这种情况。中国政府期望大学和研究机构培育高科技中小企业，例如，通过为它们提供待商业化的研究成果等方式。

中央政策措施正在慢慢渗透到地方政府（Alexander Brown等人，2023）。南京市计划培养1000家专精特新中小企业，300家"小巨人"和30家制造业单项冠军，并发布了一项专门的政策来促进中小企业与大学合作。上海交通大学与上海市中小企业发展服务中心联合建立了一个中小企业赋能平台。这个项目授予了16个经过认证的高科技项目获得培训和咨询的机会。该大学14位教授担任了"小巨人"企业的双聘导师。

将专业的中小企业融入大企业的供应链中。"小巨人"司南导航技术与总部在广州的制造业单项冠军南方卫星导航的关系，表明了中国政府想促进高科技中小企业和大公司之间的合作关系。司南导航生产用于高精度导航定位设备的专门的计算机芯片和计算机板，是为卫星接收器生产商南方卫星导航提供本地替代方案，后者以前从昂贵的外国供应商（如美国的Trimble公司）那里采购相同的部件。

双方都应该受益于彼此更强的联系。除了作为一个可靠的客户，大公司还可以通过解决中小企业的外部融资困难来提供帮助。因为银行不愿向小公司放贷，大公司有望成为中小企业的金融支持者和中介机构，因为它们对供应商的运营细节有更深入的了解。2022年4月，国家电网的嘉兴子公司开始向中信银行提供中小企业的用电信息，以改善它们的融资。就中小企业而言，它们被寄希望于填补大公司的国内供应链和价值链缺口。它们的作用是通过自身的专业化、活力和灵活性尽快推进进口替代。

政府引导大小企业"联姻"，并发布了指引。一种方法是进行匹配活动，2022年6月在青岛举行了一次国家一级的此类活动。当地重量级企业海尔提出了63项配对需求——聚焦于智能家电、生物医药和工业互联网。MIIT智库中国信息与通信技术研究院（CAICT）此后建立了一个在线平台，以匹配大型企业与中小企业。国有企业也有望支持高科技中小企业，中小企业将根据自身的贡献被评估。

支持中小企业利用研究产出并保护其知识产权。中国政府还打算通过调整知识产权规定来刺激创新和培养高科技中小企业。湖州现代纺织机械有限公司是位于中国四大丝绸产地之一湖州的纺织设备生产商，是一家专精特新中小企业。它在开发纺织薄于2毫米的织物的设备时遇到困难，但后来该公司遇到了一名拥有重要专利的浙江的大学教授。现在该专利权人和这家公司正在联合开发一种产品原型，可以提高30%的收入。这种合作并非偶然，该公司通过设立于2021年的浙江开放许可平台找到了这项专利。该平台允许企业获得379项专利而无须支付版税或许可费。

除了开放许可外，政府还希望更好地保护高科技中小企业的知识产权。随着获取外国技术变得越来越麻烦，以及中国渴望接近全球技术前沿，政策制定者已经开始优先考虑知识产权保护。位于山东济南的当地专利办公室已经对48家专精特新中小企业进行了知识产权保护的培训。四川省政府已经成立了一个研究小组，调查了解本地中小企业的知识产权需求。

中国国家加速体系的影响
中国产业政策新方法

从发布第一批"小巨人"四年后，中国的加速系统似乎正在实现其主要目标。系统已识别创新中小企业，其中一些已经成为行业的领导者。在最早的三批"小巨人"企业中，114家成长为制造业单项冠军（王一鸣，2022）。"小巨人"公司，如绿的谐波、心脉医疗和日联技术等，有望助力中国产业的自立自强。它们为推进中国在机器人、医疗设备和半导体等战略部门的本土化做出了贡献。

也许迄今较为重要的成就是中国政府向中小企业输送更多资本的新融资模式。数据显示，自2019年起，有更多的贷款和投资进入了中小企业。银行贷款中中小微企业的份额已经从2015年的35%上升到了2022年9月的41%（Alexander Brown等人，2023）。

以中小企业为导向的证券交易所筹集的资本份额，也从2018年的33%增长到了2022年的43%（Alexander Brown等人，2023）。《创业邦》的数据显示，从2018年到2022年10月，"小巨人"企业已经筹集了超过9000亿元的资金（*China Daily*，2023）。"小巨人"公司上市的数量自该项目开始以来，每年都有所增加。在2021年有137家，2022年的前10个月又增加了133家。

然而也有评论指出，中国的国家加速系统内部固有的紧张关系和相冲突的优先事项会对经济发展构成潜在风险，如不良投资和滥用指定用于高科技中小企业的资金等，以及政府试图将私人投资转向某些行业和公司，会削弱民营部门对市场信号的反应能力。

四、中国何以造就超级工业力量

工业化涉及大规模、低成本的高质量制造。中国对规模和数量的追求是和其他大型经济体在制造业的理念方面的根本区别。本节将讨论几个方面：基础设施的规模推动创新和降低成本；实现大规模制造的商业化比发明更为重要；硬核执行帮助企业实现伟大的想法（如马斯克用压铸机实现电动汽车一体化车身）；对规模和数量的追求，解释了中国股市和经济增长的悖论。

基础设施的规模推动创新和降低成本

通过改变固定成本研发的单位经济效益，基础设施的规模可以推动创新并降低成本。这里以高铁为例来说明"做大"在中国是如何起作用的。

中国先是经过了几十年的准备，包括列车"提速"以培养内部能力并测试不同的方法（特别是磁悬浮 vs 传统高速），然后在21世纪第一个十年，中国启动了高铁建设的第一阶段，专注于约8 000公里[1]的轨道。这个初始建设水平比当时最大的高铁网络日本新干线的总规模大3倍以上。与此相关性更大的是，它比515公里的东海道新干线的原计划大16倍[2]。

初始计划一个数量级以上的差异，会改变项目的实施及其预算的方式。规模大可以降低一些可变成本，例如，为谈判商品定价提供筹码。但是，即使承诺大批量订单，将水泥和钢铁等大宗商品的价格降低几个百分点的空间也有限。这可能只会略微改善单位经济效益。而主要的经济效益是，能够在更大的基础上摊销设计和集中项目管理等固定成本。同样地，

---

[1] 根据国家《中长期铁路网规划（2004年）》（发改委规划司，2007），到2010年的阶段目标为，客运专线（定义为时速200公里以上的线路，即"高铁"）运营里程达到5 000公里。根据2008年修编的《中长期铁路网规划》（发改委规划司，2009），2010年的阶段目标调整为客运专线里程约7 000公里。截至2010年年底，中国高铁运营里程达8 358公里（新华社，2011）。

[2] 新干线里程数据来自维基百科词条"新干线"，https://zh.wikipedia.org/zh-cn/新幹線。

中国高铁的规模允许规划者为研发分配的预算，要比小16倍的新干线多得多。高铁等大型土木工程项目最大的成本组成部分是劳动力。建筑劳动力大多是可变的。建造得越多，需要的劳动力就越多。从历史上看，与其他行业相比，建筑业的劳动生产率增长相对较低。提高高铁的成本经济性总是会回到弄清楚如何提高劳动生产率这个问题上。这就是"做大"有助于研发预算的地方。

假设使用现有的施工方法，建造1公里的轨道需要1 000小时的劳动力，那么建造500公里的轨道将需要500 000小时的劳动力。现在，如果可以发明一种省力装置，将劳动生产率提高10%，结果会怎样？答案是将在500公里的项目上节省50 000小时的劳动力。你会这样做吗？这要看相比于节省的劳动力，发明和生产这种设备需要多少努力，除此之外，还要考虑研发的风险。例如，发明和生产这种设备需要100 000小时，那么这么做可能就没有意义，或者说不值得冒险。

现在考虑一下"做大"的场景，中国计划进行8 000公里的扩建。在现状下，将需要8 000 000小时的劳动力来建造。但是使用上文提及的设备，可以节省10%（即800 000小时）的劳动力。现在，风险回报变得非常清晰。显然，中国宁愿花费100 000小时（发明和生产成本在很大程度上是固定的），这样它可以节省800 000小时。这是研发投资的8倍回报，而且仅仅是第一阶段就有这么多。

"做大"使中国规划者能够投资于研发，以提高高铁轨道建设的劳动生产率。由于劳动力占成本的大部分，这会导致建造成本显著降低，尽管是在最高技术水平上建造轨道。这可不是一个假设，相信人们已经很熟悉使用上千吨的架桥机在高架桥上铺设标准混凝土轨道床的场景。架桥机是一种电动机器，可以自动在轨道床上铺设轨道。此外还有其他定制机器，允许工人跟进，将轨道固定到轨道床上。这些设备不仅节省了体力，还提高了完成工作的准确性和质量。此外，中国还进一步推动了轨道部件的上游标准化，进一步降低了成本并节省了劳动力。

自最初的 8 000 公里建设以来，中国高铁网络已经扩展到了 5 倍多[①]。一期建设节省的劳动力就已值回了最初的研发成本，这些发明在高铁的二期和三期［到 2035 年将网络增加到 7 万公里（国铁集团，2020）］被继续使用，会节省更多的劳动力。此外，这些发明还为中国建筑公司在海外竞标和实施高铁项目提供了决定性的优势。例如，在印度尼西亚开通的雅加达—万隆线的建设就使用了中国的架桥机。

"做大"是贯穿中国基础设施建设和经济发展的共同主题。中国幅员辽阔的国土和庞大的规模在基建方面是主要的优势之一。

商业化比发明更重要

伊隆·马斯克（Elon Musk）为解答这个问题做了重要贡献——他不是电动车的发明人，却是第一个能大规模低成本制造电动车的人。他的故事表明，在国家经济发展领域，发明一种东西比学习如何以低成本高效率大规模生产这种东西要容易 10 倍。当然，在一个理想的世界里，若两者都擅长自然很好，但如果只能选择一个呢？对于发展中国家而言，选择相对容易。因为从各方面来看，穷国都远非发明的前沿国家。它们只是通过吸收其他国家已经开发的知识和技术来成长。但是，对于更接近技术前沿的经济发达国家来说，虽然发明变得更加重要，但我认为商业化仍然具有更大的影响。**想法不值钱，执行是一切。**

用于电动汽车电池的磷酸铁锂（LFP）的故事是关于这个话题的一个有趣案例。LFP 是得克萨斯大学奥斯汀分校的科学家在 20 世纪 90 年代中期发现的。然后，它在 21 世纪第一个十年由密歇根州的初创公司 A123 系统商业化（Gabrielle Coppola，2023）。2009 年，A123 获得了美国政府授予的 2.49 亿美元清洁能源拨款，以支持 A123 在全球金融危机期间发展。但到了 2012 年，A123 破产了。2013 年，A123 因资产和知识产权被中国汽

---

① 截至 2023 年年底，中国高铁运营里程已达 4.5 万公里（新华社，2024a）。

车零部件制造商万向汽车收购，从而摆脱了破产。

当时，中国已经拥有了新兴的充电电池产业和供应链。

20世纪90年代，比亚迪开始开发用于手机、消费电子产品和电动工具的充电电池。在与日本和韩国的竞争中，比亚迪最初采用了高度劳动密集型的制造方法，利用了中国庞大且成本低廉的劳动力资源。随着时间流逝，比亚迪在制造过程中融入了更多自动化，并学会了如何成为一家优秀的制造商。它孵化和剥离了一家上市的合同制造企业（比亚迪电子）来与富士康竞争。比亚迪抓住了深圳快速增长的消费电子领域，并成为优秀的电池供应商。2003年，它通过收购一家小型汽车制造商，将业务扩展到了汽车领域。2008年，伯克希尔哈撒韦公司对比亚迪公司进行了著名的投资。与此同时，2011年，曾毓群在福建建立了宁德时代。该公司专注于解决电动汽车问题。在21世纪第一个十年，日本和韩国的企业集团仍然保持着可充电电池行业的领导地位。与比亚迪一样，它们已经在消费电子行业站稳了脚跟，使用较旧的锂基化学品，如锂镍锰钴氧化物。到目前为止，消费电子产品（手机、笔记本电脑等）一直是可充电电池的主导市场。但**电动汽车的兴起从根本上改变了可充电电池行业的竞争基础**，并为LFP创造了机会。

在电池领域，需要优化以下几点：功率输出、能量密度、成本、安全性等。在消费电子领域，可以针对能量密度进行更多优化，更小的尺寸也使其更安全；在电动汽车领域，需要优化功率输出、成本和安全性。电动汽车需要更高的电压才能加力，这让电车上的电池变得很大，成本也成为一个主要考虑因素。而且它们真的很大，并且能存储大量能量，因此安全性也是一个需要考虑的主要问题。这就是LFP入局之处。

LFP的密度低于消费电子和早期电动汽车（特斯拉/松下）中使用的三元锂电池，但它更持久（循环次数更多）、更安全且成本更低。这使得它非常适合电动汽车尤其是低成本型号（Glenn Luk，2024k）。凭借知识产权、技术和制造知识，比亚迪和宁德时代迅速锁定了LFP，并开始为中国新兴的插电式电动汽车行业大规模生产 LFP。该行业也作为国家优先事项得到了中央和地方政府的大力支持。LFP 电池迅速被整合到了新的电动汽车中，产量增加，每千瓦时的成本持续快速下降。电池成本的降低大部分不是来自化学成分，而是电芯和封装。电芯/封装成本的降低影响了所有化学成分的电池，而不仅仅是 LFP。

一些人困惑为什么电池能量密度在 21 世纪第二个十年的中期停滞，然后在 2020 年后再次加速。答案就在于 LFP 以及中国电池供应链。如今，LFP 化学由中国电池制造商主导。随着制造设施规模的不断扩大，单位成本下降，较低的价格水平释放了新的需求来源。

这种不断扩大规模、降低成本、产生需求的循环，使得电动汽车的采用曲线更类似于技术和消费电子产品，而不是传统耐用品。电动汽车正在推动交通电气化，它的规模变得如此之大的唯一原因是所有持续商业化的努力，不断改进产品并降低成本。因此，回顾过去应该很清楚，就 LFP 而言，商业化的影响远远大于发明。

这确实引出了一个问题，即如果 A123 没有破产并且没有被出售给万向，那么事情是否会有所不同呢？在 LFP 的知识产权方面取得的领先，是否足以让美国坐稳电池冠军的宝座？这真的很难说。也许这样一来会放慢比亚迪和宁德时代的步伐，它们不会像今天这样占据主导地位。但我不认为电池化学一定是影响发展的关键因素。关键因素是比亚迪和宁德时代的商业化和扩展能力。大部分成本降低与化学等因素无关，并且还会有新的基于钠离子的化学物质出现。固态封装在外形尺寸上也有所创新。关键要看，谁真正在使它们成为商业现实的主导者呢？

芯片行业有一个类似的小插曲。斯坦福大学教授、台积电首席科学家黄汉森（Philipp Wong）指出，美国在"提出新想法方面仍然略胜（中国）一筹"——针对从未讨论过的新想法，美国仍然是主要来源。一旦这些新想法为人所知，下周就会出现在中国，因为中国会做得更好。美国无法再与中国竞争，因为中国有更好的资源、更多的劳动力以及政府的支持资金

（Gita Wirjawan，2024）。

硬核执行帮助企业实现伟大想法

2024年3月小米高调发布SU7电动汽车后，美国著名时政评论员诺亚·史密斯（Noah Smith）说，中国"偷窃"了特斯拉的超级压铸机技术（Noah Smith，2024），附和者众。这反映了这些人的两个认知缺陷：（1）作为一个国家，美国现在离制造业如此之远，以至于普通美国人对制造业知之甚少，使得此类观点可以大行其道；（2）想法和执行是有区别的——再一次强调，想法不值钱，执行才是一切。

作为早期的电动汽车先驱，特斯拉曾有一个有趣的尝试，那就是直接"压铸"一个更大的金属底盘，而不是像传统那样将多个部件焊接在一起。这在一定程度上与大型电池包的底盘的重新设计有关。一个问题是没有人有足够大的压铸机来铸造这么大的零件。当时这些更大的机器并不存在，不是因为技术可行性不足，而是因为以前没有人这么要求过。

压铸技术已经存在了两个世纪。从历史上看，压铸机的生产商是相对较小的企业，通常是家庭经营的，每年只生产少数几台这样的机器，与工业和制造业供应链有关。随着中国制造基础的增长，像海天这样的压铸制造商成为该领域最大玩家之一。海天以更低成本大规模生产这些机器的更标准化版本，并从小型家族企业那里赢得市场份额。像力劲集团这样小型家族企业的与众不同之处在于，它通常更倾向于定制而远离更大的大众市场（Glenn Luk，2024j）。意大利的Idra集团曾经陷入财务困境，需要救助。2008年，力劲以1欧元的价格收购了Idra集团，外加适度的注资。大约10年后，特斯拉将转向拥抱力劲/Idra集团，因为它想要更大的定制压铸机，而力劲/Idra专门生产定制机器。特斯拉非常善于营销，称这些机器为"超级压铸机"。人们似乎认为这些"超级压铸机"有一些专有技术方面的突破。但任何了解这个行业的人都明白，这不是什么新奇技术。力劲集团全年研发预算仅为1.27亿港元。一旦市场需求得到证明，像海天国际这样的行业领导者就会生产更标准化的版本，包括为小米的SU7生产的9 100吨压铸机。

对于美国来说，关于中国只能抄袭的陈词滥调是一种危险的误导性言论，分散了人们对美国制造业衰退根源的关注。

首先，如果不能执行，那么想法在制造业中就毫无意义。而像海天这样的中国企业在机械领域拥有最多的技术专长和人力资本。这种指责相当荒谬——这个技术领域的领导者恰恰是一个在认真执行的中国"玩家"。

其次，压铸机只是制造过程中所需的众多上游设备和机器人技术之一。能够生产世界一流的底盘并不是竞争优势，底盘在典型基准车辆成本中的占比低于5%（Glenn Luk，2024j）。在工厂生产线上其他地方使用的现代机器人和设备中，有更不一样的地方。例如，更重要的"数字原生"先进制造，是关于如何将制造与软件和实时数据集成在一起的。可喜的是，像深圳汇川这样的中国工业设备供应商，现在或即将在几乎所有上游领域处于领先地位。就如同欧洲、美国和日本企业努力主导上游半导体资本支出一样。

所以核心问题是——中国可以在这些类型的制造业中有效执行，美国则落后了。如果不求助于中国制造和上游机器供应商，特斯拉根本无法将许多创新想法有效地转化为大规模生产的产品。美国在这方面落后于中国，远甚于中国在半导体资本支出前沿落后于美国。很多美国人无视这一严酷的现实，不断低估/贬低中国的能力，这对美国而言不是好事。

当前一个非常应景的例子是，美国需要建立太阳能和电池制造业。中国公司拥有大部分专业制造知识产权，包括经济地生产这些产品所需的专业生产线设备。花时间/精力去贬低/抹黑对手肯定不是成熟的做法。美国想要建立国内太阳能/电池生产线并使其成本不会三倍于全球水平（即中国水平）[1]，需要有效的行动。

---

[1] 格伦·卢克（Glenn Luk）测算，见Glenn Luk（2024n）。

这些关于压铸机的喧嚣就像造船业的一样。美国也并不是最近才在机床工业上输给别人的。就像造船业一样，在四五十年前——中国崛起之前，美国就失去了机床工业。兰德公司于1994年就发表了《美国机床工业的衰落和复苏前景》（David M. Adamson, 1994），特斯拉是为数不多的进入先进制造业的美国公司之一。特斯拉和马斯克比当今任何美国制造商都更了解这一切：成功的关键是比竞争对手跑得更快。马斯克对上海超级工厂的建设和进入中国不会有一丝丝遗憾。与美国国内竞争对手相比，特斯拉还有另一个优势，即它已经紧密地融入了中国的电动汽车供应链。尽管特斯拉多年来确实提出了不少伟大的想法，但今天真正让它走到如此规模的还是硬核执行。在美国，发展规模足够的先进制造业和供应链还有很长的路要走，而特斯拉向世人展示了实现这一目标的道路。

对规模和数量的追求，解释了中国股市和经济增长的悖论

许多人可能已经注意到，尽管中国制造商在电动汽车等行业的增长令人印象深刻，但这些产销量与特斯拉匹敌的中国公司，其市值与特斯拉相比却相形见绌。中国与美国的一个鲜明反差是，中国政府似乎更关心国内增长和经济发展，而不是那么关心股市估值。困惑的彭博社Odd Lots播客主持人提出了一个问题（Joe Weisenthal, 2024）：鉴于股市并没有对中国大型制造商采取的数量大过利润（volume-over-profits）的战略给予奖励，中国政府有什么政策杠杆来维持和鼓励现有的方法呢？

这是一个很大的谜，因为很多人（如果不是大多数）在成长过程中已经习惯将股市与基础经济的健康等同起来。事实上，以著名投资家沃伦·巴菲特为名的"巴菲特指数"，也明确将股市市值与GDP联系了起来。（这里需要注意，巴菲特的"价值投资"风格的关键要素对中国是行不通的。）这个谜不是一个简单的问题，正确的答案必然是复杂的，不仅涉及经济学，还涉及包括会计和哲学在内的许多其他学科。

我们先将对这个问题的分析分解为数个更容易理解的组成部分，并考虑中国政策如何影响每个组成部分。

- "股市"又称市值=（权益的）利润 × 市场倍数
- 利润 = 数量 × 单位利润
- 单位利润是收入和运营费用的函数，特别是指固定开支和可变成本
- 权益的利润 = 利润 − 利息费用和税收
- 市场倍数 = 许多因素的函数，有时（看起来是）就是魔法

规模／数量对利润的积极影响

在传统的制造模式中，利润是固定开支（包括折旧、工厂费用和研发的资本支出）和可变成本后剩余的函数。固定开支单位成本最终是数量的函数：数量越多，公司可以摊销固定成本的单位基数就越大。数量就像固定开支的"朋友"。与此同时，可变成本是能源和材料投入、第三方组件成本和零售／分销等项目。过去，在劳动密集型制造业中，劳动力是一种可变投入；但对于先进制造业来说，劳动力所占比例变小了。

从这个角度而言，规模可以推动利润增长。如果一家公司的固定开支为1 000元人民币，它售出10个小部件，则每个小部件的固定开支为100元。如果它售出100个小部件，则每个小部件的固定开支将降为之前的1/10。其他所有条件都相同，每个小部件的利润将相应增长。

由此可见，制造业的规模很重要。中国制造业公司的天然本能是快速追求规模，以建立一个具备防御能力的市场地位。

一家公司的可变成本是另一家公司的固定开支

在复杂的制造供应链中，制造商采购部门可变的成本代表上游供应商的收入。例如，比亚迪的毛利率约为20%（《证券日报》，2024），这同时考虑了固定开支和可变成本。它从上游铝供应商那里购买大量铝，并将其在损益表上计为可变成本。现在我们把注意力转向上游铝供应商的损益表，它也有自己的固定开支和可变开支结构。继续上面所做的分解，可以在供应链中递归地走得更远，从第三产业（主要是服务业）到第二产业（主要是制造业）到第一产业（主要是采掘业）部门。

最终会发现，社会中的大多数"运营成本"只是劳动力成本。这里的一个关键问题是劳动力成本是如何被分类的：要么作为支出（在一年内消耗），要么算作资本形成总额，并随着时间的推移而被消耗。除此之外，还有单独的公司收入和政府支出类别。实际上，这是重建收入法来计算GDP。

当前利润和未来增长之间的权衡

当制造商通过数量增长、提高生产效率、对供应商的更大杠杆等各种方法的组合来产生增量利润后，需要做出决策：是将这些利润通过分红或股票回购返还给资本持有人，还是根据合理预期某种增量投资回报，将这些利润作为留存收益再投资于业务。

随着中国制造业越来越自动化，这意味着更多的再投资将采取研发和营销（品牌建设）等形式，而不是工厂设备等传统的资本化支出。这里的会计影响是延迟满足的问题——为未来利润增长牺牲当期营业利润。

再次以比亚迪为例，在2023年，它的研发人员人数增加了50%以上（《证券日报》，2024），代表着比亚迪将收益大规模投资于未来增长——改进汽车型号、更便宜的电池、制造能力的扩张。

与中国形成强烈反差的是，美国的领军企业将收入的大部分用于支付股东。更通俗地说，许多美国科技公司已经成为公司金融化的受害者（William Lazonick and Yin Li, 2022）。新经济思想学会的论文《股东价值的追求：思科从创新到金融化的转变》（Marie Carpenter and William Lazonick, 2023）指出，2002—2021年，思科以股票回购的形式向股东分配了1440亿美元（占其净收入的98%），以及480亿美元（占其净收入的另外33%）作为股息①。同样，在2012年10月至2022年6月，苹果在股票回购上花费了5290亿美元（占其净收入的92%），以操纵性地提振其股价。英特尔首席执行官帕特·格尔辛格（Pat Gelsinger）明确承认，公司金融

---

① 公司借款分红。美国金融危机期间，大企业获得了大量低/零利率贷款，企业用来回购和分红。

化是该公司在芯片制造方面失去世界领先地位的主要原因，输给了台积电和三星。有关波音公司的金融化也可以支持这一论点。从 2013 年 1 月至 2019 年 3 月第一周——就在波音 737 MAX 坠毁事件的第二起发生之前——波音支出了 430 亿美元用于股票回购。波音公司的金融化削弱了美国全球技术领导者的地位，因而增加了中国商飞及其 C919 在全球大型飞机制造中突破波音——空客双头垄断——的可能性。

劳动力 vs 资本

一个社会必须在经济收益如何在劳动力和资本（即资本投资的利润）分配方面取得均衡。一方面，这是零和，因为经济收益如果分配给劳动力就不能成为资本回报。但另一方面，从划分方案影响这些经济收益的长期增长方面而言，这是非零和。

与西方资本主义国家相比，中国的总体政策方向是偏向劳动力而不是资本。我们可以观察到中国那么多政策是如何偏向劳动力，特别是低收入劳动力的。例如，鼓励弱人民币的外汇政策，在调整生产率的基础上，与外国劳动力相比，中国劳动力更便宜；鼓励相对劳动密集型制造模式作为工业化基础的政策；全球金融危机（GFC）期间的重型刺激计划，为的是应对出口加工部门数百万个工作岗位的突然流失。

政策过于偏向劳动力而不是资本，以至于民营企业家失去积极性？这是一个巨大、极其复杂且微妙的问题，可以认为它更多的是一个哲学问题，而不是经济学问题。我们可以通过观察民营企业家的行为来实证地看待这一问题：中国明显管制了民营部门的一些领域（如互联网和金融科技），同时鼓励其他领域（如先进制造业），政策对这些领域的增长（或缩减）产生了显著影响。

债务融资 vs 股权融资

中国和美国的主要区别之一是经济的长期投资融资的方式。在中国，资本密集型行业的主要融资方式是债务，主要通过国家控制的银行系统输送。在 2023 年占 GDP 约 294% 的社会融资总量中，只有 3% 是股权融资

（中国人民银行，2024）。尽管这个数字不包括所有形式的股权，但它仍然表明，在中国，债务比股权融资重要得多。此外，中国占主导地位的家庭资产类别是房地产，而不是股市或其他流动资产。

股市是一个权益概念。债务对股权的主导地位在中国意味着，**国内股市的表现更少表征经济的基本健康状况。**由于这些原因，"巴菲特指数"在很大程度上并不适用于中国。

国有企业往往也在资本密集型的产业部门中发挥着不成比例的作用。因此，它们也是迄今最大的债务使用者之一。中国对国有银行系统的严格控制，使银行部门能够以相对较低的成本提供融资，特别是与发展中国家相比。对于资本密集型行业来说，这是一个优势。

与中国国有企业倾向于运营的行业相比，制造业往往由民营部门发挥更多作用，商业模式上更少资本密集型。例如，比亚迪主要以股权为资本，尽管越来越多投资于扩大制造能力，但并没有显著的长期借贷。

"市场先生"和市场倍数

巴菲特的导师本杰明·格雷厄姆创造了"市场先生"的概念，来描述一个有时似乎不太理性且喜怒无常的股市。其中一个关键教训，是告诉人们要认识到市场中的群体思维，并"在别人害怕时贪婪，在别人贪婪时害怕"。

市场先生的大部分脾气可以体现在各种市场倍数中，投资银行分析师执着于计算各种越来越神秘的公式/比率：价格与收益的比率、价格与账面价值的比率、EV 与无杠杆 FCF 的比率、EV 与 EBITDA 的比率、EV 与收入的比率等。当其他条件一样时，这些比率的高倍数意味着市场先生很快乐和旺盛，而低倍数意味着更悲伤和沮丧。

当然，情绪不是唯一的因素。货币供给、利率（机会资本成本）、风险感知、经济增长（以及它如何转化为股东利润的增长）、税收政策（运营利润如何在政府和企业之间被分享）等都可以在推动市场倍数方面发挥作用。

除了金融危机之前的短暂时期，中国的市场倍数往往远低于美国股市的倍数。在过去十多年中，这种差距仍在扩大。

即使是像比亚迪这样比特斯拉增长更快的公司，其市场倍数也往往较低。虽然"巴菲特指数"可能有助于把握市场时机，并提供一些衡量市场"廉价"或"昂贵"的指标，但巴菲特本人更关注基本收益，特别是伯克希尔·哈撒韦的每股账面价值（BVPS），而不是该公司更不稳定的市值，因为后者受制于市场先生情绪的变化。巴菲特曾告诫投资者，要关注伯克希尔·哈撒韦的BVPS，以支持其股价。不是因为BVPS更准确地表述了更抽象、更难以精确地衡量的"内在价值"的概念，而是因为它更好地表明了内在价值的趋势。

这实际上说明了一个重要且相关的概念——市场先生的"情绪波动"不应该对业务的基本运营产生有意义的影响，其他指标（如年度营业额等）可以更好反映业务的基本运营情况。简而言之，给定时间点的股市估值很可能是由完全脱离经济基本表现的因素驱动的，特别是（如上所述）更依赖债务融资的经济。

政府作为市场博弈的协调者

关于民营部门的市场力量，中国决策者倾向于做"博弈"的协调者。这场博弈旨在创造一种推动合意市场行为的行业动态。这些"合意的市场行为"，往往压倒性地围绕着这种几十年来为实现经济发展和增长最大化的努力而展开。中国政府的目标一直是到21世纪中叶完全实现现代化。迄今中国决策者使用上述方法和原则来推动经济增长的做法相对成功。

第一，优先于资本考虑劳动力，优先于资本收入增长考虑工资增长。优先考虑劳动力是中国需求侧支持战略的关键支柱，家庭收入的增长推动了国内需求的增长（无论是家庭资本形成总额[①]还是支出）。

第二，制定规则，促进创造竞争性的产业动态，并激励经济行为者将

[①] 家庭资本形成总额指购买城市新建住宅。家庭收入主要用于两方面，资本形成总额（即投资）和支出。

收益再投资于增长。

第三，定期打击被认为是寻租的行为（如反竞争行为、监管套利行为，以及造成社会不良影响的行为），特别是来自积累了大量权益资本的民营部门参与者（而小型家族企业，如个体户，并不是积累了大量权益资本的民营部门参与者，因此不是打击对象）。

第四，供给侧支持，以激活民营部门参与者的活力，并鼓励民营部门通过创业参与到如清洁能源转型等重点行业中，通过规模和与规模相关的生产效率来推动企业快速实现工业化。几十年来，尽管外部观察者一再敦促中国实施 OECD 式的收入转移，但中国一直依靠供给侧战略来支持经济。

第五，一旦各行业进入成熟阶段，中国就会鼓励产业整合（与长期破产相比），尽管中央和地方政府之间往往动机不同。

中央政府一贯不喜欢资本巨头的寻租行为。它更希望由政府来处理寻租行为，其目的是将这些租金分配给人民。因此，关于中国决策者是否可以继续推进这些政策，答案取决于这个寻租问题：是由政府还是由民营部门资本家来做更好？答案应该非常确定的，政府将保持对寻租的垄断。

这是否会抑制在清洁能源等重点行业中发挥关键作用的企业家和私人资本的"动物精神"？到目前为止，这似乎根本没有减慢他们的企业发展速度——事实上恰恰相反。尽管这些行业的企业的财务回报率/股价（市场倍数）等不是特别高，往往相当不稳定/难以预测，但它们的发展规模和速度都不错。

关于政府打击寻租是否会抑制企业家的"动物精神"，仍然是一个谜团和悖论，只能长时间观察。

五、外国公司为国内产业提供动力

中国有选择地利用外国公司引进技术和实践经验，组建国内供应商，并培育最终能参与全球竞争的本土中国公司。例如，苹果和特斯拉等全球行业领导者带来了技术并升级了工业生态系统。这一过程中有两条原则在起作用。

第一，市场换技术。

长期以来，中国一直有意利用利润丰厚的中国市场的诱惑力来吸引外国公司在中国开展业务。高铁是个好例子。

2004年，当中国准备建造第一条从北京到天津的高铁线路时，中国铁道部向西门子和阿尔斯通等外国列车制造商招标。这些外国制造商正面临着其国内市场成熟，未来增长潜力较小的境况。中国的宣传很简单：中国即将投入难以想象的资金来建设国家高铁系统——在这个早期阶段，提供帮助的外国公司将完全有能力从这个潜在的巨大市场中分得一杯羹。

前提是，每家外国列车制造商都必须与一家中国公司成立合资企业，并在中国联合生产列车。在此过程中，每家外国列车制造商都得同意将某些技术和制造知识转移给其中国合作伙伴。当然，德国人会说他们从未放弃过自己的核心技术，如列车控制软件。但重要的是，与生产相关的一整套知识，甚至包括如何正确焊接等细枝末节的技术发生了转移。

中国早期的高速列车型号与各自的外国合资伙伴的家族系列非常相似：CRH1像加拿大的庞巴迪，CRH2像日本川崎，CRH3像西门子，CRH5像法国阿尔斯通。

但技术真的在这类伙伴关系中转移了吗？有强有力的证据表明确实如此。中国汽车行业就利用了这种"市场换技术"的交易。最近一项关于中国汽车行业的研究（Jie Bai, Panle Jia Barwick, Shengmao Cao and Shanjun Li, 2023）发现，与外国汽车制造商合资的企业不仅改善了中国制造的汽车，还在外国合作伙伴较强的领域改进了每家中国汽车制造商的汽车。与日本品牌合作的中国汽车制造商生产的汽车往往更省油，与德国品牌合作的中国汽车制造商生产的汽车往往具有更强的发动机性能。技术诀窍成为通过这些伙伴关系流传下来的DNA。

有人会问，为什么不是所有发展中国家都这样做？因为中国在某些重要方面是独一无二的，大多数国家没有如此巨大的国内市场来吸引外国公司。此外，当中国政府表示它们正全力以赴于像国家高铁网络这样大的事情时，是认真的。但有些国家，如印度，似乎也有能力使用同样的策略。然而，熟悉印度高铁建设的人都知道，印度没有为从日本合作伙伴那里获得技术和专业知识做出更多努力。

第二，引进技术后消化吸收再创新。

设置技术转移流程是一回事，但能够真正了解技术并在此基础上再接再厉是另一回事。这是许多国家陷入困境的问题所在。它们可能缺乏科学和技术基础，也可能是缺乏动力，无法在更深层次上真正学习技术。

就中国的高铁计划而言，中国不仅拥有现成的国内公司，具有列车制造和铁路建设经验。它还有专注于高铁科学和工程的研究中心与国家实验室。例如，位于中国成都的西南交通大学有几个实验室，专门研究牵引和悬架等高速铁路工程的核心问题。这些研究人员通常拥有相关领域的专业知识，例如，航空航天工程领域的空气动力学和振动控制知识。

就太阳能行业而言，中国拥有悠久的太阳能技术研发历史。这可以追溯到20世纪60年代，当时研究人员试图在中国科学院半导体研究所为卫星开发太阳能。当中国民营公司在21世纪第一个十年开始进入太阳能行业时，它们严重依赖来自德国等国家的进口设备。随着它们在太阳能电池的主要成分多晶硅的供应方面面临的瓶颈日益增加，中国的太阳能行业本应该会停滞，但相反，中国在价值链上转移到了更复杂的多晶硅生产上，部分原因是中国已经在这个领域拥有科学知识基础，这来自曾经为半导体芯片开发硅片的努力。今天，中国已经主导了太阳能制造过程的每个环节。

全球领导者充当"鲇鱼",提振国内供应链

中国政府给这些公司开出慷慨的条件,如补贴和土地,因为它把这视为是对更广泛经济的长期投资。中国不惜一切代价让外国公司在中国的工厂取得成功,比如,消除各种繁文缛节,然后努力推动这些外国公司发展中国国内公司作为供应商。

这就是苹果发生的事情。中国郑州为苹果的制造商富士康提供了巨大的激励和支持,包括免除5年的企业税和增值税;创建了有特别关税豁免的经济特区;为工厂建设提供数亿美元资金支持;为工人建设住房,然后招聘和培训工人;建设基础设施,如发电厂、机场扩建和管道;达到出口目标的奖金等(《纽约时报》,2016)。("中国全球价值链案例"一节将更详细地讨论苹果的案例。)

围绕苹果发展起来的庞大的中国智能手机制造生态系统,使华为、小米、vivo和OPPO等中国本土智能手机品牌迅速崛起,它们目前都位于全球畅销品牌之列。

特斯拉也在发生一样的事情。中国同意做出让步,以说服特斯拉在中国建造工厂。中国改变了之前要求所有外国汽车制造商必须与中国公司成立合资企业的规则,允许特斯拉上海超级工厂成为外资子公司。中国还修改了其排放法规,允许特斯拉向其他汽车制造商出售数亿美元的碳积分(《纽约时报》,2024)。上海地方政府还帮助特斯拉从中国国有银行获得了近百亿元人民币的优惠贷款(潘昱辰,2019)。上海地方官员加快了上海超级工厂的建设,帮助特斯拉在不到一年的时间内建造了整个工厂。为实现这一目标,中央政府和地方政府提供支持,帮助特斯拉获得了土地、环境许可证和电力供应。

特斯拉借助其上海超级工厂"赢麻了"。该工厂现在贡献了特斯拉一半以上全球产能,并把该公司从破产边缘拉了回来。通过建立中国供应商,这笔交易也使中国国内电动汽车行业受益。**力劲集团的案例就是一个突出的例子。**

特斯拉与中国设备制造商力劲集团合作，为特斯拉所谓的"超级压铸"生产了巨大的压铸机。这些压铸机允许特斯拉以单个部件的形式连续生产大型的汽车部件。这节省了时间、工厂空间、劳动力和通常需要将许多独立部件焊接在一起的材料。力劲集团随后向6家中国公司出售了类似的"超级压铸"机，这6家基本上都是汽车制造商。

今天，特斯拉上海超级工厂使用的部件有95%来自中国（《中国日报》，2023），中国公司占特斯拉全球电动汽车电池供应链的近40%（Nikkei，2023）。

特斯拉将技术带进中国并不是它对中国最大的价值。在技术上，特斯拉与中国是共生关系。例如，动力电池技术方面，三元锂电池是松下的，磷酸铁锂电池本来就是中国厂商自主研发的；电池热管理软件属于特斯拉的独门绝活儿，有追求的厂家会自己开发；热管理硬件来自国内上市公司三花智控，在2014年特斯拉确定其为Model 3的供应商之前，该公司就是该领域的专家了；特斯拉的被动安全系统，如气囊安全带等，来自均胜电子。特斯拉最为人称道的FSD自动驾驶技术是独家的。虽然丰田在20世纪90年代已提出了将整车分成几个控制域的理念，但特斯拉最早将该理念变成了现实中的产品。就该理念而言，各个厂家都有自己的实现方式。国内造车"新势力"在这方面与特斯拉并驾齐驱。特斯拉高度自动化的生产线技术，其核心是工业机器人和生产线设计。前者来自德国和日本，后者是特斯拉的创举。但这套东西说到底是设计和软件问题，理念上虽然先进，但技术上不能说有太大突破。

特斯拉进入中国，真正的贡献有两方面。

第一是激活了中国国内新能源汽车产业链。之所以说"激活"，是因为这东西国内本来就存在，但国内大把躺在合资品牌上赚钱的厂家不愿意，就算用也只是拿着好技术搞出一堆骗取国家补贴的车。新势力倒是愿意用，但奈何出货量太小，带不动整条产业链。特斯拉出手即不凡，上百亿订单砸向三花、均胜、宁德时代这样的企业。特斯拉每年几十万辆的出货量足以拉动整条产业链的上下游，连带天齐锂业这样的原材料供应商都迎来一波跨越式发展。

第二是证明了汽车行业很早之前本就有的很多先进思想是成立的，如整车OTA、车身控制域等概念。丰田虽然提出了概念，但它自己都不愿意搞，因为汽车行业蛋糕已瓜分完毕，已有技术足以维持传统车企挤上几十年牙膏，采用先进技术也并不能提高丰田车的市场占有率。还有就是国内一堆不思进取或者被专利壁垒卡脖子的合资厂商不想也无力打破现有格局。结果特斯拉像孙猴子大闹天宫一样搅乱了世界汽车市场，国内新势力乘势迅猛发展。这时才有一些厂商如梦初醒，预期传统厂商出手，新势力就会被打回原形。结果奔驰、大众、宝马、奥迪，甚至保时捷的电动汽车都不经打。数年过去了，现出原形的反而是传统车企。特斯拉是否将技术带到中国并不重要，有也无关大局，真正在技术上起作用的是始于1988年的火炬计划。不过特斯拉的理念切实帮助中国完成了汽车行业弯道超车的最后一步。

可以肯定的是，中国电动汽车行业今天的成功归功于各种因素，包括几十年来政府支持性的政策和中国在核心电池技术方面的深厚专业知识。但特斯拉在中国的工厂帮助中国提振了国内产业，不仅为上海超级工厂的中国工人创造了就业机会，还为中国本土电动汽车品牌创造了升级的供应商生态系统。正如《纽约时报》的一篇文章评论，特斯拉之前和之后的中国电动汽车行业是不同的，特斯拉就是"雨神"（《纽约时报》，2024）。

六、中国全球价值链案例

申洲国际

申洲国际是服装代工行业一家很神奇的公司，也是全球最大的纵向一体化针织制造商之一。这家公司之所以神奇，是因为在服装代工这个市场极度饱和、竞争极其激烈，以低成本、低价值、低利润为特征的产业中，却实现了高营收、高利润以及高利润率。2022 年，公司实现营收 277.8 亿元（同比 +16.5%），净利润 45.6 亿元（同比 +35.3%），毛利润率和净利润率分别为 22.1% 和 16.4%。近 10 年，申洲的平均毛利率和平均净利润率稳定在 29.10% 和 19.24%（熊剑辉，2023）。

这些表现在服装业和大制造业都是遥遥领先的存在。工业富联——富士康旗下的"代工之王"，其毛利率、净利润率不过 8%、4%。申洲的客户——全球第一大运动鞋服品牌耐克，净利润率也只有 10% 左右；2022 年，阿迪达斯的净利润率更是跌落到了 0.4%；同年，全球最大服装制造商之一"晶苑国际"实现营收 24.91 亿美元（合 179 亿元人民币），净利润只有 1.73 亿美元（合 12.43 亿元人民币），近 5 年平均毛利率、平均净利润率分别为 19%、6.3%（熊剑辉，2023）。

申洲国际成功的一个重要原因是投资核心技术、建立纵向一体化供应链和海内外双重布局。

从 2005 年上市，申洲募来资金的 75% 用于升级产能，其余用于研发面料，还建设了一个 6 000 平方米的面料实验室。之后，申洲与优衣库、耐克等合作或独立研发了现在各种流行的功能性面料。如今，申洲建有十多个创新研发中心，专利储备充沛，仅新材料面料专利就达 200 多项，设备工艺改造创新及制衣模板专利 200 多项。

为服装代工的申洲，将抓手渗透进上游研发面料的原因，是为了建立"纵向一体化供应链"的基础。这个概念基本上对应于苹果在中国建立的**"全生产过程生态系统"**，以及台积电用 30 年时间为先进半导体以新竹科学园区为中心打造的高度复杂和专业化的价值链，提供从特种化学品到材料再到专业服务的一切。

全球化服装制造是一条复杂而漫长的产业链。如，优衣库早期的生产流程是什么样的呢？在日本买原料，到印尼纺成丝，转运中国后再辗转不同的工厂，完成纺织、染色、缝制的全过程。虽然全球化分工很便宜，但没有效率。所以代工厂接单后，第一件事是"等"：它要到上游企业去订面料，转运过来再加工。上游库存积压、下游等米下锅都是家常便饭。但凡一个环节出问题，交付计划就会被打乱，不确定性巨大。

但申洲打破了僵局。由于具备强大的面料研发能力，纺纱、织造、染色、印花、裁剪、制衣等所有环节，申洲全包了。而且产能都在一个工业园区里。于是"耐克们"只要设计、下单、付钱，然后等着收货就行了。

申洲的"纵向一体化供应链"，在物理上无缝衔接，减少了转运时间；向上游延伸，捕获了面料利润并降低了成本；全链路高效协作，提高了交付的确定性。它的"纵向一体化供应链"，速度超出想象。从纱线到成衣，别人要3个月，申洲只要15天，加钱的话还能更快。2018年世界杯期间，法国夺冠在即，法国队队服需求激增。耐克紧急下单，申洲竟然在16个小时内光速完成了几万件球迷服的制造，然后直送上海并空运至法国。结果，刚好赶在法国队夺冠前送至球迷手上，一夜爆单。

产业链的任何一环，品牌都可以找到替代者，但在全供应链上申洲是最佳选择，因此它牢固锁定了耐克、阿迪、优衣库、彪马、Lululemon等大客户。申洲的规模生产有了保证，因此可以进一步优化成本。不论是棉花采购，还是全球海运价格暴涨，申洲都凭借其巨大产能，向上下游强力议价并转嫁成本。这是"代工之王"能够不断提升毛利率、净利润率，实现正向循环的秘密。

申洲早在2005年就在柬埔寨建成了第一家海外工厂，2014年在越南布子，因此形成浙江宁波、安徽安庆、柬埔寨和越南四地布局。无论是欧美对中国纺织品出口实施配额限制，还是美国对中国发起贸易争端，抑或是德尔塔病毒肆虐越南，申洲的海内外产能布局都能及时补位，充分发挥作用。

苹果公司

苹果成功的秘密在于下重注于中国及其制造业。2007年年中，在全球最佳企业供应链的年度排名中，苹果公司石破天惊地从无到有地跃升至供应链前25名的第2名，在随后的7年中苹果一直位居榜首。在那段时间里，它成为世界上最有价值的公司之一。

苹果并没有像通常理解的那样真正将生产"外包"给中国。相反，苹果建立了复杂、有深度和高成本的供应和制造业务，以至于该公司的命运与中国深度绑定在一起。在过去15年里，苹果一直将其优秀的产品设计师和制造设计工程师派往中国，每次他们都在供应商的厂房里一待数月。他们在共同设计新的生产过程、监督制造细节直至一切运转完美、密切关注供应商以确保合规方面发挥了不可或缺的作用。

对于一家因在供应链方面领先世界而广受赞誉的风险规避公司来说，苹果制造业的集中度是显而易见的。超过95%的iPhone、AirPods、Mac和iPad都是在中国制造的，苹果在中国的收入占其总收入的五分之一。这与三星等竞争对手形成了鲜明对比，后者大幅削减了在中国的制造业。

在最近几年紧张的中美局势中，苹果公司承受了巨大压力要与中国"脱钩"，并加快多元化战略。该战略已经促使苹果在越南和印度组装了一些产品。但对25位供应链专家（包括9名苹果前高管和工程师）的采访（Patrick McGee，2023）表明，这家iPhone制造商几乎没有可行的出路。

苹果在中国的成功有多方面的原因，较为重要的可能是大量投资资本品，有效控制供应商的研发路线图，充沛、廉价、富有弹性和熟练的劳动力供应，以及无可替代的全生产过程生态系统。

大量投资资本品

苹果以独特的方式利用了将生产外包到中国并经营全球业务的机会。它没有选择现成的组件，而是使用定制零件，参与设计机器/流程和工艺等，并将它们组装成具有前所未有的规模和灵活性的极其复杂的系统。在国际供应链排名中，在衡量销售的商品与库存的比率时，苹果遥遥领先，是诺基亚的2.5倍，可口可乐的12倍（Patrick Mc Gee, 2023）。它还在生产过程中投入了大量资金，围绕制造创新建立"护城河"，而竞争对手只是向供应商提供规格表并要求供应商按单生产。

苹果购买的资本品超过了世界上任何一家企业，但并不拥有它们，而是把它们放在别人的工厂里。随着iPhone产量的提高，苹果在中国的资本品——主要是用于生产设备的设备——的价值从2009年的3.7亿美元飙升至2012年的73亿美元。到2012年，苹果在中国的机器已经变得比苹果所有建筑和零售店的总和更有价值。对资本品如此巨额的投资，使苹果能够拥有其他人无法想象的生产技术，获得了在这个行业中闻所未闻的精度水平。苹果甚至与提供CNC机床的自动化集团Fanuc达成协议，在未来几年内购买Fanuc整个CNC机床的产量，然后在全球范围内寻找更多（产量）。（当时）世界上没有足够的数控机床来完成苹果所需要做的加工，这促使该公司制造零件的产能呈指数级增长。

依据"第一性原理"寻找供应商

苹果在寻找供应商时，采用了极致的方式"审讯"供应商公司层级结构中涉及的人，从顶端的CEO到下一级别的经理，最终深入到实际写代码的一线工程师。用这种"第一性原理"的方法来了解成本、设计和扩展可能性方面的任何问题。被苹果选择的供应商承诺大批量定制某一款零件，苹果因此有效地控制了供应商的研发路线图。与苹果有密切关系的供应商也因此获得了非常好的财务回报，富士康是其中最大的受益者。

廉价、充足、富有弹性和熟练的劳动力供应

苹果的生产独创性被致力于创造就业机会、发展专业技能和赢得跨国公司订单的中国政府所拥抱。中国各省政府提供了大量的优惠政策，包括重要的免税政策，以及仓库、高速公路、机场和安置农民工的公寓大楼等。富士康的老板郭台铭，不仅建立了"iPhone城"和"iPad城"等大型厂区，还赢得了为苹果组装的大单。虽然富士康利润率低于3%，但胜在无与伦比的规模。2010年，富士康的收入超过了其五大竞争对手的总和。

富士康也为苹果提供了廉价、充沛、富有弹性和熟练的劳动力。自2008年以来，富士康至少培训了2 360万工人，这比中国台湾总人口还多。

所谓弹性，是指劳动力的供应随着产量需求的伸缩而增减，而不会让苹果产生成本。这实际上是以富士康薄弱的劳动力权利保护为代价的。

"熟练"，可能是中国劳动力大军最容易被忽视的一个方面。库克就曾否认苹果公司来中国是因为劳动力成本低，并指出中国几年前就不再是劳动力成本低的国家了，来中国完全是因为技能（人民网，2015）。到2022年，中国的工资是发展中国家中最昂贵的。库克强调，生产苹果产品需要精密的工具，而中国有一支规模惊人的、能够使用精密工具的熟练劳动力。

中国还供应了具有广泛专业技能的劳动力。库克曾在演讲时解释了为什么苹果不能在美国大规模生产，他告诉观众，如果美国的每一个工具和模具制造商都被邀请到他演讲的礼堂，这些人不会填满一个房间，而中国的工具和模具制造商则需要几个足球场才能容纳得下（人民网，2015）。

这不是因为中国的良好的职业学校制度，而是因为在众多充满活力的生产中心进行的在职培训。之所以有这些生产中心，重要的一个原因是外国投资。苹果和富士康已经花费了数十亿美元来获得精密设备并将之投入它们在中国的工厂，同时它们还训练了大量中国劳动力来使用这批设备。这个过程始于中国曾是低成本劳动力的选择。自那以后，中国国内的生产技术和技能水平有所提高，供应商生态系统同时扩大。结果是形成了中国国内无与伦比的生产生态系统。此外，改革开放之前的时代，令人惊讶的遗产之一是培养了相对高水平的人力资本。从向外国投资开放开始，这可能有助于中国劳动力成本的高价值定位。

中国的劳动力，尤其是正规教育水平较低的农民工，通过在职培训可以积累较高的技能。

中国决策者重视对外贸易，既是为了交换中国缺乏（例如石油、铁矿石等）或没有比较优势（例如高科技等）的东西，也是为了劳动力的自然技能积累和人力资本发展。外贸涉及的产品种类越广泛，外贸企业面临的制造挑战也就越多。工人们接触到如此广泛的制造问题，并经历反复解决这些问题的过程，因此便积累了深刻、广泛和多样的技能、诀窍，并最终积累了本土知识产权。很有可能这些工人中的大多数人未读完高中，但这并没有妨碍他们发展一些较高水平的技能。

比外国投资和重视对外贸易更重要的原因，是中国 STEM[①] 教育的空前扩张。当然，出于明显的政治原因，在西方没有人敢提及它。说到中国劳动力的人口趋势，西方根本不明白接下来会发生什么。2016 年美国 STEM 毕业生只有 56.8 万，而中国有 470 万[②]。2019 年美国 STEM 劳动力有 3 609.4 万人，截至 2020 年，中国科技工作者总量为 5 835.78 万人（《科学导报》，2023）。理解形成这一局面的原因才能提供对未来的洞察。这是因为在一代人的时间里，中国从大约 1% 的上大学人口上升到了 10% 以上[③]，意味着这些毕业生人数才刚刚开始反映在劳动力总数中。中国有匹敌美国的 STEM 劳动力规模，并已经开始领导越来越多的关键科学学科的研究。这意味着这次超车只是冰山一角，因为未来 10 年中国 STEM 劳动力会在当前基础上翻倍。

中国无可替代的全生产过程生态系统

苹果作为一家企业和中国之间的关系是双赢的。苹果在中国的活动帮助中国供应商赢得了更多订单，并增进了它们对尖端制造业的理解。与此同时，西方电子产品制造业却萎缩了。如今，中国占所有智能手机制造业的 70%，而且中国的技术成熟度是超出了多数专业人士的认知的。在中国，这是一个高度发展的生态系统。中国的主导地位可以部分地用数字说明。2021 年，中国接受审核以确认"质量管理体系"最佳实践（ISO 认证 9001）的组织数量为 426 716 家，约占全球总数的 42%。印度和美国的数

[①] 科学、技术、工程和数学四门学科的英文首字母缩写。
[②] 数据来自 WEF（2016），《人民日报》海外版（2024）的数据显示，中国目前每年有超 500 万 STEM 毕业生。https://www.statista.com/chart/7913/the-countries-with-the-most-stem-graduates/。
[③] 国家统计局第七次全国人口普查数据显示，到 2020 年，全国人口 14.1 亿，具有大学文化程度的人口有 2.18 亿人，占国民比 15.5%（Edu 指南 2021）。

字分别是 36 505 和 25 561（Patrick McGee，2023）。这种数量级的优势重塑了全球经济，赋予了中国只有美国才能匹敌的影响力。

中国完整的生产生态系统，使得将工厂搬迁并在其他地方重建存在几乎不可能的挑战。因为与一家工厂相关的所有分包商和供应商都集中地位于中国某个地区（如中国南部）。中国的工厂如果要安装一种特殊设备，它可以召集任意数量的公司来运营生产线并雇用劳动力。所有这些分包的、专业的利基公司，在世界其他任何地方都不存在。中国提供的不仅仅是劳动力，还有多年来建立起来的全生产过程生态系统。

iPhone 15 系列发布后，《日本经济新闻》报道了拆解机构 Fomalhaut Techno Solutions 对 iPhone 15 系列进行的拆解和成本分析，发现中国供应的零部件占比从 iPhone 上一代的 3.8% 萎缩到了 2.5%（按成本计算）（YUKI OKOSHI and MASAHARU BAN，2023）。中国国内自媒体因此惊呼"苹果正在低调地完成去中国化"。

iPhone 总成本的绝大部分（超过 80%）来自美国、韩国、日本和中国台湾公司制造的组件。事实上，如果看一下 iPhone 最有价值的组件，就会发现这些组件大多是由非中国大陆公司制造的：台积电的主处理器芯片，三星和 SK 海力士的内存、高通和博通的蜂窝、三星的显示屏，以及索尼的相机图像传感器。基于所有这些可能会得出结论，中国大陆在苹果生产中所占的份额相当低，仅限于低价值的零件和最终组装。根据 2011 年的估计，劳动力成本仅占每部 iPhone 价格的 2%～5%（Eric Mack，2012）。

但表面之下有一个不同的故事。虽然中国公司只占 iPhone 总价值的一小部分，但苹果的大多数非中国供应商实际上在中国制造了很大一部分。日经亚洲的另一项分析（TING-FANG CHENG and LAULY LI，2024）研究了苹果的供应商名单，发现在苹果的 187 家供应商中，有 87% 在中国设有生产工厂。该分析显示，总部设在中国的公司占苹果供应商的一半以上，它们的份额实际上比上一年（2023 年）有所增长。

虽然对苹果供应商的分析提供了一个有用的起点，但这只关注了数量

（有多少供应商在中国设有工厂），而不是质量（中国制造在iPhone的价值中所占份额）。更深入地研究iPhone的高价值组件（如半导体芯片）会更有用，即看看这些组件在中国制造的份额是多少。

就拿iPhone的内存芯片来说，韩国三星和SK海力士是苹果芯片的两家主要供应商。两家公司都在中国拥有大规模制造业务（Kyle Chan，2024）。仅在中国，它们的NAND闪存工厂就占2022年全球NAND产量的19%。三星电子公司在江苏和陕西都有生产基地。三星在陕西西安的NAND工厂，占其NAND产量的40%。它还在苏州设有后端加工厂。SK海力士在重庆和江苏设有生产基地（苹果是SK海力士的最大客户）。SK海力士在江苏无锡的DRAM工厂占公司DRAM总产量的40%~50%，在重庆的芯片封装工厂估计占公司闪存产量的40%。

三星和SK海力士在中国制造的iPhone组件的真实份额很难确定，但上述数据提供了一个间接的角度，并非确切的答案。此外，如果SK海力士接受《芯片法案》提出的资助条件以在美国建造晶圆厂，那么SK海力士在中国的工厂将面临不确定的未来，因为美国可能会施加限制。事实上，三星和SK海力士都勉强逃脱了美国对半导体设备的出口限制。这些限制本应该会危及它们在中国的工厂。但即便这样，苹果的高价值外国供应商，如三星和SK海力士，也在中国制造了很大一部分组件。

中国供应商正在向苹果的价值链上游移动

关于这一点，长江存储是最引人注目的案例之一（Kyle Chan，2024）。

受国家支持的半导体公司长江存储技术有限公司（YMTC）是中国最先进的NAND闪存制造商之一。2022年，苹果计划在其iPhone上使用YMTC的NAND芯片。据报道，该芯片比竞争对手的芯片便宜20%。事实上，苹果正准备让YMTC成为其最大的NAND供应商之一，并计划最终从它这里购买"所有iPhone所需的NAND闪存的40%"。虽然美国最终通过将YMTC列入其"未经验证的清单"，阻止了该项苹果供货交易，但苹果准备让YMTC成为主要供应商的事实证明了YMTC芯片的先进程度。尽管受到美国的制裁，但 YMTC 仍不断取得突破，并于最近生产出了"世界上最先进的 3D NAND 存储芯片"。

除了长江存储，舜宇光学也是一个典型例子。它在 20 世纪 80 年代起步的时候仅是浙江的一家乡镇企业，后来成为中国领先的光学零件制造商。其飞速增长使许多员工，包括看门人和自助餐厅的工作人员都成为百万富翁。近年来，苹果开始使用舜宇光学为其 iPhone 制造主摄像头镜头，此前这些镜头来自中国台湾的公司。舜宇光学的竞争对手之一是另一家中国公司瑞声科技，该公司已经开始为 iPhone 生产声学和触觉组件。

富士康为 iPhone 15 Pro 机型生产钛金属外壳又是一例。富士康制造的钛合金 iPhone 外壳售价 50 美元，比传统不锈钢 iPhone 外壳高出 43%。中国生产了全球 60% 以上的钛和钛合金，富士康利用了这一优势。

然后是像蓝思科技这样的中国公司，随着时间的推移，它们与苹果一起成长。蓝思科技由周群飞在湖南创立，她曾是一名高中辍学后在工厂打工的工人，后来成为世界上最富有的白手起家的女性之一。该公司在 2007 年取得了重大突破，为第一款 iPhone 制造了盖板玻璃。时间流逝，苹果公司与蓝思科技共享了外国公司的制造技术，例如，一种新的防刮屏幕材料，可以帮助这家中国公司改进其产品。如今，蓝思科技是全球最大的触摸屏供应商之一，不仅为大多数苹果产品提供触摸屏，还为三星、华为、小米、OPPO 和 vivo 提供触摸屏。

印度和越南都不能替代中国

苹果对中国的依赖现在可以说是其最大的"弱点"，导致其无法实现多元化。至少自 2014 年以来，苹果公司一直在努力将其业务转移到中国以外，但进展甚微。中国将在未来 20 年内主导劳动力和技术生产。

没有其他大型科技公司能像苹果那样拥有对中国的"敞口"水平。苹果几乎所有的硬件都是在中国制造的。苹果公司在中国直接雇用了 14 000 名员工，但它每周监控其全球供应链上各个供应商的共计 150 万工人的工作，其中绝大多数都在中国。

最有可能成为中国作为新制造业中心的竞争对手的候选国是印度（Patrick McGee，2023）。2023年印度已超过中国成为世界上人口最多的国家。印度是一个以英语为第二官方语言的民主国家，其地缘政治风险低于中国。随着中产阶级的崛起，未来几十年可能会成为一个巨大的市场。印度在2022年已经占全球智能手机产量的16%，约为2亿部，高于2014年的2%。自2017年以来，苹果一直在印度生产低端iPhone，并于2022年秋天开始在印度制造旗舰设备。摩根大通估计，到2025年，印度可能占iPhone组装量的1/4，高于今天的不到5%。从长远来看，印度希望将苹果生产的整个价值链纳入其边界。2023年10月27日新闻报道，印度塔塔集团收购纬创业务后将在印度生产iPhone。

但一些供应链专家认为，印度iPhone"制造"的增长数字与其说是现实，不如说是炒作。供应商在印度为苹果建立的大多数业务都被称为FATP（最终组装、测试和包装）。这是劳动密集型业务，其组件主要从中国大陆空运过来，然后主要由中国台湾公司的印度分公司组装。昌硕（Pegatron）和富士康可能会搬到那里，但它们的供应商却不会。印度没有供应链，它们必须从中国进口几乎所有东西。

尽管2022年印度生产了2亿部手机，但它们与苹果的产品并不在同一阵线中。在印度最受欢迎的手机通常售价为250美元或更低，而iPhone的平均售价接近1 000美元，后者需要更复杂的自动化和劳动强度（Patrick McGee，2023）。这就像拿大众与兰博基尼进行比较。后者是一种技术更先进的设备，一种更精细的产品。印度缺乏与中国同样的技能组合、农民工劳动力池、基础设施或支持性的政府政策。而这些都使中国对苹果如此有吸引力。另外，印度的基础设施远远落后于中国，交通、公用事业、通信都可能是问题。印度的劳动力质量能否与中国一样，这也是一个很大的问号。

越南似乎是一个有吸引力的选择，尤其是在今天越南的人均工资还不到中国的一半的情况下。摩根大通估计，到2025年，越南将占AirPods

生产的大部分，iPad 和 Apple Watch 的 20% 以及 MacBook 的 5%（Patrick McGee，2023）。但其他公司在那里过得并不好。芬兰电信公司诺基亚于 2013 年被微软收购后，其中国工厂被关闭，生产合并到了越南，希望削减成本和提高效率。但诺基亚很快就遇到了有组织犯罪、交通不足和导致贸易港口关闭的不可预测的天气等问题。越南的基础设施要么非常新，未经验证，要么压根儿不存在。越南距离为技术制造建立有竞争力的业务还有"数年时间"，而更广泛的物流挑战可能更大。外国公司在采购组件方面遇到了挑战，因为它们所有的二级、三级采购仍然都在中国，所以它们最终将很多半成品从中国运到越南进行总装。中越两国的贸易数据显示，越南对西方贸易顺差的扩大，伴随着越南对中国贸易逆差同步增长。美国对中国的贸易制裁也加速了越南进口中国中间产品、组装完成并最终出口到西方的贸易模式的形成。

就算越南确实提高了运营质量，这个东南亚国家的规模实际上也无法匹配苹果目前的布局。中国的工厂工人比越南总人口还多。2021 年中国农民工总人数为 2.93 亿，而越南总人口才 1 亿（Patrick McGee，2023）。而且中国的劳动力基础设施还得到了国家的大力支持。例如，疫情防控期间郑州富士康工厂劳动力不足导致生产受阻，政府组织劳动力乘坐公共汽车前去支援。

中国大陆供应商日益取代中国台湾供应商

尽管苹果正试图使其供应链在国际上多样化，但它与中国的联系也同时变得更加紧密。多年来，这家科技巨头一直在与中国大陆公司建立更紧密的联系，以换取对方让步，获得更大的运营自由度。苹果向中国大陆的合同制造商（立讯精密和闻泰科技等）提供了利润丰厚的订单，帮助制造商建立了所谓的"红色供应链"，而遭受损失的是中国台湾供应商，如富士康、纬创和昌硕。

立讯精密的故事尤其引人入胜。立讯精密联合创始人兼董事长王来春于 1988 年在富士康位于深圳的第一家工厂当工人。后来她成为一名经理，然后利用在富士康学到的知识创办了自己的公司与富士康进行竞争。她的公司立讯精密最初为苹果产品生产电缆和连接器，后来在 2020 年收购了纬创在昆山的 iPhone 工厂，从而进入 iPhone 生产领域。

苹果本身也一直在帮助中国将立讯精密打造成为"全国冠军"，多年来一直派遣工程师帮助培训立讯精密的员工。如今，立讯精密不仅是富士康生产 iPhone 的主要竞争对手，还被苹果公司选为其 Vision Pro 的独家制造商。由于立讯精密的成功，王来春已成为亿万富翁，也是世界上最富有的白手起家女性之一，与蓝思科技的周群飞并驾齐驱。

闻泰科技是另一家正在迅速崛起的中国合同制造商。作为"中国最大的智能手机组装商"之一，闻泰科技最初为 vivo 和 OPPO 等智能手机品牌以及惠普、戴尔和联想等笔记本电脑品牌进行组装工作。现在，闻泰科技开始在昆明快速扩张的工厂中生产苹果产品。

中国的合同制造商也在更深入地进入供应链，进入半导体等领域。闻泰科技于 2019 年收购了荷兰芯片制造商 Nexperia，然后在 2021 年收购了英国最大的芯片制造商之一 Newport 晶圆厂，后来由于英国国家安全问题不得不出售。立讯精密一直在通过聘请中国台湾半导体工程师来培养其芯片封装能力。AirPods 制造商歌尔（Goertek）最近剥离了自己的芯片制造部门。这些努力不仅旨在赢得更大的智能手机市场份额，还旨在为电动汽车生产做好准备。例如，立讯精密已经与奇瑞等中国汽车制造商合作生产电动汽车。

中国"脱钩"故事中最有趣的曲折之一，是中国企业本身也在助力将生产转移到印度和越南等地方（Kyle Chan，2024）。例如，比亚迪也为苹果生产 iPad，它已经开始将其部分 iPad 生产线转移到越南；生产 AirPods 的歌尔正在越南建造一家新工厂；立讯精密已经将部分苹果生产线转移到越南的一家工厂；中国 iPhone 电池制造商德赛（Desay）受到苹果公司的推动，已在印度建厂；舜宇光学正在与苹果公司合作，在印度建造一座价值 3 亿美元的摄像头模组制造厂。虽然苹果已经能够将其部分生产转移到中国之外，但如果这些生产是由中国以外但仍归属中国所有的工厂完成的，这又意味着什么呢？

中国无可替代

一些专家现在认为，中国开发的专业技能很难被取代，因此苹果别无选择，只能保留在中国的大部分制造，并承受经济和政治成本。但这些都不是一成不变的。从中期来看，中国经济的突然重新开放，可能会缓解全球供应链的压力。即使目前中美关系仍然紧张，但对于两国经济完全"脱钩"并走上相互竞争的平行道路的前景，人们也存在不同的看法。2023年10月，杰克·苏利文（Jake Sullivan）在《外交事务》的最新文章中已经说明了方向——"与中国竞争和相互依存"是"生命中永恒的事实"（Jake, Sullivan, 2023a）。

许多公司像苹果一样试图从中国开始实现多元化，但它们通常是"中国+1"战略，而不是完全退出，因为没有其他地方拥有相同的质量和规模的组合。今天，供应链形成了对中国的依赖，至少有几个零件是中国制造的。在供应链上回溯几层就会发现冶炼厂，这些冶炼厂大多位于中国。这些经清洁和加工后的金属、矿物和衍生物进入世界各地，而且没有备用来源。想想美国F35对中国稀土的依赖就很好理解这个问题了。

彭博情报预计，到2030年，苹果将只把10%的iPhone生产转移到中国以外，如果积极行动，则最多转移20%（Bryce Baschuk, Debby Wu and Peter Elstrom, 2022）。世界上无处可以复制中国创建的智能手机制造中心。随着媒体关注的消退和中美关系的改善，苹果将悄悄增加在中国的投资。中国有很多优势，从中等学历的熟练技术工人到真正高水平的工程师和博士（后者是提供尖端知识领域的专业技能的人），人员都很充足。在地球上，在规模和质量上能提供与中国相匹敌甚至接近的人力资源和基础设施的国家，现在和以后都不会存在。

06

第六章

金融去杠杆为服务实体经济做准备

    中国目前正面临长期的结构性经济放缓和金融危机风险上升的问题。过去 20 多年促使中国经济增长的主要因素不会再重新发挥作用：人口红利、全球出口份额上升、住宅房地产建设繁荣，以及前所未有的单一国家信贷和债务扩张。负债累累的地方政府越来越无法实施中央政府的政策举措。2023 年，中国经济已经开始艰难但又坚定地反弹，但中国经济增长的结构性逆风还将持续。

    中国领导层在 2016 年发起的旨在降低系统性金融风险的去杠杆化，是解释中国结构性经济增长放缓的一个合乎逻辑的出发点。通过减少"影子"或非正规银行体系的增长，中国金融当局将信贷增长削减了一半，并使中国政府更难利用其传统工具——国有企业和地方政府的信贷驱动投资——为经济提供动力。在去杠杆化的过程中，房地产开发商继续扩大了自己的借贷规模，在 2021 年年底房地产泡沫最终破裂之前，将一个前所未有的泡沫膨胀得更大，这放大了中国目前的经济困境。

但中国去杠杆化的"遗产"是复杂的。如果中国政府不是从2016年开始采取针对影子银行的有力措施,那么中国可能会更早面临金融危机。因为中国的金融体系变得越来越难以监管,并且已经类似于2007—2008年全球金融危机之前美国金融体系的一部分。

本章旨在全面分析中国去杠杆化的历史过程以及经济结果,这与中国当前经济增长放缓的势头密切相关。去杠杆化相当于中国应对重大经济挑战(如影子银行体系的增长)的适应性和灵活性的重要测试。

本章的组织结构如下:去杠杆化的经济背景、机制,以及对中国金融体系和经济的影响与评估。

一、去杠杆化的经济背景

到2022年夏天,中国房地产市场开始自由落体。多年来,尽管中国的劳动年龄人口在2013年左右达到顶峰,房地产建设(以竣工面积和建筑—房地产服务的就业指标来看)在2014年实际就已见顶了,但房地产金融泡沫继续扩大。2020年8月出台"三道红线"的监管新规后,房地产开发商在2021年以恒大为首开始大量违约。恒大是中国最大、负债最多的地产开发商之一,在2021年年底违约时,其债务水平超过了2万亿元人民币。

在经济不景气的情况下,中国政府在房地产市场方面又突然面临一个新问题:房地产开发商在实际建造之前就卖掉了大量公寓。而现在这些开发商的钱都用光了,这意味着那些买房的中国人,用他们毕生积蓄作为首付款并承担了额外的抵押贷款债务,却面临永远看不到房子建成的风险。此外,新购房者越来越担心开发商的财务问题。在债务违约后,开发商实际上无法出售房产,因为购房者担心这些房屋可能永远无法完工。

断供在房地产危机中并不罕见,因为房屋价值低于借款金额的购房者有逃避债务的动机。在大多数开发商依赖预售后,购房者对整个行业失去了信心。如果购房人停止供贷,那么中国的银行将面临数万亿元不良抵押贷款的风险,进而会将房地产行业的危机转变为更广泛的金融威胁。

在许多房地产市场上,建筑完工之前出售公寓是常见的做法。但这些市场中的大多数都对开发商的销售收入实施了严格的托管要求,以防止出现断供的情况。虽然中国存在托管要求,但地方政府可以非常有选择性地执行这些要求。

具有讽刺意味的是,对于依赖预售作为收入来源的房地产开发商来说,变化的催化剂是改革和稳定中国金融体系的一种尝试。从2016年开始,中国政府开始采取更广泛的措施,通过货币和监管紧缩措施来打击影子融资渠道。这些措施统称为"去杠杆化"。具体到房地产部门,开发商的影子融资突然消失,迫使房屋建筑商通过从另一个渠道(购房者)借款来偿还它们的影子债务。这将庞氏型融资系统引入了一个在过去20年里一直是中国经济增长最重要的驱动力之一的行业。当信贷和销售收入在2021年和2022年开始耗尽时,有些房地产开发商没有对影子贷款人违约,而是对个人房主违约,这有可能摧毁占中国经济1/4左右的整个房地产部门。

2013年银行间市场危机是诱因

大约10年前,中国首次试图遏制影子银行部门的增长。在此期间,房地产市场危机的种子就播下了。2013年6月20日,中国的金融体系面临极大挑战。银行间短期货币市场利率飙升至20%~30%,表明银行正持有所有可用现金,即使利率非常高,也不愿意贷款给其他银行。这些令人生畏的利率也意味着银行不愿意以更传统的利率向企业和家庭放贷。如果这种货币市场紧缩的状况继续下去,中国将面临严重的经济收缩和多家金融机构破产的风险。

中国央行当时正试图减少银行对高风险融资渠道(即理财产品,

WMPs）的依赖。由于中国的存贷款利率被固定在狭窄的区间内，银行无法通过提供更高的利率来竞争存款。WMPs 提供了一个解决方法。它们允许投资者在一个月或三个月的短期内获得高于官方存款利率的回报率。然后，投资者通常会在产品到期时展期，因为他们受到了持续较高回报的吸引。因此，银行可以绕过监管限制，吸引新的资金并扩大贷款规模。

当银行突然找不到新产品的投资者时，问题就出现了。这意味着它们需要偿还即将到期的 WMPs 的投资者。央行在 6 月 17 日的一次会议上发出警告，称银行需要自己解决不稳定的资金来源和风险较高的资产之间的失衡问题，而不是等待央行的帮助。这一消息让整个金融市场感到一阵寒意。银行立即削减了对彼此的贷款，因为交易员们知道，许多银行头寸堪忧，并担心"央妈"不会提供任何援助。

由于这些决定在银行系统中迅速蔓延，像银行常规业务，向公司和家庭贷款或交易证券，提供的现金非常少，这导致银行间货币市场利率飙升。由于货币市场利率突然高于银行对 WMPs 的利率，WMPs 对包括银行在内的投资者的吸引力大大降低。于是发行这些 WMPs 的银行遇到了问题：它们的投资者想要回自己的钱，这意味着银行需要在货币市场上大举借款。但在那一刻，很少有银行愿意贷款。

这样导致的结果是，2013 年 6 月 20 日，随着整个中国金融体系突然无法获得资金，出现了大规模的流动性紧缩。一些评论将这一事件比作 2008 年美国金融危机中雷曼兄弟的倒闭。银行和投资者开始理性地采取行动，通过出售几乎所有可以出售的东西来保护自己。股市在一天半的时间里突然暴跌了 10% 以上。

央行先在 6 月 20 日提供了紧急流动性来平息市场。然后，6 月 25 日，在股市仍在下跌的情况下，它发布了一份声明，称流动性是有的并将足够用于常规市场操作。货币市场利率在随后几天逐渐趋于稳定。

随后几年，WMPs 的发行和影子银行的活动迅速扩张。在央行如此公开地做出让步之后，交易员有理由相信，央行未来也会在形势真正变得严峻时向市场提供资金。所以,银行和交易员可以承担更多的风险。尽管影子银行产品的风险很高,给投资者带来了高而不可持续的回报率,但基本上已经变得"大而不能倒"。

随着中国金融体系继续变得更大、更复杂,更大的风险在眼前隐现。这场危机是中国尝试降低金融体系内部风险的首次有限尝试。结果表明,下一次尝试的范围需要更加全面。

就连中国央行也对这些事件感到意外。中国的影子银行体系是如何迅速变得如此庞大,以至于突然对金融稳定构成威胁的?如果央行在2013年影子银行增长之初便已无法控制它,那么未来又如何能控制得了?在2013年6月银行间市场紧缩之后,中国监管机构对金融危机的担忧一直笼罩在心头。当月的事件突显出,中国金融当局最终将面临的挑战是,大幅改造其金融体系,以避免更大规模的危机。从2016年5月开始,这一努力被称为"中国的去杠杆"。

在2007—2008年全球金融危机之后,中国启动了一项逆周期刺激计划。这项计划推动了信贷增长的空前繁荣。在接下来的8年里(截至2016年年底),信贷扩张超过了至少一个世纪以来任何一个单一国家的信贷繁荣。这项刺激计划通常被称为"中国4万亿元的一揽子计划"——通过向国企、房地产开发商和地方政府融资平台(LGFV)提供贷款,成功地稳住了经济。

通常刺激资金是通过银行系统的贷款提供的,而不是通过政府的直接财政支出,因此中国刺激计划的实际规模远远超过4万亿元。4万亿元约相当于当时中国GDP的13%。银行被鼓励积极放贷,向所有类型的借款人,特别是那些国有或有国家担保的借款人。通过社会融资总额(TSF)衡量的总体信贷增长在2009年飙升了32%,在2010年又飙升了24%。即使在2011年经济明显企稳、通胀加剧之后,中国的信贷增长也几乎没有放缓,2011年和2012年分别增长了18%和19%。截至2012年年底,中国银行系统的总资产在短短4年内增长了一倍以上。

鉴于在如此短的时间内部署的信贷增长量，金融风险自然会增加。但对中国政府来说，持续信贷增长的替代方案将是经济急剧放缓，因为被切断新信贷供应的借款人将减少产出和就业。金融体系起到了缓冲作用，将资源输送给了面临亏损的企业，以便企业保持产出，防止市场经济中发生的各种经济调整，包括违约和破产。因此，中国的总体债务负担和相应的金融风险有所增加，社会风险却有所下降。

进入影子银行

在全球金融危机之后，地方政府资助的大多数投资项目并不一定是为了产生可以偿还贷款的财务回报。与大规模政府债券的发行相比，银行只是一种更快地将信贷引入经济的机制。但银行在向担保借款人放贷方面出现了一个问题：这些借款人仍然需要更多的钱来继续投资。银行没有动机切断这些项目，因为国家或明或暗担保了这些贷款。取消贷款将产生立竿见影的财务成本，而且由于需要针对坏账的新拨备，银行的赢利能力也将下降。但这些贷款在技术上表现为不良，如果银行突然面临存款或其他负债的提款，就可能会导致流动性问题。这正是2013年6月银行间市场危机期间发生的状况。

影子银行系统的发展，部分解决了银行在维持将国有和地方政府借款人的这些贷款作为履约资产时所面临的困难，因此银行不需要将贷款减值。中国通过钝性的监管手段控制贷款增长，包括控制对个别银行的直接配额、存款利率上限和贷款利率下限，以保证银行拥有固定的净息差和赢利能力。存款利率上限还旨在防止银行提高短期利率以吸引额外融资，并与其他银行竞争融资从而导致金融系统的整体风险水平提高。大多数银行实施的贷存比约为75%，为的是确保资金足以覆盖潜在的风险贷款。在2012年之前，这些工具在中国的金融体系中非常生硬，但总体上是有效的。2009年和2010年，中央政府迫切希望扩大信贷和投资，并放宽了对地方政府的贷款配额和指导。在最初的后危机刺激计划之后，各地渴望以同样的速度继续举债和投资，因此它们创造了一套机制，通过影子银行来规避中央政府的限制。

银行逐渐将越来越多的资金投入其正规贷款账簿之外的影子银行渠道。由于它们无法通过提高存款利率来相互竞争，因此会将资金作为投资导入WMPs，然后WMPs会将资金投资到第三方金融机构，如信托公司或资产管理公司。这种信托公司不受制于管理银行贷款的法规和配额，可以向最终借款人放贷。这实际上是将传统的直接贷款转移到了表外资产中。银行在表外资产中持有对第三方影子银行机构（NBFIs）的债权。

影子银行为地方政府和国有企业提供了继续借钱和投资的方式，以为正在进行的项目提供资金，即使是在危机刺激计划后中国政府出手限制信贷增长之后也是如此。影子银行或NBFIs将向借款人提供利率较高的过桥贷款，时间较短，甚至可能不到一个月。过桥贷款将用于偿还需要展期的较旧的银行贷款。然后，银行可以根据最近的可靠信贷记录，为借款人提供更大规模的新贷款。新的贷款可以用来偿还影子银行的贷款，包括本金和利息。银行仍然可以将贷款标记为良好，因为旧贷款已经全额偿还，新贷款也已经发放。有时银行信贷主管会自己管理这些影子银行，这便为他们个人从展期过程中获利提供了机会。

影子银行不仅促进了对国有借款人的新贷款，还允许银行规避对某些类型借款人的贷款监管，特别是针对房地产开发商和LGFV。随着监管机构试图限制这些做法，并对信托公司或其他贷款人设定具体限制，信贷形式迅速演变，以规避监管。贷款是有钱赚的，借款人愿意支付更高的利率，因为他们要么被切断了其他形式的信贷，要么对借贷成本不敏感（如地方政府）。结果，影子银行在信贷激增的经济中迅速扩张，地方政府、银行和借款人都希望增长能够继续下去。

影子银行的另一个职能是重组贷款形式，这样银行就可以扩大信贷和利润，即使无法扩大资本基础。监管机构对贷款的风险权重和相应的资本要求高于对其他金融机构的短期债权，后者被认为更安全。因此，银行有动机将贷款重组为不同类型的资产，要么将贷款完全隐藏在资产负债表之外，要么将贷款表示为不同形式的信贷，如"应收投资"或"银行间委托支付"。在影子银行的整个扩张过程中，这些系统的复杂性不断增加。但总体目的只是维持对优先借款人的信贷，并继续赚钱的业务。

但影子银行也带来了新的问题。在向散户投资者提供 WMPs 时，银行往往会通过利率直白地相互竞争。这意味着它们还需要寻找愿意支付更高利率的借款人。这些借款人一般是房地产开发商和地方政府。前者由于其高毛利率，因此负担得起更高的借贷成本；后者由于没有面临预算限制，因此对借贷成本不敏感。虽然向这些部门提供贷款更赚钱，但向这些领域提供新的信贷也意味着会减少对其他经济部门的信贷。开发商和地方政府的隐性担保实质上使得对这些公司的贷款在几年内都没有风险，并且抬升了整个经济的整体借贷成本。归根结底，高昂的借贷成本是近年来违约率上升背后最重要的原因之一。**去杠杆化的一个关键目标，是降低整个经济的借贷成本，特别是地方政府的借贷成本**。鉴于 LGFV 的资产回报率不到 2%，它们几乎无法管理 3% 的利率，而其中许多公司实际上是以高达 10% 的影子银行利率借款的。

在如此高的利率下，LGFV 借入的新资金只够偿还旧债，而不是启动新的投资。在地方政府债券互换计划实施一年后，财政部时任部长楼继伟于 2015 年 12 月表示，该计划有助于将地方政府的借贷成本从 10% 降低到 3.5%（楼继伟，2015）。

影子银行机构提供的贷款大多比 WMPs 期限更长，后者的期限通常只有一个月或三个月。但发行 WMPs 的银行现在遇到了一个新问题：它们需要持续展期这笔来自散户投资者、企业储户和其他银行的资金。此外，由于影子银行被迫向愿意支付更高利息的借款人提供贷款，因此导致整个金融系统的风险变得更大。

道德风险与影子银行的快速增长

影子银行业务增长的核心是**整个金融系统普遍存在的道德风险**。道德风险是指决策者或投资者寻求额外金融风险（收益）或避免管理风险的情形，因为他们认为自己可以免受损失。

有几个因素促成了中国金融体系内部道德风险的发展，但重要的是中国政府在发生任何金融不稳定或普遍亏损的情况下持续干预以稳定市场。如果影子银行产品的财务损失成为现实，那么它们可能会引发抗议和社会不满。中央政府明确开启了干预和最大限度减少财政损失的先例，作为避免政治异议的机制。

国家在中国经济中扮演着重要角色，这是人们认为中国金融体系中几乎所有资产都有担保的最重要因素之一。国有企业面临软预算约束，经常直接从财政资源中获得补贴，以便继续经营。因此，向国有企业放贷被认为是完全安全的，因为国家必须支持这些借款人，无论它们累积的债务水平如何。银行通常乐于向国有借款人放贷，直到它们达到贷款额度为止，因为这类贷款的营利性基本上是有保障的。即使借款人无法偿还债务，国家大概也会确保公司的偿付能力。信贷主管在向国有企业贷款时也面临个人激励。他们个人可能会因为向民营公司贷款造成的损失而受到指责和绩效降级，但向国有企业贷款被视为一项工作要求。

使这一问题更加复杂的是，银行本身在中国是国有的，因此银行之间的借贷也被认为是完全有担保的。即使是在 2013 年 6 月银行间市场危机期间，银行停止向市场放贷，也并不是因为它们认为对手方会突然宣布破产，而是因为担心央行在短期内无法提供足够的流动性来从事常规业务。中国政府对银行的担保，激励了信贷主体通过以风险较高的资产作为抵押品向银行借款或贷款，将风险较高的贷款转化为对银行本身的债权。

人们可以很容易地看到，在国家为借款人和贷款人提供担保的情况下，信贷是如何迅速扩张的。但相较于中国经济规模而言，信贷和债务的增长速度也存在很多根本性的限制。2016 年 5 月，《人民日报》"诊断"出了中国的债务问题："一棵树不能长到天上。"即使是国有企业在借款，企业债务负担迅速上升也反映了一个关键问题：大量新增信贷必须用于偿还旧债务，因此每一元新增信贷都不再产生与过去相同的经济活动。自2012年以来，按照中国央行的平均季度借款利率估计的年信贷利息，每年都超过了名义GDP的增长额。IMF在2018年年初发布的一份关于中国信贷繁荣的工作论文指出，2007—2008年，6.5万亿元的新增信贷提振了5万亿元的名义GDP；2015—2016年就需要20万亿元的信贷来创造同样的边际GDP增长额了（Sally Chen and Joong Shik Kang，2018）。

许多中国官员认为，WMPs在与银行竞争融资的过程中，为利率自由化发挥了作用。而利率自由化是金融改革者长期坚持的目标。此外，P2P网贷等风险较高的贷款机构，在扩大低收入家庭和小型民营企业获得金融服务方面发挥了重要作用。在此之前，国有银行系统基本不服务这些类型的借款人。中国在监管这些机构方面谨慎行事的原因很多，这也使它们得以野蛮生长。

从2012年到2016年，非正规或非银行贷款至少增加了36.7万亿元，占这5年发放信贷总额的31%左右[①]。其中大部分是由房地产开发商、地方政府和投机者借来的，最终助长了房地产、股票和大宗商品的一系列资产泡沫。

影子银行极大地复杂化了中国金融体系的传统运作。为了产生额外的回报并以更高利率偿还投资者，贷款人不得不承担额外的风险，向没有担保的借款人提供贷款。国家为银行担保，意味着银行对向客户提供的WMPs提供担保感到舒适，即使这些WMPs向可能违约的借款人提供风险很高的贷款。这里的假设是，银行本身只是从自己的资金中支付高风险贷款的损失，并继续为客户提供高回报率。否则，投资者可能会转向另一家银行。反过来，信托公司、资产管理公司和其他NBFIs也觉得以高利率向

---

① 数据来自"其他存款性公司资产负债表"，用银行资产作为信贷总量，中国人民银行，http://www.pbc.gov.cn/diaochatongjisi/resource/cms/2017/01/20170116162202351 60.htm。

地方政府和 LGFV 放贷比较舒服，因为 NBFIs 通常也吹嘘一定程度的国家所有权（通常是地方政府）。从 2012 年到 2016 年影子银行的放贷金额几乎占全国贷款总额的 1/3，政府对借款人和贷款人广泛担保的假设，导致整个系统的金融风险显著扩大了。

通过 2017 年以来的治理整顿，情况大为改善。

巨大的资金球

2013 年 6 月银行间市场危机的余波，为中国金融和资产市场的泡沫浪潮准备好了舞台。即使是在 2013 年银行体系濒临崩溃之际，投资者、储户和银行家基本上都称中国央行是在虚张声势，因为惨烈的抛售迫使中国央行注入大量流动性并平抑货币市场。利率的上升鼓励投资者追逐风险，将资金注入高息 WMPs，而不是寻求安全资产，因为他们知道发行这些产品的银行需要保证他们的回报。为了防止危机重演，央行需要更加谨慎地管理短期银行间市场利率，以避免可能引发 WMPs 额外赎回和短期利率剧烈恶化的情况。

阿里巴巴和腾讯等在中国占据主导地位的互联网金融公司，都是在 2013 年 6 月之后涉足这一领域的。它们为客户提供了高回报，并鼓励存款人将资金从银行转移到互联网基金，然后它们会将在其平台上筹集的资金以更高的利率重新投资于银行间市场。

这些助长了金融投机浪潮。通过定期干预以保持货币市场利率的稳定和较低水平，央行鼓励影子银行不仅在货币市场以低利率大举借款，而且为其头寸增加杠杆，以便产生收益。很快，几乎所有能够在中国金融体系中产生收益的资金都通过 WMPs 从银行流入了第三方贷款机构。NBFIs 成为中国货币市场上最大的借款人之一，甚至超过了城市或农村商业银行。这种过剩的流动性经常被贴上中国"巨额资金球"的标签，从一个投机市场到下一个投机市场。

2012 年开始的投机活动的第一个明显来源是房地产市场。中国的房地产市场是全国最大的单一资产市场之一，有强大的力量推动住房投机。自20世纪90年代末住房市场自由化以来，房价就急剧上涨。2008年和2011年的几次市场受挫只持续了6~9个月，通常被视为重新进入该行业的机会。开发商能够自由地向影子银行借款，绕过了土地购买的借款限制。因此，土地价格继续上涨，开发商随后推高了住房成本，以保持利润率。大多数投资者认为，鉴于房地产对中国整体经济增长的重要性以及地方对土地出让收入的依赖，该行业只能是"大而不能倒"。开发商和地方之间的共生关系鼓励了建筑和住房购买的增加。

2013—2016年，当时自GFC以来一直快速扩张的国内建筑业突然陷入停滞。这也部分导致了2014—2015年全球大宗商品暴跌。媒体上流传着许多关于"鬼城"的故事。信托公司面临开发商贷款违约并开始减少对开发商的贷款。

在2014年房地产部门增长疲软后，"巨额资金球"转向了中国股市。上证综合指数从2014年年底开始上涨，但此举背后似乎没有什么宏观经济逻辑。随着以房地产部门为首的经济疲软，许多人预期政策制定者将介入以支持经济增长。但迄今几乎没有证据显示存在这种支持。长期以来，有人将中国股市比作赌场，但其波动性的部分原因在于投资者基础。这一人群的绝对主体是散户投资者和动量交易员。

中国股市对政策变化和流动性状况反应迅速，应该说主要是流动性状况和投机活动推动了2015年中国股市史诗般的繁荣和萧条。这迫使中国领导层做出反应，以阻止市场的快速下跌。影子银行的贷款促进了保证金交易。在2015年年初的几个月，此类贷款迅速扩张。中国证券金融有限责任公司（CSFC，是中国政府在2015年用来救助股市的工具）董事长聂庆平表示，来自银行WMPs的超过3万亿元推动了股票市场的保证金交易（聂庆平，2015）。随着股价上涨，投资者将刚刚购买的股票作为了额外保证金贷款的抵押品。自然，当价格下跌时，这便加剧了股价的下跌。崩溃是如此迅速，以至于中国政府被迫通过CSFC购买了大约2万亿元人民币的股票，试图阻止更剧烈的抛售。更直接的干预措施包括禁止卖空和安全团队开始调查抛售的原因。自2015年以来，中国股票价格再没有反弹到国家为稳定市场而决定大量购买股票时的水平。随着投资者从股市回到住房市场，房地产市场再次企稳。

2016年4月，狂热蔓延至大宗商品市场。中国大宗商品期货交易量开始超过中国所有股票交易所的交易量，甚至超过了2000年纳斯达克在互联网高峰时的交易量。短期货币市场利率极为稳定，保持在2%左右。这使得NBFIs能够在许多不同资产上承担风险。由于低利率和中国经济疲软的环境，几乎没有哪种资产能够实际产生回报以偿还WMPs投资者，公司债券也以杠杆方式大举购买，风险很高。因此，杠杆式押注是必要的，公司债券对无风险资产的利差跌至历史最低点。P2P网贷如雨后春笋般出现在中国各地，以高息向个人借款，并以更高利率放贷。P2P平台的许多借款人都是小型民营企业和为抵押贷款的首付借款的低收入家庭。"巨额资金球"滚滚而来。

监管重击

这些金融投机事件中一个显而易见的问题是，为什么监管者没有注意到风险的增长并更快地做出反应。部分原因在于没有监管者能够看到整个情况。影子银行活动的增长正是为了逃避监管，因此，监管机构难以理解影子银行活动的整体规模。2012年，中国单个机构的监管授权范围较窄：中国银行业监督管理委员会（银监会）负责银行和信托公司，中国证监会负责证券公司，中国保险监督管理委员会（保监会）负责监管保险公司。因此，当对一种贷款形式的监管出现时，比如，2010年禁止银行与信托公司直接合作，银行只需将其渠道业务转移到由不同监管机构管理的不同类型的NBFI即可完成合作。监管影子银行似乎不是任何人的责任，监管者只能看到一个快速发展的难题中的个别部分。

在去杠杆化之前，中国对不同形式的影子银行的活动的监管有数轮的打地鼠般的游戏。例如，2014 年 4 月，中国五大金融监管机构（由央行牵头）发布了第 127 号通知，明确限制了银行在银行间交易中隐瞒作为抵押品的贷款和其他资产的能力（银监会，2014）。但净效应只是银行将影子银行的活动转移成了其他类别，包括"投资应收款"和"定向资产管理计划"。在去杠杆化开始之前，所有这些控制都集中于贷款人，而不是资金来源——WMPs 本身。2018 年，随着新的资产管理规定的实施，这种情况发生了变化。**资管新规是中国政府去杠杆化努力最重要的元素之一。**

此外，监管机构本身并不总是对迅速控制其特定管辖范围内的资产增长感兴趣。虽然它们热衷于避免系统性金融风险的发展（并可能为此承担责任），但许多地方政府和国有企业显然从影子融资活动的扩张中受益，各个金融部门的监管机构有动机来促进行业发展，并扩大其行业在经济中的影响。监管机构经常相互竞争，以扩大其部门的整体资产基础。这将使其管辖范围在经济中变得更加重要。去杠杆化的理由之一就是要解决中国金融体系中对影子银行活动的这种零碎控制问题。

必须采取行动了

在 2012 年之前，中国以银行为中心的金融体系总体上是低效但稳定的。银行的资金主要集中在家庭和企业的存款上。然后，这些国有银行主要向国有企业放贷。相较于效率更高的民营企业，国有企业的资本投资效率低下。中国在国际收支中普遍存在盈余，因此，大部分时间有更多的存款流入该系统。银行很少需要相互竞争融资。这个系统也许是迟钝的，但它似乎对全系统的危机有很强的抵抗力。中国政府已经做出了选择，有意把稳定放在效率之上。

到 2016 年，中国金融体系的整个结构发生了变化。银行系统的边际融资增长来自 WMPs 或其他非存款工具，而不是存款。银行需要通过提供越来越高的利率来相互竞争融资，这要求它们在贷款中承担额外的风险以获取更高的回报。因此，银行的边际贷款决策更有可能由第三方资产管理人（如信托公司、资产管理公司或经纪商）做出，而不是由常规贷款做出。

此外，中国还面临着国际收支的重大变化：出现了强劲流入和强势流出。银行的存款水平波动更频繁，使得银行更依赖银行间货币市场获得资金，并且要不断争夺存款和 WMP 资金。所有这些事态发展不仅使金融体系变得更加不稳定，而且使中央政府更加难以控制金融体系。

到 2016 年，中国政府失去了控制经济的主要政策杠杆之一——信贷分配——因为银行正在进行监管套利，并将资金转移到影子银行系统。中国监管机构不仅没能控制信贷流动，反而难以监控资金在金融体系中的流向。影子银行存在的大多数形式是为了故意规避政府对资本风险权重的规定，或隐藏对受限制借款人（如 LGFV 或房地产开发商）的贷款。

此外，该系统变化的结构正在产生重大的金融风险。例如，银行使用的表外结构，涉及将储户和投资者的资金转移到不透明的表外工具。这些表外工具，与 2007—2008 年全球金融危机期间美国银行所暴露的特殊目的实体（SPVs）和特殊投资工具（SIVs）非常相似。如果投资违约，那么银行仍有可能承担一些风险，因为这些违约会带来声誉风险。大多数客户认为投资基本上是有保证的，因为历史违约很少。这些投资变得越来越有风险，因为银行和 NBFIs 需要寻求更高的回报，以支付给投资者更高的利息。

整个金融体系似乎也得到了国家的补贴，私人投资者能够从 WMPs 中获得强劲回报，而影子银行贷款的任何损失都将由地方或中央政府支持。中国已经从一个金融抑制体系（储户几乎无法控制他们的钱放在哪里）转变为一个道德风险普遍存在的体系。银行资产负债表的负债端和资产端都变得越来越有风险。造成这种风险的行为者认为，无论出现什么样的损失，国家最终都将提供支持。

在政治上，这对中国政府来说是一个巨大的挑战。大多数监管者无意补贴 P2P 网贷或房地产市场投机等高风险贷款计划的损失。但民众对政府担保的信念很强烈。这传递出一个公开信息，即这些高风险投资可能会出现亏损，这将震惊已经习惯于政府干预以稳定局势的金融市场。这里的风险是，可能重复 2013 年银行间市场危机期间央行要求银行"靠自己"所造成的恶果。亏损可能会在愤怒的投资者中引发抗议。但如果该体系继续以 2012 年至 2016 年的方式扩张，那么迅速扩张的金融泡沫可能会带来更大的损失。

这是中国政府在 2016 年面临的情况，即决定发起去杠杆。当时金融体系已不再是帮助中国政府管理政治风险的减震器，它开始自己制造政治风险。

二、去杠杆化的机制

避免迫在眉睫的危机

2016 年，中央政府主要担心的是，如果金融体系继续以如此快的速度、以同样不受监管的方式增长，那么更多的金融泡沫将开始破裂。这与前一年股市刚刚发生的情况类似。考虑到中国的高房屋拥有率，这些泡沫可能会带来更大的后果，尤其是在房地产市场。中国领导层被迫考虑如何在不过分严重影响更广泛经济的情况下，减缓整体债务增长和收缩影子银行系统，这可能会引发失业和社会不满。此外，他们需要避免政策上的快速和剧烈变化。这些变化可能会引发 2013 年 6 月银行间市场危机重演等。

去杠杆化始于 2016 年 5 月 9 日《人民日报》对一位"权威人士"的高调采访（新华社，2016）。中国的重大政策变化通常始于领导层发出的高层信息，一般是通过国家媒体渠道，包括《人民日报》发布的。这传达了关键的政策信息，使党的干部可以了解新的优先事项。

上文提及的访谈概述了对中国从 2012 年到 2016 年的增长模式，以及中国稳定经济的传统政策工具的局限性的显著批评："稳"的基础仍然主要依靠"老办法"，即投资拉动，部分地区财政收支平衡压力较大，经济风险发生概率上升。该声音明确指出，杠杆和债务是罪魁祸首，树不能长到天上，高杠杆必然带来高风险，控制不好就会引发系统性金融危机，导致经济负增长，甚至让老百姓储蓄"泡汤"，那就要命了。这么一比较，就知道工作的着力点应该放在哪儿，就知道不能也没必要用加杠杆的办法硬推经济增长……

该评论不仅强烈反对更传统地利用地方政府投资的刺激形式，呼吁进行更大规模的金融改革，而且评论说，高杠杆是"原罪"，是"金融高风险的源头"。这放大了汇率变动以及房地产和资本市场的潜在风险。该声音警告说，假如搞大力度刺激，必然制造泡沫，这个教训必须汲取。

访谈主要侧重于设定近期经济增长放缓的预期，并避免在此之前主导经济刺激的短期思维。确定杠杆是中国金融体系面临的核心问题，这篇文章希望金融技术官员们能够开始制定具体的措施，以在整个体系中削减债务水平。从根本上说，**去杠杆化的目标是影子银行部门——无论是贷款还是银行融资活动**。中国政府只是想减少可能引发政治问题的系统性金融风险。中国的金融技术官员在减少银行对特定借贷渠道的依赖方面面临着更加困难的挑战，迄今这些渠道一直在逃避监管控制。

为什么要去杠杆化？

去杠杆化之所以能够成功发起，只是因为"去杠杆化"这一概念本身可以根据一系列政治目标做出不同的解释。结构性改革是困难的，因为根深蒂固的利益集团一直维持着体制的现状。地方政府继续依靠宽松的信贷为新的投资提供资金，从而保持就业和增长。房地产价格继续上涨，刺激了新购房和土地开发的需求。为了保持增长，银行很少有动机自己宣布亏损。维持一个有利于控制金融体系和整体信贷增长的政治联盟是一项艰巨的挑战。

去杠杆化的核心目的是随着时间推移降低中国债务水平。2009年，随着危机后号称"4万亿人民币"的刺激计划，中国的总债务负担迅速扩大，而实际的投资计划规模要比4万亿元大得多。重要的是，地方政府领导了这一刺激计划，并通过银行系统而非财政收入为该计划提供资金。IMF的《全球金融稳定报告》显示，2016年中国的债务与GDP之比为254%，2006年仅为142%。当时的中国非金融企业部门的债务相当于GDP的165%，是主要经济体中最高的。

去杠杆化不仅仅是减少债务，因为它主要侧重于降低整体金融风险。所以几乎所有降低金融风险的计划，都可能被纳入更广泛的去杠杆化的旗帜下。权威人士在《人民日报》和随后的政治局决定中对此表示高度认可，有助于加强领导层对这些目标的支持。

对于纯粹的金融技术官员，如央行和银行监管机构的官员，去杠杆化狭义地代表着试图降低与高且快速增长的债务/GDP比率和信贷/GDP比率相关的潜在金融风险。对于这些技术官僚来说，任何控制整体信贷增长的机会都是受欢迎的。但对于国企利益的拥护者来说，去杠杆化提供了一个机会，可以减少国企资产负债表上的债务负担，从而使国企在未来能够更自由地经营，同时不用过于担心给整个系统金融的稳定带来影响。对于更关注中国经济长期增长轨迹的经济规划者来说，去杠杆化的努力还瞄准了保持目标增长率的障碍，比如，中国现有债务的偿付成本。中央对去杠杆化的支持以及支持这一目标的高层次信息，使得所有阵营都能够推进自己的目标。

所有这些步骤结合在一起，反映了中国政治结构中的一次动员。这是带有中国政治风格的，包括利用宣传和持续的信息，鼓励官僚机构朝着特定的目标前进。

中国政府会定期在季度经济工作会议后发表声明，这些声明通常被解读为中国领导人在经济政策方面优先考虑的重要信号。《人民日报》的权威人士采访之后，紧接着政治局的声明开始强调去杠杆化相关目标的重要性。2016 年 10 月底，政治局表示，中国需要"遏制资产泡沫，防范经济和金融风险"（Reuters，2016）。央行也发布了季度货币政策报告。在 2016 年第四季度，报告重点关注房地产市场，并多次提到"泡沫"的有害影响以及限制整体信贷冲动以遏制金融投机的必要性。在 2016 年第四季度的报告中，央行使用了 16 次"泡沫"这个词（而之前的报告中使用了 7 次）。第四季度报告有一个专栏，讨论了资产价格、货币政策和房地产价格之间的关系。它认为，仅靠宏观审慎政策还不足以遏制资产泡沫。这实际上需要建立具有两大支柱的新政策框架：**货币政策和宏观审慎政策**。

继 2017 年 4 月政治局发表声明，强调金融安全的重要性之后，新华社在 2017 年 5 月初的一周内发表了 7 篇评论，呼吁升级对金融部门的监管，并敦促金融机构在改善风险控制方面承担自己的责任（新华社，2017）。这些评论还承诺应对风险，并要求地方政府配合中央政府的努力，以更好地为实体经济服务。主评论将金融安全与国家安全联系起来，提出了"金融安全是治国之大事"，这关系到党和国家的总体发展规划、国家经济社会发展和国家安全工作，每个人都需要充分认识。这些是中国最高领导层支持货币紧缩和监管的强烈信号，而这些政策信号不太可能迅速逆转。

中国每五年召开一次重要的金融工作会议，通常被称为"全国金融工作会议"。此前的会议曾提议对中国金融体系进行根本性改革，包括在亚洲金融危机之后对国有银行进行救助和重组。在 2017 年 7 月举行的会议之后，新华社发表了一篇激进的 3300 字的报道，28 次使用"风险"一词，22 次使用"监管"一词，并将去杠杆化描述为一项长期努力。此外，领导层用新的措辞指出了控制金融"总量"的重要性，暗示金融部门的整体增长正在成为去杠杆化成功的关键基准（新华社，2017a）。政治局支持去杠杆化的声明持续了几个季度。2017 年 12 月的声明称，杠杆应该得到有效控制，金融部门应该更好地支持实体经济，并且应该更优先考虑降低风险（新华社，2017b；Bloomberg News，2017）。党的十九大报告中首次提出"防范化解重大风险、精准脱贫、污染防治"的三大攻坚战（Wendy Wu，

2017；新华社，2017）。

　　领导层的这些信息清楚地为许多官僚机构提供了政治空间，以推动其自身去杠杆化的努力。但在政治上，金融技术官员很难保持减少总债务和信贷的势头。其他机构更积极、更直言不讳的监管努力，可能会引起所有需要持续获得信贷的地方政府和国有企业的过多关注甚至反对。多年来，央行试图实施更小、更安静、更渐进的紧缩措施，以试图减少金融体系中的风险行为。这种措施需要较少的内部批准，但最终会导致激励措施的变化。最终，央行通过收紧货币条件和提高短期货币市场利率，率先发起了针对影子银行的长期战斗。但央行必须谨慎行事，以避免像2013年6月那样产生系统性金融风险。此外，还必须避免产生任何内部分歧，认为去杠杆化正在显著放缓经济。

货币紧缩

　　在2016年5月《人民日报》发表访谈之后，中国央行开启了去杠杆化的第一波行动。从2012年到2016年，银行的融资结构发生了重大变化，并且更加依赖来自WMPs的融资。此外，越来越多的银行和NBFIs积极地从短期回购市场借款，以便在更具投机性的资产市场进行杠杆赌注并提高回报。这意味着银行和NBFIs更容易受到中国货币市场短期融资条件变化的影响。如果回购利率突然走高或变得波动更加剧烈，那么维持风险资产杠杆头寸的风险就会大得多，因为融资成本的变化可能会迅速将这些头寸推入亏损。

　　央行于2016年8月24日开始提高短期货币市场利率。在常规公开市场操作（OMO）长期稳定后，央行突然推出了14天逆回购操作，利率为2.4%，而不是固定利率为2.25%的传统7天融资。此举的效果是引入了对中国央行意图的不确定性，并提振了短期隔夜回购市场的利率，该利率微升至2.1%~2.2%区间。中国央行此举提高了货币市场的平均加权融资成本，而不是直接加息。但市场立即注意到了央行行为的变化，并对未来的紧缩信号变得更加敏感。

然后，央行采取了更有说服力的政策行动，指示银行减少隔夜借款，并鼓励银行以更长期限借款，这将提高银行和NBFIs的总体融资成本。与此同时，为了加强政策指导的效果，央行通过其中期借贷便利（MLF）提供了更多的长期融资，通常提供一年融资。

这些措施逐步推进，对中国货币市场产生了明显的影响。隔夜利率从2016年7月和8月的2.0%~2.1%升至了2016年12月的2.4%~2.7%，偶尔会出现更高的峰值。所有这些都发生在中国央行正式调整其向市场提供的短期融资的利率之前。短期融资利率通常被视为央行的相关政策利率。央行直到2017年2月才正式加息，最终四次加息，共计30个基点，最后一次加息发生在2018年4月。

短期货币市场利率的上升和政策波动性的突然注入，基本上起到了预期的效果，那就是降低短期借贷的吸引力，以便将杠杆头寸转入更长期的资产。随着债券需求的减弱，收益率上升，债券发行量下降。总体信贷增长尚未开始放缓，但信贷增长中的影子银行部分开始减速和放缓。

但尽管政策调整的方向是有意的，但中国央行仍难以控制政策调整的强度，因为货币紧缩对银行间市场产生了一些重大冲击。

2016年12月，一家名为国海证券的小型证券公司表示，它可能会拒绝回购被代持的债券。①国海证券称，其公司原职工私刻公司印章，假冒国海证券名义私下与其他金融机构违规开展债券代持交易，涉案金额约200亿元，涉及的金融机构有20余家②。涉及的债券是更安全的政策性银行债券，但市场上的担忧是，其他NBFIs可能会放弃类似的交易。结果，银行停止了以相同规模向NBFIs放贷。鉴于NBFIs是整个中国银行间市场的

---

① 债券代持类似于债券质押融资，一般是指金融机构将自己持有的债券转让给其他金融机构代为持有，被代持方获得资金，同时双方会约定回购日期和代持方让渡资金使用的利息费用，利息费用一般在回购时支付，包含在回购价格中。
② 《国海证券"萝卜章"事件调查完毕》，《法治日报》2017年5月22日。

主要借款人，市场很快出现了流动性紧缩。为了平息压力，央行甚至需要在某些日子延长交易时间，以防止银行同业支付违约。之后，由证监会牵头的监管机构召集该公司的债权人参加会议，以管理由此产生的影响并防止进一步蔓延。

国海证券丑闻暴露了央行及其去杠杆化努力一项令人不安的现实：可能会超过限度并触发意想不到的后果。信用风险在市场蔓延，即使仅在非常小的机构中，也会导致中国固定收益市场的大规模抛售，并迫使监管机构直接干预，以阻止国海证券放弃合同。尽管中国央行正试图打破这种模式，但中国市场的稳定仍取决于广泛的隐性担保。任何偏离这一模式的行为都会导致市场立即受到冲击和不稳定。

央行货币紧缩措施的局限性除了上述一种，还体现在其他方面。对于每一个试图遏制中国影子银行体系增长的行动，试图维持融资渠道和扩大其资产负债表的银行，似乎都会做出相反的反应。由于限制隔夜回购市场的短期借贷，银行间市场发行的可转让存单（Negotiable Certificates of Deposit，NCDs）迅速发展成为银行的替代融资来源，尤其是对股份制和城市商业银行而言。这导致银行间短期融资利率上升，进而将更高的利率转嫁给实体经济中的借款人。

在某种程度上，NCD融资的风险大于银行间市场融资的风险，因为银行可以简单地在没有任何抵押品的情况下发行NCDs。由于银行被认为是国有的并且是被担保的，所以NCDs是一个无限制的新的高利率融资渠道。此外，NCDs为展期创造了新的压力，就像WMPs所创造的那样。银行不得不以越来越高的成本发行短期NCDs。具有讽刺意味的是，如果没有针对这种做法的新规定，央行的货币紧缩很可能会在未能限制银行融资成本的情况下产生新的金融风险。

为了鼓励NBFIs减少投机性资产，央行试图拒绝这些机构的短期融资。但这种流动性紧缩的反直觉效果，是迫使NBFIs立即出售任何可以筹集资金的资产。通常这些资产不是风险资产，而是更安全的资产，包括政府债券和政策性银行债券。毕竟这些资产是市场中最具流动性的,但现在它们成为交易员卖出的选择。出售这些政府债券和政策性银行债券,迫使发行人的收益率上升。国家开发银行和中国农业发展银行等政策性银行的融资依赖于债券市场。但它们的业务主要是向地方政府和国有企业提供低成本贷款。在 2017 年 10 月月底和 11 月月初债券市场出现抛售后,政策性银行几乎无法以低于 5% 的收益率出售任何债券。这使得它们难以经营,因为它们的大部分贷款收益率在 4% 左右。由于去杠杆化,政策性银行债券发行量在 2017 年下降了 30% 以上。

尽管央行尽了最大努力,但到 2017 年年底,货币紧缩政策本身就带来了新的问题。短期融资利率较高,影子银行也面临压力,但总体信贷增长几乎没有放缓。银行正在寻找替代机制,以规避央行对短期融资的管制。房地产销售量和价格乃至新建工程仍在蓬勃发展。券商和基金资产面临压力,但银行能够将一些渠道业务转移到信托公司,而不是让这些信贷额度完全消失。可以说,总体金融风险仍在上升,因为银行和 NBFIs 被激励在更具投机性的贷款中承担风险。货币政策紧缩是必要的,但最终不足以挤压影子银行,中央政府还需要收紧对银行和非银行机构的监管束缚。

监管收紧

中国政府在 2017 年到 2018 年推出的监管措施,构成了影子银行部门政策的重大变化。政府意识到,以前的监管只是一种拼凑的做法,有必要采取更加全面的措施来解决银行对 WMPs 和其他非存款负债的依赖。这些监管工作的总体重点,是**迫使表外融资和贷款回到银行的正式资产负债表**。这说明和突出了系统中的风险。另一个重点是打破银行发行 WMPs 背后隐性担保的假设。为了让影子银行系统得到控制,投资者和储户需要明白,他们可能会面临损失,即使是在银行正在发行的产品上。中国政府正试图解决金融体系核心的道德风险。

央行实施的新宏观审慎框架。在去杠杆化较为激烈的时期,央行、银监会、证监会和其他机构出台了几项新的规定并发布通知。更重要的早期步骤之一是央行引入了一个新的宏观审慎评估框架。央行将按季度审查银行资产和负债的关键指标，并将对银行进行 A、B 或 C 分类。这可能会影响银行获得央行流动性便利或监管处置。2016 年 12 月，央行决定将银行对 WMPs 的依赖纳入季度宏观审慎评估。这提醒银行，可能会出现更多针对非存款负债的法规。

针对 WMPs 和表外资产的资产管理规则。中国在去杠杆化期间重要的监管变化涉及几乎所有投资和融资产品的监管规定，这些产品位于银行资产负债表的两端。这些措施在范围上更加全面，涵盖了几乎所有的金融机构、银行、信托、券商和基金，以避免监管的"打地鼠"问题。这些规定被非正式地称为"资产管理规则"。2017 年 2 月发布了这些规定的初稿，2017 年 11 月进一步完善了草案，最终版本于 2018 年 4 月底发布。这些规则在起草过程中有所放宽，主要是允许银行有更长的宽限期来改变其资产基础的结构。

新资产管理规则的核心旨在抑制影子银行的业务增长，并限制银行的"渠道"业务，即将资金投入第三方资产管理公司和 NBFIs。新规定禁止对 WMPs 或资产管理产品提供任何隐性或明确的担保。这些担保是 2012—2016 年影子银行渠道快速增长的基础。资产管理产品不得通过债务或股权，直接或间接地投资于政府法规和明确的信贷限制所针对的行业或部门，如贷款给房地产开发商和 LGFV。

此外，通过只允许在资产管理产品内部进行一级中介，这些规定对银行现有的程序提出了挑战，使得银行更难绕过各种监管控制。例如，银行很少直接投资于信托产品，它们将首先投资于券商发行的资产管理产品，后者使用这些资金投资于信托产品。这避免了 10% 的风险资本要求。此类合作在资产管理产品和 NBFIs 中非常常见，但在新规定下将被禁止。新规定还禁止从银行的"集合"融资中为这些类型的资产提供资金。

此外，资管新规要求 **WMP 投资必须以市价计价**，以便投资者看到损益。这意味着，如果 WMPs 产生亏损，投资者将知道他们的投资会如何贬值。大多数散户和机构投资者购买 WMPs 是基于假设它们像存款一样安全，同时提供更高的回报的。而官方的亏损可能会吓到许多当前和潜在的投资者。新规的逻辑是，在推动总体资产负债表增长方面，银行将面临展期 WMPs 的问题。

将 WMPs 以市价计价是金融系统内部一个巨大的颠覆性事件，银行强烈反对这些规则的实施。一些人寻求限制性条款，即投资于短期货币市场工具且到期日不超过一年的现金类 WMPs 仍可以按成本向投资者出售，而不是将这些产品以市价计价。自然，银行试图将更多的 WMPs 归类为"现金类"以规避监管新规。

阻止短期借款的流动性管理指引。银监会在 2017 年 12 月出台的其他主要监管规定涉及对银行流动性的管理，包括对其负债结构和资产的指导。一般来说，这些新的流动性管理规则是迫使银行使用较长期、较高成本的融资来借款并缩短其资产期限，以减少潜在的流动性错配或由于未能展期短期融资工具而导致的财务问题。

2018 年 1 月，银监会出台了新规定，限制使用批发短期融资来投资长期资产。这是一种被称为流动性匹配率（Liquidity Matching Ratio，LMR）的新指引形式。银行从同业市场借入的任何期限短于 3 个月的贷款（重要的是包括 NCDs），在计算 LMR 时都记为零值。这阻止了银行出售一个月的 NCDs，并鼓励银行发行更长期（3~6 个月）的 NCDs。LMR 不鼓励银行从事银行同业和影子银行业务，转而从事传统的存贷款业务。如果一家银行除了接受存款和放贷外什么都不做，那么它将很容易达标 LMR。然而，大多数银行间业务和其他投资（影子银行活动）的分母权重较高。对于大量涉及表外贷款的银行，这增加了它们达标 LMR 的难度。LMR 的净效应是减少银行对 NCDs 或 WMPs 形式的短期融资的依赖。

限制使用 NCDs 以规避 WMPs 法规的新法规。过去，NCDs 在技术上不归类于银行同业负债，而是归类于"应付债券"，但监管机构在 2017 年

8月填补了这一漏洞。自此，银行受制于预先存在的限额，即银行同业负债只能是银行总负债的1/3。此后，该规定有效地切断了银行最重要的资金增长边际来源之一，并让它们可以选择增加存款，或者允许其资产负债表随着这些短期融资工具的退出而萎缩。

强制贷款回到银行资产负债表的规定。在资产负债表的资产端，监管机构鼓励银行以贷款的形式将表外资产转回正式的资产负债表。在某种程度上，这一过程是自动进行的，因为无法展期短期融资工具，意味着影子贷款人或NBFIs突然缺乏资金，所以对NBFIs的债权最终会成为对基础借款人的债权。

表外资产定向削减的确切规模仍未公布。大多数报道称，非正式指导意见力求在2020年年底，影子银行的活动减少约1/3，即约8万亿元资产回到正式资产负债表。要实现这一目标，银行对NBFIs的债权需要每年减少2万亿~3万亿元。

对WMPs中"现金池"的限制。2018年12月的一项决定，进一步限制了WMPs的运作方式。银保监会发布了一份新的通知，要求银行将其WMPs业务与银行本身分开运营。这样就不能将WMPs的"现金池"用于为银行正式贷款账簿内的资产提供资金（银保监会，2018）。澄清银行WMPs是独立的子公司，也是为了在WMPs资金迅速枯竭的情况下，限制银行自身流动性的潜在风险，如2013年6月的银行间市场危机。

对P2P网贷的管理规定。2016年和2017年，中国政府还对P2P贷款人进行了多项监管试验。P2P私人贷款机构往往是最具风险的影子融资形式之一。它们迅速演变为向小企业，以及为低收入家庭的抵押贷款首付，提供短期贷款。2016年出台的规定禁止这些产品集合资金、持有存款或向客户提供担保回报。这些规则还限制了每个平台上个人和企业的贷款水平，以压缩这些业务的范围。额外的规定迫使这些平台在有关部门正式注册，并获得网络借贷许可证。这些平台在2017年和2018年开始大幅削减，大量破产和违约引发了不满投资者的抗议。

降低国有企业杠杆率的明确目标。此外，政府还对国有企业实施了新的监管规定，明确了一些类型的国有企业的杠杆率目标。2018 年 9 月，中共中央、国务院联合发布通知，首次正式公布了去杠杆化目标，要求所有国有企业在 2020 年年底前将杠杆率在 2017 年的水平上降低 2 个百分点。鼓励国有企业进行债转股，以减轻其总债务负担。央行还为此类债转股分配了具体资金，并规定了债转股的时间，通常是在下调银行存款准备金率时。但是，银行不愿与国有企业进行这类债转股，实际执行效果也非常有限。然后，国有企业试图通过发行永久债券来满足监管要求。这些债券不会被纳入官方债务计算，因为它们通常被归类为股权。

一连串的监管收紧条件，对银行与 NBFIs 的接触产生了重大影响。这些监管收紧措施针对的是银行资产负债表的融资端，以及维持影子银行活动的 WMPs 和 NCDs，而不是针对个别贷款形式的"打地鼠"方法。影子银行的整体资产从 2017 年开始减少，2018 年中国的整体信贷增长速度是近年来最慢的。

此外，**监管收紧的成功**让中央政府通过货币政策减轻了银行体系的压力，并从 **2018 年开始实际上放松了货币条件**。中国政府对控制影子银行活动的监管结构已得到加强抱有了更多信心，因此能够降低利率，以应对潜在的金融压力。货币紧缩是去杠杆化取得成功的必要条件，但在货币紧缩产生意想不到的后果后，监管紧缩成为实现去杠杆化的主要工具。但需要注意的是，在高负债经济和高风险金融体系中，持续的货币紧缩可能会产生重大的新的金融风险。

政府机构重组

去杠杆化中最重要的元素之一，是中国金融体系监管结构的重组。创建"超级监管机构"在国内已经讨论了好几年。2013 年，应央行的要求，国务院同意建立跨部门的金融监管和协调联合会议。这相当于一个没有实际权力的组织，但对于促进跨金融管理机构的交流非常有用。这种协调之所以必要，主要原因之一是混业经营的金融机构的发展，这类金融机构可以作为商业银行、资产管理公司和保险提供商开展业务。三类金融机构的三家监管机构，在对此类机构（混业经营的金融机构）的监管方面存在区分和差异。这使得此类机构能够承担的风险远远大于任何一家监管机构所允许的范围。一个超级监管机构将统一这些管理职责，同时避免一个问题，即银行和 NBFIs 重组资产或负债，以规避单个机构的监管。

2017 年 7 月举行的全国金融工作会议，围绕一个新的监管机构达成了共识。该机构最终成为 2017 年 11 月成立的国务院下属的金融稳定与发展委员会（FSDC）。该机构是央行和其他三家金融监管机构——银监会、证监会和保监会——之上的一个金融协调委员会，由央行管理日常运营。此次重组带来的另一个关键变化是，保监会和银监会的业务合并为中国银行保险监督管理委员会（CBIRC，银保监会）。

在接下来的一年中，FSDC 是推出符合去杠杆化目标的新法规的主要机构。该委员会的成立正值监管收紧的较为激进的时期，中央政府集中了资源以避免潜在的监管套利。最重要的是，去杠杆化的重要性足以让政府考虑对金融监管结构进行大规模重组。反过来，为了使更广泛的去杠杆化努力获得良好的发展势头，为了有效地从货币紧缩努力过渡到监管紧缩努力，对这种官僚机构的重组是必要的。

政府机构重组被推向了一个新的深度，在 2023 年党和国家机构改革中，FSDC 被吸收进了新成立的中央金融委员会，以及在银保监会的基础上组建国家金融监督管理总局。

对地方政府债务和投资的控制

除了对银行和 NBFIs 进行监管控制外，中国还加强了对地方政府本身的关注。因为多年来，地方通过直接借款以及间接通过 LGFV 和相关公司成为信贷需求的关键驱动力。多年来，中国监管机构一直关注地方政府债务，2015—2018 年推出了 12.2 万亿元人民币的"互换债券"计划，旨在用低息地方政府债券取代高息影子银行债务。在互换债券计划之后，地方政府被认为只能通过出售债券来借钱。此外，互换债券本应替换掉所有隐性债务，使它们以债券债务的形式变得更加透明。但事实上，地方政府低报了它们从影子银行借款的实际规模，并且在互换后仍然在偿还大量债务。更糟糕的是，在重组努力后，地方政府的债务继续扩大，不仅通过影子银行渠道，还通过地方国有企业、LGFV和其他地方公共机构（如大学和医院）从银行更直接地借款。

到2018年年初，中国将这些范围更广的债务置于监管显微镜下，并采取措施减少地方政府产生的隐性债务。地方财政局办公室发布了几份通知，试图迫使地方公布隐性债务总额[①]，并希望最终加以控制（Allen Feng and Logan Wright，2018）。通知中明确的融资形式包括银行贷款、信托贷款、商业租赁、公司债券、公私合伙、采购、股权融资、政府引导基金和私募股权等。这些通知声称，目标是在3~5年内偿还所有地方政府隐性债务。当然，减少这些形式的借款也会减缓经济增长。

在支持地方政府财政义务方面，中央政府一直保持着模糊的态度。尽管在拍卖中出售地方政府债券往往需要中央政府提供担保，但财政部通常会表示，地方政府的债务一般在省级或以下级别进行管理，中央政府无意提供支持。

道德风险及其根源

中国在2016年发起的去杠杆化涉及几个渐进步骤——从货币紧缩到对影子银行更严格的监管，再到政府机构的重组和对地方政府隐性债务的控制。随着时间的推移，这些措施不仅降低了信贷和债务增长，还提供了一个更加稳定的政策环境，减少了金融监管机构之间的竞争。尽管信贷在短期内变得稀缺，但正如后文所述，挤压影子融资也会对一些国内企业在

---

① 债务总额包括地方政府、融资平台（LGFV）、国有企业和公共机构以非债券形式借入的用于资助公共福利项目的债务。隐性债务一般包括最终需要财政资金偿还债务的任何形式的借款。

较长期内降低融资成本产生有益影响。

货币和监管紧缩是暂时控制杠杆增长的有效工具，但它们无法消除中国杠杆存在的根源：普遍存在的道德风险和隐含的无违约担保。这些担保允许银行、企业和地方政府毫无顾忌地借款。只要隐性担保存在，一旦货币政策放松，监管机构放松控制，杠杆就会反弹。

即使是在监管紧缩加强之后，其他形式的融资也会从裂缝中溜走，因为有深刻的诱因促使开发商和地方政府继续借款和展期现有债务，为新的房地产建设和地方政府项目提供资金。资产支持证券成为房地产开发商借款的替代机制，最初是小规模地，在2017年和2018年逐渐增加。银行并没有根据WMP利率进行竞争，而是开始提供结构性存款。这些存款本质上是为了根据模糊的投资赌注向储户提供更高的利率，这使其类似于WMPs。

2018年，信贷增长显著放缓，企业是主要受害者，但家庭实际上扩大了他们的整体借款。由于通过影子银行和NBFIs向高息借款人提供贷款的替代渠道较少，银行便开始寻找较高利息的贷款机会，即向购房者提供抵押贷款和向消费者提供信用卡债务。加上棚户区重建计划，最终推高了住房和土地市场的又一波投机浪潮，尽管整体信贷增长仍然面临压力。房地产市场对去杠杆化的抵制进一步助长了未来几年的泡沫，这将在后续章节中讨论。

当然，监管紧缩并没有在2018年停止。即使是在经济疲软之后，甚至是在2020年年初新冠疫情暴发之后，去杠杆化仍在进一步扩大。由于房地产市场的投机行为持续，2020年8月末，出台了重要的监管紧缩措施："三道红线"，明确限制房地产开发商根据特定财务比率借款。这一步与房地产市场从2021年开始的大幅下滑有很大关系，因为被中断融资的开发商被迫减少购买新土地，并将更多库存放在已经拥挤的市场上。2021年，在信托公司规避对NBFIs采取严厉的监管措施后，新成立的银保监会启动了对信托公司借贷新的限制。新的限制旨在全年减少1万亿元的信托贷款，这最终削弱了该行业以及 LGFV 获得信贷的机会（吴红毓然，2020）。2021年年末，当局还公布了对现金型 WMPs 的新控制措施，以减少资产类型并提高银行在这些工具中的资产质量。这些工具的设计旨在规避将 WMPs 以市值计价的要求。

中国的去杠杆化多次打击影子银行，甚至在 2017 年和 2018 年较为激烈的时期之后，也推出了额外的增量措施。但在去杠杆化的努力中，较为有效的一步是在中国金融体系内部催生违约，迫使金融机构开始更有效地为信贷风险定价。消除中国金融体系内部普遍存在的担保，是降低中国整体系统性风险的必要因素。但这一步本身就很危险，因为如果投资者注意到一个资产市场（如 P2P 贷款人或国有企业债券）上的担保会崩溃，自然会怀疑这些担保在其他地方可能也会改变，从而导致投资者保护自己、降低风险并出售资产。

中国政府打击影子银行的"战争"是一项复杂的平衡行动——**减少信贷，允许违约，教会投资者更准确地识别风险，但不会引发系统性风险**。这些都是中央政府的意图，下一节将更详细地探讨去杠杆化对经济和金融体系的实际影响。

三、评估中国的去杠杆化

对中国金融体系的主要影响

总体信贷和债务增长明显放缓，影子银行系统内的信贷直接收缩。2009—2016 年，通过银行资产增长衡量的信贷增长速度平均为 17.5%。2017 年，资产增长速度暴跌至 8.4%；截至 2018 年年底，这一比例创下了 6.8% 的历史新低。2014—2018 年，官方实际 GDP 平均增长 7.0%。由此可见，去杠杆化名副其实，总杠杆率，信贷和债务占 GDP 的比例，在中国最近的历史上首次下降。这项努力的主要目标是缩小影子银行系统的规模，特别是减少这些管制较少的渠道的信贷量，总的来说是成功的。

非存款负债，如理财产品（WMPs）和其他银行间负债，收缩并被更稳定的存款所取代。随着影子银行业从 2012 年到 2016 年的扩张，银行存款在银行整体融资中的比率，在去杠杆之前，从 2012 年的 79.6% 大幅下降到了 2017 年的 71.4%；在去杠杆之后，2018 年这一比例迅速上升，2021 年升至 74.6%（Logan Wright, 2023）。货币紧缩政策减少了投机市场的杠杆头寸，而将 WMPs 以市价计价的监管努力降低了银行间融资的总量，从而迫使银行在其资产负债表上吸引存款。

对 NCDs 的监管压力降低了这些工具在银行整体融资结构中的比例。最初，家庭部门用结构性存款取代了一些 WMPs，并在随后的监管打击之下，将资金转移到了更安全的定期存款。

贷款转回银行的正式资产负债表，取代了应收投资和其他类型的信贷资产。变化的融资环境以及从银行到 NBFIs 渠道业务的监管压力，导致银行资产负债表上的这些资产大幅减少。流动性匹配比率（LMR）的要求和其他监管措施，鼓励银行将表外资产作为贷款入账。因此，贷款占银行系统内总资产的比例上升。正规银行贷款占受访银行总资产的比例一直在上升，从 2016 年的 46.3% 上升到了 2021 年的 55.4%（Logan Wright, 2023）。银行面临着更大的压力，监管部门要求它们提高资本水平，以适应银行贷款在其资产负债表上不断上升的水平和比重。

信贷在各省的分布发生了变化，信贷放缓集中于东北和西部省份。许多省级政府曾依赖影子银行渠道来扩大整体投资，这些省份受到该部门收缩的打击最大。尽管开展了去杠杆化，但沿海和东南部省份总体上仍能获得信贷。这也表明了这些地区房地产市场的重要性。在此次努力之前，2014—2018 年，东北省份（被认为是中国的铁锈地带）和西部省份的信贷增长实际上超过了整体信贷增长，也超过了东部和东南沿海省份提供的贷款。到了2018年，这种信贷投放格局发生了根本性变化。自2018年年底以来，东北和西部省份的信贷平均增长率仅为4%，而东南沿海省份为13%（Logan Wright，2023）。

非正规金融机构内部的违约和信贷风险变得更加普遍。从2017年和2018年大量违约的P2P网贷开始，去杠杆化切断了许多类型的借款人的信贷，导致再融资困难。小型银行在2019年开始违约；到2020年，公司债券违约的数量要更多；房地产开发商和信托公司在2021年开始大规模违约。

在2016—2018年这三年中，去杠杆化以多种方式**改变了中国的金融体系**。影子银行渠道收缩，迫使银行寻找更稳定的存款资金。不能再由影子银行机构和银行渠道业务提供资金的贷款转移回正式的贷款账簿。这提高了中国银行系统的透明度，提高了银行融资基础的整体稳定性。与此同时，影子银行渠道的收缩，导致信贷增长的整体步伐明显放缓，远远超出了中央政府的预期。在一定程度上，这是因为监管机构过去并不清楚影子银行系统的实际规模。

此外，**去杠杆化在中国国内信贷分配模式上引入了新的变化**。由于信贷增长放缓，中国东北和西部省份的某些地方受到的打击要比其他地方严重得多，而东南沿海省份仍能获得信贷。在风险更高的金融资产中，违约的可能性要大得多，并且这种情况开始蔓延到公司债券和国有企业。例如，包商银行和锦州银行等小型银行违约，是它们集中于某些地区的高风险贷款形式导致的。相较于假设几乎所有资产都得到担保并且损失不大可能发生的基线而言，信贷风险变得更加尖锐，因此银行开始在不同地方和不同资产类别之间区分贷款模式。

对中国经济的影响

鉴于去杠杆化对中国金融体系的影响，实体经济必然会受到影响。中国政府希望，去杠杆化可以简单地"撇清"中国金融市场内部投机活动的泡沫，而不会影响更广泛的经济领域的借款人。但信贷增长减半，意味着许多借款人突然发现自己与融资隔绝，需要争相寻找其他选择。

去杠杆化对中国经济的影响从 2018 年前后开始，并在接下来的几年继续，造成的影响可以总结为以下几个方面：

短期内经济增长放缓的幅度大于中国政府的预期。在不挤压实体经济的情况下限制金融风险的更广泛的目标，总体上可以说是成功的。影子银行虽然也为中国经济中真正的借款人提供资金，但主要为金融投机提供资金。在去杠杆化期间，中国总体 GDP 增长几乎没有变化，但大多数工业产出指标在 2018 年下半年彻底收缩。随着去杠杆化的成功，中国政府从 2018 年开始实际放松了货币条件，实体经济的信贷可得性和借贷成本持续得到优化。

房地产泡沫再次膨胀，因为信贷被重新分配给家庭的抵押贷款，在房屋建好之前这些家庭就用信贷来购买房屋了。去杠杆化鼓励银行寻找愿意支付更高利息的借款人，这些借款人主要是获得抵押贷款的购房者。由于房地产开发商被迫偿还影子银行的债务，因此经常利用建房前的房屋销售来偿还。这相当于从影子银行借款改为向杠杆购房者借款。此外，开发商还把大量资金挪用他途，例如，高调收购海外资产、投资生产电动车、经营足球队等。这些事实解释了中国房地产泡沫的持续增长和开发商的融资短缺。融资短缺使得开发商无法完成（建设）2021 年和 2022 年售出的房屋，于是开始依靠开工前的预售来创造额外收入。这对开发商非常有吸引力，因为他们为要出售的项目准备的现金支出极为有限，但随后开发商有义务最终完成这些项目。在整个去杠杆化努力中，中国房地产市场出现了一个奇怪的"背离"现象（彩图 9-3）。新开工数量激增（在 2018 年增长了 20%），但完工房屋的销售却大幅下降，建筑面积下降了 26%。尽管 2017 年和 2018 年的总销售额有所下降，但 2018 年预建房屋的销售在建筑面积方面仍增长了 10%，在收入方面增长了惊人的 22%。

中国民营部门受总体信贷下降的影响最大，结果减少了商业投资。

2017年和2018年，总体信贷增长显著放缓，主要原因是影子银行渠道放缓。随着中国企业贷款的收缩，国有企业基本上保留了融资渠道，而民营企业受到了不成比例的挤压，因此降低了经济投资的整体效率。

中国地方政府内部的财政压力显著增加，需要中央政府提供更多援助。地方政府偿还隐性债务的压力，伴随房地产市场的下滑，显著提高了，因为地方偿还债务的能力被削弱了。新的财政工具，如地方政府专项债，成为维持基础设施投资的必要工具。

重新膨胀房地产泡沫

中国房地产市场方面，自21世纪第一个十年房价快速增长的后果之一是，开发商通常很容易找到买家，并可能对购房者提出其他市场无法承受的额外要求。因此，在最初的破土动工后，开发商往往能够仅仅拿楼层平面图就收取全额购房款。购房者甚至会为他们尚未接收的房产支付抵押贷款。开发商越来越依赖预售作为收入来源。这种情况之所以在中国会发生，是因为购房者认为房价通常会上涨，他们不太关心自己的房产最终何时能交付。

去杠杆化最初是通过限制影子融资渠道，来挤压房地产开发商的财务状况的。房地产开发商是几类NBFIs——尤其是信托公司——中的最大借款人之一。当这些贷款渠道在2017年和2018年消失时，许多房地产开发商需要保存现金。当时中国最大的房地产开发商万科的负责人郁亮表示，房地产市场正处于"转折点"，并强调2018年万科的目标是"活下去"。恒大等其他大型开发商在2018年远没有那么谨慎，继续积极举债并获得土地。

为了确保生存，房地产开发商从两个方面改变了他们的商业模式。首先，他们减缓了已经在建的房屋的建设。这种做法虽然降低了这些公司的直接成本和支出，但也削弱了中国的大宗商品需求，并更广泛地放缓了经济。这是2018年耐用消费品和白色家电需求下降的部分原因，因为完工的房屋越来越少，人们不需要那么多的电器来填充他们的家。同样，汽车销售也放缓了，因为这些通常与房地产销售相关。

其次，开发商基本上已经将信贷形式转变为另一种，即将从影子贷款机构借款变为向购房者借款。现在他们负责交付的房屋越来越多，这一过程中还将一些庞氏融资元素引入了房地产部门。由于影子银行贷款正在被召回，开发商通过预售来筹集资金可能是必要的。影子贷款往往利息很高，许多开发商可能已经开始承诺用未来的收入来偿还影子银行的遗留债务。在大多数市场，这些未来的收益都被存放在代管账户中，所以购房者几乎不可能面临违约。然而，正如 2021 年和 2022 年房地产市场低迷时人们所发现的那样，中国住房市场的监管结构在执行方面有所放松，尤其是在地方政府层面，他们有鼓励房地产开发商积极扩张的动机。

评估有效性

去杠杆化的有效性与中国的增长模式有关，特别是自 2007—2008 年全球金融危机以来。一种观点认为，中国信贷的快速增长以及通过影子银行系统扩大债务和投资的做法是错误的。这些错误有时是由政策决定引起的，这些决定导致了多个资产市场的投机泡沫。在中国政府控制了这些风险并削弱了影子银行系统的作用之后，经济增长本应恢复到更可持续的速度。这一观点认为，去杠杆化是使中国经济恢复更稳定的基础，以及消除金融体系中重要风险的重要纠正措施。此外，为了通过控制影子银行的增长来降低从事实体投资而非投机性投资的公司的借贷成本，去杠杆化是必要的。

去杠杆化促进了新形式的信贷风险，这将限制中国金融体系未来的扩张。道德风险在整个金融体系中不再普遍存在，即使仍有一定程度的信心认为政府将进行干预，以防止金融危机蔓延。自去杠杆化以来，风险资产从 P2P 借贷网络开始大量违约。最终，甚至被认为更安全的资产，如小型银行、大型房地产开发商的债券和地方政府国有企业也开始亏损。这降低了贷款人向中国金融体系越来越大的领域提供新信贷的意愿。

自2018年强化这场努力以来，作为一项结合了货币和监管紧缩的多年政策努力，中国政府的去杠杆努力很少被完整地讨论。通常在中国经济学文献中，去杠杆化被称为是一系列针对特定类型的影子银行交易和机构的独立行动。下面我们来看一下有关这项努力的有效性的两种典型观点。

第一种观点强调，去杠杆化是一项消除2016年新出现的系统性金融风险的积极措施。因此，它证明了中国在应对系统性挑战方面的有效性和适应性。英国经济学家欧乐鹰（Tom Orlik）的 The Bubble That Never Pops（《永不破裂的泡沫》，2020）认为，"在去杠杆化进行了一年半之后，中国的政策制定者实现了更快的增长，稳定的债务与GDP比率，以及萎缩的影子银行部门"。欧乐鹰认为"经济和金融体系的潜在弹性、政策制定者被低估的独创性，以及一个'威权'国家不同寻常的资源"，是去杠杆化得以有效实施的原因。因此，他认为，由于影子融资活动主要是为中国金融市场的投机活动提供资金，而不是为实体经济提供资金，因此去杠杆化对整体经济增长的影响是微乎其微的。

欧乐鹰的观点与中国政府对去杠杆化成功的公开说法，在语气上是相似的。2020年12月，银保监会发布了一份公开的工作报告（银保监会，2020a），讨论了控制金融风险的更广泛努力。总结如下："影子银行的规模不仅大幅缩小，更重要的是，运营变得更加标准化，结构简化……系统性风险和隐患已经减少。"此外，该报告声称，去杠杆化也减少了国际社会对中国金融管理的批评："2017年之后，国际评价发生了彻底的变化，现在肯定了中国治理影子银行的显著成就，不仅保证了中国金融体系的稳定，而且成为全球影子银行衰落的推动力。"

讨论去杠杆化的第二种观点通常来自中国分析师，他们声称去杠杆化过度了。这些分析师指出，政府需要在2018年年底之前放松对影子银行活动的一些控制，并抵制信贷条件的极端紧缩，尤其是对地方政府或民营部门。这些分析师还认为，影子银行的活动对于推动经济发展，特别是对地方政府来说，仍然是至关重要的。基本上与这种说法相一致的是，到2018年年底，中国政府开始放松控制地方政府隐性债务水平的行动，从而允许地方和地方政府融资平台展期一些自己的借款。地方政府基础设施投资增长，从2017年的19%暴跌至2018年的3.8%，因此进行了调整。

这种观点的一个例子来自央行的官员，包括研究局前任局长徐忠。他批评了那种一刀切的去杠杆化过程（张娱，2019）。光大证券的徐高在2019年2月提出了类似的观点，称去杠杆化的意外效应实际上违背了政策的初衷，结果是通过借贷成本的上升提高了民营企业的杠杆率，并收紧了这些企业的信贷条件（徐高，2019）。

中国达成了目标

中国政府的首要目标，是消除影子银行业快速增长和政府无法控制金融体系所带来的政治风险。具体来说，中国政府试图控制信贷增长和债务与GDP比率的上升速度，消除影子银行体系和WMPs的系统性风险，减轻地方政府债务对经济和财政体系的压力，降低国有企业的债务水平和负担。下面我们对照这些具体目标来评估一下去杠杆化活动的进展。

放缓信贷增长步伐，限制负债与GDP比率上升。按照这一总体衡量标准，去杠杆化是成功的。在货币和监管紧缩措施的压力下，信贷增长被削减了大约一半。根据调整后的社会融资总额（TSF）增长和银行资产增长的加权平均值估算的信贷与GDP比率，从2008年的172%上升到了2016年年底的261%。到2018年，这一比率已经下降到了250%（Logan Wright，2023）。

显著改善实体经济的信贷可得性和借贷成本。监管收紧成功后，中国政府从2018年开始实际上已放松了货币条件。中国政府对控制影子银行活动的监管结构已得到加强抱有了更多信心，因此能够降低利率，以应对潜在的金融压力。利率从2019年起，逐年平稳下降。1年期LPR从2019

年8月的4.25%下降到了2024年2月的3.45%，5年期LPR从4.85%下降到了3.95%，并且有充足政策空间进一步下调。

消除影子银行活动和WMPs的系统性风险。去杠杆化在降低中国的银行面临的类似于2013年6月银行间市场危机的融资紧缩风险方面取得了重大进展。控制影子银行部门的努力不仅针对影子贷款人，而且针对融资工具本身。旨在将WMPs的资产以市价计价的法规告知投资者，让投资者知晓这类产品可能会出现亏损，从而降低它们的吸引力和总体发行量。因此，银行不再严重依赖WMPs作为资金来源。如果货币市场状况大幅收紧，那么银行无法在一个重要的融资渠道上展期的风险就要小得多。尽管NCDs和结构化存款取代WMPs，成为银行的主要融资工具，但它们也成为后续监管措施的目标。这些措施通常有效地限制了它们的增长。

同样，以任何方式衡量，影子银行的资产在2017年和2018年都几乎全面收缩了。这一点在官方银行资产数据中得到了确认。银保监会回顾去杠杆化成就的工作报告声称，从2017年年底到2019年年底，影子银行广义的资产由其峰值已经下降了16万亿元，而从狭义的衡量方式来看下降了约12万亿元。从任何合理的指标来看，与2016年去杠杆化开始之前相比，中国的影子银行部门——信托公司、资产管理公司、托管银行贷款的券商、P2P贷款机构——规模要小得多，对中国金融体系构成的系统性风险也要小得多。以中国政府最初的目标来看，这显然是成功的。

具有讽刺意味的是，去杠杆化重新膨胀了中国最大的金融泡沫——住宅市场。此外，去杠杆化将泡沫破裂的风险转变为面临可能无法交房的房主的直接成本，而不是向不稳定金融机构负债的开发商的直接成本。当开发商偿还影子银行收回的信贷额度时，他们用的资金来自购房者获得的抵押贷款。整个房地产部门变得更加依赖预售作为融资来源，这可以说比开发商从影子贷款人处借款风险更高。开发商并没有因为去杠杆化而受到打击，反而扩大了整体借贷，并将房地产开工重新膨胀到了新高，以此作为融资的替代来源。由此可见，去杠杆化在试图应对影子银行挑战的同时，可以说是带来了房地产市场崩溃引发的系统性风险。

减轻地方政府债务上升带来的经济压力。尽管中国政府努力减少隐性债务和打击影子融资渠道，但在减少地方政府债务或相应限制债务未来增长方面进展甚微。总的来说，地方政府的债务在整个去杠杆化过程中持续上升，包括 LGFV 带来的短期利息负担。据估计，LGFV 的总债务从 2016 年的 24.1 万亿元上升到了 2021 年的 56.7 万亿元，每年都在稳步上升（Logan Wright，2023）。

降低国有企业债务水平以提高效率。一般来说，很少有国有企业实际上降低了总体债务水平，因为它们能够继续从银行系统获得信贷。此外，中国政府此前预计的降低国有企业杠杆率的主要工具之一——债转股——在去杠杆化期间从未加速，因为银行不愿意承担国有企业股权持有带来的额外风险。

2018 年年底和 2019 年年初，国有企业永续债券的发行激增。这是国有企业债务负担持续承压的迹象之一。永续债被归类为股权而不是债务，因此国有企业可以满足降低正式债务水平的一些要求。但事实上，永续债券只是高息债务，从技术上增加了国有企业的总体偿债成本，以及与债务水平上升相关的风险。这并不能明显降低与国有企业债务水平相关的系统性风险。

07

第七章

少年的零花钱
——央地金融和财政

中国虽然是一个单一制国家,但有着动态和相对的中央—地方关系,以及高度复杂的政府间财政体制。自1994年中国进行重大财政改革以来,各级政府的收入分配和支出责任之间普遍存在较大的纵向失衡。中国宏观经济目前表现出来的主要问题,例如,银行业膨胀、影子银行狂野生长、地方政府深陷债务、房地产部门不景气等,都是这次财政改革的制度结果。

本章将从中国央地关系的视角,来介绍中国财政系统的概况,分析上述宏观经济问题(尤其是银行业膨胀和地方债务)的政治根源,它们的形成过程以及对中国经济未来的影响(本书有专门的章节讨论银行和地方政府融资平台的技术问题)。

一、中国财政系统现状概览

本节将概述中国现行的政府间财政体制。它的存在是有一定历史背景的，突出展示了支出分权的特殊程度、次国家级别的无资金任务的增加以及 2009 年以来特别普遍的预算外活动的扩张。

政治和体制特征

中国是一个多层政府结构的单一制国家。国家以下各级政府原则上是中央政府的代理人，负责在其管辖范围内执行国家政策目标。在实践中，这也意味着所有省部级官员的任命都由中央决定。从历史上看，中国的地方政府事实上拥有高度的自治权，部分原因是国家的规模和复杂性较大。中国公共行政有 5 个级别，除中央政府外，还有 34 个省级政府、334 个地级政府、2850 个县级政府和 4 万个乡级政府（《中国统计年鉴 2016》）。县级政府承担着较大的财政任务，2014 年其总支出占 GDP 的 9%（Lam, Wei and Van Eden, 2017）。县也比其他各级政府更加依赖转移支付。

当前财政制度基本特征的形成可以追溯到 1994 年的财政改革。彼时中央政府引入了增值税（VAT）来取代一些间接税，税收的很大一部分被集中起来并成立了国家税务总局。以前由特设和协商转移组成的制度，被基于规则的税收共享和政府间转移所取代。这次财政改革成功地将总税收从 1993 年占 GDP 的 12% 提高到了 2016 年的 22%（IMF, 2018c）。中央政府获得了更大的份额，因此更有能力执行财政政策，增加跨地区财政再分配。但改革也导致地方政府的预算盈余变成了不断增长的赤字。

中国财政体制上的一次重大改革发生在 2014 年，当年通过了新的《中华人民共和国预算法》（以下简称《预算法》）。为实现改善预算编制过程以及地方政府融资的透明度和问责制的目标，需要通过一项长期预算，并从中期角度管理年度赤字和盈余。原则上，如果年度预算超标，就需要改善规划，以便政府能够更好地跨经济周期管理财政政策。新法还首次允许省级政府发行债券以支持建设投资，但须经全国人民代表大会批准。还有非常重要的一项，就是新法通过禁止担保和除经批准的债券以外的任何融资来源，关闭了地方政府预算外活动的"后门"。

此外，《预算法》还试图通过将所有现有的政府预算合并为一般政府预算，并要求在人民代表大会批准后 20 天内公布结果，改善预算的覆盖面。还要求提高一般性转移支付的比重，限制专项转移支付的资金配套，以支持基本公共服务和减少地区差距。但它并没有解决支出责任和征税权的根本错位，以及自 1994 年以来普遍存在的纵向失衡问题。

支出

就国家以下各级政府支出份额而言，地方政府占政府一般预算支出的 85%（2014 年，下同），如果将通过地方政府融资平台融资的预算外支出也考虑进去，那么这一比例将上升到政府总支出的 89%。尽管中央政府对国家以下各级政府支出保留了一定的控制权，特别是通过具有约束力的支出相关法律和命令，但这一比率甚至远高于最分权的联邦国家（如美国和俄罗斯该比率都小于 50%）。

地方政府主要负责提供公共服务，以及管理和资助社会安全网。许多大型联邦国家也依赖于分权的社会保险体系，而中国的独特之处在于其**公共养老金体系和失业保险都在地方层面**。教育和医疗保健在支出和融资方面不平衡，而且由于老龄化和城市化动态，它们成为增长最快的公共支出类别。这表明，如果不对支出责任进行重大调整，那么地方政府赤字不断上升的长期趋势将持续下去。

中国正在改善公共服务，社会安全网覆盖了越来越多的人，特别是在养老金和医疗保险方面。但对于没有居住许可的城市移民来说，还是存在不小的差距。因此，中国的社会支出仍然落后于其他大型新兴市场和发达经济体。中国的社会救助支出包括城市和农村的"低保"、医疗救助和其他项目，约占中国 GDP 的 0.7%；而新兴市场平均为 1.6%；经合组织国家为 2.1%（IMF，2018c）。中国政府的医疗和教育支出同样落后于其他新兴市场，远低于发达经济体。中国不仅需要进一步提高社会支出水平，以支持经济再平衡和促进家庭消费，还必须解决公共服务提供和获取方面的差距。为支持未来 20 年城市中预计约 3 亿的新移民，中国政府必须消除当前分散系统中的流动障碍。

中国的地区差距也有扩大的趋势。例如，人均政府支出的差距正在扩大，较富裕的县增长最快。这也反映在提供公共服务的其他指标上（IMF，2018c）。在健康方面，在过去 10 年中，全国平均每千人医院床位从 1.9 张增加到了 3.6 张，并逐渐赶上经合组织国家的平均水平。2004 年，县一级人均 GDP 每增加 1%，医院床位就增加 0.54 张。2014 年，这一关联系数为 0.96。与城市相比，农村地区普遍较难配备合格的医疗保健人员。在教育方面，中国已经普及九年义务教育，每个学生享有的教师人数一直在稳步增加。然而，这也伴随着各地市之间差异的扩大。

收入

再来看看中国各级政府之间的收入分配情况。根据我国地方税的情况来看，地方政府征收的税收约占总税收的 60%。然而，所有主要税种的税率和税基均由中央政府立法规定，这一做法限制了地方政府根据当地结构性和周期性优先事项制定税收政策的能力。与基于规则的转移支付相比，对收入分成的严重依赖，也使地方政府的收入面临更高的不确定性和周期性。如果需要，中央政府可以调整基于规则的转移支付，以平缓地方受到的冲击。

根据中央和地方的共享安排，中国的税收可以分为中央、央地共享和地方三种不同类型。消费税、车辆购置税和其他与贸易有关的间接税都归中央政府。增值税的国内部分以及个人所得税和企业所得税，根据征收地的不同在中央和地方辖区之间按固定比例分成。中国严重依赖增值税和企业所得税（CIT），这两项税收几乎占税收总额的50%。这与发达经济体形成了鲜明对比。个人所得税对总税收的贡献要低得多，约为5%，明显低于经合组织国家25%的平均水平。上述税收结构的缺点，使税收制度的累进性非常有限。

中国还对财产和房地产部门征收几种税，加起来约占税收总额的9.4%，或占GDP的2.2%（IMF，2018c）。这些税包括契税、土地增值税、城市土地使用税、房地产税和房地产印花税等。这远远高于新兴国家和发展中国家的平均水平，大致相当于发达经济体2%的平均水平（世界银行和国务院发展研究中心，2014）。然而，这些税收是基于物业的实际面积和交易价值，而不是基于物业的市场价值的经常性评估。此外，地方政府还负责征收社会保障缴款，用于为地方社会保险制度提供资金。

除了共享税收，中国的地方政府还依靠中央政府的转移支付来为其预算提供资金。中央的转移可分为两大类：一般转移支付和专项转移支付（或有条件的转移）。一般转移支付包括：（1）退税，旨在补偿地方政府在1994年和2001年税收改革后损失的收入；（2）1995年设立的均衡性转移支付，旨在缩小各省之间的财政差距；（3）主要用于资助养老金和社会保障义务、政府工资和公共教育的其他一般性转移支付。

收入的相对集中意味着资源可以从较富裕的省份转移到中西部地区较贫穷的省份，以支持后者的经济社会发展，增加其财政资源，促进基本公共服务的公平提供。随着时间的推移，一般转移一直在增加，目前约占转移总额的60%，同时它们也变得更具再分配性。人均转移支付与人均GDP之间的相关性在2000年为正，主要是因为退税转移，但到2010年已变为负相关。虽然通过政府间转移支付进行的再分配正在改善，但仍不能完全弥补区域不平等的加剧。

中央政府还通过专项转移（或条件转移）来补贴地方项目。在某些情况下，这些拨款要求接收的地方政府提供配套资金。其中200多个有条件的拨款项目约占地方政府收入的20%。这些拨款主要针对的是交通、社会住房、农业、林业和水，以及节能和减少污染。但条件转移系统被认为不透明且过于复杂，导致中央和地方各级的行政成本都很高。条件转移对于中国的相对重要性也与发达经济体目前的趋势形成了鲜明对比，后者倾向于更一般的转移支付以改善地方政府的财政自主权和问责制。

借款

1994年改革之后，地方政府的转移支付前预算赤字，从零增加到了今天占GDP的10%。理论上，由于地方政府被禁止发债，中央政府的转移支付应该为地方政府的赤字提供充足的资金。但在实践中，地方政府却被安排了越来越多的无资金任务，特别是在2008—2009年的大规模刺激之后，地方政府只能依靠出售土地和使用预算外特殊目的工具来借款，并将资金用于基础设施和其他优先部门。

2013年中国进行了一次全国规模的审计，评估地方政府在多大程度上通过预算外借款为其支出融资。截至2014年年底，当新《预算法》生效时，地方政府债务总额包括银行贷款（54%）、地方政府债券（5%）、地方政府融资平台债券（17%）和信托贷款（7%）以及其他资金来源（17%）。债务负担较重的省份，也更多地依赖地方政府融资平台的预算外融资来支持基础设施投资，特别是在2008—2009年的财政刺激计划之后，因为该计划依赖地方政府执行大型基础设施投资计划来支持增长。

随着预算外活动的风险的不断增加，全国人大常委会于2014年修订了《预算法》以允许省级政府发行债券，并且国家还推出了一项相当于GDP 2%的债务互换计划，通过将地方政府融资平台债务转换为地方政府债券来促进转型。省级政府现在可以发行债券，但须经中央政府批准，所得收益也可以转借给省级政府的下级政府。自2014年年底《预算法》生效以来，省级政府发行了相当于GDP约15%的政府债券，欠发达地区发行了相较于其经济规模更高的债券。与较富裕的省份相比，它们也更依赖短期债务。

二、中国地方政府债务之谜

随着中国经济的快速增长，地方政府债务也在不断增加。西方早就警告过此类债务的危险。2010年，西方学者史宗翰（Victor Shih）就已指出，如果银行对地方政府项目的贷款"继续按目前的轨迹发展，到2012年，地方债务将成为一个巨大的问题"。事实上，到2013年，中国所有省份的未偿地方政府债务总额占省级收入的比例就已超过了100%，而在一些贫困省份，这一比例高达500%。中国地方政府债务占省级GDP的比例从2007年的12%上升到了2017年的54%。2018年，彭博社的一份报告指出，地方政府可能有40万亿人民币的债务。

然而，在中国国内，直到2017年，官方和各相关媒体才开始将地方政府债务视为对经济的威胁，并将其称为"灰犀牛"（"灰犀牛"意味着这是一种可能被忽视的有巨大影响力的威胁），从而敲响了警钟。中国较低级别政府的债务在很大程度上是"隐藏的"，也就是说，它们是资产负债表外债务，对中央政府不透明，因此更容易被忽视。

中国庞大的地方政府债务以及中央政府对此的相对沉默，引发了研究人士对以下几个问题的猜想。

第一个问题，许多国家都面临着沉重的次国家级别的支出和债务，但此类问题通常在联邦制国家比在单一制（也称中央集权）国家更为严重。在宪法上，中国是一个正式的单一制国家，中央政府掌握着征税和通过法律的权力；而美国是联邦制，地方有权通过法律和征税。但在实践中，中国将很多的责任和预算（教育、警务等）下放给了各省和副省级政府，以至于一些人将中国称为"事实上的联邦制"。财政上分权的程度尤其体现在次国家级别政府占公共支出总额的份额上，中国排名世界第一。这种宪制集权和财政分权的"矛盾"，给理解中国国情带来极大的认知挑战。

第二个问题，中国1994年的《预算法》规定地方政府必须平衡预算和零赤字。与地方政府可以通过发行债券筹集资金的国家不同，该法律禁止地方政府向银行等机构借款，也禁止地方政府为银行贷款提供担保。那么，为什么中央政府没有迅速停止地方政府债务，以及到2015年才出台措施并在之后很长一段时间才将地方政府债务认定为"灰犀牛"呢？

对中国有关政策执行和监管的研究显示，中央政府面临着信息不对称问题，对地方政府的行为并不完全了解。虽然如何保证信息的准确性始终是政策执行中无法解决的一个问题，但当中央政府下定决心时，是能够实现有效的监管的。然而，中央政府直到2011年才对地方政府债务进行全国性审计，那么其中关涉的问题就是为什么中央政府此前允许地方债务增加，而未进行干预？

这一系列问题涉及地方债务的来源。人们很容易将不断增长的债务归咎于某些地方官员，但通过对债务来源仔细核查发现，地方无论如何都有可能出现高水平的债务。

第三个问题，是中国在1994年财政再集中后如何使这一制度发挥作用并保持经济增长？为什么地方政府会接受一种看似站不住脚的安排，使得其每年都面临财政缺口？有观点认为，地方官员别无选择，如果他们想留任，特别是还想晋升，就只能接受，因此有强烈的政治动机来遵守这一安排。但为什么财政赤字并没有让整个系统停止运转呢？面对1994年后日益扩大的财政缺口和禁止政府借贷的规定，地方官员如何维持收支平衡？经济如何一直保持增长？鉴于债务不断增加，地方官员显然违反了中央关于禁止借贷的规定，但他们是如何做到以及为什么要这样做呢？

重新从政治经济学角度审视1994年的财政改革，可以找到这些问题的答案。自1978年以来，中国实施了一系列财政政策改革，影响了中央政府和地方政府之间的税收分配。1980年的财政改革强化了预算限制，并为地方政府提供了强有力的激励，以最大限度地增加所有来源的收入。收入分享制度允许地方政府保留其征收的任何超额税收收入，而更有力的激励措施是指定某些收入豁免于收入分享，只属于地方，这些收入被称为预算外收入。重要的是，地方有权酌情将预算外收入用于地方政府支出和官员的奖金。20世纪80年代农村集体工业的意外崛起，是中国经济奇迹式增长的最初引擎，其利润成为预算外收入的主要来源。彼时，一些阔绰的地方官员出行乘坐专用豪华轿车等现象并不鲜见。中央政府面临的挑战是，到80年代末，地方预算外收入开始超过预算内收入。到1993年，中央政府只获得总税收的22%。

作为回应，中央政府进行了1994年的财政改革，通常称为"分税制"。这次改革取消了预算外资金的类别，并将所有地方收入重新归类为三种税收：完全属于中央政府的税收、专属于地方政府的税收，以及由中央政府和地方政府分享的税收。在分享的税收中，重要的是增值税。地方被允许保留25%的增值税，其余归中央政府所有。这些变化使税收控制权再度被集中起来，地方收入大幅缩水。但这次改革并没有减少地方的支出负担，在某些情况下反而还增加了支出。

1994年改革的关键目标是增加中央财政在国家收入中的份额。但改革不是单向的，还旨在压低通胀并收紧中央货币控制。一方面，中央政府在经济过热时期，取消了地方对金融部门的自由裁量权和控制权。但另一方面，在1994年财政再集中的同时，中央同时给予了地方新的自主权和资源来获取资金，以实现地方在财政和之后的金融再集中方面的配合。因此，虽然中央政府的财政和金融政策明确地指向了"再集中"，但1994年后赋予地方的新权利和工具实际上导致了强化而非削弱的分权。1994年后，地方政府利用这种分权，不仅履行了支出责任，而且促进了地方经济发展。

刘遥（Adam Liu等人，2022）研究了中国20世纪90年代的财政改革，将中央和地方为此所达成的合作称为"大妥协"，并分析了这种制度变化对目前中国经济的核心问题——地方债和银行泡沫——的影响。

三、1994 年前后的地方政府债务

在 1994 年财政改革之前，地方承担的开支义务可大致分为两类：一次性义务和持续性义务。两者都可能导致债务。

一次性政策导致的相关债务

除了每年的地方支出外，地方还承担着国家政策要求的财政义务，包括清理早期遗留"历史问题"。举例如下。

粮食企业亏损。一个关键的例子是国有粮食企业亏损造成的债务，尽管损失是由中央政府做出的决定造成的，但债务还是转嫁到了地方。例如，2002 年，浙江省粮食企业此前亏损的债务总额累计约为 26 亿元人民币（浙江省财政税务研究所，2004）。而县政府必须承担这些义务，因为大多数粮食企业都在县一级。

不良贷款。1998 年，地方政府必须开始支付当地金融机构的不良资产。在地方一级，因许多非正规金融机构（信用合作社）经营不善以及农村信用社不良贷款陡增，这一工作势在必行。这两种贷款都主要由乡镇一级持有。根据中央政府清理倒闭的农村信用社的政策规定，浙江省在 2000 年和 2001 年向中央政府共借款 13 亿元（浙江省财政税务研究所，2004）。

来自上级援助的债务

一个相关但独立的债务类别是来自上级向地方提供的"援助"，包括国内和国外贷款。

外国发展贷款。虽然地方有外国债务听起来似乎有些奇怪，但现实中偿还债务的责任就是由地方承担的，即便是否接受外国发展贷款这一决定是由中央政府做出的。其中包括世界银行和亚洲开发银行的贷款。

中央政府国债。1998 年中央政府代表地方发行国债时，地方也出现了

债务。中央政府有选择地分配了一些国债作为财政转移支付，以帮助资金短缺的地方。1998—2002年，中央政府为浙江省发行了128亿元债券。(浙江省财政税务研究所，2004）

持续性债务来源：无资金授权

除上述债务外，地方还必须承担提供公共产品和服务的资金负担。尽管中国是一个单一制的政治体系，征税权由中央政府掌握，但地方政府的财政负担在世界上名列前茅。

地方政府的财政压力主要来源于提供教育和医疗保健，以及建设公共项目。这些授权当然是出于好意，但问题在于中央政府并没有向地方政府提供额外的财政支持。关于这些没有资金支持的授权，简单来说，就是所谓的"中央请客，地方买单"。

无资金的授权在整个体系内，包括在各省内以及各省与中央之间运作。这一体系曾经使得每一级政府都试图通过将提供公共产品和服务的成本分派给下级单位，从而将额外费用沿官僚层级传递，这种做法被称为"事权"。例如，中国昂贵的九年制义务教育系统就是由地方出资的。各省有权将义务教育的成本转移到县政府，县政府将义务教育成本进一步推向下一层级。在20世纪八九十年代也存在没有资金的授权，但在1994年改革之前，由于收入分享制度且地方保留了所有预算外收入的权利，地方留下了更多的收入，因此地方可以调动更多资源来完成这些授权。

1994年的财政改革从两个方面加剧了无资金授权所造成的问题。第一，它让省级政府有权决定次省级政府可以保留的税收数额及其承担的费用，并且它会继续将提供公共产品和服务的成本分派给下级单位（事权）。第二，1994年后，鉴于中央政府拿得更多，高层级的政府更倾向于尽可能地将支出向下分派。研究发现，分派支出仍然是一个普遍存在的问题。镇政府（最终是村）继续承担无资金的授权，但资金比以前更少，收入却越来越向更高层级的政府集中。

收入减少和支出增加的综合效应，使地方财政缺口巨大且持续扩大。1994年后，中央政府占有预算内总收入的50%以上，而地方政府必须承担80%的支出。贫困地区的负担尤其沉重。在2013—2018年这5年期间，西部、中部和东北部一些省份的债务比率（地方政府债务/GDP）始终高于较富裕的沿海省份。

配套资金

熟悉中国财政制度的人可能会认为，前文的描述没有考虑到中央政府的财政转移支付制度。该制度旨在填补1994年改革造成的财政缺口。在实践中，转移支付确实提供了资金来弥补缺口，但资金数额不足。而且，其中一些转移还给地方带来了额外的财政问题，导致地方负债进一步增加。

财政转移支付系统由两类资金组成。第一类，一般性转移支付，旨在弥补1994年改革后损失的收入，后来财政转移支付也用来弥补21世纪最初十年前半期取消的农业税费的损失。问题是，补贴是基于中央政府确定的税率或费率，无法取代地方政府曾经的收入。而且，无论补贴数额如何，下级政府都要遵从上级的指示。

第二类，为满足特定标准的本地项目的专项转移支付。这些资金通常用于基础设施的建设，如污水处理系统和道路。这些被称为上级"援助"的专项转移支付，给地方带来了更多而不是更少的债务。指定用途的财政转移支付造成了左右为难的局面，因为地方还需要提供配套资金。如果地方没有足够资金，就得借款，这意味着更多的债务。某些年份的信息表明，这些专项转移支付涉及大量资金。例如，2018年，中央的一般性转移支付为38 750亿元；而专项转移支付为22 930亿元，约占总转移支付的40%（财政部，2019）。

四、解决财政困境的"大妥协"

如前所述,1994年,中央政府从地方政府手中拿走了利润丰厚的预算外资金,并取得了大部分税收收入。中央政府通过削弱地方政府指导"四大"国有银行地方分行贷款的能力,进一步集中了权力,但中央并不是简单地依靠中央行政法令推行1994年的财政再集中政策。

从中央政府的角度来看,财政再集中势在必行,但问题在于这会加剧地方政府的债务,甚至会威胁到中国极其成功的增长模式,因为这种模式在很大程度上依赖于地方政府。合理的做法应该是在增加中央财政收入份额的同时,保持省级和地方政府的活力,让它们也享受到财政成果。

中央政府很清楚集中改革可能会"抑制地方的发展热情",所以中央政府并没有直接发号施令,而是与地方协商。自改革开放以来,中央政府无意中把地方推到了那个时代的中心。到20世纪90年代中期,地方政府已成为中国经济变革不可替代的协调者和推动者。在改革开放时代,GDP成为地方行动的动力。此前,地方官员几乎没有动力发展地方经济,因为所有产生的收入都需要上交。而在改革开放的时代,在与中央政府分享规定数额的税收后,地方不仅可以保留其余部分,而且有一项单独的预算外收入,即地方不需要与上级分享的各种地方税收和费用。因此,地方官员开始不知疲倦并且巧妙地发展地方经济。除了货币回报,繁荣的地方经济还可以帮助地方官员在政治竞争中脱颖而出。

然而,随着时间的推移,这种以收入为导向的改革的副作用变得越来越明显,令中央政府感到不安。地方政府试图最大限度地增加收入,特别是那些不被分享的收入,而中央部分的税收不断下降。到1993年,中央的税收只占全国的1/5。分税制之前,中央财力困难到三次向地方政府借钱,"最后一次还是小平同志出马,向上海借了10亿元"(冯禹丁和张玉洁,2013)。

为了避免南斯拉夫式的财政分权危机演变为政治分裂，中央政府再次集中了财政体系。中央的税收份额从22%急剧上升到了56%，而地方的税收份额立即从78%下降到了44%。地方政府面临的最大威胁并不是这一重大转变，而是其不断减少的财政收入与不断增加的支出责任之间日益扩大的财政缺口。

为什么地方政府会默许这种不公平的安排呢？简而言之，因为它们以各种直接和间接的方式得到了丰厚的补偿。1994年之前，国务院与地方政府进行了艰苦的谈判，以寻求它们的支持，并让它们为大刀阔斧的财政改革做好准备。地方官员虽然强烈反对，认为财政再集中可能会损害中国的经济增长，但中央已经预料到了这一点并为此做好了准备。

1993年，财政部时任部长也明确承认了获得地方政府支持的重要性，他说："在推进重大财税改革时，必须要取得地方政府的强有力支持。这是必要的妥协，这个代价必须付出，这一让步争取了民心，统一了思想，保证了分税制改革的顺利推行。"[①] 中央政府甚至承诺不干预地方财政，如不审计地方支出和债务，只要中央能够从地方获得足够的税收。

为赢得地方的支持并为接下来大刀阔斧的财政改革做准备，中央政府提供了中央税收返还、财政转移支付和土地出售等条件。此外，中央政府明确为地方提供了促进经济增长的新工具。这种工具就是所谓的地方政府融资平台（LGFV），即作为国有企业设立的地方政府拥有的中介机构，以使地方政府能够借款和筹资。鲜为人知的是，地方还被授予了经营城市商业银行（以下简称"城商行"）的权利，作为1994年改革获得支持的"大妥协"的一部分。如果没有经营城商行的权利，那么地方将无法有效地利用LGFV筹集资金。城商行和LGFV的结合，为地方政府进行借壳融资提供了机会，从而规避了中央对地方政府借款的禁令。

需要强调的是，上述举措在安抚地方的同时，也在策略性地解决其他

[①] 马国川：《共和国部长访谈录》，生活·读书·新知三联书店2009年版。

政策问题。地方获得经营银行权利的同时，陷入困境的金融机构也被移交给地方负责。

尽管1994年的财政改革使地方收入不足，无法满足其支出，但时任领导人可能相当有信心，相信地方政府有能力增加收入，因为经济增长仍处于两位数。与其他主要依赖税收的政治系统中的地方政府不同，中国的地方政府既是经济行为体，也是控制资产（包括土地）的政治行为体。中国地方政府机构的独特特征，是被称为"地方政府公司主义"的制度。这意味着，如果给予适当的激励，那么地方政府将具有创造和领导地方经济发展的创业能力。

最重要的是，在1994年的"大妥协"中，迫使地方实现自给自足，这给早期分散土地控制权的政策赋予了新的意义。低价征用土地、重新分区并以高价转售土地是地方政府取得新收入的主要手段，用于弥补债务并促进经济发展。所以，尽管1994年的财政改革造成了财政赤字，但大多数地方还是成功了。中国经济的快速增长持续了10多年。直到2008年全球金融危机之后，经济增长才大幅放缓。此时，地方政府发现摆脱债务更难了。

地方官员推动GDP增长，不仅仅是因为他们雄心勃勃，希望给上级留下深刻印象并获得晋升机会，还因为必须要有收入来填补自1994年财政改革以来所有地方政府面临的永久性财政缺口。债务和发展在中国成了"连体婴"。"大妥协"尽管使地方税收收入不足，但也创造了系统性激励乃至工具，使地方政府通过债务，创造了新的收入并推动了经济快速发展。

五、交换条件之城商行

"大妥协"中非常重要的部分之一，是允许地方政府以城商行的形式正式进入银行业，城商行成为借壳融资的支点。

自20世纪90年代中期以来，中国银行体系中最引人注目的是银行数量的指数级增长。在改革初期，四家大型国有银行（"四大"）基本上垄断了市场，此后出现了数千家规模较小的银行。这一影响是深远的，"四大"巨头的市场份额从近100%下降到了约25%（Nicholas R. Lardy, 2019）。这是一场静悄悄的市场革命。

但中央政府为什么要放弃对银行业的控制呢？许多经济学家认为，银行数量在中国的激增是快速增长的经济体对资本需求增加的自然结果。但在中国的背景下，这显然是错误的。尽管一个更多元化、更具竞争力的银行业市场可能会帮助民营企业和企业家摆脱困境，但事实上，中央政府**的想法一直是限制银行业的市场准入，让银行业在国家掌控之下并成为一种公共品**。从这个角度来看，中央政府应该保持四大银行机构，保持高准入门槛，绝不允许其他力量进入。然而，在20世纪90年代中期敞开了大门，这一权力几乎完全赋予了地方政府，而中央政府则通过银行牌照赢得了地方对一系列集中改革的支持。

1993年，时任领导人在广东推进中央财政再集中计划时，当地官员问道："如果地方政府不控制资金，我们如何促进发展？"作为回应，时任领导人明确将允许地方政府经营银行的想法与财政再集中后的中央—地方激励挂钩："……并没有改变地方在经济调控方面的能力……我们正在筹建农村合作银行和城市合作银行，也是为了达到促进地方经济发展的这个目的。"（朱镕基，2013）地方政府接受了这一提议，中央领导人也遵守了他的诺言。1994年后，地方政府从城市开始大规模建立银行，城商行的数量急剧增加。随着时间的推移，较富裕的地方还设法创建了多家银行。

大多数城商行是在1994年财政改革后迅速成立的。1995年6月，在财政再集中一年之后，深圳成为第一个成立自己银行的城市。而在同一年，一些于20世纪80年代末在较富裕的省份成立的省级银行获准在本省份以外开设分行。例如，广东省政府控制的广东发展银行在河南省郑州市设立了分行，深圳发展银行在海南省设立了新的分行。值得注意的是，这两家快速发展的银行都起源于广东省。而广东省原本是财政再集中最强烈的反对者之一，也是中央领导首次明确将城商行的发展与财政再集中联系起来的省份。除了履行对广东省的承诺外，1995年中央政府还发布了一项指令，要求在全国35个选定的城市发展新的银行，其中大部分是省会城市；1996年国务院允许了另外60个城市发展自己的银行。

但正如不同地区在改革时期呈现不同的经济发展水平一样，1994年后，各地方在银行业发展方面也分化严重（Adam Liu，2018）。例如，在2008年全球金融危机之前，沿海的福建省厦门市中心有多达457家银行分行，而多山地的广西壮族自治区贺州市只有61家。尽管这两个城市地貌差别巨大，但有一个共同点：外资或民营银行很少见或者根本没有。在厦门，该市约5%的银行分行属于外资银行，没有一家民营银行；而贺州市则两者都没有。

地方城市信用合作社于20世纪80年代和90年代初开始运作，并在改革初期成为地方金融的重要参与者。鲜为人知的是，这些机构不在地方政府的直接控制之下。大多数城市信用合作社由四大银行和中国人民银行的地方分行发起，合作社负责人通常是四大银行的退休员工。不同地区的信用合作社之间没有横向联系，同一城市的信用合作社也没有正式的联系，它们是各自独立的。因此，与新的城商行不同，地方政府无法轻易利用这些金融资源。然而，从90年代中期开始，由于不良贷款增加，中央政府关闭了信用合作社。之后在中央政府的鼓励下，地方政府重组信用合作社并将其转变为新的城商行的分支机构。

中央政府发放银行牌照是为了争取地方对财政改革的支持，但这恰恰也成为清理现有地方金融机构不良贷款的有效途径。例如，上海市政府1995年将其管辖范围内的99家信用合作社合并为新的上海城市合作银行，市政府至少花了4亿元人民币清理合作社账簿上的不良贷款。尽管成本高昂，但能够与四大银行竞争本地居民储蓄的预期，激励了地方支付初始成本。

1998 年，中央政府取消了地方政府在任命四大银行地方负责人方面的否决权，并将地方分行的贷款权限额度从数十亿元降低到了数亿元，这进一步限制了地方政府对"四大"地方分行贷款的干预。

这意味着地方政府拥有自己的城商行变得更加重要，因为这有助于地方应对中央政府决定重新集中四大银行的后果。时任国家领导人在 1997 年中央财政工作会议上的讲话中表示赞同这种权衡，各省省长出席了会议。给地方提供这种新工具的计划并没有得到普遍支持，央行货币官员担心，允许地方进入银行业会损害金融监管和纪律。

对于地方政府来说，拥有自己的银行比必须经由四大银行更为方便：它们的贷款审批流程要快得多，不需要向更高级别的总部报告，活动也不会被中央监管机构时刻密切监控，意味着分行在做出贷款决策方面拥有更大的自主权。更重要的是，通过人事任命，地方政府控制了这些银行，就像 1998 年之前控制四大银行的地方部门一样。城商行通过居间的 LGFV 向地方政府提供贷款，这进一步体现了城商行的效用。

同时，中央政府给了地方更多的银行特权，向它们承诺，一旦新成立的银行变得规模足够大且具有竞争力，就可以在自己管辖区以外开设分行。这使得许多地方银行得以在全国开展业务。

从本质上讲，中国银行市场的发展是一个政治设计的过程，而不是金融自由发展的结果。90 年代不少的中央文件，规定了组建区域银行的时间、规模和顺序。大多数主要的地区性银行出现在 90 年代末，同时期中央政府在推行财政和金融改革。因此，这些改革更像是一场政治运动，旨在迅速强化银行部门并使其多样化，从而催生"国有银行市场"体系。在该体系中，所有主要竞争参与者至今仍保持直接国有或主要由国家掌舵。这是一次没有私有化的市场化过程。

因此，从中央—地方"大妥协"中涌现出来的新银行应该被更恰当地称为"地方—国有银行"，"城商行""区域银行""地方银行""中小型银行"这样的称呼并不完全恰当,但它们在新闻媒体报道甚至是学术出版物中很常见[①]。这些名称忽略了新参与者的制度灵魂——最终的国家主义身份。随着时间的推移,地方出现了私人公司作为银行股东甚至是大股东的现象。需要说明的是,在中国,国家所有权并不一定是国家掌舵的先决条件,人事任命权才是。没有所有权的控制很普遍,即使根据股权结构,上述新银行通常被称为民营银行,实际上也是国家控制的,这些银行的行长都是经由适当级别的党组织部门批准的。

因此,简单来说,90年代中期的中央—地方"大妥协"所产生的银行,不仅是争夺业务的市场参与者,也是遵从政治指令的政治参与者。在这个市场体系中,竞争性分配和行政性分配俱在,市场规律和党的纪律都起作用。认识到这一市场体系的两面性,有助于更好地理解中国的许多经验和政策模式,而不少外部观察者往往对此感到困惑。

中国的银行家日常的工作就是招揽储户和贷款客户,这方面与外国私人银行的同行没有太大区别。但2008年金融危机爆发、2020年全球流行病来袭时,他们被召集到国务院,与党的领导人协商对策。

政治激励与市场竞争塑造地方银行市场

一旦进入市场,城商行就会迅速扩张。在过去的30年里,它们是中国经济中最狂野的"动物"之一。城商行尽一切努力吸引尽可能多的存款,并尽可能多地将其贷出,往往忽视或巧妙地绕过中央有关法规。其中许多创新,如各种新的财富管理产品,是中国影子银行的主要产品。

城商行的活力来自多方面因素。第一,是非常有企业家精神的老板。这些银行的创始人及其继任者通常是四大银行的管理者或央行官员,他们

---

① 为了行文方便,本书尽可能使用"城商行"这个更约定俗成的称呼,仅在必需的场景使用更规范的学术性称呼:"地方国有银行"。但读者需要知晓,这两个称呼是一回事。还有一个全国性股份制银行的类别经常被提及。实际上这种银行也大多是在地方国有背景下发展起来的(如招商银行、浦发银行等),所以在本书中也统一归类到"城商行",不再单独描述,除非为专门区分两者。

离开中央金融体系，在地方政府的支持下开辟新的道路。第二，新银行刚组建即面临生存危机，因为它们进入的是由四大银行主导的市场，四大银行在全国各地都有广泛的业务。为了生存，新银行不得不展开激烈竞争。第三，也是最重要的一点，地方政府伸出了看得见的援助之手。事实上，地方政府和新银行二者的关系更像是奶农和牛之间的关系。奶农当然会给牛挤奶，因为要确保产奶，所以牛被照顾得很好。同样，地方政府动用一切资源来培育银行，从廉价的土地到委托它们处理当地国有企业和政府部门的存款和工资。

此外，由于上级政府要评估城商行相对于当地四大银行分支机构的扩张程度，地方官员有额外的激励来支持新银行资产负债表的快速扩张。例如，有些地方政府甚至说服地方国企和民企，提前以较低的价格从城商行借款，这样银行就间接帮助地方官员实现了年度考核目标。

于是，新银行积极进行市场扩张，其主要武器之一是悄悄地将利率提高到中央上限之上。有观点认为这是积极的，有助于推进事实上的利率自由化。这也有利于更有效地配置金融资源，因为银行将被迫寻找更有效的借款人和更赚钱的放贷项目，来满足储户更高的利息需求。而对此，中央基本上是睁一只眼闭一只眼。中央发出的警告也成为空话。

河北邯郸银行在2018年收到警告之前，一直根据存款规模，按比例给予储户现金奖励，2013年它成功地将存款提高到前一年的151.8%。在笔者看来，不必对这种市场扩张感到惊讶：这些都是20世纪90年代中期央地"大妥协"的自然结果。地方金融局对城商行是监管者，但更多的是服务者，为后者的各种经济活动"保驾护航"。近年来，大量有关城商行的反腐案件的突出特点，就是同期地方金融局官员的落马。

看上去地方政府的这些行径是想成为地方银行垄断者，但实际上它们既没有能力也没有动力这样做。中国普通储户仍将四大银行视为风险最低的金融机构，尽管城商行往往提供更具吸引力的回报。所以，任何地方都没有办法完全挤出四大银行——换句话说，新银行可以获得的本地储蓄是有限的。

但更重要的是，由于地方官员以每隔几年的速度甚至更频繁的速度轮换一次，因此他们在短暂的任期内的最佳发展策略之一是做大而不是垄断地方银行资源。也就是说，在中央政府的许可下，地方政府较好的做法是积极邀请其辖区外的银行进入，而不是阻止外来银行进入。这是一笔不错的交易，因为新进入者必须支付进入溢价——例如，与东道主地方政府签署所谓的"战略伙伴关系"协议。这通常需要外来银行在一定的时间框架内向指定部门提供大量贷款。资金不足的民营企业也是这些交易的受益者。

由于地方政府的积极开放政策，地方银行市场进一步多样化和扩大。以名城杭州为例，1990年，该市及其下属县有银行分行和各种信用社共计671家，但几乎所有这些都以某种方式归属于"四大"。到2015年，该市的银行分支机构总数飙升至4 525家，而四大银行仅控制了其中的38%。在剩下的62%中，由市政府控制的城商行拥有826家分行，而杭州以外的其他银行拥有近2000家分行。杭州是常态而不是反常，类似情形已经遍布全国，不少公司从日益激烈的银行竞争中获益。（Adam Liu，2018）

城商行与地方债务和房地产部门的纠缠

银行业的巨大转型推动了中国经济的增长，但也造成了如今面临的大部分经济挑战。特别是众多城商行长期以来一直与摇摇欲坠的房地产行业纠缠不清，并与代表地方政府借款的负债累累的地方政府融资平台关系暧昧。在中央政府从2016年年底开始管控房地产行业投资之前，城商行一直在向该行业注入资金。此前的研究表明，这些银行的扩张与当地房地产投资的扩张高度相关。例如，在2011年，其中一些银行的房地产贷款增长甚至高达150%。从银行的角度来看，房地产市场繁荣、利润高，这样做是合理的。但更重要的是，从地方政府的角度来看，正是因为这些银行对当地房地产公司的支持，后者才可以继续拿地。

不少城商行也主动寻求房地产公司充当股东，这种做法进一步将两个行业结合在了一起。例如，在第一次违约的 5 年前，恒大收购了盛京银行 17% 的股份，成为沈阳市该城商行的最大股东。2019 年包商银行倒下后，地方政府纷纷对自己的银行展开审计。为了加强（或粉饰）盛京的资产负债表，沈阳市政府邀请恒大进一步增持该行的股份至 36%。作为回报，恒大从该市政府获得了土地和项目，获得了更多的盛京的董事会席位，并从银行获得了新的贷款和信贷[①]。

除了房地产公司，许多其他大型民营企业集团也积极持有城商行的股份。随着中央对房地产行业更加严格地监管，问题立即暴露出来。

但在当时，地方政府不仅不害怕银行被民营企业接管，还对此表示欢迎。地方需要自己的银行快速发展，因为对地方官员来说，地方银行对地方经济的贡献比四大银行重要得多。城商行批准贷款的速度要快得多，它们没有更高级别的总部，而且直到最近几年，它们的活动也没有像四大银行那样受到监管机构的密切关注。这使城商行在地方领导人需要紧急财政支持时更加"方便"。

最好的例子就是 2008—2009 年的全球金融危机。在此期间，中央政府实施了被称为"4 万亿人民币"的刺激计划，旨在促进投资。虽然这是一项国家计划，但地方政府必须支付更大一部分，中央只贡献了不到 2 万亿元人民币，其余部分由地方政府提供。而刺激资金的实际数额远远超过了最初的计划，地方哪来这么多钱？

当然是从银行尤其是城商行处获得的。例如，据估计，到 2010 年，仅市级城商行就向地方政府融资平台发放了约 2.4 万亿元人民币贷款（Adam

---

[①] 媒体报道显示，一位接近盛京银行的业内人士分析指出，盛京银行本次资产出售，是在地方政府的指导下，借鉴国内先进银行成功经验，有计划、有准备的重要改革举措，可以达到压降不良贷款率、优化资产结构、提升资产质量的目标，有利于该行轻装上阵、减负前行。近年来恒大集团不断退出盛京银行，2022 年司法拍卖交割完成后，恒大集团对盛京银行的公开持股比例降至零；而沈阳国资方面不断介入。2021 年 9 月以来，沈阳市属国有企业通过两次增持盛京银行股份，帮助该行完成了与恒大集团股权关系的彻底剥离。

Liu 等人，2022），与四大银行当年的贷款额大致相同。

大部分银行贷款对帮助中国渡过全球经济低迷至关重要，但后来不可避免地变成了不断增加的地方政府债务，这是当今中国领导层面临的另一个巨大挑战。而且，**由于中央政府在早些时候的"大妥协"中承诺，不会干预地方融资，因此在 2013 年之前从未严格审计过地方政府的账目**。但当真的去审计时，情况已经相当严重了。在一些贫穷省份，未偿还的地方政府债务高达年收入的 500%（Adam Liu 等人，2022）。

然而，地方官员不能通过给银行行长打个电话就迫使银行放贷。那么，他们是用什么抵押品获得这么多银行贷款的呢？土地。地方政府低价征用土地，然后将土地交给融资平台，后者既可以将土地用作借款抵押品，也可以立即以高得多的价格将土地转售给开发商。通常情况下，开发商甚至在实际购买土地之前，也会将土地用作抵押品，以获得银行贷款。据估计，2012 年，所有省份 20% 以上的银行贷款以土地为担保，在一些省份，这一比例远远超过 60%（Adam Liu，2018）。

其他抵押品是地方政府向银行提供的所谓"担保函"。担保函规定，地方政府将使用当前和未来的财政收入来支持其融资工具的借款。当然，这些担保函的接受者通常是城商行，而不是四大银行。2015—2017 年期间，通过这些担保函或其他形式的地方政府承诺担保的债务占所有银行贷款的 55%（Adam Liu 等人，2022）。

为了偿还银行债务，地方政府一直依赖于出售更多的土地。但这是不可持续的，不仅因为房地产市场目前步履蹒跚，还因为土地仍然是稀缺资源，而土地征用一直是社会不稳定的根源。因此，融资平台也发行了企业债券，以筹集资金支付给银行。这些债券通常以 WMPs 的名义，通过城商行和四大银行出售，前者是主要卖家。这已成为中国影子银行的一大部分。麻烦的是，虽然这些产品通常不归银行所有，而且只收取服务费，但许多普通买家认为，所有这类产品都有银行担保。

中央政府一直在努力思考解决债务问题的新方法。例如，自 2014 年以来，中央政府允许地方通过上级批准的政府债券筹集资金。从 2015 年开始，中央政府开始了一项为期多年的"债务互换"计划，旨在缓解地方的债务压力。该计划实质上是将地方政府融资平台欠银行的债务转化为市政债券。这延长了债务的平均期限并降低了利息成本，实质上给了地方更大的喘息空间。

所谓债务互换计划其实就是中央政府要求所有银行购买债券。具体来说，一家银行向融资平台发放的贷款越多，它必须持有的市政债券也就越多。官方统计数据显示，2020 年，在发行的超过 3.2 万亿元的市政债券中，城商行持有的份额达到了惊人的 94%（Adam Liu，2022）。这充分说明了地方政府无法从四大银行中抽取资金，以及城商行在维持中国经济增长方面发挥着不容否认的作用。

现在，城商行深陷困境。有些银行，如包商银行，已经与其开发商借款人一起沉没。有些银行被重组并被中央政府接管，以预防新的地方危机，如 2021 年东北"锈带"省份的几家银行。

正如许多人长期以来所主张的那样，中国的银行体系现在迫切需要外科手术式的干预。然而，这一程序将有风险，因为该系统与经济的其他关键领域紧密交织在一起，这些领域也给执政党带来了高风险的挑战。资深的中国银行体系观察家认为，中国的银行最需要进行两项具体的改革，这两项改革都与城商行有关。首先，**中央需要有关小型银行更准确的信息**。长期以来，中央对这些银行的金融监管过于宽松。其次，**中央需要结束地方官员对这些银行的控制**。

从技术上讲，这些政策建议是正确的，但它们具有很大的挑战性。缺乏对城商行的中央监管，以及这些银行对地方政府的从属关系，是 90 年代央地大妥协的结果，而这一难题并不容易解除，除非建立强大的政治共识。

党的二十大以后显著加强了党中央对金融等部门的直接领导。2023 年党和国家机构改革，尤其是通过重组中央政府各金融监管部门，并将地方金融局重组为中央监管部门的地方派出机构，确实认真加强了金融监管，加强了对城商行的管理。作为反腐运动的一部分，许多城商行行长纷纷落马。据官方统计，2012年，中央监管机构对银行的警告和处罚总数仅为368起，且多指向"四大"。自2015年股灾后，监管重点转向了城商行，银行处罚记录大幅增加，2020年达到峰值5 290次。虽然近两三年增长放缓且受到新冠疫情的冲击，但中央监管机构对银行（包括全国性和地方性银行）的检查和处罚丝毫没有减少的迹象。

虽然城商行被加强监管，但地方政府和城商行之间的关系并没有彻底切断。例如，当包商银行于2020年8月倒闭时，地方政府在中央的帮助下，立即组建了一家新银行，继续为地方经济服务，例如，向地方政府融资平台和房地产公司提供贷款。

S&P全球评级估计，截至2022年年底，城商行对LGFV的总敞口有12万亿元，在深化的地方债务危机中可能会遭受2.2万亿元的损失，这意味着减记率约为18%（S&P Global，2020）。潘功胜（2023）指出，房地产相关贷款占银行贷款余额的23%，其中约80%为个人住房贷款，房地产市场调整对金融体系的外溢影响总体可控。

影子银行和道德风险

城商行的运营方式存在道德风险，它们一直在利用这种制度上的漏洞，尽可能快地扩张，这样它们就可以因变得太大而不能倒闭。正如前文提到的，为了吸引储户离开四大银行，新银行以各种方式提供高得多的回报率，甚至有些银行会违反中央规定。这也意味着这些银行必须将更多的现金投入回报更高、风险更大的投资中，以维持较高的利润率。在2016年中央政府发起去杠杆之前，这些银行的资产通常每年增长25%（万得）。如果城商行是真正承担自己的损失的利润最大化者，那么它们不可能如此野蛮。有些银行之所以这么做，仅仅是因为它们坚信，如果出了问题，中央不会不管。

城商行一直追求一种野蛮行为，就是所谓的影子银行。这种行为大大增加了中国经济的风险。从本质上讲，有些银行一直在其资产负债表上以不同的方式伪装隐藏大量贷款（例如，将一些贷款归类为投资），以规避限制贷款的法规。例如，它们一直与信托公司密切合作，贷出超过它们应该贷出的贷款，或贷款给受限制的借款人，如房地产开发商和地方政府融资平台。在这种安排中，信托公司充当着贷款的保管人，银行提供资金并承担风险。

影子银行的另一个动机是，监管部门要求支持标记为投资的东西所需的银行资本，只是支持正式贷款所需资本的四分之一。对投资的披露要求也没有对贷款的披露要求那么严格。这为银行创造了从事风险更高业务的激励（别忘记，这些银行不是为自己的损失承担全部责任的私人银行）。因此，当经济增长放缓时，也就出现了正在发生的情况，银行在影子账户上的损失，可能比它们在公布的年度报告中披露的要大得多。据估计，这些投资/隐性贷款可能高达标准贷款的20%（经济学人，2016）。

城商行还一直处于另一种影子活动的前沿：创造和销售WMPs，这些产品实质上是存款，利率比银行账户高出几个百分点，其中大部分都不在银行的资产负债表上。由于上述与四大银行竞争的压力，银行在这方面也很积极。由于存款利率受到中央政府的限制，城商行必须不断创新以吸引更多客户。WMPs目前占城商行存款的40%~45%，比四大银行高出约3倍（Adam Liu，2023）。为什么这些产品令人担忧？因为它们的到期期限通常只有几个月，但被用来支持长期项目，通常是房地产开发项目或地方政府的基础设施项目。这反过来意味着，银行必须发行更多的WMPs，才能继续推动这一进程。

国外银行分析师和国际信用报告机构表示，由于疫情后经济复苏旷日持久，他们对中国银行业的展望维持"负面"。危机过后，中国的银行会发生什么？它们会内爆并引起国内不稳定吗？这是中国密切关切的问题。尽管近年来银行的不良贷款（无法收回的不良贷款）确实在急剧上升，但这不一定会转化为一场危机。实际上，中央政府自2016年以来发起一场持续的去杠杆，相当于定向在特定领域主动引爆了数次小型金融危机，已经在相当程度上缓解或化解了潜在金融风险。

政府与市场：中国银行这枚硬币的两面

中国的经济改革从一开始就是要将政府与市场融合在一起的。即使对银行业这个由中国政府主导并塑造的市场也是如此。目前国家的作用再次凸显，但这只是党从一开始就推行市场改革的结果。市场不是改革的目标，它只不过是国家的"一个工具"，就像中央计划一样。

这句格言推动了中国在银行业等关键战略领域的改革。在这些领域，中国政府培育了**一个国家的市场，由国家主导，最终为国家服务**。这个市场中的竞争根植于国家的政治制度，并受政治制度约束，这些政治制度同时也重视控制和激励竞争。这里的激励措施不仅围绕利润和市场份额，还围绕中央和地方政府的政治目标。随着这些目标的变化，市场的活力也在变化。

中国政府决定了市场力量在特定时刻能够在多大程度上占据主导地位，并且它始终努力保持这种能力。鉴于银行和信贷在中国的公共物品的定位，向大量私人和外国投资者开放银行市场永远不会发生。中央政府也不会允许市场上有众多银行倒闭，有问题的银行将得到仔细处理和重组。以包商银行为例，在2019年该银行即将倒闭时，为了避免激怒470万当地储户，中央政府对该银行的退出进行了谨慎管理（Adam Liu，2023）。它首先命令四大银行之一暂时接管包商一年。与此同时，中央政府与当地省市财政局和其他国有企业一道，在内蒙古成立了一家新银行，永久地接管了包商银行的业务。另一家来自距离包商银行总部1000多公里的安徽省的城商行，收购了包商银行在内蒙古以外的分支机构。这或许也是中央政府的要求。通过不同国家机构之间的协调，中央政府避免了一场潜在的传染性地方金融危机。在这个国有市场中，没有创造性破坏，只有**创造性重**

组。一些市场导向的狂热"二极管"总是如祥林嫂一般抱怨和批评中国政府对市场的"干预"和"塑造",但只要把目光放到全球范围内,就会发现这种做法并不鲜见。最近的例子是瑞士政府绕开公司股东会,强行包办了瑞士银行和瑞士信贷的合并。中国政府的做法尊重了基本的市场规则,而瑞士政府则完全无视了股东权利,视规则为无物。"二极管"们的双标可见一斑。

总之,政府控制与市场调节,都只是经济治理的一种手段,对银行业也是如此。

六、交换条件之地方政府融资平台

授予地方经营城商行的权力,是维持"大妥协"所需的借壳融资的必要但不充分的步骤。《预算法》明确禁止地方政府债务融资。地方政府创建的中介机构,通常被称为地方政府融资平台(LGFV),可以从银行获得贷款。

LGFV作为地方政府的投资公司运作,负责基础设施建设,如道路、港口、医院、学校和工业园区等,特别是上级授权但没有资金的基础设施建设。在法律上,这些公司被视为地方国有企业,地方政府是唯一或主要股东。实际上,它们是地方政府的治下机构,其主要目的是从银行获得贷款。(融资平台的工作人员以前常常在当地财政局工作。)这些平台规避了地方政府直接向银行借款的禁令。例如,据估计,2010年仅城市一级的城商行就向LGFV发放了约2.4万亿元人民币的贷款,与四大银行向这些融资平台发放的贷款大致相同(党均章和王庆华,2010)。

鉴于LGVF是借壳融资的关键,它们在全国各省、市和县一级的增长也就不足为奇了。一个明显的模式是,较富裕的省份比较贫穷的省份拥有更多的此类平台。这是有道理的，因为较富裕的省份首先有更多的财政资源来创建这些平台。

融资平台是1994年财政改革中，央地政府之间默契的"大妥协"中产生的借壳融资的主要工具，它们构成了地方政府债务问题的主体。LGFV虽然没有明确出现在报告文件中，却是自然产生的结果。如果没有融资平台公司，地方政府就无法借款，甚至无法从自己控制的银行借款。但正如改革中会出现的情况，短期解决方案可能会导致长期问题。

土地出售和将土地用作抵押品

除了为地方政府借款外，融资平台还充当着地方政府从土地销售中获取利润的渠道。土地销售是地方政府最有价值的收入来源之一。地方政府强制以低价征用土地，然后将土地转让给融资平台公司。融资平台公司可以保留土地作为银行贷款的抵押品，或者立即以高得多的市场价格将土地转售给开发商。据估计，2012年，所有省份的银行贷款中有20%以上是以土地担保的，而在浙江和重庆等地，这一比例远远高于60%（Xun Wu，2016）。

中央知道地方政府有现成的收入来源，因为它早些时候让地方政府控制土地。由此可见，"大妥协"是促使地方参与土地金融，以帮助地方政府提供必要支出来填补财政缺口的好方法。这些制度不是一下子精心打造出来的，而是随时间推移在一种自然的滚雪球过程中被创建出来的，融资平台和土地金融在维持1994年的"大妥协"中相互补充。虽然早期的研究表明，1994年后对土地的控制是满足地方支出需求和管理宏观经济的关键，但如果没有城商行和LGFV，一旦针对四大银行的中央监管收紧，土地财政就不会发挥有效作用了。

尽管财政改革政策是在30年前制定的，但其制度后果一直持续到了今天。1994年的改革和随后的"大妥协"引发了其他政策决策，这些决策使地方得以通过借壳融资的方式生存，从而将财政问题推迟到未来。

中国为应对全球金融危机而推出的2008年经济刺激计划,被广泛指责为地方政府债务突然大幅上升的原因。众所周知,刺激计划名义上提供了4万亿元人民币,但实际上中央政府只提供了其中的30%,而地方政府被寄予期望找到剩余的资金(Barry Naughton,2009)。

各种新贷款的规模之大以及需要在相对较短的3年期限内偿还,使得这些贷款更成问题。截至2013年6月,地方政府负债达到17.9万亿元人民币(Bob Davis 和 Dinny McMahon,2013)。使问题变得更加复杂的是,经济环境发生了变化,新常态导致增长放缓。地方政府再也无法通过两位数的增长来摆脱债务,它们必须继续借款以满足新的刺激支出。虽然没有发生财政危机,但很明显,地方和中央政府都需要在后全球金融危机时期采取新的策略。

扩大借壳融资:LGFV 发行债券

地方政府扩大了借壳融资工具箱,来应对2008年后债务的异常增长。虽然土地销售仍然是政府收入的一个重要来源,但土地供应有限。由于银行贷款的期限很短,通常为2~3年,所以地方政府需要为自己争取更多的时间来偿还债务,并且需要寻找新的借款方式。中央政府也知道这一点。在全球金融危机之后,中央政府鼓励地方为新的建设提供资金,并保持增长。根据这一点,在全球金融危机之后,中央政府允许LGFV发行债券。这些债券被称为"城投债"。通常它们被作为财富管理产品,通过四大银行和城商行作为影子银行的一部分,以融资平台的名义出售。这使得地方政府可以将高息、短期银行贷款与成本较低、回报期较长的债券进行交换。地方政府因此也获得了更多的喘息空间来筹集资金偿还债务。这些城投债的平均期限为5~7年,而大多数银行贷款在2年内到期。

关于中国地方政府债务的一个有趣的细节是,地方政府没有义务担保所有债务。债务大致分为显性和隐性两类,只有显性债务必须由地方政府偿还。这种类型的债务被分析师称为"合法且受监管"的债务,新的地方政府公债就是一个例子（本文后面会详细讨论这一近期现象）。大部分早期债务属于隐性（或有债务）类别。这种债务可能是"非法的，可能不受监管"。更具体地说，隐性债务是指地方政府"可能"负有一定偿还责任的债务。这些债务是通过地方财政收入支持而产生的。当一个LGFV向银行借款时，它可以简单地用由地方财政局或地方人大出具的保函作为向银行（主要是城商行）借款的抵押品来借入资金。

这种隐性债务是"灰犀牛"。2018年中国人民银行的一项调查显示，一个省政府的隐性债务比其显性债务高出80%（Adam Liu，2018）。据估计，2015—2017年，隐性债务占银行借款的55%以上。随着时间变化，这类债务有各种来源，包括LGFV发行的大部分债券。只有隐性担保的债券相当普遍。据统计，2007—2017年省、市、县三级地方政府城投债按担保类型统计，只有14.1%得到了明确担保，大多数只有隐性担保（Adam Liu等人，2022）。

虽然不知道不同类型银行先前向融资平台提供的贷款的具体数量，但可以通过查看银行目前持有的地方政府债券数量来做出合理推断。因为这些债券旨在取代融资平台欠银行的大部分债务，它们欠的越多，银行现在应该持有的地方政府债券就越多。现有的官方统计数据显示，2020年4月，城商行、村镇银行和国有银行分别持有的地方政府债券为1.966、1.054和0.192万亿元人民币。这意味着，在后全球金融危机时期，城商行而非四大银行已成为政府项目的主要贷款人。

坚持对地方债务的财政纪律

大约在全球金融危机刺激贷款即将到期、地方获准扩大金融工具箱以发行城投债的同时，中央政府开始收紧财政纪律，采取更直接的措施抑制和规范地方债务。与中央和地方之间的"大妥协"不同，中央政府开始积极限制地方债务，并要求地方政府财政行动更加透明。因此，国家审计局于2011年对地方政府债务进行了首次全国性审计，并于2013年在省级进行了另一次全国性审计。

中央政府还试图通过惩罚地方政府官员来减少债务。2013年，中央将"债务"要素纳入了干部评估标准。地方官员将被根据他们解决债务问题（包括前任留下的债务问题）的能力进行评估，并因盲目举债而受到惩罚。尽管地方债务可能会因此而暂时减少，但很快就会再次增长。

到2015年，中央政府开始将LGFV作为债务增长的罪魁祸首。地方政府被指示要切断与融资平台的联系，尽管这很困难。在不同的地方似乎有一些回旋余地。从有限的一手调研资料来看，似乎逐步停止运营融资平台也是缓慢的，在某些地方并没有执行。一些平台仍有望筹集资金，其他平台在获得资产以使其在财务上可行后，已转型为正规国有企业，因此得以继续运营。

融资平台如何在没有政府直接支持的情况下继续筹集资金还不太明了。地方政府曾经为融资平台获得贷款和开展业务的能力提供担保，那么地方政府最终会承担这些债务吗？虽然回答这些问题还为时过早，但一些迹象表明，地方预算有所缓解。随着讨论的一些制度问题得到承认，中国可能正在进入央地关系的新阶段。

关后门开前门：地方政府公债

虽然中央政府正在采取纪律行动，将地方政府与其融资平台分开，但相关声明表明，中央与地方财政的关系需要进行有选择的改革。关于国家专项转移支付计划要求配套资金造成负担这一问题，党的十八大后的文件表明，国家将"取消地方资金配套要求"和"逐步取消竞争性领域专项转移支付"（国务院，2015a）。

最大的变化是中央政府的决定，即地方政府应停止借壳融资。2014年修订的《预算法》明确规定，地方政府应通过上级批准的政府债券筹集资金。这一举措帮助地方解决了紧迫的债务偿还问题。从2015年开始，中央政府启动了一项为期3年的"债务互换"计划，赋予省级政府发行政府支持的债券的权利。该计划实质上将 LGFV 欠银行和其他机构的债务置换为了地方政府公债。该计划发行了约 15 万亿元的债务互换债券，这样做延长了债务的平均期限，降低了利息成本，缓解了偿付压力（Alex Holmes 和 David Lancaster，2019），利率也从之前的 7%~8% 甚至更高降低到了 4% 左右（兰小欢，2021）。

政府公债的期限比 LGFV 贷款和城投债要长得多。因为 LGFV 的大部分基础设施投资项目周期都很长，债务互换为这些项目注入了长期资金，所以降低了期限错配和流动性风险。让地方利用这一前门筹集资金，有助于提高地方金融交易的透明度，从而实现更高级别的控制。这些地方政府公债有效地将高息债务转换为了低成本债务，更有可能得到偿还。

债务互换计划也涉及中央银行向四大银行和城商行贷款，以便它们购买新发行的地方政府公债。地方政府用发行地方政府公债获得的收益，来偿还银行持有的 LGFV 原始债务。这项计划除了给地方更多的喘息空间来偿还债务之外，关键的区别在于，通过银行借款和发行企业债券而产生的早期 LGFV 债务，现在被置换成了中央政府明确批准的债券。因此，穆迪假设这些债券现在得到了中央政府的支持，并将各省所有新的公债评级为 AAA（穆迪很可能没有对早期的 LGFV 债券做出同样的假设）。央行还将新的地方政府公债纳入了再贷款合格抵（质）押品目录和优质流动性资产。

债务问题是否可以通过这种置换解决是另一个问题。债务仍然存在，只是形式有所不同。更大的问题是，中央政府通过打开大门，允许地方政府发行公债，是否已将自己置于进一步债务扩张的风险之中？中央政府通过年度配额控制每个地方可以发行的债券数量，但城商行和国有银行仍然是这些债券的持有人。银行过去向融资平台提供了更多信贷，因此，银行现在也持有大部分新的地方政府债券。2019 年，财政部开始试行一项计划，允许银行向散户投资者出售这些地方政府公债。

七、通过分权实现中央集权：经济增长和地方政府债务

地方债务源自一个旨在解决中国在 20 世纪 90 年代中期面临的一系列财政和金融挑战的政治解决方案。

中央和地方之间达成了一项协议，确保了地方政府对 1994 年税收再集中的支持，并确保了地方政府主导的增长得以继续。虽然财政再集中使地方财政缺口不断扩大，但中央一系列让步为地方政府提供了新的收入来源。从本质上讲，地方通过借壳融资增加了地方政府债务，获得了为推动持续发展所需的新的融资工具。

理解这个"大妥协"，可以为理解中国单一制面临的委托代理问题的程度提供新的视角。为了再集中税收收入，中央政府给予地方政府一定的妥协，以弥补 1994 年改革拿走的收入。地方获得了增加收入的工具，其中最重要的是获得了经营城商行和 LGFV 的许可证。除了土地销售之外，LGFV 还使得借壳融资成为可能。

这里需要强调的是中国政治经济中存在的矛盾的政治动态。虽然 1994 年的财政改革再集中了税收，但抵消性政策大大促进了地方的分权和财政赋权，并降低了地方金融安排的透明度。1994 年后，地方政府采取了越来越多的激励措施和手段来筹集资金，从而加强而不是削弱了 80 年代产生的地方政府公司主义。

这些对控制地方政府债务的必要性而言意味着什么？这意味着，通过反腐败策略和加强控制以减少地方政府债务不能解决债务问题。

中国的地方政府债务不是地方问题。与所有其他依靠低级别政府实现经济发展的发展中国家一样，中国政府面临着一个战略困境，本质上是一个双重承诺问题。也就是说，在无债务的情况下发展地方经济，需要中央政府承诺尊重地方政府获取和控制地方发展成果（地方财政资源是其中的关键部分），同时对中央政府试图激励的地方政府实施可信的财政纪律。

尽管这种类比并不完美，但今天的中国政府可能面临着与90年代初类似的承诺问题。

中国政府曾公开承认地方激励的重要性。例如，2016年，一份国务院文件指出，"为了进一步推进财政改革，中央将'尽量减少'对微观（地方财政）事务的参与，利用地方政府处理地方事务的优势，调动和保护地方政府在发展中的热情和积极性"（国务院，2016a）。

尽管中央政府承认财政体制中的一些体制缺陷，并允许地方发行中央政府批准的债券，但财政困境绝没有结束。中央政府这些措施可能会缓解问题，但当中央政府试图令人信服地承诺对地方政府实行财政纪律时，仍然面临两难境地。地方政府也需要财政激励和自主权来促进经济增长。国家已经采取了一些行动，例如，在2018年，中央政府宣布地方政府的融资平台可以破产，这将约束金融市场不要轻易地投资于无担保的地方债务。问题仍然是剩余的大部分地方政府债务将如何处理，以及地方将如何填补持续的财政缺口。这些债务没有被减记，财政系统仍然使地方财政收入不足。

眼前较为重要的是短期内要解决银行业泡沫和地方债务的问题，更重要的是长期的改革——针对财政制度、银行部门和地方政府融资平台。

在专家一边倒地呼吁中央政府用国债替换地方债务的声浪中，中央政府很有定力，到2023年10月为止只增发了1万亿元国债，旨在缓解地方在灾后重建和提升防灾减灾能力方面的财政支出压力。而所谓的一揽子化债方案的思路，主要体现在三方面：一是控增量、减存量，缩减隐性债务余额；二是降低成本、延长期限，对应债务置换；三是盘活存量资产，提高经营项目收入。货币政策主要能在债务置换方面予以支持，包括为金融机构做债务展期提供流动性支持，通过降息为化债方案节约成本，以及设立SPV工具用于短期救急。

与此同时，金融监管也在收紧。例如，切实加强党对金融工作的全面领导，重组中央金融监管机构，切断地方政府对地方金融办的影响，健全房地产企业主体监管和资金监管，完善房地产金融宏观审慎管理。

在更宽广的时间维度，方能看明白中央政府一张一弛的文武之道。如果说1994年的分税制和"大妥协"是"弛"，那么历经30年便转为"张"。尤其是"不要浪费每一次危机"，特别是中国面临的双重危机（外部中美地缘政治危机和内部主动诱发的房地产部门流动性危机），抓住难得的历史窗口解决掉长期的央地问题，为未来发展创造新的机会。

中央政府没有简单地用国债替换地方债，而是用少量额度的国债置换地方债并推进所谓的一揽子化债方案，促使地方政治和经济动态的重构，让地方愿意与旧利益集团脱钩、坚定做实新资产的群体站出来（中央帮助解决之前造成的困难），让地方承担自己的责任，为自己的不良行为买单。在这个过程中，要理顺央地关系、建立和实施健全的财政纪律，为未来的发展奠定制度基础。

基层活大国活，地方兴大国兴。经历此役，既分权又集中、既动态又有纪律、既灵活又不失原则、既高效又公平的央地政治和经济生态方能建立。

08

第八章

中国家庭消费没有想象中那么低

——叙事与真相

如今，关于中国经济的一种流行说法是，"消费太少，储蓄太多"，再加上中国的GDP核算恒等式，人们认为中国"投资太多"。这一观点已经渗透到主流思想中，以至于许多人认为它是现代中国经济的一个基本的、几乎神圣的公理。

《报业辛迪加》(*Project Syndicate*)下面这篇文章（Yi Fuxian, 2023）是一系列采用这种叙述的文章中的一篇：

> 家庭消费通常占一个国家GDP的60%。在2011—2020年期间，美国为68%，印度为59%，中等收入国家（不包括中国）为61%，而中国仅为37%。2017年至2021年，中国占全球GDP的16.7%，但其在全球家庭消费中的份额仅为11.5%……

以下是来自英国《金融时报》的名为《房地产繁荣后的中国》（Edward White，2022）的一篇文章：

> 鉴于消费在中国经济中发挥的作用相对较小，IMF形容中国是"全球异类"。该国国内储蓄总额占GDP的比例为44%，而经合组织成员国的平均比例为22.5%。从长远来看，其中大部分被认为是预防性储蓄，用于住房、教育、医疗和退休。
>
> 追溯中国如今"异常高的储蓄率和低的消费率"的根源时，IMF注意到了"社会支出不足"，以及早些时候的变化，如20世纪80年代和90年代的独生子女政策以及"社会安全网的逐步解体"。

这些文章以及无数其他类似的文章，都突出了与这一叙述相关的一些不同的主题，举例如下。

（1）中国的增长模式不平衡，投资过多，消费不足。这主要得益于对投资和生产活动的补贴，也是"家庭需求疲软"的主要原因。

（2）过度投资导致非生产性项目比例增加，以及大规模的"系统性"资本配置不当。这种资本配置不当将不断累积，直到投资率大幅下降。

（3）中国之所以能够继续过度投资，是因为它背负了越来越多的债务。这是不可持续的，当中国的债务能力耗尽时，它将"被迫调整"。

（4）中国决策者之所以走这条路，是因为他们瞄准的GDP增长率高于可持续水平，因为国家的政治合法性依赖于高增长，这使得改变"在政治上很困难"。

在今天关于中国经济的许多讨论中，很难避免"投资过多，消费过少"这种说法，笔者经常怀疑那些提到它的人是否真正理解这种说法的知识基础和历史渊源。这不仅仅是一场学术辩论，还是一场对现实世界具有重大影响的辩论。这将决定14亿中国人如何正确理解中国经济基本面，以及评估现行政策的合理性和有效性。更重要的是，这将影响每个中国人对国家发展状况和方向的信心。因此，获得正确的框架和制定正确的政策规定是极其重要的。

下面，笔者将首先为后续的分析和辩论做有关 GDP 核算的基础知识准备，然后将探讨中国过度投资这一叙事的发展。这些基础知识和叙事背景对于读者对本书剩余部分能够形成一个共同的基本认识是很重要的，所以在本章之后也会被反复引用。

一、GDP 计算基础和中国过度投资论

GDP 计算的技术准备

GDP 计算

经济学可以说是一门相当有技术性的学科，其特点是大量使用特定领域的词汇。它经常深入研究模糊历史时期的参考资料，并涵盖了广泛的学术理论和"主义"。要剖析过度投资理论，仅仅有经济学的一些概念是不够的。这要求超越学术领域，并将理论与现实世界的情况联系起来。

国际经济学是一个子类，涉及衡量不同经济体经济活动的复杂性。国内生产总值（GDP）是更重要的指标之一，也是过度投资理论的核心。理解这种叙述需要从技术上理解 GDP 是如何计算/解释的，而一般外行通常不能很好地理解。

GDP 是对某一特定地理区域（通常是一个国家）在特定时期内的经济活动的衡量。它是由会计师综合各种数据系列并进行调整/估计，同时尽最大努力遵守不断发展的全球 GDP 核算标准计算出来的。

计算 GDP 有三种典型的方法，分别代表了 GDP 的三种表现形式：价值形式的生产法、收入形式的收入法和产品形式的支出法。

第一种计算方法（即生产法）下，会计师需要计算一定时期内各个行

业生产的各种产品的增加值，然后汇总各行业生产增加值，得到生产法GDP。

第二种被称为"收入法"。在这种计算方法下，会计师需要计算一定时期内用于生产商品和服务的所有劳动力和资本。

第三种方法被称为"支出法"。根据这种计算方法，会计师需要计算消费者和政府在一定时期内在经济中购买的"最终"商品和服务的总和，以及净进出口余额。

在实践中，会计师不会计算发生的每一笔交易。相反，他们依赖于现有的数据系列（如税收），并辅以对具有代表性的人口子集进行的调查。然后，经济学家进行判断，对数据进行估计和调整。这就是为什么我们会经常见到最早发布的GDP数字会随着时间推移、随着数据系列增多而更新。

经济越不发达，非正规经济的规模就越大，经济学家就必须更多地依赖调整和估计。GDP也可能是一个高度政治化的数字，这会产生一系列问题。在美国，支出法被认为是比收入法更准确地估算GDP的方法。中国现行的GDP核算同时采用了这三种方法。

描述GDP的基本公式之一来自支出法：

支出法GDP＝消费（C）＋政府（G）＋投资（I）＋净出口（NX）

这个公式被称为"国民收入恒等式"。消费（C）又称为"家庭支出"，包括民营部门的支出。政府（G）包括各级政府的支出。投资（I）也称为"资本形成总额"（Gross Capital Formation，GCF），由固定资产和存货等营运资本项目组成，即资本化的最终支出，最终以"资本存量"（Capital Stock）的形式出现在国家的官方资产负债表上；净出口（NX）是指出口减去进口。

衍生公式创造了所谓的"储蓄—投资余额"：

储蓄（S）= 投资（I）+ 净出口（NX）

这里的储蓄是指政府和家庭部门的储蓄。对于贸易平衡为中性（净出口=0）的经济体，储蓄（S）必须等于投资（I）。

GDP 核算的技术术语与口语用法

在 GDP 的背景下，投资（I）[①]和储蓄（S）的定义是精确的，但当人们听到"投资"和"储蓄"这两个词时，可能想到的是别的东西。

支出法 GDP 核算恒等式实际上很不直观。例如，民营部门甚至没有直接出现在 GDP 支出法中，因为支出法只衡量家庭的最终需求，而企业提供中间产品，它们的活动不被视为最终需求。消费（C）本身可以进一步细分为住房（但只是虚拟租金或租金部分）、食品、能源和运输（但只是消费品部分）、耐用品、服务和许多其他部分。投资（I）可以按经济部门分为住房、基础设施、商业投资和政府等类别。投资（I）的"住房"与作为消费（C）的一部分的"住房"是相关的，但最终是不同的。投资（I）的"住房"部分是新房建设活动，最终是由家庭部门做出的购买决定驱动。因此投资（I）/住房归属储蓄（S），构成了中国家庭储蓄的最大组成部分。

不仅仅是消费和投资的通俗定义与它们精确的、技术性的 GDP 核算定义有很大不同，储蓄也是。当普通人听到"储蓄"时，他们可能会更多地想到在银行、经纪账户和养老金账户中的现金和存款。换句话说，它是一个类似于资产负债表的"存量"概念。但在 GDP 的背景下，储蓄（S）实际上是一个"流量"概念——类似于收入或现金流量表——其基础是 GDP 总额减去消费（C）并减去政府支出（G）。

在官方政策沟通中，通常使用的是这些术语的口语化定义，而不是高度技术性的 GDP 核算恒等式定义。例如，在下面这份中央的战略规划文件

[①] 在本书剩余部分，为了区分技术性的 GDP 核算和口语化的"外行"定义，我通常将技术性定义称为"消费（C）"、"投资（I）"和"政府支出（G）"，将口语化定义称为"消费"、"投资"和"政府"。在两者区分很明显的上下文，也可能把技术性定义直接简化成口语定义的形式，读者需要仔细区分。

中，作者明确使用了包括住房建设在内的通俗定义的消费。在 GDP 核算恒等式中，住房建设被归属为投资（I）。

消费的基础作用继续加强。最终消费支出占 GDP 的比重连续 11 年保持在 50% 以上。住、行消费等传统消费显著增长，城镇居民人均住房建筑面积稳步提高，新车销量连续 13 年位居世界第一。消费新业态、新模式快速发展。2021 年实物商品网上零售额占社会消费品零售总额的比重达到 24.5%，人均服务性消费支出占人均消费支出的比重达到 44.2%。

该文件进一步讨论了投资，包括医疗和教育等类别。在 GDP 核算恒等式中，这些类别将被归类为消费（C）。

更好地发挥投资的关键作用。资本形成总额占 GDP 的比重保持在合理水平，为优化供给结构、促进经济平稳发展提供了有力支撑。基础设施建设水平全面提升，国家综合交通运输通道加快建设，一批重大水利设施建成投入使用。5G 等新型基础设施加快建设，重大科技项目建设取得重大成果，高技术产业投资持续较快增长。医疗卫生、生态环保、农业农村、教育等领域的薄弱环节加快解决。

中国"过度投资理论"

卡耐基基金会高级研究员——北京大学光华管理学院金融学教授迈克尔·佩蒂斯（Michael Pettis）是这一"过度投资理论"的主要倡导者之一，他与人合著的《贸易战是阶级战争》（Matthew C. Klein and Michael Pettis, 2020）于 2020 年出版，为其赢得了巨大声誉。多年来，他持之以恒地写作和推广这一叙事。

近 20 年来，他一直在撰写有关"中国过度投资倾向"的文章。2009年 10 月，他写道：

> 任何国家的消费增长都必然受到家庭收入和财富增长的限制，而在中国，这两者的增长速度都远不及该国经济的增长速度。中国的发展模式是许多高储蓄亚洲国家常见的经典出口导向型模式的类固醇燃料版本。这种模式涉及系统地补贴生产和投资，往往导致投资效率极低。

他在 2013 年出版的《伟大的再平衡》（Michael Pettis, 2013a）一书中写道：

> ……但在消费如此低迷的情况下，这将意味着中国的增长过度依赖于两个需求来源，而这两个来源是不可持续且难以控制的。只有转向更高的国内消费，该国才能减少其脆弱性并确保持续快速增长。这就是为什么在 2005 年家庭消费占 GDP 的比例低得惊人，只有 40% 的时候，中国政府宣布决心实现经济再平衡，提高消费在经济中的比重。

GDP 核算恒等式对中国经济的解释

GDP 核算恒等式是过度投资理论和叙事的核心。正如佩蒂斯在 2011 年的论文中所解释的那样（彩图 27-1），在中国改革开放后的 20 世纪 80 年代，"家庭消费占中国 GDP 的 50%～52%"。在 90 年代，家庭收入和消费（C）都快速增长，但"没有中国经济增长得快"。这导致消费（C）急剧下降至 45%。但在 21 世纪第一个十年，这一比例下降到了"和平时期大型经济体历史上前所未有的水平"。在全球金融危机（GFC）前夕，这一比例下降到了 36%，然后进一步下降，在 2010 年降到了 35% 以下。

佩蒂斯几乎总是通过 GDP 核算恒等式来解释这一历史趋势。参见彩图 27-2，中国出口导向型工业化增长模式在珠江三角洲和长江三角洲等沿海地区的崛起，导致净出口（NX）迅速增长，在 2007 年达到了 8.7% 的峰值，"远远超过日本在 20 世纪 80 年代末创造的贸易顺差"。这加剧了全球贸易失衡——用美联储前主席伯南克和佩蒂斯的话来说——导致了全球金融危机，（贸易失衡）最终将无法持续。在接下来的 10 年里，净出口（NX）将下降，在 2018 年触底至 0.8%。

在经济经历如此大的衰退的情况下，中国如何保持其高增长率呢？在 21 世纪最初十年的大部分时间，出口增长助推了两位数的增长率，在 2007 年达到了惊人的 14%。但在 GFC 后的贸易环境中，中国经济被迫用国内投资取代急剧下降的净出口。可以从彩图 27-2 中看到，从 2008 年开始，净出口（NX）和投资（I）是如何翻转的。这导致消费（C）在 2010 年降至了 34.6% 的最低点。

增长模式的终结：失衡与不可持续的增长

贸易失衡不可持续的原因是可以理解的。巨大的贸易失衡意味着你正在与世界交换商品和服务，以换取外国资产。虽然按百分比或人均计算，中国的贸易失衡并不是最高的，但其庞大的人口规模意味着它将对全球贸易产生巨大影响，这可能会导致巨大的贸易摩擦。与日本等其他国家不同，日本可以借助出口导向型工业化浪潮成为发达经济体，而这一战略对中国及其当时的 12 亿多人口来说是不可能的。中国必须找到一种新的增长模式来继续其经济增长。

2008 年 11 月 9 日，中国公布了 4 万亿元的经济刺激计划，以抵消 GFC 和沿海出口地区数百万工人突然失业的影响。这是中国有史以来实施的最大规模的刺激计划之一，几乎相当于中国当时 GDP 的 12%。其中大部分用于已经处于规划阶段的国内基础设施和建设项目。数以百万计的农民工只是从深圳关闭的出口工厂，搬到了武汉和贵阳等地的建筑工地。GFC 和由此产生的刺激计划，向全球宣告了中国新的主要增长模式——国内投资。

但佩蒂斯认为这里有一个大问题：与贸易失衡在推动长期增长方面是不可持续的一样，国内投资的激增也是不可持续的。对他来说，这些从根本上讲是相同的基本模式，都是不可持续的。正如他在2011年关于中国向更平衡的模式转型的文章中所写：

> 越来越明显的是，中国已经达到了这两个限制。全球金融危机使世界其他地区丧失了吸收中国巨额贸易顺差的能力，资本配置不当在这十年的大部分时间里一直是一个严重的问题……
>
> ……如果资本配置不当正在成为一个问题，那么中国显然必须进行重大转型，转向一种不同的增长模式——一种让家庭财富和消费赶上过去30年创造的巨额财富，从而成为日益重要的增长驱动力的模式。

从不可持续的贸易顺差到不可持续的国内投资

高贸易顺差不可持续的理由相当合理。无论如何，GFC的余波证明了这一点。但不那么明显的是，为什么国内投资增加是一种不可持续的增长模式呢？佩蒂斯列举了历史上的例子：

> 但历史先例也清楚地表明，这种模式是多么容易让人上瘾。很难找到一个国家从过度投资驱动的增长时期平稳而迅速地调整过来的例子——看看20世纪30年代的美国、80年代的巴西和委内瑞拉、70年代和80年代的苏联、90年代的日本以及1997年后的亚洲"四小龙"就知道了。在任何一种情况下，过度负债都会导致增长急剧收缩，并导致"失去的"十年或二十年。

到写下这些文字时为止，佩蒂斯对全球经济的解释都基本合理，特别是在巨大的全球贸易失衡的风险和扭曲方面。但他此后的发言引起不同的声音。

这一切都围绕着消费

对佩蒂斯来说，从不可持续的贸易顺差增长到国内投资增长的转变，只是根本原因——消费不足——的一个症状。由于GDP核算恒等式，无论是高的投资（I）还是高的净出口（NX），或者两者兼而有之，抵消效应都是低的消费（C）。在他看来，问题的根源在于家庭部门受到"政治上根深蒂固的精英"（定义有些模糊）的压制，这些精英"通过扼杀购买力和以消费为代价来补贴生产，从而扭曲了经济"。

他进一步表示，中国消费不足的程度是现代历史上最极端的，在描述中往往非常夸张。从彩图27-3中可以看到，中国38%的消费率比全球平均水平低17%，仅领先于新加坡和爱尔兰等贸易中心。这些贸易中心没有可比性，而且受到自身扭曲的影响。中国极低的消费率为这种失衡和不可持续的增长模式提供了铁证。这种增长模式不可持续，除非回归均值。

迈克尔·佩蒂斯一贯描绘的画面，是一个陷入低消费、高投资模式的国家。表面上是因为既得利益集团将自己与这种模式捆绑在一起，使其"几乎不可能"进行调整。它导致了"大规模的资源错配"和"螺旋式上升的债务"。就像所有其他"经济奇迹"一样，它的增长故事即将结束。它的前景是严峻的，中国也应该如此。

谎言和统计数据

过度投资理论的核心前提之一是消费过低，需要大幅回归均值。关键的证据是反映家庭消费占GDP的比例的彩图27-3，它显示了中国的消费（C）占GDP的百分比"极低"，即使与日本、韩国等遵循高投资增长模式的经济体相比也是如此。

但是，当我们仔细观察这些数字，并对会计师和经济学家如何计算GDP有更深入的了解时，就会清楚地看到，出于各种原因，中国的数字与彩图27-3中的其他国家特别是OECD成员国的数字非常不同。如果要与其他国家进行比较，中国的数字就需要进行调整。

这些调整将显示，与其他正在与中国比较的国家相比，中国的总体消费（C）数据严重低估了中国家庭的真实消费。为了理解这一点，需要再一次跳进 GDP 核算——尤其是中国 GDP 核算——的"奇异世界"。

二、澄清关键概念

理解国民经济背景下的收入、消费、储蓄和投资等概念及相关统计数据，并且在可比基础上进行比较，需要一些知识基础，尤其是要掌握关键概念。与本书内容相关的几个重要概念包括：GDP 核算方法、支出法 GDP 核算恒等式、基于住户调查和资金流量两种方法计算的居民[①]可支配收入、实物社会转移和虚拟租金等。

居民可支配收入：基于资金流量核算 vs 基于住户调查的方法

这两个统计指标在基本用途、口径范围、资料来源和数据表现等方面都有区别。

资金流量核算[②]中的居民可支配收入，反映的是国民收入在居民、企业和政府部门的分配格局中居民获得的份额。所以根据定义，该指标是了解居民部门获得国民收入份额较为准确的指标。

住户调查的居民可支配收入，顾名思义，基于抽样调查的方法，是指调查户在调查期内获得的可以用来自由支配的收入，反映了居民可支配收入的详细来源和不同类型群体（五等份分组）之间的收入差距，其重要性

---

① 本书会交替使用"住户"、"居民"和"家庭"，在本书中它们是一个意思。
② 根据国民经济核算的国际标准"SNA-2008"的中国版本《中国国民经济核算体系（2016）》的制定，主要用于核算中国的收入分配和使用、资金筹集和运用等情况。其中的收入分配包括初次分配和再分配。

体现在居民收入的来源分析和差距分析上。更具体地，住户调查的主要内容，不仅包括居民收入和消费情况，同时还包括居民就业、社会保障参与、住房状况、家庭经营和生产投资以及收入分配影响因素等调查内容。

在分层、多阶段、与人口规模成比例和随机等距抽样相结合的方法下，在全国共抽选出1 800个县（市、区）的1.6万个调查小区，对抽中小区中的160多万个住户进行全面摸底调查，在此基础上随机等距抽选出约16万住户参加记账调查。除此之外，还会定期对调查小区和调查住宅进行轮换。住户收支与生活状况调查是在95%的置信度下，全国居民人均可支配收入的抽样误差小于1%。主要是采用调查户记日记账的方式采集居民收支数据，同时辅以统一的调查问卷，收集与收入支出有关的其他调查内容。2013年起，按照住户收支与生活状况调查制度，国家统计局每年收集16万调查户12个月的记账数据，在此基础上汇总计算出各年的全国居民可支配收入、城镇居民可支配收入、农村居民可支配收入等收支数据。可以理解的是，高收入家庭表现出对该调查制度的明显不配合，因此住户调查中高收入家庭的数据相对不够准确，并且呈现不足。

上述两种方法的数据表现有显著区别。根据许宪春（2023，p59），2018—2020年，资金流量核算中的居民可支配收入，是利用住户调查资料推算的居民可支配收入的1.3倍左右。

《中国国民经济核算体系（2016）》于2017年经立法通过。相较于《中国国民经济核算体系（2002）》，新版本作了较多修订，与本书相关的修订包括实物社会转移和虚拟租金等方面。

引入"实物社会转移"和"实际最终消费"概念

在大部分国家，政府会向某些家庭人口提供补贴商品和服务。支出法GDP中的政府（G）是指政府部门承担的公共服务支出，及其承担的个人消费货物和服务支出，后者主要包括政府在医疗、养老、教育、文化娱乐和社会保障等方面的支出。一个典型的例子就是中国城市里数以千计的社区大食堂。在这些食堂里,像老年人这样的特定群体可以在步行距离内获得补贴膳食。

以上海江苏路街道社区大食堂为例。在上海的这家社区食堂,自助餐每人28元,老年人可享受半价优惠。这家食堂自2019年开始营业,一次可容纳80人。除了午餐和晚间自助餐,还提供单点早餐和餐饮选择,以满足特定社区的需求。例如,可以为喜欢在家吃饭的老年人准备并送达新鲜食物,价格为16元。虽然这些餐厅像普通餐馆一样由民营企业主经营,但它们的成本由政府补贴。OECD经济体中最接近的类比服务可能是食品券。

这些社区食堂的补贴费用虽然计入政府(G)项下,但它们使家庭受益,故应计入居民的可支配收入和家庭消费(C)项。SNA-2008定义此类政府向家庭部门提供的、非现金形式的福利为"实物社会转移"(Social Transfer In-Kind,STIK),它们代表广义政府部门免费或以没有显著经济意义的价格向居民提供消费性货物和服务的支出,并被计入居民可支配收入和消费支出。为了与之前的概念相区分,因此被称为"调整后可支配总收入"和"最终实际消费"(分为居民实际最终消费和政府实际最终消费)。这两个根据实物社会转移调整后的指标,是分析和评估一个经济体居民部门的收入和消费水平更准确的指标,但经常发生的是,相关统计分析会混用这两种数据。

中国在2017年立法引入了这些概念,并修改了国民经济核算的相应部分,还对一部分数据序列进行了历史回溯修改。但作为正式的国民经济核算的一部分,这种调整是从2018年的数据才全面开始的。从《中国统计年鉴(2020)》[①]开始提供新表"3-12实际最终消费及构成",并在表"3-15资金流量表(非金融交易)"中新增三项条目:实物社会转移、调整后可支配总收入和实际最终消费(参见图8-1)。

---

① 至少在关于实物社会转移和实际最终消费的概念方面,《中国统计年鉴》提供了延迟2年的官方数据,即2020年的版本反映了2018年的统计数据。

很遗憾的是，中国几乎所有对居民收入和支出方面的国民经济核算结果的引用，包括政学商界、媒体、智库等，都未能指出这方面的变化/差异，并且仍引用未经调整的数据，尽管中国国家统计局从2018年开始已实现这些调整。在国外学者中，朱鸿深（音Hongshen Zhu）在2023年的一条推文中最早指出（Hongshen Zhu，2023），2020年相当于GDP的6.9%的实物社会转移被转移到了居民消费，并指出国家统计局在《中国统计年鉴》中正式规定了这一调整（见图8-1）。《中国统计年鉴》的表3-18和表3-19显示，该调整将住户部门可支配总收入占GDP的比例从62.2%提高到了69%，居民消费占GDP的比例从38.2%提高到了44.9%。38.2%是未经调整的支出法GDP的居民消费数字，这也是在中国被最广泛引用的数字之一。

单位：亿元

机构部门 交易项目	非金融企业部门		金融企业部门		广义政府部门		住户部门	
	运用	来源	运用	来源	运用	来源	运用	来源
八、可支配总收入		195203.2		35453.2		149567.5		625798.5
九、实物社会转移					68019.2			68019.2
十、调整后可支配总收入		195203.2		35453.2		81548.4		693817.6
十一、实际最终消费					105606.2		455204.9	
（一）居民实际最终消费							455204.9	
（二）政府实际最终消费					105606.2			

图8-1 资金流量表（非金融交易）示例

在OECD国家，社会福利通常通过直接现金转移和实物社会转移发放。不同国家两者差异比较大，2020年，瑞典、荷兰和冰岛等，实物社会转移占GDP的比重接近20%。因为金融危机，2020年西方国家普遍大幅增加了对家庭的直接（现金）转移支付，美国、比利时、西班牙、奥地利、希腊的现金转移约为20%，法国和意大利分别高达22.5%和24%（OECD数据库）。西方国家相比中国，在对家庭部门的社会福利方面，更为偏爱现金转移。这可能与中国家庭的消费偏好,以及相应的中国政府更偏好凯恩斯类型的供给侧刺激措施有关。

与实物社会转移较接近的可能是食品券,与可以购买任何东西的现金相比,限制了消费者的选择,但也因此在通胀控制方面,可能要优于现金转移。接受现金转移的消费者,可能会拿现金购买任何东西(包括金融资产)或简单地进行储蓄,这取决于他们的消费偏好。如果人们只是简单地拿政府的现金补贴去购买股票(例如,2020年美国金融危机期间很多家庭就是如此)而不是去进行政府期望的衣食住行方面的消费,那么宏观效应可能是金融资产市场上涨而实体经济停滞,即滞胀。或者如果人们只是简单地把政府补贴的现金存进银行去支持可能的大额购买,如房产——这就是在中国当前经济环境下给全民发放现金补贴最可能的结果,那么实际上也是达不到刺激实体经济循环的目的的。而实物社会转移只在经济活动——尤其是与商品和服务相关的实体经济活动——发生时,才真正产生货币效应,因此对通胀影响非常小。但也有观点指出,过于依赖实物社会转移,可能会助长腐败。

采用市场租金法计算城镇居民自有住房服务产出

这指的是虚拟租金的核算方法。所谓"虚拟租金"(Imputed Rents),是指自有住房居民居住在自有住房中,相当于消费了自己房产提供的居住服务,因此从国民经济核算角度而言,居民自有住房有服务产出。虽然没有发生实际的收支行为,但在国民经济核算中,虚拟租金应被计入居民可支配收入和消费(C)。由于虚拟租金没有产生真实的收入和支出,因此它们通常是被估算出来的。此外,虽然各个经济体都遵循SNA-2008的要求对虚拟租金进行核算,但在具体核算规则上并不完全一致。这导致各个经济体的虚拟租金,以及相应的可支配收入和消费支出核算,不能直接比较。

有几种方法计算虚拟租金,分别是基于住宅的建造成本、账面价值或市场租金来计算居民自有住房的服务产出。有些经济体还会参考消费者价格指数以及利率等指标，以求尽可能贴近真实市场价值。中国的虚拟租金核算尤为复杂，复杂度主要体现在两个维度。一是居民可支配收入和居民消费支出中的虚拟租金核算方法不同。二是分别有两种方法对应收入和支出中的虚拟租金核算：对于居民可支配收入，有资金流量和住户调查两种方法；对于居民消费支出，有支出法 GDP 和住户调查两种方法。下面分别予以讨论。

许宪春（2023，p55）说明了虚拟租金如何计入居民可支配收入。在住户调查中，居民自有住房折算净租金（即虚拟租金）被处理为居民的财产性收入，计算公式为：

居民自有住房年度折算净租金 = 居民自有住房年度折算租金 – 居民购建房年度分摊成本

居民自有住房年度折算租金依据自有住房的现期市场价值估值和年折旧率进行折算，而购建房年度分摊成本是按照购建房的价值（即购买时的成本）和相应的年折旧率进行计算。

在居民可支配收入的资金流量核算中，没有把虚拟租金作为财产性收入进行处理。事实上，资金流量核算根本没有处理这部分收入。因此虚拟租金没有体现出来。资金流量核算和住户调查对于自有住房的虚拟租金的处理方法不同：前者没有考虑这个项目，后者将这个项目作为财产性收入处理，故而会直接影响到两者的居民可支配总收入。

许宪春（2023，p94-p95）说明了虚拟租金如何计入居民消费支出，这里有住户调查和支出法 GDP 两种方法。在住户调查中，虚拟租金基于自有住房现期市场价格和年折旧率计算。在支出法 GDP 中，居民自有住房服务消费支出（即虚拟租金）直接利用 GDP 生产核算中的居民自有住房服务总产出数据。该数据主要由自有住房的折旧决定，折旧的计算公式为：

城镇居民自有住房折旧 = 城镇居民人均住房建筑面积 × 城镇居民年平均人口 × 城镇住宅单位面积造价 × 城镇居民自有住房比重 × 折旧率（2%）

农村居民自有住房折旧计算方法类似。

虽然《中国国民经济核算体系（2016）》规定，支出法 GDP 中虚拟租金的核算采用市场租金法，以与大部分西方经济体保持一致，但这一规则尚未实施，因此虚拟租金是**基于住房当年的造价计算的**。

由于中国城镇和农村居民自有住房比重很高（分别为 70% 和 100%），因此如何把虚拟租金计入居民可支配收入和居民消费支出至关重要。西方经济体核算虚拟租金时采用的方法是资金流量或 GDP 支出法，这两种方法对中国虚拟租金的核算的影响是，资金流量核算中没有把虚拟租金计入居民可支配收入，支出法 GDP 中使用住房当年造价而非市场价值来计算虚拟租金。因此如果要对中国和西方经济体的居民可支配收入和居民消费支出水平进行对等比较，就需要对中国的数据进行调整。

在西方经济体国民经济核算中，虚拟租金是居民可支配收入和居民消费支出的重要组成部分。以美国为例，虚拟租金是以市场租金法来计算的，2019 年美国的虚拟租金占 GDP 的比重为 7.9%。中国国家统计局没有提供虚拟租金的核算结果，但可以根据 GDP 生产核算的虚拟租金的折旧部分的公式来进行估算，以 2019 年的数据为例，如表 8-1 所示。

根据上述公式估算中国 2019 年虚拟租金约占 GDP 的 2.3%，相较于美国 7.9% 的数据低 5.6%。2001 年后，美国虚拟租金占 GDP 的比重为 7.8%~8.7%[1]。

---

[1] U.S. Bureau of Economic Analysis, Gross Domestic Product [GDPA], retrieved from FRED, Federal Reserve Bank of St. Louis; https://fred.stlouisfed.org/series/GDPA, September 21, 2023.

表 8-1　中国虚拟租金估算（2019 年）

城镇人均居住面积(平方米)[1]	39.8
农村人均居住面积(平方米)[1]	48.9
房屋竣工造价(元/平方米)[2]	3549
农村房屋建筑平均成本(元/平方米)[3]	700
GDP（万亿元)[2]	98.3751
城镇居民自有住房比重[1]	70%
城镇人口(亿)[2]	8.8426
农村人口(亿)[2]	5.2582
城镇住房折旧率	2%
农村住房折旧率	3%
城镇虚拟租金(万亿元)	17486.2663
占 GDP%	1.8%
农村虚拟租金(万亿元)	5399.6456
占 GDP%	0.5%
城镇和农村虚拟租金合计(万亿元)	22885.9118
占 GDP%	2.3%

数据来源：
（1）任泽平，《中国住房存量报告：2021》。
（2）城镇房屋竣工造价、GDP、人口信息分别来自国家统计局的《中国统计年鉴（2021）》的表 19-8、表 3-1 和表 2-1。
（3）知乎。

中国国务院发展研究中心市场经济研究所的王瑞民和王微（2022）指出，"美国等采用市场法估算虚拟租金的经济体，虚拟租金占 GDP 的比重达到 5%~10%，我国采用折旧法估算的虚拟租金的占比仅为 2.5% 左右"。多个讨论中美虚拟租金核算差异的信息源的数据显示，两国核算方法给出的虚拟租金占 GDP 的比重相差约 6%。这是因为中美分别基于自有住房的当年建造成本和市场租金价值来估算虚拟租金。本节的估算与这些认识是匹配的。此外，需要注意的是，根据资金流量核算，OECD 经济体的居民可支配收入计入了虚拟租金，但中国没有计入。

中国几乎所有关于居民可支配收入和居民消费支出水平的讨论都没

有提及/考虑虚拟租金，以及与西方经济体核算的差异。亚当·沃尔夫（Adam Wolfe）可能是最早指出虚拟租金核算方面中美差异的国外分析师，他比较了中国与OECD国家的家庭可支配收入的细目（Adam Wolfe，2023c）。他使用的数据序列显示，中国"营业盈余[①]和虚拟租金"合计占居民可支配收入约10%，低于大部分OECD国家（平均约为21%）。沃尔夫认为，通常情况下，对于像中国这样的欠发达国家来说，住房收入（包括虚拟租金）在收入中所占比重应该更高，而不是更低。因此这是一个强有力的指标，说明中国的核算低估了虚拟租金。

多个来源证实，中国的GDP数据低估了虚拟租金。按照西方国家的核算标准，其金额占GDP的比重应该在4%~8%之间。这是一个有显著经济意义的数字，它应该被附加到GDP的估计中，并被计入居民可支配收入和算作居民消费（C）。

三、中国居民可支配收入并不低

根据前文的分析，西方经济体的国民经济核算中，居民可支配收入已经包含了实物社会转移和虚拟租金。中国国家统计局应该是自2018年起将实物社会转移的概念全面应用到国民经济核算中，并且对一些历史数据进行了回溯和修改。但OECD并没有相应更新自己的数据库。因此彩图22-1中，中国的居民可支配收入占GDP的比重偏低。根据实物社会转移调整前后的中国2019年居民可支配收入，占GDP的比重分别为60.3%和66.2%[②]。国家统计局这一调整后的官方数字已经与世界平均水平持平。如

[①] 营业盈余指的是个体经营户（不包括农户）所创造的利润。
[②] 数据来自国家统计局，《中国统计年鉴（2021）》中的表"3-18 企业、广义政府与住户部门可支配总收入及比重"和表"3-19 企业、广义政府与住户部门调整后可支配总收入及比重"。

果再计入被漏掉的虚拟租金（别忘记在资金流量核算的居民可支配收入中，虚拟租金没有被计入），假设虚拟租金被调整后占GDP的比重为8%（与美国水平持平，美国虚拟租金占GDP的比重维持在8%左右），则调整后的居民可支配收入占GDP的比重约为71%。这处于OECD平均水平偏上，说明居民部门在中国国民收入中分配的份额并不低，接近全球经济体第一梯队。这可能与绝大部分中国人的直观感受相悖，原因是收入不平等，"富人储蓄更多"一节将对此进行更多讨论。

比较中美居民可支配收入

表8-2采用官方原始数据比较了2020年中美两国居民可支配收入，包含了官方的实物社会转移调整，中国的数据不包含虚拟租金的调整。比较来看，中美在员工税前薪酬方面差距并不显著，分别占GDP的52.7%和55%。但中国的经常税只有美国的1/10。因为中国基本上很少收财产税，所以中国体现的主要是所得税。实际上中国个人所得税占GDP的比重只有美国的1/6，所以扣除所得税后的员工薪酬占GDP的比重，中国甚至高于美国。所得税规模过小，表明所得税在改善收入分配方面所起作用非常有限。两国实物社会转移占GDP的比重接近。

其他拉开中美居民可支配收入差距的主要因素有以下几个。

（1）净社会保险福利、社会保障补助等经常转移，其占GDP的比重，中国只有美国的1/10。这代表政府向居民的经常性转移，中国少得多，这与政府实际的税收收入有限、国家仍然处于发展中阶段有关。社会保险的收支占经常性转移的2/3以上，2020年社保盈余（即社保缴款超过社保福利）占GDP的1%。这表明社保不仅未能起到改善分配的作用，还在从居民部门"抽血"。

（2）中国居民的净财产收益占GDP的比重比美国低10%以上。这部分收益主要是利息和红利，美国差不多是五五开，而中国居民的红利收益只占净财产收入的1/10。这表明中国股市之于居民的财富效应远低于美国股市之于本国居民。中国居民的净财产收益的 70% 是利息收入，这可能表明，中国经济的金融租金（利息）成分过高了。

表 8-2　中美居民可支配收入对比（2020 年）

	美国		中国	
	数额（10 亿美元）	占 GDP%	数额（亿元）	占 GDP%
GDP	21,060.5		1,005,451.0	
政府赤字	3,138.0	14.9%	60,641.8	6.0%
可支配收入：				
员工薪酬	11,592.7	55.0%	529,580.5	52.7%
住房收入（租金和虚拟租金）	2,363.0	11.2%		
净社保 / 福利	2,781.2	13.2%	13,636.7	1.4%
净财产收入（利息、红利）	3,095.4	14.7%	34,639.0	3.4%
经常税（所得税、财产税）	(2,236.4)	-10.6%	(11,576.3)	-1.2%
不详 / 缺口			59,518.6	5.9%
合计	17,595.9	83.5%	625,798.5	62.2%
调整后可支配收入：				
实物社会转移	1,337.1	6.3%	68,019.2	6.8%
合计	18,933.1	89.9%	693,817.7	69.0%

数据来源：

（1）美国：实物社会转移和政府赤字来自 OECD 数据库，其余来自 U.S. Bureau of Economic Analysis, Personal income [A065RC1A027NBEA], retrieved from FRED, Federal Reserve Bank of St. Louis; https://fred.stlouisfed.org/series/A065RC1A027NBEA, September 21, 2023。

（2）中国：国家统计局《中国统计年鉴（2022）》，"3-15 资金流量表（非金融交易，2020 年）"。

说明：

（1）中美的居民可支配收入都是基于资金流量核算的结果。

（2）中国的核算没有考虑虚拟租金但包含租金，不过没有提供有关租金核算的具体数字。猜测可能包含在 "不详 / 缺口" 项中。

（3）美国的信息是完整的，因此 "不详 / 缺口" 项目为空。

（4）中国的 "不详 / 缺口" 代表资金流量核算中没有说明的部分。对照美国的居民可支配收入细目，"不详 / 缺口" 部分应该至少包含租金收入。因为中国的资金流量核算没有考虑虚拟租金，所以这部分可能包含租金，但实际的租金数据可能非常小，因为据估计，中国少于 20% 的出租活动在政府视野之内。此外，"不详 / 缺口" 还可能包含个体经营户的营业盈余。

（3）美国的住房服务收入（租金加上虚拟租金）占GDP的比重达到了惊人的11.2%，尤其是虚拟租金约为8%。中国的资金流量核算没有考虑虚拟租金，但考虑了租金，不过没有提供租金核算的具体结果。考虑到中国绝大部分（据估计超过80%）出租活动在政府视线之外，租金核算结果可能没有显著经济意义。笔者根据国家统计局提供的国民经济核算的投入产出数据和有关房地产行业的数据[①]，估算2015年住房租金约占GDP的0.7%。2000年以后美国住房收入占GDP的比重一直在10%~11%。因此保守估计，如果中国采取与美国一样的规则核算住房服务价值，那么中国居民可支配收入占GDP的比重至少可以提高10%。

（4）美国的政府赤字率比中国高8.9%。2020年疫情触发金融危机后，美国政府为企业和居民部门提供了慷慨的现金支付转移，飙升的政府赤字为此提供了资金支持。在所有主要经济体中，在扩张财政赤字为疫情救助和疫情后经济刺激提供资金方面，中国政府表现得最为节制，因此中国居民可支配收入中从政府获得的经常性转移也最少。美国的财政赤字失控和财政纪律失调建立在美元全球霸权基础之上，美国表面上确实拥有随意印钞并让全球买单的特权，但这种特权的日益滥用（不仅仅是"印钞"）正在让"天下苦美元久矣"，全球去美元化运动方兴未艾。由此可见，以高政府赤字支持国民福利没有长期可持续性。

在影响中美居民可支配收入差距的数项因素中，两国的住房服务收入可能是最对等的，差别仅仅在于技术层面的核算处理，并不会实际影响居民的可支配收入水平。虚拟租金本来就是"虚拟"的，而租金是经济活动的货币结果，不管被核算与否或核算是否准确，对居民实际收入的影响都是一样的，差别仅仅在于统计数据的准确和光鲜与否。所以中美居民真实

[①] 估算采用了来自国家统计局的两类数据：（1）"年度数据/指标/国民经济核算/投入产出基本流量表/中间使用部分/房地产业、租赁和商业服务业"项下的增加值、固定资产折旧、营业盈余等指标；（2）"年度数据/指标/固定资产投资和房地产/房地产开发企业经营情况"项下房屋出租收入和营业利润指标，以及"年度数据/指标/固定资产投资和房地产/房地产开发企业资产负债"项下本年折旧指标。

收入的差距主要体现在税制和金融市场方面。中国的税制基本不征收所得税和财产税，这导致政府缺少足够的税基为居民提供合意的社保，因此本应发挥再分配作用的税收和社保，对改善分配的作用相当有限。由此可见，对居民征税与国家的社保能力是一个硬币的两面。在金融市场方面，中国的股市没有起到应有的财富效应，并且经济中利息租金过多。

中国居民可支配收入的分配

中国居民如何分配他们的可支配收入呢？为了更好地与传统概念进行比较，这里将这些领域分为居民消费支出（不含住房服务支出与实物社会转移）、住房服务支出、实物社会转移、资本形成总额、非金融资产变动净额和净金融投资。为了与西方经济体可比较，将根据前面讨论的内容，就实物社会转移和虚拟租金部分对原始的居民可支配收入进行调整，然后再分析，此处以2020年的数据为例（见表8-3）[①]。

除了对虚拟租金估算的假设，其余数据都来自资金流量表。其中，居民部门的"资本形成总额"基本上是对应到新房投资；表中前三项——住房服务之外的居民消费支出、住房服务支出和实物社会转移——的合计对应到居民实际最终消费，即通常与西方经济体的居民消费可对等比较的部分，大约占调整后居民可支配收入的三分之二；剩下的三项合计为"总储蓄"，约占调整后居民可支配收入的三分之一，总储蓄的一半归于新房投资。

现在再来看一幅很流行的有关中国消费占GDP的比重远低于西方国家和世界平均水平的示意图。在彩图17中，中国被计为"家庭支出"

[①] 写作本书时并未查阅到中国支出法GDP核算中住房消费占GDP百分比的准确数字，因此在这里假设住房服务支出占GDP的3%。在本书编辑出版过程中，从两个独立来源分别获得了该数字较为准确的信息。许宪春（2023，p140）指出，2018年中国虚拟租金占居民消费支出约10%，换算为占GDP的3.86%；中国人民大学的高敏雪（2020）指出，2017年中国住房消费（主要是虚拟租金）约为3.5万亿元，换算为占GDP的3.8%。因此住房服务支出占GDP的3%的假设略微偏低，但并不显著影响本书的相关结论（关于居民可支配收入、实际消费支出水平等），因此本书不再做修正。

表 8-3　中国居民可支配收入支出细目（2020 年）

	调整前			调整		调整后		
	金额(亿元)	占 GDP%	占合计 %	(1)	(2)	金额(亿元)	占 GDP%	占合计 %
居民实际最终消费								
居民消费支出 [1]								
住房服务支出之外	357,022.5	35.5%	57.1%			357,022.5	32.9%	46.2%
住房服务支出 [2]	30,163.5	3.0%	4.8%		78,201.7	108,365.3	10.0%	14.0%
实物社会转移	–	–	–	68019.2		68,019.2	6.3%	8.8%
总储蓄						–	–	–
资本形成总额	126,114.6	12.5%	20.2%			126,114.6	11.6%	16.3%
非金融资产变动净额	(34,925.2)	-3.5%	-5.6%			(34,925.2)	-3.2%	-4.5%
净金融投资	147,423.3	14.7%	23.6%			147,423.3	13.6%	19.1%
合计	625,798.7	62.2%	100.0%			772,019.6	71.2%	100.0%
支出法 GDP	1,005,451.0				78,201.7	1,083,652.7		

说明：
（1）这是支出法 GDP 的居民消费支出。
（2）支出法 GDP 的住房服务支出包括租金和虚拟租金两部分，但被显著低估。
调整和假设：
（1）国家统计局《中国统计年鉴（2022）》表 "3-15 资金流量表（非金融交易，2020 年）"。
（2）根据笔者 2 次估算——虚拟租金约占 GDP 的 2.3%，住房租金约占 GDP 的 0.7%——假设住房服务支出调整前占 GDP 的比重为 3%，调整后占 GDP 的比重变为 10%。

的部分仅对应到上表中"住房服务之外的居民消费支出"，而欧盟、美国被计为"家庭支出"的部分对应到上表中"居民消费支出"（这里没有计入实物社会转移，美国 2020 年计入实物社会转移后的居民消费支出占 GDP 的比重为 74%，而不是图中所示的 68%）。在彩图 17 里，中国的数据需要提高 7% 才是与其他经济体对等的比较。很多此类跨国比较研究都不一定能完全搞清楚状况，包括是否计入了虚拟租金或实物社会转移，大家是否在可比的基础上进行比较，中外都是如此。

值得肯定的是，主流媒体《经济学人》（Economist，2023a）第一次报道了经实物社会转移调整后的中国家庭可支配收入，以及家庭消费占 GDP 的比重，彩图 16-1 和彩图 16-2 中的数字就正常多了。

"中国家庭收入增长疲软"的说法站不住脚

中国家庭收入增长一直很好,主要表现在以下几个方面。

(1)过去30年,在主要经济体中收入增长最快;自21世纪第二个十年以来,名义CAGR达到了9.5%,从绝对数字来看,长期收入/工资增长在世界上是最高的(见彩图23-1)。

(2)在疫情防控的3年期间(2020—2022年),家庭收入增长与人均GDP保持同步。人均家庭可支配收入增长了13.6%,略高于人均GDP的增长速度11.9%(见彩图23-2和彩图23-3)。

(3)税后工资占GDP的百分比,中国在这份包括美国、日本、韩国和德国在内的榜单上是最高的(见彩图22-2)。

(4)2023年年初至10月,家庭收入增长继续超过GDP增长。人均可支配收入(基于家庭调查的狭义衡量标准)增长了5.9%(实际),而GDP(名义)增长率为5.2%。

(5)过去数年白领和白领收入以上人群收入受损,这看上去与人均可支配收入的增长相悖。这是因为中国存在双速劳动力市场,而过去数年的经济政策倾向于支持低收入生计而不是高收入生计群体。"收入增长和消费疲软的'悖离'"小节将进行更详细的讨论。

无论是从绝对角度还是从相对角度(占GDP的百分比)来看,中国家庭收入增长"疲软"的说法都是完全不正确的。即使是在流感大流行期间,家庭部门收入也在稳步增长。但此期间,家庭消费较低,因为家庭储蓄了更多的收入。从历史上看,家庭以购买新建住房的形式进行储蓄,住房约占家庭资产的1/3。但在2020年8月中央政府"三道红线"的推动下,房地产行业明显收紧,城市新家庭形成的速度明显下降(见彩图7)。住房作为居民储蓄的主要载体的功能显著下降。

相反,家庭选择了积累现金和其他流动性储备,银行持有的现金激增就是明证。由于现金存款的主要传导机制(房地产开发贷款)收紧,经济相对停滞,民营部门企业也不愿借款,因此现金只是在银行里不断积累,并没有在经济中发挥作用。面对这种情况，主要解决办法不是如何让家庭部门增加收入，而是要弄清楚为什么家庭部门要把这么多储蓄变成现金。

新冠疫情、对科技平台和营利性教培行业的治理，以及房地产流动性紧缩使得家庭/消费者信心受到影响。与此同时，由于同样的普遍不确定性因素，人们对民营部门的信心也有所下降，导致疫情后反弹相对较慢。因此，如果是未来前景缺乏确定性降低了消费者信心，那么恢复确定性才是解决之道。供给侧的措施并没有错，特别是如果这些措施有助于提高未来的透明度并恢复消费者的信心。

在许多错误的中国经济/宏观分析中，认为中国家庭收入低是核心问题。认为中国家庭收入低的观点，引用了大规模金融抑制、人为压低利率、资本管制等因素，并认为中国家庭被迫为住房支付巨额费用，结果只是补贴地方政府。不论是否存在金融抑制和低利率，最终起作用的是家庭收入的数字。所以这取决于持有这种观点的人是否认为占 GDP 71% 的居民可支配收入水平太低了。这个数字虽然低于美国的数字，但已经高于 OECD 经济体的平均水平。

决定购买城市中新建住宅的是家庭，而不是任何其他行为体在行使消费和储蓄方面的偏好。虽然地方政府乐见推高土地价格（房价因此飙升），但许多地方政府的财政收入通过实物福利转移给了家庭，这种转移接近政府总支出的一半。90% 的中国人拥有自己的房子，其中 1/3 的人在 20 年前以非常便宜的价格买到了房子。另一大部分是在城市化的前半段（到 21 世纪第一个十年中期）以相对较低的成本获得的。在城市化历史的最近一段时期（近 6~8 年），住房肯定已经变得更加昂贵，所以有一部分家庭在相对较高的成本基础上获得了住房，但如果看平均数字，住房成本并不高。

四、重新计算中国居民消费支出水平

现在是时候对中国和其他经济体的居民消费支出水平进行一次更全面、更完整的对等比较了。为此，前面讨论的实物社会转移和虚拟租金是较为重要的需要调整的数据。这两个调整是因为中国 GDP 的核算标准与 OECD 经济体存在差异。除了核算标准的差异之外，中国支出法 GDP 中的投资（I）的一部分代表资本化的补贴，在 OECD 国家归为政府消费支出（G）或居民消费支出（C）。

前文曾讨论了扶贫在投资考量方面的作用，尤其是在贵州等不太富裕的省份。基础设施是中国国家扶贫方法的支柱之一。至少有三种方法，把消费（C）和政府（G）"伪装"成投资（I）：

（1）通过基础设施项目提供资金的扶贫战略；

（2）通过建造公共住房资助补贴住房方案；

（3）地方政府事实上通过从关联方 LGFV 借款来为持续支出提供资金。

第一，基础设施项目通常由 LGFV 提供资金。某个 LGFV 通常以土地的形式注入股本，并借钱为建设和开发提供资金。某些基础设施项目在其承担的任务中具有重要的减贫内容。原本预计这些项目就不能完全依靠资产产生的增量收入来支持自己，因此最终可能需要额外的政府支持。一个例子是在山区修建一座桥梁，可以将当地居民的旅行时间从几个小时缩短到几分钟。虽然大桥可能不会从当地低收入居民那里产生足够的增量税收或通行费来完全覆盖其融资成本，但它提高了当地居民的生活质量，实际上代表了财富从政府向这些当地居民的转移。很难准确计算这相当于多少补贴，但一种思考方式是，很大一部分 LGFV 损失可以归因于扶贫计划。如果这些"社会损失"由中央政府直接资助，作为明确资助计划的一部分，那么它将出现在政府（G）栏，而不是投资的基础设施（I）栏。这样做更接近于 OECD 经济体的典型做法。例如，美国在西弗吉尼亚州的 48 号公路①（又称"H走廊"）上花费了数十亿美元。

第二，与基础设施类似，过去20年建造的住宅中有一部分是由政府补贴的公共住房。2010—2019年，共售出1.413亿套城镇住房，其中2950万套（约21%）为新建公共住房②。自2019年以来，公共住房建设"比私人住房更具弹性"。墨尔本大学学者的工作（Lei Yu，2022）表明，2012年发放的经济适用住房补贴约占GDP的1.2%，这可以代表与经济适用住房计划相关的资本化基础设施（I）。与公共住房相关的实际投资额（I）将更高。住房约占投资（I）的1/3，相当于占GDP的15%。假设住房的15%可归因于公共住房（约21%的住房数量），则相当于GDP的2.3%。这一部分可用来估算公共住房补贴方面政府（I）可归因于消费（C）和政府（G）的部分。

第三，地方政府一直在利用关联方LGFV借入资金，而这些资金正被用于为持续支出提供资金。这是保守的银行体系和中央政府为限制（地方政府）直接借款而实施的控制措施的遗留问题。在不同的系统下，这些资本化的费用将作为财政支出显示在政府（G）类别下。

这一数字将是"扩大的财政赤字"指标的一部分。IMF利用这一指标来补充官方对地方财政（通过关联方LGFV的净借款活动）的看法。IMF计算出，扩大的赤字占2021年GDP的13.8%，其中大部分是由LGFV活动（相对于地方政府财政赤字）推动的。假设在调整后的GDP核算恒等式中，1%的GDP已被资本化为投资（I），而实际上应该是政府（G）。同样，这个调整数字可能是保守的（表8-4）。

投资人格伦·卢克（Glenn Luk）对纠正普遍存在的对中国国民经济核算的误读做了非常好的工作，尤其是从亚当·沃尔夫和朱鸿深的分析中分别借鉴了关于虚拟租金和实物社会转移的概念和分析（Glenn Luk，2023a）。但卢克的分析存在一项缺点，即他或者误认为OECD经济体偏好

---

① 这是一条153英里长的高速公路，是1965年《阿巴拉契亚地区发展法》的一部分。
② 根据Glenn Luk（2023a）的数据源，来自Morgan Stanley。

表 8-4　中国 GDP 核算恒等式调整（2021 年）

	2021 年 GDP		调整					调整后 2021 年 GDP	
	金额(亿元)	占合计的 %	(1)	(2)	(3)	(4)	(5)	金额(亿元)	占合计的 %
居民实际最终消费（C）									
居民消费（C）									
住房服务支出之外	403,656.7	35.2%			9,162.3	8,017.0		420,836.0	34.1%
住房服务支出	34,358.5	3.0%	89,077.6					123,436.1	10.0%
实物社会转移				73,321.0				73,321.0	5.9%
政府消费（G）	181,673.0	15.9%		(73,321.0)	9,162.3	8,017.0	11,452.8	136,984.1	11.1%
投资（I）	495,784.3	43.3%			(18,324.5)	(16,034.0)	(11,452.8)	449,973.0	36.5%
出口净额（NX）	29,810.5	2.6%						29,810.5	2.4%
合计	1,145,283.0	100.0%	89,077.6					1,234,360.6	100.0%

调整和假设：

（1）住房服务支出包括租金和虚拟租金。支出法 GDP 的居民消费（C）中包含这两项，但没有具体数字。假设调整前住房服务支出占 GDP 的 3%，调整后，占 GDP 的比重变为 10%。

（2）实物社会转移。虽然在制作此表时国家统计局尚未发布 2021 年实物社会转移的数字，但可以根据其发布的年度数据序列进行推算："指标 / 国民经济核算 / 资金流量表（实物交易）/ 住户部门 / 资金运用 / 住户部门实物交易资金运用最终消费"与"指标 / 国民经济核算 / 支出法国内生产总值 / 居民消费"两者的差便是实物社会转移的数额。

（3）通过基础设施的政府补贴。假设基础设施投资（I）的 10% 是资本化补贴，各 50% 分别归属于居民消费（C）和政府消费（G），根据 Herd（2020），基础设施（I）占 GDP 的 16%。

（4）通过公共住房的政府补贴。假设住房投资（I）的 10% 可归因于公共住房，各 50% 分别归属于居民消费（C）和政府消费（G），根据 Herd（2020），住房投资（I）占 GDP 的 14%。

（5）假设相当于 GDP 的 1% 的地方政府财政赤字是资本化的费用，归属于政府消费（G）。

说明：

（1）其他数据来源于国家统计局的年度数据序列，表"指标 / 国民经济核算 / 支出法国内生产总值"。

（2）Herd, *Estimating Capital Formation and Capital Stock by Economic Sector in China*, 2020.

政府对居民的直接现金转移而不使用实物社会转移，或者他以为自己使用的 OECD 居民消费数据已经包含了实物社会转移。实际上，OECD 经济体非常多地使用实物社会转移，并且同中国的国民经济核算规则一样，在支出法 GDP 中，实物社会转移没有被归于居民消费支出，而是被归于政府消费支出。所以在卢克"修正"的中国与 OECD 经济体居民消费支出水平的对比中，中国的居民消费支出包含了实物社会转移，而 OECD 经济体却没有。虽然这一缺点不会证伪卢克关于"中国居民部门消费水平并不真正低"的结论，但确实会在一定程度上削弱它。

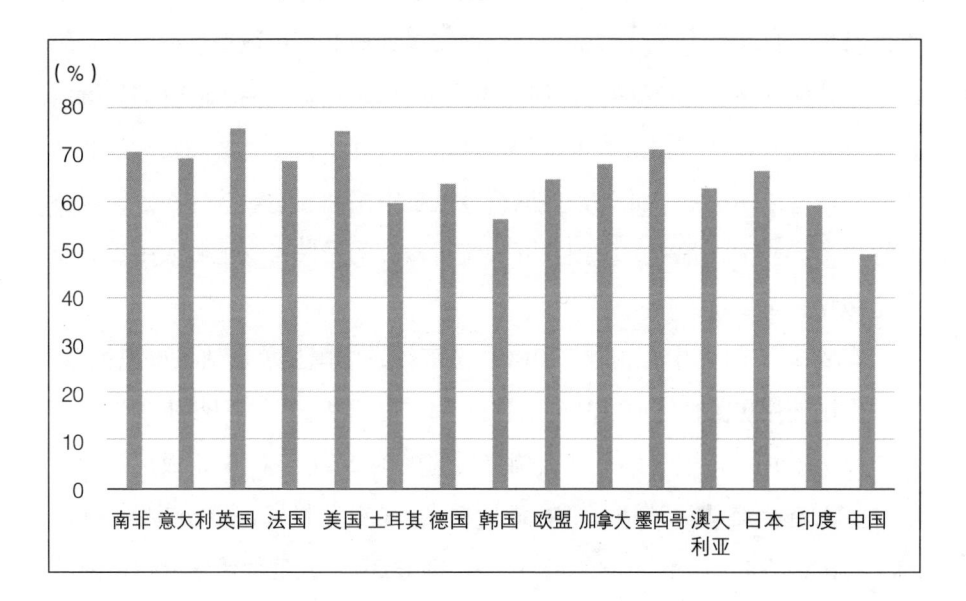

图 8-2　G20 国家居民消费占 GDP 的百分比

来源：OECD；作者计算。

图 8-2 基本上是重新运行了卢克修正的 GDP 核算恒等式，但笔者做了一些改进：（1）根据许宪春（2023）说明的支出法 GDP 中虚拟租金的计算公式，估算了支出法 GDP 下的虚拟租金数额，验证了中美虚拟租金占 GDP 的比重存在有显著经济意义上的差距；（2）准确推算（非估算）了 2021 年实物社会转移的金额，替换了卢克模型中使用的假设值（偏高）；（3）正确使用 OECD 经济体包含了实物社会转移的居民消费数据与中国进行了对比，卢克的模型错误地（但不改变结论）使用 OECD 未包含实物社会转移的居民消费数据与中国包含实物社会转移的居民消费数据进行了对比。

现在汇总调整，中国的居民实际最终消费（C）达 50%，而不是通常引用的 38%。总体来说，大部分国家都同时使用直接补贴和实物社会转移，并且从 OECD 的数据序列而言，它们已经在国民经济核算中正确处理了实物社会转移。中国直到 2017 年才引入实物社会转移的概念，全面应用于国民经济核算应该起始于 2018 年，因此可以理解的是，有关中国居民消费的数据长期可能是不完整的。虽然国家统计局对历史数据进行了回溯修改，但其他对该历史数据的引用不一定保证更新。为了保持概念的延续性，国家统计局维持了居民最终消费的传统定义，并引入了"居民实际最终消费"的概念以示区别。此外，虚拟租金也是中国和发达经济体在国民经济核算中差异较大的地方，中国在资金流量核算的居民可支配收入中没有包含虚拟租金。

在支出法 GDP 中，相较于 OECD 经济体，中国显著低估了虚拟租金。如果中国使用更类似于 OECD 经济体的 GDP 核算方法，并且更准确地处理资本化为费用的政府补贴，那么调整后的中国 2021 年 GDP 组成部分的百分比，看起来是居民消费（C）、政府消费（G）和投资（I）分别为 50%、11.1% 和 36.5%，而不是 38.2%、15.9% 和 43.3%。其他经济学家也研究并证实了这些调整。例如，复旦大学的张军（2016）估计，对这些核算差异进行调整后，中国真实的家庭消费应该比官方数据[①]高出 10%~12%。对于 2021 年，这意味着居民消费（C）占 GDP 的比例在 48%~50% 之间，与这里的分析结果类似。

有了适当的"OECD 调整"，中国的居民消费就不再是全球的极端离群值，虽然仍然低于大部分国家，但没有少很多。与此同时，中国投资（I）的比例也相应降低了，这表明，在中国国民经济核算中，居民消费（C）与投资（I）比想象的更为平衡。

当更准确地将中国的消费数据与其他国家进行比较时，就会发现过度投资理论的一个核心支柱/假设不再成立，因此"再平衡"的必要性也就被削弱了。

[①] 该文发表于 2016 年，早于国家统计局引入"实物社会转移"概念的时间（2017 年）。因此此处的"官方数据"是指未根据实物社会转移调整的居民消费数据——2021 年的数字是 38.2%。

额外的思路

关于中美家庭部门消费数字的对比，还有其他一些重要维度对结果有显著影响。这里提供一些思路（本书并未深入计算），可供读者自行计算和比较。

快递服务

根据必能宝（Pitney Bowes）发布的包裹运输指数（Pitney Bowes，2023）来看，2022年美国快递营收以1 980亿美元领先中国的1 530亿美元近30%，但中国的快递包裹数量近乎美国的6倍（1 106亿 vs 212亿）。有过中美两国生活经验的人都知道，中国快递时效超越美国很多。考虑到中美国土面积接近，这意味着美国快递效率远不如中国。反映到GDP上，美国以不到中国1/5的业务量却贡献了比中国同行高30%的GDP。中国快递营收1 530亿美元相当于约1%的中国GDP。如果美国有中国的快递业务量（暂且不考虑快递质量），那么美国快递营收将占6%的美国GDP。

医疗支出

笔者听朋友说，在中国采购了某药物寄给了美国的亲戚。该药物在中国的公开售价为500~600元人民币，医保集采价格差不多。而同样的东西在美国的价格却高达2 000美元。根据2022年的数字，中美医疗支出占GDP的比率分别为约7%和17%。同样，有过中美生活经验的人知道，中美医疗服务（面向大众人群的）差异有多大。中国以低得多的成本（节省了GDP的10%）为4倍多的人口提供了比美国质量更好和覆盖面更广的医疗服务。

五、中国家庭部门的支出偏好

前文有关中国居民可支配收入的讨论，反驳了中国家庭收入很低的流行叙事。中国家庭收入占 GDP 的 68%~69%（计入实物社会转移，但未调整虚拟租金），高于全球平均水平。

在过去 30 年，中国是主要经济体中收入增长最快的，自 21 世纪第二个十年以来，名义 CAGR（年均复合增长率）达到了 9.5%（见彩图 23-1）。在疫情防控期间，中国家庭收入增长高于人均 GDP 的增长（见彩图 23-2 和彩图 23-3）。在中国，劳动报酬占 GDP 的比重都相当正常。实际上，税后工资在中国 GDP 中所占的比重高得异乎寻常（见彩图 22-2）。根据"中国居民可支配收入的分配"小节的计算和分析，在占 GDP 约 71% 的家庭收入中，约 2/3 用于消费，另外 1/3 在资本形成总额和净储蓄之间各占一半。资本形成总额部分仅代表新建住宅投资。净储蓄是指现金、金融工具、股票和民营企业股权的增加。

"抑制消费"的说法完全忽视了家庭本身在行使消费和储蓄偏好方面的作用。家庭是决定购买新建城市住宅的人，也是推动资本形成总额的人，因为在过去 20 多年里，数亿中国人从农村搬到了城市。毫无疑问有一些投机行为，但购买新建城市住宅主要是由人们非常理性的冲动所驱动的。他们在攀登经济阶梯时，首先要满足住房等基本需求，然后才开始在旅行和车等其他项目上花钱。非常重要的是，不要忘记家庭需求偏好如何影响经济政策选择。当然，政策也会影响家庭偏好，但更多的政策制定是与自然的家庭冲动同步的，而不是与之对抗。

中国家庭的马斯洛需求层次

中国家庭可支配收入并不低，家庭消费占 GDP 的比重较低，完全是家庭较高储蓄的函数。家庭储蓄主要是为了购买城市的新建住宅。

如果人们为了大额消费而存钱，从宏观经济的角度来看，这也告诉我们，这些商品的供应不足以推动价格走低，或者更确切地说，这些商品的生产成本不够"有效"，不足以降低成本，以减少为了获得这些商品而存钱的需要。因此，从本质上讲，为较低频率、更高金额购买的巨大储蓄行为，说明投资不足在哪里。这就是中国家庭将如此密集的资本配置到房地产的原因。如果市场不需要它，它就不会发生。但问题是，如果每个人都真的想要一种超级昂贵且难以获得的商品，供应商就可以对其收取高额溢价，因为需求给了他们巨大的定价权，这反映到利润上金额是惊人的。那么，为什么家庭如此迫切地想要房子呢？理解这背后的经济社会学是非常重要的。

中国家庭将房地产视为一个巨大的生活改善包，它集退休、家庭护理和保障、地位和更好的经济前景于一身，因此中国家庭愿意推迟几十年的支出来实现这一目标，甚至将大家庭网络中的储蓄集中起来（著名的"掏空六个钱包"），为这些购买提供资金。例如，在一个典型的中国大家庭中，有一个孩子通过高考被清华大学录取，他会有很好的职业前景，这可能会释放整个家庭的财富。因此每个人都同意集中家庭储蓄来为这个孩子在北京购买一套房子，这样他就可以尽快在北京立足，结婚生子，并且房子优越的学区位置将保证他的下一代可以进入北京比较好的小学和中学，甚至延续家族读北大或清华的传承。由此可见，中国家庭的储蓄行为与这样的家庭消费习惯紧密相关。为此，我们有必要把经济社会学的故事正确地联系在一起，把家庭支出偏好、储蓄行为和房产需求联系在一起。

理解中国家庭行为的一种方法，是引入马斯洛需求层次框架，并思考层次需求的金字塔如何随着时间的推移而影响不同社会经济群体的消费行为（见图 8-3）。这对研究中国家庭收入和支出行为如何驱动 GDP 也是有帮助的。

即使在几十年的快速增长之后，大多数中国家庭（中产阶级、农民工和农民）仍在努力从金字塔底层向上爬，并试图首先满足住房、子女教育等基本需求。大多数人成长在不太宽裕的家庭环境，成年后仍然是"吝啬鬼"，而且很可能永远都是。即使他们已经"成功了"，但这种心态仍然会伴随。国际上有大量研究是关于在大萧条和第二次世界大战期间成长起来的几代人，以及其成长经历是如何影响他们的终身消费行为的。在中国的

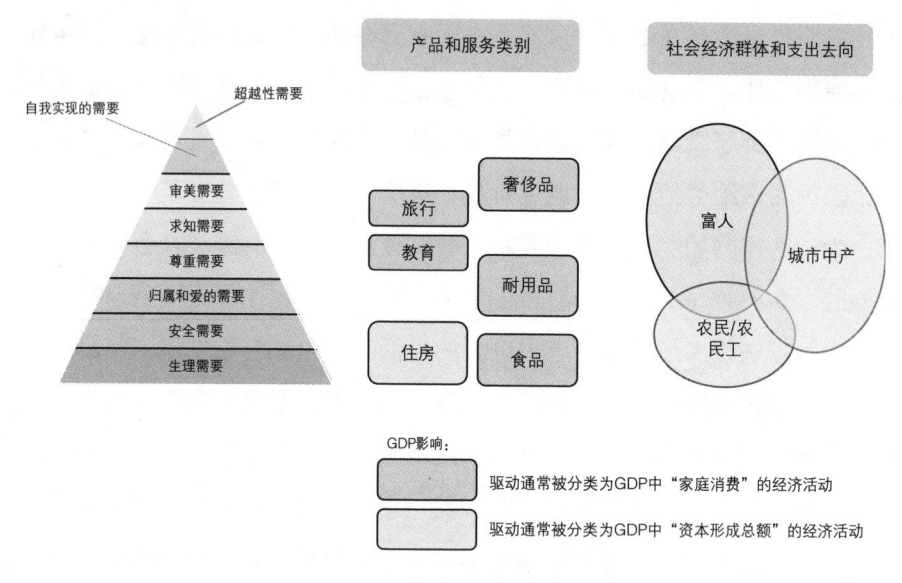

图 8-3 马斯洛需求层次和中国家庭

城市里，公寓不仅代表着住所，还代表着获得教育、医疗、养老和其他本地服务的机会。中国城市房地产的"限购"和教育的学区划分政策的逻辑就在于此。购买一套公寓可以被看作是购买马斯洛层次结构的底层和中间部分的许多需求的"捆绑"。这应该是显而易见的。但总体而言，住房和食品等基本需求在低收入家庭的支出预算中占主导地位，如果住房与获得教育和医疗等更高层次的需求捆绑在一起，尤其如此。家庭行为只是在几十年的代际转换中逐渐变化。如农民工不会突然从吝啬转变为享受昂贵的假期，并在短视频平台上发布自己的信息，但他们的下一代可能会。

推动城市形成的主要决策者是中国家庭而不是国家。当中国家庭积极行使偏好时，宣称经济模式"抑制家庭消费"就会存在重大认知失调。将负担从政府刺激转移到创造可持续需求的家庭，也需要家庭偏好的转变。在关于消费不足的辩论中，人们忽略了家庭对住房本身的偏好在推动这一投资中所起的作用。有三方面的因素在推动"过度住房建设"：想要住面积更大的房子，想要住高质量的房子，以及出于各种原因房子空置。

有很多原因促使许多家庭可能会保持公寓空置，因为他们还没有准备好使用它们，但肯定打算在未来使用。他们不把房子租出去，因为有一天会住进去。这只是暂时的空置。例如，一个农村家庭想搬到附近的城市，但目前仍在农村劳作，这可能会让他们购买的房子空置几年，直到准备退休。他们最终会有两个家：一个在村里，一个在城里。这在国内是很常见的行为。还有一种典型情况，是祖父母/父母经常在他们的孩子需要房子之前为他们购买房子。也许孩子在外地上大学，希望在 4 年后结婚并安定下来。笔者在上海的一位朋友就早早为他一双在幼儿园的儿女分别购买了一套公寓。尽管大部分中学同学都已经在重庆等大城市定居几十年，但他们大部分人在县城或农村的老家的住宅都还在，每逢春节和中秋他们都会回去团聚或祭祖。这种老家的住宅一年到头基本是"空置"的，从资本效率角度而言肯定很糟糕，但它们确实提供了一种长久的情感价值。

但中国房地产部门存在重大问题，还是更多地与激进的房地产开发商有关，而不是因为，与其他形式的消费相比，中国家庭的偏好在现阶段过度与住房挂钩。

中国的金融体系是围绕家庭储蓄以购买新建住宅这一基本现实建立起来的。中国的银行体系虽然处于初级阶段，但在以新建住宅建设为中心的资金循环方面相当有效（参见图 8-4-1 "新的住宅建设的金融冲动"）。这是"国内国际双循环"的一个关键的国内组成部分。家庭对通畅国内循环绝对至关重要。它运行得越平稳，货币流通速度和伴随的经济活动就越活跃。在平稳运行了几十年之后，这个循环现在有点"卡"住了。政府有许多充分的理由按下暂停键，给房地产市场降温，但这导致家庭感知到了较高的不确定性，尤其是在住房方面。"中国房地产市场崩盘了"这种看法近期似乎赢得了共鸣，但实际上，该部门的紧缩过程早在十年前就开始了。今天看到的是一些不同的东西的滞后效应。在低家庭需求冲动的情况下，以前平稳运行的循环再次运行所需的时间比预期的要长。由于这一循环在过去 20 多年里一直是经济的重要组成部分，因此整体经济陷入了相对缓慢发展的状态。因为家庭的消费行为变化非常缓慢，通过直接转移、减税等方式撒钱，在刺激有针对性的经济行为方面不太可能效果明显，尤其是在短期内。期望中国家庭做出与OECD经济体家庭同样的反应是不现实的，这不是由意识形态驱动的，这是由现实驱动的。

中国多个地方已经尝试过"消费券"，结果是乘数效应较低。中国城市化尚未完成，家庭仍然代表着真实的潜在住房需求。近期的问题是，房地产市场的不确定性如何防止谨慎的家庭害怕今天买的东西，一年后可能会跌价20%。

和其他国家的人一样，中国家庭也是在恐惧和贪婪的驱使下行事的。我的直觉是，中国家庭中，更多的人是被恐惧所驱使，担心失去他们辛苦赚来的钱，而不是被错失恐惧症（Fear Of Missing Out，FOMO）/通过投机致富的贪婪所驱使。高房价不是因为建筑成本高，而主要是由于许多房地产开发商、地方政府和一些投机买家的不良行为，共同推高了土地价格。近期至中期的有效刺激政策必须考虑到中国家庭行为的现实。从长远来看，每个人都同意模式需要进化，但模式应该遵循（而不是引导）中国家庭行为本身的自然演化。

住房/基础设施的投资 vs 消费辩证关系

中国应该跨越GDP核算处理来考虑住房和基础设施的投资与消费问题。住房就是"消费"。在快速城市化的社会中，建造和购买新住房涉及大量的前期资源，GDP分类为"投资"。但这并不能改变这一事实——从根本上说，它是一种以家庭消费为导向的经济活动。住房GDP的本质是高的前期固定成本，这带来了未来几十年住房消费的长尾。有不少基础设施最终也是为了家庭的好处，并推动或"转化"为超长期消费。

这意味着，现在的投资在未来很长一段时间内会获得数倍的消费。对于希望获得高质量的住房和基础设施的社会的快速城市化而言，没有其他方法可以绕过这种公式化的会计驱动的现实。当然，也可以选择快速城市化的时候在住房方面很"吝啬",例如,20世纪50—90年代的中国台湾。结果是今天在台湾,相对"破旧"的住房占住房存量的绝大多数。"破旧"的住房并没有阻止经济中其他部分的发展,台湾就是如此。它只是意味着相对整体经济的发展阶段,住房质量较低。在较低质量的住房上花费相对较少是一种社会选择,在很大程度上是政策制定者的决定。

同样,中国大陆的政策制定者在过去20多年中选择在住房和基础设施方面进行大量投资。这导致中国大陆拥有比中国台湾更多的人均面积与/或更高质量的住房和基础设施。即使在发展水平相近的情况下,例如,拿今天的中国大陆与20世纪八九十年代的中国台湾的住房和基础设施相比,也是如此。

虽然有些人有一种执念,将高投资率等同于低资产效率,但另一种合理的解释是,中国的高投资率只是反映了以消费为导向的社会选择,偏向更宽敞/更高质量的住房和更好的基础设施。

总之,住房以及大多数基础设施就是消费。当人们谈论最大化家庭消费的目标时,隐含生活质量,住房和基础设施需要成为讨论的一部分,不要被会计处理限制了思路。

六、富人储蓄更多

中国是世界上国民储蓄率最高的国家之一。从历史上看,自20世纪80年代以来,国民储蓄一直很高,占GDP的35%~40%。2001年中国加入WTO后,储蓄在2008年达到峰值,占GDP的52%。在全球金融危机(GFC)之后,储蓄逐渐下降到了2017年占GDP的46%。然而,尽管有所放缓,但中国仍然是世界上储蓄率最高的国家之一,全球平均水平为20%,新兴经济体为15%。

流传甚久甚广泛的叙事是，高储蓄是中国外部和内部失衡的核心——虽然低国民储蓄可能会对经济发展造成融资限制，但高储蓄也可能会扭曲经济结构，导致不可持续的增长和外部失衡。自GFC以来，中国的外部失衡已经大大减少（经常账户盈余降至GDP的2%），但取而代之的是日益增长的内部失衡。储蓄被增加的投资所吸收，而投资的回报却在下降。储蓄和消费是一枚硬币的两面，高储蓄意味着低消费。因此流行叙事的一部分是高储蓄遏制了消费增长。广泛引用的中国家庭消费占GDP的比重仅为38%（对比全球平均水平60%）。（"重新计算中国居民消费支出水平"一节专门讨论了在可比基础上将中国居民消费支出水平进行跨国比较。）

随着时间的推移，中国国民储蓄的构成发生了变化，家庭现在是主要的驱动力。企业储蓄现在与全球平均水平一致，政府的财政储蓄虽然一直不稳定，但只占国民储蓄一小部分。

本节主要考察中国家庭部门储蓄率的驱动因素，也重点关注疫情防控期间与最近储蓄率上升可能更相关的驱动因素。此外，还结合地市层面和家庭层面的数据来考察收入不平等及关键来源。

自20世纪70年代末以来的半个世纪，中国家庭储蓄经历了剧烈的历史演变，这可能反映了包含人口结构、发展阶段、社会安全网、收入不平等、住房改革和负担能力等各种因素的汇总。

从70年代末开始，在大规模的结构转型中，储蓄大幅增加。

家庭储蓄的激增可以分为以下三个阶段。

第一个阶段是在80年代，在实行独生子女政策和农村地区农业去集体化之后，储蓄率从可支配收入的5%上升到了20%（尽管在80年代后期可能由于增长放缓而暂时下降）。

第二个阶段是在90年代，邓小平南方谈话重申了中国的改革开放政策后，国有企业改革占据了中心舞台，并伴随着社会安全网和就业保障的转型，导致储蓄进一步上升到了可支配收入的25%。

第三个阶段发生在2001年中国加入WTO之后，在出口驱动的繁荣时期，储蓄进一步上升到了可支配收入的30%。值得注意的是，自2012年以来，家庭储蓄已趋于平稳，并逐渐开始下降。

经实物社会转移调整后的家庭可支配收入与GDP的比率，从20世纪90年代末的68%下降到了2008年的59.4%，到2014年才逐渐上升到63.4%[①]。造成这种模式的主要因素有两个。

首先，在21世纪第一个十年之初，农村地区的大量剩余劳动力限制了工业化初期阶段的工资增长。

其次，20世纪90年代末国有企业改革导致的大规模裁员，也给工资增长带来了下行压力。由于劳动生产率增速高于工资增速，资本所有者获得了超额回报，而劳动收入份额却随着时间的推移而下降。近年来，随着中国逐渐达到"刘易斯拐点"，这一趋势发生了逆转。

关于中国居民高储蓄的潜在驱动因素的文献非常丰富。一类文献关注人口因素，认为独生子女政策导致的人口结构变化，导致了家庭储蓄率升高。另一类侧重于预防的作用。这种观点认为，在中国从中央计划经济向市场经济转型的过程中，社会安全网和就业保障的转变是储蓄增加的主要原因。此外，金融抑制（即家庭存款回报率过低）也被认为是高储蓄的潜在驱动因素，尽管经验证据不足。文献还包括关于房价和住房所有权对储蓄的影响的研究。

跨收入群体和城乡差异明显

中国的家庭储蓄率在不同收入水平和城乡家庭之间存在显著差异。

（1）**跨收入群体**。地市级数据表明，家庭储蓄率随着收入水平的增加而增加（见彩图10-1），这与中国家庭收入项目（Chinese Household Income Project，CHIP）数据的微观证据一致，反映了不同收入人群的消费倾向。虽然2020年所有收入群体的储蓄率都大幅增加，但高收入家庭

[①] 国家统计局，《中国统计年鉴（2023）》，表"3-19 企业、广义政府与住户部门调整后可支配总收入及比重"。

的增长更为显著。

（2）**城市和农村家庭之间**。城市家庭的储蓄率明显高于农村家庭（见彩图10-2），这与储蓄率在收入水平上的分布一致，因为城市家庭通常收入较高。然而，自全球金融危机（GFC）以来，农村家庭储蓄率一直在下降，而城镇家庭储蓄率一直在快速上升，这可能反映了城乡货币收入差距的扩大：城乡家庭人均可支配收入差异从2009年的1.1万元人民币增加到了2020年的2.7万元人民币，增加了近两倍，尽管两者之间的比率有所下降。

家庭部门内部，特别是城市家庭内部的收入不平等也可能在加剧，这也可能会导致家庭总储蓄率上升。在新冠疫情之前，以基尼系数衡量的中国总体收入不平等有所下降。这可能是由农村家庭内部不平等的降低所推动的，因为在过去20多年中，城市家庭最高收入群体和最低收入群体之间的收入差距显著扩大。城市家庭的高低收入比率的扩大和城乡收入差距的扩大表明，2020年收入不平等增加。由于高收入群体往往比低收入群体储蓄更多，收入不平等的增加可能会因构成效应而导致更高的总储蓄率。

大流行病带来的这些变化可能会威胁到中国向平衡和可持续复苏的过渡。持续的高储蓄将有可能影响转向更多家庭消费驱动增长的努力。与此同时，越来越多的证据表明，收入不平等的加剧对增长的速度和可持续性是有害的，主要表现在减少机会平等与限制穷人和中下层阶级的教育投资。由此可见，降低家庭储蓄率和减少收入不平等对实现平衡和包容性增长非常重要。

驱动因素
人口统计

在过去的几十年里，中国经历了巨大的人口变化。在20世纪五六十年代，生育率非常高，部分反映了"大量人口和劳动力转化为更大的经济实力"的政策方向。面对不断增加的人口负担，70年代，中国发起了一场自愿运动，鼓励人们晚婚晚育，并将孩子的数量限制在 2 个以内。这些政策导致生育率从 6 迅速下降到了 3 以下，然后在 1980 年实行独生子女政策后又下降到了 2 以下。生育率的下降导致抚养比（即 15 岁以下人口与 15~64 岁人口之比）迅速下降，劳动年龄人口比例上升。中国是世界上抚养比最低的国家之一。

人口结构变化通过**子女支出和预期的代际支持**影响家庭储蓄行为。在支出方面，少生孩子需要更少的支出，特别是在教育方面，这有助于增加储蓄。在收入/转移方面，少生孩子导致老年赡养下降，而老年赡养是中国老年人的主要生计。这一现象为退休储蓄创造了更大的激励。事实上，微观数据显示了子女数量对家庭储蓄的巨大影响。通过城市家庭调查数据发现，有双胞胎的家庭往往比有一个孩子的家庭少储蓄约 10 个百分点（Choukhmane 等人，2014）。这种模式适用于不同的收入水平。除了家庭层面的行为变化外，总储蓄将进一步增加，因为根据生命周期理论，更大比例的人口处于工作年龄，并倾向于储蓄更多。

从数量上看，仅人口结构变化就解释了家庭储蓄增长的一半，这表明它是最重要的驱动因素之一。IMF 基于世代交替模型（Curtis 等人，2015）分析了人口统计学的影响。该模型通过将子女的消费纳入父母的效用函数，并将老年赡养作为子女工资的不变份额，来捕捉支出和转移渠道。模型模拟表明，在保持收入增长和利率不变的情况下，仅人口统计数据就可以解释家庭储蓄率增长的一半。通过增加收入和利率，完整的模型可以解释广泛的储蓄趋势。然而，它无法解释 20 世纪八九十年代的储蓄趋势，这可能反映了预防性储蓄的巨大作用。

社会安全网

中国从中央计划经济向市场经济转型的最初几年，伴随着社会安全网的转型和预防性储蓄的增加。在 20 世纪 80 年代初之前，90% 的农村人口能够在合作社医疗计划下获得低成本的基本医疗保健。在城市地区，90 年代的国有企业改革导致了大规模裁员（1997—2002 年间超过 2700 万人）、社会福利和工作保障大幅减少。例如，1990—2000年间，城市工人的医疗保健覆盖率下降了17个百分点。此外，城市工人的平均替代率（养老金福利占工资的百分比）从接近80%急剧下降到了50%以下。在全国范围内，个人自掏腰包支付的医疗支出份额越来越大，从1978年的20%上升到了2000年60%的峰值。此外，家庭也开始自掏腰包支付更多的教育费用，从1990年的2%上升到了2001年的13%。（IMF，2018b）

近几年中国做出了重大的政策努力来重建社会安全网。在农村地区，政府于2003年推出了新的医疗保健计划（新型农村合作医疗计划），并于2009年推出了现收现付的养老金制度（新型农村社会养老保险，新农保）。这两项计划都得到了政府直接转移支付的大量补贴。在城市地区，政府还推出了针对正规部门工人的强制性保险计划，主要通过雇主和雇员的社会保险缴款提供资金。2009年还推出了一项针对非工作居民的保险计划，要求最低限度的家庭缴款，并由政府提供大量补贴；2010年还推出了基本养老金计划。截至今天，中国已实现了养老金的全民覆盖，尽管农村家庭的福利水平仍然很低。对于农民工来说，获得医疗保健仍然是一个问题，这只反映了"户口改革"的渐进进展。虽然在这些新计划建立后，政府社会支出加速，但与国际标准相比仍然很低。

尽管在全球金融危机后为加强社会保护制度做出了重大政策努力，但在新冠疫情之前，政府在社会保障和卫生方面的支出占GDP的比例基本保持不变，甚至有所下降，与国际标准相比仍然较低，尽管由于新冠疫情在2020年略有反弹。在这里，社会保障支出和医疗卫生支出都是社会保护总支出的组成部分，前者包括央地政府对社会保险制度（主要是社会养老保险）和社会救助的补贴，后者包括央地政府对医疗服务（如公立医院）的支出和对医疗保险的补贴。

IMF在2018年和2022年的分析发现，**社会支出与城乡消费之间存在显著的正相关关系**，并且对城市和农村地区有不同的影响。这表明政策重点应有针对性。

（1）社会保障支出对城镇居民消费有显著影响。与其他类型的社会支出相比，社会保障支出与家庭消费支出的关系更密切，人均社会保障支出每增加1%，人均家庭消费支出就会增加0.05%~0.08%，从而降低储蓄率。这表明，人均年社会保障支出每增加100元（约占2019年人均社会保障支出的6%），人均年城镇消费将增加约90元。

（2）医疗支出对农村家庭有着重大影响。虽然在2015—2017年期间，社会保障支出似乎与家庭消费有很强的关联，但在2018—2019年期间，医疗支出起着重要作用，人均医疗支出每增加1%，农村人均消费就会增加0.1%~0.2%。这表明，人均年卫生支出每增加100元（约占2019年人均卫生支出的9%），农村人均年消费增加约185元。

（3）城市和农村的差异可能与农村地区相对较弱的医疗保健支持有关。医疗服务和社会医疗保险体系在城市地区相对较发达，因此对城市家庭消费来说问题较小，但在农村地区的可及性和福利方面仍需改进。因此，农村家庭可能会觉得有必要积累相对较高水平的预防性储蓄，这一影响可能因疫情而严重加剧。此外，在农村地区，养老金支付可能不是问题。这反映了农业的自给自足性。但由于生活费用的持续增加，这对城市家庭来说是一个更大的问题。这种不同的影响还要求政府更好地确定城市和农村地区的社会支出目标。

住房和住房所有权

20世纪90年代住房改革后，住房所有权地位显著上升。过去30年的两次重大住房改革改变了中国的住房市场。1988年的改革促进了住房商品化，国有企业的大部分租赁住房低价出售给了国企工人。1995年的改革结束了企业供应住房，转向全面的市场供应。由于这些改革，住房拥有率从1988年的20%飙升至2007年的90%，此后一直保持稳定。

住房所有权可以通过多种渠道影响储蓄行为，其中包括首付效应、按揭效应和财富效应。首付效应意味着，如果租户决定买房，他就会存更多的钱，而不断上涨的房价将使这种激励更加强烈。按揭效应表明，房主需要存更多的钱来支付抵押贷款。当房价上涨时,首付和按揭效应都意味着更高的储蓄。财富效应意味着相反的情况:随着房价上涨,房主也会增加消费,减少储蓄,因为他们会感到更加富有。由此可见,住房所有权对储蓄的总体影响,与快速上涨的房价相互作用,并将取决于这些相互抵消效应的相对强度。

实证分析表明,住房所有权对储蓄的总体影响在早些年是积极的,近年来转为消极。在1995年住房改革之前,租户和房主之间的储蓄率没有系统性差异。住房改革后,如2002年和2007年的CHIP所示,房主的储蓄开始多过租户。然而,到2013年,这一趋势发生了逆转,房主的储蓄略低于租户。家庭层面的回归分析证实了这些模式。回归结果表明,在21世纪的第一个十年,住房所有权使储蓄率显著提高了3个百分点,这表明房主的按揭效应占主导地位。然而,到2013年,这种影响消失了,房主的储蓄率减少了2个百分点,这可能反映了房主方面的住房财富效应。飙升的房价促使租户增加了储蓄,以支付不断上涨的首付。由此可见,在2013年之前,不断提高的住房所有权可能有助于家庭储蓄的增加,但这种影响可能在此时达到顶峰。尽管如此,房价上涨仍然可能会通过沉重的按揭或首付需求继续抑制家庭消费增长。

应该说,有更复杂的经济社会动态,将中国家庭的支出偏好、储蓄行为和房产需求联系在一起。"中国家庭部门的支出偏好"一节更详细讨论了这些动态。

收入不平等

快速的经济增长伴随着收入不平等的加剧。在过去的30年里,中国的经济增长率平均超过10%,使6亿人摆脱了贫困,并将贫困人口比率(生活在国际贫困线以下的人口比例)从1990年的66.6%大幅降至2013年的1.9%。然而,收入不平等现象恶化。收入基尼指数从20世纪80年代的0.3上升到了2010年的0.5左右,是世界上增幅最大的国家之一。自那时以来,收入基尼指数只是逐渐放缓。此外,1978—2015年间,收入最高的 10% 的人收入份额从 27% 上升到了 41%，而收入最低的 50% 的人收入份额从 27% 下降到了 15%（Piketty 等人，2017）。

收入不平等最终会转化为储蓄不平等。家庭层面的微观数据表明（见彩图 10-3），不同收入十分位数之间的储蓄行为有很大差异。中国家庭收入项目（CHIP）的数据显示，最富有和最贫穷的十分之一人口的储蓄率之间的差异往往高达 20 个百分点，这反映了收入消费倾向的差异。例如，2013 年，收入最高的家庭储蓄了近 50% 的收入，而收入最低的 10% 的家庭储蓄了约 20% 的收入。随着时间的推移，"储蓄不平等曲线"的斜率也发生了变化。从 2002 年到 2007 年，这条曲线变得更加陡峭，与收入不平等的加剧相一致。从 2007 年到 2013 年，随着收入不平等趋于稳定，曲线以平行的方式向上移动。除了每十分位数都有更高的储蓄率外，总储蓄率还会进一步上升，这反映了构成效应，因为收入中有更大的份额流向了顶层。1978 年至 2015 年，简单构成效应对总储蓄率的增长贡献了约 3 个百分点。

与其他国家相比（见彩图 10-4），（中国）家庭储蓄率在每个收入十分位数上都较高，但低收入群体的差距尤其大。在许多国家，底层 10~20 个百分位数的储蓄率往往是负数，这表明大量的社会转移被用于支持基本消费。然而，在中国，这部分人群的储蓄率仍然是正数，而且相当高，达到了 20%。这表明社会转移支付不足，税收缺乏累进性，以及社会安全网有限。

收入不平等有多个层面。除了城市家庭内部和城乡家庭之间的不平等外，IMF 还使用 CFPS 调查数据将总收入细分为不同的收入来源——包括工资收入、住房相关收入、商业相关收入和其他收入。非工资收入来源的不平等加剧（见彩图 10-5），特别是与住房相关的收入，导致了整体收入的不平等。在工资方面，实证分析表明，各省省内工资不平等存在显著差异（见彩图 10-6）。

收入不平等似乎与房价失调呈正相关。全国基尼系数（数据截至疫情前）与房价失调呈正相关。这与研究结果一致，即房价与城市家庭收入的基尼系数之间存在显著的正相关关系，因为高收入家庭通过住房相关收入从房价增长中获益更多。

同样，收入不平等显著减少了家庭——特别是低收入家庭——在非教育项目上的消费支出，这可能是出于提高其社会地位的储蓄动机（Jin等人，2011）。

中国税收制度急需优化调节收入分配的功能。中国的税收构成可以更多地依赖直接税，减少间接税，这可以提高累进性。增值税与其他商品和服务税约占中国税收收入的一半，而经合组织国家仅占1/3（见彩图11-1）。重要的是，来自个税的收入仅占总税收的5%左右，远低于经合组织25%的平均水平。提高对更容易适应累进结构的个税的依赖，可以让中国通过税收制度改善再分配。诸如个人所得税和社会保险缴款等直接税的设计也可以改进。最高边际税率仅适用于超过全国平均工资35倍或城市平均工资15倍的非常高的收入。相比之下，OECD国家适用最高边际税率的个人收入约为全国平均工资的4倍。对于这种情况，中国应降低目前较高的基本个人免税额，将其转变为税收抵免，并重新设计税级，这样将确保具有较高支付能力的中高收入家庭为国家预算和提供公共产品做出更多贡献。

社会保险缴款和个人所得税产生了强烈的累退税表，加剧了不平等。除了个人所得税，员工还需要缴纳养老金、失业和医疗保险的社会保障金。虽然名义上有一个适用于所有工资的统一费率，但在实践中，（各个城市）需要根据一些估算的收入价值制定最低员工缴款。据估计，在几个大城市中，大约30%的城市劳动力的收入低于这一估算价值。因此，这一政策确定的平均有效税率导致最低收入者的税率过高。例如，2023年上海的社保最低缴款已增加到2 558.50元/月。这意味着任何月收入低于该数字的劳动力，实际税率已经超过100%，这成为逃避社保缴款的一个因素。与个人所得税相结合，个税和社会保险缴款都产生了强烈的累退税表，加剧了收入不平等（见彩图 11-2）。因此，应取消社会保险缴款的估算最低收入，这样不仅有助于更公平的直接税，而且会提高工人加入正规部门的动机。

家庭负债和金融抑制与家庭储蓄也存在相关性，但重要性远不及已经讨论的四项因素。

以上分析表明，家庭储蓄的增加在很大程度上是人口结构变化的结果。收入不平等的加剧和社会安全网的转型也是主要因素，住房改革是次要因素。确定每个因素的贡献并不容易，因为这些因素经常相互作用并相互加强。例如，当人们从独生子女那里获得有限的养老支持时，社会安全网的转型对预防性储蓄的影响更大。总体而言，自 20 世纪 80 年代以来，人口结构的变化可能贡献了储蓄增长的一半，而住房改革贡献了约 1/4 的增长。社会安全网的转型可能贡献了约 17%，而不断加剧的不平等则贡献了其余的 8%。

七、政府刺激应匹配家庭行为

有观点认为，中国的政策制定者并不关心消费，他们所有的政策措施都集中在供给侧举措上。其实这种说法并不完全正确。政策制定者并不像许多外部观察者那样区分消费和投资，家庭需要住房和食品等基本消费，他们并不刻意强调这部分支出是被归类为"投资"，还是被归类为"消费"。例如，中共中央、国务院印发的《扩大内需战略规划纲要（2022—2035 年）》中，将住房称为"消费"，而经济学家通常将其归类为"投资"。当然，更严谨地说，住房对 GDP 的消费和投资都有影响——购买新建住宅被归类为"资本形成总额"，而住房提供居住价值（无论是通过租赁还是自住）被归类为"消费"，因此对应于租金或虚拟租金。此外，中国政策制定者显然对"资本形成"在经济中的水平和作用没有感到不舒服。食品和住房都是家庭驱动的决定和偏好。

政策制定者认为消费和投资在以下方面同等发挥作用：(1)促进供给侧措施的发展，以满足不断增长的家庭需求；(2)通过促进家庭收入的增长，促进家庭需求的增长。政策文件主要谈到供给侧措施，因为供给侧发展，无论是消费还是投资，都将通过创造就业机会和增加工资，使货币回流到家庭，这是不言而喻的。

图 8-4-1 所示为房地产市场的循环情况。劳动力，也就是数千万农民工，是国内建筑业 GDP 中最大的直接和间接组成部分。图 8-4-2 是旅游和酒店的循环情况。"照顾好供给侧，家庭收入增长就会照顾好自己"，这是可能的，因为家庭收入占 GDP 的百分比相对较高。

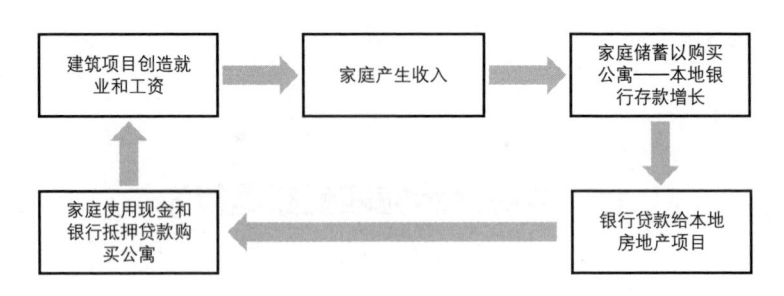

图 8-4-1 新的住宅建设的金融冲动

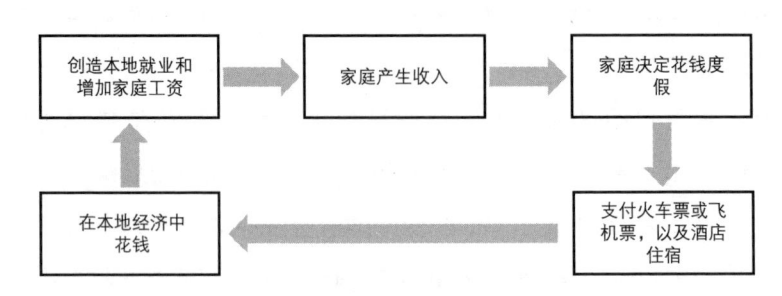

图 8-4-2 旅行和食宿支出的国内循环

国外媒体一种流行的说法是，中国最高决策层"对西方式消费驱动型增长有着根深蒂固的哲学上的反对"。这种说法可能来自一种猜测，即中国最高领导层的部分成员反对以直接支持家庭需求为重点的刺激计划，如向家庭"撒钱"，因为他们认为家庭支票是浪费。而政府支出的增加提高了债务水平，但没有创造任何"硬"资产，这与让中国成为世界领先的工业和技术强国的目标不一致。批评者认为，中国政府拥有强劲的财政状况，应该用其干净的资产负债表来支持家庭需求，实际上会让家庭、房地产开发商和地方政府更容易摆脱现在的财务困境。国外媒体继续声称，中国官员抵制鼓励人们减少储蓄、增加消费的政策变化，比如，扩大医疗和失业福利，因为中国官方认为"西方式的社会福利只会鼓励懒惰"。

这种说法与实际不符合。2023年1月习近平总书记指出，"建立和完善扩大居民消费的长效机制，使居民有稳定收入能消费、没有后顾之忧敢消费、消费环境优获得感强愿消费"（《人民日报》，2023a）。他也强调，"即使将来发展水平更高、财力更雄厚了，也不能提过高的目标，搞过头的保障，坚决防止落入'福利主义'养懒汉的陷阱"。并且发改委于2023年7月还发布了促消费的20条措施——《关于恢复和扩大消费的措施》（国务院办公厅，2023）。很难从最高领导人发言和政府举措中读出政策制定者不支持发展健康的家庭消费的信号，但从中确实可以读出对直接转移计划的不支持，而不是反对一般消费。由此可见，"对西方式消费驱动型增长有着根深蒂固的哲学上的反对"的说法，是将反对向家庭的直接转移与通过其他手段更广泛地支持消费者需求这两件事情混为一谈了。

人们当然可以说，同时关注消费供给侧和需求侧的方法不正确，但这肯定不是政策制定者从根本上反对以家庭储蓄为代价增加家庭消费的原因。中国领导人拥有一种更长远的眼光，并不像大多数西方和受西方训练的经济学家那样痴迷于短期数据。有经济领域的高级别领导告诉西方来访者，中国至少需要三年时间才能解决经济中的一些关键问题。在这种情况下，通过直接转移支付给家庭的西式刺激并不计算在内。允许去杠杆化进行下去并不是"世界末日"，繁荣与萧条是经济周期的正常组成部分。在中国，仅仅提供刺激支票是不会起作用的，人们只会把钱存进银行。中国在计算、数字经济、半导体、新能源、电动汽车和先进制造等领域的投资都是有意义的。不能用西方的思维模式来解释中国，并纯粹只关注政府而忽视家庭行为。中国人喜欢存钱，尤其是在新冠疫情之后，他们仍然生活在一种警觉模式中，进行更多的防卫型储蓄。不过疫情后，中国消费者的行为确实也发生了变化。他们会购买日常用品和旅游服务，如火爆的五一和中秋/国庆假期，但不再热衷于奢侈品，对汽车等大件物品更加谨慎，更不用说"炒房"了。

中国的做法借鉴的是改良的凯恩斯主义，它的实施方式与典型的OECD经济体不同。与OECD经济体相比，中国家庭的行为和中央政府的工具箱都非常不同。中国政府更愿意提供补贴商品和服务（如社区食堂、公共住房、公共交通等），而不是削减开支。这种做法的效率经常被拿来讨论，甚至有人批评其中存在腐败，但它仍然应该算作消费，即使没有被正式归类为居民消费。例如，OECD的典型刺激方法是通过减税来削减工薪阶层的公共福利。但在中国，更可取的做法是对提供真正的消费品和服务进行补贴，如中国的社区食堂。这只是一个例子，说明中国的做法与在OECD常见的做法有很大不同，但它将提高刺激计划的效率。

在中国，影响直接转移支付效果的一个关键因素是家庭行为。在OECD国家，家庭倾向于将其边际收入用于在GDP中被归类为消费的活动。而在中国，人们倾向于将其分配给储蓄。在过去20年里，这种储蓄主要以住房的形式出现，因此推动了新房建设和GDP分类账目的投资。

围绕新房建设的金融循环（见图8-4-1）在过去20年里运行良好，因为金融体系对于资本在经济中的循环方面相对有效。存入银行的储蓄转化为新住宅项目的存款，被贷出用于建设，主要用于支付建筑工人工资，最后再被存入银行。当然，这种机制令人担心的地方是，它运作得太好了，资产建设超前于需求。虽然在国家层面上，供应可以与需求相匹配，但像中国这样庞大的经济体所面临的挑战是，总会有一些过剩。中国城市的钟形曲线意味着一些地方过度建设，而另一些地方则供应不足。中央政府开始担心某些城市的过度建设，并在2020年8月收紧了政策。这打破了上述金融传导的循环。因此，尽管家庭收入持续增长，但现在人们不再将其分配给住房，而是一直在积累现金和流动性。随着住房需求和信心的下降，这意味着流动性储蓄正在银行中堆积，经济将更难吸收这些储蓄。所以中国将有一个相对停滞的复苏。在这个阶段，对家庭的直接转移支付的刺激措施对经济增长不会有帮助，因为疫情三年来家庭已经表现出强烈的储蓄偏好。直接给家庭提供现金补贴，相当于中央政府将现金从国库转移到已经充满流动性的银行系统，不会非常有效地让更多的钱在经济中流动并推动经济活动。刺激计划需要与中国的"工具箱"兼容——不管是好是坏，这必然意味着采取供给侧措施，所以更多的补贴消费会更有效。

住房最好也有补贴。除了直接转移之外，建设公共住房是一种将价值转移到家庭的主要方式。中国还没有完成城市化，城市化进程通常会在城市化率达到75%时放缓。未来10多年，在中国城市化水平达到这个点之前，另有1.5亿~2亿人将迁往城市。时间对资产负债表过剩有治愈作用。中国在2020年对房地产"踩刹车"是有道理的。4年过去了，这意味着4年的库存被新的城市家庭形成（家庭购买城市中的新住宅/公寓）所吸收。通过现有的经过验证的工具箱提供刺激的一种方法，是扩大由中央政府资助的公共住房计划。中央政府可以提供资金，鼓励地方政府建造更多的公共住房，并以折扣价格提供给潜在的合格购房者。这里可以采取的形式是，在供应过剩的城市，从苦苦挣扎的私人开发商手中接管在建项目；或者在供应不足的城市，从新开发的项目中接管在建项目。对于那些没有资格获得住房补贴的中产阶级家庭，要激励开发商去完工那些仍然是混凝土外壳，或者仅仅打了地基或建了大门的公寓。对此，国有银行为认真完成"保交楼"任务的开发商提供了慷慨的低息资金。

对于中国的房地产部门，缺乏可负担性是比过度建设更严重的问题。中国仍然处于快速城市化阶段（虽然增速已经下降），潜在买家多于卖家。

控制价格以提高可负担性，是一个净积极因素。

事态的发展符合笔者的分析。2023年8月25日，国务院通过《关于规划建设保障性住房的指导意见》提出，"用改革创新的办法，在大城市规划建设保障性住房""推动建立房地产业转型发展新模式"，其中保障性住房的地位空前提升，与市场的定位关系明确，被多地官员称为"新房改方案"，中国城区人口超过300万的35个城市将率先探索实践。

2023年10月底，中央金融工作会议强调，"因城施策用好政策工具箱，更好支持刚性和改善性住房需求，加快保障性住房等'三大工程'建设，构建房地产发展新模式"。根据新浪财经报道，2024年2月21日，重庆两家国企借助人民银行出台的租赁住房贷款支持计划，收购了首批4 207套房源，投入市场后将有效满足广大新市民青年多层次住房租赁需求（董进，2024）。3月28日，郑州市六部门发文称，拟收购10 000套二手房以促进房产市场"卖旧买新、以旧换新"（康为，2024）。5月17日，何立峰在全国切实做好保交房工作视频会议上要求，打好商品住房烂尾风险处置攻坚战，保障购房人合法权益。同日，央行宣布设立3 000亿元保障性住房再贷款，支持地方国企以合理价格收购已建成未出售的商品房，用作配售型或配租型保障性住房。

2024年3月，国务院印发《推动大规模设备更新和消费品以旧换新行动方案》的通知，进一步扩大补贴的投资和消费，统筹扩大内需和深化供给侧结构性改革。

除上述内容外，应该还有其他思路，但这里的关键点是，短期刺激需要以一种与中国家庭行为相适应的方式，并通过经过验证的渠道来实施。从长远来看，医疗、税收和户籍改革是有意义的，也会实施，但需要仔细规划，而且在短期内不会有任何实际的刺激价值。尽管对这些改革的进一步澄清肯定会让家庭更清晰地看到未来的前景，并说服他们进一步放松钱袋子。

八、以供给为中心的宏观观点和方法

供给侧投资导致需求增加

对比一下进口奥迪 Q5（传统内燃机汽车）和在国内制造的比亚迪宋 Plus 电动汽车，2007 年中国制造业平均工资为约 1 美元/小时，一辆进口的入门级奥迪 Q5 的税前进口售价为 45 000 美元。因此，它需要 45 000 工时当量（相当于 22 人年）才能获得。今天中国制造业平均工资为约 8 美元/小时。比亚迪宋 Plus 售价为 24 000 美元，在国内生产需要 3 000 工时当量。奥迪 2009 年才在中国成立合资公司，因此之前 Q5 的绝大部分是在海外生产并进口的。中国不得不用生产其他东西（主要也是劳动密集型廉价出口）的 45 000 工时劳动力来交换一辆进口的奥迪 Q5。如今，几乎所有的比亚迪宋都是用本地劳动力和国内零部件生产的。比亚迪的毛利率回流到了当地经济中，这进一步降低了同等工时的生产成本。此外，假设奥迪 Q5 有 10 万英里的全生命周期里程，需要消耗 5 000 加仑燃料。考虑到中国约 70% 的燃料需进口，所以假设这些燃料基本上都需要进口。纯电动比亚迪宋的等价油耗将减少到 1/7，所有消耗都是国产电力，这种电力的可再生性越来越高。而且，可以说，比亚迪宋在许多方面都是一款出色的车型，特别是从信息娱乐功能和性能的角度来看——即使与今天的 Q5 版本相比，更不用说 15 年前的版本了。这就是中国克服汽车稀缺性的方式，要关注表面经济现象下面隐藏的构造变化。

中国客运的电气化升级蔚为壮观，无论是高铁还是电动车。普通中国人已经习以为常的东西，却能令外国人大开眼界。

许多经济学家似乎不明白的是，中国没有"需求问题"。需求是存在的，但产品的价格还没有达到对消费者预算和收入水平有意义的价格点。发展中经济体的工作重点是通过学习如何使产品变得更好、更快、更便宜来改变供给曲线。分配 22 个劳动人年当量来进口一辆奥迪 Q5 并不能解决中国的稀缺问题，降低生产成本才能"命中"较低价格水平的潜在需求，这就是现在在中国看到的汽车行业。好处是，通过学习使制造变得更好、更快、更便宜，也会增加收入。然后，收入增加会改变需求曲线本身。

投资生产（更好、更快、更便宜）→满足潜在需求→提高收入→更高的需求→加大生产投资力度

对于发展中经济体来说，这是正确的顺序，也是一个良性循环。发展中国家大多数进口替代政策的问题在于，没有把重点放在学习如何让事情变得更好、更便宜和更快上。它们通常的做法是进口大部分高价值组件，然后做一些简单加工来增加一层很薄的增加值层，并从本地消费者身上榨取利润。这种模式取得成功的关键因素往往是获得或建立该特定产品的进口许可证，这通常涉及政治献金。这种类型的系统会选择具有驾驭政治技能的操盘手，而不是建设者和企业家。经营的目标是保护他们在当地的市场特许经营权，而不是试图通过创新来击败全球竞争的对手。因此为当地经济创造的高价值就业机会越来越少，也很少有学习溢出。通过这种模式提取的经济租金归操盘手所有，大众的收入和需求停滞不前。

发展中经济体不同于发达经济体需要不同的政策取向。针对稀缺性问题的办法是从供给侧解决，在提高质量的同时降低当地成本。为了强调这些观点，考虑一下"以需求为中心的宏观观点"，它意味着需求在结构上是固定的（并且"疲软"），供应增加只会导致更多的产能过剩和更低的回报。

但在真实世界中，需求不是固定的，它动态响应价格和质量信号。以更低价格提供更好的产品，将解锁新的潜在需求。这就是新投资发挥作用的地方。贷款的激增为电动汽车、电池和可再生能源等新兴高科技制造业的投资提供了资金。这不仅提高了产能（或使内燃机汽车工厂的传统产能得以转型），而且能够更好、更快、更便宜地生产。这种释放的新需求会循环回到制造商，并创造新的、高薪的工作。这些新工作将转化为更高的收入。收入越高，需求越大。因此，"更好、更快、更便宜"的供给侧投

资最终会使得收入和需求增加。这是一个良性循环，从提高生产力的投资开始。

所谓"通缩"是生产力提高导致供应增加

目前的流行说法之一是今天的中国处于通缩，并与20世纪90年代的日本进行对比。

我们应该关注导致通胀和通缩的原因——一个非常粗略的框架是，需求增加和供给增加都是好的。所以需求增加导致的通胀是好的（人民收入增长），供给减少带来的通胀是不好的（如石油禁运）；类似地，需求减少带来的通缩是不好的（如人民收入下降），而供给增加带来的通缩是好的（如技术进步带来劳动生产率的提高）。

基于供给侧投资导致需求增加的逻辑，今天的中国的通缩与20世纪90年代日本的通缩有根本不同——彼时的日本，通缩是成熟经济体需求停滞/下降的函数；在今天的中国，通缩主要是生产力驱动的供给侧成本下降的结果。

到20世纪90年代，日本已经是一个成熟经济体，人均GDP甚至一度超过美国。这意味着大多数物质产品已经达到了富裕世界的水平：现代住房、人均汽车消费、消费电子产品等。"广场协议"后日元快速升值部分促成了日本90年代的资产泡沫，这导致了日本房地产行业的重大资本错配。泡沫破灭后，需求暴跌，导致了持续的通缩环境。（第十四章"中日韩比较和中国未发生资产负债表衰退"一节将更深入讨论日本长期停滞的关键原因。）

相比之下，中国仍然是一个正在追赶的发展中经济体。这意味着它仍在"解决稀缺性"（本章"解决稀缺性问题"小节将有更多讨论），这体现在人均车辆、人均能耗等指标上。中国之所以还在"解决稀缺性"，是因为直到最近，它都没有掌握某些行业的生产，如汽车生产。邀请外国跨国公司组建50/50的合资企业有所帮助，但对于普通的中国家庭来说，买车仍然相对昂贵。此外，中国是世界上最大的石油进口国之一，汽油对中国家庭来说也相对昂贵。因此，中国的人均机动车保有量为每千人238辆，少于欧美发达国家的1/3，仍处于发展中国家的水平。中国买得起更多汽车的唯一途径，是降低汽车的生产和运营成本。这就是电动汽车转型正在发生的事情：对研发和制造能力的大量投资，正在降低中国消费者的电动汽车单位成本。

我们来看一个例子。2024年春节，比亚迪宣布其秦Plus DM-i和护卫舰05（两者都可与本田思域或丰田卡罗拉相媲美）的荣耀版本都降价至7.98万元（约为11 500美元）。这个价位的电动汽车，对大多数中国家庭来说是相当实惠的。比亚迪降价推动了新能源汽车全行业跟进降价，降价幅度从5%至15%不等。中国汽车流通协会会长助理王都介绍，降价的主要原因是中国"新能源车企进步快、规模大，已有降价实力和油车竞争"（《中国经济周刊》，2024）。这种大幅度降价，并没有牺牲利润，更没有不计成本降价来获得更大市场份额。2024年受益于规模化优势和全产业链优势，中国汽车行业真正实现了电动车价格比燃油车低，因此能让中国消费者享受到更好的产品和更实惠的价格。

中国没有需求问题。对汽车拥有量的潜在需求一直存在，但相对于收入而言，价格并没有下降到足以让大众负担得起的程度，直到近年来这种情况才得以改善。2023年，中国汽车消费者价格指数年同比增速跌破近22年的最低水平，逼近-6%（Thomas Hale, Wang Xueqiao, Nian Liu and Andy Lin, 2024）。即使如此，中国汽车质量仍是逐步提高的。

除了食品价格的调整外，中国"通缩"的两个关键驱动因素是住房和汽车。降低住房成本有助于补贴仍在寻求过渡到现代住房的家庭。而车辆成本的下降是由生产力的提高推动的。这是"好的"通缩，因为它们都以较低的价格释放了潜在需求。这就是为什么即使在通胀率非常低的情况下，中国经济的实际增长仍然相对较快。

宏观正统理论最常见的问题之一是错误的类比，如将一个成熟的日本与一个仍在追赶模式中发展的中国进行比较。日本的通缩是坏事，因为它表明需求"疲软"，并且本身就导致了家庭因预期未来价格下跌而减少支出的恶性循环。但中国的"通缩"反映了一系列不同的动态。它尚未完全发达，处于追赶模式，仍在努力解决稀缺性问题。在这样的经济中，车辆等物品仍然存在已知的需求差距，弄清楚如何降低这些物品的相对成本具有社会效益。

发展中国家应把重点放在供给侧。需求就在那里，它只需要成本相对于收入下降。降低成本主要是供给侧方面的努力。前文关于比亚迪宋和奥迪 Q5 的比较说明了降低成本如何激活潜在需求。如果中国不学会如何高效生产汽车，那么将只有富人"才配拥有"汽车（这会反映在人均汽车保有量低的数字上）。

在 11 500 美元（7.98 万元）的价格上，一个普通制造业工人只需要用约 1 400 小时的工作来换取一辆汽车。相比之下，美国典型的制造业工人每小时赚 27 美元，能用约 850 小时的工作换取 23 500 美元的本田思域。实际上，当考虑中国制造业时，这种差距甚至更小，因为中国蓝领制造业工资通常包括食宿（因此有更多可自由支配的支出），并且电动汽车的总体拥有成本（TCO）低于燃油车思域。这表明，电动汽车对低收入的蓝领制造业工人来说变得非常实惠。

如果需求下降，通缩就是不好的。但是，如果由于生产力/效率的提高而供应增加，通缩可能就是好的。在科技行业工作的人应该熟知这一点，例如，智能手机由于生产效率提高而变得更便宜。还有很多其他产品/部门可以这种方式"通缩"，如电池、太阳能光伏、风力涡轮机、电解槽、绿色氢经济、高铁、核能、工业机器人、电信等。

除去生产力驱动的供给侧成本下降，基础设施改善也能驱动供给侧成本下降并导致通缩。这里有三个案例。笔者自 2013 年起长期通过电商购买甜菜头。2013—2017 年，甜菜头的单价基本从 3 元/斤下降到了 2 元/斤，物流费用一直保持在 3 元/斤的高位并单独计算，因此实际购买成本在 5~6

元/斤。2024年春节前几次购买，包含物流费用的价格已经下降到20~25元/10斤。经过通胀调整后，今天的甜菜头单价也显著低于10年前。这里价格的下降，少部分原因是甜菜头产量提升所致，主要的原因是物流成本的巨大节省，这要归功于过去15年中国电子商务推动的物流网络的投资和建设。今天中国超级发达的电商和物流网络，已经可以支持消费者享受小批量购买（在本案例中，最低到5斤）物流费全免的待遇。

第二个例子是笔者在网上看的故事，故事的主人公在浙江花20.8元（含运费）在拼多多上从新疆买了6个馕，含包装的包裹约1.3公斤重，花了不到3天从新疆送达，计算下来铁路运费只要5毛钱。故事的主人公分析，这样低成本和高效的物流和配送，全球范围内大概只有中国可以做到。首先，高铁的普及，让普铁腾出运能给货运；有了铁路货运，才能在这么大的国土实现低成本、高效率的物流。其次，终端配送效率的提高，节省了成本，这样才让中国消费者的包裹配送又快又便宜。

第三个例子是2024年中国春节期间，国内旅游业出游人次和出游总花费创历史新高，与2019年相比分别增长了19%和7.7%。积极的看法是这表明中国经济整体强劲复苏，但一些人暗讽这样的增长意味着每旅游人次的支出已经下降了。真相是，这反映了相对旅行成本（如通过高铁）正在降低，基尼系数得以改善，但代价是绝对增长。因此旅行对更广泛的人群而言变得更为容易，如低收入工人，不过他们的人均（旅行）支出往往较低。（后文"进步政策""向家庭部门价值转移的方式"两个小节将讨论高铁票价增速远低于居民可支配收入以及通胀增速。）彩图24-2反映了高铁可负担性持续改善。中国人群现在比富裕世界的人群进行的长途旅行更多——2023年美国人均进行2.5次城际铁路/航空旅行，而中国是2.7次（Glenn Luk，2024d）。此外，私家车的兴起对旅行支出也有显著影响。自2019年以来，经济型轿车的激增似乎降低了旅行的商业性——2024年春节期间，人口流动的85%是通过私家车进行的（新华社，2024），所以相较于其他交通方式的旅行，通过私家车旅游的消费被"平滑"为耐用消费。

通过供给侧改革协调内需和供给

国务院总理李强在《2023年政府工作报告》中提出，"着力扩大国内需求，推动经济实现良性循环。把实施扩大内需战略同深化供给侧结构性改革有机结合起来，更好统筹消费和投资，增强对经济增长的拉动作用"（新华社，2024b）。当中国政策制定者谈及扩大内需时，指的是消费和投资的结合。这可能意味着消费取代投资需求，也可能不是。

随着房地产部门处于下行（尽管在放缓中）轨道，以前与房地产捆绑的经济资源（劳动力和资本）需要转移到其他部门。一些资源可能会转向以"消费"而不是以"投资"为特征的经济活动的部门，如医疗保健服务和旅游。其他资源可能会转向"投资"多于"消费"的部门，如光伏板和风力发电网。"消费"和"投资"只是技术性会计定义，有时候是缺乏逻辑的。比"消费"和"投资"之间的平衡更重要的，是**通过供给侧改革来协调内需和供给**。供给侧改革也是政策制定者和经济顾问使用的标准/常用短语，主要是指在部门（如房地产和可再生能源）之间协调经济资源的转移。资源转移也可能是在部门内，例如，从内燃机汽车向电动汽车升级。"新质生产力"是建立在供给侧改革这一概念之上的新口号。它侧重于从房地产等相对衰退的部门向可以推动效率（尤其是生产效率）大幅提升的新部门的转变。我认为，这种持续的部门转变及其对生产力的影响是"新质生产力"的主要内容。这不是一个抽象的概念。当政策制定者谈论它时，是非常清楚在谈论什么的。

这些部门包括电动汽车、电池和可再生能源这三大新产业，是清洁能源转型的核心。它们的特征都是降低单位成本并且持续改进功能/效率。这是生产力驱动型经济发展的范式。

作为一种消费产品，电动汽车是这一概念最直接的例子之一。提高价值：成本比率打开了以前无法进入的市场。买不起基本的1.7万美元的内燃机轿车（有较高的持续运营成本）的家庭，现在可以买得起1.3万美元的电动汽车，总拥有成本更低。中国人均车辆保有率历来很低，这不是因为中国人喜欢步行和拼车，而是因为大多数人买不起。

因此，在这种情况下，通缩是一件好事：对于许多中国家庭来说，他们第一次购买的汽车将是电动汽车。就像千禧一代比X世代更"数字原生"一样，中国家庭将比在以燃油车为中心的成熟经济体中的家庭更"电动汽车原生"。

中国的政策制定者没有以顶层的消费和投资比率为目标，他们更多的是从部门的角度思考。在给定的时间点，一个部门有自己的消费和投资平衡。在该部门内，这种平衡可以随着时间的推移而变化。例如，今天，由于中国主要是一级/新建房市场，因此房地产部门偏向于投资而不是消费。（房地产一级市场与二级市场的差异对GDP有重大影响——新建住房占GDP的比率比二级交易占GDP的比率高出一个数量级，后者主要代表经济参与者之间的价值转移。）但随着快速城市化阶段接近尾声，住房部门也将走向成熟。那么，住房部门占GDP比率更多由消费（如虚拟租金、维护）而不是由投资（更多的是维护或替换的资本支出）驱动。

顶层的消费和投资平衡，即一些宏观专家喜欢关注的"会计恒等式"，实际上是抽象的概念。它们是由分列的部门一级的消费和投资平衡累加起来的。因此，虽然考虑特定部门在特定时间的消费和投资特征是有意义的，但从总体顶层经济的角度来看就不那么有意义了。

可以用一个科技公司来解释"高层次分析"的问题。假设该公司有两个BU（"BU"类似于经济体中的"部门"）：零售和云服务。除其他差异外，每个BU都具有不同的运营支出和资本支出特征。运营支出类似于消费，资本支出类似于投资。为了方便论证，我们假设2023年零售BU的运营支出/资本支出的比例为90/10，而云服务BU的运营支出/资本支出的比例为70/30（有大量服务器和资本化的研发）。为了便于计算，还要假设两个BU在2023年的规模大致相等，总的运营支出/资本支出（类似于"国内需求"）在两个BU之间按50/50的比例分配。因此，该公司总的运营支出/资本支出比率为80/20。最后，假设云服务BU的增长速度要快得多，如 2024 年将增长 50%，而零售 BU 增长率为 10%。随着业务的增长，云服务 BU 保持相同的运营支出/资本支出比率（70/30）。与此同时，零售 BU 的运营支出/资本支出比率正在下降，因为它亲资产收入流（如广告）的增长速度快于物流领域的重资产投资。假设 2024 年其运营支出/资本支出将变为 93/7：更多的运营支出，更少的物流资本支出和货车投入。那么 2024 年该公司总的运营支出/资本支出比率将保持不变，仍为 80/20。但这是否意味着什么都没有改变呢？当然不是。这两个 BU 的一些潜在变化恰好相互抵消。

我们可以认为这家公司是美国的亚马逊或中国的阿里。亚马逊和阿里的 CFO 根本不会将这一运营支出/资本支出的比例与谷歌和百度进行比较，并试图得出任何有意义的结论。尽管名义上都是科技公司，但谷歌和亚马逊由不同的 BU 组成，具有不同的增长率和运营支出/资本支出比例的划分。当一些狭隘地关注中国顶层投资和消费（数据）的评论员，试图将中国的核算恒等式与其他具有不同经济结构和增长率的国家进行比较时，他们实际上正在这样比较亚马逊和谷歌。这些公司的 CFO 会怎么做？他们将在预算编制过程中与每个 BU 领导者合作，以确定如何在各个 BU 之间分配资源。BU 领导人自己也会与他们的子单位经历类似的过程。这个过程最终的结果确实是会聚合成一个顶层的"合并"数字。这个数字只是一个统计过程的输出，而不是具有任何有意义的政策相关性的目标。

上述只是一个简化的科技公司案例，国家要复杂得多！

为什么 43% 的 GDP 投资占比对中国来说太高了？为什么与成熟 OECD 经济体（通常使用的 GDP 核算方法与中国不同）的比较，甚至是与东亚发展中经济体的历史比较，应该为 2024 年的中国投资比例设定一个规范标准？为设定适合中国的投资比例，笔者认为需要考虑的相关问题应该是，经济资源如何在部门之间转移和分配；一个部门的消费/投资趋势是什么，这对供给侧改革有何影响。这些确实是中国政策制定者及其经济顾问试图解决的问题。他们的作用是制定政策，协调供求之间的动态关系，这种关系涉及劳动力和资本的流动和存量。

归根结底，内需是由家庭收入的增加驱动的。家庭收入通过提高实际生产力而增加。实际生产力的提高，是由生产效率的提高以及收入驱动的内需增长推动的。换句话说，它是一个动态的闭环（见彩图33）。只关注一个部分，比如，只关注像"消费"这样的核算定义的指标，而不考虑其他部分，就会错判整体。事实上，这是进行系统思考更有效的方式。随着中国经济从投资到家庭消费、从工业到服务业的再平衡，其资本和债务密集度也将放缓。这些长期趋势将推动消费者需求主导的生产力增长的良性循环。

进步政策

所谓进步政策，是指促进劳动人权和社会公平正义的政策。在中国，进步政策是避免以福利为中心的方法的一个关键部分。中国决策者从根本上认为，相对于直接向个人进行货币转移，国家推动进步政策对经济发展会更有效。国家主要通过财政支出直接或间接地驱动进步政策，因此有必要考虑政府支出，特别是与其他国家相比，中国国家发挥了巨大和直接的作用，政府支出对国家进步性和社会经济不平等的影响要大得多。

需要考虑的是构成国家大部分支出（直接和间接）的一些关键投资领域，按部门划分包括住房、基础设施、商业和政府（见彩图3）。显然，国家在某些部门发挥更大作用的理由是执行某些进步政策，如国家扶贫任务。

基础设施投资约占全部投资的三分之一，大多是国家导向的，通常具有分配收入和财富的明确目标。许多基础设施建设都具有社会因素，这意味着它们不仅承担着财务价值，即债权人和股东的回报，也要考虑到其他利益相关者，比如，对当地社区的影响。在贵州等贫穷的山区投资桥梁和高速公路，很难获得经济回报，但不可否认，这些项目改善了许多极端贫困家庭的生活。实际上，它们在提高生活水平方面比直接转移等替代方案要有效得多，比搬迁的破坏性更低。国家扶贫任务，包括许多大型基础设施项目，已经缩小了贵州等贫穷省份与中国其他地区之间的经济和生活质量差距。贵州省人均 GDP 在 2003 年仅有中国人均水平的 35%，到 2022 年已经增加到中国人均水平的 61%。在 19 年间，贵州的名义 GDP 增加了 17 倍（16% 的 CAGR），实际 GDP 增加了 8 倍（12% 的 CAGR）[①]。大部分基础设施投资实际上代表了财富从较富裕省份转移到较贫穷省份，是非常具有进步性的。

高铁投资是另一个支出侧具有高度进步性的例子，几乎完全由国家主导，它使中国有抱负的中产阶级家庭可以负担得起长途旅行。高铁票价的增长显著低于可支配收入的增长，因此创造了大量消费者盈余。2009 年北京—天津城际高铁开通时，二等座的票价是 54.5 元，到 2023 年票价仍然是 54.5 元，尽管同期可支配收入差不多增加了 2 倍。实际上，以名义价值计算（因为票价是名义价值），可支配收入自 2009 年以来增加了差不多 3 倍。仅仅考虑通胀，票价实际价值降低了 1/3，但国铁（集团）并没有提高多数高铁线路的票价。这样不断增加的消费者盈余主要累积给了大众。间接地，更好的基础设施能更有效地为大众提供优质的医疗保健和教育机会。

房地产代表了另外约 1/3 的投资。虽然私人地产开发商主导了这个部门，但最好把它当作一个长达 30 多年的从国家到家庭的资产（土地使用权）转移过程，城市化率代表了这个过程的完成度。城市化是一个数十年的过程，韩国城市化率花了 30 年时间才从 35% 到 75%，中国大致走上了同样的路，从 20 世纪 90 年代末房地产改革发生时开始，2022 年年底达到约 65% 的城市化率。这个过程并不完美，它本可以执行得更好。在原本的宏大计划中，房地产和土地使用权的商品化是将国有资产相对有序地转移到了数亿个家庭，虽然很多中国人深受"天价"房地产的困扰。住房存量总体上没有过度建设，问题在于分布——在没有人想去的地方建设过

[①] *Gross Domestic Product (GDP): per Capita: Guizhou*, https://www.ceicdata.com/en/china/gross-domestic-product-per-capita/gross-domestic-product-per-capita-guizhou.

多，在人们想去的地方建设不足。90年代末国家向城市居民直接转移房地产，以启动房产改革。今天在不太繁荣的城市仍然可以看到这样的操作。向城市居民的转移不是免费的，人们必须支付一大笔钱（与当时的收入有关），他们事前并不知晓在北京回龙观或上海浦东购买的公寓是否会涨20倍。90年代的城市化率低得多，因此扣除人们支付的成本后，转移的内在价值被分散到了一小部分人，这完全体现了"让一部分人先富起来"的精神。因此一线城市曾经有显著的价值转移。

除去投资，政府支出的另一个出口是消费。实物社会转移——即补贴经济弱势群体的"实物"消费——是具有高度进步性的政府支出的另一个例子。像社区食堂这样的设施在中国随处可见，此外还有公立幼儿园、公共教育机构、公立医院等。（在2020年）这是一个6.8万亿元人民币的"非市场"，它包含在消费核算中却没有被充分理解。这相当于GDP的7%，虽然来自政府支出，但应归属于家庭消费，这将中国的家庭消费提高到了GDP的约45%（不含虚拟租金），达到了韩国的水平。

最后，进步政策的全部意义在于减少不平等（理想情况下不牺牲增长）。至少以收入基尼系数来衡量，中国似乎在大约10年前在保持增长的同时扭转了基尼系数持续增长的局面。收入和财富差距很难衡量，但根据IMF的统计，中国基尼系数似乎确实在大约10年前达到峰值（见彩图11-3）。

向家庭部门价值转移的方式

大部分进步政策涉及向家庭的价值转移。这里总结5种典型的向家庭转移价值的方法。（在GDP收入法的背景下考虑这个问题，会有助于揭示如何在家庭、政府和企业之间转移价值。另外还需要注意这些价值转移方法如何对应到前文讨论的进步政策上。）

（1）保持低价格的政策是价值转移的一种形式

例如，高铁价格的增长速度远远低于中国家庭可支配收入的增长速度。刚才讨论了政府支出侧高度进步性的例子——国铁没有提高多数高铁线路的票价。这是因为在财务方面，身为央企的国铁不寻求最大程度地提高股本的财务回报。国铁100%归财政部所有，其主要利益相关者是通过政府间接受益的公众。它对货运和客运业务设定票价，仅为支付运营成本、折旧和债务利息。

这种保持低价的政策是如何通过GDP收入法流动的呢？随着可支配收入的上升，高铁有更多乘坐量和更远的乘坐里程，高铁的价值也在上升。如果车票价格保持平稳，那么随着可支配收入的增加，消费者盈余也会增加。通常，如果国铁是一家以利润最大化为目的的企业，那么它将提高票价，以获得一部分被创造的消费者盈余。这样做的话，它将产生更多的净利润（和GDP），这将归于政府和企业，而不是家庭。但它没有提高票价，从而将消费者盈余的所有收益传递给了家庭，GDP实际上被缩减了，缩减量就是企业放弃的利润。对于像国铁这样的国企来说，较低的利润不应被视为运营效率低下，而应该被视为对家庭的一种补贴形式。较低的票价意味着更多的家庭可支配收入可用于其他事情——从其他形式的消费到投资和储蓄。或者这意味着更多家庭过着更高质量的生活（更舒适、更方便的城际旅行），享受着优质交通。可见，财务回报和GDP不能"抓住"所有创造的价值。客运铁路有足够的社会正外部性，因此最大程度地利用它比获取严格的财务利润更有意义。

（2）家庭的实物社会转移

类似食品券或社区食堂等项目，政府将其财政收入用于补贴家庭消费。这是家庭收入的间接形式，通常在收入调查的基础上提供。政府的财政收入，在GDP收入计算中正式显示为政府收入。但这些被用于社会福利的资金可以解释为家庭消费的最终形式，因此在GDP收入法里它被从政府处重新分配给了家庭。实物社会转移是可支配家庭收入和调整后可支配家庭收入之间的差距，这体现在国家统计局的《中国统计年鉴》的表3-18与表3-19中收入之间的差额。家庭收入占GDP的比重在2007年触底，约为59%。目前，它已稳步上升到69%。投入这些项目的财政收入份额不断增加——而不增加税收和其他财政收入本身——代表了向家庭转移的价值，2020年约占GDP的7%。

（3）社会/公共住房和基础设施投资

在贫困地区建造住房和基础设施，是向这些地区的家庭提供补贴和转移价值的形式。投资于新建建筑的资金，通过工资流向建筑工人，他们中许多人本就来自贫困地区。基础设施本身的建设成本是在集体层面支付的，但建成后的实物福利在很大程度上使当地人受益。例如，一座连接以前无法进入的村庄的桥梁，极大地改善了村民的生活，帮助他们更好地获得健康、教育、工作、贸易机会等。但村民自己无法负担得起这座桥，而政府投资这座桥实际上意味着财富转移到了当地的家庭。同样，公共住房（公共住房有多种形式，包括经济适用房、保障性租赁住房和廉租房等）也是如此——建造新住房，然后以补贴价格提供给基于收入情况调查的合格买家或租客，这也代表了从政府向家庭部门的价值转移。

（4）直接转移

直接转移就是所谓的向家庭"撒钱"。与实物社会转移类似，当没有筹集额外税款来资助这些社会转移计划时，直接转移才会代表从政府到家庭的转移。如果一个政府需要提高税收来为直接转移提供资金，那么虽然它可能代表更进步的转移分配（取决于税收或财政收入的征收方式），但它并不代表整体的净转移。

以上的（1）、（2）和（4）是基于流动的转移机制，显示在GDP流动的变化中。（3）是基于存量的转移机制，体现在国家资产负债表的变化中。

解决稀缺性问题

没有哪个经济体有无限的资源，中国也不例外。随着时间的推移，约束和机会成本在给定的时间框架和不断变化的优先事项组合中会发挥重要作用。如果中国能在数年内建造500亿平方米城市住房，在一代内创造数亿个现代就业机会，将10亿人迁移到城市，并建立一个现代化的社会福利/医疗保健系统，那将是最理想的。但这根本不现实。鉴于现实世界的制约因素，政府需要从机会成本和随着时间推移不断变化的优先事项等方面来思考。解决稀缺问题是中国过去40多年经济政策与发展背后的共同主题。

城市化的目的是解决住房、医疗保健和教育等相关服务的稀缺问题。住房和基础设施投资，农民工的人口统计，收入门槛，以及户口政策都与城市化数十年的趋势相关联。由于中国人口规模庞大，只有当控制了大部分生产资料时，中国才能（快速）解决稀缺问题。当中国控制生产资料的所有主要组成部分时，其规模可以快得令人眩晕（在热电厂、高铁、电动汽车、特高压输电、太阳能、风能、电池等领域）。当它不能控制生产资料时，它的扩张速度就和其他经济体一样，例如，在内燃机汽车、天然气联合循环电厂、核能、飞机、芯片制造等领域。当专注于供给侧和需求侧的视角时，中国的经济政策就更有意义了。中国之所以贫穷，是因为供给侧稀缺，而不是缺乏对更高生活质量的需求。找出具有成本效益的方法来扩大供给侧，比担心这种生产（无论是产品还是服务）是否能够找到需求要重要得多。解决稀缺性问题是发展中经济体的关键优先事项，但对享有巨大财富的发达经济体来说，情况并非如此。自然，对发达经济体有意义的经济政策，对发展中国家来说也没有那么有意义。如果要通过与OECD成员国或其他发达国家进行比较来评估中国的经济政策，那么必须牢记这一点。有些人喜欢将中国对自主创新的渴望，描述为控制全球供应链的外向型阴谋。真正的原因要简单得多——它首先是解决稀缺性的内向型努力。经济政策由协调资源（资本和劳动力）驱动，以有效地解决稀缺性问题。

我们来看看城市化政策。20世纪90年代末，中国大陆的现代优质住房供应严重不足。显然需要城市化，这需要建造约500亿平方米的城市住房，以支持城市化率从35%增加到80%。这样做的可行时间框架是什么？历史案例显示，在最好的情况下，经济可能会以每年1.5%的速度城市化。

所以这意味着大约需要 30 年。中国大陆的城市化率与韩国和中国台湾相比，基线年份分别变化了 32 年和 40 年（见彩图 6）。这意味着要将住房生产能力提高到每年至少 10 亿平方米。在 21 世纪第一个十年之初，中国大陆的住房生产能力还不到该数字的一半。因此，要沿着钢铁、水泥、土木工程、建筑等所有关键投入调动劳动力和支持资本，这就是快速城市化的第一个十年发生的事情。2012 年，中国大陆的竣工面积约达 10 亿平方米。然后，在城市化的第二个十年保持了每年 10 亿平方米。房地产的 GDP 贡献增加，主要来自更高质量的需求和劳动力成本的上升。随着接近 21 世纪第二个十年末，达到城市化率 80% 的目标已经过半。进入 21 世纪 20 年代，经济可以开始逐步降低产能，以达到最终的稳定状态。住房生产的增加不再是由净新城市家庭形成驱动的，而是由自然折旧和替换驱动的。实现完全城市化主要是供给侧问题，而不是需求侧问题。唯一的需求侧问题是，是否认为 80% 是合适的目标，之后的所有其他计划都在解决供给侧问题。

除了城市化，中国当然需要在医疗保健方面进行更多投资。不过更相关的问题是，在经济发展周期的特定时刻，优先顺序是什么？可以说，优先考虑城市化比优先考虑医疗保健更有意义，因为在密集的城市而不是稀疏的乡村部署现代医疗保健要有效得多。20 世纪 60 年代中国农村的医疗保健能力只有"赤脚医生"，中国人均预期寿命比当时的发达经济体低约 1/5。今天，中国人均预期寿命与发达国家相当，甚至领先于一些发达国家。中国预期寿命达到 78 岁，这是日本在 90 年代达到的水平。

如果在医疗保健之前优先考虑城市化，那么下一个问题与时机有关：将大约 10 亿人从农村转移到城市需要多少时间？时间节点如何？什么时候开始考虑优先级从城市化转移到医疗保健？

"中国过度投资理论"的支持者总是让人感到无语和困惑。他们不断重复中国已经过度投资了 10~15 年。要知道，中国直到 2007 年 10 月才通过正式确定财产所有权的法律。那仅仅是 17 年前，当时中国城市化率约为45%。在1993年，中国正在从零开始建设市场经济，不确定人们是否意识到市场经济涉及这些内容，但当时都还不存在：管辖民事/商业纠纷的《中华人民共和国侵权责任法》（2010年实施）；管理财产所有权的《中华人民共和国物权法》（2007年通过）；2007年才实施的《中华人民共和国企业破产法》。那些坚持认为中国应该更早/更快地开始降低投资强度以转向其他优先事项的人，他们对有序地将约10亿人从农村转向城市所需的工作量和时间有一个极其天真的看法。他们可能以为这个过程简单到就像改变游戏参数。笔者并不是说这些事情需要以纯粹连续的方式完成。改变优先级就像在手动变速箱车辆上换挡，需要踩下离合松开油门。随着中国接近75%的城市化率（距离现在还有约10年），改变投资和资源分配优先事项的策略是有意义的。从1997年到2017年，中国城市化率从35%上升到了58%。看韩国的这项数据会更有趣——韩国的快速城市化阶段开始于20世纪70年代，当时它的城市化率为35%。日本在20世纪30年代处于35%的水平，出于多种原因（如战争），它不太好比较。事实上，中国政策制定者一直在对房地产投资"踩刹车"。在六七年前决策者定调"房住不炒"时就已经开始认真地换挡了。

中国是一个庞大的经济体，船大难掉头。重大转型需要时间，换挡时间表以数年（如果不是几十年）来计算。它还需要平衡各项举措（也就是机会成本），例如，可再生能源转型和运输电气化。

09

第九章

龟兔赛跑
——哪种投资更好？

国家统计局原副局长许宪春在 2023 年年底"中国经济增长研究中的主要问题、最新实证成果及启发"的学术讲座（北大国发院，2023）上指出，不同投资类型对国民经济增长的影响不同，目前这一领域的研究不足，统计数据也有缺陷。本章将对这一主题进行初步探讨。

一、中国资本存量还有很大提升空间

资本存量（Capital Stock）是累计的资本形成总额（Gross Capital Formation：GCF），即 GDP 中投资（I）部分的折旧账面价值。固定资本形成总额（Gross Fixed Capital Formation：GFCF）占 GCF 的绝大部分，GCF 的其余

部分是库存变动。因此很多时候 GFCF 和 GCF 会相互替代使用。相对于资本存量，GCF/GFCF 是流量概念。资本存量代表以 GDP 计算的经济体系的固定资产。但需要注意的是，不是所有的东西都在 GDP 中体现，或被资本化为投资。例如，土地和自然资源就不作为资本存量中的资产进行计算。此外，尽管人力资本和技术显然是一个经济体非常真实的长期资产，实际上是发达经济体最重要的资产，但教育和研发等支出不会作为资产被资本化，因此也不会出现在资本存量中。统计方法不断调整，资本存量的统计范围也在发生变化。例如，此前研发支出被排除在 GDP 之外，2008 年开始被重新纳入 GFCF，也计入 GDP。

资本存量是基于静态的、记录的账面价值，而不是市场价值。而资产的价值通常会随着时间的推移而增加，这不仅是因为通胀，还因为实际价值的上涨。例如，随着实际收入的增加，房屋和公寓的价值也会增加。折旧方法可以起作用，但资本存量的折旧率有时比较随意，与实际的有用资产的寿命并不相关。上海那些建于一百多年前的老洋房，早已完全贬值，但其完全折旧的混凝土外壳仍具有重大价值。

另外，还有一个容易混淆的概念——固定资产投资（Fixed Asset Investment：FAI）。FAI 是 GCF 的"表亲"，但没有被很好地理解，经常与投资/GCF 混为一谈。两者的主要区别有：FAI 包括土地购置费（为取得土地使用权而支付的各项费用），GCF 不含；GCF 包括研发、矿藏勘探、计算机软件等知识产权支出，FAI 不含；GCF 包括商品房销售增值，FAI 不含。

总之，资本存量是一个衡量经济体资产的不完美指标。

知道它代表什么和不代表什么是非常重要的。这关系到判断中国的资本存量相对于其收入水平是否处于适当水平。经常听到对于中国"大规模过度投资"的警告，经过媒体、经济学家和分析师长达十几年的反复渲染，一般人会据此预判中国的资本存量远远超前于其人均 GDP。但事实并非如此，考察中国的资本存量其结果显示，中国仍然资本化不足。中国的资本存量低于其他接近中国人均 GDP 水平的经济体。卢克考察了中国与发达亚

表 9-1 资本存量 vs 人均 GDP 跨地区比较

经济体	人均(美元) 资本存量	人均(美元) GDP（名义）	资本存量/GDP
中下收入国家[1]	31,007	2,970	10.4
中上收入国家[2]	84,743	9,121	9.3
中国	71,997	12,556	5.7
发达亚洲[3]	216,829	38,214	5.7
发达欧洲[4]	229,480	37,760	6.1
北美/澳大利亚	209,915	66,750	3.1

来源：Glenn 根据世界银行和路易斯安那联储银行的数据计算，https://x.com/GlennLuk/status/1684176125432590336?s=20。

说明：
（1）包括孟加拉国、哥伦比亚、印度、印度尼西亚、秘鲁、菲律宾、南非和越南。
（2）包括巴西、智利、马来西亚、墨西哥、罗马尼亚、泰国、土耳其。
（3）包括中国香港、日本、新加坡、韩国和中国台湾。
（4）包括所有欧洲 OECD 国家。

洲、发达欧洲、北美/澳大利亚、中下收入国家和中上收入国家的人均资本存量与人均 GDP 的倍数（Glenn Luk，2023f）。这个考察，将 2020—2022 年年底的所有投资（I）/GCF 加到了资本存量之中。中国人均资本存量约为 7.2 万美元，而"中上收入"类别的国家（这些国家人均 GDP 低于中国的 30%）为 8.5 万美元。中国的人均 GDP 约为 1.3 万美元，人均资本存量与 GDP 的比率为 5.7。

中国的资本存量与 GDP 的比率也低于欧洲的 OECD 经济体。事实上，这组数据中的离群值是美国、加拿大和澳大利亚，其比率只有欧洲 OECD 经济体的一半。为什么会这样呢？这又回到了前文所述的观点，即 GDP 和资本存量并不能计算或衡量一切。被排除在资本存量之外的两大类别是土地和自然资源，按人均计算，中国在这两方面的排名都比较靠后：耕地只有 0.2 公顷，探明石油储量仅为 18.4 桶。这一组数字低于其他"中上收入"国家或欧洲发达国家。

表 9-2　资本存量 vs 土地和资源跨地区比较

经济体	人均			
	资本存量（美元）	名义 GDP（美元）	可耕种土地（公顷）	石油储备（桶）
中下收入国家[1]	31,007	2,970	0.25	8.1
中上收入国家[2]	84,743	9,121	0.53	51
中国	71,997	12,556	0.2	18.4
发达亚洲[3]	216,829	38,214	0.07	0.2
发达欧洲[4]	229,480	37,760	0.48	22.6
北美/澳大利亚	209,915	66,750	1.41	575.2

来源：Glenn 根据世界银行和路易斯安那联储银行的数据计算，https://x.com/GlennLuk/status/1684176125432590336?s=20。

说明：
（1）包括孟加拉国、哥伦比亚、印度、印度尼西亚、秘鲁、菲律宾、南非和越南。
（2）包括巴西、智利、马来西亚、墨西哥、罗马尼亚、泰国、土耳其。
（3）包括中国香港、日本、新加坡、韩国和中国台湾。
（4）包括所有欧洲 OECD 国家。

北美和澳大利亚都是上帝眷顾之地，不仅拥有丰富的可耕种/宜居的土地和自然资源，而且人口也不多。美、加、澳的人均耕地和石油储备分别是中国的 7 倍和 31 倍。因此，与其他经济体（尤其是中国）相比，资本存量这一指标大大低估了它们的资产基础。基于同样的理由，也可以理解标准的 GDP 核算规则在多大程度上低估了俄罗斯的经济实力。仅对土地和石油进行调整，调整后的人均资本存量与人均 GDP 比率上升，美、加、澳与其他国家的这一比率更加一致。将铁矿石等其他大宗商品考虑在内，将进一步提高这一调整后的比率。

中国大陆的人均土地/资源加上资本存量与 GDP 的比率（调整的和未调整的）更接近日本、韩国和中国台湾。就资源和可耕种/宜居的土地而言，它们都相对贫乏。弥补这一不足的唯一办法是建设和投资。我们需要垂直建设，以便更有效地利用土地，为广大人口提供住房；需要以不同的方式增加价值，例如通过制造和贸易来换取开采的自然资源。

这种建设和投资所投入的大部分是劳动力——中国两代农民工的辛勤

努力。这些活动体现在资本存量上：建造公寓楼、工厂和基础设施的所有劳动力以及混凝土和钢材。像中国这样的土地/资源贫乏的经济体必须比资源丰富的经济体投资更多，才能弥补启动资本的缺口。尽管中国在20多年里进行了大量投资，但与其他国家相比，中国在资本分类账上的比重仍然偏低。如果考虑到土地和自然资源因素，就更是如此。所以那些声称中国过度投资的说法，是没有依据的。中国不但没有投资过度，反而仍显不足。

另外，中国在劳动力供应方面仍然存在结构性过剩。在实现全面城市化（从目前的65%提高到75%~80%）之前，农村地区仍有大量非生产性劳动力有待动员。人们似乎非常关注总的人口统计数据和不断萎缩的适龄劳动力资源，但这种从农村到城市的迁移意味着实际的城市劳动力仍在增长，更直接地推动经济增长和发展。中国至少还需要十年时间才能走出高投资和建设阶段，因为它将继续年复一年地将这种资本/劳动力平衡带入可持续的均衡之中。这并不意味着房地产将成为驱动因素：若将城市化率视为几十年来住宅房地产建设的进度条，中国大约已经完成了三分之二。城市家庭新增数量已经达到顶峰，并将在未来十年内缓慢下降。

中国经济需要重新调整目前分配给房地产部门的资本和劳动力资源，以适应其他主要投资领域。彭博新能源财经（BloombergNEF）预测，为达到碳净零排放，到2050年，中国的支出将达到38万亿美元（1.4万亿美元/年）（彩图14）。这一数字是高铁投资率的28倍（500亿美元/年）[1]。国家发改委最近发布公告称将总投资约3.2万亿元到交通、水利、清洁能源、新型基础设施、先进制造业、现代设施农业等领域的共2 900余个项目（发改委，2023；南方Plus，2023）。3.2万亿元只是冰山一角，中国还有很多方面需要加强建设。

---

[1] 根据世界银行的《中国高铁发展》（Lawrence等人，2019），中国高铁平均建造成本为2 200万美元/公里；截至2023年年底，中国高铁营业里程达到4.5万公里（新华社，2024a）。因此，从2004年到现在高铁历经20年建设周期，投资规模估算约为1万亿美元，平均每年500亿美元。

有分析师指出，卢克应该使用 PPP 调整过后的 GDP 数据进行比较，因为资本存量来源采用了不变价格数据以便于跨国比较。为检验该分析的敏感性，卢克使用 PPP 调整过后的 GDP 数据再做比较。按名义人均 GDP 计算，中国的比率（5.7）接近发达亚洲（5.7）和发达欧洲（6.1）。当切换到 PPP 时，发达亚洲和发达欧洲分别为 4.59 和 4.95，中国更低（4.3）。使用 PPP 调整后的 GDP 数据实际上加强了这一观点的可信度，即中国的资本存量与 GDP 的比率与发达国家相比根本没有脱节，甚至在对土地 / 自然资源进行调整之前也是如此。

表 9-3 调整后资本存量 vs 人均 GDP 跨地区比较

经济体	人均（美元） 资本存量	人均（美元） 调整后资本存量[5]	人均（美元） 名义 GDP	资本存量 /GDP 调整前	资本存量 /GDP 调整后
中下收入国家[1]	31,007	62,810	2,970	10.4	21.1
中上收入国家[2]	84,743	155,910	9,121	9.3	17.1
中国	71,997	98,264	12,556	5.7	7.8
发达亚洲[3]	216,829	225,678	38,214	5.7	5.9
发达欧洲[4]	229,480	290,699	37,760	6.1	7.7
北美 / 澳大利亚	209,915	442,211	66,750	3.1	6.6

来源：Glenn 根据世界银行和路易斯安那联储银行的数据计算，https://x.com/GlennLuk/status/1684176125432590336?s=20。

说明：
（1）包括孟加拉国、哥伦比亚、印度、印度尼西亚、秘鲁、菲律宾、南非和越南。
（2）包括巴西、智利、马来西亚、墨西哥、罗马尼亚、泰国、土耳其。
（3）包括中国香港、日本、新加坡、韩国和中国台湾。
（4）包括所有欧洲 OECD 国家。
（5）按土地 5 万美元 / 公顷和石油 100 美元 / 桶计算。

此外，还有一个比较的维度，即各个经济体人均资本存量，中国显著低于除"中下收入"之外的所有经济体。

二、不同投资原型对 GDP 的影响有差异

并非所有的资本存量和投资（I）/GCF 都是相同的。使用总资本存量指标而不考虑其构成，可能会导致有缺陷的结论。

前面提到 GCF 包括 GFCF 和库存变动两部分，在对 GCF 构成进行分析时，合理的方法是按照经济部门进行分类。世界银行的理查德·赫德（Richard Herd）将资本形成按照经济部门划分为 4 种投资原型：**住房、基础设施、商业和政府**（Richard Herd，2020）。从现在开始，牢牢记住赫德的分类方式、绘制的图表以及他深刻的洞察，本书剩余部分会反复强调这些内容。顾名思义，住房类例如住宅公寓，基础设施类例如公路、高铁、桥梁等，商业类包括新技术、流程、工厂厂房和设备等。政府部门的投资在过去 30 多年占 GCF 和 GDP 的比重相对稳定，分别低于 10% 和 4%，其他三类变化比较大。因此我们主要考虑其余三类：这三种原型是如此不同，以不同的方式影响着 GDP。

城市住宅（公寓楼）的建设需要花费两三年的时间，一旦建成便开始产生全部价值，并且可以有 50 年以上的使用寿命。在其整个使用寿命期间内，住宅以租金和虚拟租金的形式提供居住价值，计入家庭消费（C）。假设第 4 年开始，住宅每年可以提供初始投资 10% 的居住价值，并将持续整个使用寿命期。

高铁轨道需要 4~6 年才能建成，而且需要更多时间来提升其生产价值（提升其客运量，例如日本新干线花了 40 年才达到其客运量的峰值），并可持续 75 年或更长时间。高铁的生产价值体现在其客运收入和非运输收入上。假设第 6 年高铁投入运营，回报率从最初的 3% 缓慢增长到寿命末期（第 80 年）的接近 33%。

一件工厂设备可以在不到 1 年的时间内完成安装并立即投入生产，但也有报废的风险。假设它的使用寿命有 12 年，第 2 年开始就有 40% 的回

报率。工厂设备/商业投资的回报率曲线与住宅和基础设施显著不同，前者是典型的抛物线，爬升到峰值后快速降低，在寿命末期几乎接近于零，因此必须被更换，后两者要么接近直线，要么缓慢爬升至渐近线，直至寿命末期。

在这些例子中，工厂设备的初始 GDP 回报率最高，在第 2 年就可高达 40%，它就像一只兔子。住房在第 4 年的投资回报率可以为 10%，而基础设施在第 6 年的投资回报率仅为 3%，它们像是乌龟。工厂设备/兔子在 12 年内停止生产价值，随着接近寿命末期，投资回报率降低到零。而住房和基础设施/乌龟将持续几十年，随着接近寿命末期，投资回报率持平或缓慢上升至平稳。因此，随着时间的推移，在很长一段时间内，乌龟提供的累积 GDP 价值实际上要高得多。这是一个很简单的算术题，根据上面给出的资产寿命和投资回报率参数，住房、高铁和工厂设备三类投资在各自全寿命期间可以分别产生 5 倍、18 倍和 3.5 倍于初始投资的 GDP 回报，尽管 IRR（内部收益率）分别为 9%、11% 和 34%。

因此那种住房和基础设施比商业投资"欠生产性"的流行叙事是因为前两者最初的 ROI（投资回报率）较低。但它们的使用寿命通常要长得多，因此其使用寿命期内的总体回报不一定差，甚至更多。

工厂设备和公寓哪个更好？假设你可以在 12 年后更换工厂设备，可以保持更高的回报率，那答案应该是工厂设备。但这并不能保证，况且这台设备在 12 年后可能要花更多的钱来更换。然而，你很确定这套公寓在 50 年内仍然有用，因为人们总是需要住所的。所以很难说哪一个比另一个"更好"。它们是不同的资产类型，服务于不同的目的。这两种类型的资产经济发展都需要。

一种资产是否优于另一种资产取决于如何使用它。如果一套公寓已经建成，但从未使用过，那么它在整个生命周期内的价值将为零，甚至是负值，因为它需要被拆除以使土地另作他用。这当然会比一台安装并有效使用的设备糟糕。反之，过度建设工厂产能，情况会比建造有人居住的房屋更糟糕。所以说，关键是要弄清楚如何有效地使用资产。

如果投资/GCF由兔子（商业投资）主导，那么单位资本投资带来的增量GDP增长将会更高。但它贬值得更快，需要更快地更换以维持生产能力。如果投资/GCF更多地由乌龟（住房和基础设施）主导，那么未来的GDP回报要长久得多。对住房和基础设施的大量投资甚至可能在最初几年拉低GDP增长，但几十年后会得到奖励。大多数关于中国资本存量和投资的经济论述并没有试图区分资本存量和投资的不同原型，也就是没有区分兔子和乌龟。

有一种观点认为中国的投资效率越来越低，不断上升的**增量资本产出比率**（Incremental Capital Output Ratio：ICOR）就是明证。但这种观点没有考虑到中国的投资组合中龟兔构成的变化。赫德的工作显示，GFC之后中国的投资激增是由乌龟（住房和基础设施）推动的，这自然会导致前几年GDP增量的减少。但与兔子不同的是，它在未来几十年将继续保持生产性，而不需要被替换。而工厂设备在其使用寿命结束时必须更换，以维持同等的生产能力。

对于住房这只乌龟来说，更复杂的问题是，中国的GDP在核算正在消费的住房价值方面非常保守。中国的支出法GDP中，对虚拟租金采取了非常保守的核算方法。这进一步人为抑制了住房投资产生的增量GDP，从而降低了可归因于**全要素生产率**（Total Factor Productivity：TFP）的数额。这意味着，在中国的GDP核算体系下，住房投资创造的增量GDP被人为压低了。在基于资金流量核算家庭可支配收入时，中国甚至没有考虑虚拟租金。这只乌龟在官方数据中没有得到应有的认可，这导致对中国GDP和家庭可支配收入的低估。住房的使用寿命较长，这也降低了必须立即使用的紧迫性，让一套使用寿命超过50年的公寓在前五年空置，与一件工厂设备被闲置一半使用寿命的时间是完全不同的。

不是所有的资本存量都一样

前面的分析表明,并非所有的资本存量和 GCF 都是等价的。中国 GCF 的微妙之处在于:从 2010 年到 2019 年,中国资本存量增长的大部分是住房和基础设施;即使存在过度建设,中国的有成本效益的建设也在一定程度上缓解了这个问题。

赫德对中国的资本形成和资本存量的部门分布做了扎实的工作。根据彩图 3,2010 年后,商业投资占 GDP 的比重明显下降,但 GDP 中投资占比的增加意味着住房和基础设施推动了超过 100% 的比例。主流观点忽略了过去十年资本投资构成的变化——**即更多的投资由住房和基础设施贡献,而商业投资的百分比下降。**

过度建设住房与过度建设工业工厂产能或生产/进口有用资产寿命较短且过时风险较高的机器是完全不同的问题。除非有特别的理由说中国的城市化率在 65.2% 达到峰值,否则中国城市化就还没有完成。目前仍有从农村向城市迁移的潜在需求,以吸收过剩的住房存量。这 65.2% 也不是完全的"城镇化",因为拥有城镇户口的比例只有 47.7%,这是一大块被人为抑制的住房需求。

同样被忽视的事实是,中国发展了以成本效益的方式进行建设的能力。无论是建设高铁轨道还是住宅公寓,单价都较低。中国发展了土木工程的比较优势,并将其付诸实践。事实上,中国"惊人的积累"在很大程度上是因为中国学会了如何大规模、快速、节省地建设。因此,在许多地区,过度建设是一个问题,但较低的单位成本是一个缓解因素。这有点像在仓储量贩店购物。买得太多会导致一些浪费,但你仍然是赚的。例如,如果过度建造了 20%,但单位成本降低了 30%,那么净效应还是赚的。特别是如果过度建设是在国内,就不会建立负的外部余额(如 20 世纪 90 年代的韩国)。在高铁等一些类别中,中国的净建设成本要低 50%~60%,而且没有系统性地过度建设,从客运量和财务状况来看都是如此。高铁资产的净经济投资回报率可能显著高于账面价值/建设成本。后文有章节专门讨论高铁和房地产的效率问题。

今天，中国可能过度挂钩了住房和基础设施，但这总比过度挂钩于工厂产能或奢侈手袋要好。这意味着，在人均 GDP 相近的情况下，中国人比其他经济体拥有更高质量的生活空间和基础设施，两者未来面临的挑战也是不同的。中国有一组核心技能、资本和技术基础。这当中的一部分需要被重新部署到新部门。例如：建造公寓的工人越来越少，修建太阳能和风力发电场的工人越来越多。一个经济体的长期活力最终取决于其将资本和资源从一个经济部门重新分配到另一个经济部门的能力。

模拟资本存量构成和对投资回报的影响

资本存量的构成如何随时间影响 ICOR？基于对不同资产类别的使用寿命（包括寿命和折旧）和年投资回报率的差异的一些假设，可以模拟出中国资本存量的构成在四个主要投资类别之间的变化：住房、基础设施、商业和政府。正如表 9-4 中所看到的，住房和基础设施的假设年回报率（2.5%～4%）远低于商业投资（20%），但由于使用寿命要长得多，因此总体寿命回报倍数仍然差不多（此处假设约为 2 倍）。

表 9-4 资本存量构成对投资回报的影响

类别	使用寿命 寿命(年)	使用寿命 折旧(%)	实际回报(%)	回报倍数
商业	10	10.0	20.0	2.0
住房	50	2.0	4.0	2.0
基础设施	75	1.3	2.5	1.9
政府	20	5.0	8.0	1.6

如果使用 20 世纪 80 年代初以来的实际 GFCF 数据对此进行建模，可以看到住房和基础设施在累积资本存量中所占的份额从 2005 年的约 50%增加到 2021 年的约 66%，这一部门转移说明了资本存量占 GDP 比例从

2005 年的 2.1 倍改为 2021 年的 3.1 倍。由于住房和基础设施产生的投资回报率比商业投资低得多，从数学逻辑上讲，即使基础资产回报率保持稳定，总累积资本存量的投资回报率也将下降——模拟结果显示，从 2005 年的 10.6% 降至 2021 年的 8.3%。

这说明资本存量构成的变化对这些综合指标产生了影响，这些指标最终会进入 TFP 等指标的计算。这里的主要结论是，在分析中国经济的资本效率时，必须考虑部门转移/资本存量构成随时间的变化。实践中很难搜集到任何结论性的信息，因为这基于建模数据/假设，但可以据此判断：投资的部门转移和特定资产类别的资本效率下降在 ICOR 上升中发挥了重要作用。

由于部门转移而产生的变化不应被视为主要问题，因为将投资构成重新转变为较高 ROI 但较低使用寿命的商业投资自然会提高总体 ROI；但某一特定资产类别的资产效率下降应该引起关注。弄清楚这两个因素在多大程度上起作用，对于准确评估中国经济目前所处的位置，以及确定资本效率恶化在何时何地开始成为一个问题（按资产类别）至关重要。

本书多次强调，为做到这一点，需要深入研究特定资产类别的生产力指标，并了解它们如何随着时间的推移而变化。这不能简单地通过查看顶级聚合指标（例如 GCF）来实现。对于房地产来说，这些生产力指标有空置率和二级市场价格；对于像高铁这样的基础设施来说，有客运量和容量利用率。后文有章节分别讨论房地产和高铁的投资效率。

投资构成的变化对 TFP 的影响

在过去十年中，中国的生产率增长显著放缓（彩图 4-1 中的 TFP），或者 ICOR 不断升高（彩图 4-4）。主流观点似乎认为，这一趋势即使不会恶化，也会继续下去。但这个故事还有更多的内容没展开。前面的分析显示，GCF 构成的变化对 GDP 和 TFP 的增长有直接的影响，恰好在 21 世纪第二个十年，中国的投资构成发生了显著变化——商业投资降低，住房和基础设施增加。

世界银行的报告分析了中国生产率放缓及其对未来长期增长潜力的影响（Loren Brandt 等人，2020）。主流观点忽略了过去十年资本投资构成的变化，该报告承认，与商业投资（例如一台工厂机器）相比，住房和基础设施投资的特点是较低的投资回报率（或较高的 ICOR）和较长的资产寿命。

住房投资，虽然被会计师归类为"投资"，但就其本质而言属于消费，只不过是资本化的消费。建造公寓可以提高生活质量，但并不能实质性地提高经济的生产能力（与商业投资相比）。此外，如前文也提到的，中国在计算其 GDP 时，对虚拟租金采取了非常保守的核算方法。这进一步人为地抑制了住房投资产生的增量 GDP，从而降低了可归因于 TFP 的数额。随着时间的推移，基础设施投资的投资回报率也会自然增加。基础设施项目的最初几年通常是投资回报率最低的时期。在会计术语中，虽然原始基础设施投资的账面价值在名义上保持不变，但随着时间的推移，回报会随着通胀/经济增长而增加。复利的力量是真实的也是强大的，尤其是持续了几十年甚至上百年（不要吃惊于上百年的复利，如修建于 2000 多年前的水利工程都江堰一直在造福成都人民）。即使在第一批高铁资产部署后的 15 年里，中国的收入也增长了 3 倍以上。可归因于节省时间的价值自然成比例地增加。这就是为什么不能仅仅根据前 5 年判断 50～100 年的基础设施项目。新干线花了 40 年时间才在 21 世纪第一个十年初达到客运量的峰值。

有一种观点强烈认为，在 2009—2018 年期间，导致总 TFP 比率下降的主要因素仅仅是与 GFC 之前的周期相比，住房和基础设施投资的 ROI 较低。随着中国逐渐从房地产/基础设施向电动汽车/太阳能/电池制造的投资过渡，商业投资在整体投资中所占的份额应该会再次上升。这意味着 ROI 相对较高的商业投资比较低的住房/基础设施的贡献更高。因此，可以认为，随着投资组合重新转向商业投资，TFP 将再次上升。当然，持续的资本效率低下可能也是一个因素。组合的改变不可能是唯一的因素。

对此进行分析的一种方法是，随着时间的推移，将商业投资及其ROI和ICOR分离出来。彩图4-2和彩图4-3表明，2009—2018年的产业投资回报率与1999—2009年相当。

因此，随着中国经济在未来十年将资本和劳动力从住房/基础设施重新配置为商业投资，如果TFP贡献再次上升，也不应感到意外。随着劳动力增长停滞/下降，以及资本配置的大幅增长受限，生产率/TFP将是决定中国长期增长轨迹的关键因素。

缺乏投资构成的维度是关于投资效率的经济评论的常见错误。美国经济和时事评论员诺亚·史密斯将罗伯特·索洛（Robert Solow）的增长模型应用于中国经济，并认为对基础设施的增量投资遭受收益递减，并且成本也会增加（Noah Smith, 2023）。他的分析受到迈克尔·佩蒂斯的热烈回应。但格伦·卢克指出，他们俩都没有考虑资本投资组合从寿命较短的商业投资到寿命更长的住房和基础设施的变化，这会影响折旧率和人们应该从索洛模型和TFP趋势中得出的结论（Glenn Luk, 2023k）。

前文分析了资本投资组合从短期资产转变为长期资产，会在算术上扭曲任何涉及GDP的计算。GDP中的"G"代表总额（Gross），反映了GDP不考虑折旧（无论实际折旧还是会计折旧）这一事实。这最终会影响TFP。TFP的计算就是简单地用GDP减去劳动力和资本组成部分后的残差。TFP的下降（或ICOR的上升）大部分实际上仅仅通过国民资产负债表上的资产期限就可以得到解释。

对于住房和基础设施资产，必须考虑更长的时间弧度。决定使用寿命长达百年的资产的投资"效率"的，是它在一个世纪的过程中如何使用，而不是其存在的第一个10年如何使用。这与使用寿命为10年的工厂机器有很大不同，因为后者有报废风险。通常它必须在前5年内高强度使用，否则不可能在其使用寿命内产生正ROI。上海著名的外滩7号修建于1907年，当时的劳动力价格要低得多，即使在通胀调整的基础上也是如此。一个多世纪过去了，它仍然在提供社会红利。这是运行在20世纪初的GDP

资本投资的巨大建筑。它完全折旧的砖混结构仍然具有重大价值。重置成本将是其 1907 年建造成本的 100 多倍，这既来自通货膨胀，也来自建筑成本和收入的实际增加。

同样，一旦住房基础设施的密集建设期结束，住房和基础设施消费（主要由家庭收入增长推动）将在几十年和上百年内稳步上升，这得益于早期的投资。这自然会带来 TFP 的提振，因为 GDP 增长的这些组成部分也将继续稳步增长，即使住房或基础设施资本存量没有任何净增长。

回顾过去，从 2005 年前后开始的二十年里，对住房和基础设施资产的相对高强度投资对中国的 GDP 所起的作用更多是抑制而不是提振。可以预计，未来几十年 GDP 的组成部分会逐渐转向寿命较短的资产和消费 GDP，这实际上将在未来几十年提振 GDP 的测算（和 TFP 的计算）结果。

索洛模型的几乎所有应用，包括佩蒂斯和史密斯在相关分析中使用或提及的概念，都没有考虑国家之间的资本存量组合差异。这是一个缺陷。如果应用于超长时间弧度，它可能无关紧要。这是因为从超长期（50～100 年的时间弧）来看，这些不同资产类别之间的资本组合趋于平滑。但应用于 10～15 年，在中国相对独特的时期，它是有影响的。

值得再次强调，**自 2005 年前后以来，超长寿命住房 / 基础设施资产投资的兴起可能是中国的决定性特征**。只有几十年后，人们回顾并查看这些资产的使用情况时，这种投资的最终"效率"和生产力才会真正明确地被认识到。目前，人们可以根据当前数据做出有根据的预测，例如住房的空置率和基础设施的利用率。这才是真正应该关注的地方，而不是那些基于有缺陷的抽象经济模型的话语。

在 GDP 背景下计算的回报不考虑折旧，这正是使索洛模型有缺陷的原因。史密斯引用的递减回报是用 GDP 计算的，而使用 GDP 无法区分递减的回报是因为生产率下降还是因为资产期限拉长。所以，在这种情况下，资产期限绝对至关重要。正是对索洛模型及其局限性的详细了解，才凸显了资产期限的重要性。如果在 GDP 的基础上考虑固定资产折旧，那么索洛模型的回报的计算就正确了,这样实际上是使用NDP(国内生产净值,等于GDP减去固定资产折旧)而不是GDP来计算回报。

总之,在使用GDP评估回报是否真的在下降时,需要考虑变化的资产期限。由于GDP不考虑折旧,因此使用基于GDP的回报(如TFP或ICOR)需要根据资产期限进行调整。

GDP作为按交换价值衡量市场活动的无差别衡量标准,即"支出于最终商品和服务的总金额",产生了一种误导性的说法,其中结构性"有效"的投资导致自相矛盾的"较低的"名义回报。

这是因为起初昂贵但具有持续生产性的资产可能需要几十年的时间才能实现其全部社会经济价值。这种投资可以是任何对整个社会有益的——道路、建筑物、公园、火车、图书馆、教育等。但通常的情况是,这些公共资产并没有被登记为具有最大程度的"生产性",因为它们本质上是长期和/或负担得起的社会商品。它们的结构性经济贡献或价值不能完全或立即用GDP来衡量。

这就是为什么某些类别投资可能在几十年内不能直接"收回成本",它们的经济合理性必须通过其他指标来判断。

以高铁为例说明不同类型资本存量对GDP的短期和长期影响

了解不同类型资本存量对GDP的短期和长期影响很重要。这里以中国高铁网络建设为例,说明在GDP的短期和长期影响方面,经济转型意味着什么。为更好理解本小节内容,建议读者先阅读第十章"高铁运行效率分析"小节。

从21世纪第一个十年中期到今天,中国已经花费了约9 500亿美元(2019年的美元)建造了约4.3万公里的高铁轨道[①]。在此期间,人均GDP

---

① 截至2023年年底,中国高铁营运里程达到4.5万公里(新华社,2024a),4.3万公里是2023年下半年本书写作时的大概数字;根据世界银行《中国高铁发展》(Lawrence等人,2019),中国高铁平均建设成本为2 200万美元/公里。因此合计投资额约9 500亿美元。

（按 2019 年美元计）约为 8 000 美元。可以认为，到目前为止，已经将约 1.19 亿人年（的资源）投入这个网络。这意味着每年产出约 660 万人年，占目前中国劳动年龄人口 86 481 万人（国家统计局，2024）的约 0.7%。基于 2023 年的人均 GDP，这相当于约 800 亿美元的 GDP 资源专门用于当年的高铁网络建设，它们被归类为 GFCF，并被增添到资本存量中。

这 9 500 亿美元的资产使每年约 33 亿人次[①]的高铁乘客能够享受高速旅行，相当于每公里轨道 1.3 万亿人次乘坐，包括非运输收入，相当于每年约 7 000 亿元人民币（约 1 000 亿美元）的收入，并被归类为消费 GDP。

因此，高铁网络直接占约 1 800 亿美元（800 亿美元 GFCF 加上 1 000 亿美元消费），或占中国总 GDP 的约 1%。那么我们考虑一下，如果中国突然停止建设高铁，因为它"不再依赖基础设施增长"，会发生什么？

GFCF 的 800 亿美元需要重新分配给另一个部门，比方说服务部门。将保留一小部分用于维护 9 500 亿美元的高铁网络。假设 100 年资产寿命（1% 的直线折旧），即正在进行的"维护资本支出"为 95 亿美元。因此，在约 660 万高铁（建设）工人中，有 12% 的人留下来维护网络，其余的人接受再培训，可以成为健身教练、快递员、足疗师等。价值 800 亿美元的投资 GDP 变成了 820 亿美元（假设劳动力成本同比增长 2.5%），这 820 亿美元可细分为：100 亿美元的维护团队（被归类为投资/GFCF），以及 720 亿美元的服务（归类为消费）。与此同时，现有的高铁资产仍然活跃在资本存量基础中，产生持续的价值。人们仍然在高铁网络上旅行，尽管它不再扩建。这里的价值也随着收入的增长而增长，现在是 1 025 亿美元。因此，高铁网络中投资的 9 500 亿美元资本，目前 GDP "回报"（1 850 亿美元）约为 20%，资本/GDP 比率约为 5 倍。

如果快进 50 年，实际收入以每年 2% 的速度增长，大约会增长到 2.7 倍。也就是说，最初每年转换的 GCF 为 800 亿美元，增长到 1 900 亿美元

[①] 2023 年国家铁路完成旅客发送量 36.8 亿人次（国铁集团，2024），其中 90% 归属高铁，大约 33 亿人次。

的服务业 GDP 加上 200 亿美元的维护 GDP。高铁旅行 GDP 增长到 2 700 亿美元。相比最初的 9 500 亿美元 GCF 总额，现在的 GDP 回报接近 5 000 亿美元。这是原始高铁投资的 50% 以上的（GDP）回报。这是非常高的增量 ROI 增长，因为除了一些年度"维护资本支出"外，不需要任何额外的 GFCF。可以说，资产的市场价值也随着收入增长而增加。当然要注意到，资本存量市值的变化不会影响 GDP，但它们确实增加了一个国家的国民财富。换句话说，建立长期资产（归类为 GDP 投资），实现的是未来多年以后的消费 GDP 流。第一个十年或第二个十年的 GDP "回报"可能不高，因为最初的 ROI 很低。但这样的投资不仅收回了投入的成本，还可能产生显著的超额回报。当资产建成后，之前投入建设该资产的 GDP 资源不会消失，它们可以重新分配到其他活动中。当然，在现实世界中，无法在一夜之间培训蓝领建筑工人成为健身教练或医护人员。因此，重新分配这些资源需要一个调整期。与此同时，中国不会突然停止建造高铁轨道。只有完成目标（现在是约 7 万公里）（国铁集团，2020），才会停下脚步。因此，并不需要真正面对如何在一夜之间使数百万前建筑工人掌握一套全新技能的问题。事实上，他们中的许多人可能会继续从事建筑工作，只不过是在电力或制造业等其他部门。

有用资产寿命更长或更短的资产本质上没有好坏之分。有一些糟糕的长寿命资产，因为没有人使用它们；也有很棒的短寿命资产，因为它们有很高的 GDP 和 ROI。这里的重点是，它们将通过时间框架以不同的方式对 GDP 产生影响。在其他条件都一样的情况下，短寿命资产将实现更快的短期 GDP 增长，但它们需要尽快被更换，只是为了保持生产能力；长寿命资产在短期内将提供较低的 GDP 回报，但在未来的许多年里，它们仍将继续提供 GDP 价值，而无须更换。

这些分析适用于中国，因为它经历了投资建设的繁荣，主要特征是密集建设两种类型的长寿资产：住房和基础设施。中国资本存量基础构成的变化对评估 TFP 和 ICOR 等指标的方式产生了有意义的影响。如果试图使用这些指标来判断资本效率和生产力趋势，则必须考虑资本存量的部门转移。这也是为什么债务占 GDP 比例对中国来说不是那么有用，而且几乎可以肯定，它本身作为基础资产质量的指标也毫无用处。在中国，绝大多数债务都与某种形式的资产有关——在过去的 15 年里，这些新建资产中的大多数都是这些长期的住房和基础设施资产。债务的增长是由这些类型的长寿资产的增长驱动的。根据上面的分析，这些资产不一定与 10 年甚至 15 年的 GDP 直接相关。**债务占 GDP 比例的上升可能表明生产力趋势恶化，也可能表明投资部门构成的变化，或可能表明两者兼而有之。**但即便生产力本身恶化，也可能是因为国家扶贫计划和相关"社会基础设施"等举措。

当几十年的住房和基础设施建设开始逐步结束时，净新债务创造的速度将放缓甚至下降。但综上所述，与这些资产相关的未来消费 GDP 流可能会在几十年内继续增长。换句话说，随着债务增长放缓，以及与该资产基础相关联的底层 GDP 随着实际可支配收入增长而同步增长，将会自然地去杠杆化。

当为城市化等数十年发展趋势预测 GDP 时，预计债务占 GDP 比例和 ICOR 至少在第一个十年会上升，因为资产增长的速度超过相关消费 GDP 流的缓慢积累。因此，人们不能仅仅通过查看不断上升的债务占 GDP 比例或 ICOR 来确定基础资产的创造是否具有生产性。判断资产生产性的唯一明确方法是在更深的层次上挖掘和评估资产。

10

第十章

高铁

—— 成功基建投资的典范

一、从高铁建设资金结构透视央地财政关系

在过去二十多年，国内主要宏观政策的制定是围绕着城市化进行的。城市化推动了房地产和基础设施建设，因此与土地开发密切相关。在中国，一方面，土地开发是地方或省级政府的责任；另一方面，在基础建设方面，中央政府作出了巨大的政策承诺，但实际上只直接支付了一部分财政负担，而地方政府需要承担其余部分。高铁建设尤其如此。因此了解高铁建设的资金结构有助于了解中央和地方/省级政府在资金方面的关系，以及土地在这种关系中发挥的作用。

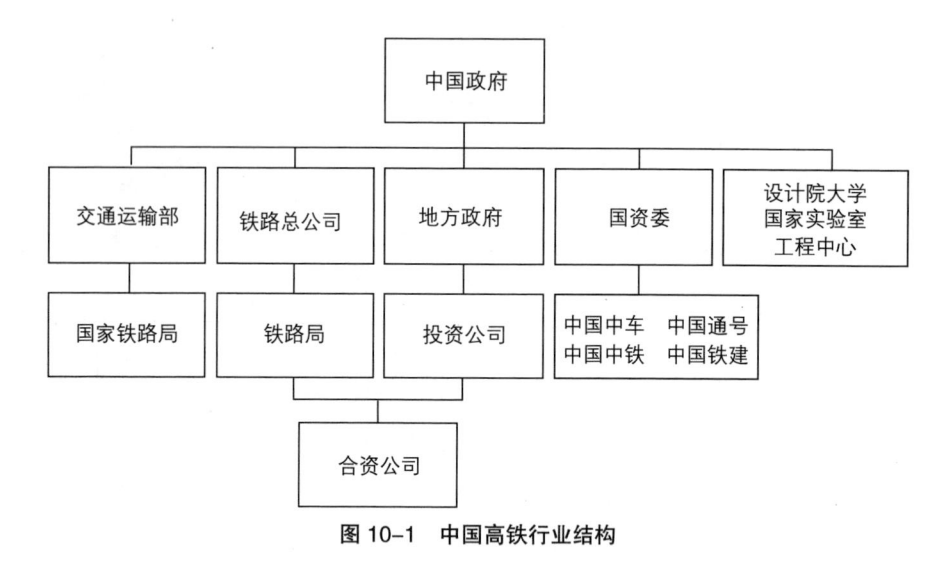

```
                        ┌──────────┐
                        │ 中国政府 │
                        └────┬─────┘
   ┌──────────┬─────────┼─────────┬──────────┐
┌──────┐ ┌────────┐ ┌──────┐ ┌──────┐ ┌──────────┐
│交通运│ │铁路总  │ │地方  │ │国资委│ │设计院大学│
│输部  │ │公司    │ │政府  │ │      │ │国家实验室│
│      │ │        │ │      │ │      │ │工程中心  │
└──┬───┘ └───┬────┘ └──┬───┘ └──┬───┘ └──────────┘
┌──────┐ ┌────────┐ ┌──────┐ ┌──────────────┐
│国家铁│ │铁路局  │ │投资  │ │中国中车 中国通号│
│路局  │ │        │ │公司  │ │中国中铁 中国铁建│
└──────┘ └───┬────┘ └──────┘ └──────────────┘
             │
         ┌───────┐
         │合资公司│
         └───────┘
```

图 10-1　中国高铁行业结构

来源：世界银行《中国高铁发展》(2019) (Lawrence 等人，2019)。

中国国家铁路集团有限公司（本书简称"国铁"[①]）是一家全国性央企。它包括一些子公司，其中最重要的是 18 个区域性铁路（管理）局。从图 10-1 来看，国铁保持着高度集中的管理体系。为了给各个线路的建设提供资金，通常会在中央政府和省政府之间设立各占 50% 股权的合资公司。[②] 它还负责 127 000 公里的公共（铁路）网络的管理和安全，包括：

- 铁路运输的统一调度指挥；
- 经营管理客货运输业务，公共利益运输；
- 会同发改委编制铁路建设投资计划和国家铁路建设与融资安排；
- 建设项目的前期准备工作和后续管理。

区域铁路局维护铁路网络并提供列车服务。然而，铁路网络的运营和整体建设管理仍然高度集中，这是中国高铁实现快速发展的关键因素。

铁路部门还包括工程建设和设备制造实体的完整产业链，其中许多是

[①] 为避免与"中国铁路"这四个字一般性含义混淆，全书以"国铁"作为中国国家铁路集团有限公司的简称。

[②] 《中国国家铁路集团有限公司组织机构情况》，国铁网站 2019 年 6 月 17 日。

国资委监管下的国有企业。设计院和相关大学等都是该行业发展的重要参与者。

一些项目还涉及第三方，如其他非铁路国有企业或民营公司。国铁由中央直接管理，而许多省份则成立了铁路投资公司来持有其所有者权益。总体财务结构通常是 50% 的股本和 50% 的债务。每个合资伙伴都提供股本，省政府通常以土地的形式出资。合资公司从贷款和其他债务中筹集其余的资金。

高铁基础设施是合资公司的资产，但大多数合资公司通常不参与铁路服务。相反，合资公司与当地铁路局签订合同来完全或部分地参与下述工作：

- 运营管理，包括列车运行和列车控制；
- 基础设施和设备管理；
- 车辆管理；
- 安全管理；
- 收益管理；
- 铁路土地使用管理，包括边界巡逻和维护。

在国铁层面，通过向国开行等实体贷款和向机构和家庭发行债券相结合的方式筹集建设资金。国铁是中国最大的公共债券发行人之一，铁路债具有准政府信用。它每季度都发布财务状况报告。报告显示，在项目层面通过抵押土地向银行获得贷款，贷款将通过分配给区域合资公司的收入偿还，收入通常基于该区域内各条铁路线的运输量将扣除运营成本后的剩余现金流分配给控股公司国铁，以偿还未偿还债券。

以下是国铁的合并财务数据。这是对铁路网络（包括货运和客运）的最全面了解，并未说明现金流在国铁（代表中央政府）和省级铁路子公司之间的分配情况：

表 10-1 国铁财务数据（2019—2024 年）　　　　　单位：10 亿元

		实际		估算	预测	
年	2019	2020	2021	2022	2023	2024
收入分类						
货运	391	402	436	479	488	496
客运	392	248	302	215	491	550
其他	378	416	393	404	449	464
收入合计	1161	1066	1131	1098	1428	1510
直接运输成本（不含折旧）	529	508	560	560	671	695
非直接运输成本	241	234	235	236	293	314
运营成本合计	770	742	795	796	964	1009
EBITDA	391	324	336	302	464	501
EBITDA 利润率（%）	33.7%	30.4%	29.7%	27.5%	32.5%	33.2%
折旧	189	184	190	195	228	249
运营收入	202	140	146	107	236	252
运营利润率（%）	17.4%	13.1%	12.9%	9.7%	16.5%	16.7%
利息支出	186	189	192	203	217	233
税前利润	16	−49	−46	−96	19	19

来源：Glenn Luk 的 Substack。
注：铁路网络（货运和客运）。

受疫情影响，国铁于 2020—2022 年期间总营收下降，赢利能力下降，营业利润率从 2019 年的 17% 下降到 2022 年的 10%，但预计 2024 年这一比例将分别恢复到 17%。

众所周知，有些线路非常赢利，而另一些则不是。在 2023 年第二季度，据估计大约 60% 的线路是赢利/盈亏平衡的，而其余的线路则不是。目前整个网络是盈亏平衡的，足以覆盖运营成本和债务利息。国铁使用某些调整机制来分配更赢利线路的利润，以补贴不赢利的线路。这有点类似于 NBA 使用奢侈税，即较大市场的特许经营权补贴较小市场的特许经营权。让较小市场的团队生存下来以保持竞争力，这符合较大市场特许经营权的利益。同样，较富裕地区补贴较贫穷地区也是国家的政策。像 NBA 一样，这也是中央政府（通过国铁）和各省（通过区域合资公司）之间正在进行的"动态谈判"。

因此，国铁是高铁的建设主体，也是投资主体。2021 年，国家发布《关于进一步做好铁路规划建设工作的意见》，首次对高铁建设提出限制性要求。意见多次提及铁路负债问题，要求"妥善处理存量债务，严控新增债务"。作为铁路建设主体，国铁集团承担了绝大多数投资，也因此负担了巨大债务。在这样的背景下，高铁投资主体正在发生变迁。

甬广高铁是深度连接长三角与珠三角的高铁线路，它的多条线路在国铁承债的背景下主动"挑担"。近年来，由省方自主投资建设是广东铁路建设的突出特点。2020 年，广清、广州东环城际开通；2021 年，时速 350 公里的"珠肇高铁江门至珠三角枢纽机场段"开工；2022 年，投资超 500 亿元的深江铁路开工，以上项目均在各领域开创了"省方自主投资"之先例。如今，广东省投资控股建设的广汕高铁开通，此后汕汕铁路及漳汕高铁（广东段）亦循此例。而甬台温线路中间连接的杭绍台高铁，则是"中国首个民营资本控股的高铁 PPP 项目"。项目总投资 438.27 亿元，其中项目资本金占总投资额 30%，八家民营企业联合体出资 51%，国铁出资 15%，浙江省政府出资 13.6%，绍兴市、台州市各出资 10.2%[①]。

当涉及与广泛的城市化目标相关的基础设施融资时，高铁只是中央政府和省政府之间配合协调的一个例子。这里稍微扩展一下关于其他方面的信息，特别是在较大的一般房地产类别中。与央企驱动的基础设施投资（如高铁）相比，地方房地产开发更为随意。其他大型基础设施类别（如电力和电信）的结构类似于高铁，由央企集中管理区域运营。而房地产开发主要由地方政府主导。较低的机构能力、民营部门的更多参与和更深程度的权力寻租将导致大多数不当投资可能出现在地方房地产项目中。

---

① 《我国首条民营控股高铁开通运营》，人民网 2022 年 1 月 8 日，http://zj.people.com.cn/n2/2022/0108/c228592-35086987.html。

最初的思路是，地方政府负责最大份额的融资和资金，因为它们还坐拥最大的可融资资产类别：供开发的土地。中央政府负责制定国家政策，协调各省并决定主要实体——央地政府、民营部门和家庭——之间的集权/分权的最佳水平。

贵州省是一个实时的案例研究，能够说明国家扶贫等政策将如何与中国相对独特的地方土地财政方式相结合/冲突。如何解决这一问题将具有指导意义。贵州是一个贫穷的山区省份，公路等基础设施投资具有扶贫等经济和社会因素。这里需要考虑三个关键因素：

（1）许多基础设施项目都有经济和非经济方面的考虑，比如通过建设公路基础设施来连接偏远因此也比较贫穷的省份如贵州，实现减贫。美国也有类似安排，如田纳西河流域管理局（成立于大萧条时代罗斯福总统规划专责解决田纳西河谷一切问题的机构），以及较贫穷的州通过联邦转移支付、政治拨款项目等从美国较富裕的州获得一般性支持。

（2）中国独特的土地融资方式意味着，虽然这些项目是由地方政府融资平台在地方一级提供资金，但非经济负担是与推动政策的中央政府共同承担的。至少在理论上是这样的。就在写下这些文字的时候，中央政府和贵州省正在解决这个问题。中央政府没有让贵州"独自买单"，因为这是一个共同责任。贵州三分之二的财政收入来自财政转移支付，所以很明显，它不会独自承担扶贫的重担。

（3）这里值得一提的是，与典型的州政府（在美国）或省级政府不同，中国省级政府的资产通常包括有价值的国有企业的股权，这些股权收益也可以（至少在理论上）抵消深陷债务的地方政府融资平台的债务。在贵州的例子中，它坐拥茅台约54%的股份这样的宝贵资产，因此，即使在扶贫账单上处于困境（实际上它不会），用茅台股权收益抵消LGFV债务也相当容易。

很多人感到困惑的是，过去20多年来，地方政府一直在不断地"变现资产"。它们的主要资产是土地，出售土地使用权，通常与开发商合作，将其打包成公寓出售给住户。然而，如果它们通过变现地方政府拥有的资产来筹集资金，这恰恰是一种向家庭的转移，从而促进消费并减少整个经济的储蓄。或者，它们通过修建高速公路、铁路、电网、水和其他基础设施资产来开发土地资产，这代表着向家庭的间接转移，而家庭是基础设施投资的主要受益者。

二、反驳中国高铁是"灰犀牛"

"中国高铁过度投资"曾经是国内经济学家热议的话题，一些著名经济学家一直严厉批评中国的基础设施建设，包括现在的"新基建"。一位教授2019年撰写的关于中国高铁过度投资的文章《谨防高铁灰犀牛》（赵坚，2019）流传甚广。这位教授长期以来一直对高铁持怀疑态度，早在2010年就提出了类似的观点。该文章已经成为那些对中国高铁持悲观看法的人引用最多的文献之一，并成为那些从"悲观"角度写高铁的新闻从业者的"关键来源"之一。

这位教授认为中国正在建造太多的高铁。虽然随着时间的推移，一些论点发生了变化，但2019年的文章提出了三个主要观点：(1) 债务和相关财务风险；(2) 除少数主要线路以外其他线路利用率低；(3) 高铁网络主要为客运服务，因此面临货运网络投资不足的机会成本。

格伦·卢克（2023g）对中国高铁的分析可能是最全面和客观的。他认为该教授的支持性分析中有不少问题，除去一些基础的财务分析错误，最令人震惊的缺陷是使用了非常旧的数据。尽管他在2019年发表了这篇文章，但他使用的是2015年至2016年期间的数据。在一个快速增长的行业中，使用三四年前的数据不可避免地会导致错误的结论。

债务及相关财务风险

该教授认为，铁路系统负债太多，而高铁收入的增加甚至无法支付利息，更不用说运营成本了。该文讨论了国铁 2016 年年报中的一些关键财务数据。该公司运营着中国大部分的货运网络和整个客运网络，包括高铁和常规铁路。

- 年末债务余额：4.72 万亿元，其中 3.3 万亿元（70%）归属于高铁
- 客运收入：2 820 亿元
- 按预计 4.75% 的利率计算，高铁的利息为 1 570 亿元

他做了几个关键的估计，将客运收入分为高铁和常规客运收入，估计高铁部分约占客运收入的 50%，或约 1 410 亿元。他根据轨道和机车车辆的建设成本，将中国铁路 70% 的债务归因于高铁。使用估计的利率，计算了可归因于高铁债务的利息支出。最终，得出结论，高铁的客运收入（1 400 亿元）甚至不足以支付用于建设高铁网络的估计贷款利息（1 570 亿元）。

该文使用的数字不够准确，而且太过时，使用的估计方法也可以改进。他 2019 年写的文章，仍然参考了 2016 年的财务数据。在一个快速增长的行业，三年可能发生巨大的变化。以下是 2019 年的数字：平均债务余额 4.3 万亿元（姑且认为都归因于高铁）；客运收入 3 920 亿元，按 4.5% 利率计算的预计利息为 1 940 亿元。

第一，该文犯了两个技术性的错误：

- 该文采用的总债务数字，其实是在用"总负债"。这是不正确的，因为总负债包括公司的计息债务和不支付利息的"应付款项"（2016 年年底为 6 260 亿元）等项目。
- 其次，该文使用的是债务的年末余额数字，利息是根据全年余额计算的，对于债务余额不断增长的公司，全年平均债务余额将低于年末余额。

纠正这两个技术错误后，仍然使用他的方法，2016 年的数字夸大了约 37% 的债务余额，以及相应的利息支出。

卢克估计，2019 年约 83% 的客运收入（3 230 亿元）来自高铁。鉴于

高铁相对于传统铁路的快速增长，这一比例自然有所上升，但对 2016 年的估计（74% 或 2 080 亿元）也高于他的估计（50% 或 1 410 亿元），高铁票价往往比传统铁路贵三倍（每公里行程）。世界银行在 2019 年的一份报告中提到了对高铁平均行程长度的估算数据，这可以用来估算高铁总行程公里数。

对利率的估计与此大致相同。他估算 2016 年为 4.75%，卢克估算 2019 年为 4.5%。在此期间，中国的利率普遍下降。卢克的估算是基于国铁所有公共债券的加权平均值，这些债券约占总债务的 40%~45%。国铁项目的典型融资方式包括国铁在控股公司层面发行的有担保和无担保债券，以及来自国开行等发行人的有担保的项目层面贷款（以及来自当地合作伙伴的股权）。世界银行也为一些早期的高铁项目提供了融资。通过这样的报告，可以深入了解其融资结构。通常有担保的项目级贷款的利率低于控股公司级别的公司债券，因此 4.5% 的利率估计很可能是保守的——实际的混合利率可能要低得多。把国铁的所有债务都归因于高铁，这也是一个保守的假设。

总之，根据卢克的估算，2019 年高铁客运收入（3 230 亿元）远远超过中国铁路支付的总利息（1 940 亿元）。

第二，该文忽略了中国高铁正处于快速增长阶段，收入增长明显快于债务增长，呈现出典型的"J 曲线"效应。从 2016 年到 2019 年，高铁客流量和收入增长了 50% 以上。这实际上突出了该文分析的关键缺陷——刻舟求剑。J 曲线是一种趋势，开始时急剧下降，但随后几年急剧上升。它尤其适用于长期资产的投资。这些资产具有较高的前期成本，并将投入使用几十年，高铁就是如此。当一条新的铁路线开通时，它并不会立即实现充分利用。事实上，对于日本新干线，原来的东海道线花了 40 多年才达到客运量峰值。2019 年，中国每公里高铁轨道的加权平均使用年限不到 5 年。

第三，高铁网络创造的全部价值并没有体现在客票销售中。通过将所有的客流量聚集到网络枢纽，并在旅行期间拥有专属客户群，可以创造巨大的价值。这转化为基于房地产的收入，如商业租金和广告，并从本质上补贴了车票销售。国铁还通过在列车上销售食品和零食获得收入。国铁的"客运"收入只包括车票销售。损益表上还有额外的"其他运输收入"和"其他收入"项目，其中包括上面的收入。2019 年，这一数字达到 3 810 亿元。这一数字超过了对高铁收入本身的估计。虽然并非所有收入都来自高铁，但由于如今高铁产生了大部分的客流量，它当然应该得到很大的份额。香港的地铁公司也许是公共交通网络赢利最成功的例子，原因是它的核心业务实际上是房地产（和广告）。稍后详细讨论高铁财务模型。

第四，不应该把国铁的所有债务归于高铁，国铁利用成熟的货运和传统铁路业务为高铁扩建提供资金。中国高铁建设的大部分资金来自国铁发行的铁路债。这些债券由国铁的所有资产支持，而不仅仅是高铁网络。国铁运营着大部分货运铁路网络和所有传统客运网络。在历史的大部分时间里，货运网络的收入超过了客运网络（高铁和传统铁路）的车票销售。前面的财务分析保守地将国铁的所有债务和利息都归因于高铁，但实际上，债务是由整个公司的收入支持的，包括货运和常规客运铁路。如果在心理上将所有债务分配给高铁，那就意味着有一个高利润、无杠杆的货运和常规客运铁路业务。估计除了老干妈，中国没有企业会这样无杠杆地经营高利润业务。将全部或大部分债务分配给高铁只是一种理论上的做法，实际上并没有多大意义。应该关注整个公司的偿债能力，包括货运和传统客运铁路业务。从投资老手角度看，这里真正发生的事情是，国铁选择"杠杆化"其成熟的货运和常规客运铁路业务，并利用相对较低成本的资金为高铁网络的建设提供资金。这是一种保持低资本成本的有效融资形式。

第五，考虑到外部性，公共交通网络需要通过整体社会回报来评估，而不仅仅是财务回报。客运铁路网不应仅以财务回报为基础进行评估，而应以社会总回报为基础进行评估。社会总回报考虑外部性（如降低污染）和间接效应（如通过城市群提高生产率）。作为一项公共资产，铁路网络不应只关注利润或财务回报的最大化。因为通过垄断长途公共交通，国铁可以通过涨价来提高赢利能力，但这会侵蚀与客运量成正比的社会价值。优化乘客量与财务回报同样重要（甚至更重要，这取决于正外部性的大小）。这些外部性更难衡量，但这并不意味着它们不重要。世界银行的报告（2017）还将环境因素和其他外部因素直接纳入了其资助的四个具体的高铁项目的经济分析（参考"对价值23万亿美元的资产进行'复盘'评估"小节），经济回报率从吉林—珲春线的8%到贵阳—广州线的18%不等。国铁不以产生任何股本回报为目标：票价和运费的设定是为了产生足够的资本，为债权人提供财务回报率——向银行支付贷款利息，向债券持有人支付债券利息。从2010年到2019年，国铁累计实现税前利润5 490亿元，几乎全部用于支付国家税收。非财务的外部性实际上是对社会的回报。

少数干线以外的线路利用率低

该文的第二个主要观点是，除了少数几条核心线路（如北京—上海）外，网络的其余部分"基本上处于闲置状态"。他还引用兰新线作为其中一条利用不足的线路的主要例子。

这是一个非常合理的担忧。到目前为止，利用率是决定像高铁这样的长期高前期成本基础设施项目成功与否的最重要指标。它不仅推动了财务回报，也推动了非财务的社会回报。例如，污染的减少与选择使用高铁而不是较高污染交通方式（如航空旅行或客运车辆）的乘客数量成正比。

然而，该文的支持实证分析是过时的，逻辑上是有缺陷的，使用的是2015年的旧的利用率数据，恰好是高铁网络利用率的触底数字。与他的财务分析类似，参考旧的数据，这对于一个正在快速增长和发展的部门来说是致命的。一旦使用更多的最新数据，就可以看到2015年是利用率的最低点。实际上，一直到2015年，平均运营轨道的增长都是超过乘客量增长的（这意味着高铁网络利用率的下降），但在2016年开始逆转。从更长的时间维度上可以看得更清楚：从2010年到2019年，运营轨道的平均长度增加了46%，而年客流量增加了97%。部分原因是前面提到的J曲线效应。乘客和城市社区需要多年才能适应新的高铁基础设施，需要几十年才能达到峰值利用率。

兰新线不具有代表性，中国的整体铁路网络利用率与世界其他高铁网络相比毫不逊色。特别是，2015年是一个特殊的年份，因为兰新线一期工程于2014年12月刚刚完工。这是一条全长1 777公里的线路，从黄河平原西部边缘的兰州一直延伸到新疆首府乌鲁木齐。它经过了一个人烟稀少的地区。它将旅行时间从20小时缩短到12小时，并将旧的传统轨道的运能释放给货运，但客流量很低，每天只有4趟列车运行。从财务角度来看，兰新线完全是一笔减记。然而，修建它完全是基于非财务的社会因素的考虑。兰新线是"胡焕庸线"以西的唯一一条干线。中国94%的人口居住在这条线以东，该地区的人口密度（每平方公里870人）高于日本的759，是法国260的三倍多。兰新线占高铁网络整体投资成本不到2%，在很大程度上是一个特例，不能代表该网络的其他部分。

如果2019年（而不是2015年）就可以简单地评估中国整个高铁网络与世界其他高铁网络相比的乘客量和利用率，那为什么要关注一个极端的例子呢？

表示铁路利用率的指标是"客运强度"，表示为"每年每公里运营轨道的人次"，中国大陆大约是中等水平（表10-4）。正如该文所指出的，中国大陆远低于日本，但领先于法国等。但中国的高铁单位建设成本只有日本的一半，这样总体的成本（表示为"每次乘坐折旧"）中日高铁网络差距就缩小至10%。那么，将中国的利用率与日本的利用率进行比较是否公平？如前所述，日本的东海道铁路（1964年开通）用了40多年才达到峰值利用率（2007年）。中国高铁系统的加权平均使用年限仅为5年。中国高铁网络需要更多时间来启动乘客量，才能使这种比较变得更有意义。

货运网络投资不足的机会成本

该文认为，对高铁的过度投资占用了投资货运铁路网络的资源，这导致更高比例的货物由卡车运输。该文引用世界银行的数字认为，经购买力平价（PPP）调整后，中国铁路货运价格水平是美国的1.3倍。他还衡量了铁路货运对其他货运（特别是卡车）的相对贡献，并认为铁路应在相对基础上更多地使用。实际上他并不是第一个重视中美货运网络的人。清华外籍教授程致宇（Patrick Chovanec）于2011年在他博客上发表了一篇题为《中国高铁困境》的文章（Patrick Chovanec，2011），着重与美国货运网络进行了比较，也持相同观点。虽然两人的观点很有趣，但他们都未能考虑到美国和中国之间的一些差异，这些差异使得在中国优先考虑客运铁路成为正确的决定。

第一，中国铁路货运网络的大部分用于煤炭运输。这就是说，优先考虑铁路货运网络实际上意味着优先考虑国内煤炭。在中国，不仅仅是国铁拥有铁路货运网络，还有中国神华能源，它是世界上最大的煤矿企业之一，经营着自己的（燃煤）发电网络，还拥有最大的铁路货运网络之一，致力于运输煤炭。在中国煤炭和火车是息息相关的。按吨位计算，铁路货运网的一半以上路线用于运输煤炭，另外五分之一用于运输矿石和矿物，谷物和化肥等农产品各占不到3%的吨位，集装箱货物仅占5%的吨位。

因此在中国，优先发展货运网络实际上意味着优先发展煤炭和其他以建筑为中心的大宗商品，如矿石和矿物。但从现在的"后见之明"来看，在21世纪第二个十年的早期/中期，这不是一个正确的决定。虽然煤炭和以建筑为中心的大宗商品（如铁矿石）在21世纪第一个十年增长迅速，但（彼时）长期（以几十年计）战略方向显然是让经济增长摆脱对煤炭的依赖，中国国内煤炭快速增长的日子正在消退。政策制定者在21世纪第一个十年中期就已经开始考虑太阳能和其他可再生能源。当政策制定者试图关闭国内效率较低（也较不安全）的小型煤矿时，从印度尼西亚和澳大利亚等地进口的海运煤炭迅速增加。国内煤炭是铁路货运网络的主要驱动力，产量在前十年增长了近两倍后，2011年基本持平。"十二五"规划指出，能源密集型活动需要转型。

能源密集型活动意味着电力和建筑行业大量使用煤炭。到2014年，这些过去快速增长的经济活动的增长明显放缓，而中国是世界上大多数大宗商品的最大消费国，这导致了大宗商品的萧条。2014年6月至2015年2月，全球大宗商品价格暴跌38%，中国的煤炭使用量几十年来首次下降。中国的政策规划者显然清楚未来基于煤炭的经济活动要开始减少，而作为主要为煤炭运输服务的铁路货运网络，其预期使用寿命有几十年。在这种情况下，投资于铁路货运网络显然是不明智的。

第二，中国的客运网络供应严重不足——传统铁路又持续增长了七年，乘客才开始大量转向高铁。事后证明，对货运网络进行大量投资没有什么意义，并且传统的客运网络急需投资。数字清楚地说明一切——随着2007年第一条高铁线路的开通，传统列车网络的乘客量持续增长，这一趋势持续到2014年（彩图24-1）。这表明，在这一历史时期，中国铁路公共交通网络远远不能满足快速发展的经济活动的需要，即使中国高铁网络的建设也未能满足，导致传统铁路客运网络继续服役。

我清晰记得，中国高铁时代之前，每年的春节和中秋节期间，中国游客，尤其是利用每年两次探亲机会的农民工，会不顾一切地挤在火车站，只为了买到一张回家的火车票。我在20世纪90年代上大学期间也有同样的经历。一次春节后返工/返校的农民工/学生人叠人，像洪水一样淹没了售票处。我辛苦排队24小时也没能买到车票，最后拿出清华学生证，维持秩序的保安让我加了个塞。这可能是我人生唯一一次用名校光环在公共空间获得个人利益。从北京到重庆是30多个小时的列车旅行，然后再换乘2小时城际公交才能到家。虽然中国的列车站（高铁站）现在仍然很拥挤，但已经不像15～20年前那样。即使它变得拥挤，互联网售票和新的高铁站也使旅行体验有了很大改善。现在高铁站已经延伸到家乡县城，我下高铁乘出租车只需要 5 分钟即可到家。

到 21 世纪第二个十年中期，随着中国的高铁网络不断接近临界规模，高铁开始真正取代许多线路的传统列车。其中一个因素就是高速列车的可负担性不断提高。随着可支配收入的增加，即使是节俭的农民工也开始选择高铁而不是传统铁路。以 500 公里的铁路旅行（混合高铁/传统线路）占月人均 GDP 来衡量的可负担性，从 2005 年的 4.2% 下降到 2019 年的 2.3%（彩图 24-2）。

第三，中美的重大差异改变了客运与货运铁路的成本效益等式。当谈到货运网络时，两者都将中国与美国进行了比较。在这里，前者指出中国的货运市场比美国低得多，中国应该努力达到美国的水平。同样，后者主张中国应该更像美国。

撇开国内煤炭产量即将见顶的现实不谈，这些观点忽视了美国和中国之间的其他实质性差异，这些差异最终改变了客运和货运之间的成本效益计算。美国是世界上最大的农业出口国之一。美国已经建立了一个高度优化的货运网络，将散装谷物从大平原运送到数千公里外的集装箱港口，然后再运往世界各地。即使是为了美国国内消费，其人口中心通常也离粮食产地很远。食品超市的水果来自美国国内数千公里外的产地的现象很常见。与此同时，中国是一个粮食进口国，一般来说，粮食都是在离人口中心更近的地方种植的。中国家庭的大部分（国内）食物都不需要在全国范围内运输数千公里。当必须在数十或数百公里而不是数千公里的范围内分发产品时，卡车比铁路运输更有意义。这也解释了为什么中国家庭喜欢在菜市场购物——新鲜。优先购买本地农产品在中国人的饮食选择中根深蒂固。

这在很大程度上是由于人口密度的显著差异。在胡焕庸线以东，占中国大约三分之一面积的地区居住了 94% 的中国人口，人口密度为 870 人/平方公里，而美国仅为 94 人/平方公里。因此，一些高价值消费品在美国通过铁路运输比在中国更有意义。美国48%的铁路货运由"消费品和其他杂项（非大宗商品/非散装货物）产品"组成。这些差异以及电子商务在中国消费品分销中发挥了更大作用，说明美国应该成为中国在货运基础设施方面效仿的榜样这一主张是非常愚蠢的。

第四，电子商务推动中国的物流业在过去15年里取得了显著发展，但需要投资的不是铁路网络。 前文不断强调"高铁只能运人不能运货"的观点。中国当然需要改善其物流，但专注于货运网络是错误的想法。事实上，中国的物流在过去15年里得到了极大的改善，这在很大程度上是由电子商务的兴起推动的。但是，改善消费品（即对时间非常敏感的高价值物品）所需的物流类型需要的投资与货运铁路网络无关。

中国的物流网络需要投资于仓库、机器人/自动化、软件、卡车、本地配送服务等，而不是投资于更多的铁路。如今，中国拥有世界上最大，也可以说是最高效的消费品物流网络，在过去15年里取得了巨大的发展。此外，优先考虑客运铁路并没有阻碍像郑州这样的内陆城市作为制造中心蓬勃发展，这些制造中心生产了数十亿部运往世界各地的iPhone。最重要的是，物流公司正在研究如何将高铁网络本身纳入整体交付基础设施。

第五，中国的大宗货运/散装运输成本并没有比通胀上升得更快。 前文引用了货运成本的增加来支持货运不公平地补贴无利可图的高铁的观点。这是一个相对次要的问题，根据其引用的数字，这意味着从2004年到2015年，货运费率的年化名义增长率为6%，基本上与这一时期的通胀率一致。

三、高铁运行效率分析

中国高铁网络运营效率全貌

中国高铁网络的真实面貌是怎样的？中国高铁最繁忙的线路与日本新干线网络中最繁忙的线路相比毫不逊色。还有许多大多数人从未听说过的线路同样繁忙。

表 10-2 中国大陆高铁网络运营效率概览

年客运强度[1]	财务表现[2]	占网络百分比[3]	示例线路	可比
3900万以上（每日100+列车对）	赢利，快速去杠杆	~23%	北京–上海 长沙–株洲 衡阳–广州 武汉–岳阳	东海道新干线 台北–台中
2700万~3900万（每日80~100列车对）	覆盖直接成本、维护、利息和一些本金	~26%	郑州–商丘 资阳–梓州 广州–东莞 南昌–萍乡	新干线
1900万~2700万（每日50~80列车对）	覆盖直接成本、维护和大部分利息	~24%	贵阳–广州 南昌–吉安 龙州–河源 江门–阳江 新民–沈阳	中国台湾高铁 法国TGV
400万~1900万（每日10~50列车对）	覆盖直接成本和维护	~17%	南宁–崇左 丹东–东港 三河–宝坻 淮安–大同	韩国高速列车 意大利 土耳其
400万以下（每日小于10列车对）	不能覆盖全部直接成本和维护	~10%	兰州–新疆 泷山–咸丰 新开线路	西班牙 美国铁路（Amtrak）

来源：Glenn Luk 的 Substack。

说明：
1. 基于列车对的分析估算的每公里每年客运人次；分析基于列车对80%的平均满载率。
2. 主要项目是直接成本，固定年维护成本，资本成本（利息）和债务本金。还包括间接收入，例如商业租赁、餐饮和广告。
3. 基于网络长度。
4. 利率按照年4%计算。
5. 统计截至2023年年底。

如果法国的 TGV 网络与中国的高铁网络做对比，以客运强度和利用率衡量，它将远远低于中国的平均水平。西班牙和美国铁路公司（Amtrak）和中国利用率最低的线路（如兰新线）差不多。

有一则中国高铁的"奇闻逸事"。海南有个海头高铁站，据《环球时报》报道，自 2015 年以来，这座造价 4 000 万元的高铁站一直闲置。当地政府表示，国有铁路拒绝投入使用，因为每天只有 100 人使用，导致每年损失 500 万元。只要看 12306 或携程网，就可以看到有 50~60 列车对运行在海口和三亚之间的海南东环高速铁路上。不知道出于什么原因，在关于中国的分析中，媒体也包括一些学术界人物，过于关注负面异常值似乎很常见。例如，讨论高铁必定提及兰新线。从具体的奇闻逸事中轻易得出结论很容易被"带偏"。中国高铁网络如此庞大，很容易找到次优规划的例子。不应该只关注离群值，或者只关注平均值，更应该关注离群值是否有指示性，以及从好到坏的具体分布。

人们显然不会根据板凳上的替补队员来评价一支 NBA 球队。同样，如果一项评估有选择地关注中国经济中财务表现最糟糕的资产并从那里进行预测，那么它的准确性会有多大？还要注意的是，占总网络 10% 的低使用率线路中，一些线路才刚刚启动，需要时间来增加客运量。即使兰新线也是一条客货两用线路，所以仅从客运量来判断并不全面，更不用说建设兰新线完全出于非财务的其他战略目标。

高铁财务模型[①]

卢克（2023h）提出了一个简单而直接的高阶财务模型，可以应用于包括中国高铁在内的大多数专用的高铁客运轨道线路。它根据活跃列车对的数量得出线路的赢利能力。在包括直接运输成本、线路维护和融资利息的情况下，一条线路要达到完全财务平衡，该模型估计需要约 **65 次列车对**。

[①] 注意区分"客运周转量"、"客运量"和"客运强度"的概念。客运周转量 = 运送旅客数量 × 平均运距，单位是"亿人公里"。"客运量"代表发送和到达的旅客的总量，反映了旅客的人次或乘次。客运强度等于客运周转量除以运营线路的长度，世界银行的报告里面也称客运强度为乘客密度。

这相当于每年每公里轨道约 2 500 **万乘次**的客运强度。

表 10-3 中国高铁收支平衡财务模型（2019 年）

	元 / 公里	来源和说明
客运收入	0.35	根据国铁财报计算：旅客收入除以客运周转量（人公里数）
直接成本	−0.22	来源：世界银行（用 2500 万乘次 / 年·公里的客运强度）
轨道维护	−0.04	用每公里平均维护成本除以 2500 万乘次 / 年·公里的客运强度
利息支出	−0.21	用每公里平均建设成本和平均融资成本除以 2500 万乘次 / 年·公里的客运强度
总支出	−0.48	
运输利润率	−0.13	
非运输收入	0.12	配售率为 35%，根据国铁财报中的"其他收入"，代表广告、餐饮、商业租赁等
高铁收入	0	

来源：Glenn Luk 的 Substack。

客运收入只是直接根据旅行距离来定价。近年来，国铁在定价模式上增加了一些灵活性，但仍然相当简单。显然，它的重点不是优化收入。如世界银行报告《中国高铁发展》（Martha Lawrence 等人，2019）所述，2015—2016 年全系统车票收入约为 0.31 元 / 公里。2019 年，价格上涨至约 0.35 元 / 公里（价格上涨约 11%）。直接运营支出（如电力、列车工作人员等）也与行驶距离直接相关。在同一份报告中，世界银行指出，直接运营支出 0.20 元 / 公里。使用相同的通胀率（11%），估计 2019 年直接运营支出为 0.22 元。其余的成本本质上变化较少，更固定。这就是客运强度起作用的地方。将固定的年度成本摊销（即除以）一年内使用该段轨道的客运周转量（等于运送旅客数乘以平均运距），可以得出每公里成本。世界银行指出，2015 年维护高铁轨道的年度成本约为 100 万元 / 公里（模型中根据通胀率假设 2019 年约为 110 万元）。如果一年内有 2 500 万人次通过这条 1 公里长的轨道，那就是每公里 0.04 元。基于每公里 1.3 亿元的平均建设成本和 4% 的利率，1 公里路段的年利息支出约为 520 万元。在

2 500万乘客的情况下，每公里0.21元。除了车票销售之外，主要通过聚集人流量和在旅行时拥有专属客户群，高铁还产生了大量的收入。由人流量驱动的非运输收入，如广告、商业租赁、餐饮，假设35%的配售率算作纯利润，这与国铁财报数据一致。

把所有这些加在一起，要达到大致的收支平衡——包括向债权人支付利息——需要每年2 500万乘次的客运强度。然后，可以通过做出某些假设，将这2 500万乘次数转化为列车对的数量。估计每列火车平均有10节车厢（8节和16节车厢的混合），每节车厢有69名乘客，有80%的满座率。在此基础上，2 500万乘次相当于约65次列车对。从2016年到2019年，中国高铁网络平均客运强度为每年2 900万~3 100万乘次，或75~80次列车对。截至2023年1月8日，系统平均为50对（尚未完全恢复到疫情前水平）。很容易观察列车对的数量，只需查看如12306或者携程网的列车时刻表即可。这就提供了一个方便的经验方法来测量特定线路的赢利情况。

刚才提到，如果国铁不太关注优化收入，那么它关注的是什么？它更侧重于优化**总客运量**。客运收入只是直接根据旅行距离来定价，但使用量的增加不仅降低了固定成本（如维护和利息）的每公里成本，还将为社会带来额外的正外部性。只看财务回报就看不到以正外部性的形式为社会创造的重要价值了。

模型里的一个小问题是，利息支出是名义上的，而收入是实际的。收入将随着时间的推移而膨胀，因此假设名义通胀的话，财务收支平衡所需的客运强度或列车对数量每年都会略有减少。

高铁系统成本的跨经济体比较

卢克的财务模型也计算了高铁网络的成本，并且对中国高铁和其他经济体的系统进行了跨经济体比较。自2019年以来，客运量增速超过了网络长度的增速。也就是说即使网络长度不断增长，网络也得到了更集约的利用。有两个指标在很大程度上决定了高铁等高固定成本基础设施的成败——建筑成本和客运量：低建筑成本和高客运量意味着成功，高建筑成本和低客运量意味着失败。

表 10-4　各经济体高铁系统成本比较[1]

经济体	轨道(公里)	成本/公里(百万美元)[2]	客运量(百万人次)	客运强度(百万人次/公里)	客运周转量(十亿人公里)	总成本(百万美元)[3]	每次乘坐折旧(美元)[4]	平均里程长度(公里)	每次乘坐每公里折旧(美分)
中国台湾	332	53.40	67	24	8	17,729	8.82	119	7
日本	2727	42	383	36	99	114,534	9.97	258	4
中国大陆	45000	22	3300	29	1317	990,000	10.00	399	3
韩国	661	45.4	75	23	15	30,009	13.34	200	7
意大利	921	63.1	64	18	17	58,115	30.27	266	11
法国	2735	23.6	110	18	50	64,546	19.56	455	4
土耳其	1211	5.6	13	4	5	6,782	17.39	385	5
西班牙	4327	24.2	22	2	10	104,713	158.66	455	35
摩洛哥	186	11.4	4	5	1	2,120	17.67	250	7
印度尼西亚	142	67.6	6	7	1	9,599	53.33	167	32

说明：
1. 乘坐次数和轨道公里数统计到 2023 年年底。
2. 每公里成本基于通胀调整后的数字（2018 美元不变价格）。
中国台湾 – 基于总的系统成本
中国大陆 – 基于代表整个系统五分之一的样本加权平均
土耳其 – 基于该国两条主要运营线路的加权平均
日本 – 基于东海道（1964 年）和东北新干线（1982 年）
韩国 – 基于代表 KTX 系统三分之二的线路样本的加权平均
法国 – 基于代表 TGV 系统三分之二的线路样本的加权平均
意大利 – 基于米兰 – 萨勒诺线
摩洛哥 – 基于 Al-Boraq（只估算高铁部分）的最初阶段
西班牙 – 基于代表 AVE 系统三分之二的线路样本的加权平均
3. 总成本 = 轨道长度 × 成本 / 公里。
4. 假设 30 年直线折旧并除以年客运强度。
5. 各个数字按照 2018 不变美元价格计，除非另外说明。
来源：世界银行，维基百科，Glenn Luk 的 Substack。

归根结底，该模型用"**每次乘坐折旧**"的指标来捕捉建筑成本和客运量的影响。目前，中国大陆的数字是 10 美元 / 乘坐，基本等于日本的 9.97 美元 / 乘坐，接近领先者中国台湾（8.82 美元 / 乘坐）。但这仍然低估了成本效益。中国大陆的平均高铁乘坐里程约为 399 公里，这意味着"每次乘坐每公里折旧"为 3 美分 / 公里；日本的平均高铁乘坐里程约为 258 公里，对应 4 美分 / 公里；中国台湾的平均高铁乘坐里程约为 119 公里，对应 7 美分 / 公里。按每公里计算，中国大陆比日本低约 37%，比中国台湾低约 70%。在这一点上，**中国大陆不仅拥有全球最大的高铁网络，而且其还是最具成本效益的网络**。这为继续扩建高铁提供了强有力的现实依据。这也符合对年客运强度超过 2 000 万人次的新线路继续开通的观察。日本的新干线网络被广泛认为是高铁黄金标准，但有相当确凿的实证证据表明，中国大陆已经超过了日本。

与日本相比，中国的高铁网络有几个天然优势。

首先是人口密度。总体而言，中国的人口密度低于日本，但这是包括西部大片人口稀少的山区和沙漠地区的情况。高铁基本不在"人口稀少的地区"。看地图即知，几乎所有高铁线路都位于胡焕庸线以东，94% 的中国人口生活在这里。这边的人口密度为 870 人 / 平方公里，高于日本的 759 人 / 平方公里。日本的高铁系统被认为非常成功。

其次，中国的网络模式像蜘蛛网，而日本的网络则更类似于点对点的模式——这是两国各自地理学的函数。在其他条件一样的情况下，蜘蛛网型网络的利用率高于点对点型网络。

再次，中国使用更标准化的生产流程来建设其庞大的高铁网络，并能够大幅降低成本（在经通胀调整的基础上）：大量使用预制轨道、自动轨道铺设机、标准化车站设计等。没有铁道交叉口、绝大多数轨道铺设在高架桥 / 隧道 / 桥梁上，使用类似这些技术的设计方法，中国的每公里成本约为日本在 20 世纪 60 年代和 80 年代建造的两条干线（东海道和东北）通胀调整成本的一半。此外，还有一些成本差异可能来自土地购置成本。在中国，土地购置成本（补偿和重新安置成本）不到典型项目成本的 10%。预计未来中国可能会继续扩大其轨道车辆的领先优势。鉴于中国旅程相比于日本旅程较长，中国从速度升级中获取好处的余地要大得多。600+ 公里／小时的磁悬浮技术将有可能实现 4 小时内即可从北京到深圳或从上海到成都。这比在 3 小时内而不是 5 小时内即可从东京到福冈的影响力要大得多。

高铁可负担性改善和铁路旅行平均长度变化

高铁的可负担性已经有了显著改善（彩图 24-2）。通过一系列数字，可以看到在 2005—2019 的 15 年里，中国投资 9 000 亿美元[①]建设高速铁路网是如何影响旅客行为和经济的。随着时间的推移，高铁（定义为时速 200 公里或以上）与传统铁路服务相比越来越受欢迎。2018 年是高铁客运周转量首次超过非高铁的一年（彩图 24-1）。按人均计算，中国人的出行量是 2005 年的两倍多一点。随着转向高铁，平均旅行时间下降了。100 公里行程所需的平均时间（混合高铁／非高铁）从 79 分钟下降到 40 分钟。与此同时，由于高铁使用量的增加，普通火车票（混合高铁／非高铁）的成本随着时间的推移而上涨。在调整距离的基础上，高铁票的平均成本约是普通火车票的三倍。在这 15 年中，按名义价值计算的人均 GDP 从 14 101 元增加到 69 392 元，可支配收入也在以同样的幅度增加。正因为如此，随着时间的推移，火车票实际上变得更便宜了。2005 年，500 公里行程的平均票价约为月人均 GDP 的 4.2%。2019 年，即使转向成本更高的高铁，这一比例也下降到了 2.3%。

韩国、中国台湾、西班牙、意大利和美国都部署了特快（速度为 100～200 公里／小时）系统，500 公里行程的平均票价分别为月人均 GDP（2020 年）的 2.1%、3.5%、4.1%、5.1% 和 5.5%。法国、中国大陆、日本和西班牙部署的高铁系统，同一行程的可负担性分别为 2.8%、3.7%、4.1%

[①] "以高铁为例说明不同类型资本存量对 GDP 短期和长期影响"小节说明了如何估算中国高铁投资金额。

和 6.1%。至于航空旅行，可负担性都在 3.0% 以上。可见中国大陆的高铁无论是在中国大陆（与航空旅行相比）还是与其他部署了特快或高铁系统的国家与地区相比，都具有相当的竞争力。

中国铁路旅行的平均长度从 2012 年的 516 公里下降到 2023 年的约 404 公里。在 2012 年至 2019 年大幅下降后，这一趋势似乎稳定在 400 公里左右。我还观察到其他与这一趋势相关的变化。

即使平均速度增加了，行程长度也变短了：2012 年 25% 的旅行通过高铁，目前增加到 81%。平均有效速度（混合常规/高铁）从 107 公里/小时增加到 209 公里/小时，平均行程时间从 5 小时减少到少于 2 小时。

这有什么影响呢？**农民工离家更近**。他们曾经是传统列车的最大用户之一。每年春节前后，平均铁路行程长度会飙升，届时他们通常会长途跋涉回家。在可支配收入上升的推动下，航空旅行的增加逐渐取代了最长的传统铁路旅行。高铁还从城际公交（较短行程）中获得了份额。尽管有些人对 20 世纪八九十年代缓慢的绿皮火车怀揣着怀旧情结，但旅行者们正在用脚投票，普速列车上 24 小时长途旅行的选择已经不多了。例外的可能是带你穿越全国的高速长途卧铺列车（例如北京—广州），或者是从上海到乌鲁木齐的长途列车，但乘坐这样的列车的主要目的是休闲旅行和欣赏沿途风光。更频繁、更定期的商务和休闲旅行在铁路旅行中的比例不断上升。大众现在负担得起定期的国内旅行，他们也正在利用高铁这么做。高铁不再只用于每年前往贵阳或西安的长途旅行，也用于更定期的短途旅行。在这种场景下，它**在很大程度上取代了老式列车和城际公交**。

有趣的是，非高铁铁路出行的平均行程长度一直保持相对稳定，直到 2017 年开始下降。这一点，以及非高铁里程在 2014 年达到顶峰的事实，有力地表明，注重成本的铁路旅行者已经开始转向高铁。从 2018 年开始，可以观察到更多的蓝领和农民工乘坐高铁的二等车厢。从长远来看，非高铁铁路可能用于满足高铁速度优势减弱的较短行程，或者用来连接高铁网络未覆盖的较小卫星城市和城镇的换乘交通。

高铁比航空旅行更能有效适应流量飙升

2023年9月29日,中国铁路以超过2 000万人次的客运量达到了其历史最高日客运量。另一个提醒,与航空旅行相比,高铁的一个好处是它能够**在激增期内经济地扩大规模**。中秋和国庆双节期间约有1.9亿次铁路旅行(实际1.95亿次),对比五一假期的1.33亿次来看,这个五一旅行数据反映了高铁与航空旅行的另一个方面:**铁路可以比航空旅行更有效地适应流量飙升**。通常,铁路/航空之间的客运量比率约为6∶1。在这个五一假期里,该比率飙升到10∶1。

来理解一下这背后的动态。基本上,将一堆昂贵的飞机放在备用储备中以适应短暂的峰值旅行太浪费了,但保留机车车辆储备相对便宜。对于航空旅行来说,扩大供应的成本高昂。而火车定价往往更加亲民,并倾向于通过扩大火车供应来应对客流激增。这使得航空旅行和高铁形成互补关系。高铁扩大高峰旅行供应的能力减轻了航空旅行的负担,并减轻了高峰期对系统的压力,也限制了机票价格的飙升。

有一些说法如"高铁蚕食其他运输形式"并没有太多可信度。在21世纪第一个十年中期,每种交通方式国内旅行者都需要,除了那些真正被蚕食的城际公交。随着可支配收入的上升,旅行者转向高铁和航空,城际公交运输在2013年达到顶峰(根据国家统计局的数据)。高铁甚至没有真正蚕食现有的传统轨道。许多现已过时的传统客运轨道已转换为货运专用业务。通过这种方式,中国能够以最小的增量资本来扩大货运能力。通过创造新的高铁客运产能来释放现有传统铁路用于提升货运能力,这种方式产生的回报,可以说应该纳入高铁的总体影响评估和计算的社会总回报中。

还有一些传统客运轨道始终保留区域运营,对促进区域经济活动很有帮助。2023年,网上流传的一则故事是,数百位湖南怀化上了年纪的菜农每日搭乘前往贵州铜仁的火车去卖菜。正是因为铁路运输方式变得更加可负担,他们才能把本地过剩蔬菜用更好的价格卖到蔬菜生产不足的、更远的邻省,并因此赚得更多收入。另一个例子是从攀枝花到普雄、横穿大凉山最贫穷地区的 5634 次列车，最低价格仅为 3 元，且全程价格 30 多年里都没变过。车厢经过改造，除满足基本的出行需要外，还可供宠物休息、小朋友玩耍、学生学习、彝族老乡贩卖并交易农作物和家禽牲畜，或成人进行商务洽谈。即使大凉山里已经通高铁，但只要能促进区域经济活动和改善本地福祉，这辆绿皮慢火车就永远不会退役。

通过降低成本，提高速度，并建立如此广泛且可及的网络，高铁能够直接与航空旅行竞争更多的城际旅游市场。通常，200～400 公里的距离是高铁的甜蜜区间，用户感受与 4 小时左右空中旅行（相当于 900 公里 / 小时的峰值速度，有效非峰值速度在 230 公里 / 小时）相当。此时，更高的航空旅行峰值速度（1 000 公里 / 小时）需要克服航空旅行的更高变量（例如舒适性和可靠性）和"固定时间成本"（前往通常位于城市郊区的机场、办理登机手续、安检）。

为高铁提速将有效地解决这个"矛盾点"。如果能将有效速度推到 300 公里 / 小时（更高的峰值速度，更少的站点），1200～1300 公里的城市对将成为高铁的有效市场。例如 1 318 公里的京沪线几乎是这个星球上最繁忙的高铁线路。时速可达 600+ 公里的"超级高铁"磁悬浮，将把城际对的范围推到 2 200 公里。这将使广州—北京的旅行时长控制在 4 小时内。

在中国，城际旅行的列车与航空的乘次（即客运量）比率为 6∶1，人公里数（即客运周转量）比率约为 2∶1（相当于航空平均飞行行程是高铁平均行程的 3 倍多）。在欧洲，两者乘次比率约为 1∶1，而在美国，则是另一个极端，为 1∶40。

预计中国的比率将从 6∶1 开始继续提升，这是因为预期中还会继续推动峰值速度，并随之扩大城际对的高铁有效市场。但更具战略性和根本性的因素，是中国能源独立的动力驱动。高铁和更广泛的运输电气化等于更少的石油使用量，但航空旅行不太可能转型而远离喷气燃料。

中国是世界上最大的石油进口国，这一脆弱性激励国家极限投资于技术和基础设施。这些技术和基础设施可以减少对石油的依赖，包括尽可能提高火车/航空乘次比率。

与航空旅行相比，高铁也更可靠，受恶劣天气条件的影响更小，因此更容易应对峰值需求。高铁也没有行李重量限制，这也是普通人出行的方便之处。

后疫情时代的高铁网络及乐观财务估计

对国铁财务状况的一些关键观察：

正如预期的那样，疫情确实减少了客运收入。2020年客流量下降了39%，2021年略有回升，2022年又下降了36%。

乘客的选择延续了几十年来从传统铁路转向高速铁路的趋势。如今，超过80%的乘客和超过90%的客运收入来自高铁网络。

在疫情防控期间，货运收入出现了相对强劲的增长，传统轨道的使用加速从客运转向货运，这部分抵消了客运网络的收入下降。

总收入的整体下降导致赢利能力下降。国铁的营业利润率从2019年的17%下降到2022年的10%。预计2024年这一比例将恢复到17%。

2023年，客运的强劲复苏和货运的持续增长将推动整体收入首次超过疫情前的水平。客运的持续复苏将推动整体客运收入在2024年首次超过疫情前的水平。

根据发布的2023年7月运营数字，预计2023年客票收入为5 453亿元（40.7亿次乘车，平均406公里/次，0.33元/公里，这三项数字都是混合高铁/非高铁）。估计其中92%~93%归因于高铁，因此有5 017亿元高铁客票收入。高铁的直接运营支出3 344亿元（40.7亿次出行×406公里/次×0.22元/公里×92%）。利息支出估计为2 030亿元。整个4.3万公里的高铁网络，每年维护成本为470亿~500亿元。因此，2023年高铁总支出估计为5 874亿元。除去高铁客票收入，还有由步行交通驱动的额外收入。根据35%的配售率，估计为1 756亿元（5 017亿元×35%）。所以高铁的运营收入保守估计6 773亿元。因此估计2023年，高铁部分的营业利润率约为 13.3%。

它与其他网络相比如何？别忘了，在过去的 15 年里，车票定价的增速远低于可支配收入/工资的增速。国铁可以通过提高票价轻松提高赢利能力，因为它垄断了客运列车路线。但这样做社会不会变得更好。"进步政策"小节指出，高铁票价是政府支出端高度进步政策的例子。

高铁为什么涨价？

2024 年 5 月，国铁宣布四条高铁线路提价，平均提价幅度接近 20%。《纽约时报》的文章把提价归咎为中国"债务和成本膨胀"（NYT，2024a）。这种将很平常的票价调整新闻夸张地强行说成是生存危机的叙事，非常符合目前西方关于中国经济发展模式的主流叙事。与此同时，该文章基本上忽略了真正具有实质性长期影响的内容：**为高铁引入灵活定价试点计划**。

灵活定价试点计划

价格调整是实施灵活定价（行业用语：收入优化）试点计划的一部分，而不是为了跟上"成本膨胀"的步伐。疫情后的国铁已经恢复到预期赢利水平，它的公开财务数据显示出这一点。

自 2024 年 6 月 15 日起，四条高铁线路（武汉—广州线、上海—杭州线、杭州—长沙线、杭州—深圳线）实施提价。这些票价上涨是实施"灵活定价"试点计划的一部分，以"区分季节、日期、时段、席别等因素"（《新民晚报》，2024）。任何熟悉高铁网络的人都可能已经注意到中国高铁票价偏差很小。到目前为止，国铁这家全国性铁路运营商采用极其简单的定价方式，票价大部分基于距离和速度，并且没有采用基于时段（高峰期 vs 非高峰期）变动票价的花里花哨的收入优化策略。

与此形成鲜明对比的是，现代旅行普遍使用高度复杂的"收入优化"算法。例如，商业航空公司使用动态定价算法，每个可能的变量都可以影响定价；而铁路一般会使用更简单的定价公式，但（相较于国铁）也区分例如高峰与非高峰时段。到目前为止，国铁在很大程度上采用了一个简单的定价公式：距离（公里）× 运价（元 / 公里）。票价的两个关键变量是：票价舱位（一等座 / 二等座 / 商务座）；列车速度（200～250 公里 / 小时 vs 300～350 公里 / 小时）。各地区也存在差异，每个地区组织都可以设定自己的基准票价，但仍然遵循这个一般定价公式。如此简单的定价公式的问题在于，旅行需求发生日内的（高峰时段 vs 非高峰时段）以及季节性的（高峰期旅行假期 vs 正常旅行日）波动。旅行者是愿意为某些高峰时段和某些假期支付更多费用的。

在中国，迄今为止的解决方案一直是以供给侧为导向。国铁试图通过安排更频繁的车次来满足较高 / 高峰旅行需求。在最近的五一假期等高峰期，国铁发布了特殊假日时刻表，每日线路比平时增加 10%～15%。这需要雇用临时员工和 / 或部署额外的车辆来应对高峰。在高峰时段，一条线路上可能每隔三到四分钟就会有一列火车到达和出发。每小时 15～20 列火车已接近单条线路安全运行的最大限度。

到目前为止，这种以供给侧为导向的策略已经够用了。但有些线路变得如此拥挤，以至于即使每三分钟运行一列列车，也无法满足高峰旅行需求。这就是国铁现在转向收入优化的原因。这些试点项目选择在长三角及其周边交通最繁忙的高速通道和南北武广干线地区推行也并非巧合。

通过在高峰时段提高价格，愿意为旅行支付更多费用的旅客有效地补贴了那些对价格更敏感或旅行更灵活的旅客。这实际上通过更好地匹配价格和价值最终优化了高铁整体出行，使总价格上涨而不影响总体出行需求。正如在现代旅游业中所看到的那样，收入优化是产生增量消费者盈余的一种非常简单的方法，从而带来经济收益。可以在不运行更多列车的情况下产生更多收入，或者可以保持收入不变并降低成本。

对于国铁和中国高铁网络来说，基本形式的收入优化非常容易实现，相比较而言，供给侧的方法（调配更多车辆和发布特殊时刻表）在我看来更难执行。问题在于，收入优化带来的消费者盈余如何在网络运营商（国铁）和旅客之间分享。高峰期的价格上涨可用于补贴非高峰期的旅客（较低的价格）。这将提高旅行的经济价值，而不会增加社会成本。因此，国铁集团正在为其区域运营公司提供更灵活的定价框架，以更好地管理收入并匹配可变成本。这是一个试点计划，如果成功（大概率会，考虑到执行风险非常小），将被推广到整个高铁网络。

收入优化的实施可能会产生很大影响。在疫情后的 2024 年里，国铁预期将服务约 41 亿~42 亿人次，其中大约 5/6 是通过高铁（>250 公里 / 小时）。这将产生约 5 700 亿元人民币（大约 800 亿美元）的车票收入（参考"高铁财务模型"）。即使在车票收入上实施基本的收入优化策略，也能带来数十亿美元的经济收益 / 消费者盈余。

《纽约时报》的文章基本忽略了为实施灵活定价而调整价格的原因，反而它主要感兴趣的是将新闻事件与基本上是推测出来的且严重缺乏实质性内容的叙事联系起来。

事实上，这篇文章没有提供任何实际的证据来证明国铁的基础成本正在"膨胀"。（参考"高铁财务模型"）国铁成本结构的大约三分之一是以名义价值计算的固定成本（折旧和利息支出），与前期资本投资和资产形成挂钩。中国基准利率一直处于下行周期中，这部分运营支出实际上正在下降。能源成本相对较低，占运营支出的比重少于 10%。大部分剩余成本是劳动力，并且由工资增长驱动。但增量的生产率提高抵消了工资增长，这对经济循环和增长是净的正效应。

即使考虑到拟议的高峰票价上涨，现在中国普通人也比从前更负担得起高铁票价（彩图 24-2）。在某种程度上，高峰票价补贴 / 降低了非高峰票价，这可以使长途城际旅行对大众来说更加实惠。

此外，几乎没有实质性证据表明这些定价调整与地方政府财政有关。这一说法误解了地方政府财政的性质，也误解了国铁与区域运营公司的收入和成本分摊结构的运作方式（参考本章第一节"从高铁建设资金结构透视央地财政关系"）。

四、高铁的社会经济回报

网络效应显著，增量投资回报率（ROI）上升

高铁网络在长度扩大的同时，仍然保持其密度。这与增加新线路将导致效率降低的理论和预测相反。之所以知道这一点，是因为客运量（人次）与轨道长度成比例增长。高铁是一种网络，当增加节点时，会变得更有价值，而不是降低价值。这就是梅特卡夫（Metcalfe）定律起作用的地方。梅特卡夫定律指出，电信网络的价值与节点数量成正比。

当中国第一批高铁线路建成时，它们是典型的点对点线路。随着它们上线，它们取代了相同路线上的一些传统铁路和空中交通。客运量需要一段时间才能达到满员。随着网络的发展，一些点对点的线路开始相互连接。这样做的好处是可以利用一个新兴但仍在拼凑的网络的其他部分。当新开通的线路连接到现有线路时，可以看到早期的网络效应。2013年，当郑州—西安线与其中一条干线（北京—广州）连接时，《中国高铁发展》注意到大量客运量开始来自连接线路的流量。

因此，每条高铁线路均可为其他线路创建流量。例如，2016年在京沪线上旅行的乘客中，有24%前往或来自不在主干线上但在连接线上的车站。另一个例子是郑州—西安线，直到2012年它还是一条孤立的线路，只为郑州和西安之间的乘客提供服务，2013年连接北京—广州高铁后，客运量增长了43%，客运周转量增长了72%。截至2016年，郑州—西安的高铁乘客中，约有一半前往或来自该主干线自身之外的车站。

到2019年，中国高铁的"四纵四横"骨干网（第一阶段）（发改委规划司，2009）已经建成，第二阶段建设顺利进行，以使其增加到"八纵八横"的网络（发改委，2016）。梅特卡夫定律在这里是有相关性的，因为它指出，电信网络的价值与节点数量成正比。当从"四纵四横"扩展到"八纵八横"网络时，节点（连接的城市）的数量大约翻了两番。今天，中国的高铁网络密度继续增加，节点增加速度加快，而整体的地理足迹保持不变。第二阶段（"八纵八横"）已基本完成。在第三阶段，预计到2035年，目前4.3万公里的网络将扩展到7万公里（国铁集团，2020）。

将新节点添加到网络的增量ROI正在增加，这是因为建设成本与线路长度成正比。如果只增加新节点但不铺设额外轨道，则增加的建设成本很有限。随着网络变得更加密集，制定线路规划时可以在每公里新轨道上添加更多节点/城市。还可以让每一条新开通的线路都连接到一条在运营的线路，立刻利用其现有流量。2023年7月，一条连接浙江东部城市绍兴和台州的新路段开通。从一开始，这条新线路每天运行47趟列车，平均客座率为90%。这意味着年客运量为2 100万人次——这与美国铁路客运公司在美国的整个客运网络大致相同。当然，也有限制。从一线到三线的大城市几乎都已连接，因此额外的节点是较小的四线及以下城市。笔者判断，铁路规划者认为覆盖所有人口超过50万的城市的7万公里高铁网络将是极限。

现在，高铁的网络效应很明显：2014年，每公里运营轨道客运量约6.6万；在2019年，这一数字增加到约7.2万；目前，根据预计流量（4.3万公里轨道上约33亿客运量），这一数字约为8万。换句话说，即使网络的长度增加了，但客运量增加更快。预计这个数字将继续上升，即使网络长度增加到约7万公里。

其他行业的资本效率可能存在问题，但铁路网络不是这样。因为它是一个物理网络，增加一个节点并不能真正成倍地增加网络的价值。相反，随着网络在物理上变得更加密集，增加节点的成本会变得更低。从这个角度来看，它实际上也与著名的摩尔定律有一些概念上的相似之处，即把更多的节点塞进相同的物理足迹。

从另一个角度来看：高铁建设的第一阶段、第二阶段和第三阶段各增加了 2 万~2.5 万公里的轨道，其成本相对固定。但连接的车站数量从约 100 个增加到 500~600 个，再增加到 2 000 多个。可使用高铁的人口的增速快于投资成本（正比于线路长度）的增速。当高铁起作用时，起的作用真的相当棒。不然日本也不会在开启高铁 50 多年后，仍在扩展生产性线路。

对高铁二期的主要批评之一是，所有"经济上可行"的地点都已经连接起来了。这就犯了一个"刻舟求剑"的错误。城市发展可不是静止的。举个例子：2020 年 6 月，高铁来到浙江省北部城市湖州。湖州被称为"丝绸之都"，是一个拥有约 160 万城市人口的四线城市，位于上海东部 2 小时车程的地方。它的人均 GDP 约为 11.3 万元，约为上海的 72%。但这仍然比上海在 2011 年通高铁时的人均 8.5 万元的 GDP 高得多。到目前为止，京沪高铁是世界上最繁忙的高铁线路。再一个例子是五粮液的产地四川宜宾，这座拥有 220 万城市人口的四线城市于 2023 年接入高铁网络，其人均 GDP（约 7.8 万元）仅略低于上海 2011 年的水平。还有相当多的四线及以下城市仍需要接入高铁网络，其中许多城市如今比一线和二线城市首次通高铁时更富裕。由于不需要太多的物理轨道来连接它们（到高铁网络），增量 ROI 很高。

高铁的增量建设主要面临下面的风险：

第一个风险是建设缺乏规划。这里主要有一个误解，认为规划者在没有弄清楚市场需求的情况下建造线路。当第一批线路建成时，可能会有一些不确定性——旅客会为更快抵达目的地而支付 3 倍的票价吗？一旦线路铺开，规划者看到旅客确实愿意支付更多的钱，这一风险也就随之消失了。

另一个风险是施工和技术风险。这些线路的建造成本能足够低吗？这些技术能起作用吗？在建设成本方面，很明显，在第一阶段，国铁可以以一致和可预测的成本建造这些东西。在全国其他地区、在不同地形上的项目经验可以推断出该成本。因此，施工风险也随之化解。从技术层面来看，

2011年的温州动车事故大大增加了这一风险，最终导致该行业至少倒退两年。但自 2011 年以来，随后的改进和亮眼的安全记录大大降低了这一风险。在因温州动车事故而降低最高时速后，铁路规划者们现在又在谈论提高最高时速，甚至高于最初的最高速度 350 公里 / 小时。

剩下的主要风险是新线路是否有足够的客运量来证明增量投资的合理性。但即使这一风险也在很大程度上得到了缓解，因为规划者实际上拥有来自传统铁路网络的大量数据。很明显，从这些网络演化地图中可以看出，高铁是在现有的常规客运线路上建成的，传统线路的客运量持续转化为高铁客运量，选择新线路几乎是程式化的。

今天，中国的高铁网络密度继续增加，节点增加速度加快，而整体上地理足迹保持不变。第二阶段（"八纵八横"）已基本完成，第三阶段预计到 2035 年将在现在约 4.3 万公里的网络上再增加约 2.7 万公里。一旦所有这些风险（适应市场、成本、技术可行性）在第一阶段得到缓解，高铁增量投资的风险回报状况就会变得非常有吸引力。

关键的制约因素将从风险状况转向为执行能力——能多快建成这个网络？一旦分析完三阶段高铁网络建设的经济和风险回报状况，很明显，与"日益增加的非生产性投资"的说法相反，增量 ROI 实际上随着时间的推移而上升，特别是在风险调整的基础上。

第三阶段仍有低垂的果实

2023 年 8 月 31 日南宁—贵阳客运专线的最后一段开通，完成了两个省会之间 500 公里、时速 350 公里的高速铁路。过去双城间没有直达铁路。现在双城间的火车行程从 10 小时骤然缩短到 2.5 小时。

高铁已经到达贵阳和南宁，但这两个城市之间没有直达线路，只能通过偏远的城市间接连接。这条连接这两座城市的高铁线路能将铁路旅行时间缩短 75%。这对两个省会城市而言，是巨大的时间节省收益。在新线路建设之前，终点站已经建成，所以只需要新建 512 公里的新轨道和沿线一些较小的车站。这可能花费 80 亿~100 亿美元。沿途挑选的是一些较小的未通高铁的四线和五线城市、城镇和县来建设车站。

高铁建设的第三阶段，高铁网络长度将从 4.3 万公里增加到 7 万公里。这个阶段仍将有像南宁—贵阳线这样重要的低垂的果实。"所有的大城市都是相连的"并不意味着它们彼此互联。

还有更多的城市间路段有待修建。南宁是进入越南的门户城市，就像昆明是进入缅甸和老挝/泰国的门户城市一样。贵阳是贵州的省会，贵州是一个美丽的多山省份，但从历史上看，这种美丽是有代价的，因为很难进入。2014 年，连接珠江三角洲的贵广线开通，将广州到贵阳的旅行时间缩短了 70%~80%。这开启了旅游资金涌入的阀门。现在，贵阳与南宁的直接线路"启动"了更多的旅游资金，而且是双向的！在未来的几十年里，贵阳/桂林—南宁—越南北部的徒步旅行将成为中国和越南游客的不二选择。

旺盛需求促使新开通平行高铁线路

最近开通的一些高铁线路是在已经拥有高铁的主要城市之间。虽然乍一看这似乎是多余的，但之所以建造它们，是因为现有线路达到了容量极限。像上海和南京之间的高铁，每天运行超过 100 次（高峰时约每 3 分钟一班）。一条新的、280 公里长的沪宁沿江高铁于 2023 年 9 月 28 日通车。它设计时速 350 公里，是人口超过 6 000 万的上海—南京走廊之间的第三条高铁线路。这条新线路沿线有 8 个车站，其中 4 个是新建的。建成后，上海和南京之间有了三条平行的高铁线路：沪宁沿江高速铁路、京沪高速铁路和沪宁城际铁路。

此外，新的 277 公里的福州—厦门线连接了这两座已经拥有高铁的城市，但因为通过了三座跨海大桥，新线路更直接并且更快（350 公里/小时 vs 老线路的 250 公里/小时），这缩短了大约三分之一的旅行时间。接下来，高铁将以时速 350 公里连接杭州和广州。现有的低速线路将继续运行，新线路将分走一些流量，以帮助缓解线路容量不足的问题。与沪宁沿江高铁类似，在277公里线上的8个车站中，有4个是新的，3个是升级的。一开始，这些线路将满足潜在的需求。自五六年前宣布这些线路以来，乘客们一直在急切地等待这些线路的开通。福州—厦门线每天运行62次列车对，年客运量超过2 000万人次。

在长三角等最繁忙的高速走廊上，仍然有很多机会建造新线路，以满足旅行者未满足的需求。在这一点上，网络扩展更多的是在广泛的地理足迹内增加密度。这些超高密度走廊也将在未来成为更高速列车（400公里/小时的动车组或600公里/小时的磁悬浮列车）的首批接收区域。第一批磁悬浮列车线路将作为一线/二线城市之间的新专用平行线路建造。这在很大程度上取决于建造成本，但预计磁悬浮列车用于主要的长途干线，并作为现有高铁的补充。或许会有2×2磁悬浮网络与8×8的高铁网络配对。

虽然胡焕庸线以东的大多数人口密度高的地区名义上都被覆盖了，但在这个广阔的地理足迹中，仍有许多地区没有通勤距离内的本地高铁站提供服务。在主要城市之间建造这些平行轨道是沿途搭上小城市的一种方式，这些小城市要么以前只有传统的列车连接，要么根本没有列车（只能通过城际公交的公共交通到达）。沪宁沿江高铁分为江南和江北两部分。刚开通的是江南线，江北线正在修建。该线路还将顺着长江延伸至重庆，然后到成都（肯定要通过我的家乡了）。

除了增加容量外，这些平行线路的故事是关于将新服务引入主要城市之间的四线、五线城市以及县城。金坛是一个60万人口的五线城市，大部分城区位于距离上海2.5小时车程内。在新的高铁线开通之前，距金坛最近的高铁站距离常州有50分钟的车程。从常州出发，沿高铁向东至上海约一小时，向西至南京需要45分钟。有了新的金坛站（位于市中心外15~20分钟车程），现在到南京需要40分钟，与之前的高铁选项相比，总共节省了约35~40分钟。新线路无助于更快地到达上海市中心本身——最好的选择仍然是先到达常州——但现在沿途有其他一些卫星城市/地区，如江阴和太仓。

对比美国现代铁路凸显中国高铁高度的安全性

光明线（Brightline）是美国一团糟的现代铁路项目中一个相对亮点。但实际的运营数字可能没有那么亮眼：2022 年它在奥兰多和西棕榈滩之间运行了约 123 万人次（Progressive Railroading，2023），平均有效时速 120 公里，这个表现连传统电气化城际铁路都不如。自 2018 年开通以来，光明线列车已造成近 100 人死亡（Tom Elia and Julius Whigham II, 2023），平均每年 20～25 人死于铁道交叉口。对比来看，2023 年中国铁路客运量 33 亿人次，平均有效速度 230 公里/小时，无死亡案例。

光明线基本成人单程票合每公里 29 美分，而中国高铁平均每公里约 5 美分（所有客舱的混合平均，参考"高铁财务模型"）。根据中美收入水平约五倍的差异进行调整，中美铁路的可负担性大致相同。光明线的 272 公里的行程需要 2 小时多一点，平均有效速度约为 128 公里/小时。这比汽车快大约 30 分钟。中国高铁从武汉到长沙（约 340 公里行程）耗时约 90 分钟，平均有效速度为约 220 公里/小时，这比汽车快 2.5 小时。因此说，**以相同的相对价格**（针对不同收入水平），**中国人可以享受更快、更方便的服务**。随着高铁车票定价增速远低于中国可支配收入的增速，高铁的可负担性继续上升。

来谈谈高架桥——一些人质疑在高架桥上建造这么多高铁轨道的合理性。

它之所以有意义，有很多**有效的技术原因**。这也有助于中国通过标准化设计和工艺以及将批量生产方法应用于预制建筑件来降低成本。如果没有将动车组本地化并发明了像千吨级高铁箱梁运架一体机这样的大型设备，中国不可能以负担得起的成本建造高铁网络。中国在高架桥上建设高铁涉及标高问题、沉降控制、曲率半径、拆迁占地、地方规划、震动与隔音、生态保护、自然灾害等方面的因素，但沉降控制是最主要的因素。因此，中国高铁的建造成本比欧洲轨道低大约40%。这令人印象深刻，但这实际上还是低估了，因为欧洲轨道主要铺设在便宜得多的水平地面或路基上，而中国的高铁线路使用高架桥的情况要多得多。中国大陆比日本、中国台湾和意大利的类似高架平台成本低60%以上。在高架桥上建造高铁更昂贵，但有显著的好处：可以使用更高等级、更直的轨道，这允许火车行驶更快也更安全；对现有土地利用的破坏性较小；**高度安全**。

但最重要的原因可能只是安全。想象一下，一列时速300公里的火车接近一个铁道交叉口，正好一辆18轮卡车在那里熄火了。以这种速度脱轨可能会导致上千人丧命。由于高速运行，高铁轨道必须高度安全。光明线列车平均每51 500公里就有1人死亡。如果中国高铁的死亡率与光明线相同，那么中国每年将有3.5万人因客运列车死亡。不少人最初对光明线持某种积极态度，希望它成为美国客运铁路运输更好未来的标志。但这种高死亡率，不容忽视。这些地面的铁道交叉口对于高速列车来说是不可接受的。仅在一个县城，光明线就跨越了近50个交叉口。如果以这些速度撞击，将是极其危险的。

地面交叉口也限制了运行火车的频率。一些中国高铁列车线路每天运行150次，这意味着高峰时段每2~4分钟一班。这唯一可行的解决方案是**为它设置专用客运轨道**。地面交叉口的速度和死亡率之间似乎存在指数关系。它反映了随着速度的增加，车祸死亡率的非线性上升。加州大学伯克利分校一项研究表明，车速每提高1%，司机发生事故的概率增加2%，严重受伤的概率增加3%，死亡概率增加约4%。

速度是一个主要因素。在许多发展中国家，火车和人类并存，但通常速度要低得多。但就这样仍然不理想，印度每年有16 000人死于火车事故（Mike Ives and Dan Bilefsky，2023）。即使中国高铁不是抬高到高架桥上而是修建在路基上，也有防护栅栏封闭运行，因此安全也是有保证的。

还有更多交叉铁道口充满安全隐患的例子——印度新的Vande Bharat准高铁线路。印度的新闻报道，火车司机在警报后及时停止，因为发现前方轨道上堆满石头和夹子（可能是出于宗教目的）（India News Desk，2022）。这种干扰重则会使列车脱轨，轻则增加机车车辆和铁路轨道的维护成本。

美国的半高铁线路光明线试图广泛采用立交桥设计，对这种方案抱有怀疑的原因之一是，铁道交叉口太多了，它们很密集并且距离主要的十字路口太近了。毕竟铁道交叉口不仅限制线路的速度（速度就是建设高铁的最终目的），还限制了容量。在中国，每三分钟向一个方向发出一班列车是很常见的，这意味着每小时40趟双向列车。如果这些线路上有任何铁道交叉口，它们将在一天的大部分时间里处于关闭状态。因此，除去非常有限的例外情况，现代高铁设计中不应该有铁道交叉口的位置。

而且，如此高频的列车班次对潜在破坏者是一种威慑。在每90秒钟就必须躲避一趟300公里以上时速的列车的压力下破坏轨道，这是IMF的伊森亨特才能完成的任务。

所以，安全是主要的原因，现代高铁轨道通常铺设在高架桥上，并且严格限制任何可能的接近，或者它们铺设在路基上，轨道周边也是高度安全的环境。

当看到中国大型基础设施项目时，一种非常常见的反应是自动假设这是浪费的不善投资，是"为了GDP而进行的GDP"。但这通常只是叙事驱动的下意识反应，源于无知。一旦更深入地研究或考虑其他高度合理和理性的叙事，就不会产生这样的逻辑。

对比美国建设在水平地面上的半高铁光明线，两者死亡率的鲜明对比强烈地表明，安全是中国做出此类投资的主要考虑因素。在未来100年里，那些混凝土桥墩和高架桥，与造成危险的交叉口地面设计相比，可能会拯救数百万人的生命。因此，下次看到一个高耸的混凝土桥墩或桥梁支撑着高铁轨道时，或许应该忘记浪费或不当投资，更应该想到未来一个世纪里它会拯救很多生命。

《南华早报》报道了中国使用AI来维护高铁网络（Stephen Chen，

2024）。AI系统处理了全国高铁网络产生的海量实时数据，可以提前40分钟提醒维护团队异常情况，准确率高达95%，从而实现精确和及时维护，使高铁线路的基础设施处于比最初建造时更好的状态。在2023年，中国运营中的高铁线路没有一条因重大的轨道不规则问题而需要降速的警告，而轻微的轨道故障数量比上一年减少80%。该媒体另外报道说，中国科学家将先进的（军用）高超音速技术研究成果应用于提升中国高铁网络的安全性上（Stephen Chen，2024a）。

地理一体化和公司出口

最近的一篇学术文章［L Tian 和 Y Yu（eds），2023］研究了专门用于加强国内市场一体化的运输基础设施对一个国家出口业绩的影响。通过利用中国高速铁路的扩张作为准自然实验，非常有力地证明了，这种基础设施发展导致部门内整合的增强极大地提高了企业的出口业绩。通过增加出口销售数量、扩大市场覆盖面和提高产品质量，可以观察到这种影响。高铁连接促进了出口商之间的知识溢出，这有助于他们克服信息障碍，从而改善外国市场准入。这项研究强调了国内运输基础设施在缓解信息摩擦和推动一国国际市场一体化方面的关键作用。

第十一章

地方债没那么严重

一、背景

最近，中国省级和地方政府资产负债表上越来越多的债务引起了广泛关注，特别是一些比较贫穷的省份。例如，《华尔街日报》这样报道（Rebecca Feng and Cao Li，2023）：

> 中国最贫穷的省份之一正在用地方借款人难以偿还的巨额债务考验中央的勇气。投资者担心这是中国另一场重大债务危机的先兆，并认为中央政府将别无选择，只能化解危机。
>
> 西南省份贵州拥有令人惊叹的风景和一些世界上最高的桥梁，其财政状况已经出现裂缝。在过去的十年里，它是中国增长最快的地方经济体之一——这在很大程度上要归功于其在基础设施发

展上的巨额支出。

大量有关中国地方债务的分析有重大缺陷，很大程度上源于对中国金融体系运作的理解不够。从西方视角分析中国是一个挑战，因为中国的运作方式非常不同。这里先以地方政府层面为重点来理解中国的财政体系，并为更好地理解当前的财政状况提供必要的背景。

贵州是多山的内陆省份，位于中国西南地区，被云南、广西、四川、重庆和湖南包围。虽然贵州的地形造就了一些令人惊叹的风景，但也为通达内外带来了挑战，并且在历史上一直是（今天仍然是）中国经济最落后的省份之一。2022年人均GDP为52 321元（7 774美元），在中国34个省级行政区域中排名第28位。

贵州一直是扶贫政策关注的重要地区，我认为政策基于两方面考虑：一是推进基础广泛的经济转型，以开启新的经济机遇（提高农业生产率、渐进的工业化、受管理的城市化和城乡移民、基础设施）；二是有针对性地支持持续扶贫，特别是对地理条件恶劣的地区。

修建公路和其他基础设施一直是中国经济发展和扶贫战略的重要组成部分。这在贵州偏远山区尤为重要。在21世纪第一个十年之初，从贵州到更发达的珠江三角洲地区，要经过数百公里蜿蜒曲折的公路或传统铁路，需要超过24小时。为了给这些基础设施项目提供资金，被称为地方政府融资平台的特殊目的实体出现了，用以筹集建设资金。

地方政府融资平台

要了解地方政府融资平台（Local Government Financing Vehicles：LGFV），首先需要了解中国与大多数其他国家（尤其是美国）在土地使用方面的不同之处，以及土地在过去三十年中国经济发展中发挥的核心作用。

在中国，相对于众多的人口，土地是一种稀缺资源。这与美国正好相反，美国的土地相对于人口来说是丰富的。这一基本现实一直是两国采取不同的土地使用政策和融资方法的关键驱动因素，也是土地政策方法大相径庭的关键原因。

在中国，地方和省级政府拥有并管理大部分土地。农民、家庭和企业可以通过获得长期土地使用权来使用土地，但只直接拥有土地上的有形财产和资产。这一规定于 2007 年被正式写入法律。[①]

LGFV 的出现部分是由于中国金融体系的保守和相对简单。20 世纪 90 年代的财政改革降低了地方政府在税收中的份额，直到 2015 年才取消对地方政府直接借款的禁令。对于中国保守的银行系统来说，土地是最容易融资的资产。地方政府控制着土地，因此，它们很自然地将 LGFV 作为项目融资的关键工具。

虽然最近的评论和分析似乎都集中在资产负债表的债务和负债端，但了解资产负债表的资产端同样重要，甚至更为重要。地方政府融资平台是一种资产支持结构，拥有可产生收入或可变现的资产来偿还和支持债务（彩图 1）。

建设高速铁路网络的融资对理解上述问题具有指导意义。在一个典型的项目中，作为负责建设和运营全国所有客运铁路网和大部分货运铁路网的国有企业，中国铁路总公司（简称"国铁"）将与省政府成立一家合资公司。

最近高铁的发展就是在"股权融资模式"下展开的。省政府以土地的形式出资，合资公司可以抵押土地从银行筹集项目贷款。国铁主要通过公开发行债券来筹集资金，并将现金投入合资企业。之后，合资企业还可以发行自己的债券，并对建设贷款进行再融资。这种高铁合资企业结构是一种 LGFV 的例子。

---

① 《中华人民共和国物权法》。

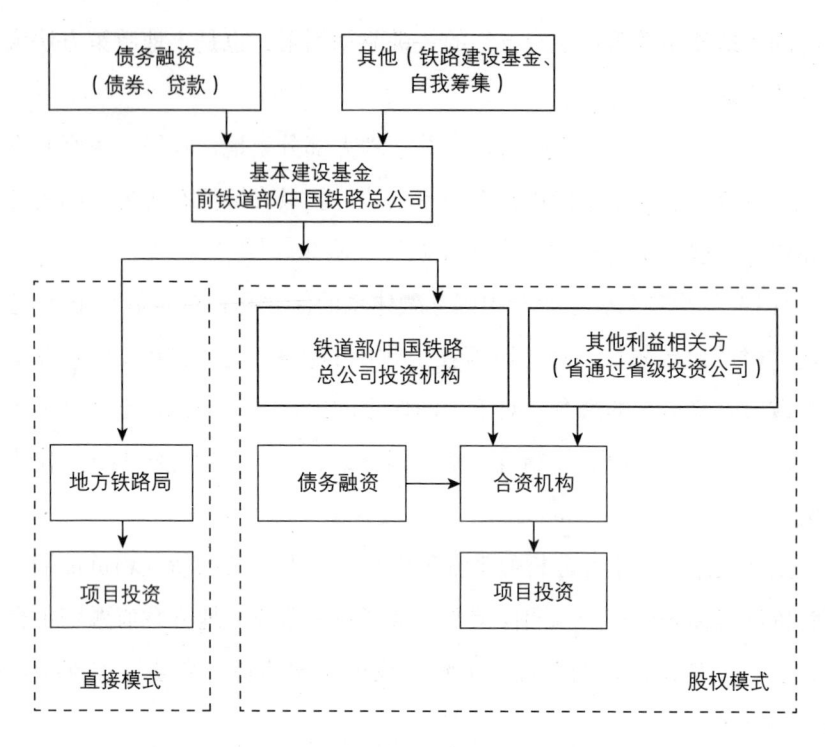

图 11-1 "直接"与"股权"融资模式

资料来源：世界银行《中国高铁发展》，Lawrence 等人（2019）。

除了基础设施项目，还有其他类别的 LGFV，没有意外，大多数都以某种方式与土地开发挂钩，比如房地产建设本身。基础设施项目通常会有持续的运营收入来支持偿债，而房地产相关的 LGFV 则不同。后者更多地被用作仓储设施，资产可以在这里存放一段时间，直到准备好被变现（例如在公开市场上售出公寓时），资本最终被释放给地方政府，以用于资助其他活动。

根据 2021 年 IMF 的一项纵向研究（IMF，2021），2020 年**基础设施和房地产等实物资产占 LGFV 的 48%**。包括应收账款、证券投资、私人公司股权、现金、贷款和其他有形资产在内的金融资产约占 LGFV 资产的 48%，其余 4% 被归类为无形资产。这些金融资产中的大部分用于支持地方政府的流动资金，使其可以投资项目。其中还有一些金融资产，包括地方国企的股份，这类企业脱胎于20世纪90年代的"抓大放小"改革。

例如，贵州茅台是被正式"放手"的地方国企之一，其资产归属贵州省人民政府所有，于1999年进行了重组。它于2001年在上海证券交易所上市，并在随后的20年里伴随中国经济一同崛起。今天，它是世界上最有价值的饮品公司之一，约3 110亿美元的市值已经超过了可口可乐公司。贵州省政府通过贵州省国资委和贵州省财政厅分别持有茅台集团90%和10%的股权，而茅台集团持有上市公司——贵州茅台酒股份有限公司——54.07%的股份。

这里的一个关键问题是，资产是否具备足够的生产性来抵消其由债务和负债代表的成本。根据IMF对大约14 000家非金融公司财务报表的研究，**股本缓冲相当于资产总值的**38%（IMF，2021）。从表面上看，这是一个相对舒适的缓冲，但它当然比这复杂得多。

除了市场定价的资产，如贵州省政府持有的可公开交易的茅台股份，大多数资产都是按账面价值估值的，可能反映也可能不反映资产的真实价值。私人资产的真实价值需要根据资产本身的基本面进行评估。评估指标可能包括债务偿付能力等指标，这些指标是LGFV能否产生足够的收入来支付其支出（包括利息）的信号，也可能包括基于资产的指标，如房地产开发等需要变现的资产的营运资本。

IMF的研究发现，大约77%的LGFV债务（38万亿元）是由连续三年没有产生足够的收益来支付利息支出的实体承担的（IMF，2021）。库存形式的LGFV资产占总资产负债表的四分之一以上。这一数字的增加表明，市场吸收这些资产的速度不够快。

尽管令人不安，但这些事实本身并不一定表明，资源和资本总体配置严重不当。许多资产都是长期的，需要时间来成熟。这可能意味着随着资产的成熟，前些年会出现运营亏损。

例如，世界银行最初的项目预测目标是，从 2009 年开始，在贵广高铁[①]线路上每天开行 20 次快速客运列车对（每年约 800 万人次）。到 2016 年，它实现了 25 次列车对。如今在广州和贵阳之间运行着 60 次列车对，年客运量超过 2 000 万人次。这与美国铁路公司（Amtrak）的总客运量大致相同。在这些水平上，高铁线路现在覆盖了所有运营费用、维护和利息，并开始有能力偿还部分债务本金。

即使不考虑所有的非财务收益，很明显，投资于贵广高铁网络和相关 LGFV 债务的至少 950 亿元是值回账面记录的价值，甚至可能更高。

中国保守的银行体系的另一个特点是，与正在融资的长期资产相比，发放的**贷款期限相对较短**。例如，贵广高铁项目的原始项目贷款的本金偿还始于 2017 年，距其开始运营仅两年。世界银行（项目贷款方之一）对此并不担心（WB, 2017）：

> 贵广线在这方面并不孤单。除了东京—大阪、巴黎—里昂和中国的几条线路在财务上是可行的，几乎所有的高铁线路都面临着类似的问题。中国铁路进行了重大的债务重组，延长了期限，并重组了本金偿还，以随着时间的推移逐渐增加，以反映交通量和收入的增长。随着重组，该公司的长期前景看起来很有希望，因为该公司将有足够的现金流来支付利息费用，尽管在短期内它将继续需要支持来吸收基础设施维护成本。

因此，当人们读到中国的银行贷款的"重组"时，这并不一定指向偿付能力问题，而往往更多的是流动性问题。LGFV 债券通常也是如此，《华尔街日报》的文章指出，贵州 LGFV 债券的平均期限仅为 3.4 年（低于十

[①] 贵广高铁项目全长 856 公里，总建设成本为 946 亿元（138 亿美元）。这高于其预算，但世界银行指出，这完全是由于提高了轨道的技术规格，以适应比最初设计更高的速度。贵广项目的每公里成本为 1600 万美元，也略低于当时的平均每公里成本（每公里 1700 万~2100 万美元），尽管山区地形更具挑战性。

年前的 7 年）（Rebecca Feng and Cao Li，2023）。这种**资产—债务时间错配**反映了中国金融体系的保守性和相对不够成熟。

基础设施投资对贵州脱贫攻坚的重要性

另一个复杂的因素是，一些省份比其他省份更富裕、更繁荣。如前所述，贵州是最不繁荣的地区之一，这主要是因为贵州 92% 以上的土地被山脉和丘陵覆盖，复杂地形切断了它与现代世界的联系。

正是这个原因，贵州成为中国自上而下的脱贫攻坚工作的起点。解决这一根本问题的有效办法是建设基础设施。截至 2022 年年底，贵州拥有世界 100 座最高桥梁中的近一半，世界 10 座最高桥梁中的 4 座。当时贵州已有 15 座桥梁获得国家和国际奖项。贵州省交通运输厅总工程师许湘华说，贵州已经建造了 28 000 多座公路桥梁，已经建成和正在建设的公路桥梁加起来超过 5 400 公里。截至 2022 年年底，贵州公路总里程超过 8 300 公里。预计到 2025 年年底，公路总里程将达到 9 500 公里。（贵州卫视《论道》，2023）

一些国内和西方分析师将如此规模的基础设施投资作为初步证据，并据此认为（中国的）经济增长模式被推向了极端，导致了不可持续的债务负担。但是，即使这一论点是基于基础资产的表现，基础资产的确也显示财务状况具有挑战性，但考虑到基础设施建设的非财务扶贫方面仍然很重要，不能只关注直接和短期的财务影响。

这是显而易见的，但修建桥梁、隧道和高速公路是连接像贵州这样难以抵达的多山地区的最佳方式。乌蒙山国家地质公园的牂牁江大桥预计将两岸车程从一小时缩短到一分钟，缩短 98%（人民网，2024）。自贵广高铁开通以来，从贵州到珠江三角洲的铁路旅行时间减少了 85% 以上。

通勤时间是发展中国家低收入人群重要的支出成本。世界银行的一篇博客文章（JACQUES MORISSET，2023）指出，由于种族隔离时代空间规划的遗留问题，南非工人也因交通成本而备受煎熬，因为乡镇和工业/商业中心之间的通勤时间很长。哈佛增长实验室的两位经济学家估计，如果考虑到通勤时间，南非就业者的平均交通成本相当于净工资的57%，最低20%的工人的交通成本可能超过其净工资的80%。在越南，由于通勤距离较短且包括摩托车在内的运输方式更具性价比，因此交通成本估计仅为净工资的10%。

通勤时间的大幅缩短在许多方面对当地居民产生了影响，而这些影响不一定会立即（或根本不会）体现在LGFV损益表和地方政府的钱袋子上：

·提高生活质量——提升当地现有住宅和企业价值；

·教育机会——不必每天花费两个小时上学意味着会有更多的人坚持上学；

·医疗保健服务——当地居民可以更容易在较大的城镇和城市获得更高质量的医疗保健服务；

·改善贸易——为农民和商人开辟新的贸易路线，在更大地理范围内进行经济活动；

·旅游业——来自该地区以外的游客可以更容易地游览并消费，因此可以助推当地经济。没有对数千公里高铁、近万公里公路、数万座公路桥梁的巨大投资，贵州不可能改善与外部世界的连接，更不可能出现2023年现象级的"村超"和"村BA"。

如果做得好的话，从长远来看会有回报的。在过去的二十年里，贵州相对于中国其他地区发展得更快。2002年，贵州人均GDP（按2022年实际价值计算）为7 020元，是中国人均GDP的35%。2022年，人均GDP为52 321元，是中国人均GDP的61%[①]。这意味着以11.7%的复合年增长率实现了9.2倍的实际增长，贵州已经大大缩小了与全国其他地区的差距。这极大地改善了该省约3 900万居民的生活质量。人均GDP从7 020元到52 321元对贵州人民生活质量改善的增量，将远远大于人均GDP从现在加倍到10万元。

---

① "Gross Domestic Product（GDP）: per Capita: Guizhou", https://www.ceicdata.com/en/china/gross-domestic-product-per-capita/gross-domestic-product-per-capita-guizhou.

根据定义，像扶贫这样的社会项目意味着投资可能需要更长的时间才能得到回报，或者可能永远无法为投资资本提供足够的财务回报。因此，仅仅根据这些项目的中短期财务状况来评估会忽略大局。在贵州进行基础设施投资，既有经济方面的考虑，也有**社会方面的考虑**。

这并不是中国才有的东西，几十年来，美国在西弗吉尼亚州的48号公路（又称"H走廊"）上花费了数十亿美元，这条246公里长的高速公路是1965年《阿巴拉契亚地区发展法案》的一部分。

有更多非财务考量的项目仍然需要在账单到期时付账，而今天我们面临的关键问题是谁来承担这笔费用。

先需要回答两个问题：

（1）这是偿付能力问题还是流动性问题？

（2）谁为社会成本买单？

明确一下，我并不是说这里没有任何问题。国家提供的隐性担保无疑对负责重大资本配置决策的地方官员造成了潜在的激励错位。地方官员的能力和职业道德水准存在巨大差异，特别是在像贵州这样的欠发达省份。这种差异不可避免地成为项目质量和表现出现巨大差异的原因之一。

现实情况是，没有人真正确切地知道这种差距有多大，因为有太多的投资，而其中大部分是不提供任何市场信号的非流动性资产。深入研究这些公司的财务状况并不容易，即使能找到这些数字，也并不意味着会计价值会有多大意义。

贵州肯定是欠了不少债。《华尔街日报》估计，包括LGFV债务在内，总债务为2.67万亿元，相当于该省年GDP的1.3倍。

在如此众多的项目中，不可避免的是，全省各地也有大量计划不周或执行不力的项目。贵州独山县的"水司府堂"是资产和债务受损的明显例子。

2024年1月，国有承包商遵义路桥建设集团与其债权银行达成协议，重组价值156亿元的贷款，延长期限并调整利率。该实体的总资产为1 700

亿元，而收入仅为 81 亿元。仅 860 亿元有息债务的利息就有可能吞噬掉大部分收入。

但也需要从系统的角度来看问题，还有一些项目显然非常好。贵广高铁项目按时完工，基本上也在预算范围内，客流量远远超出了最初预测。

困难的事情是弄清楚好项目和坏项目的净额是多少。除非能够对支持所有 LGFV 债务的大部分资产进行这种类型的分析，否则很难确定这些资产的账面价值是否反映了现实，以及股本缓冲（全国 38%）是否足以让资产覆盖债务和负债。

同样，如果不进行这种分析，就很难严谨地宣称存在如此多的不当投资，以至于 LGFV 的资产净值（包括好的和坏的项目）应降低 40% 以上（超过 38% 的股本缓冲），并且无法覆盖其债务和负债。

这种类型的分析是必要的，以确定贵州和中国经济的某些部分所面临的流动性问题是否表明了潜在的偿付能力（资产价值低于负债），或者是一个经济体的功能。在经历流感大流行，以及政府之前为遏制投机活动而对房地产市场进行干预后，中国正在努力重启流动性。

更复杂的是，其中一些项目本身从未被设定为"有偿付能力"。有大量出于扶贫目的的基础设施项目仍然需要支付。例如，连接真正偏远和贫困地区的高速公路，没有合理的预期它们会显著增加应税经济活动。

这些项目是由国家政策推动的，地方负责执行中央政府的命令，在某一期限前消除所有极端贫困。如果贵州在实现这些目标方面表现良好，自然不应该在账单到期时被晾在一边。

长期以来，中央政府和地方 / 省级政府之间一直存在着相对关系。中央政府制定高层政策，地方 / 省级政府负责执行，因为如此多的政策最终都与土地使用有关。中央政府最终负责监督地方政府和官员的表现。**这是中国分散决策和运营执行的重要特征，而不是一种缺陷。**

贵州坐拥大量资产，其中包括贵州茅台的多数股权。理论上仅此一项就可以抵消贵州 LGFV 几乎所有债务。当然，它想保住自己的资产，也许就像父母和青少年之间关于零用钱的对话一样，一直都是这样的，因为中央政府的转移支付已经占到了贵州财政收入的大部分。

目前，可以假设，中央政府和债权银行的许多人正在梳理贵州 LGFV 财务报表，试图明确管理得好或不好的项目。完成这一分析可以确定如何弥补损失，更重要的是，未来如何处理受损资产。最终，关于如何分配损失的部分决定将基于如何最好地处理特定的受损资产。

二、LGFV 的五种类型

对 LGFV 的主流评论往往关注资产负债表的债务和负债，但 LGFV 本身是一种资产支持结构，拥有产生收入或可变现的资产来偿还和支持债务。只关注 LGFV 的债务而不考虑其资产，就像仅根据价格来评判艺术品的价值一样。真实生活中，一般家庭依靠抵押贷款购买多套公寓的案例并不鲜见，但很少有人担心这些家庭的债务水平，因为常识告诉我们，房产仍然是一种优质资产。但令人意外的是，这种朴素的逻辑在评估 LGFV 债务的时候就神奇地消失了。LGFV 有各种不同的形式和规模，需要更细致地了解：

- 基础设施 LGFV
- 房地产资产管理 LGFV
- 结构化资产支持"仓储"LGFV
- 金融中介和投资控股 LGFV
- 综合性 LGFV 集团

地方政府持有或控制的资产可以追溯到 20 世纪 90 年代国有企业的重大改革（抓大放小）时期。第一家 LGFV 于 1991 年在上海成立。在这些改革中，较大的资产仍置于中央政府的直接管理之下，而其余的资产则被

"放手"进行重组。

地方政府获得的资产不尽相同,如区域酒类公司(茅台)、格力集团,但最大的资产是土地。

在过去的二十年里,特别是自2008年全球金融危机以来,LGFV被用于部署中国4万亿元的经济刺激计划,地方和省级政府的主要作用一直是开发土地,LGFV资产负债表上的绝大多数资产都与土地开发有关。彩图3-1和彩图3-2显示了一段时间内几个主要资产类别(住房、基础设施、政府和商业)的投资份额,有助于构建以资产为中心的讨论和分析。该组图显示,自2007—2008年全球金融危机以来,投资占GDP比重的上升几乎完全是由住房和基础设施投资推动的。

住房、基础设施和商业的资本存量代表了三种截然不同的资产类别。每一种都有其独特的衡量效率的指标,因此在总体基础上分析投资可能会损失效率。即使在每个资产类别中,也有额外的资产子类和子类的子类,对下一层级的分析非常重要。

来了解一下LGFV持有的各种形式的资产。

基础设施LGFV

前文讨论了地方和省级政府在基础设施发展中所发挥的作用,讨论了中国西南地区的一个主要高铁项目——贵广高铁。对于大多数高铁项目,地方或省政府的主要作用是提供高铁轨道和新车站的土地。作为央企的国铁,将负责使用标准化的全国性流程来协调实际建设。一些建筑工程可能会分包给LGFV下属的当地建筑公司。

铁路建成后,LGFV将负责维护其所在地区的高铁轨道(尽管最终是委托给区域的铁路管理局)以及其他相关运营,包括车站的房地产项目和当地广告。与高铁项目相关的房地产通常非常成功(也很有价值),因为火车站自然地吸引了大量的客流量,这是房地产回报的关键驱动因素。这些业务将成为LGFV一项主要的收入来源,用来支付运营成本并偿还相关债务。

其他类型的基础设施将遵循类似模式，中央政府实体将不同程度地参与其中。公路和高速公路，主要是在地方或区域层面执行，中央政府参与较少。地方拥有自己的收入来源（高速公路通行费、机场使用费等），以支付运营和偿还相关债务。

房地产资产管理 LGFV

地方政府在开发土地以支持国家城市化和扶贫目标方面发挥了主要作用。这包括协调和促进工业园区、旅游场所和政府设施等的开发。

这些类型的 LGFV 也参与了被媒体形容为"鬼城"的建设，例如郑州的郑东新区。在当地相对强劲经济的推动下，郑东新区目前已成为较为成功的案例之一。至少有 140 万人已经搬了进来，"更多的人正在路上"。

通常，LGFV 会在"资产负债表"上保留大量房地产资产，这些资产会以各种方式产生收入。鉴于其中一些新规划地区属于长期资产，投资回收期可能会很长。这些新规划区的长期成功最终取决于其促进经济发展的能力，并不是每一个都能像郑东新区一样成功。

台中七期是中国台湾城市台中的第七个重建区，这是一个新规划区。项目是 1990 年启动的，并于 1998 年建成。当时它是台湾最昂贵的重建区，但相当空旷。2008 年开始有一些不错的住宅项目如雨后春笋般涌现。到 2015 年（即启动 25 年后），它已经变得相当发达并且宜居。

据此来看，典型的新规划区项目，从启动到该地区达到宜居标准，可能得需要二三十年。中国大陆并不是规划区和工业园区的概念的源头，中国台湾、新加坡、韩国和日本都在以不同名称运用这种土地再开发模式，并遵循着这样的发展规律。

十多年前，一些新闻记者在建筑工地走来走去，拍摄一些照片和视频，然后想出一些创造性的方法（例如检查电表和水表）来观察建筑工地有没有人居住，由此炮制出令人震惊的"鬼城"新闻。现在的"事后之明"至少告诫，在评估 LGFV 房地产资产时，要遵循新规划的发展规律，不能被"鬼城"的新闻故事蛊惑。

结构化资产支持"仓储"LGFV

地方政府在为住宅和商业项目开发土地方面也发挥了主要作用。然而，它们的目标不是在资产建成后将其"保留在资产负债表上"。相反，它们将与恒大等私人地产开发商合作开发和推销这些房产，最终通过出售给家庭或私人商业地产业主来进行变现。

从这个角度来看，LGFV可以被视为临时仓储设施。然而，在中国相对简单的银行体系中，不同类型的资产之间几乎没有严格的区别。这与现代金融体系形成鲜明对比。在现代金融体系中构建和管理资产支持仓储设施的做法可能与打算在资产负债表上保留资产的做法大相径庭，在某种程度上类似于构建和销售债务抵押债券（CDO）的业务，因此，有人称之为"中国特色的CDO"。它不同于设立和管理房地产投资信托基金（REITs）的业务。

对于这种类型的结构，关键的成功因素是资产周转率：能以多快的速度获得土地、开发物业并出售建好的住房。周期越短，可以投入实体经济的资本就越多。

但就像次贷危机期间的CDO一样，是一场抢椅子游戏。当流动性消失时，资本就会被困在这些实体中。这就是恒大和其他房地产开发商在2020年8月发生的事情，当时出台监管指导政策，以收紧房地产开发行业。"音乐停止"的一年后，恒大开始遭遇流动性问题。现在更不用说了。

而对于LGFV来说，这也意味着它们所占用的资金将需要更长的时间才能回收并重新用于其他目的。事实上，自2021年民营部门房地产开发商开始陷入流动性紧缩以来，LGFV通过吸收一线和二线城市商品住宅土地供应的30%~40%（之前不到10%）填补了流动性缺口。

获得和开发土地是资本密集型的，许多LGFV本身已经耗尽了资金和/或借款能力。到目前为止，中央政府还没有采取重大措施来帮助解决流动性问题。

金融中介和投资控股 LGFV

除了长期资产，许多 LGFV 还拥有大量的流动资产，如现金和短期存款。这些都需要管理，通常是在大公司的资金部门内完成的。

各个 LGFV 在信用质量和评级方面也有所不同，因此一些有较高信用等级的 LGFV 能以更低的利率借入更多资金，并转贷给一些信用等级较差的 LGFV。这导致了大量"LGFV 之间"的借贷，以及向民营部门的贷款。民营部门从正规银行部门借款通常更加困难或更加昂贵。

此外，LGFV 往往会投资其他 LGFV 或民营部门公司。例如，它们可能联合起来组成一个财团，并与其他参与者一起投资该项目。

如果把多个 LGFV 想象成一个大型的企业集团，就像韩国财阀或日本的企业集团一样，这些业务有些类似于企业集团不同子公司之间的借贷业务或与兄弟公司的股权交叉持有。

虽然在经济低迷、正规机构相对薄弱的情况下，这些非正规融资业务是有存在意义的，但这并不是一种特别有效的管理资本流动的方式。LGFV 的财务部门几乎没有或根本没有这方面的专业经验，而且在这一过程中也几乎没有既定的标准。

这一现象也可归因于中国金融体系相对不复杂和保守的特点。由于正规的银行系统采取了如此"一刀切"的放贷方式，这给了激进的创业型地方官员寻找漏洞的机会。

不受监管的金融活动经常发生，在不少情况下，它还导致决策失误、资产过剩和受损。对于日本和韩国的企业集团来说，这种非正式的金融中介角色在 20 世纪八九十年代开始遇到问题，越来越难以维持可接受的资本效率水平。

综合性 LGFV 集团

现实情况是，大多数 LGFV 是综合性的，持有基础设施资产、房地产资产、运营业务、对其他企业的少数股权等。

前文提到的遵义道桥建设集团，尽管名为遵义道桥建设集团（遵义

LGFV），但它不仅仅有道路、桥梁和施工业务，还包括：

・农业博览园（遵义道桥农业博览园有限公司）：遵义郊区的一个旅游景点，位于机场附近。

・酒店（遵义道桥酒店管理有限公司）：酒店开发集团。

・新规划区控股公司（遵义市新区建设有限公司）：

从商业地产到物流、街道清扫和生态管理，无所不包。这是包含在一个 LGFV 中的 LGFV。

一家投资控股子公司，拥有一家媒体公司、软件投资园、机场高速公路、中石化新能源公司 49% 的股份等。

另一家投资控股子公司，拥有一些公司——包括一家汽车租赁公司等——少数股权。

・还拥有一座真正的大桥（遵义播州路桥有限公司）以及建筑业务（遵义房地产开发有限公司）。

LGFV 往往在城市成立，以促进该行政区划内的投资。顾名思义，遵义 LGFV 是在遵义城市成立的主要实体之一，它持有该市重大项目的开发权。管理这些市级 LGFV 的地方官员的能力差异非常大。

三、中央和地方政府以及民营部门持有的资产

这里讨论 LGFV 资产如何在更广泛的中国经济领域与其他资产发生关联。从资产角度看中国经济的一种方法是将其分为三个不同的支柱：民营部门、中央政府和地方政府。在中国的制度背景下，每个集团都有其优势和劣势。随着时间推移，每个集团都找到了自己进入某些首选经济部门和经济活动类型的途径。

三个部门和它们持有的资产

民营部门资产

在过去的四十年里，民营部门脱颖而出。民营部门的发展在很大程度上离不开企业家的推动。它们试图在中国经济中找到空间，可以追求"蓝海"战略。今天，民营经济已经在农业、制造业、旅游、技术、互联网和房地产等领域取得了领先地位。成功的民营企业包括阿里巴巴、富士康、华为和比亚迪等。

民营企业的资本密集程度通常低于国有企业。一部分原因是资本变得更加昂贵，它们通常依赖于成本较高的股本而不是相对廉价的银行贷款来资本化其业务。这迫使它们更有效地经营。另一部分原因是国家本身将民营部门从资本密集型的国内部门排挤出去。

市场竞争淘汰了表现不佳的经营者，以更高的利润回报更好的经营者，这些利润可以通过留存收益重新投资到企业中。尽管民营部门资本成本存在劣势，但较高的效率和增长率使其资产基础的积累令人印象深刻：截至2021年年底，民营部门工业企业持有的总资产约为6万亿美元。彩图4-3显示，民营部门通常能够产生比国有企业高得多的资本回报率。

民营部门是中国经济中最具活力的部分，并且在很大程度上成功地遵循了邓小平在20世纪80年代提出的"致富光荣"口号。有一个著名的"60、70、80、90"观察，总结了民营部门作出的贡献：占GDP的60%以上，超过70%的技术创新，支持80%以上的城市就业，创造90%以上新增就业机会。

中央政府资产

全国性国有企业（央企）主要由国务院国有资产监督管理委员会（国资委）控股。国资委成立于2003年，目前监管着98家中央企业，总资产和收入达30万亿美元，其中包括总市值达10万亿美元的上市公司或子公司。全国性国企在执行国家政策目标和产业政策方面发挥着关键作用。

一些学者把国资委比作中国的"淡马锡"，虽然两者不完全对等，但了解淡马锡有助于更好地理解国资委的角色。淡马锡成立于1974年，管理着约5000亿美元的资产，包括许多政府关联公司，如新加坡航空公司、新加坡电信公司（电信网络）和SMRT集团（公共运输机构）。淡马锡还管理着一个流动性更强的投资组合，截至2022年其价值约3 000亿美元。

地方政府资产

这包括前文讨论的省级及以下级别持有的所有资产，如基础设施资产、房地产、对当地企业的各种投资等。正如所讨论的那样，地方政府在中国几十年来最重要的城市化和基础设施发展中发挥了主导作用。

当仅根据财务回报进行评估时，民营部门和央企持有和管理的资产的表现都优于地方政府。LGFV持有的资产偏向于中国经济的"桶底"。从财务角度来看，它们通常代表着中国集合资产池中质量最低的部分。

逆向选择偏差对这些低财务回报起着重要作用：

· 地方政府通常被限制在其地理区域内与土地有关的某些资产类别。一方面，与商业投资相比，房地产的无杠杆财务回报率往往较低。另一方面，房地产资产的使用寿命往往要长得多。它的回报率较低，但时间跨度较长。

· 地方政府在国家指导的社会项目（如扶贫）中发挥了不成比例的作用，而这些项目并非出于财务回报方面的考量。

· 与中央政府相比，地方政府的运作能力不足。

从大多数传统的财务指标来看，很明显，LGFV资产中有很大一部分在财务上是受损的。约38万亿元的债务（占总债务的77%）是由连续三年没有产生足够收益来支付利息支出的实体承担的（IMF，2021）。彩图1-2，显示了LGFV在总体上产生的运营收入相对运营支出有严重缺口。

如果不进行项目层面的全面评估，就很难确定各种因素（资产类型、非财务社会因素、相关人员不称职和腐败，甚至还有运气）在多大程度上促成了这一结果。如何进行这项工作远远超出了本书的范围。卢克提供了一个高层次的分析框架，以了解如何进行这些评估（Glenn Luk，2023i）。

国家与民营部门

表11-1以铁路部门为例，来说明国家、地方和民营部门之间的动态。在下表中，可以看到监管机构、全国运营商、地方政府和民营部门之间的交叉情况和角色区别。

表11-1 国家与民营部门的交叉情况和角色区别

		描述	示例：铁路
国有部门	监管者	管理和协调角色	国家铁路局、发改委
	全国性国企	全国范围的行业 资产/资本密集的行业（银行、电信、电力、交通、造船等） 高度战略性部门（国防、航天） 涉及公共资产，专注于国内传统的寻租行业	中国铁路总公司、中国铁建、中国中车
	地方国企/LGFV	本地/区域范围的行业 通常资产/资本密集的资产类别，具有较低的财务ROI 更多社会责任（减贫、教育、医疗） 鉴于地方政府对土地使用的管辖，集中于基础设施和房地产开发	贵阳—广州铁路公司、遵义道桥建设集团
民营部门		资本/资产轻，较高的商业ROI 在传统寻租行业和部门之外 主导出口份额，以技术、创新为中心的企业，小企业	轨道维护、物业管理、本地广告、酒店和餐饮、本地IT企业、专业服务

可以从资本密集度、社会责任和公共资产/寻租部门的管理三个维度，来描述国家和民营部门所扮演的各种角色，以及它们所吸引的行业。

资本密集度

国家通常从事资本密集度高的部门。从正规银行部门获得相对廉价的债务融资在这一动态中发挥了很大作用。在国有部门内，全国性的央企往往掌握了经济的"制高点"，专注于国内行业，而地方政府则拥有土地开发的管辖权。

民营部门的资产往往更轻资本。大多数出口导向型企业相对属于轻资产，由私人资本所有和经营。大多数需要灵活性和创新的"新"行业都是民营企业。绝大多数小企业、服务企业和农场由民营部门企业家或个人所有。

社会责任

社会责任涉及所有这些群体。民营部门公司承担的社会责任往往最少，必须遵守不同程度的监管（取决于行业），这些监管旨在关注资本持有者以外的相关者的利益。

行业不同，社会外部性也有正负之分。例如，一个更基本的社会溢出效应是创造就业机会，这可以提升工人的技能和人力资本水平。而重工业企业会有潜在的环境损害问题。

央企在实现某些社会政策目标方面发挥着更为直接的作用。以高铁为例，客运运价的设定并不是为了最大化财务赢利能力或股本回报率。国铁制定客运和货运运价，以在向债权人支付利息后实现大致盈亏平衡。换句话说，它的目标是零股本回报。随着时间的推移，这一政策导致票价增长速度远远低于通胀和可支配收入。在某些情况下，自十多年前高铁路线首次投入运营以来，票价甚至在名义上有所下降。第八章的"进步政策"小节比较了2009年和2023年京津城际高铁票价来说明这个问题。在很长一段时间内保持名义上的客运价格稳定，会产生大量的消费者盈余。国铁没有从其股本中得到直接的财务回报，而是将这种巨大的消费者盈余作为其间接的股本回报。从长远来看，这可以转化为国家更快的经济发展和民众更高的生活水平。

地方政府对土地拥有管辖权，对实现国家层面的社会目标承担直接责任。教育、医疗保健和扶贫等大多数关键社会责任都由当地肩负。这些责任不可避免地导致较低的财务回报并创造较高水平的"非市场"资产。

公共资产／寻租部门的管理

经济寻租是指经济行为者寻求利用他们的关系（通常是与政府的关系）来增加他们的财富份额，而不一定创造社会价值。它是在不增加蛋糕大小的情况下扩大自己在蛋糕中的份额，甚至是缩小蛋糕——"零和"或更糟的经济活动。

寻租行为往往集中在国内涉及公共产品和资产的行业。这些包括电力传输和电信网络等自然垄断行业，以及石油和采矿等采掘业。中国决策者认为国有实体的激励能够更好地与社会保持一致，对传统的寻租行业非常重要，因为这些行业决定如何使用公共资产。

无论是推动还是拉动，民营部门都倾向于聚集在非寻租行业。最好的例子是出口导向型行业，制造商必须在残酷的全球市场中竞争。事实上，成功的出口商必须克服重大障碍，而不是依赖国内政治庇护。彩图2显示，中国的出口部门由民营部门（包括外资和民营）主导。当然随着新的经济租金形式出现，民营的科技平台巨头通过新的技术手段和商业模式也能获得经济租金。

投资的经济回报

目前，关键问题之一是如何处理LGFV在地方层面持有的越来越多的资产。在监督角色中，中央政府决策者不能仅根据其监管下创造的资产的财务回报来评估地方政府的表现。

中国决策者的最终目标是更好地改革地方政府体系和治理，更好地管理已经创造的资产，并改善未来的资本配置。实现这些目标需要弄清楚哪些地方政府履行了职责，哪些没有，不能单纯根据中短期财务回报来判断。

"经济回报率"或"经济ROI"，这是世界银行《中国高铁发展》分析（Lawrence等人，2019）中国高铁建设时使用的术语，旨在涵盖财务ROI和非财务的"社会ROI"：

> 总体上，高铁项目在初期阶段似乎就已经达到了经济正效益。截至2015年末，高铁网络的经济回报率据估算为8%，远超中国和其他国家在对基础设施进行长期投资中的资金的机会成本。因此，我们有理由对中国高铁干线线路的长期经济可行性保持乐观。

就高铁而言，世界银行着眼于用户时间节省、减少事故和道路拥堵问题、创造就业机会和集聚效益等类别中的价值，并抵消了直接成本（建设和持续运营）和间接成本（如温室气体排放）。其中一些成本可以计入财务报表，而另一些则不能。

经济发展的有效边界

借用有效市场假说中的有效边界的概念，也可以画出一个有效边界来解释非财务的社会影响——在 X 轴上绘出社会 ROI，在 Y 轴上绘出财务 ROI，这个框架也可应用到其他行业和资产类别，如彩图 5 所示。

这里只是说明性的，不是基于鲁棒的项目级评估。但利用这个说明性的例子，可以识别出那些远离或远远超出"有效边界"的资产类别。这有助于指出哪些资产应该得到更多或更少的资本、资源和关注。

重要的是要认识到，评估社会回报具有主观性。财务回报的一个优势是精确性，建立在实际收入和成本支出的基础上，并由独立行为者的一系列公平交易支撑。而社会回报往往基于模型，并取决于输入条件和假设情况。

难以精确衡量并不意味着它们无关紧要，社会回报涵盖的影响超出了财务报表中直接体现的仅对资本（如债务和股权）持有人的影响。社会回报扩大了范围，以反映对其他利益相关者的影响，包括：

- 雇员（创造就业机会，积累技能）
- 顾客（消费者盈余）
- 地方社区（集聚效应）
- 中国社会（长期经济发展）
- 国际社会（温室气体排放）

四、LGFV：改革方案

未来十年地方政府角色的演变

在过去的二十多年里，地方政府在土地开发中发挥了关键作用，土地开发可以说是中国经济最重要的发展趋势——城市化——的一部分。具有开拓精神的地方政府官员以快速的步伐发展地方经济，在经济建设的各个方面——工业、投资、贸易、文化等展开竞争。

从先例中知道，快速城市化最终会结束。但怎么才能知道中国大陆的城市化还剩下多少空间？一种方法是借鉴韩国和中国台湾的经验，因为它们对中国大陆来说可能是"最干净"和最具可比性的两个例子。彩图 6 显示，中国大陆的快速城市化阶段比韩国和中国台湾晚了三四十年。韩国和中国台湾的城市化速度都很快，在达到 36% 之后的大约二十年里，分别以平均 1.7% 和 1.4% 的增长率近乎线性地上升。在达到 75%~80% 的城市化率后，城市化增长率大幅放缓，在随后的二十年中平均每年小于 0.5%。

这表明，中国还有大约十年的时间完成农村向城市的迁徙，直到达到 75% 左右的城市化率。这意味着另有 1.5 亿~2 亿人仍将以每年约 1 500 万~2 000 万人的速度迁入城市地区，这比过去 30 年的速度略慢。根据历史先例，可以预期未来十年城市化步伐将适度放缓。彩图 7 展示了中国过去 30 年城市人口的变化趋势。

基础设施建设是另一个关涉土地财政和地方政府长达数十年的趋势问题。与城市化类似，建设和相应的资本形成总额至少还有十年时间会保持在历史高位。例如，目前高铁网络的规划是，到 2035 年，从目前的 4.3 万公里增加到 7 万公里。近年来，对城市地铁和区域铁路系统的投资步伐甚至比高铁更快。

进入 21 世纪 30 年代，以土地为中心的建设活动的步伐将放缓，地方政府的角色将不得不发生变化。在成熟经济体中，地方政府通常主要关注学校、医院、安全和城市服务等方面。与土地有关的活动（如分区）仍然是一项责任，只是规模小得多。我预计中国的地方政府也会自然而然地朝着这个方向发展。这将不可避免地改变地方政府财政的构成，最终缩小 LGFV 的范围，并开展讨论已久的户籍制度改革。我们可以推测这种转变的速度和时机，毕竟这些最终目标都是相当明确的。

偿付能力与流动性

时机是一回事，但中国能负担得起这种转变吗？如果从资产或项目层面来看，LGFV 资产的大部分似乎都出现了财务减值，这表明存在偿付能力问题。但减值程度很重要，当股本缓冲为 38% 时，资产减值 15% 还是 50% 有显著差异。但在这个程度的问题上，并没有一个好的答案，因为无法获得进行这一评估所需的基础数据。明确这一答案的唯一方法是对价值数万亿美元的资产进行详尽的"复盘"评估。

如果从国家角度来看，很明显这不是一个偿付能力的问题。央企规模庞大，运营良好，市值通常超过其资产的账面价值（30 万亿美元）。即使在极端情况下，即 23 万亿美元的地方政府资产[①]减值 50%，在中央政府和地方政府之间，仍然有足够的资产覆盖 9 万亿美元的 LGFV 债务。

归根结底，关键问题在于损失如何弥补。中央政府拥有资源，地方政府需要财政支持——这是自 20 世纪 90 年代以来行政系统的运作方式。解决方案取决于中央和地方之间的动态关系和配合。

"如何弥补"是一个复杂得多的问题，需要在个别层面上研究。每一项资产，特别是那些涉及财务问题的资产，都需要进行评估或审计。通过分析数千种此类资产，政策制定者和改革者能够找出问题所在，并思考如何在下一轮地方政府改革中解决这些问题。

[①] 根据 IMF（2022），截至 2020 年年底地方政府资产总额 123 万亿元人民币（20 万亿美元），格伦·卢克根据 IMF（2023）相关债务数字更新地方政府资产总额为 23 万亿美元（Glenn Luk, 2023j）。这个数字是本书的基准数字之一。

对价值 23 万亿美元的资产进行"复盘"评估

许多关于地方政府（或广泛的中国经济）问题的评论对于制定切实可行的解决方案毫无用处。"松绑经济、刺激消费"在实践中究竟意味着什么？这种评论对决策者没有帮助，因为他们需要为非常具体的现实问题找出详细、实用的解决方案。

决策者需要正确的框架来指导重组和改革进程，并最终在单个项目层面采用量身定制的方法。

不同的资产类型需要差异化的重组解决方案。处理陷入在建工程中的房地产资产需要与在资产负债表上持有的房地产资产不同的方法。对于决策者来说，处理基础设施资产（如表现不佳的高速公路）与管理生态旅游开发或游乐园有很大的不同。

彩图 5 使用"经济 ROI"来度量资产和项目绩效。在单个项目层面应用该框架的方式是——在"复盘"分析中评估它的绩效，然后诊断项目成功或失败的原因。

在私募股权中，这些"复盘"评估是管理资产组合的常用方法，类似的改良方法也可用于庞大的 LGFV 资产组合。不同之处在于，这些项目需要根据财务和社会因素进行评估，而私募股权的主要利益相关者是股权所有者。在经济发展的背景下，LGFV 的利益相关者包括社会的方方面面。

表 11–2 以贵广高铁项目为例说明了这种"复盘"分析在项目级别是如何使用的。如此详细的评估类似于世界银行 2017 年的《贵广铁路项目》（World Bank, 2017）执行报告。贵广高铁恰好是比较成功的高铁项目之一，其他不太成功的项目（例如失败的房地产开发）看起来会有所不同。

将此评估应用到数以万计的项目，可以为所有需要解决的问题积累不错的案例研究目录。这是目前由持有地方政府债务的债权银行、审计人员和决策机构的团队正在进行的工作。预计出现的许多问题都是曾经在世界各地的企业集团中发现的典型问题。

表 11-2 项目评估模板(贵广高铁项目)

项目细节			
投资开始日期：	2008/2/28	终点站 1：	贵阳北
运营日期：	2014/12/26	终点站 2：	广州南
线路长度：	856 公里	桥梁和隧道：	83%
车站数：	22	隧道总数：	238（464 公里）
运营时速：	250 公里 / 小时		
投资资本：	946 亿元人民币,合计 1.11 亿元人民币 / 公里		
初始债务：	756.8 亿元人民币		
运营商：	中国铁路集团成都、南宁、广州管理局		
其他责任方：	贵阳—广州铁路有限公司、世界银行(提供 3 亿美元贷款)、国开行		

项目评估
贵广高铁项目已经超预期执行,不需要任何修复或重大重组。银行贷款于 2017 年展期了,在 2025 年到期时可能再次展期。

项目估值			
评估日期：	2022/12/31		
财务估值		社会外部性	
现金流净现值	1500 亿元	本地福利	500 亿元
可比	1350 亿元	消费者盈余	300 亿元
资产评估	1200 亿元	减少温室气体排放	400 亿元
平均资产估值	1350 亿元	聚集效应	150 亿元
资产价值 / 长期收入比	12.2 倍	其他	150 亿元
财务 IRR%	4.50%	社会外部性合计	1500 亿元
		社会 IRR% 贡献	10.20%
项目估值总计			
项目估值合计	2850 亿元		
投资资本倍数	3.0 倍		
总的经济 IRR%	14.80%		
说明： 1. 财务估值取三种方法的平均值。 2. 项目估值 = 财务回报 + 社会外部性			

项目财务						
百万元(人民币)						
	2015 实际	2019 实际	2023 估算	2027 预测	2030 预测	2035 预测
收入	2,070	6,833	8,206	9,436	10,380	11,418
直接成本	1,322	4,364	5,379	6,186	6,805	7,486
维护	856	958	1,044	1,086	1,129	1,174
利息费用	3,311	3,311	3,311	3,278	3,147	2,895
总费用	5,489	8,632	9,735	10,550	11,081	11,555
客运运营收入	（3,419）	（1,799）	（1,529）	（1,114）	（701）	（137）
非运输收入	724	2,392	2,872	3,303	3,633	3,996
项目总财务收入	（2,694）	592	1,343	2,189	2,932	3,859
运输和非运输收入	2,794	9,255	11,078	12,739	14,013	15,414
收入作为投资资本 %	3.0%	9.8%	11.7%	13.5%	14.8%	16.3%

价值创造来源				
	风险	评级	影响	要点
责任		B	25%	
国家政策相关	中	B		全国高铁项目的第一阶段
容量增加	低	B		超预期；释放传统线路用于货运
减少运输时间	低	A		从贵阳到广州旅行时间减少 85%
客运量	中	A		显著超出项目预测
项目执行		A	25%	
绩效 vs 预算	高	B		超出预算 9%，但提高了技术规格
动迁和获得土地	高	B		搬迁 8000 人
技术难度	高	A		异常困难，多山地区
诚信	中	A		没有明显的腐败案件
持续运营和维护		B	25%	
运输	低	A		达到预期
非运输	低	C		低于预测
安全	低	B		2022 年 6 月 4 日脱轨事故（7 伤）
社会外部性 / 其他		A	25%	
创造本地就业	低	B		90% 本地雇员
经济影响	低	A		增加了到贵州和江西的旅游，惠及底部 40% 人口
学习 / 技能发展	低	A		早期高铁项目；技术上有困难；标准化

来源：Glenn Luk 的 Substack。

LGFV 是企业集团，涉及典型的企业集团问题

发挥想象力，如果所有 LGFV 都集中在一个大型企业集团之下，会怎么样？这在一定程度上反映了现实：

- 由于是国家实体，LGFV 都是彼此的附属机构。
- LGFV 利用国家的隐性担保来筹集资金。
- LGFV 经常相互借贷，共同投资于项目和运营企业。

如果把所有 LGFV 的资产负债表合并起来，可能会是这样的：

图 11-2 的右侧，我对资产负债表进行了注释，描述了 LGFV 的主要资产类别。在"LGFV 企业集团"中，将每个资产类别视为一个部门。每个部门都必须制定自己的业务改进战略。

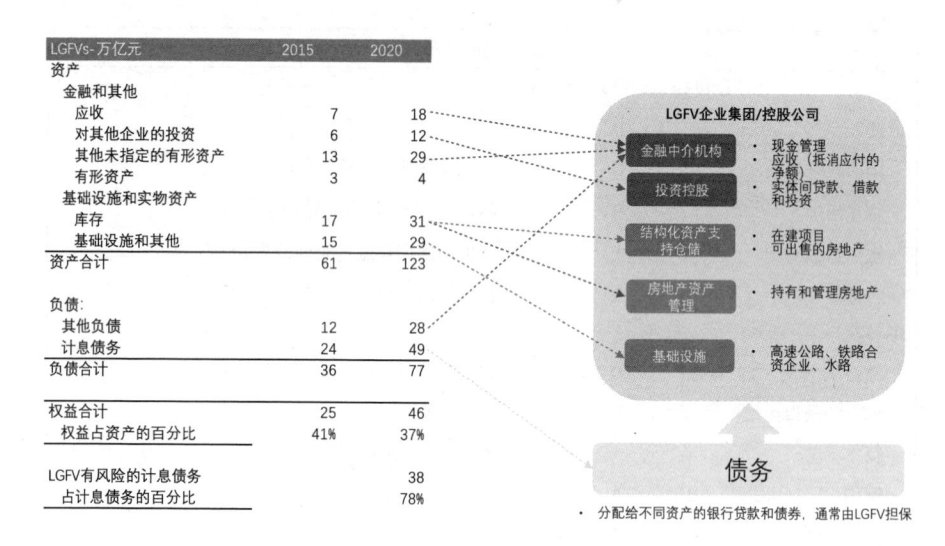

LGFVs-万亿元	2015	2020
资产		
金融和其他		
应收	7	18
对其他企业的投资	6	12
其他未指定的有形资产	13	29
有形资产	3	4
基础设施和实物资产		
库存	17	31
基础设施和其他	15	29
资产合计	61	123
负债：		
其他负债	12	28
计息债务	24	49
负债合计	36	77
权益合计	25	46
权益占资产的百分比	41%	37%
LGFV有风险的计息债务		38
占计息债务的百分比		78%

LGFV企业集团/控股公司
- 金融中介机构：现金管理、应收（抵消应付的净额）、实体间贷款、借款和投资
- 投资控股
- 结构化资产支持仓储：在建项目、可出售的房地产
- 房地产资产管理：持有和管理房地产
- 基础设施：高速公路、铁路合资企业、水路

债务
・分配给不同资产的银行贷款和债券，通常由LGFV担保

图 11-2　总 LGFV 资产负债表映射到不同 LGFV 资产类别

来源：1. 基于 IMF（2022）对 LGFV 资产负债表的分析估算。2. LGFV 企业集团示意图来自 Glenn Luk 的 Substack。

重组和改革

LGFV 可通过两种方式提高资本效率：重组和改革。重组已创建的现有资产，以便更好地管理，或改革未来的资本和资源分配决策过程。

重组和改革是相互关联的。例如，将资产重组为更离散的类别也将创造可用于改善未来资本配置的新工具。金融部门改革，特别是使用类似REIT结构的新型专业融资机制，将通过提供新的资本来释放流动性，从而有助于重组过程。

重组：总体上需要更加专注

历史（如20世纪90年代的韩国财阀）表明，随着企业集团变得越来越大，它们的经济优势被管理日益多样化的资产的负担所侵蚀。改革的一个关键目标将是更加关注差异化的商业模式。

上述业务模型分组提供了指导原则，并为不同类型的资产提供了不同的运营改进方法：

金融中介机构／投资控股——与银行或金融机构类似，该分组主要代表上述LGFV总资产负债表中"金融及其他"项下列出的资产，这些资产与债务端的相关负债进行了净额抵销。理想情况下，LGFV不应像不受监管的银行那样行事：放贷和借款，使用公共资金持有投资和资产组合。这一活动可以由正规银行系统或专门的投资基金更有效地进行。需要加强监管，以澄清LGFV的这类融资活动。

结构化资产支持仓储——该部门代表地方政府作为土地开发看门人的角色。虽然快速城市化还有十年的时间，但这一过程最终会结束。随着经济的成熟，地方政府作为土地的正式守门人的角色将显著弱化，因为其他优先事项将提前。与此同时，可能会有一些有趣的金融部门改革，可以改善该部门为其活动提供资金的方式。

房地产资产管理——LGFV"在账面"持有大量房地产资产组合，其中包括新规划区、政府大楼、旅游景点等的许多物业。地方政府不应该从事房地产资产管理业务，而这些资产代表着许多资金承压的地方政府被困的资本。这些资产应随着时间的推移进行清算，并移交给民营部门实体，如专门经营和管理房地产资产的房地产管理公司。政府大楼和学校等特定物业可能会被保留。

基础设施——LGFV 持有大量基础设施资产组合，如高速公路、铁路资产合资公司和航道。地方政府不应该直接参与基础设施管理业务。这些资产可以合并到更大的、专门的基础设施管理公司，由国有经济和私有经济共同所有。引入私人所有权可能有助于流动性和管理，但仍需要为收费公路和桥梁等自然垄断基础设施资产的运营制定明确的规则。

其他运营资产——LGFV 还拥有大量其他运营资产。当地政府与当地企业合作，建立了从建筑公司到游乐园再到旅游景点的各种运营企业。在"聚焦"主题下，有机会将运营资产合并到一个更大的专门实体下。例如，一家主题公园的运营商可以收购多个游乐园。为运营商贡献当地游乐园的地方政府可以获得更大实体的股权。关键是允许有能力和专注的运营商，运用正确的技能和激励组合，以更大规模、更有效地经营这些业务。提高董事会和管理层之间的清晰度和分离度，将降低激励措施错位和地方政府与民营企业之间界限模糊的风险。新一代的专注企业可能会从这种多元化的资产组合中产生。

这些方法将有助于处理 LGFV 迄今创造的价值约 23 万亿美元的资产。更加聚焦也将改善未来的资本和资源分配过程。更专注于特定资产类别的企业也是地方政府未来项目的天然合作伙伴。

重组：通过财政支持施以纪律管理

如前所述，即使是中央政府，也无法真正确切地知道所有 LGFV 在迄今创造的 23 万亿美元资产上需要共同承担多大的减值。在审计师梳理大量具有代表性的资产样本之前，没有人知道答案。

虽然减值的规模是有意义的，但可以说，减值的原因同样重要。有"好"的原因，也有"坏"的原因。

一些减值可能是由于具有特定扶贫任务的基础设施项目造成的。这些都是"好"的例子——地方政府正在履行国家政策任务，可以理解的是，这些项目不应仅仅根据其财务指标进行评估。如果项目执行良好（成本效益，无/低腐败，实现了社会目标），却在财务上挣扎，正确的做法是给予其持续的财政支持。

也有"坏"的。如果一个项目获得了资助，但执行不力，或者充斥着腐败，那些负有责任的人就应该被追究责任。并且需要自己收拾烂摊子，而不是指望中央或省级政府的无条件支持。

现实情况是，每个项目都会有单独的评估，其表现将由多种因素来解释，从"好"到"坏"，甚至还会有纯粹的运气方面的因素。每个资产都应该有自己的定制计划。好的资产可能会成为行业的整合者，其管理者被赋予更多的责任，包括通过收购其他资产或负责（在资金支持下）处理问题资产来扩大规模。不良资产可能需要以各种方式进行重组和处置。

改革：透明度

在 LGFV 资产进行重大重组的前景下，拍卖等资产转让机制的改进将有助于加快这一进程。争取民营经济及其资本的支持迫切要求提高透明度。

近年来，资产出售过程有所改善，但当涉及一些公共资产时，需要更大的透明度。

20 世纪 90 年代的上一轮大规模国企改革，没能做到完全透明。回过头来看，引入民营资本的巨大收益也带来了整体资本效率的显著净收益。但今天的中国与 30 年前大不相同，市场改革的低垂果实已经被摘下。

改革：汲取"教训"

优化和重组价值 23 万亿美元的资产是一项艰巨的任务。但未来几年将创造价值数万亿美元的新资产，同样重要的是，未来要改进资助新项目的过程。

在私募股权领域，"复盘"分析的最重要成果之一是找出问题所在，并总结这些经验教训来改进投资和投资组合管理流程。同样，对数千个"复盘"案例的总产出进行评估和分析，可以为政策制定者下一轮旨在改善未来资本配置流程的改革提供帮助。

这项评估工作的大部分责任将由发改委承担，它负责起草五年规划。

毫无疑问，从 LGFV 汲取的许多经验教训将被纳入战略规划周期。

改革：公司治理

将多元化企业集团持有的资产重组为更专注的经营实体的同时，应改善公司治理。公司治理会影响 LGFV 所参与的所有主要资产类别的资本分配决策。

LGFV 资产的管理将受益于董事会（代表投资者）和负责日常运营的管理层的角色和责任的进一步澄清和分离。如今，地方官员和负责管理 LGFV 资产负债表上的资产的人之间的界限往往很模糊。这些模糊的界限导致有更多机会来搞腐败、激励措施失调以及运营绩效和资本效率下降。

改革：营运资金

当大多数人想到资本时，他们想到的是建筑物或工厂机器。然而，资本的另一个重要但知之甚少的组成部分是应收账款和存货等营运资金项目。考虑营运资本的一种方式是计算企业从着手于其所销售产品或服务时起至接收到现金所需的时间，也称为营运资金周期[①]。

中国大陆拥有异常长的营运资本周期，这意味着与其他经济体相比，中国大陆有更多的资本与营运资本捆绑在一起。平均付款延迟时间几乎是日本的两倍，也高于澳大利亚、中国香港和中国台湾。企业拖延付款增加了对上游供应商的营运资本要求。虽然付款延迟不会显示在损益表中，但它们确实会影响现金流，而企业最根本的经营基础是现金流入和流出，而不是应计利润。

---

① 例如，假设你拥有一个小部件工厂。营运资金周期将是：
- 从供应商处购买 1 000 元的上游小部件组件（付款条件：30 天）；
- 增加 700 元的劳动力和工厂自付费用。另外还有 300 元的工厂管理费用。构建产品还需要 15 天。这批小部件的总库存成本为 2 000 元。
- 这些产品以 3 500 元的价格批发给零售商，因此总毛利润为 1 500 元。零售商可以在第 60 天再支付给工厂。
- 启动这批小部件生产到收到现金大约需要 75 天。可以在 30 天内向自己的供应商付款。所以净营运资本周期大约是 45 天。在此期间，需要维持大约 2 000 元的库存。只要在经营企业，资本就会"卡"在这个库存中，就像资本"卡"在工厂设备中一样。

回顾图 11-2，可以看到应收款项类别规模，这代表营运资本强度，2020 年年底为 18 万亿元，占整个基础设施固定资产类别（29 万亿元）的 60% 以上。"库存"类别主要包括房地产，其中一些是"在资产负债表上"拥有的，但另外一大部分基本上是长期营运资金，与尚未完工或出售的在建工程项目有关。

营运资本水平的提高降低了经济的资本效率，因为它们增加了经济中所需的总资本量，并降低了货币和相应的经济活动的速度。这一领域的重大改革将提高整个经济的资本效率，特别是 LGFV。摩根大通估计，通过改善现金周转周期可以释放 2.3 万亿元（3 350 亿美元）营运资金，并可用于更具生产力的目的（Gourang Shah 等人，2022）。

改革：金融部门短期放松

本书在多个讨论中，有一个反复出现的主题，即按照成熟经济体的标准，中国的金融体系仍然是相当基础和保守的。这导致了非正式贷款和投资，无疑通过增加信贷中介在金融体系中造成了风险。

这是监管收紧和放松周期的一部分。在监管机构介入之前，企业力量被默许在正式体系之外进行一段时间的试验。就 LGFV 而言，收紧的关键日期是 2020 年 8 月，当时金融监管机构介入并出台了"三道红线"指导方针。该指导方针限制了债务并限制了许多 LGFV 继续获得流动性。如果这一周期遵循过去的金融部门改革周期，那么金融监管机构应该介入，制定一系列新规章制度，以开创一个增长的新时代。

中国在流感大流行后的经济复苏一直相对不温不火，因为资本在系统中的流动不像过去那样顺畅。正规银行体系虽然保守，但与中国经济的两个主要增长引擎——房地产和基础设施，非常契合。它曾经有效地将储蓄者存入银行的现金重新配置为项目贷款。贷款很大一部分又回到了工薪阶层的口袋中，然后通过消费又回到了经济流通中，最终变成现金存款重新开始了这一周期。

但随着流动性收紧和对经济普遍缺乏信心，这一曾经平稳的周期已经放缓。虽然现在家庭收入持续增长，但他们不是以住宅房地产的形式储蓄，而是以现金和流动储备的形式储蓄。银行现金充裕，但贷款需求停滞不前。LGFV 和民营开发商的资产负债表捉襟见肘，而民营经济仍处于试探性阶段。大量资本被困在系统中，无法发挥作用。这些抑制了流感大流行后经济恢复的势头。

从中短期来看，摆脱这种流动性陷阱在很大程度上要靠恢复家庭和民营企业的信心来实现。缺乏信心是因为看不清未来前景，以及感受到更大的不确定性。恢复信心可以部分地通过简单的放松来实现，作为上述自然收紧和放松周期的一部分。

但这需要适度进行。城市家庭的形成在 2015—2019 年期间达到顶峰，建筑面积在 2012—2017 年期间达到顶峰。基础设施也可能达到或接近其峰值强度。虽然监管机构可能收紧得很早或让收紧持续较久，但它们也需要注意，鉴于中国现在处于数十年城市化超级周期的后期，让房地产回到 21 世纪第二个十年的状态并不明智。收紧/放松周期最好是"刚刚好"。

改革：金融部门长期改革——更复杂的融资工具，民营资本的作用

从长远来看，金融部门改革对于使经济达到下一个资本效率水平非常重要。LGFV 想要实现更加专注并摆脱多元化集团模式的一个重要部分是运用更复杂的融资工具，这些工具与其融资的资产类别相一致。

例如，中国一直在尝试类似房地产投资信托基金（REITs）的结构，以使房地产和基础设施项目的融资选择多样化，并摆脱单纯的银行贷款和债券市场。自 2021 年 6 月以来，20 多个项目筹集了约 900 亿元。与房地产和基础设施资产总量相比，这只是九牛一毛。但中国证券监管机构最近发布了指导意见，扩大这种融资方式的规模和范围。

REITs 将加强投资者、管理层及其持有的资产之间的协调。这是一种更具活力的机制，以加强资本纪律并改善资源配置过程。REITs 还将通过引入私人投资基金和家庭投资者使其资本来源多样化，为该行业带来新的流动性来源。2023 年 10 月 27 日，中国证监会扩大了 REITs 试点范围，将允许商业业主（包括 LGFV）剥离购物中心等"与消费相关的基础设施项目"。房地产部门的小改革举措可以带来流动性，并使运营更加聚焦。2024 年 1 月，根据新华财经报道，中国信达、东方资产和长城资产三家资产管理公司将于近期划至中投公司。鉴于中投公司作为私募股权和房地产基金有限合伙人以及 REITs 投资者的经验，这可能预示着私募资本将在下一波 LGFV 驱动的资产重组浪潮中发挥更大作用。

金融部门改革的另一个领域是将 LGFV 开展的许多非正式融资活动正规化。这包括前面提到的 LGFV 之间的投资、贷款和借款业务，以及在住宅房地产项目中，在通过将住宅出售给最终的家庭买家进行变现之前，LGFV 在其资产负债表上储存在建工程项目方面发挥的作用。用更专业和复杂的结构性资产融资工具可更有效地为这一过程提供资金。

最终，引入更复杂的金融工具的主要目标是使投资者更好地与管理层及其管理的资产保持一致。相对于在中国相对的行政体系和保守、不成熟的银行采取的"蛮力"纪律方法，民营资本和资本市场可以更动态、更灵活地引入资本纪律。通过分散融资来源，也缓解了未来流动性陷阱的风险。

这是有重大先例的。中国经济在 21 世纪第一个十年蓬勃发展的最大原因之一是，在 20 世纪 90 年代的重大国企改革，被"放手"的原国有资产中引入民营资本和企业家。同样，在亚洲金融危机之后，民营资本在提高韩国的资本效率方面发挥了重要作用。弄清楚如何更好地利用这些力量应该是下一轮改革的重要主题。

以中国人民银行行长潘功胜（2023）的观点总结本章：中国政府债务水平在国际上处于中游偏下水平，中央政府债务负担较轻；地方政府债务主要用于基础设施投资，一般有实物资产支持，对当地经济发展产生了较好的正外部性，并且大部分地方政府债务主要集中于经济规模较大、经济增长较快的省份，它们有能力自行化解债务。

12

第十二章

只能选择投资

——资源穷国的发展之路

前面章节讨论了中国家庭的可支配收入和消费偏好/水平，了解到中国家庭收入和消费占 GDP 比重并不是世界经济的离群值，还讨论了资本存量、不同投资类型的 GDP 效应，以及投资构成的部门变化对生产率和 GDP 增长的影响。这些知识为这一章有关中国过度投资理论的讨论做好了准备。

长久以来，以《贸易战是阶级战》(以下简称《贸易战》)的作者迈克尔·佩蒂斯为代表的学者和分析师声称中国自 21 世纪第一个十年的中期开始系统性地过度投资，他们的主要观点和理论支柱包括：

· 中国的债务水平很高，这是投资不当的标志；

· 在过去 10 至 15 年里，与住房/基础设施投资相关的债务增长速度远远超过其对 GDP 的贡献，这一事实是不当投资的初步证据；

· 中国中央政府缺乏硬预算约束，因此地方政府有无尽的资源可以进行非生产性投资，甚至明确地将硬预算约束与生产性投资挂钩，而软预算约束与非生产性投资挂钩；

- 中国在21世纪第一个十年的中期已经完成了城市化；
- 中国的住房和基础设施投资缺乏生产性；
- GDP目标"是对系统的一种投入"，导致非生产性投资；
- 中国一贯以高于可持续水平的GDP增长率为目标，导致非生产性投资增加和越来越大的失衡；
- 中国可持续增长率是每年3%，超出该数字的任何东西都是非生产性的，而且只有在债务融资的情况下才有可能；
- 中国的经济政策通过极端地补贴投资来挤压家庭消费。

除了房地产和基础设施的投资外，针对中国商业投资产能过剩的批评也很多——投资狂热导致大量浪费性投资，大建大拆，还举出前些年互联网领域的共享单车投资为例。

以上讨论聚焦于投资的财务回报和资本效率维度，但投资效率还具有非财务的社会回报维度，例如针对承担了国家扶贫任务的基础设施投资项目。第十一章的"投资的经济回报"小节讨论了投资效率的非财务维度。读者需要注意，投资效率的财务维度（资本效率）和非财务维度二者结合，才能构成完整的有关"中国投资过度理论"的相关讨论。

后面将对这些说法进行辨析。首先我将讨论债务与资产创造的关系，中国大部分债务是由实物/有形资产而不是由财政收入/税收支持的，这与OECD经济体的债务形成鲜明对比。接下来聚焦城市化与房地产问题——以高房价和空置率等生产力指标评估房地产投资效率，评价房地产过度建设的程度，并讨论2020年"三道红线"引发的房地产危机的性质和影响。再接下来着重评论《贸易战》关于中国过度投资理论的几个重要支柱，包括（1）经济政策通过挤压家庭消费以补贴政府/商业"精英"阶层的"投资"，（2）中央政府缺乏硬预算约束，（3）中央政府长期设定超出可持续水平的GDP增长率导致非生产性投资。最后是对中国过度投资叙事的关键反驳的总结。

需要指出，以高铁为代表的基础设施投资效率应是本章重点内容之一，但考虑到高铁相关内容已经自成一章，便不再专门讨论高铁投资效率。读者可以参阅"高铁——成功基建投资的典范"一章有关投资效率的内容。

一、中国债务的资产支持性质

债务大量累积或债务增速超过 GDP 增速，这代表低效的资本配置，或标志着不当投资，这是一种不正确的落后逻辑。过去 20 年里，中国有两个关键宏观驱动因素：(1) 城市化和农村人口向城市迁移；(2) 基础设施建设。这两个长达几十年的趋势推动了与资产相关的两类关键债务：(1) 住宅抵押贷款——占家庭债务的绝大部分；(2) 地方政府融资平台债务。这两种形式的债务推动了以社会融资总量（TSF，以下简称"社融总量"）衡量的债务总额增长的大部分。因此，债务上升本身没有多少信息价值。债务的增加代表的是强劲还是疲软的基本面，完全是由与债务相关的资产质量所驱动的。要分析中国的债务，重点需要放在资产上。任何忽视资产或将债务优先于相关资产的分析都是可疑的。

佩蒂斯（2021b）声称，在过去 10 至 15 年里，与住房/基础设施投资相关的债务增长速度远远超过其对 GDP 的贡献，这一事实是不当投资的初步证据。然而，债务总额比 GDP 增长更快，这可能因为债务只是所创造的资产的一个函数，资产增长快于 GDP，这本身并不能说明基础资产的质量。中国正在经历快速城市化，这是一种更加资产密集型的发展形式，很自然地会产生债务。债务的产生与城市化过程中产生的住房和基础设施资产直接相关。

大多数关于债务累积的讨论，特别是那些将中国与 OECD 经济体进行比较的人忽略了两者债务性质的差异：中国大部分债务是由实物/有形资产支持的，而不是由财政收入/税收支持的。**社融总量（TSF）是衡量中国经济总债务的广义指标，经常被引用来计算债务/GDP 这一比率。**几个关键类别的债务构成了中国的社融总量：中央政府、非金融企业和家庭。中央政府债务是以财政收入为支撑的，而财政收入主要来自各种税收。非金融企业进一步划分为全国性国有企业（央企）、地方国有企业、地方政府融资平台和民营企业。家庭债务主要是由房地产支持的抵押贷款。家庭债务、地方政府融资平台和大部分企业债务主要由土地、房产、基础设施和工厂设备等有形资产支持。只有中央政府债务（2022 年占总债务的 6.3%）主要由财政现金流支持。

这一构成与大多数 OECD 国家截然不同。例如，美国政府债务主要由财政现金流/税收支持，在总债务中所占的比例要大得多（43%）。与中国相比，美国的家庭和企业债务也往往由不断减少的有形资产支持。

如果债务主要由财政收入偿还，那么将总债务/GDP 比率视为经济疲软的指标是可以的。这是因为财政收入/税收与 GDP 高度相关。但是，资产支持债务可能受到其他因素的推动，这些因素不一定与 GDP 增长有关，例如不断增加的金融化和几十年的城市化趋势为国家资产负债表创造了有形资产。如果考察过去 10 年中国债务构成的变化，就会清楚地看到，有形资产支持的债务推动了中国绝大部分债务的增长。从 2013 年到 2022 年，总债务/GDP 比率增加了 86%，**中央政府债务仅贡献了 3%，而其他类别债务则贡献了其余 83%**[①]。

IMF 在全面量化中国政府资产负债表方面作出了贡献（Waikei R Lam 和 Marialuz Moreno Badia，2023）。IMF 称，2019 年中国的政府金融资产为 21.5 万亿美元，是世界上最大的，其财务净值占 GDP 的 7%，与其他国家相比"相当可观"（彩图 28-1、彩图 28-2 和彩图 28-3）。要理解中国政

---

① 中国和美国债务构成的数字，以及中国债务构成变化的数字，由 Glenn Luk（2023p）汇合和计算；美国债务构成，https://www.federalreserve.gov/releases/z1/20210610/html/recent_developments.htm。

府的资产负债表，特别是地方政府融资平台，关键是要认识到这些是有资产支持的工具。**大多数国家的政府债务并不是由大量资产支持的，而是由政府通过未来财政收入偿还债务和利息的承诺支持的，其中隐含着合理通胀的空间。**

一些国家拥有大量的金融资产来抵消政府债务，如挪威、日本。除了大量金融资产之外，中国政府债务的相对独特之处在哪里？它还有大量的实物资产，如土地、实物财产或创收资产，可以抵消大部分债务，特别是地方政府一级的债务。**由资产支持的债务与基于现金流的债务有很大不同。大多数关于中国债务水平的跨国比较都没有区分两者，也没有承认中国债务性质的这种实质性差异。**中国人民银行行长潘功胜（2023）指出，地方政府债务的特点之一是"主要用于基础设施投资，一般有实物资产支持，对当地经济发展产生了较好的正外部性"。资产支持债务并不意味着它不会受到损害，但在它开始贬值之前有更大的"安全边际"。这意味着有一个股本缓冲——IMF估计LGFV的平均股本缓冲是38%（IMF，2021）。在资本结构中，债务排在股权之前。这意味着地方政府融资平台的资产价值需要下降约40%后，债务才会开始大幅减值。债务/GDP比率与由未来财政收入支持的政府债务相关，但与由资产支持债务的相关性较小（尽管并非完全不相关）。相应地，债务/GDP比率的上升对现金流支持的政府债务有意义，但对资产支持的政府债务不太相关。由资产支持的债务的偿还主要依赖于资产的估值，可以清算这些资产来偿还债务。中国不断上升的债务/GDP比率并不一定意味着其财政状况正在恶化，可能只意味着它正在积累某些类型的资产，比如房地产和基础设施，而这些资产往往是通过债务融资的。资产是否被有效地构建需要查看衡量资产绩效的指标。不能只看到债务的增加，就断定这些资产代表着低效的资本配置。这是一种落后逻辑。

一些专家坚持认为，债务/GDP比率的上升会自然而然地导致资产质量恶化，并据此声称中国在"10～15年前"开始出现过度投资，正如佩蒂斯所长期坚持的观点。但这些说法忽视了中国债务的资产支持性质。仅仅看债务/GDP比率是一种落后的确定资产质量的方法。家庭和企业债务的增加只是反映了资产负债表另一端相应资产的创造。一个很好的例子是：抵押贷款在中国是一个相对较新的事物。20年前，抵押贷款极为罕见。中国在2007年才通过《中华人民共和国物权法》。因此，家庭债务的增加只是意味着，家庭通过抵押贷款的形式获得了新的（金融化的）住房资产。公平地说：仅仅因为在资产负债表的另一端创建了抵消资产，并不自动意味着它是生产性资产。但仅仅考察债务并不是判断一项资产的生产性或经济价值的方法。这对任何以前投资过债务的人来说都是显而易见的，但人们需要考虑适当的资产水平指标来确定资产价值。只有从这里才能确定清算瀑布情景中债务和权益的价值。

第九章"龟兔赛跑——哪种投资更好？"指出了不同的投资类型会对GDP产生不同的影响，并且投资的部门变化对生产率和资本效率也有影响。因此在判断中国经济是否"有效吸收"所有这些投资时，需要着眼于某一资产类别内衡量资本效率的指标，而不是在总体水平上，因为总体水平不会根据部门变化进行调整。对于房地产行业来说，这些指标包括空置率和二级市场价值。对于像高铁这样的基础设施，它将用客运量和容量利用率这样的指标来衡量。

对中国高铁网络的一个常见批评是"1万亿美元的债务"，这种批评非常令人困惑。如果不评估债务所依附的资产，简单地说明债务的数量是毫无意义的。同样，"它增长了很多，因此它必须越来越没有生产力"是一种落后的逻辑。如果1万亿美元的债务融资投资创造了价值2万亿美元或5000亿美元的资产，两者的生产性也不一样。这里的逻辑很简单。它最终归结为分析资产质量，而不是它们的资金来源。

这就是为什么需要借助收入、客运量和利用率等因素，来确定在这种情况下，国铁将1万亿美元以上的劳动力和资本投入铁路基础设施是否合算。铁路（包括高铁）投资约占基础设施资本存量总额的6%~8%。近年来，国铁的资本效率指标一直在提高。2023年，随着国内高铁旅行的反弹，国铁预计将产生1.4万亿元（1 960亿美元）的收入和4 610亿元（640亿美元）的EBITDA，而利息支出为2 170亿元（300亿美元）。这一迹象表明，尽管在过去20年里投资相当密集，但增加的高铁投资已被非常有效地吸收。但铁路投资只是基础设施总投资的一小部分，因此需要在基础设施投资的其他子类别中重复这一做法。对那些仅仅根据资金来源就得出资产质量结论的人，我们应该持非常怀疑的态度。

可以通过观察民营部门产业公司的各种指标来了解随着时间的推移商业投资的资本效率。根据彩图4-3，虽然ROAs在过去几年中有所波动，但它们总体上保持了一个稳定的百分比。产业部门的资本效率没有明显下降，而产业部门占"商业投资"的很大一部分。

小结：（1）中国债务的性质与OECD非常不同；（2）债务/GDP比率与中国的相关性较低，因为很大比例的中国债务是由资产支持的；（3）债务增加是好是坏取决于支持它的资产；（4）评估由资产支持的债务需要评估资产指标。

中国的信贷中介水平较低

中国的债务与OECD国家的债务另一大区别在于信贷中介水平。较少的信贷中介步骤导致较低的解除成本。中国的金融体系仍然相当基础和不够老练。其金融监管者往往非常保守。信贷中介是指最终债权人和最终借款人之间的步骤。BIS在其2018年关于中国"影子银行"部门的报告（Torsten Ehlers等人，2018）中估计，中国的信贷中介步骤为1～2步，而美国为7步。

房地产行业的许多问题都与房地产开发商创造性地、激进地使用杠杆（包括影子银行）产品来增加信贷中介步骤的数量有关——以求更快增长。例如，激进的预售是这方面的一个主要标志。此外，来自预售资金的现金被违规用于在控股公司层面获得额外的杠杆。杠杆之上的杠杆，有点像2007年美国的CDO，只是复杂程度低了几个数量级。房地产预售资金的不同之处在于，与受高度监管的金融和保险行业相比，这些做法在很大程度上不受监管。预售资金实际上变成了一种基本上不受监管的金融产品。

就像中国保守的金融监管机构在2017年介入"影子银行"一样，他们在2020年8月再次介入，以"三道红线"收紧针对房地产开发商的这种不受监管的金融行为。这种行为正在导致过度和不断上升的系统性风险。在这两种情况下，这种杠杆都需要解除，而信贷中介越少，解除杠杆就越容易，成本也越低。但这需要时间：目前正处于解除民营开发商（和LGFV）内嵌杠杆的中期阶段。当谈论"财务困境成本"时，通常谈论的是与流动性紧缩相关的解除成本。在财务困境成本这一点上，中国当前的房地产形势与过去的先例（如韩国或日本）之间的一个很大区别是，这一次是自我诱发的，而不是外生事件（如亚洲金融危机/AFC，货币快速升值）引发的。"财务困境成本"是由解除的尖锐性、复杂性和规模所驱动的。与过去的先例相比，这是一个更受控制的解除过程。中国金融监管者提前解决了问题，这是当今中国情况的一个积极因素。

但许多人提出了相反的观点，认为中国在解决这些开发商问题上行动迟缓。但中国金融监管者的保守特点和过去的行为模式表明，在解决系统性金融风险方面，它更有可能是早，而不是晚。

解析债务/GDP比率

债务/GDP比率可以分解为两个组成部分：资本存量/GDP比率和债务/资本存量比率。分别分析这两个组成部分，会发现关于中国经济正在发生的事情更细致的方面。

资本存量/GDP比率是衡量经济资本强度的指标。资本存量代表GDP流量中投资/GCF部分的长期积累。也就是说，在国家资产负债表上累积的资本化支出。从彩图28-4可知，在过去十年中，中国经济是如何明显变得更加资本密集的。自2010年以来，资本存量/GDP比率从2.2上升到3.4。再次温习彩图3-3和彩图3-4，可以发现它们也揭示了这一趋势——追溯到1990年，并按政府、住房、基础设施和商业等类别进行划分。

债务/资本存量比率代表经济中资产的融资方式。在中国，大多数债务显然与资本存量，特别是建设在土地上的住房和基础设施实物资产的创造有关。大多数关于债务积累的讨论，特别是比较中国与 OECD 经济体的讨论，忽视了中国债务性质的差异：也就是说，其大部分债务由实物/有形资产而不是由财政收入/税收支持。

本书在高铁背景下讨论了中国相对独特的以土地为中心的融资机制。基础设施资产的资金来源是向 LGFV 注入土地使用权，并以它们为抵押来借款为建设提供资金，这在 GDP 中显示为 GCF。住宅在转让给家庭之前，在施工期间通常以类似的方式获得资金，家庭大多使用抵押贷款来购买这些住宅。在过去十年中，基础设施和住房占社融总量增长的绝大部分。如果研究过去十年中国债务构成的变化，很明显，由有形资产支持的债务推动了中国绝大多数的债务增长。

大多数债务的产生都与资本存量积累直接相关。参考彩图 28-5。随着时间的推移，债务（社融总量）与累计资本存量之间的高度相关性清楚地表明了这一点。21 世纪第二个十年之初，中国家庭首次开始大规模使用抵押贷款，债务/资本比率略有上升。这反映了金融化程度的提高。但总的来说，自 2016 年以来，债务/资本存量比率一直非常稳定。

在中国，债务/GDP 比率上升实际上是经济资本强度上升的函数，而经济的资本强度是以资本存量/GDP 比率来衡量的。但是，从经济资本强度的上升中可以得出什么结论？答案是，这要看情况。佩蒂斯得出结论，资本强度的上升是非生产性投资日益增长的初步证据。例如，他很笃定，中国开始过度投资的分界点是在 21 世纪第一个十年中期，当时债务/GDP 比率"开始飙升"。这种债务为大量"虚构财富"和非生产性 GDP 提供了资金，在他看来，这是中国经济能够维持如此快速增长的唯一途径。

但这个论点中有一个巨大的漏洞：资本效率的恶化（非生产性投资日益增长）并不是资本强度上升的唯一原因。改变资本存量的组合也可能起作用。也就是说：如果资本存量组合从寿命较短/较高 ROI 的资产转向寿

命较长 / 较低 ROI 的资产，也可能导致资本强度上升，而不一定表明资产质量恶化。这正是过去十几年在中国发生的事情。资本存量组合已从寿命较短的商业投资转向超长寿的住房和基础设施投资（彩图 3-3）。不能像佩蒂斯那样简单地将债务 /GDP 比率作为中国从生产性投资转向非生产性投资的分界线。债务 /GDP 比率的上升也可以解释为将投资组合从寿命较短的商业 / 工厂投资转向寿命较长的住房和基础设施资产。这种转变也是资本存量 /GDP 比率上升的一个因素。

在此期间，土地财政的融资模式一直保持不变，因此资本强度的上升直接转化为债务 /GDP 比率的相应增长。资本强度和债务 /GDP 比率的上升可以用两个变化来解释：(1) 在不同资产类别之间的组合变化，以及（2）在一个资产类别内，效率的变化。最终确定资本效率趋势的唯一方法是深入研究同一类别内的资产随着时间推移的表现，通常查看基于利用率的指标（例如住房空置率、基础设施使用率）。一些资产类别比其他资产类别做得更好。有关高铁的所有分析工作都表明，这是执行非常好的投资。与此同时，房地产更像是一个混合的袋子，一些地区投资过度，另一些地区投资不足。债务 /GDP 比率只能告诉你这么多关于中国经济的事情，还需要考虑资本存量组合的变化，才能真正了解资本效率的潜在趋势。

二、中国尚未完成城市化

过度投资理论的拥护者喜欢指出，中国应该在 "10~15 年前"（2008—2013 年）就降低投资强度。这与一般的城市化理论有潜在冲突。这种逻辑是基于一种有缺陷的叙述，我不认为完全城市化（从 35% 到 75%~80%）只需要 10 年，我想大概需要 30 年。快速城市化导致居民住宅扩建。按照 "发达亚洲" 快速城市化阶段的先例，城市化率需要三四十年才能从约30%（贫穷的农业）达到75%~80%（完全城市化）的水平。日本花了更长的时间，但那是因为它的城市化进程被第二次世界大战打断了。彩图6显示，用中国大陆的城市化率追踪韩国和中国台湾的城市化率，基准年分别移动了32年和40年。可以观察到韩国和中国台湾在快速城市化的第一阶段城市化率以每年约1.5%的速度持续增长约20年，第二阶段以每年约1%的速度持续增长约10多年。中国大陆城市化进程正处于第二阶段的初期。

快速城市化涉及新城市家庭的形成和基础设施的发展。这两者都会推动投资占GDP百分比的上升。因此，正在经历快速城市化的经济体投资占GDP的百分比往往也会提高。

2021年，中国大陆的城市化水平达到65%。中国台湾、韩国和日本分别在1979年、1985年和20世纪60年代初处于这一城市化阶段。相应地，这些经济体在对应时刻的投资（I）占GDP的比重分别为30%、34%和38%，对比中国大陆调整后的投资（I）为36.5%（参见第八章"重新计算中国居民消费支出水平"小节）。中国台湾在这里有点像个离群值。在"亚洲四小龙"中，其经济发展较少依赖重工业，而更多地依赖发展轻资本、出口导向商业模式的中小型家族企业。结果，中国台湾的投资率落后于"亚洲四小龙"中其他地区。

如果说，中国大陆应该在"10~15年前"就削减投资强度，那么如下这些含义或问题需要解释：

· 中国大陆的快速城市化阶段应该在47%~53%（对应到2008—2013年）结束，而不是75%~80%；

· 中国大陆本应该在10~20年内快速城市化，而不是需要30~40年；

· 中国大陆的建设效率低于韩国/中国台湾/日本：其住房/基础设施的质量低于在同一（城市化）阶段的这些经济体（例如，将20世纪80年代的韩国与今天的中国相比）；

· 如果认为韩国/中国台湾/日本的经验并不完全适合中国大陆，那么更好的可比较对象是什么？

它还提出了一个重要问题，即更好的替代方案是什么：与其将经济资源用于住宅和基础设施，不如将其分配给经济的哪些部门？为什么？我真的很想听听那些认为中国大陆已经过度投资了 10～15 年的人的意见，以及他们对这些观点的看法。人们如何看待"在城市化趋势中所处的位置"，在很大程度上推动了当前的叙事。如果你认为城市化是 2000—2035 年的趋势，那么中央政府在 2020 年收紧政策是有道理的，选择这一时机是明智的。如果你认为这应该是 10～20 年的事情，在 2010 年已经达到顶峰，那么得出"过去 10～15 年"是过度投资的结论是有道理的。这种过度投资的问题在很大程度上归结于哪种城市化叙事最有意义。这就是应该辩论之处。

一些分析师用很奇特的角度来说明中国大陆已经"完全城市化"，不同的观点总是值得看一下的。他们引用了一个不太常见但有趣的数据集——基于卫星数据的城市/农村数据。根据联合国基于卫星照片的城市化测量方法，2015 年中国农村人口比例仅为 22.5%，而美国为 28%，德国为 30.4%。根据这个数据集，中国的农村率已经低于美国和德国，因此，中国或多或少是"完全城市化"的。其实使用卫星数据集来确定"真正的"城市化存在重大问题。如果中国已经"完全城市化"，那么阿富汗（25%）、吉布提（7%）和印度（22%）比美国和德国更加"完全城市化"。

中国完成城市化了吗？即使在 66% 的城市化人口中，也有近三分之一的人没有城镇户口/完全城市化，例如农民工住在工厂提供的宿舍里。我不认为城市化到此就结束了，我认为中国的家庭部门有更大的抱负。中国人民银行行长潘功胜在 2023 年金融街论坛年会上讲到，中国"城镇化仍处于发展阶段，新市民规模较大，刚性和改善性住房需求潜力很大，房地产市场长期稳定发展具有坚实基础"（潘功胜，2023）。2024 年 4 月，国家统计局副局长盛来运在 2024 年第一季度国民经济运行情况发布会上表示，"中国房地产市场仍然具有持续健康发展的支撑条件"（界面新闻，2024）：

中国房地产市场是有支撑的，因为我们的城镇化没有完成，2023年常住人口城镇化率是66.2%，但是按户籍人口城镇化率还不到50%，还有2.97亿的农民工在城里没有完全市民化，这些进城的农民工中间购房比例不高。我们现有的住房存量中，90平方米以下的中小户型房子还是占绝大多数，随着人们生活水平的提高、城镇化深入推进，中国房地产市场改善性需求、刚需都还比较大。

在分析中国城市化水平的时候，最好将中国分析为一条分布曲线，而不是一个平均数。这需要更多脑力，但最终会导致对现实更准确的描述。在分析中国经济时，不要只考虑奇闻逸事或离群的奇异值，而要考虑从"好"到"坏"的结果分布。关于城市化，考虑城市化进程中不同的社会经济群体和分布曲线是有用的。尽管中国官方公布的城市化水平已超过65%，但城市化水平仍有许多不同之处。理解中国家庭行为的一种方法是将其纳入马斯洛需求层次框架，并思考金字塔如何随着时间的推移影响不同社会经济群体的消费行为。例如，在城市地区的工厂工作的农民工被正式算作"城市人"，但这并不意味着他们已接近"发展完毕"。他们只是爬上了漫长的城市化阶梯的第一级。许多人住在公司提供的宿舍里。他们仍然渴望在生活中得到更多，希望能够加薪、买房等。

中国下一阶段的工业化正在发生，在地理上会更加分散，从沿海一线城市和地区转移到内陆二、三线城市，这也会影响到中国城市化发展的模式。详细讨论见"中国第二阶段的工业化"小节。

三、住房投资总量适度但分布失衡

生产力指标——房价和空置率

过度投资理论的拥护者指出，过度投资的论点并不是说中国不应该继续城市化，而是说将住房转化为投资资产影响了增长质量。两个关键因素影响了增长的质量：相对于收入的高房价，以及投机性购房者的比例。

这两者是相互关联的。2013—2015 年，随着房地产市场的主要买家从首次购房者转向投机买家，房价与收入脱节了。由于相信房价会不断上涨，中国家庭将大量资金投入房地产，金融系统围绕向投机者提供更多房屋进行了重组。家庭的银行存款被借给房地产开发商及其供应链公司。家庭对影子银行的投资也是如此。影子银行（信托、保险公司）从家庭借款，用于放贷和投资房地产行业。但高涨的房价抑制了家庭的消费能力。此外，影子银行的杠杆率上升，危及金融稳定。由于房价持续上涨，金融系统被"诱导"将房屋交付给投机者，从而抑制了对更具生产力的部门的贷款。

房价收入比是可负担性的标志，空置率是衡量利用率的指标。在大多数分析中，中国与其他国家相比，看起来确实像是一个异类。这是值得关注的。然而，由于各种内生因素，例如不同的衡量方法、房产税结构、经济发展水平等，跨国比较本身也可能并不容易。

高房价

在高的房价/收入比率方面，还需要做更多工作，才能使这一数据在中国和其他经济体之间具有可比性。这里有几个原因：

（1）总收益与净收益因素：因为没有房产税，中国的物业持有成本较低。土地租赁可视为预先支付约 70 年的房产税。中国的价格包含前期土地使用权，对比其他经济体持续的房产税，这可能会显著扭曲这一比率的跨国可比性，因此在与依赖房产税的可比数据进行对比时，需要进行调整。

（2）中国人的收入可能被低估了，这里有几个原因。所得税很低，这意味着税后收入更高。提供食宿也很常见（尤其是为农民工或流水线工人），这意味着他们会把更多的税后收入存起来。中国的可支配收入没有考虑虚拟租金，而这是 OECD 经济体家庭可支配收入的重要组成部分。因此可能需要向上调整收入才具有可比性。

（3）中国家庭的收入增长速度普遍快于被比较的国家，可能需要对此进行调整。

（4）中国的按揭利率（及一般融资成本）处于较低水平，尤其是与发展中市场相比。如果与房地产发达市场相比，情况就不那么严重了。这也部分促成（1）中较低的持有成本。

不过尚未见到这方面更深入的工作。但就像在作家庭可支配收入和消费数据对比时，需要调整 GDP 以使比较更加对等一样，此处也需要调整中国住房模式的数据，以使比较更加对等。这些调整大多对高房价/收入比率有缓解作用，使中国的房价收入比与其他国家的城市更加一致，尽管它们在一线城市仍然很高，但不像未经调整的比较所暗示的那样高。

中国家庭面临的高房价很容易被视为投资泡沫/过度的初步证据。但在中国，高价格更多是供应不足而不是投资过度的信号，而在其他经济体，低价格实际上更多是投资过度的信号。当你深入到下一个级别的数据，这一点就会变得很清楚。

在中国，高房价（如高房价/收入比所示）在一线城市比二线及以下城市更为明显。随着时间的推移，这是非常一致的，一线城市的房价/收入比随着时间的推移而增加（彩图 13-3），而二线及以下城市的房价通常受到收入增长和稳定的房价/收入比的推动（彩图 13-1）。众所周知，房价最难承受的一线城市实际上是供应不足，而不是过度投资，而房价更容易承受的二线及以下城市则是过度建设较多的地方。稍后有关空置率的讨论将说明这一点。

在中国，高房价主要是高地价的结果。最新的年度数据显示，截至 2021 年，平均建筑成本仅为 3891 元/平方米（国家统计局，2022）。中国相对较高的土地价格主要是因为人口过多，而土地不足。与其庞大的人口规模相比，它根本没有大量的宜居的或可耕种的土地。弥补差距的唯一办法是通过资本投资进行垂直建设（高楼）。当一套新建公寓建成时，GDP包括建筑部分，但不包括土地。土地使用权的转移被认为是一种从政府到购房者的价值转移。与其他经济体相比，中国高昂的土地（以及推而广之的房地产）价格实际上使住房相对于消费更加昂贵。虽然某些政策措施旨在解决这种不平衡（主要是通过增加供应），但相对消费而言，住房仍然是更加昂贵的。尽管如此，家庭仍在购买房屋。从 2007 年到 2022 年，家庭购买了近 2 亿套新建公寓。这说明，在全国范围内，对公寓的需求绝对不会短缺。换言之，投资总额不是关键问题。中国在历史上一直处于城市住房供应总量不足的状态，并且在实现全面城市化之前将一直处于供应不足的状态。

关键问题在于住房投资的地理分布。中国房地产市场的问题是由于城市层面的供需错配造成的。一线城市供应不足，这就是价格高的原因；三线及以下城市供应过剩，尽管价格相对实惠，但需求不足。导致供需错配的部分原因是中国的一般移民模式。排名前 30 的城市（主要是一线和二线城市）一直在获得人口流入，而三线及以下城市则在应对人口增长停滞或人口外流。中国住房过度建设主要发生在内陆三、四线城市，一、二线城市的房地产市场状况相对紧张。"中国第二阶段的工业化"小节讨论了中国制造业的发展如何帮助缓解三、四线城市的住房过度建设。

由 2020 年 8 月的"三道红线"紧缩引发的房地产行业的调整主要是为了解决这些城市层面的供需错配。它的一个关键部分就是让那些不需要更多住房的城市缺乏资本。中国的房地产问题不是来自住房投资总量过高。这是因为在一些地方（三线及以下）太多了，而在其他地方（一线和一些二线）则不够。有过度建设，也有建设不足。这些细微之处对于理解中国是否过度投资／消费不足以及未来几十年中国经济的演变非常重要。

空置率

较高的空置率是一个值得关切的问题。如果它们指示着那些楼房单元永远不会有人居住，那当然是一个问题。但如果它们指示了家庭的偏好，那么问题只是效率较低。"中国家庭部门的支出偏好"小节讨论了中国家庭储蓄买房的原因，以及他们的偏好如何影响空置率。

如果你计划在一间新建公寓的50年的使用寿命中使用46~47年，那么在你准备好搬进去之前，让它在头三四年保持空置是可以的。这就是为什么当你比较住房和商业投资时，考虑使用寿命是很重要的。但在一段时间内，特别是在城市化最密集的时期，它可能会导致较高的空置率。这就是跨国比较可能存在问题的原因。

因此购买第二套住房并不一定等同于纯粹的投机（即纯粹的"价值储存"）。通过分析这些数据来了解购买第二套甚至第三套住房背后的原因是非常有趣的，以真正区分真实的使用案例和作为价值储存手段的财产的浪费性使用。关于投机狂热的叙事说，数亿家庭集体不理性行动参与投机，将他们的储蓄投入价格过高的住房中。大规模的非理性决策当然是可能的，但也很容易抛出看似同样合理的其他说法。也可以说，中国家庭集体非常努力地工作，他们的储蓄"非常理性"，不愿意消费，因此投入房地产。但这与大部分中国家庭的实际支出偏好并不一致。那种说他们缺乏其他投资选择，因此不得不把他们大部分财富套牢在房地产上的说法是站不住脚的。

查看第二套住房、空置率等指标，以评估资产利用率、资本效率和资产质量。住宅房地产实际上是一种家庭支出形式。这一事实对空置率来说是缓解因素。住宅房地产是大多数家庭预算中最大的项目。中国现在人均拥有住宅约39平方米[①]。你能说这很奢侈吗？也许随着家庭变得更加富裕，人们喜欢有更多的空间，难道家庭没有权利作出这样的选择吗？家庭并不

---

① 《中国统计年鉴》。

是被迫购买这些房屋，他们是行使消费者偏好的人。从这个意义上说，过度挂钩住房不同于过度建设工厂设备/商业投资。没有道理批评他们对更大、更高质量公寓的偏好。

将一个成熟的房地产市场与一个发展中的房地产市场进行比较，可能不是对等的比较。相反，更好的做法是观察中国国内一段时间内住房生产力指标的趋势。请记住，过度投资理论的一个核心部分是，它认为"投资越来越没有效率"。这里的关键词是"越来越"。这意味着，随着时间的推移，中国国内的趋势应该会变得更糟。在这里（彩图13-3），可以看到在住房投资最激烈的时期，按城市等级划分的房价收入比。虽然一线城市的比率有所上升，但二线及以下城市的比率保持持平。一线城市该比率的上升，可能更多意味着供需关系的日益紧张而并非投机指数的上升——中国一线城市房地产的供应总体是不足的。

再来看一段时间内空置率趋势（彩图13-2）：从2011年到2017年，二线及以下城市的空置率从18%~19%上升到21%~22%，一线城市的空置率从18%下降到17%。图中数据来源于中国家庭金融调查与研究中心，该时间序列于2017年结束。贝壳网2022年的一份调查报告显示，二、三线城市的空置率为12%~16%，一线城市的空置率为7%（彩图13-4）。两个调查可能不完全对等，但它们实际上表明，从2017年到2022年，空置率有所下降。这与住房投资"越来越没有效率"的论点背道而驰。

这两张图也显示，一线城市的空置率一直低于二线及以下城市。

过度投资理论的主张者，需要提供证据证明，随着时间推移，住房投资"越来越没有效率"。他们需要展示空置率持续上升数据，以表明非生产性资产的积累是不可持续的。必须承认，中国房地产行业存在大量的资本配置不当，尤其是在三线及以下城市。但是，当你试图拿中国与过去的先例进行类比时，例如如果你认为中国是20世纪90年代的日本，甚至不及，那么仅仅指出存在配置不当是不够的。你需要证明中国的配置不当比彼时日本的配置不当更加严重。更复杂的是，你不仅要作跨国比较，还要作跨时代比较，将今天的中国与三四十年前的日本进行比较。

住宅过度建设程度

在这里汇总一些数字，尝试量化截至 2019 年年底中国住宅过度建设的水平。中国家庭拥有 33 万亿美元的住宅房地产资产（Borst, Nicholas, 2022c），这是 99 万亿美元资本存量[①]的三分之一。

美国学者根据 2017 年的数据对住宅空置数据进行了跨国比较（Rogoff 和 Yang, 2020）。中国住宅空置率在 7%~23% 之间，平均约为 12%，一线城市平均约为 7%，二线城市为 12%，三线城市为 16%[②]。

假设理想的运行空置率是 6%（这是美国的住宅租赁空置率），这意味着中国超建了 6%，即 33 万亿美元的 6% 是超建或"空"的 GDP，约为 2 万亿美元。LGFV 持有约 4 万亿美元的房地产资产（以下资产负债表中的"库存"）。假设其中四分之一（中国住宅空置率上限约为 23%，近似四分之一）不应该建造，这是又 1 万亿美元的过度投资。事实上，当查看 LGFV 总资产负债表时（表 12-1），可以看到一切是如何混合在一起的。这是从 IMF 报告中提取的数据，我们可以看到全部 LGFV 合并在一起看起来像一个大型基础设施/房地产/银行集团。

因此，保守地说，现在有 3 万亿美元的资产是"浪费"的。从 2010 年到 2019 年，中国资本形成总额为 47 万亿美元，占 GDP 的 44.8%。砍掉 3 万亿美元或其中的 6%，在此期间，平均投资占 GDP 的百分比从 44.8% 降

[①] University of Groningen and University of California, Davis, Capital Stock at Constant National Prices for China [RKNANPCNA666NRUG], retrieved from FRED, Federal Reserve Bank of St. Louis; https://fred.stlouisfed.org/series/RKNANPCNA666NRUG, January 5, 2024.

[②] Rogoff 和 Yang（2020）根据 2017 年的数据对住宅空置数据进行了跨国比较。首先，需要承认这些数据已经超过六年了。根据定义，住宅空置率可能会大相径庭。例如，据佩蒂称，该论文中的美国数据包括"未入住、不出租或出售的房屋"，其中包括人们的第二座房屋或度假屋。在中国，有一种常见的现象，即家庭为未来从新开发项目中购买房屋。这可能是一个农村居民在附近的城市购买他们计划退休时使用的公寓，也可能是城市父母为孩子购买的公寓。在最终入住之前，这间公寓可能会空置一段时间（而不是出租）。这有助于降低中国的住宅空置率。

表 12-1　LGFV 的资产负债表

LGFV- 名义 GDP 的 %	2015	2020	说明
资产			
金融和其他	42%	62%	
应收	10%	18%	应收,通常来自地方政府的投资项目,在 2015 年以来快速增长
对其他企业的投资	8%	12%	暴露于其他企业的权益和债务(不包括存款和现金类证券)
其他未指定的有形资产	19%	28%	现金、贷款和其他
有形资产	5%	4%	
基础设施和实物资产	46%	58%	
库存	24%	30%	主要由"土地和房地产资产"构成
基础设施和其他	22%	28%	主要是与基础设施项目相关的资产
资产合计	88%	120%	
负债:			
其他负债	17%	27%	非计息债务(应付)
计息债务	34%	48%	计息债务(短期和长期)
负债合计	51%	75%	
权益合计	37%	45%	
LGFV 有风险(计息)债务		37%	

来源:IMF(2021)。

至 42%。如果中国一直处于 42% 而不是 45%,不知何故,我怀疑过度投资的论点倡导者是否会感到满意。对于他们而言,"适当的"水平似乎应该是 30% 出头。你很少看到"中国正在过度投资"的倡导者做的一件事是系统地看待数字(坏的和好的)。他们精挑细选图表,讲一些没头没脑的故事,从非代表性的异常值中推断结论。我认为恰当的做法是,那些声称中国过度投资的人真正用数字而不是模糊的形容词来量化过度投资的程度。另一个提出问题的方式是,如果认为中国应该一直投资于 30% 出头的水平,是否意味着过去 20 年建立的现有资本存量整整三分之一是浪费的。所以,他们真的应该用数字提出这样的观点。

这个问题需要得到回答，应该使中国保持与其他可比国家相似的标准，最好是处于相同的发展阶段。每个经济体都有一个好项目和坏项目以及资本配置的钟形曲线。资本效率是一个相对的概念。即使中国将住房投资的6%~12%（占总GDP的3%~5%）转移到被GDP核算者分类为消费的活动上，但从长远来看，这也不自动意味着它对中国经济发展会更有效率或更好。例如，多花3万亿美元买奢侈品而不是空公寓会更好吗？鉴于支出将流入奢侈品公司股东的口袋，而不是为农民工创造就业机会，或增加对房地产生态企业的需求，情况可能会更糟。或者，如果GDP的3%~5%直接转移到家庭的银行账户，保不齐家庭会直接用这笔钱来购买公寓，从而推动GDP中的投资。在这种情况下，结果（与"浪费的"住房投资的场景）是一样的。在整个叙述中缺失的是家庭本身所起的作用。最终是家庭作出重大财务决定，来搬到城市并为自己或孩子或孙子购买公寓。

有人对这项比较提出了一个很好的观点，即不应当将33万亿美元的住宅房地产资产总量与99万亿美元的资本存量直接进行比较，因为前者是按照住宅房地产资产当前的名义市场价格计算的，而资本存量是实际累计的折旧的投资账面价值，并且前者包括土地使用权价值，后者（的住宅GCF）不包括。这项意见是对的，但这里的比较只是为给读者提供相对于整个经济的规模的参考，而不是精确比较。

房地产危机的性质和影响

实际上，房地产紧缩过程早在十年前就开始了。根据彩图9-1和彩图9-2，今天看到的是一些不同的东西的滞后效应。似乎没有人记得2013—2016年，当时自GFC以来一直快速扩张的国内建筑业突然陷入停滞。这也部分导致了2014—2015年全球大宗商品的暴跌。经济危机的后果通常远没有当时看起来那么严重。但回过头来看，无论是AFC、GFC还是

2013—2016年国内建筑业和产业衰退，把危机应对过去已经极大地改变了中国。可以从竣工面积和建筑就业等指标中非常清楚地看到这一点，这些指标在那个时期达到峰值。建筑和房地产服务活动推动了GDP效应。在这里，竣工面积和建筑—房地产服务的就业是更相关的指标。其他数据也显示了同样的周期性。"彭博经济"的数据显示，房地产相关的需求在中国总需求中的占比在2014年见顶，达到24.2%，然后持平，直到2018年开始下降，预计到2023年下降至19.4%（Bloomberg News，2023）。

可以讨论每年10亿平方米和3000万城市建筑工人是否仍然是过多的工业产能，但这应该基于对可持续产出率的客观分析。每年10亿平方米是可持续的，因为它是基于总住房存量和替换率的一些非常合理（如果不是保守的话）的假设。就GDP而言，问题是这个数字是否仍然过高。我认为每年10亿平方米是建筑能力的可持续水平。这是基于500亿平方米总建筑面积[①]（隐含50年有用资产寿命）的小于2%的替换率。大多数关于房地产泡沫破裂的讨论似乎都围绕着这张跟踪预售情况的图表（彩图9-3）。显然，在过去十年里，预售一直远远领先于实际完工。这很有趣。如果正确的话，该部门的产能实际上低于预期。但仍然被卡住的是资金和土地，因为十年的预售仍"卡"在建设阶段。

大多数人似乎都在关注建筑业产能过剩，但这是一个与建筑业产能过剩完全不同的问题。如果你试图弄清楚未来几年可能发生的事情，理解这一区别是很重要的。在过去十年里，民营房地产开发商在预售尚未破土动工的项目时变得越来越激进。预售资金是一种融资形式，可以减少对建筑贷款等其他类型贷款的需求。而且不像贷款，预售资金没有利息。有一些关于预期完工日期的软承诺，但项目拖得越久，买方的隐性资本成本（货币的时间价值）就越高。与银行贷款不同，对这种融资来源的监管也较少，这给了开发商更多的空间来激进营销。这里有很多激励，鼓励房地产开发

[①] 根据"七普"数据，在2020年，全国家庭户住房建筑面积总量超过了500亿平方米（上海证券报，2022）。

商向预售融资倾斜。

当你想到房地产开发商时，你首先想到的是建筑，但大部分建筑工作实际上是外包的。在中国，房地产开发商是真正的销售和营销"野兽"。最大的FTE（全职等效人数）类别之一是向家庭"销售梦想"的售楼员。预售成为一项越来越有利可图的推广功能。为了说服家庭在公寓交付之前提前购买，拿佣金的售楼员会使用书中的所有技巧来推销梦想——FOMO、乐观的价格预测等。通过这种方式，房地产开发商变得越来越像金融或保险经纪人，向散户投资者兜售金融产品。这已经变得非常激进。房地产预售的不同之处在于，与受高度监管的金融和保险行业相比，这些做法在很大程度上不受监管。预售资金实际上变成了一种基本上不受监管的金融产品。

中国监管机构向来把不受监管的金融产品视为系统性金融不稳定的潜在来源，因此有了2020年8月的"三道红线"。其目的并不是担心建筑产能过剩（这个问题在2013—2016年已基本解决），而是更多地关注激进的销售行为推动不受监管的金融产品。调整过后，最激进的民营开发商将被解散，股权将被"抹去"。激进的楼盘销售可能会减少。2023年10月的中央金融工作会议强调，"促进金融与房地产良性循环，健全房地产企业主体监管和资金监管，完善房地产金融宏观审慎管理，一视同仁满足不同所有制房地产企业合理融资需求"（新华社，2023）。从废墟中站起来的新一代房地产开发商不会再讲感性故事，不追求多元化，不那么激进。房地产开发商不再有成为电动汽车和人工智能巨头或拥有一支无敌足球队/魅惑歌舞团的野心。这些在过去都反映了这个行业的侵略性和贪婪，房地产行业可能最好保持古板和乏味。

无论现在有多少家庭还在预售的泥潭里，最终家庭部门将完好无损。政府会作出最大努力迫使开发商"保交楼"，一些未完工的项目将被完成，其他项目（特别是尚未破土动工的项目）可能会被取消，并退还预售资金。目前的情况有资产负债表的因素，但与过去显著的资产负债表衰退（如20

世纪 90 年代的日本）不同，目前阶段更多的是关于在系统中受阻的营运资本。这是一个以流动性为中心的问题，而不是国家偿付能力的问题。清理资产负债表的这一部分是近期的重点。当然，长期固定资产和附属长期债务存在问题，但这并不过分令人担心，而且在任何情况下，这都需要更长的时间来解决。

佩蒂斯还认为，"问题是，当经济增长放缓时，它（指房地产）只是一个逆周期工具，在经济过热时从来不起作用。其结果是，房地产部门的作用只是不断扩大，这本身就成为进一步杠杆扩张的动力"。认为房地产部门的作用继续扩大，这种观点是不正确的。从许多方面来看，房地产部门七八年前达到顶峰，对 GDP 的贡献、建筑就业和完工建筑面积都在 2014—2018 年的时间框架内达到峰值。自 2020 年 8 月"三道红线"提出以来，其在经济 /GDP 中的份额或"作用"已经大幅萎缩。

如果你认为城市化是 2000 年左右开始的 30～35 年的趋势，那么房地产部门在 2016 年左右达到顶峰实际上是说得通的，稳定了之后，再随着中国接近其全面城市化目标逐渐下降。

过度投资的说法往往会夸大不当投资的总金额，同时低估中国经济自 21 世纪第二个十年中期开始的调整过程。根据一些指标，中国房地产部门甚至可能在这一点上被视为"过度调整"。2022 年 8.62 亿平方米的完工建筑面积已经远远低于总住房存量的自然重置需求（约 10 亿平方米 / 年）。这里的数学计算非常简单：500 亿平方米的空间，2% 的自然折旧和更换率，折算结果为 10 亿平方米 / 年。

房地产危机的数据分析

英国《金融时报》的文章《关于中国的房地产混乱和银行的"不可能的三位一体"》（Alexandra Scaggs，2023）分享了高盛关于房地产危机的报告中一些有趣的数据和分析。高盛的报告称中国需要清理超过 2 万亿美元的房地产库存。高盛估计，2023 年房地产将拖累 2% 的 GDP 增长。这意味着经济的其他部分需要增长7%左右才能实现5%的目标。

之前的分析强调了，竣工面积和建筑—房地产服务就业在十年前达到顶峰（彩图9-1和彩图9-2）。高盛的报告表明，在房地产拖累GDP增长的因素分解中：(1) 与其他类型的房地产活动（如代理商/经纪人过多）相比，建筑业产能过剩的问题较少，相反 (2) 2022年有很大的财政影响（地方政府紧缩），并以较低的降幅持续到2023年，以及 (3) 间接的"上游"影响。时间会证明这个预测有多准确，况且它有逻辑和可跟踪和测试的框架支持。

高盛指出，管理库存是重组房地产部门债务的关键。该部门资产的60%来自库存，库存可进一步细分为未开发土地（25%）、完工项目（10%）、已售出未完工项目（20%）和未售出未完工项目（45%），未售出未完工项目中的四成处于可出售状态。该部门债务的22%来自预售资金。这清楚地表明，现阶段主要是一场流动性和"营运资本"危机。需要处理库存问题的营运资本约2.9万亿美元（看涨面价值），它们需要被解除或转换为生产性长期资产。清理资产负债表的这一部分是近期的重点。

高盛的报告突出了房地产部门的整体杠杆，分为家庭（抵押贷款）和开发商杠杆。值得注意的是，去杠杆化过程始于2020年，由"三道红线"触发。家庭和开发商的杠杆分别从3年前（完稿于2023年）的约21%和约34%下降到现在的16%和32%。

高盛估计开发商信贷会损失10%，约1.9万亿元人民币。这些是开发商债务的信贷损失，主要与上述资产/库存抵押品有关。截至2022年上半年，银行、信托和保险公司分别持有75%、16%和6%的开发商债务。开发商信贷损失的61%可能被银行吸收，这样的集中度意味着对中国房地产债务的全面重组可能会要求中国银行部门的某些部分重组或再资本化。只要违约不蔓延到抵押贷款，中国的银行系统有足够的能力处理开发商贷款损失，小银行受影响更大一些。房地产开发商，尤其是民营开发商，其权益普遍较低，低于20%。因此，10%的信贷损失大致相当于资产减记

25%~30%。同样，随着时间的推移，这一预测是否可靠还有待观察。

但股本缓冲概念确实强调了为什么由资产支持的债务需要与由财政/现金流支持的债务进行不同的评估。大多数关于债务累积的讨论，特别是那些将中国与OECD经济体进行比较的人，忽略了中国债务性质的差异：中国大部分债务是由实物/有形资产而不是由财政收入/税收支持的。除了不同的抵押品基础外，LGFV还拥有更大的股本缓冲。IMF估计，LGFV平均股本缓冲为38%，明显高于恒大等苦苦挣扎的开发商。如果是LGFV，25%~30%的资产减记可以由LGFV的股本缓冲完全吸收。资产支持债务并不意味着它不会受到损害，但在它开始减值之前有更大的"安全边际"。

根据高盛对中国房地产回落对GDP增长的影响的分析和预测（彩图29），2022年约2.2%的下降相当于抹去了自2019年年初以来的所有实际增长，2023年的另一个约1.7%的下降抵消了2017年年底以来的增长，2024年约1.2%的下降将抵消房地产部门自2016年年底以来的增长（注意图中水平虚线与房地产部门指数交叉之处）。这为"房地产部门的紧缩还会持续多久"的时机问题提供了一些指示。

官方第一次提"房住不炒"正是在2016年12月。这表明政策制定者认为房地产部门此时开始显示出过热的迹象。假设这个时间点的房地产部门是更长期可持续、健康产出的，这意味着，从2023年10月开始（本书完稿时），经济中还有14个月左右的房地产部门紧缩。

佩蒂斯认为房地产部门占比应该从峰值减少一半（即大约是GDP的12.5%~15%）。但这将远远低于拥有更成熟服务部门的成熟OECD经济体的比率。就像佩蒂斯长期坚持的"中国可持续增长率为2%~3%"的说法一样，这需要更强有力的解释。10年前，房地产业达到占GDP 30%的峰值。在"三道红线"触发过去三年的调整之前，它稳定在该水平。根据高盛的预测，到2023年年底，房地产将降至GDP的23%，或与2017年的规模（按实际价值计算）大致相同，彼时中国经济规模比现在小约25%。鉴于中国仍以每年超过1%的速度推进城市化进程，房地产部门的占比自然会比完全城市化的 OECD 大。这与中国较小的服务业相结合表明，未来10 年，房地产部门的可持续 GDP 贡献应该在 15%~25% 之间。这意味着房地产部门调整还有 1 年实际意义上的逆风。它还表明，从 GDP 的角度来看，经济正在经历房地产调整中最困难的部分。需要注意的是，重组和损失分配过程本身需要更长的时间才能解决，但从 GDP/ 经济资源分配的角度来看，影响相对较小。预计 2024 年房地产部门将重新开始增长，尽管速度低于中国经济的其他部分。这转化为未来 10 年占 GDP 比重的温和下降，最终达到占 GDP 高于 10% 的均衡状态，就像日本一样。预计在 21 世纪 30 年代中期，房地产部门会经历另一次逐步下降，由以下因素相结合驱动：快速城市化阶段在抵达 80% 时结束，伴随新的城市家庭形成而骤降；20 世纪 80 年代出生的那一代迎来退休高峰，农民工建筑大军加速下降。即使在这次"最终"过渡之后，房地产部门也不可能达到 12%，从超长期来看（21 世纪 30 年代中期后）也许在 15% 的水平上。

四、驳斥《贸易战》中国过度投资理论的数项支柱

将家庭 / 精英的阶层划分与消费 / 投资的宏观经济分类混为一谈

佩蒂斯在《贸易战》中提出的中国过度投资假说的一个问题是，经常把家庭"阶层"与"家庭消费"混为一谈，把政府 / 商业"阶层"（"精英"）与"投资 / 资本形成总额"混为一谈。该假说的主要症结在于，经济政策通过极端程度地补贴"投资"来挤压家庭部门，主要的证据支持是低家庭消费 /GDP 比率和高投资 /GDP 比率。但这两组概念不是一对一的关系。家庭与精英是不精确定义的社会 / 经济 / 政治阶层区分，家庭消费与投资 / 资本形成总额是精确定义的宏观经济分类，用于通过支出法 GDP 计算。例

如，在支出法 GDP 中，家庭部门对经济产出的归因不仅限于"家庭消费"。当一个中国家庭购买一套新建公寓时，他们正在推动 GDP 等式中的"投资"端的增加。或者考虑一下高铁扩建：在过去的 15 年里，1 万亿美元的基础设施投资将出现在支出法 GDP 的"投资"端。但客运铁路是公共基础设施，可以说主要惠及非精英"家庭"。"家庭消费"（GDP 定义）充其量是"家庭"阶层/部门重要性的一个非常粗略的代表。通过观察家庭支出趋势得出关于政策如何广泛影响该部门的结论，是对现实的扭曲和过度简化。可以通过将 GDP 等式的投资端分解为几个（按部门划分的）组成部分来说明这一点。

根据世界银行赫德的工作，中国按经济部门划分的资本形成，从 21 世纪第一个十年的早期/中期开始，中国的投资组合从商业转向住房和基础设施（Herd，2020）。如果将"精英"与"投资"混为一谈，那么可以看到，投资占 GDP 比重的急剧上升以及 GDP 其他组成部分的相应下降，可能表明权力/收入/财富的某种大规模转移，并开始质疑为什么这可能是不可持续的。但细分到各个组成部分，很明显，真正推动"投资占 GDP 比重"上升的是可归因于非精英家庭部门的类别（即住房/基础设施），这描绘了一个非常不同的故事。

那么到底发生了什么？20 世纪 90 年代末，中国推出了重大的产权改革，并启动了一系列措施，以建立更现代的产权制度。这些改革启动了几十年来改善全国住房和生活条件的努力，最好的体现是城市化率的提高。它已经从 1998 年的 34% 上升到今天的 65%。宏观经济学家将住宅建设归类为"资本形成总额/GCF"，而不是"家庭消费"。这与哪个"阶层"承担经济负担或谁在提供补贴的问题关系不大。然而，从表面上看，如果人们错误地将"精英"与"投资"混为一谈，就会得出这样的结论。

另一种说法更符合实际一些，并导出一组完全不同的政策结论，特别是实施时机。例如，认识到在过去 20 年中，家庭部门一直在抑制名义上被归类为"家庭消费"的活动的支出，以储蓄购买公寓，这不可避免地推动 GDP 等式的"投资"端的增加。那么非常合乎逻辑的影响是，当家庭部门完成其住房升级（75% 的城市化率将是城市化进程的里程碑），他们可以把更多的可支配收入花在经济学家归类为"家庭消费"的事情上。事实上，家庭将支出从住房投资转向更多的服务和消费支出，是一种非常合理的情景。该场景直接预示了未来几十年投资占 GDP 的百分比将下降。

《贸易战》不成比例地侧重于经济理论和历史类比，而对现实世界的相关支持数据或对历史类比的可比性的批判性分析关注不够。科学过程要求形成假设，并用数据客观地检验假设。现在的经济学不是一门硬科学，但一般性框架仍然是有用的。否则，大家都只是坐在这里瞎猜。在这种情况下，检验假设意味着检查衡量每个资产类别潜在效率的数据。无论是住宅的空置率、高固定成本基础设施项目的产能利用率，还是商业投资的 ROIC 等。

这不是一项容易的工作。首先，你需要很长一段时间的数据——很难在第二年判断一项本应存在 20 年的资产是否成功。在高铁开通第二年就急匆匆去评估其利用率是没有道理的，毕竟高铁的整个使用寿命接近 100 年，需要一些时间来"热身"。还需要考虑外部冲击的影响，如影响趋势分析的流行病。例如，2020—2022 年中国高铁的利用率数据非常糟糕，但这里有一个合理的解释。

在很多这样的主题上获得一致、可靠的数据并不容易。但人们会认为，一本以中国经济效率下降为核心假设的书，会提供更多客观支持这一论点的实际数据。然而，书中几乎没有这种类型的数据和分析。唯一有点相关的长期趋势数据还是伍晓鹰（Harry Wu）的图表，但经济学家对他预测的有效性和准确性有很大争议。

在分析中国的投资效率时，那些成功从贫穷转型到中等收入水平并突破高收入水平的经济体/社会的实际生活经验，是非常重要的。因此新加坡在这里是很棒的分析案例。如果李光耀还在的话，他对过度投资理论的立场将是很明显的。新加坡的成功（特别是与中国香港相比）很大程度上是因为投资于高质量的住房，重要的是，允许居民拥有而不是租赁住房。如果说新中两国在住房建设方面有什么不同，那就是新加坡政府通过建屋发展局在住房基础设施投资方面发挥了更直接的作用。超过80%的新加坡人住在公共住房里。在中国，不管是好是坏，住房建设都是一种更加私人的市场驱动的努力。

城市化需要时间，经济需要一定的能力来吸收需求。李光耀在《从第三世界到第一世界：新加坡的故事》（Lee Kuan Yew，2000）里指出，试图加快公共住房建设的步伐撑爆了建设能力，导致质量下降和居民不满。令人困扰的是，《贸易战》在几乎没有证据支持的情况下，反复断言中国在"21世纪第一个十年中期"就已经耗尽了生产性投资机会。如果像新加坡这样的国家都花了50年才完成城市化，如何想象中国仅仅在房产所有权被写入法律七年后，大约10亿中国人的集体住房升级需求就基本完成了？但这就是《贸易战》的结论。

硬约束与软约束

佩蒂斯断言中国没有硬约束是不正确的。中国的硬约束可能只是与他熟悉的方式看起来不一样而已。中国中央政府通过其对流动性和银行系统的控制，扮演着"硬约束"的角色。事实上，自2020年8月以来，"三道红线"一直在"硬约束"地方政府和房地产部门。这种相对关系是一个至关重要的"系统"特征，许多人仍然不太理解。这是在更基本的层面上理解中国的优势和劣势的关键。

中国学者兰小欢在《置身事内》（兰小欢，2021）讨论了中国地方政府竞争和过度投资/产能过剩的问题。该书讨论了政策制定者如何充分意识到可能错位的地方激励措施，以及随着时间的推移，中央和地方领导人必须在不同层面达成共识的决策机制已经发展成为有效的约束，包括对预算和财务的控制。因此，虽然存在"软预算约束"与"硬预算约束"的区别，以及援引亚诺什·科尔奈（Janos Kornai）等经济学家的名字可能会给一些人留下深刻印象，但在这里并不那么有意义或相关。因为严格按照科尔奈定义的"硬预算约束"不是施加约束的唯一方式。援引科尔奈的讽刺之处在于，他在面临长期短缺的东欧社会主义经济的背景下发展了软预算约束/硬预算约束结构，现在，在生产过多的背景下，它被用于中国。长期批评中国缺乏这种"硬约束"的人，例如佩蒂斯，似乎没有意识到中国的官僚机构随着时间的推移而演变，并从过去的错误中吸取教训。他们通常也强烈地批评中国的产业政策，认为海量政府补贴导致中国某些部门（例如光伏和电动车）扩大规模甚至产能过剩，并因此必须依赖国外需求。实际上，今天的产业政策反映了许多过去的经验教训，包括政策制定者认识到需要为产业补贴建立"退出机制"。光伏和电动车行业在政府的前期性补贴的支持下实现了规模和生产效率，然后能够在没有补贴的情况下自行前进。

我与过度投资论点的一个主要的分歧是它断言投资总额过高。对我来说，这不是关键问题，问题在于它的分布——这可以用中国行政分权的特征来解释。另一方面，人们当然可以争辩说，中央政府的某些政策工具可能是粗糙的。十多年前，有人想出了一个很好的比喻，把中国政府/经济比作一辆在急刹和加速之间交替的汽车。现在，我确实认为中央政府的政策工具箱已经扩大了，但现实仍然是，在某些领域（如银行/流动性），中央政府制定的政策在地方层面的规范性实施仍然相当粗糙和困难。这意味着当你停止使用它的时候，所有人都不能再使用，即使是那些适合它的人。这就像关闭配电板上的主电路开关，只能有选择地打开你想要打开的灯。或者必须每隔一段时间重新启动计算机，并经历一个漫长的重新加载的过程，才能解决某些问题。这种粗糙机制的不利之处在于，它需要时间，而且可能不会像运转良好的资本市场驱动机制那样迅速发挥作用。资本市场也有自己的问题，但不会在这里讨论。因此，尽管它很可能是粗糙的，但通过中央政府对流动性的控制，可以实现真正的"硬约束"。

GDP 目标是对系统的一种投入

过度投资理论的另一个关键支柱是这样一种观念，即 GDP 目标"是对系统的一种投入"，导致非生产性投资。这确实是对像中国这样通过定期的长期规划来驱动经济增长的国家的精准攻击。其中隐含着这样一种想法：创造一种激励机制，再用糟糕的项目来填充，试图达到一个弹性的 GDP 目标。

首先，明确一下上下文：不是在谈论非生产性投资的个别故事，而是全系统的非生产性投资。每个经济体系都有导致资本错误配置的不完善激励，关键是最终好的/坏的资本错误配置的比率。回想一下，在 2007—2008 年次贷危机期间，糟糕的激励机制导致了巨大的资本配置不当，从而引发了全球金融危机。还有 20 世纪 90 年代末期韩国财阀过度借入美元和过度多样化的激励，导致了亚洲金融危机。要证明中国是否过度投资，仅仅指出资本配置不当的个别例子是不够的。例如谈论高铁时指出从兰州到乌鲁木齐的线路（兰新线）没有经济意义，并批评中国高铁过度建设。这样的例子是没有意义的，因为这条线路的投资不到中国高铁网络总投资的 2%。我们需要从整个系统的角度来分析资本配置。虽然兰新线可能完全是"战略性的"，但整个中国高铁网络的容量利用率是多少？它与其他经济体的类似高铁设施相比较如何？

但这一支柱的更大问题是假设中国一贯以高于可持续的 GDP 增长率为目标，这导致非生产性投资增加和越来越大的失衡。在过去的十多年里，佩蒂斯一直坚持认为中国真正的可持续增长率是每年 3%。超出该数字的任何东西都必须是非生产性的，而且只有在债务融资的情况下才有可能。但中国 GDP 目标本身存在方向性偏差（向上）的观点并没有得到数据的支持。佩蒂斯将 GDP 增长率描述为"投入"在某种程度上是正确的。国家增长率是一个关键的规划数字，用于协调其分权的行政机构。但断言 GDP 增长率设定得"过高"是没有依据的。证据表明，它被设定在一个适当的期望值，而不是一个"过高"的值。有人甚至会争辩说它是保守设定的，尤其是在全球金融危机之前的几年里，实际增长率一直超过8%的基线。事实上，从2005年到2011年，这一目标平均比实际增长率低2%~3%，与投资激增最大的时期相重合。

这种"保守"可以追溯到中央政府作为中央与地方政府"二人组"中更保守、更有纪律的一方的角色。多年来，地方政府都会高报GDP数据。中央政府会让国家统计局把它们打回去。很多企业年终计算奖金的时候，每个部门都会把过多的利润归功于自己，因此汇总各部门的总额，可能数倍于实际利润池。中央政府故意将GDP计划率设定在"不可持续"水平的动机很少，但有很多动机来将其设定在它认为"可持续"的水平。充满野心的不可持续目标将导致系统性风险的累积。历史表明，中央政府决策者对系统性风险的敏感程度令人难以置信。这并不意味着不会犯错，但佩蒂斯笼统地假设，他们被激励去设定不可持续的增速，这实际上表明他对"系统"的关键部分如何运作缺乏了解。

最近几年，很明显，GDP的目标并不像佩蒂斯所声称的那样是一种"投入"，因为除其他外，由于流行病的不稳定影响和隔离限制（如果有的话），造成了很大的失误（高的或低的）。这些数据似乎支持中国决策者以长期预期GDP增长率为目标（至少是他们认为应该达到的目标），然后根据意外的内生或外生因素（如流行病）使用政策工具来缓和或刺激经济。很难看出这与其他现代政策制定者寻求稳定经济的方式有什么根本不同。关键的区别仅仅在于，中国的政策制定者倾向于使用一组不同的政策工具。

最好把GDP目标看作一种规划和协调工具。中国的GDP增长有时可能会较为平滑，但没有任何证据表明存在方向上（尤其是向上）的偏差。

没有完美的制度。每个经济体系都有从坏到好的项目，都有好的坏的资源配置的例子。同样，关键的问题是好的项目是否多于坏的项目，从而促进社会福利的整体改善。《贸易战》的两位作者基本上是在断言，与其他同等相关的制度相比，中国今天的制度导致了更高程度的非生产性投资，但他们并没有为这么重要的断言提供证据。虽然有很多关于历史比较的理论和典故可能相关，也可能不相关。过度投资理论的不足之处在于实际的经验数据和批判性分析。历史类比有其价值，但也有重大缺陷。经济系统高度依赖环境，以前在一组条件下发生的事情可能不会在另一组条件下重复。分析不同之处比分析它们的类似之处更有价值。宏观人士倾向于把事情过于简单化，这可能适用于外汇和大宗商品交易，但不适用于经济发展和政策制定。经济发展比一组简单的经济方程式或理论所能解释的更加复杂。

五、帕累托效率框架

"中国过度投资"说法的根本问题是对世界的看法过于简单

这种叙事将经济活动分为会计驱动的"投资"和"消费"，并倾向于将其中的一切视为同质的。一些宏观评论员喜欢抛出投资项目"收益递减"之类的想法。虽然"收益递减"在概念层面上是有道理的，但当你在总体"投资"层面上应用它时，问题在于过度简化。深入到下一个层次（例如按部门或按地理位置）将允许更有效地运用这种"收益递减"概念。

"帕累托效率"框架与收益递减的概念有关。在由技术改进、技能积累、制度变革等外部发展共同引发的资源部署或投资周期中，最初有一个机会的蓝海，在其中各种新项目追逐着机会。该框架中的项目有三个类别：

（1）"**帕累托改善**"：当然，"唾手可得的果实"（最具吸引力的项目）往往会首先被选中。这些项目产生的回报非常诱人，大大高于最低回报门槛，而最低回报门槛是由广泛经济中的机会成本决定的。

（2）"**帕累托主导**"：随着时间的流逝，随着最佳项目的实施，回报会递减。在整体经济中，预期的项目回报开始下降，但仍高于基线机会成本。

（3）"**帕累托最优**"：最后，所有最好的项目都已被做过了，现在部署任何新项目都意味着正在从其他可能更好地利用资源的部门手中抢夺资源。

所有的投资周期都是不同的，将遵循不同的时间表和资本部署参数。有些周期有一长串可用的机会，需要时间来吸收这些机会；其他周期可以更快地达到帕累托最优阶段，并且使用更少的资源。

中国的城市化周期（将城市化率从约30%提高到75%~80%）涉及多个大型部门。中国大陆的城市化率与韩国和中国台湾相比，基准年分别偏移了32年和40年。这个大周期是由多种外生因素共同推动的：体制改革（如财产法）、土地融资机制（资本成本低）、劳动力的工程/建筑技能的积累、投入产能的积累、发展阶段等。鉴于涉及建造数亿套公寓和支持基础设施的任务的艰巨性，这不是一个五年规划能解决的问题。人们一直预计这需要几十年的时间，跨越多个五年规划。

可以在这里用三个帕累托类别"改善、主导、最优"来代替房地产部门的"上升、停滞、下降"。房地产部门在21世纪第一个十年之初至2013年经历上升，2013—2019年停滞，2020年至今下降。

也可以对基础设施进行这种分析。在总体层面上，基础设施比房地产的时间表有一些延迟。但更重要的是，还需要记住，帕累托效率周期在较低层面上也很重要。在房地产内部，按城市划分有重叠的帕累托周期。一线城市较早开始快速城市化，其次是二线、三线等。在基础设施方面，铁路、电力、高速公路和机场都有单独的帕累托周期。

虽然它们有共同的驱动因素（促进城市化的制度和政策努力），但它们也依赖于子部门特定的因素，如技术和劳动力成熟度，这些都是它们的关键任务所特有的。高铁和高速公路有一些共同的元素（土木工程、桥梁和隧道建设），但高铁还依赖家庭收入上升到一定水平和机车车辆技术，而高速公路则取决于车辆的渗透率。还可以分析得更复杂一些，形成区域与基础设施类型的矩阵。因此，上海／浙江周围高铁的帕累托曲线看起来与贵州／江西的高速公路的帕累托曲线不同。每递归地向下走一层，都会使这个智力模型的复杂性呈指数级增长。因此，避免过度简化和过于复杂都是有价值的。

至少对于一般的严肃讨论，将分析深入到部门级别或城市等级级别是有价值的，再进一步就可能过于复杂了。那么，这对考虑"中国是否在总体上投资过多"这个问题的思维模式有什么影响？

应该在帕累托效率框架内考虑部门和人口结构的变化。与其假设所有的"投资"都是一样的并遵循一条平滑的帕累托效率曲线，不如考虑重叠的曲线以及这种重叠对资源转移意味着什么。房地产在2015—2020年的某个时候达到了帕累托最优。但清洁能源等其他部门仍处于帕累托改善阶段的早期阶段，单位成本的快速降低清楚地表明了这一点。这意味着工人从贵州的住宅建筑工地转移到内蒙古的太阳能和风电场，代表着"双赢"，即经济的改善。以前用于建造商业建筑和立交桥的钢铁和水泥现在用于建造电动汽车工厂和汽车，这是广泛经济中的帕累托改善。正在退休的蓝领工人正日益被他们受过大学教育的下一代所取代，后者为医院和养老院的增长需求提供劳动力，这代表了进步。孩子们集体地照顾他们的父辈，并回报他们一生的奉献。可以提高人类劳动生产力的机器人和软件日益复杂，清洁能源也是无限的。这是经济上的"双赢"，帕累托改善的顺风很长很长，这将把社会直接带入"后富足"时代。

只有那些坚持单色世界观或无法接受多彩世界观的人，才会说"中国需要一个新的宏观经济战略"之类的话。单一的世界观使这些人无视在非常肤浅的表面之下发生的巨大且实际上具有高度战略意义的变化。然后，这些肤浅的叙述对于形成真正的决策行动和决定的基础是有缺陷和不稳定的。我们需要保持一种开放的心态——某一些世界观，即使是相当基本的世界观，也可能存在严重缺陷。

刘易斯拐点

刘易斯拐点是这种"帕累托效率"框架在经济世界中的一个著名的例子,特别是对发展中国家而言。刘易斯拐点考虑了剩余的农业劳动力如何被吸收到制造业部门以及对工资/生产率的影响。邓小平早期的农村改革提高了农业生产力,从而创造了这种"剩余"。将劳动力转移到制造业可以极大地提高生产力。在20世纪90年代和21世纪第一个十年,随着工人集体离开村庄到城市工厂工作,生产力大幅提高。沿海城市劳动密集型出口加工工作的提振尤为明显。在"帕累托效率"框架中,可以想象由多个较小的子周期组成的数十年城市化大周期(彩图32):**出口加工;住房和基础设施投资;先进制造业/高价值服务**。刘易斯拐点的农村向城市迁移在这三个初始阶段具有重要意义。甚至可以添加一个未来的第四阶段,主要发生在中国完全城市化之后:**清洁能源丰富**。

在彩图32中,可以大致确定不同的"帕累托效率"阶段在哪里。它们是重叠的趋势。仅仅因为一个趋势达到"帕累托最优"并不意味着潜在的活动消失了。"帕累托最优"是指行业停滞不前、发展放缓。例如,就出口加工业而言,这是在全球金融危机之后发生的。出口加工增长急剧放缓,其中许多企业变成了"现金牛"。同样,住房和基础设施投资也不会突然消失。它们只是趋于稳定或接近趋于稳定。资源转移到处于"帕累托改善"或"帕累托主导"阶段的其他部门,这些部门可以提高生产力。关于"中国是否过度投资"的争论实际上归结为人们认为不同的"帕累托效率"阶段在哪里。在住房方面,中国在2009年、2014年或2019年是否达到了帕累托最优阶段?如果它在2009年或2014年达到"帕累托最优",那么根据数据可以合理地得出结论,在随后的几年中一定存在大量错配。这将需要巨大的调整。但是,如果同本书一样,你认为它发生得比这更晚(例如,在2015年至2020年中间的某个时间),那么错配的总量要低得多,随后的调整会顺利得多。

六、总结：对中国过度投资叙事的关键反驳

这里总结的意图在于，将过去数章的内容串联起来，形成完整的对中国过度投资叙事的反驳。

（1）中国本应比其他经济体投资得更高，以弥补其土地和自然资源的相对缺乏。第九章"中国资本存量还有很大提升空间"小节讨论了中国"广义"资本存量，人均耕地和探明石油储备，以及与其他"中上收入"经济体和发达欧洲的比较。通过这些衡量，中国与美国截然相反：美国拥有丰富的土地、石油、水和自然运输。为了弥补缺乏宜居/耕种土地，中国需要垂直建设，以更有效地利用土地来容纳庞大的人口。中国需要建造交通基础设施，以连接难以进入的地区。这需要大量的水泥、钢铁和人力。为了弥补可耕地和水的短缺，中国需要投资基础设施并更加努力地工作，以改善农业或工业的产出效率。为了弥补石油和天然气的相对短缺，中国需要投资于运输电气化、电网和可再生能源，作为发电和使用能源的替代方式。国家安全从能源独立开始。中国是世界上最大的石油进口国，机动车用油占其石油使用量的约41%。运输电气化（包括电动车和高铁）可以减少石油使用和降低地理阻塞点（例如马六甲海峡和苏伊士运河）的脆弱性。

（2）中国家庭可支配收入并不低。虽然消费偏低，但这只是非常高的储蓄/投资率的函数。与大多数其他国家相比，中国家庭在经济中所占份额相当正常。在土地和自然资源缺乏的结构性条件下，中国的劳动力相对资本和自然资源更为丰富。在这种情况下，工资自然受到抑制。尽管如此，中国家庭可支配收入与全球平均水平一致，这体现了中国政府有意识的政策努力。

（3）快速城市化涉及新的城市家庭形成和基础设施开发。这两者都推动了投资占GDP比重的上升。因此，正在经历快速城市化的经济体也倾

向于增加投资占 GDP 的百分比。投资率上升只是中国城市化政策的自然 GDP 核算结果。自 GFC 以来，住房和基础设施推动了投资占 GDP 比重的增长。这主要与国内城市化有关。家庭正在搬进城市，意味着大量的新建住房，意味着建筑 GCF，大约一半的家庭储蓄与住房 GCF 有关。读者可再深入阅读中国家庭可支配收入和消费行为相关章节。

基础设施（高速公路、铁路、机场等）投资在很大程度上与城市化有关。这表现为 GDP 核算中的投资以及国企和 LGFV（根据 GDP 收入法正式归类为"非金融企业"）的储蓄。城市化预计需要 30～40 年，中国的五年规划一直讨论这个问题。当快速城市化时期在 21 世纪 30 年代的某个时候结束时，投资偏高的周期也很可能会结束。

在判断中国是否失衡或是异常值时，中国的投资率应该与其他处于类似工业化和经济发展阶段的土地/资源贫乏经济体进行比较，而不是与已经发展成熟的、以服务为导向的经济体进行比较。更具体地说，中国大陆应当与 20 世纪 60 年代的日本、80 年代的韩国和 70 年代末的中国台湾等东亚经济体进行比较，它们彼时城市化进程与中国大陆现在相当。中国大陆的城市化率与韩国和中国台湾相比，基线年分别变化了 32 年和 40 年。除非认为城市化战略本身是错误的政策方法，否则偏高的投资就不应当被视为一种失衡。

（4）债务增长首先是资产增长的函数。中国债务的资产支持性质使其与其他经济体截然不同，在进行此类跨国比较时需要考虑到这一点。债务相对于 GDP 的增长并不一定表明资产质量恶化。这可能只是中国独一无二的土地融资机制的自然功能。它也可以（至少部分）用其他原因来解释。第一，某些长寿资产类别（如住房和基础设施）的大幅增长，由于资产使用寿命的差异，资本存量构成的"部门转移"的影响。这样的投资部门转移说明了资本/GDP 比率从 2005 年的 2.1 倍变为 2016 年的 2.8 倍。当然如果用世界银行赫德的假设数据（Herd，2020），这一比率从约 2.4 倍变为 3.4 倍。这或许能给你一种感觉，是（投资的）部门转移而不是基础资产类别的回报（变化）导致资本/GDP比率的变大。第二，经济日益金融化——房屋抵押贷款在15年前才开始盛行。中国经济在金融"复杂"方面仍然非常基础，其信贷中介水平较低（相较于OECD经济体）。"中国债务的资产支持性质"小节对本段内容进行了详细讨论。

（5）顶层指标（投资数量、债务/GDP比率）是资产质量恶化的潜在警告信号，但它们不足以确认或推动政策选择。为了确认，需要查看资产类别中随着时间的推移的潜在趋势。对于房地产来说，这些是空置率和二级市场价值等指标。对于像高铁这样的基础设施，这将是客运量和满座率等指标。同样，详细内容见"中国债务的资产支持性质"和"住房投资总量适度但分布失衡"。

（6）中央政府规划者的目标GDP反映了他们对可持续长期增长率的看法，并简单地将其用作分权管理的协调工具。它不打算成为撑爆地方才能达到的目标。这也不意味着它不是一个政治化的数字，实际上它是。

自GFC以来，过度投资叙事的拥趸一直声称中国GDP长期可持续增长率在3%的范围内，这意味着任何超出这个数字的都反映了不自然、非生产性的投资。真正的可持续增长率应该更接近五年规划目标。格伦·卢克基于索洛模型预测（Glenn Luk，2023b）为5%±1%，其中，1.5%~2.5%为TFP增长（对比2009—2018年约1%），2.5%~3.5%为资本增长（对比2009—2018年约6%），总人口影响最小（对比5bps/年）。第十四章"中国经济增长的长期预测"一节将更深入讨论这个题目。

这些增长率预期有助于构建两个观点。如果过度投资叙事的支持者是正确的，那么坏资产就会大量积累——大致相当于过去10年积累的、例如3%的逐年增长。这意味着正在谈论大约28万亿美元累积的"虚构资产"，几乎2倍于中国现在GDP需要完全减记。这显然是一个巨大的数量，需要几十年才能吸收。

如果现实更接近本书的观点——问题更多在投资分布，而不在总的投资过度，即一些地方过度建设，以及另一些地方投资不足——那么需要重组的不良资产数量要少得多。"住房投资总量适度但分布失衡"小节引用了高盛有关中国房地产的报告，高盛预测房地产部门对 2023 年 GDP 总增长将带来 2% 的逆风，这意味着经济的其余部分需要增长 7% 左右才能实现 5% 的目标，而 2024 年将带来额外 1.4% 的逆风。

第十三章

中美贸易失衡不是美国金融失衡的原因

一、贸易相关经济学知识

再回顾支出法 GDP 的核算恒等式，任何国家 GDP 的增长都是消费、政府支出、投资和净出口的总和。

支出法 GDP= 消费（C）+ 投资（I）+ 政府支出（G）+ 净出口（NX）

这里实际上是说 GDP 增长由这四个因素驱动，但是在这样表述时必须小心，因为这四个因素以复杂的方式相互关联，一个因素的增长很容易导致另一个因素减少。但这也绝不意味着，可以通过加快这四个中的一个或另一个的增长来自动促进 GDP 增长。

这个公式看似简单，却非常容易引发世界各地关于贸易理论一些基本问题的激烈辩论。例如，在一篇由特朗普竞选团队高级政策顾问彼得·纳瓦罗（Peter Navarro）和威尔伯·罗斯（Wilbur Ross）撰写的文章中，有一段引发了大量评论甚至批评：

> 当净出口为负数时，即当一个国家的进口超过其出口而出现贸易逆差时，经济增长将会受到拖累……2015年，美国的商品贸易赤字略低于8 000亿美元，而美国的服务业盈余约为3 000亿美元。这留下了约5 000亿美元的总赤字。减少这种"贸易赤字阻力"将增加GDP增长。美国经济中与贸易相关的这些结构性问题已转化为增长放缓、就业机会减少和公共债务上升。

然而，当这篇文章的作者认为负净出口（贸易赤字）拖累增长时，他们似乎在暗示"可以通过加快GDP支出法公式中的四个因素中的一个或另一个的增长来自动促进GDP增长"。有趣的是，另一位贸易政策专家、坚定的自由贸易者丹·伊肯森（Dan Ikenson）指责纳瓦罗是经济文盲，他在回复中写道：

> 事实上，贸易赤字的变化和GDP的变化之间存在很强的正相关关系。流出美国的购买外国商品和服务（进口）和外国资产（外向投资）的美元几乎与返回美国购买美国商品和服务（出口）以及美国资产（内向投资）的美元完全匹配。任何贸易赤字（美元净流出）都与投资盈余（美元净流入）相匹配。这种投资流入是美国投资、生产和创造就业机会的基础。

贸易赤字的变化和GDP的变化通常确实是正相关，但只有当GDP增长唯一的来源是净出口时，这一点才有意义。

伊肯森说，贸易赤字（更准确地说是经常账户赤字）与投资盈余相匹配，这在定义上是正确的，但当他补充说，这种投资流入是美国投资、生产和创造就业机会的基础时，他的错误是混淆了净投资（即国内投资减国内储蓄）与投资。这是一个常见的错误，但错误的根源是未能认识到更高的投资和更低的储蓄都可能推高投资盈余。

把上面公式中的净出口展开一下，得到另一个公式：

支出法 GDP= 消费（C）+ 投资（I）+ 政府支出（G）+ 出口（EP）– 进口（IP）

进口在等式中有一个负号，这乍看起来可能表明一个国家进口越多，其 GDP 就越低，但实际上这样做只是为了避免重复计算进口商品，因为它们已经在消费（C）或投资（I）中计算过了。严谨地说，**进口对 GDP 的影响为零**，因为进口的实物的价值既以更高的消费（C）或更高的投资（I）的形式添加到 GDP 中，又以更高的进口（IP）的形式从 GDP 中减去。这意味着更高的贸易赤字不一定会使国家更穷。

这里的重点是：更高的贸易赤字不一定会让国家更穷。它可以使国家更穷，但它也可以使国家更富有。事实证明，国家是更富有（即更有生产率）还是更穷，取决于赤字的原因是否也导致生产性投资上升。贸易赤字有时会导致更高的增长和更低的失业率，有时会导致较低的增长和更高的失业率，贸易盈余也是如此。只有在确定了具体条件后，才能开始确定具体的贸易政策是否可能有利于经济。换句话说，迫使美国贸易赤字收缩的政策可能会导致失业率上升和实际家庭收入减少，也可能会导致失业率下降和实际家庭收入增加。

再来看一个新的会计恒等式，对于任何开放经济体：

经常账户盈余 = 资本账户赤字

或写为：

出口 – 进口 = 储蓄（S） – 投资（I）

这些方程只是意味着全球经济是一个封闭经济。在其中，根据定义，总储蓄等于总投资。在全球经济中，任何储蓄超过投资的国家都必须将多余储蓄出口到另一个投资超过储蓄的国家，以便整个世界平衡储蓄和投资。当然，任何储蓄超过其投资的国家，顾名思义，生产的商品和服务也超过其国内吸收的商品和服务，因此它必须出口过剩的生产。这就是为什么一个国家的经常账户及其资本账户（包括央行储备的变化）必须始终平衡归零。对于那些在直觉上难以接受这一点的人来说，重要的是要明白这是一个会计恒等式，顾名思义它是正确的。

如果你能理解在国民经济背景下储蓄（S）的意义，那么你就会理解这些方程。一个经济体所有生产出来的商品和服务，没有被消费（包含家庭消费［C］和政府支出［G］两部分）吸收的部分，就是储蓄（S）。所以根据第一个恒等式，很容易得到：

储蓄（S） = 投资（I） + 净出口（NX）

二、贸易逆差对宏观经济的影响

为了简化讨论，我们假设世界由两个国家组成，中国和美国。这样只需要考虑双边贸易，而不用考虑多边贸易的复杂性。但这里的逻辑同样适用于多边贸易，读者可以自行分析。

全球经济是一个封闭经济，在其中，根据定义，总投资等于总储蓄。

如果只有中美两国，假设中国是贸易盈余国，一国持有贸易盈余等于该国将过剩储蓄"出口"到其他国家。则中国的贸易盈余必须等于美国的贸易赤字，而美国的贸易赤字完全等于美国投资超过储蓄的剩余。如果美国经常账户赤字增加200亿美元，那么，美国投资和美国储蓄之间的差距也必须增加200亿美元。

再次强调，贸易账户和资本账户，无论是针对单个国家本身，还是双边/多边贸易场景下，两者的相互影响都是非常复杂的。这里的讨论暂且不涉及因果关系的分析，而只是分析一方发生变化时，另一方如何变化来满足会计恒等式的要求。

想要了解贸易赤字的变化如何对美国经济产生影响，就必须了解美国投资和美国储蓄的差距变化如何发生。显然，只有两个变量可以改变，要么美国储蓄下降，要么投资上升，要么两者兼而有之，合计变化了200亿美元。注意此处的储蓄和投资都是国民经济背景下的概念。投资如何增长？从逻辑上讲，只有两种方式导致美国总投资上升，生产性投资增加，或非生产性投资增加，后者要么包括库存的意外增加，要么包括投资分配不当。

生产性投资：政府或企业可能已经确定了生产性投资机会，但由于资本稀缺且过于昂贵，无法以合理的成本筹集资金。在这种情况下，通过从中国进口资本，美国可以增加其生产性投资存量，这将促进未来商品和服务的生产。这些商品和服务的一部分可用于偿还中国，一部分可以由美国保留，因而使两者都变得更好。虽然这可能是150年前甚至50年前的一个现实情况，但在一个充斥着超额储蓄的世界里，美国的借款人并不觉得为投资提供资金有困难。换句话说，这是一个非常不可能的情况。

库存意外增加导致非生产性投资增加：如果中国制造的出口取代美国制造商生产的商品，后者将以库存意外增加的形式增加投资。这种库存的增加必须有效地由更高的债务提供资金，并且是不可持续的。

投资分配不当导致非生产性投资增加：随着中国资金涌入美国，它可能会促进股市繁荣或引爆房地产，从而导致过度乐观的增长预期或更高的投机性住房需求。由此产生的非生产性投资实际上由债务提供资金，投资创造的额外价值无法满足债务的还本付息。

关键是，中国资本净流入不太可能通过在美国的生产性投资的增加来平衡，但可能会通过非生产性投资的增加来部分平衡。由于中国资本的净流入必须完全等于美国投资超过美国储蓄的部分，如果投资没有上升或上升小于净流入量，则储蓄必须下降。

这就是贸易辩论中最混乱的地方。事实上，拥有开放资本账户和大量外国投资的可信经济体的储蓄率在很大程度上取决于外国投资决策。在这里的案例中，投资的增长低于净资本流入，美国储蓄必须下降。

对于许多美国人，甚至许多经济学家来说，这完全违背了直觉。人们习惯于认为，美国控制着其经济命运的各个方面，而美国的低储蓄率完全是美国人对节俭抱持错误态度的结果。

但事实并非如此。像美国这样的国家拥有开放的资本市场、灵活的金融体系，对净资本流入的程度几乎没有控制权，而净资本流入发生在国外的储蓄者购买美国资产时。这里包括希望管理其货币的外国央行、保护其财富的富裕寡头、争夺投资机会的亚洲基金经理、玩货币和利息游戏的欧洲投机者，以及拥有超额储蓄的国家。他们决心将这些储蓄转化为美国资产。只要他们愿意继续出价，他们就会找到卖家，资本就会流向美国。

如果美国无法控制净资本流入的程度，那么根据定义，它就无法控制国内投资和国内储蓄之间的差距。在 19 世纪，主要是美国国内投资因外国资本净流入的变化而波动。今天，当投资受到需求疲软的制约时，必须随着净外国资本流入的变化而波动的主要是美国储蓄。

换句话说，净资本流入迫使美国储蓄下降，这可以通过几个渠道发生。例如，如果外国资本流入导致美元走强，那么强美元实际上将收入从制造商（净出口者）转移到了家庭（净进口者），从而提高了消费占 GDP 的份额。如果美元走强导致外国制造商将美国制造商挤出市场，而这些美国制造商的反应是解雇工人，这也降低了美国的储蓄率（失业工人的储蓄率为负）。

如果美联储试图通过降低利率来应对失业率的上升呢？在这种情况下，较低的利率鼓励家庭多借款，从而保持消费水平。同样，美国政府可能会试图通过扩大财政赤字来应对失业率的上升。因为债务是负储蓄，无论哪种情况，美国的储蓄率都必须下降。

另一个渠道是，如果外国购买美国股票、债券和房地产导致价格上涨，引发财富效应，即美国资产持有人对其现有储蓄感到更安全，这将鼓励他们增加消费，减少储蓄的数量。

如上述例子所示，当美国是外国资本流入的净接受者时，它必须调整国内投资和国内储蓄之间的差距来平衡这些流入。上述几种情况列出了美国可以调整的几乎所有可能方式，这些基本上可以归结为三种选择的某种组合：**要么生产性投资上升，要么债务负担上升**（即债务增长快于偿债能力），**要么失业率上升**。除此之外，没有其他合理的调整。

再一次强调，到这里的讨论不涉及因果关系，只能确切地说，美国贸易赤字的增加，美国经济发生的变化，必须是这三种选择的某种组合。

关键问题是，美国的生产性投资是否因缺乏资金而受到限制。在当今以美国经济为中心的高度发达和灵活的资本市场中，很难想象只因为无法筹集必要的资金而导致迫切需要投资但尚未实施的潜在投资场景。如果外国投资流入时，美国总的生产性投资没有上升，那么美国经济的变化只能是债务负担上升或失业率上升。

三、贸易失衡和金融失衡的因果关系

请注意，这里双边贸易场景中一国的贸易顺差/资本账户逆差（净资本流出）对应另一国的贸易逆差/资本账户盈余（净资本流入）。这分别是两个国家各自经常账户和资本账户的一体两面。根据一般性的结论，虽然经常账户和资本账户之间的关系非常复杂并经常起双向作用，但是近几十年来，影响资本账户的变量往往压倒贸易基本面，这些基本面不得不作出改变以适应资本账户的转变。在讨论一个国家自身的经常账户和资本账户的关系时，这种一般性的结论较少发生争议，但在双边或多边贸易关系中情况则变得复杂。在双边贸易场景中，虽然人们一般不会争论各个国家自身贸易流动和资本流动的因果关系，但双边贸易中，一个国家的贸易顺差/资本账户逆差（对应净资本流出）必须等于另一方的贸易逆差/资本账户顺差（对应净资本流入），那么关于这两者之间的互动和因果关系的辩论往往是最为混乱的，并且充满了意识形态导向。这种辩论的吊诡之处在于创造了一套模糊的话语体系，尤其是它将贸易顺差描述为**出口过剩储蓄**。

这种话语体系隐含了跨国贸易失衡和金融失衡的因果关系，它意味着贸易的一方更为道德高尚，而另一方则是失衡的肇事者。例如，2005年，时任美联储主席的本·伯南克（Ben Bernanke）指出，流向几个新兴经济体，特别是东亚经济体的"信贷流动发生了显著逆转"。这些国家的储蓄开始超过它们在国内的投资，成为世界其他地区的"净资金供应者"。正如伯南克所说，它们的"过剩储蓄"正在为美国不断扩大的经常账户赤字提供资金，使这个世界上最富有的国家从其他国家购买的商品和服务多过卖出的商品和服务。伯南克想弄清楚的是这种安排是否可以或应该持续下去。一些经济学家后来将美国的房地产泡沫归咎于这种过剩。自然，佩蒂斯也是这种理论的坚定支持者，并且在中美贸易失衡的辩论中，坚称中国的过剩储蓄导致了美国的金融失衡。

类似的说法非常普遍，像著名的史蒂芬·罗奇（Stephen Roach）也会在《金融时报》上指出的那样，2020年第二季度，美国净国民储蓄率跌破零。他写道，由于缺乏自己的储蓄，美国反而借入了"国外的盈余储蓄"。第二季度，美国经常账户赤字的扩大速度比以往任何时候都快。

这种推理很常见。但一些经济学家，包括英格兰银行的迈克尔·昆霍夫（Michael Kumhof）和他在国际清算银行和欧洲央行的合著者们，对此提出了强烈的异议。他们在 BIS 的工作论文《国际资本如何流动》(Michael Kumhof 等人，2020）中呼吁谨慎区分储蓄流动和资金流动。两者不一样，它们甚至不需要一起移动。这意味着伯南克可能把事情搞错了。

在日常用语中，储蓄是与支出相反的概念，让人想起银行账户中积累的钱。很容易想象这笔钱可以为其他地方的支出提供资金。但在经济学中，储蓄大不相同，它与消费相反。生产一些东西但未消耗掉它们，经济就在储蓄。因此，将所有收入用于房屋装修的人正在储蓄，无论他们看起来多么缺钱，因为房屋是一种耐用的资产，钱用于装修并不是在琐事上消费。同样，一个将收成储存在谷仓里而不是吃掉的农民正在储蓄，即使他从不把钱存入银行。

那么，正确定义的储蓄如何跨境流动？任何未被消耗的产出注定只有两种去处：投资或出口。因此，任何既不在国内被消费也不投资于国内的东西都必须出口。例如，农民可能会将小麦出口到海外的谷仓。跨境流动的是未被消耗的商品和服务本身。昆霍夫等人认为："其他国家没有把储蓄送往美国，来为其进口提供资金。""根据定义，他们的净出口就是储蓄。"

该文章认为，资本流动总量在今天的政策辩论中发挥着核心作用，但目前的理论在很大程度上依赖储蓄和经常账户的净流量模型，这限制了政策建议的范围。它因此扩展了标准的开放经济的宏观经济模型，以包括信贷创造，从而允许研究资本流动总额。该模型澄清，资助经济活动的是跨境金融头寸的总变化，而不是实际储蓄的变化。该论文的关键结论对此处的辩论尤为重要：

> 资本流动总额关键取决于金融因素，如银行的贷款意愿和家庭投资组合偏好等。真正的储蓄冲击对总头寸的影响很小，而且只有间接影响。这具有深远的影响。第一，美国国内信贷过剩比全球储蓄过剩更能解释美国持续性的经常账户赤字。第二，总流

动是金融脆弱性的重要指标，比实际储蓄或经常账户更重要。第三，没有特里芬的经常账户困境（断言美国经常账户赤字是满足全球储备货币需求所必需的），因为美元是由银行而不是由经常账户赤字创造的。第四，资本流入和流出之间的高相关性绝大多数是复式簿记的结果。

美国人如何支付这些外国商品呢？这就提出了融资问题。与储蓄不同，融资与金钱密不可分。询问"你如何为此提供资金"就是问"你是如何拿到钱买那个的"。大多数钱是由银行带入世界的。每当银行发放一笔贷款或购买资产时，银行都能欢乐地创造货币。因此，一个国家可用的融资金额在很大程度上取决于银行的行为，而不是它或其贸易伙伴的储蓄金额。

在一个过剩和赤字的世界里，谁为谁提供资金？传统的答案是，储蓄过剩的国家为储蓄短缺的国家提供资金。但这群不太传统的经济学家认为，答案不取决于储蓄和投资发生在哪里，而取决于银行和金融在哪里。在许多情况下，美国进口商会用从美国银行借来（或已经持有）的美元来为他们的购买提供资金。

购买完成后，美元将由外国人持有，代表了外国对美国的财务索偿。由于美国从世界上购买的东西比出售的要多，因此对美国的这些索偿的增长速度将快于其接收的出口付款。许多传统经济模型将这些净支付流动视为唯一的资本流动。但实际上，它们只是国家间资金流动的一小部分。毕竟，许多跨境交易根本不涉及商品和服务。相反，它们代表购买外国资产，包括股票、债券、房产等。在伯南克发表演讲的那一年，**来自"储蓄过剩"国家（有经常账户盈余）的净资本外流占全球 GDP 的 2.5%。相比之下，资本流动总额约为** 30%。

因此，储蓄过剩既不能决定跨境融资的地理来源，也不能决定其规模。过剩储蓄也不一定是正确的因果起点。昆霍夫等人的论文为他们所谓的"信贷过剩"建立了模型：美国银行向该国公民提供大量贷款。在花这笔新钱时，美国人无疑会吸收来自国外的商品。这导致其他国家增加储蓄，因为美国不能进口正在其他地方被消费或被投资的商品。但在这种情况下，外国储蓄和盈余的增加是美国国内金融繁荣的副作用，而不是超支的原因。作者认为，**信贷过剩，而不是储蓄过剩，是对伯南克发现的2008年失衡的更令人信服的解释**，尽管他们对最近的事态发展说得更少。

许多人（包括一些经济学家，例如佩蒂斯）自然会认为储蓄必须先于投资，存款必须先于银行贷款。因此，储蓄很容易被视为资金的来源，以及许多宏观经济发展的主要推动者。昆霍夫和他的合著者对事情有不同的看法，他们赋予银行更积极、更具有自主性的角色，**更多归功于信贷，更少归功于储蓄**。

再来看另一个相关的学术研究，也很好地加强了昆霍夫等人论文结论的说服力。

约翰斯·霍普金斯大学的朱利安·阿卡林（Julien Acalin）发表的一篇较新的文章《当全球金融周期遭遇全球失衡》（2023）研究了全球银行在跨境资本流动中的作用。该研究通过建模表明，在国际上活跃的大型银行（又称全球银行）提高杠杆后，对全球银行净外部负债较高的国家受更大的投资增幅驱动，其经常账户余额大幅度恶化。因此，全球银行杠杆率的波动在推动全球贸易失衡方面发挥着关键作用。如彩图19所示，美国经纪—交易商杠杆率（全球银行杠杆率的代表）与全球经常账户失衡高度相关，全球经常账户失衡定义为各国经常账户余额的绝对值之和，这表明全球金融机构杠杆率的变化不仅可能对总资本流动产生影响，也可能对净资本流动产生影响。该模型的第一个预测是，全球银行的杠杆率越高，对全球银行净外部负债越大的国家，其经常账户余额就会越恶化。相反，拥有更多全球银行净外部资产的国家，其经常账户余额将得到更大的改善。因此，全球银行杠杆率的提高打开了资本流动的阀门，并放大了现有的全球失衡。根据经验，全球银行杠杆率的单位标准差增加导致债务国葡萄牙的经常账户余额下降了 GDP 的 0.9%，而全球银行债权国以色列的经常账户余额则上升了 GDP 的 0.2%。该模型第二个预测是，对各国经常账户的差异化影响来自对投资的差异化影响，而非来自对储蓄的差异化影响（注意从国民收入核算恒等式的角度，经常账户余额等于投资与储蓄的差额）。在对 41 个发达国家和新兴市场国家的小组研究中，该文分析了全球银行杠杆率与经常账户余额之间的经验关系，并发现，全球银行的杠杆与一个国家对全球银行的跨境头寸相互作用，这种相互作用在统计和经济上具有重要意义，能够以模型预测的方式解释各国不同时间的经常账户和投资行为。对于控制诸多因素，包括世界商业和金融因素以及特定国家的 GDP 增长，这些结果都是鲁棒（稳健）的。该文还开发了一种识别策略，能够确定全球银行杠杆对经常账户余额的因果关系。

佩蒂斯实际上对昆霍夫等人论文的观点进行了回应，他的核心观点是（Michael Pettis，2022m）：一国的储蓄过剩必须表现为资产转移或资产创造，最常见的是信贷增加。在美国拥有巨额贸易逆差的情况下，美国国内信贷创造通常是国外储蓄过剩的自动后果之一。所以这为中国对美贸易盈余导致美国的金融失衡（由此导致国内的房地产和信贷泡沫）的叙事建立了逻辑联系，这自然也是中美贸易冲突最重要的理论支柱之一。

根据前面两项相关的学术研究，大概可以知道佩蒂斯论点的缺陷在于：与储蓄出口相关的净资本流出比总资本流动小一个数量级，总流动才是金融脆弱性的重要指标，比实际储蓄或经常账户更重要；而资本流动总额关键取决于金融因素，如银行的贷款意愿和家庭投资组合偏好。该两项研究已经从理论和实证角度可信地、有力地反驳了佩蒂斯的观点。

四、获得竞争力

贸易是否有利于全球经济或任何特定国家，就像经济学中的大多数事情一样，取决于特定的基本经济条件。

在贸易方面，关键条件是各国在寻求国际竞争力时采取的方法。贸易可以直接提振生产，间接提振需求，使全球经济总体上更好。但贸易也可以直接限制需求，从而间接限制生产，使全球经济恶化。结果取决于一个国家较高的进口支出是用于支持长期生产性投资，还是短期消费；出口收入是回收成更高的消费和进口，还是回收成更高的储蓄。

从传统观点来看，国际贸易允许一个国家或地区专门生产比其贸易伙伴效率更高的东西，因此贸易将生产转移到在给定数量的劳动力和资本条件下能够有最大产出的地方。在一个投入稀缺的世界里，这使全球经济能够最大限度地提高产量。根据该模型和定义，任何阻碍或扭曲自由贸易的东西，无论是监管、关税还是配额，都会减少全球生产。主流经济学家承认，自由贸易的好处可能会分配不善，甚至自由贸易可能会让一些部门变得更糟，但他们坚持认为，这是一个分配问题，应该在政治上解决。他们认为，当任何国家干预货物的自由流动时，世界总是会变得更糟。这种观点看似无意识形态倾向，但实际上是意识形态化的。必须承认**国际贸易从来都只是在国际政治经济的框架下运行的，自由贸易只是在非常限定条件下的特殊情况。**

但支撑这些信念的是一系列根本不成立的假设，至少在目前管理全球贸易和资本流动的制度中是如此。在一个运作良好的贸易体系中，一个国家应该通过利用自然和地理优势，投资于研究、制造设施和基础设施来提高工人的生产力，从而提高国际竞争力。这种"良好的竞争力"使生产增长，随着生产增长的好处以工资和福利上升的形式分配给工人，工人就能够增加他们对其他商品和服务的需求。

但这并不是唯一的选择。相反，如果该国通过抑制相对于生产率提高带来的工资增长来实现竞争力，这意味着向工人支付的生产的份额低于其贸易伙伴支付给他们工人的。这样的话会发生什么？这创造了一种"糟糕的竞争力"，导致对商品和服务的需求疲软，这反过来要么减少全球生产，要么需要债务激增以保持需求和生产的现有水平。

《贸易战是阶级斗争》的作者之一佩蒂斯有很多关于"贸易"的观点有广泛影响力。他的众多观点中不乏深刻洞察，但也有不少观点有非常强烈的意识形态导向，极具误导性，与事实不符。所以有关贸易的辩论一个比较好的方式是针对佩蒂斯的观点进行评论。本章剩下的内容将有一部分采取这种形式。佩蒂斯观点中的错误大部分来自对中国宏观基本面的投资、消费和储蓄等的误解或不了解。本书在前面几章已经就这些话题进行了较为充分的讨论，也有针对佩蒂斯观点的辨析，因此已经为本章的讨论作好准备。

佩蒂斯长期批评中国的巨大贸易赤字（Michael Pettis，2022k），他这样的学者／分析师通常认为中国获得国际竞争力的方式有：使本国工人／家庭获得的以工资、薪金、投资收入和转移支付形式的报酬总额低于其生产力水平；采用明确或隐含地将收入从家庭转移到企业的政策，例如实施劳工改革，通过削减对工人的保护和减少失业救济金等来抑制工资增长，或者通过减少养老金、压制家庭储蓄回报或削弱社会安全网来实现同样的效果；实施削弱劳动力流动和其他工人权力来源的政策，例如21世纪第一个十年初期实施严重削弱农民工议价能力的居住限制（户口和居住证制度），逐步拆除终身工作保障的"铁饭碗"；更加容忍环境恶化以降低企业的运营成本，增加家庭的健康成本（因此造成家庭到企业的隐性转移）；通过货币贬值或施加关税等政策，本质上是牺牲本国消费者（家庭）来补贴本国生产者（企业）。

我曾经拜读过佩蒂斯在2014年出版的《伟大的再平衡》，在那时，这本书的内容无疑都是力透纸背的深刻洞察，但到2022年还是这套说辞，就不仅显得老套，而且更严重的是，刻舟求剑了。佩蒂斯不仅没有更新自己的认知，忽略了最新的事实和数据，还把曾经有趣的洞察推向了极端。他提及的各种提升国家贸易竞争力的方法，中国在某种程度上都曾经或仍然在实施，但这大部分与中国第一个出口增长的时代相关联。这个时代中国大陆的出口型经济由中国香港和中国台湾在大陆的制造商主导，特点是劳动密集型和低成本。这些企业在2014—2015年之后发展陷入了停滞。此时中国进入了出口增长的第二个时代，虽然第一个时代的主角们都还在，但现在是由国内民营制造商主导，例如比亚迪和华为等，特点是持续爬升到价值链更上游。在第一个时代为获得国际竞争力采取的方法，一些已经得到显著改变，一些已经不再实施。本书其实已经在不同地方讨论了反驳这个话题的几乎所有事实和数据，但为了读者的方便，在这里将它们串起来。

（1）低工资和劳工压制。相对而言，中国的工资并不低。实际上，它们在税后基础上比大多数OECD国家要高。"主要通过抑制工资来竞争"这一断言与可观察的事实相矛盾。中国和日本的税后薪酬占GDP的百分比更高，德国和韩国大致相同。在家庭收入的更广泛衡量方面，中国完全处于中间位置。它不是处于低端的异常值，因为尽管有大量反驳性的数据，但一些分析师还是顽固地坚持这一点。有关居民可支配收入占GDP的比重，OECD国家的平均数/中位数约为68%~72%。中国的家庭收入数字处于这个范围的中间部分。美国实际上是这里真正的异常值（大于80%）。中国的服务经济仍然相对欠发达，因此随着服务经济的成熟，家庭可支配收入占GDP的百分比仍然具有结构性"顺风"（服务公司的工资通常更高）。2012年以来，家庭收入占GDP的百分比大幅增长。2007年家庭收入占GDP的比重触底，约为59%。到2020年，它已稳步上升到69%（包含实物社会转移后的数字）。

从长期趋势看，过去30年，从绝对数字来看，中国家庭收入/工资增长在世界上是最高的，甚至在新冠疫情防控期间（2020—2022年），家庭收入增长也略微超出GDP的增长。在中国劳动力成本大幅增加的情况下，中国保持了全球制造业的主导地位。这是因为中国不断在全球价值链上攀升，这是很难逾越的门槛。制造业工资增长与整体制造业竞争力的上升相关，这是因为生产率与总劳动力成本的上升保持同步。并排看彩图 16-3 和彩图 16-4，其他与中国同时期或随后发展出口经济的亚洲经济体，包括菲律宾、马来西亚、越南、印度和泰国等，都未能实现这种突破。

不过佩蒂斯有更多反驳，他指出中国工人的报酬低于生产率的增长，因此中国的劳动力成本仍然是低的。不得不说，此处逻辑极有洞察，但遗憾的是，数据完全不支持他声称的事实。图 13-1-1 和图 13-1-2 分别对应劳动生产率和工资的同比增长，显然，21 世纪第二个十年之后中国工资增长一直超过生产率增长。

实际上"劳动力抑制"是劳动力相对于资本丰富的一个非常自然的结果，这是土地/资源贫乏的东亚国家的共同起点。佩蒂斯对中国竞争力的观点过于简化了。如果只是为了压制劳动力工资，任何国家都可以做到。他把有趣的直觉推向了极端。数据显示中国劳动力工资增速持续超过生产率，人们更要欣赏中国政府为改善劳动力报酬的政策努力。

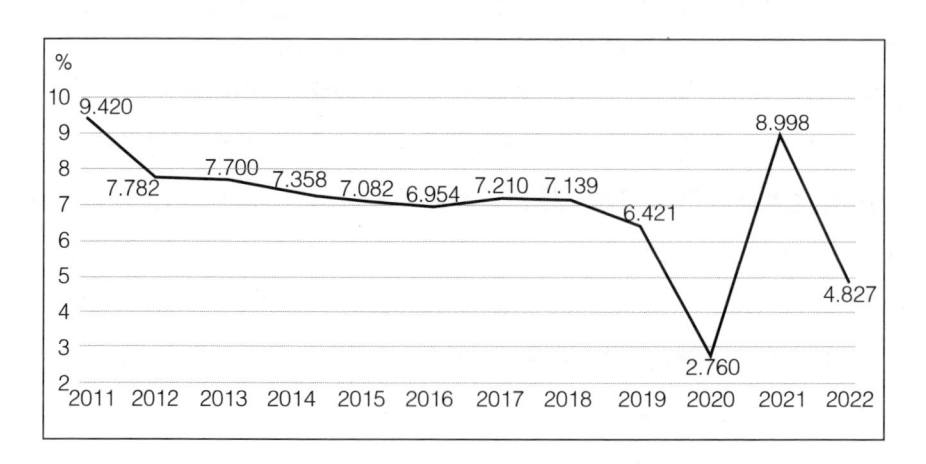

图 13-1-1 中国劳动生产率同比增长

来源：CEIC 数据。

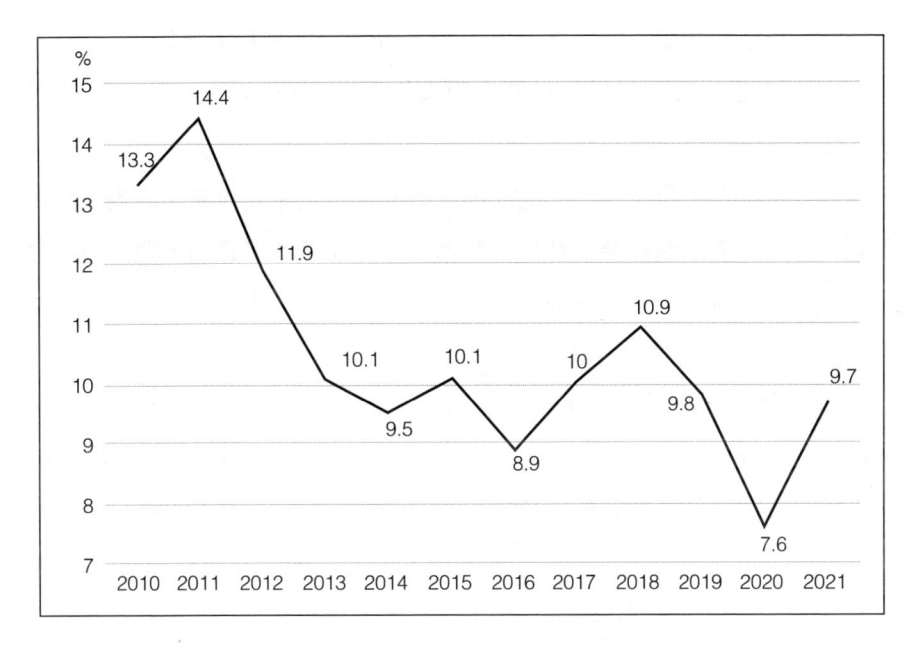

图 13-1-2　中国工资同比增长

来源：Statista。

（2）制度不平等。佩蒂斯原文在严格的户口背景下谈论这个问题，但社会经济不平等比户口要广泛得多。在 2012 年之前，中国收入的基尼系数经历过多年上升，2012 年之后，它实际上已经逆转了。收入差距很难衡量，财富更难衡量。根据 IMF 的报告（彩图 11-3），基尼系数似乎确实在大约十年前达到峰值（基于报告的收入）。这在很大程度上是由更广泛的经济发展和国家扶贫努力所驱动的。20 年前，在高度地理集中的出口主导的工业化的推动下，沿海地区领先于其他地区。一线城市相对集中在沿海，现在的发展更加分散，因为全国的住房和基础设施的普遍发展，以及下一级城市和省份的工业深化。中国工业化的下一阶段在地理上更加分散。最新一代的电动汽车、电池、太阳能、芯片和其他先进制造业工厂位于内陆二、三线城市，如合肥、武汉、荆州、济南和西安等。国家的扶贫任务，包括许多大型基础设施项目，已经缩小了贵州等最贫穷省份与其他地区之间的经济和生活质量差距。贵州省人均GDP在2003年仅为全国人均水平的35%，但到2022年已经增加到全国人均GDP的61%。所以，不平等实际上已经下降。

（3）薄弱的社会福利。除了扶贫任务和在社会基础设施上花费的巨额资金外，政府资助的社会福利也大幅增加。一个表现是政府资助的"实物社会福利"计划。一个典型例子是社区食堂，为老年人等有需要的人提供补贴食品。这些根据收入调查结果确定的社会福利计划的资金有所增加。2007年，这些项目占GDP的约5%。2021年，这一数字已上升到7%。如果有的话，所有这些额外支出（用于社会福利、减少不平等的计划）都可能拖累了总体增长，但最终会助力实现更高质量/更平等的增长，尽管增长率较低。中国的问题是平价供给不足，因此中国一直在解决供给问题，即使发展到今天，中国仍然是一个不富裕的发展中国家，这是在比较中国与OECD经济体的社会安全网时必须牢记的一点。

（4）利率抑制。严格地说，中国确实存在利率抑制现象，但与佩蒂斯的描述逻辑完全不同。可以把利率抑制看作金融抑制的一部分。与民营企业相比，国有企业可以享有更优质的信贷以及更低的利率。但国企优先权对中国国际竞争力直接影响较小，因为国企专注于国内市场，除了一些基础设施之外，很少出口。国企在中国出口经济中的占比较小。无论是第一个还是第二个出口经济时代的制造商，它们都属于这里被"金融抑制"的民营/外资企业。此外，中国持续金融去杠杆的一个直接结果是加强了对实体经济和民营企业的信贷扶持，出口部门自然是受益者。因此无论是第一个时代它们真的被"金融抑制"，还是第二个时代它们不再被"金融抑制"，都不存在家庭部门向出口部门支付的借款补贴。

（5）汇率抑制。首先要承认，出口导向型经济体通过干预外汇因此获得竞争优势，这是常有的事情，例如美国在亚洲的盟友们，包括中国台湾、韩国、日本、新加坡、马来西亚和泰国等，在过去10年的大部分时间里，它们总共产生了比中国大陆更大的经常账户盈余，其中中国台湾占绝对主体。它对全球收支的影响很大，经常账户盈余占 GDP 的 15%，在过去 10 年平均经常账户盈余（占其 GDP 的比重）远远高于中国大陆的峰值盈余（Brad W. Setser, 2023a）。著名的国际收支分析师布拉德·赛瑟（Brad Setser）认为，中国台湾外汇干预的规模解释了目前先进芯片制造集中在台湾和其他几个地方的原因，而不是纯粹的市场（或台积电不可否认的技术优势）。他有关台湾上千亿美元规模外汇干预的文章（Brad W. Setser, 2019）让他在中国台湾非常不受待见。显然被低估的新台币有助于中国台湾在一个高度竞争和全球化的半导体行业中起步和成长。毕竟，张忠谋在 20 世纪 80 年代处理一堆旧的、上一代的机器设备时，唯一拥有的"优势"就是低成本，但在未来年份里，让中国台湾保持这个行业中心地位的是竞争的护城河和与货币无关的进入壁垒：开创了芯片代工业务模式并建立完整的生态系统、发展出极其复杂和高度专业化的价值链、巨大的进入壁垒、短产品周期和客户服务等。对中国大陆也一样，开始出口导向型经济之初，人民币对外币汇率低是赢得国际竞争力的方法之一。

随着中国逐渐成长为全球第一贸易大国和第一制造大国，并持续攀登价值链高端，这一切用汇率来解释就显得过于头重脚轻了，从根本上来讲，这应该是技术创新、产业政策、基础设施和人力资本等各方面努力的综合结果。可以在本书相关章节阅读更多细节。人民币长期的升值趋势几乎是所有国家的共识，包括中美自身，这基于中美相对实力的绝对变化趋势。美国希望人民币升值来增强自己的出口优势，并从对中国的直接投资中实现巨大套利①。中国希望人民币升值来更准确体现中国制造的价值、提升人民币购买力并减少被征收美元税的程度。中国只是希望这个过程发生得不要那么快，要更为平稳，长期美元兑人民币的趋势已经从 8 点多下降到 6 点多或 7 点多，而对人民币的短期干预更多是在有管理的浮动汇率制度下引导市场汇率回归浮动区间。因此现在已经不存在结构性的理由维持低汇

---

① 在人民币汇率较低时代，美国进入中国的直接投资先兑换成人民币，升值后，美国的直接投资撤出，在较高汇率下等值人民币可以兑换回比最初更多的美元，从而实现美元套利。

率来为中国赢得竞争优势。

（6）环境代价。这曾经是一个事实，但已经有显著改善。虽然仍然能看到外卖等行业正在中国国内提取巨大的环境租金，但传统的以环境为代价发展制造业的历史趋势已经得到强力扭转。中国是大国中最坚定的绿色转型支持者，发布了雄心勃勃的2050年"零排放场景"计划。中国向来以兑现承诺在世界主要大国中独树一帜，而西方各个国家目前不是已经认怂就是准备认怂，想要放弃自己的碳排放承诺。在对环境的承诺方面，中国可能是最不应该被指责的一个国家。所以佩蒂斯最好更新一下对中国的认知。

五、储蓄和盈余

继续看佩蒂斯关于国家储蓄的观点（Michael Pettis，2020k）：（1）国家的储蓄与文化无关，而是家庭和其他经济部门之间收入分配的函数；（2）高储蓄国家有持续贸易顺差，因为它将国内需求不足／过剩的储蓄出口到世界其他地方。

我们一一来讨论这两个观点：

（1）佩蒂斯的观点忽视了家庭偏好在储蓄中发挥的作用。他强调中国高储蓄是因为家庭部门在国民经济中被分配得少。有关这个问题本书已经进行了充分讨论，中国家庭的可支配收入，无论是税前还是税后，都不算少，处于世界主要经济体的中间水平。佩蒂斯长期依赖的有关中国家庭可支配收入占GDP的50%~55%的数据是得不到支持的。有趣的是，即使被多次挑战，他也从来不回应是从哪里获得这些数据源的。中国政府和企业的储蓄率相当正常，和世界水平保持一致，因此中国高储蓄率主要体现在家庭部门。根据IMF的报告，自20世纪80年代以来，人口结构变化可能贡献了储蓄增长的一半，住房改革贡献了约四分之一的增长，社会安全网转型可能贡献了约17%，而不断加剧的不平等则贡献了8%（参见第八章"富人储蓄更多"小节结论）。根据相关章节讨论，中国家庭可支配收入的约三分之二用于消费支出，剩下三分之一用于储蓄，总储蓄的约一半用于购买城市新房，另外一半是净储蓄。在家庭部门内部，不同收入群体储蓄率有显著差异，高收入群体有较低的消费边际倾向并储蓄更多，因此导致总储蓄率偏高。所以不平等对中国高储蓄率有显著影响。自2012年以来，中国的收入不平等已经得到显著改善。

总体来看，中国高储蓄率是家庭支出偏好的函数。在不算低的中国家庭可支配收入情况下，家庭主要为购买城市新房或其他大笔支出（例如医疗、养老和教育等）做预防性储蓄。这分别与中国的城市化发展阶段（仅完成80%的完全城市化进程）和中国目前基本公共服务供给水平有待进一步提高有关。随着中国城市化进程速度减缓（略微低于过去十年），以及中国政府进一步改善基本公共服务的供给，家庭的支出自然将更多地由储蓄转向消费。

（2）再一次强调，中国并不是内需缺乏，而是平价供给不足。但这个问题更重要的方面是，"高顺差国家将国内需求不足/储蓄过剩出口到世界其他地区"，这种表述充满偏见和意识形态化，暗示高顺差国家国内的结构性问题导致了全球失衡。

贸易是双向的，为什么这不被表述为美国和欧洲"进口并依赖中国的低成本制造业"？佩蒂斯与佐尔坦·波萨（Zoltan Pozsar）虽然根本立场都是为美国说话，但波萨总是尊重事实和数据，例如他旗帜鲜明地声称，现有美国主导的世界体系依赖三大支柱，其中之一是：在名义工资停滞的状态下，中国制造的便宜商品提高了实际工资的购买力。

著名分析师赛瑟最近开始和佩蒂斯一样在盈余问题上语无伦次："尽管人们都在谈论世界如何阻碍中国的增长，但世界（包括美国）继续向中国提供它无法在国内创造的东西——对其制造商的需求。中国的制造业贸易盈余再次超过其GDP的10%。"听起来好像中国把不好的东西甩给世界，而世界回馈给中国一些美好的东西似的。

我仍然不太理解这个尴尬的定位，"世界是中国的需求供应商"。为什么不能简单而实事求是地用"中国供应廉价制成品以满足世界需求"来形容呢？这些过度设计的短语以非中立的方式讨论全球贸易。它在暗示正常贸易关系的一方在某种程度上比另一方更善良。措辞中蕴含着一种价值判断。

这混淆了一个非常简单的现实。随着时间的推移，中国有目的地在制造东西方面取得了比较优势。它用这种技能来换取它所缺乏的东西：石油、某些矿物、国际旅行和教育、某些高科技等。它分配了相对较高的经济资源来投资于基础设施和住房，以弥补其可耕种和宜居土地的相对稀缺。对可再生能源和运输电气化进行投资，以弥补其相对缺乏的石油和天然气。产业政策和更多投资于资本存量是中国与拥有更多土地和自然资源的国家公平经济竞争的两种最实用的方法。

各国都有自主选择自利的经济议程的权利。中国当然会作出它认为符合其人民和经济最佳利益的政策选择。它正在进行结构调整，但这些调整主要是由其自身的经济战略和自身利益驱动的，较少受其贸易伙伴的愿望和经济议程或像GDP核算恒等式"失衡"这样的抽象想法的驱动。中国仅仅将全球贸易视为一种工具，用它所拥有的东西来交换它所缺乏的东西。与美国一样，它是一个大型经济体，有能力有效地满足其绝大多数国内需求。就像中国不能真正改变美国/欧盟一样，花费这么多精力试图改变中国也同样是一种徒劳。相反，美国（以及其他西方国家）需要对中国形成现实和客观的评估，并作出相应的反应，从内心关注自己有机会控制的东西。例如他们想解决制成品失衡问题，那么就应该更好地制造东西，贬值自己的货币（增强国际竞争力），或者更彻底一些，少买点东西（不仅仅是少从中国买，也少从越南和墨西哥等国买）。中国有很多经验可以分享给欧美国家用来加速自己的"再工业化"，例如明智的产业政策、发展人力资本、建设基础设施、目标部门的保护性关税、更高和更有效的补贴、更好的土地使用政策、改善协调等。所有这些都可以让中国与美国/欧洲的贸易冲突得到改善。而在全球贸易中夹杂莫名其妙的道德信号，是非常令人困惑的。这样的逻辑非常荒谬。

自全球金融危机（GFC）以来，中国大幅减少了其总体经常账户盈余占其经济的百分比。在讨论贸易失衡时，更重要的是关注经常账户，而不是缩小制造业商品盈余。但一些分析师，例如赛瑟坚持商品盈余是对WGDP（除中国外世界GDP总量）更公平的衡量标准。下面是他们典型的看法。制成品是思考中国如何影响其他制造业大国经济的相关衡量。商品以及制成品和大宗商品都是了解中国全球影响力的方法，而只看经常账户占中国GDP的比重低估了中国目前的影响。在任何标准的宏观模型中，中国既有结构性国内需求短缺，也有结构性的储蓄剩余，它正在从全世界进口需求，部分原因是它缺乏国内消费刺激。中国在许多制造业部门具有竞争优势，有支持这些优势的特定部门政策。但其总商品盈余（仍然接近1万亿美元，占WGDP的1%以上）不能用部门优势来解释。

只关注制成品忽视了中国结构性进口需求属于非制造业类别的现实。中国用制造东西的技能来交换旅行、教育、石油和高科技等。中国在WGDP份额的增加都是由于其出口类别的多样化：从对发达国家的劳动密集型出口到对发展中国家的技术密集型出口，再到在价值链上稳步攀升。制造业盈余只是在新冠疫情防控期间上涨，因为世界需要更多的制成品，同时新冠疫情切断了中国最大的两项服务进口——国际旅游和教育，更不用说美国自己在阻碍某些高科技出口的科技战中的作用了。所有这些都加剧了商品和服务的失衡。

六、"脱钩"的修辞和现实的纠缠

美国和中国正在"脱钩"吗？在中美紧张局势之后，所谓的"生产回流""近岸外包""去全球化"现象正在主导新闻舆论。自2020年以来，谷歌上针对这三个术语的搜索一直很活跃。去全球化的经济后果越来越引起决策者的关注，经济学家已经开始针对不同脱钩场景来评估其对世界经济的成本问题。

除了（总体）贸易统计数据外，去全球化似乎无处不在。在经历了多年的缓慢增长后，2022年商品贸易创下历史新高。2022年，美国进口比新冠疫情前的水平高出近40%，看起来美国压根儿没有为"生产回流"的理念作出任何努力。即使只关注中美双边贸易关系，也能发现，尽管特朗普政府期间出现了紧张局势和针锋相对的关税，但2022年美国从中国进口的商品也比2017年的水平高出30%以上。

经济政策研究中心（CEPR）经济学家卡洛琳·弗洛因德（Caroline Freund）等人最新的文章证明（Caroline Freund等人，2023）"美中脱钩"一部分是现实，但更多是修辞。该研究分析了2017年至2022年美国的详细进口数据来阐明这个问题。它表明，脱钩的某些方面是真实的：在一系列受美国关税约束的产品中，美国从中国的进口增长明显低于美国从其他国家的进口增长。但是没有一致的证据表明进口的重新调整或多样化。事实上，供应链（特别是战略产品的供应链）仍然与中国交织在一起。在美国市场取代中国的出口商也增加了对中国的进口依赖。

我们从一组典型事例开始来说明美国贸易政策如何影响贸易和全球供应链。

第一，中国在美国进口中的份额从2018年开始下降，中美脱钩正在发生。2017年至2022年期间，中国在美国进口中的份额从21.6%降至16.3%，现在又回到了GFC前2007年的水平。对于战略商品，即美国政府列为先进技术类的产品来说，这一下降幅度很大：从2017年的36.8%降至2022年的23.1%，下降了13个百分点以上。

第二，中国在美国进口中所占份额的下降集中在关税商品上。2022年，美国从中国进口的关税商品比2017年减少了12.5%，而从世界其他地区进口的这些产品激增。在未受到关税打击的商品中没有发现类似的模式，从中国进口的非关税商品似乎与从世界其他地区进口的商品没有显著变化。中国在关税产品中所占份额大幅下降和美国整体进口的增加表明，关税导致进口商转向新的供应来源。

第三，某些经济体在美国市场更突出地取代了中国大陆（彩图20-1）。该数字显示了2017年至2022年美国最大贸易伙伴重新洗牌的初步证据。看整体份额，市场份额增长最大的经济体是越南（1.9个百分点）、中国台湾（1个百分点）、加拿大（0.75个百分点）、墨西哥（0.64个百分点）、印度（0.57个百分点）和韩国（0.53个百分点）。这六个经济体的增长合计超过了中国大陆5.3个百分点的下滑。在战略商品方面，越南和中国台湾似乎获得了在此期间美国最大的市场份额。

第四，美国进口的这种洗牌与美国进口来源多样化的增加无关（彩图20-2）。不同产品和时间的平均赫芬达尔—赫希曼指数（HHI）几乎没有变化。关税商品通常比非关税商品具有更多样化的供应商基础（这表明有限的多样化可能不是征收关税的关键原因）。但对于关税和非关税产品，HHI在此期间仅略有下降，这表明无论征收关税与否，进口多样化都保持相当稳定。

第五，向美国出口更多的国家与地区也加强了与中国大陆的联系。虽然中国大陆正在被美国市场的其他出口商取代，但初步证据表明，美国对中国大陆的依赖可能仍然是一个问题。对于电子行业，该行业对脱钩"贡献"最大，包含许多战略产品，增加对美出口的经济体也增加了该行业从中国大陆的进口。这种高度相关性表明，与中国大陆的联系对那些在美国市场取代中国大陆的经济体来说尤为重要。换句话说，为了取代中国大陆出口，各经济体已经接受了与中国大陆的全行业供应链。

该研究还发现，关税导致从中国大陆的进口下降，并刺激了其他国家和地区的出口增长。但美国关税商品或中国大陆进口份额下降的商品的进口多样化并没有显著增加。鉴于这些产品的总体进口增长速度与其他商品相似，也几乎没有证据表明美国生产回流。当关注战略部门（即美国政府先进技术产品清单所列的11个2位数部门）时发现，美国关税对中国大陆进口的影响更大。尽管进口多样化增加的证据很薄弱，但也没有这些商品生产回流的强力证据。

基于以上事实，可以发现中美的经济关系比看起来要深刻得多。

中美之间的贸易联系没有被削减，而是正在以更纠缠的形式变持久。美国政府的首选贸易伙伴包括印度、墨西哥、中国台湾和越南等，它希望在其中刺激生产的"友谊"，以取代本应来自中国大陆的进口。其与这些盟友的贸易的确正在快速增长。据咨询公司科尔尼（Kearney）称，2022年美国从"低成本"亚洲经济体的进口只有51%来自中国大陆，低于五年前特朗普政府首次征收关税时的66%。问题是，美国盟友和中国大陆之间的贸易也在上升，这表明它们经常充当（实际上仍然是）中国大陆商品的包装中心。这种产品流动意味着，尽管美国可能不会像以前那样直接从中国大陆购买很多东西，但二者经济仍然相互依赖。

仔细看那些受益于中国大陆与美国直接贸易减少的经济体可以发现，在特定行业中与中国大陆有着最牢固贸易关系的经济体是最大受益者。这表明中国大陆有深厚基础的供应链对美国仍然至关重要。在美国官员最热衷于限制的中国大陆拥有的先进制造产品的类别中，情况更是如此。谈到这些商品，2017年至2022年期间，来自中国大陆的美国进口份额下降了14个百分点，而中国台湾和越南赢得最大的市场份额，它们从中国大陆的进口量都很大（这对应上述第三点）。简而言之，中国大陆的活动对生产即使是最敏感的产品也仍然至关重要。

（贸易）**改道**在实践中的确切方式因国家和行业而异。一些产品只能在中国采购。这包括由中国公司主导整个行业的稀土和金属加工，如用于芯片生产的镓和用于电动汽车电池的锂。有时，盟友向美国和西方其他国家出口的只不过是为了避免关税而重新包装的中国产品。然而，大多数情况下，中间产品只是机械或电气部件，勤奋的进口商可以以更高的成本在其他地方找到，但在中国更便宜、更丰富。

各种类型的虚假脱钩都可以在中国的"后院"找到。2018年发布的关于东盟出口的最新官方数据显示，7%的价值实际上归因于中国的某种形式的生产。鉴于厘清贸易关系的困难，这一数字可能被低估了。较新的数据表明，自那时以来，中国的重要性逐渐增加。在东盟监测的97个产品类别中，中国增加了对该集团的出口份额。从电池和工业炉到理发器，最大的电子出口已经火爆了。2023年上半年，中国在印度尼西亚、马来西亚、泰国、菲律宾和越南的这些商品销售额增长到490亿美元，比五年前增长了80%。彩图21-1显示，外国直接投资也有类似的模式，中国在关键东南亚国家的支出已经超过了美国。

更远的工厂也受到中国活动的影响，也许最引人注目的是汽车行业。在墨西哥，游说团体全国汽车零部件制造商协会报告称，2022年40%的近岸投资来自从中国搬到该国的地点。丰富的中间产品供应正在适当跟进。在2022年，中国公司每月向墨西哥出口3亿美元的零部件，是它们五年前的两倍多。在近年来汽车行业蓬勃发展的中欧和东欧，虚假脱钩更加明显（彩图21-2）。2018年，中国仅提供了运往捷克共和国、匈牙利、波兰、斯洛伐克、斯洛文尼亚和罗马尼亚的汽车零部件的3%。从那时起，由于电动汽车的快速采用，中国的进口激增，中国正日益主导该行业的生产。中国现在提供进口到中欧和东欧的所有汽车零部件的10%，比欧盟以外的任何其他经济体都多。

美国盟友和中国之间更紧密的贸易联系，与美国渴望削弱这种联系的愿望相矛盾。因太平洋地区关系恶化而恐慌的公司正在推行"中国加一"战略，也就是，在世界第二大经济体中保持一些生产，同时将其余部分转移到越南等对"山姆大叔"更友好的国家。然而，美国对盟友最终产品的需求也推动了对中国中间产品的需求，并激励中国公司在中国之外的地方运营和出口。尽管市值最大的苹果近年来将生产转移到中国境外，但还是要注意，苹果大部分生产仍然依赖中国公司。这家科技巨头在其官方供应商名单上列出了25家越南的生产商，其中9个来自中国（参考第五章"中国全球价值链案例"中的苹果公司）。

美国决策者应该有多担心？在最坏情况下，战争将中美之间的货物供应完全切断，因此美国只能间接地与中国或与在第三国土地上的中国公司打交道，这样可能只会改善中国的生产。此外，公司正在适应安全规则，以降低消费者的成本。但这也带有风险：一种正在脱钩的信念可能会掩盖中国生产对美国供应链的重要性。

亚洲以及墨西哥和欧洲部分地区的大量生产最终依赖于中国的进口和投资，这一事实有助于解释为什么这么多政府，特别是亚洲政府，充其量只是美国的"酒肉朋友"，至少在供应链转移方面是如此。如果被迫在两国之间一劳永逸地作出选择，这些国家将遭受巨大损失。IMF研究人员最近的一项研究模拟了一种情景，即各个经济体必须在中美之间作出选择，由联合国投票模式决定在两强中支持哪一个。研究人员计算，这种情况将使受影响最严重的经济体的GDP降低高达4.7%，东南亚将受到特别沉重的打击。

鉴于大多数经济体迫切需要贸易带来的投资和就业，美国一直无法说服其盟友减少中国在它们供应链中的作用。许多经济体满足于左右逢源——接受中国的投资和中间产品，并向美国和西方其他地区出口成品。具有讽刺意味的是，推动美国和中国在贸易和投资方面分离的过程，实际上可能正在使中国与美国的盟友之间建立更强大的金融和商业联系。这显然不是美国政府所希望的。

中美通过双方都可以接受的贸易伙伴形成的这种貌似分离实则更纠缠的经济关系，应该说是现实更好的解决方案。中美贸易摩擦的表面理由是巨大的中美贸易顺差。但中国大陆并不是唯一对美持有顺差的经济体，美国对 100 多个国家或地区集体的赤字远大于对中国大陆，甚至在过去十年中，美国在亚洲的盟友，尤其中国台湾，对美产生的贸易顺差也远远大于中国大陆对美顺差。此外，根据《全球价值链发展报告（2021）》①，传统贸易统计方式显著夸大了中美贸易顺差数字。基于所谓的 TiFi（trade in factor income：要素收入贸易）的方式调整后，中美贸易赤字可以减少 32%。美国政学商界未必不知道这些贸易理论和实践的微妙，之所以以贸易顺差为由对中国发起贸易摩擦并持续升级，根本上还是为阻止中国发展和遏制其挑战美国世界领导地位的势头，以及为满足美国相关群体的政治和情绪诉求。如果不是这样，美国更应该对它的各个盟友发起更为猛烈的贸易战。所以当中美贸易关系从过去"面对面"逐渐转向经过中间方的"绕道"，反而有很大的"集体"收益。

中美的贸易关系，从过去较多最终制成品出口的双边贸易，转向中国以中间产品、全球供应链和对外直接投资的形式提供价值。美国减少了名义上对中国的逆差，宣泄了对中国的复杂情绪；中国表面上损失了美国市场份额，但实际上并没有损失出口价值，并可能进一步巩固了自身在全球价值链的地位。双边的直接贸易转向贸易"改道"，效率降低损失的价值成为中间商的利润。所以，一个得了面子，一个得了里子，一大堆想要"骑墙"的小伙伴也从两巨头直接贸易的效率损失中分到了一杯羹，这是一个更为和谐的世界！

美国对中国的出口管制最终反噬了自身。2024 年 4 月，纽约联储的一篇报告《地缘政治风险与脱钩：来自美国出口管制的证据》（Crosignani 等人，2024）指出，中美贸易中断导致受影响的（美国）供应商的股票收益出现异常负增长，市值蒸发掉 1 300 亿美元，银行贷款、赢利能力和就业也出现下降。文章发现，尽管出口管制实现了其主要目的，即减少美国商

---

① https://www.wto.org/english/res_e/booksp_e/00_gvc_dev_report_2021_e.pdf.

品和技术向中国目标的转移，但没有观察到美国公司与中国境外的替代客户或美国国内替代客户形成新的供应链关系。也就是说，没有发现出口管制实施后的三年内有任何友岸外包或回流的证据。因此，受影响的供应商无法迅速找到替代客户，这可能会损害美国出口管制试图保护的技术背后的这家受影响的供应商。

七、浅谈贸易再平衡

这个话题更多涉及去美元化和人民币国际化等话题，笔者将在另一本专著中予以详细讨论，因此在本书中只作简单讨论。持有"中国贸易盈余伤害美国经济"观点的人未必不知道这是一个纯粹的政治筹码，例如耶鲁大学的史蒂芬·罗奇指出了以下几点：

> 2015年，美国与101个国家有贸易赤字——这是经济学术语中的多边贸易赤字。但这不能被钉在一两个"坏人"身上，正如政治家们总说的那样。是的，中国，作为所有人都最欢迎的替罪羊，在这种失衡中占最大部分，但美国与其他100个国家的总赤字甚至更大。

美国外交关系委员会的资深研究员布拉德·赛瑟指出，美国在亚洲的盟友们，包括中国台湾、韩国、日本、新加坡、马来西亚和泰国，在过去10年的大部分时间里，它们总共产生了比中国大陆更大的经常账户盈余，其中中国台湾占绝对主体，它对全球收支的影响很大，经常账户盈余占GDP的15%，过去10年平均经常账户盈余（占其GDP的比重）远远高于中国大陆的峰值盈余（Brad W. Setser, 2023a）。赛瑟甚至直白地评论，美国不能忽视中国台湾的外汇政策，同时却谴责中国大陆的外汇政策，"世界并不能简单地划分敌我"。

所以中美贸易失衡更多是一个政治问题，当然需要经济的解决方案。无论美国对中国的指责是否有理，都需要认识到"平衡"才是任何系统稳定的法宝，过度贸易盈余或赤字都是极端的，容易引发争议和冲突。从美国角度而言，中国巨大的贸易盈余对美国的伤害已经是中美贸易摩擦的关键理论支柱，虽然有可信的学术研究反驳该理论。从中国的角度而言，中国巨大的贸易盈余同样引发了人们对人民币货币主权、美元储备资产安全性等的广泛担忧。所以，中美两国在国内都有强大的政治、经济、学术力量支持或反对中美的贸易现状。理论上阐明这些问题虽然重要，但并不是最重要的，政客们永远都能为发起贸易冲突寻得扎实的学术和理论支持。因此最终的方案是取得平衡。

从美国的角度可以怎么做？首先的答案自然是少买一些或者自己能更好地制造。少买一些，不仅直接少从中国买，也少从越南和墨西哥等买。在"再工业化"方面，美国应该有很多可以向中国学习。但这条路实际很难。从美国对中国所谓的贸易"去风险"结果来看，美国不仅没有少买，反而买得更多。中美贸易联系非但没有削弱，反而以更纠缠的方式在变得持久。美国虽然口头上喊"生产回流"，但身体却很诚实，在这方面几乎没有任何实际努力。

美国不能少买有其结构性的原因，美国必须依靠发展中国家提供的廉价制成品压低国内通胀，而美国自身已经蜕变为一个高成本的、食全球租的经济体，已经失去了再工业化的可能。美国真正懂行的经济和金融精英对此心知肚明，所以这一股力量有不与中国彻底翻脸并维持经济关系的动机。总的来说，要求美国买得更少，基本不可行，因为美国已经习惯美元的嚣张特权，不受限制发行的美元仍然具有全球购买力。

买得少的另外一面是多卖一些给中国。这里美国又处于一个极度分裂的状态，它确实想卖更多农产品和波音飞机给中国，但又极力限制中国在

475

量子计算、人工智能、先进芯片等领域获得美国的最新产品和技术。这些领域是美国对中国商品出口的大头，但美国却自断一臂。中国一直对美国维持较大的服务贸易逆差，所以美国可以向中国出口更多的教育、旅行和医疗等服务。

这方面的另一个选项是贬值美元来提振美国出口。这并非不可能。如果美国前总统特朗普再当选，他的前贸易专员罗伯特·莱特希泽（Robert Lighthizer）和他的结盟政策顾问们会推进美元贬值来再平衡美国贸易（GAVIN BADE，2024）。这将是一项提高美国出口竞争力的惊人的行动，但也可能重燃通胀并威胁美元世界主导货币的地位。这将把美国"对华尔街更友好"vs"对企业和工人更友好"的潜在政策冲突公开化。历史上，罗斯福新政最重要的"创新"之一就是对纽约大银行和它们在决定美国货币、贸易和财政政策方面作用的不信任。对银行有利的事情不一定对经济有利，反之亦然。美国建制派会争辩说，强势美元是美国力量的基础，但一些美国政策制定者开始认识到，基础经济更重要。

其次，美国放弃美元的特权。像佩蒂斯这样的学者其实心知肚明，美元贸易赤字的根源是因为美国开放、自由的资本市场吸收全球过剩储蓄。他在《贸易战是阶级战》中指出：

> 国际贸易和资本流动的结构与其说是将国家与国家对立，不如说是将经济部门与经济部门对立起来。
>
> 这意味着从美元的全球主导地位中受益的不是整个美国，而是美国境内的某些选区，而其他选区为美元的主导地位付出了代价。受益者包括两个政治上强大的主要团体：华尔街以及外交和国防机构。相比之下，美国工人、农民、生产者和小企业付出了巨大的经济成本。
>
> 这是因为盈余国家受益于其对外国需求的净吸收，在全球制造业中所占份额不断上升，外国资产的积累也有所增加。但这一

上升份额是以牺牲像美国这样的赤字国家所保留的全球制造业份额下降为代价的。此外,通过将部分内需转移到国外,美国经济必须通过鼓励更多的家庭债务或增加财政赤字来弥补这一损失,如果它想避免国内失业率上升的话。

这就是为什么美元的全球主导地位现在给美国经济带来了过重的负担,而不是旧的过高的特权,这也是为什么美国最终可能不得不拒绝这一角色。尽管控制全球货币体系赋予华盛顿和华尔街巨大的地缘政治力量,但它给美国生产商、农民和企业带来了巨大的经济成本,随着世界其他地区相对于美国的增长,这种成本只会增加。

只有在谈及取消美元特权问题的时候,佩蒂斯才会如此坦白地承认美元主导地位给美国特定部门带来过大负担。无论你是否同意佩蒂斯有关贸易盈余国过剩储蓄与美国失衡的因果关系,他都非常正确地指出,美国和其他盎撒经济体摆脱贸易赤字的唯一途径是中断全球资本流动,因为这阻止了储蓄失衡的出口。从佩蒂斯斩钉截铁地强调"唯一"可知,佩蒂斯相信中美贸易失衡的症结并不在贸易盈余国而在美国自身。

佩蒂斯讨论了三种"中断全球资本(自由)流动"的办法:

(1)继续放任,让现在的系统自然崩溃和重启。

(2)美国单方面退出现有系统,并限制外国人向美国经济倾销过剩储蓄的能力,或许通过对所有不直接导致美国经济生产性投资的金融流入征税。所谓的市场准入费(John R. Hansen,2017)就是这样一个方案,它声称可以解决美元高估问题,以及解决美国贸易失衡并让美国工人重返工作岗位。

(3)美国联合其他主要经济体成立一个体现凯恩斯想法的新的全球贸易和货币制度。这当然是美好的,但既然美国在近80年前拒绝了这个方案,它现在怎么可能再接受?凯恩斯方案包含国际清算同盟和名为 Bancor

的全球合成货币。这个方案本身基于各国的生产性能力，以及公平原则，这两样东西现在的美国都极度缺乏。笔者相信凯恩斯方案未来可能会以某种形式重塑世界货币金融体系，但领导者只能是中国。只有中国拥有实现凯恩斯方案所必需的全球主导性的生产能力和道德领袖地位。

佩蒂斯这是号准了美国的脉并开出了正确的处方，可惜没有实现的可能性。还是看美国继续"摆烂"更实际。

从中国的角度可以怎么做？前面论述了，中国需要用自己制造的特长交换自己结构性缺乏的资源（石油、矿石等）来建设资本存量，以及获得教育和旅行等服务和高科技。这个过程一直需要持续到21世纪30年代，当中国获得完全的非农就业，以及达到完全城市化水平（75%~80%）的时候。因此在短期内，中国仍将继续依赖出口业务来推动经济绝对增长，尽管中国不再需要净出口的增速超过经济的其他部分。这意味着经济的其他部分（包括家庭消费和政府支出，以及为满足国内需求的投资）增长要更快。

这其实就是中国经济转型的主要内容，本书最后一章来讨论转型的过程和目标。

更多向全球南方国家出口。全球南方国家的资源禀赋和国内需求与中国的资源进口需求和制造能力出口更容易形成互补、双赢的解决方案。因为它们大多处于欠发达、工业化不足、投资资本欠缺的状态。因此中国对它们的净出口很容易形成其国内的生产性投资机会，而不是像美国和其他发达经济体那样经济不得不作出推高债务水平和失业率的调整。中国正通过"一带一路"倡议转向全球南方国家，帮助它们建设基础设施和其他生产性设施和能力，进而发展经济和提高国民收入水平。这些反过来进一步提振中国对它们的出口。中国的进出口确实已经发生结构性的变化，到2022年年中，中国大陆对全球南方加上韩国和中国台湾的出口已经与中国大陆对美国和欧洲的出口总额相当。这是中国崛起以来世界经济中最重要的事件。

14

第十四章

最柔软的着陆和稳健的转身

一、后地产经济时代是什么样

现在继续往前会怎样？房地产/基础设施已经进入平台期，也可能会优雅地下降。中国需要达到 80% 的城市化率，2023 年年底仅完成了 66%（国家统计局，2024）。此外，中国仍然需要继续 10 多年的交通基础设施投资，高铁网络会从 4.3 万公里扩建到 7 万公里（国铁集团，2020）。这一持续的城市化过程是创造国内需求的发动机。国家发展改革委主任郑栅洁在中国发展高层论坛 2024 年年会上表示（新华社，2024c）：

中国城镇化率每提高 1 个百分点，可拉动约万亿元新增投资需求和2000多亿元新增消费需求；在工业、农业、建筑、交通、教育、文旅、医疗等7大领域推动设备更新，有望形成年规模5万亿元以上的巨大市场；开展汽车、家电、家居等耐用消费品更新换代，有望释放万亿元规模的市场潜力；推动能耗双控向碳排放双控全面转型，2030年前每年至少需要新增投资2万亿元……

因此，我预计未来3~5年中国经济会像手动挡汽车换挡一样：逐渐加速新模式，松开对旧模式的离合。因此，协调换挡将是关键。

在人口方面，我比大多数人更乐观。城市化率在从66%增长到80%的过程中，中国仍有大量的劳动力储备。中国也比日本有更大的优势，拥有孵化和支持"全球冠军"的规模和国内市场。规模优势虽然不能主宰一切，但对中国来说可以据此选择哪些重要部门有必要加速追赶。到目前为止，我们几乎都选对了方向：可再生能源、电动汽车、基础设施；在芯片、飞机和人工智能方面的表现还有待观察（但胜迹已经显露）。日本就没有这么阔绰了，它从来没有过将如此多的资源分配给如此多核心类别的选择权。

归根结底，中国能走多远将取决于改革进程。我认为日本的停滞，是因为它推迟/停滞了改革，并且其他经济体也实现了赶超。"广场协议"的副作用是掩盖了日本企业集团改革的必要性，导致原有优势行业竞争力逐渐丧失，以至于无法在新兴行业中占据重要位置。在过去的四十多年里，中国一直在不断改革和发展经济，例如从农业/农村改革到国企改革，到出口导向型工业化，再到房地产/基础设施建设。我不认为中国下一阶段的改革会比曾经面临的更具挑战性。与20世纪90年代面临的国有部门改革相比，现在处理过剩的房地产和向可再生能源和电动汽车（中国控制着整个供应链）过渡似乎相当温和。当大家在谈论中国"摆脱房地产"将是多么困难时，有必要回想一下90年代。相比之下，现在的转型并非难题。同样，中国的决策者面临的挑战将是平衡长期需求（继续推进改革）与短期需求（解决流动性和阐明政策）。

中央政府在 2020 年仍然踩下刹车，其意义非同一般。换句话说，2020 年的房地产紧缩不是类似 2007—2008 年 GFC 的外生事件，而是主动选择。这一做法与亚洲金融危机时的韩国不同，彼时危机蔓延导致外国流动性几乎在一夜之间消失，韩元贬值了一半。那是一个计划外的危机局势，国家让家庭献出金银以提供硬通货支持。日本在 80 年代"广场协议"期间，被迫大幅升值日元，虽然没有像韩国一样面临危机局势，但遭遇的也是一种外生冲击，具有重要的短期和长期影响。

这并不是说中国没有自己的问题。尽管中央政府在 2020 年开始积极主动地控制流动性的管道，但地方政府仍在增加支出，填补了正在撤退的民营房地产部门留下的空间。这凸显了中国自身面临的挑战——尽管规模可以成为优势，但需要花很长时间和持续努力来对抗惰性，才能掉转巨轮来进行必要的改革。可以理解的是，巨轮掉头需要时间，而且会出现协调失误。也许规划者知道政策需要多长时间才能生效，所以提早启动了制动过程。即使是这样，不也是经济治理的常态吗？

房地产/基础设施之后的又一个增长模型已经非常清楚：**工业 4.0；运输电气化/可再生能源；医疗保健和服务**。

彭博社 NEF 预测（彩图 14），到 2050 年，中国为达到净零碳排放要支出约 38 万亿美元，相当于 1.4 万亿美元/年。这一数字是高铁 500 亿美元/年的投资率的 28 倍。中国当前经济总量约为 18 万亿美元，其中 43% 被归类为 GCF/投资（8 万亿美元）。因此，净零碳排放的年均 1.4 万亿美元是当前投资速度的约 18%，在规模上略低于目前的住宅或基础设施，对比来看高铁只是众多"宏伟计划"中的"小项目"。

电动汽车几乎占彭博社 NEF 预测的一半。如果中国的机动车普及水平接近日本（约 550 辆/千人），意味着需要在未来 27 年（基于 2023 年的预测）内制造 14 亿辆电动汽车（包括更换旧车）。若按照每辆车 2 万美元的价格计算，就是 28 万亿美元。这高于彭博社 NEF 预测的 16.6 万亿美元。

但我认为那不会发生。自动驾驶技术将显著提高单辆车的利用率，一人一辆车将成为历史。高盛预测，未来20年能源存储将支出7万亿美元，国企和民营公司都在大笔投入资金（Edward White and Gloria Li，2023）。

人们想知道中国的后房地产经济会是什么样，上述领域就是未来的重头戏。在我看来，与其关注消费和投资等核算的恒等式，不如从资源重新分配的角度考虑：劳动力、资本，以及技术/技能。

那么，建立大规模的分布式能源存储基础设施需要哪些类型的劳动力、资本和技能？太阳能、电动汽车、医疗健康服务、老年人护理，就像房地产和基础设施有几十年的周期一样，这些新行业也需要几十年的周期。从房地产和基础设施过渡也需要很多年，而且房地产和基础设施不会在一夜之间消失，而是进入平台期。

在2007—2008年GFC的作用下，我们从出口加工转向了房地产和基础设施。在过去的20年里，还从低附加值劳动密集型产业转向了高价值制造业，而电子商务的兴起推动了对快递和物流等本地服务的需求不断增长。

中国那些具有高度适应性的蓝领农民工劳动力是上述转变的重要组成部分，许多人从出口加工厂转移到建筑工地，到新工厂，或者骑上摩托车送快递。顺便说一句，劳动密集型低附加值（主要是"外资"）出口加工业并未消失，只是处于平台期，就像现在的房地产和基础设施一样。农民工劳动力将继续在这一转型中发挥重要作用。对于他们来说，某些工作的过渡将是无缝的，如在贵州的高铁建筑工地与在内蒙古建造太阳能电池板没有根本区别。但有些过渡不会那么容易，如在医院工作所需的技能可能只有通过培养下一代才能实现。

一些人质疑中国一旦"完成住房和高铁"将要做什么，事实上，我们还有很多产业和领域需要建造、升级和改进。一些人倾向于将中国建设高铁视为始于2008年的"一次性"热潮，最终将结束。但更准确地说，从拉长的时间弧线来看，它是升级中国交通基础设施的持续努力。1993年，商业列车服务平均速度仅为48公里/小时，客运网络开始让出市场份额给私家车和航空公司。这对于相对缺油的中国而言是一个代价高昂的尝试。20世纪90年代末和21世纪第一个十年之初的"提速"将现有约7 700公里轨道的服务升级至160公里/小时。2007年的提速使一些轨道达到了真正的高铁速度（超过200公里/小时）。在这些"提速"的基础上，铁路规划者学会了如何安全地大规模实现高铁速度。虽然电气化和相关技术是关键，但建造长、直、平的轨道所涉及的土木工程同样重要。这些建立国家高铁网络的技能、技术和机构能力在之前的"提速"运动中得到了真正的磨炼和发展。从更长的时间弧线来看，就能够清晰地看到为什么投资也不会简单地结束于当前这一代基于动车组的高铁技术。虽然当前一代高铁技术仍有边际改进——规划者在讨论将其速度提高到400~450公里/小时——但技术存在物理和经济极限的问题。因为风阻等因素，所需能量与列车速度之间存在非线性关系。在某些时候，无论列车的空气动力性能如何，使用电动传动系统将速度提高到一定程度就变得不经济了。磁悬浮技术突破了这一限制，因为与动车组相比，它可以有效地以更高的速度推动列车，但最终它也会遇到主要由风阻摩擦带来的物理极限。注意，较小的风阻是飞机在更高速度下比列车效率更高的一个因素，因为与列车不同，飞机可以在大气层稀薄得多的9 000多米的高空飞行。这至少是超级高铁概念背后的理论——在陆基真空中推动车辆，以完全避免风阻的摩擦。像磁悬浮一样，都有权衡取舍，这就是为什么目前它仍处于商业化前的发展阶段。

这就是说，高铁建设不会结束，未来会让位于超越当前高铁的新技术（如磁悬浮）。这与高铁超越柴油动力传统铁路没有什么本质上的不同。上海磁悬浮列车的实验表明，其高昂的成本只有一小部分人负担得起。但随着中国家庭收入不断提高，建设磁悬浮网络在商业上变得可行，特别是对于一线城市之间的干线来说。磁悬浮列车的时速可达600公里以上，比动车组的最高时速高出约50%。这将使北京和上海之间的旅程从目前的4.5

小时缩短至不到3小时。而这最终取决于成本——尤其是轨道建设的成本——能否降低到合理的水平，如果可行的话，我们会在21世纪30年代初看到第一条长途城际磁悬浮线路的开通。21世纪第一个十年至20年代基于动车组的高铁热潮可能会过渡到21世纪30年代到50年代基于磁悬浮的超高铁热潮。高铁是一个长期项目，未来50~100年会产生回报。任何城镇的高铁站的出现都会立即推高土地价格。这肯定是划算的投资。

2023年11月中旬，媒体报道，在中国山西建设的一条2公里的低真空管道磁悬浮列车试验线，列车时速高达1 000公里。这将使北京到上海的旅程压缩到75分钟，北京到深圳仅需2.5小时。这里的关键可能是铺设管道和保持低真空环境的经济成本问题。如果在合理范围之内，它可能会完全取代主要干线的航空线路。这是几十年来为升级长途城际交通所做的持续努力。2024年5月17日印发的《广州市综合立体交通网规划（2023—2035年）》透露，广州超前谋划与其他超大城市间高速磁悬浮通道布局及实验线建设，预留京港澳高速磁悬浮、沪（深）广高速磁悬浮线路。

除了持续升级城际交通，中国还有很多基础设施亟待修建或升级，例如：

水利建设——在前所未有的热浪、干旱和洪水的自然灾害冲击下，中国正在加强本国水资源安全建设，仅2022年的前8个月，投资了7 706亿元用于水利基础设施项目，像南水北调后续工程——引江补汉工程、环北部湾广东水资源配置工程、黄河下游引黄涵闸改建工程等。

国家级算力基础设施——2022年开始建设名为"东数西算"工程的全国性数据处理网络。在这个超级工程中，从中国东部高度发达的城市中心收集的数据将被发送到资源更丰富的西部地区进行处理。国家发展改革委预计，在到2025年的第十四个五年规划期间，对数据中心的投资将以每年20%以上的速度增长，累计投资将超过3万亿元。

城市地下管网——在城市建设地下电力、供水、污水排放和处理、供热、供气和电信管道网络是中国于 2022 年提速的重大任务。[①]

冷链物流——2018 年到 2022 年，中国冷库容量从 4 307 万吨增长到 5 686 万吨，年复合增长率为 7.2%；预计 2028 年冷库库容将达到 9 023 万吨，初步形成衔接产地销地、覆盖城市乡村、联通国内国际的冷链物流网络（《全国冷链物流企业分布图（2022 版）》，中冷联盟，2022）。

二、经济已从房地产部门转型

投资部门转移将推动生产率恢复增长

彩图 30 可能是目前关于中国经济最重要的图之一。为了抵消房地产行业下行带来的消极影响，国家已设法向制造业增加信贷，防止信贷和需求的大幅下降。毕竟，竣工面积和建筑业就业人口在 2014 年前后就达到了顶峰（彩图 9-1 和彩图 9-2）。根据高盛此前的预测（彩图 29），到 2023 年年底，房地产部门将恢复到 2017 年的水平，彼时的经济规模比现在小三分之一。2024 年，房地产部门调整的逆风会变小。很清楚的一点是，房地产部门调整过程中释放的资本和劳动力资源正在重新分配。

在不到四年的时间里，中国的银行从每年向房地产部门提供超过 1 万亿美元新增贷款转向未偿净债务下降，同时为制造业提供了大规模贷款。仅 2023 年第三季度银行就向制造业提供了近 7 000 亿美元的新增贷款，这些贷款通常以低于市场利率的条件发放。在全国各地，生产电动汽车、电池和其他绿色转型不可或缺的产品的工厂如雨后春笋般涌现。

前所未有的清洁能源投资热潮是中国 2023 年经济增长的主要驱动力（Lauri Myllyvirta 等人，2024）。如果不是清洁能源部门，中国的 GDP 可能

[①] 水利建设、算力和地下管网的数据来自 Connor Mycroft 和 Leona Liu Ying（2022）。

仅增长3%，而不是5.2%。中国在清洁能源方面的投资同比增长40%，占GDP的比重达到5%。投资支出大致相当于瑞士或土耳其的GDP。清洁能源投资使得所有投资实现了净增长。包括商品和服务生产价值在内，清洁能源行业对中国GDP的贡献率为9%，同比增长30%。清洁能源的繁荣标志着中国宏观经济战略的重大转向：房地产行业收缩，投资转向制造业，主要是清洁能源制造业。地方政府、国有企业和民间资本都发生了转变，之所以这一领域能够实现快速增长，是因为相关产业政策已经奠定了基础，并扩大了行业规模。房地产的低迷期恰逢清洁能源技术的需求被拉动，而这些技术在经济上已经初具竞争力。

随着资源从房地产和基础设施转移到工业和先进制造业部门——GFC后资本存量构成开始转变——ICOR将下降，TFP将上升。在过去的十多年里，中国的生产率增长速度大幅放缓，是因为所有这些住房和基础设施投资——其特点是初始ROI较低但使用寿命较长——促成了ICOR的上升。扩大更高ROI但使用寿命较短的产业投资可以部分地扭转这一趋势。本章"减少外需依赖，部门转移提振生产力""中国经济增长的长期预测"小节将更详细地讨论中国未来生产力增长潜力。

通过科学"升级"中国发展模式

2024年4月《外交政策》的一篇文章（Tanner Greer and Nancy Yu, 2024）写到，中国正计划用一场科学革命来恢复其经济。更准确地说，通过科学技术来升级其发展模式，这是中国对经济增长放缓问题给出的答案。在2024年3月举行的全国两会上，《政府工作报告》（新华社，2024d）明确了政府经济工作的优先事项——在"着力扩大国内需求"之前，报告优先考虑了另外两个目标：第一，必须"大力推进现代化产业体系建设，加快发展新质生产力"；第二，必须"深入实施科教兴国战略，强化高质量发展的基础支撑"。更直白地说，国家的核心任务是建立一个能够将人类推向新技术前沿的产业和科学体系。

西方评论家们感到难以置信，在他们看来，技术—产业政策不应该是对房地产泡沫、债务负担和低消费率的应对方案。

显然中国的领导层在这一判断上是很有智慧的。从工业历史的角度来看过去几个世纪，蒸汽动力的出现成为人类历史上一个戏剧性的转折点，从此开始了"增长革命"。历史学家称蒸汽动力的采用和现代工业的开始是"第一次工业革命"。第二次工业革命发生在19世纪末，一组新的技术进步（电气化、钢梁、化学工业、化石燃料、柴油发动机等）重塑了人类的生活。一些有进取心的学者还增加了第三次工业革命的故事——通常被称为"数字革命"，标志着计算机和互联网等信息技术开始融入全球经济。

在过去三个世纪，每个世纪都有一组技术进步改变人类文明。每一轮科技革命不仅改变了世界经济，也改变了全球政治秩序。

习近平总书记在2016年中国科协第九次全国代表大会上的讲话解释了这一切背后的逻辑：

> 历史经验表明，科技革命总是能够深刻改变世界发展格局……极大提高了人类认识自然、利用自然的能力和社会生产力水平。一些国家抓住科技革命的难得机遇，实现了经济实力、科技实力、国防实力迅速增强，综合国力快速提升。
>
> ……
>
> 近代以后，由于国内外各种原因，我国屡次与科技革命失之交臂，从世界强国变为任人欺凌的半殖民地半封建国家，我们的民族经历了一个多世纪列强侵略、战乱不止、社会动荡、人民流离失所的深重苦难。在那个国家积贫积弱的年代，多少怀抱科学救国、教育救国理想的人们报国无门，留下了深深的遗憾。

对追求技术创新的驱动力以三个想法为前提。首先，技术和科学力量是国家实力和经济增长的最关键因素。其次，技术和科学力量的进步不是渐次发生的，而是突然的飞跃；权力和财富会不成比例地集中到首先成功飞跃的国家。最后，可能也是最重要的，是现在正处于下一轮科学技术革命的开始阶段。

这并不是只涉及人工智能。自20世纪20年代以来，中国知识分子一直渴望依靠先进技术来"拯救中国"。自20世纪80年代以来，他们从或加入或领导最新一波技术变革的角度来实践这一点。我们显然是受克劳斯·施瓦布（Klaus Schwab）对"第四次工业革命"的预测的影响。施瓦布的预测比ChatGPT狂热早了好几年。但人工智能只是一长串有前途的技术清单中的一项，还有材料科学、遗传学和植物育种、神经科学、量子计算、绿色能源和航空航天工程等。国家认为这些同等重要。

如果认为2024年是国家全力以赴攻坚技术的一年，那么这可能与对经济和地缘政治的新评估有关。不断升级的中美科技竞争极大地提高了中国对于科学技术的关注。这发生在中国原有经济模式的局限性不能再被忽视的时候。如果说中国需要新一轮科学技术革命，那么现在正是时候。

过去几年，中国的大部分政策只有在这种更大的宏观背景下才能被我们理解。而且，我们能够看到这些努力已经取得了一些成果：中国现在是电动汽车产销的领先者；华为的产业链正在制造先进芯片；彭博经济预测，到2026年，高科技部门对中国经济的贡献可能会超过房地产。如果对人工智能的爆炸性增长潜力的预测在某种程度上是准确的，那么先进技术可能会为中国提供增长引擎。

中国的战略方向取决于两个方面：首先，世界确实处于规模可与工业革命时期相媲美的经济转型的风口浪尖；其次，如果发生这种新的技术革命，中国将成为引领者。接下来看世界将发生怎样的变化。

先满足国内需求

关于中国目前经济增长放缓的原因正在展开一场激烈的辩论，应对增长放缓的宏观政策也引发了同样激烈的辩论。美国外交关系委员会的高级研究员布拉德·赛瑟以国际收支分析见长，他在最近的一篇博客文章（Brad Setser, 2023b）中表达了对中国新的产业和制造业投资会加剧贸易失衡的担忧：在短期内，制造业投资的大幅增长增加了国内需求（并拉动了进口），因此将外部盈余降了下来。问题是长期来看这会产生什么影响？将投资保持在 GDP 的 40% 以上是高储蓄经济的宏观均衡，所有人都认为产业投资替代房地产投资是合理的。但是，如果产业投资随着时间超过满足国内家庭所需的水平（家庭需求仍然疲软），那么一旦新的投资热潮消退，中国将需要更多出口（或替代进口）。中国有更多的 C919，就意味着对波音 737 的需求降低。华为在美国芯片制裁和封锁中成功突围，意味着中国已经突破设计和制造尖端芯片的屏障，并将尽一切可能在国内完成尖端芯片产业的闭环。这些趋势都将进一步扩大中国的对外盈余。因此扩大新制造业最终不会使中国制造业供给和内部需求之间的失衡得到解决，反而进一步恶化外部失衡（扩大对外盈余）。所以赛瑟认为这只是一种拖延战术，没有解决根本问题。

格伦·卢克认为，中国扩大工业产业以及正在发生的部门转移首先**主要是为了满足国内需求**。上一次产业投资占 GDP 的百分比提升是在 21 世纪第一个十年初期，由出口主导的工业化推动。那个时代，高劳动力含量的制造业旨在满足发达经济体的消费需求。现在中国已经到了新的发展阶段，更加注重国内导向。也就是说，在现在这个以技术为中心的制造业时代，主要推动产品创新的是国内市场，出口次之，并且出口市场也越来越倾向于发展中经济体。大部分可再生能源、电网、交通电气化和航空制造业投资将用于国内扩张。随着飞机、电动汽车、光伏、风力涡轮机等从装配线上到出厂并开始用于国内经济，国内投资将自然地转向消费。这些领域的国外需求是不如国内市场的。

分析师安德鲁·巴特森使用 OECD 的增值贸易（TiVA）数据库计算了中国国内需求和出口对制造业的相对贡献（Andrew Batson, 2023b）。结果表明，近年来，中国制造业产出需求约 40%～45% 来自出口，而

55%~60%来自国内（彩图25）。自2009年中国为应对2008年GFC而采取大规模房地产和基础设施刺激措施以来，这种模式得以确立。中国这般体量的经济体，上述数据意味着在很大程度上对外部需求有很强依赖，但仍然是以国内需求为主的。

除此之外，还有**其他部门转移**，转向医疗保健和教育、旅行和酒店等服务业。这些几乎都是**以国内需求为重点的**。与住房和基础设施相比，商业投资的ROI往往更高，因此变化会更快。与此同时，随着可支配收入的增加，中国所有住房/基础设施资本存量继续带来更高的消费GDP。现在，按照75%~80%的目标城镇化率来计算，中国已接近完成80%（2023年年底城镇化率约为66%），并且中国还有很多的大学毕业生，这会使医疗保健、教育、旅行和酒店业等发展更顺畅。更多的劳动力和资本正在向这些部门转移。

当从供给侧的角度思考中国在30多年的城市化超级周期中所处的位置时，转变的时机就很有意义：第一个十年（21世纪第一个十年）：加速发展；第二个十年（21世纪第二个十年）：平稳期；第三个十年（21世纪20年代）：逐渐下降至稳定状态。

2020年以来中国的贸易顺差有特殊的原因：一方面是因为新冠疫情防控期间世界经济秩序被突然打乱，因此需要更多的中国制造；另一方面是疫情防控期间的旅行限制，抑制了中国对外的旅行和教育需求，因此显著降低了中国服务贸易逆差。

对于赛瑟这样专注于国际收支的分析师而言，很难理解中国国内并不缺乏需求，尤其是基于如下数据：制造业盈余占中国GDP的10%，占WGDP（世界除中国外的GDP）的2%，并且中国总体贸易盈余是制造业盈余的一半。

最大限度地提高生产性就业是中国决策者支持家庭收入的主要方式。所以在新冠疫情防控期间，国家给企业减税，而不是直接给家庭发钱。实际的数字更有说服力。自GFC以来，中国家庭可支配收入占GDP比重提高了 10%，从占 59% 上升到 69%[①]。家庭消费占 GDP 的比重在很大程度上可以看作是新建住房和基础设施的函数。随着这些资源转移到其他部门，消费自然会上升。而核心是家庭收入。

赛瑟和卢克对中国经济的分析的主要区别在于，前者认为中国国内市场缺乏需求，后者认为**中国缺乏的是平价供应，也就是稀缺性问题**。中国过去几十年一直致力于解决稀缺性问题，并且着重以供给侧的方式，而目前正在把关注点从住房转向其他类型的稀缺。第八章的"解决稀缺性问题"小节有专门的讨论。

中国在制成品方面具有结构性的优势，但被旅行、教育和大宗商品的结构性劣势所抵消。中国发展到目前已经可以比其他经济体更具成本效益地制造绝大部分制成品。这种结构性优势不会很快消失。而且，这也是国家之间进行贸易的原因，新建工业最初为国内市场服务，但也可用于出口，甚至可以在一些领域，例如汽车和光伏，成为全球领导者。

说中国缺乏国内需求更多还是一种惯性思维。尽管中国出口了全球最多的汽车和光伏产品，但中国制造的大部分汽车、飞机、机车车辆、光伏等产品仍然是服务国内市场的。发达经济体却为这些产品设置贸易壁垒；美国对电动车的高关税和本地含量要求基本上封锁了中国电动车进入美国的可能；2023 年 10 月欧盟发起对中国进口电动车的反补贴调查。2023 年年底大西洋理事会的一篇文章（Niels Graham，2023）警告称，"如果欧盟和美国要避免十年前中国主导全球光伏产业的命运，它们必须深入审查中国出口的电动车、风力涡轮机、热泵、电解槽和其他类似产品"，并威胁"如果中国不愿意减少自己的供应，西方资本可能会被迫限制外国产品进入它们的市场"。更重要的是，中国自身也需要更多的这类产品，以及一些结构性不足的产品，例如旅行、教育和大宗商品等。这意味着，对新制造业产能的投资主要是为了服务于国内市场，而不是出口。这并不意味着

[①] 2020 年经"实物社会转移"调整后数据。国家统计局，《中国统计年鉴（2023）》，表"3-19 企业、广义政府与住户部门调整后可支配总收入及比重"。

中国的商品出口不会出现绝对增长。答案反而是很可能会。但与 GCF 和整体净出口相比，这些投资会导致消费上升。若 GDP 消费比率上升，储蓄随着时间的推移而下降，中国可以继续保持高于全球速度的增长，而不需要提升商品和服务盈余占 GDP 的比重。

下面来具体关注中国电动车和电池等的生产和销售情况。2023 年中国新能源汽车出口 120.3 万辆，同比增长 77.2%。佩蒂斯评价，中国电动车企的海外销售扩张更多反映了其国内经济的疲软而非企业的生产优势，因为中国家庭无法购买中国车企的大部分产出，但投资仍然被注入这个行业。卢克认为这是对中国电动车市场动态的错误分析，并指出，2023 年中国生产的 920 万辆新能源汽车，其中 86% 是在中国境内销售的，并且新能源汽车出口不成比例地由外国跨国公司而不是国内跨国公司完成（Glenn Luk，2024c）。例如，特斯拉上海超级工厂 38% 的产量，即 90.8 万辆中的 34.4 万辆用于出口（Glenn Luk，2024m）。相比之下，2023 年比亚迪生产了超过 300 万辆新能源汽车，出口了 24.2 万辆，出口仅占其国内产量的 8%（BYD，2024）。

外国跨国公司约占中国新能源汽车出口的一半。而且由于平均售价较高，外国跨国公司新能源汽车出口的美元份额甚至更高。所以，**真正利用中国作为电动汽车制造基地的是外国跨国公司**，而不是本土企业。虽然特斯拉最初的计划是让上海超级工厂服务本地市场，但在看到生产效率后，立即明确了将其扩大为"主要出口中心"的定位。

外国跨国公司有意将中国作为出口中心进行投资，因为中国具有显著的生产优势。因此，佩蒂斯所说的过度生产电动汽车而未能找到足够的本地需求的观点是完全错误的。这说明了一个关键问题——虽然中国在内燃机技术方面稍显落后，但在电动汽车方面处于前沿（并推动其向前发展）。特斯拉在中美生产同一款车型有超过 25% 的成本差异。这给企业带来提升赢利能力的空间——尤其是特斯拉。它的上海超级工厂于 2019 年 12 月投产，之后就开始扭转长期亏损的局面并开始赢利了。

因此，中国电动汽车的故事实际上是关于：通过垂直化发展一般成本优势；快速增长的国内消费推动了中国和外国汽车制造商的销售增长；主要是外国跨国公司（特斯拉、大众）将中国作为电动汽车出口基地。

衡量中国电动车企在多大程度上优先考虑国内消费而不是出口，一条关键线索是看它们在哪里选址来建设新的制造工厂。从长远来看，国内电动汽车至少有2/3的产能将服务本地市场。例如，比亚迪位于广东深圳的新工厂直接与附近的小漠港集成，车辆可以直接从装配线上下线，进入新的专用汽车滚装运输船。这显然是为了出口。与此同时，比亚迪最大的新能源汽车工厂位于内陆省份陕西。截至2023年，陕西西安工厂的产量约占比亚迪电动汽车产量的一半（此后这一比例有所下降）。该工厂显然针对的是本地需求。在山东济南和安徽合肥的另外两家新近投产的工厂也是面向国内需求的。如果下次听说新的电动汽车制造厂开业时，请留意一下工厂的位置。本章"沿海向内陆转移"小节更详细讨论了这一话题，中国工业化的下一阶段在地理上更加分散，特别是在内陆地区，这有力地佐证了我们应该关注的重点。

诺亚·史密斯的观点更为令人咋舌——为填补大部分房地产企业受损后留下的巨大漏洞，中国正试图生产大量电动汽车、电池、光伏板、钢铁和半导体，这可能会导致全球贸易战（Noah Smith，2024a）。

事实上，中国大部分"电动汽车、电池、光伏板、钢铁和半导体"的产能都是针对国内需求的，国外需求是次要的。在外需方面，中国出口越来越关注东盟等发展中国家的市场，而比过去较少地关注像美国这样的发达市场。约86%的电动汽车产出瞄准的是国内市场，而最多产的电动汽车出口商实际上是特斯拉和大众等外国汽车制造商，而不是中国汽车制造商。中国国内太阳能光伏需求占全球需求的50%以上，而占全球制造能力的80%，中国的需求占国内产量的约60%。中国电池产量占全球的75%，占全球需求的52%，中国的需求占国内产量的约2/3。中国每年进口价值3 500亿美元的芯片（超过其石油进口量），产能的增加主要是为了满足国

内需求，特别是成熟制程芯片（如电动汽车芯片）。（Glenn Luk，2024p）

这些"新兴产业"制造商与出口导向型制造商（主要是外资制造商）截然不同，后者崛起于21世纪前后两个十年的出口热潮，专注于消费商品，其主要目标市场是北美/欧盟/日本的发达国家消费者。今天的先进制造商关注的，首先是中国国内市场，其次是东盟等发展中经济体，最后才是完全发达的市场。与之前的出口时代形成鲜明对比的是，东盟、拉丁美洲等发展中经济体受到更多的关注。中国与东盟的贸易规模已超过与美国和欧盟。

这些新产业都是在中国巨大的内需和有针对性的产业政策的背景下发展起来的。各国都必须作出决断——哪些产品具有战略意义，并通过产业政策作出反应。

中国FDI疲软部分是因为国内市场走强

2023年之后，中国FDI显著走低（彩图26-1），这引起了不少人的担忧。布拉德·赛瑟指出，"中国FDI数据显示外国公司不将利润再投资于中国，而是把利润从中国搬走，越快越好"（Thomas Hale等人，2023）。赛瑟的评论极具洞察力，除去中美结构性利差背离（美国加息但中国减息）的因素，他指出的可能是FDI疲软的最重要的原因。但这个事实背后有更深刻的经济结构变化，这种动态的经济影响不一定全是负面的。我们有必要深入了解外国公司作出有关FDI决策背后的原因。

彩图26-1显示的是净直接投资数据，汇总了新的增量FDI与更复杂的"再投资收益"部分（即赛瑟所指部分）。布鲁金斯学会高级研究员罗宾·布鲁克斯（Robin Brooks）分享了一张有趣的图（彩图26-2），将中国资本投资分为三个类别：非居民资金流入（即新的增量FDI）、非居民再投资收益和居民资金流出。该图非常有价值，因为它将FDI分解为两个不同的组成部分，对底层动态有更深入的洞察。对照这两幅图，彩图26-2中的黑线对应于彩图26-1的深蓝色月度趋势。

上述中国资本投资的三个类别，其中两个的概念相当简单。非居民资金流入（彩图 26-2 的蓝条）代表已经在中国开展业务的外国公司或首次在中国投资的新公司注册的新资本，居民资金流出（彩图 26-2 的红条）是指在境外投资的中国大陆公司。这两个类别相对容易理解，而"非居民再投资收益"（彩图 26-2 的黄条）则较为复杂，因为它涉及一些会计估计（Glenn Luk，2024i），这一部分是对中国 FDI 产生诸多误解的根源。

从中国大陆撤出资金的公司主要有两类：针对发达市场的出口加工商和针对中国大陆市场的跨国公司。

第一类出口加工商主要是中国香港和中国台湾公司，它们在 20 世纪 90 年代将工厂迁往中国大陆，通过丰富的劳动力资源扩大规模。这些公司依靠与发达市场的联系，通常涉足劳动密集型业务，集中在玩具、鞋类、服装、家用电器、消费电子产品等行业。这些是需要大量劳动力投入的可交易商品。当人们谈论 20 世纪 90 年代和 21 世纪第一个十年的"离岸外包"时，就是指这些出口加工商。像 Belle（鞋子）、Vtech（手机）、Allan（家用电器）这样的公司，以及无数其他小型非品牌工厂，通常是家族企业，还有富士康等合同制造商，有趣之处在于，这些出口商大多数无法打入中国大陆市场。因为这些产品不符合中国大陆低收入消费者所需的严格价格点。这类企业也无法驾驭本地分销。像富士康这样的合同制造商则略有不同，因为它的重点单纯是卓越的制造能力，而不仅仅是获得利润丰厚的出口渠道。这些出口加工商一直迅速增长到 21 世纪第一个十年。这一时期是出口加工商的黄金时代。

然后全球金融危机来袭，黄金时代结束了。但这些行业并没有消失，而是变成了现金牛。彩图 2 显示了这一点（蓝条）。劳动密集型的低附加值（主要是"外资"）出口加工业像最近的房地产和基础设施一样进入了平台期。"现金牛"不需要太多的再投资。2020—2021 年有大流行的冲击，但这种影响已经消退。现在，随着贸易摩擦和中国大陆劳动力价格的上升，将劳动密集型出口加工迁出中国大陆变得越来越紧迫。或者它们只是单纯地关门了，因为劳动力成本上涨，业务变得越来越困难，最初的创始人也在变老。许多工厂老板发现工厂所在的土地比企业本身更值钱，所以就改建为住宅了。几年前，Gaw资本就与震雄合作开发了其持有的土地。讽刺的是，作为全球最大注塑机生产商的震雄，其主营业务举步维艰，但它的土地业务却在深圳不断扩张。

西方跨国公司的FDI通常以向中国市场销售为目标。最好的例子是汽车合资企业，通用汽车或丰田就是通过与上汽集团或一汽等当地制造商合作开展国内市场业务的。外国跨国公司负责提供技术/设计/品牌，当地合作伙伴负责执行。这里涉及大量供应链和库存。无论是"技术市场准入"的政策驱动还是纯粹的经济驱动，合资企业几乎都是跨国公司在中国制造产品并向中国消费者销售的先决条件。与出口加工商不同的是，它们主要是通过与了解当地情况、消费者和分销渠道的中国公司合作开展业务。随着时间的流逝，本地公司在各个方面都展开了"边干边学"：制造、技术、设计、营销等。所以我们看到本地企业在向国外出口的能力方面取得了进步，已经具备了一定程度的全球竞争力。再来看彩图2，但将重点放在黄色条上。电动汽车革命加速了汽车行业的趋势，取代了传统内燃机汽车的技术和品牌优势，并以多种方式将优势转移到当地公司。这些公司一直在为建设电动汽车和电池供应链开展更多投资。上海美国商会董事会主席肖恩·斯坦（Sean Stein）在2023年年底的一次探讨中国经济前景以及竞争时代的对外关系的线上会议上指出，美国商界最担心的是中国国内的竞争。2022年该商会对上千名会员的调研结果显示，52%的在华美国公司认为在未来3~5年在华生意最大的风险是中国国内竞争，名列第一。虽然眼前一些跨国企业在撤离中国，但斯坦表示，要维持和发展整体竞争力，美国公司就必须留在中国（余东晖，2023）。

这确实是一个构造转变，从FDI数字中可以看到这种情况。外国汽车合资企业正在撤退甚至关闭，其工厂被改造成电动汽车或电池的生产工厂。外国汽车合资企业曾经一度很赚钱。例如，一直到2018年，中国都是通用汽车最大的收入来源地。其他类别也出现过这种情况。三星在中国智能手机市场的份额在十年前开始下降，所以它开始将大多数智能手机制造大规模转移到越南和其他地方也就不足为奇了。正在崛起的国内品牌，比亚迪（和十几家其他电动汽车公司）、华为、小米等，正在获得更多的市场份额并推动投资。2024年3月27日，比亚迪董事长王传福在财报投资人沟通会上表示，未来3~5年，合资品牌份额将从40%降至10%，其中30%是中国品牌未来的增长空间。（魏勇猛，2024）国内投资正在取代FDI。对于这些新的中国跨国公司来说，开拓国内市场是第一要务，出口市场是次要的。这与前面讨论的新制造业首要服务于国内市场的观察是一致的。这与外资出口加工商相反，出口市场才是它们的重点。中国跨国公司与外国跨国公司不同，后者的主要业务是为了进入本地市场。中国跨国公司也正不成比例地专注于向发展中经济体市场出口。

总而言之，FDI下降是因为：对发达国家的劳动密集型出口下降，"现金牛"几乎不需要再投资；国内跨国公司挤出了汽车等传统资本支出密集型行业的外国跨国公司。从非居民资金流入看出，并非所有外国跨国公司都像在中国的外国汽车合资企业那样苦苦挣扎。例如，爱马仕宣布，由于"强劲的中国需求"，2024年第一季度销售额增长了17%，这可能表明"富裕大众"的中国消费者可能会再次打开他们的钱包；尽管有出口管制，荷兰光刻机厂商ASML的2024年第一季度收入中，对中国销售额占比达49%，创下历史新高。还要记住，这些FDI是流量数字，也可能在某个时候变为负值。例如，当像三菱这样的公司终止其合资企业，清算资产并遣返资金时，就是负的FDI。但即使出现负值，仍有大量外商投资资本存量。例如，苹果在中国投资了70亿美元，产生了700亿美元的收入，这是疯狂的ROI。它们不会很快退出。能够继续在中国获得诱人回报的外国公司将留下来，那些无法做到这种程度的将清算资产并离开。

这种动态将推动未来几十年的FDI流动。还有一个政治层面的原因——拜登政府向美国公司施压，要求其不要投资中国。这可能很难量化，却是一个非常真实的影响因素。它会起作用，但结论是：外国跨国公司因为想要进入中国市场才在中国投资，退出只意味着失去进入该市场的机会。现在与 20 年前的区别在于，外国公司退出后，中国国内的公司愿意并能够填补这一空白。换句话说，如果中国仍然是一个有利可图的机会，退出中国对跨国公司的伤害可能大于对中国经济的伤害。未来几年，许多外国公司将失去在中国的市场份额。地缘政治紧张局势将加速这一进程。巨额 FDI 的辉煌时代已经结束。这对中国不算坏消息，因为现在中国公司相比于外国公司更具竞争力，它们能创新，并且拥有规模和自动化。

2023 年中国 FDI 总体疲软的趋势中仍不乏亮点。据 FDIinsider 报道（FDIinsider，2024），德国经济研究所在其根据德国央行数据撰写的一份报告中指出，2023 年德国对华直接投资总额达到创纪录的 119 亿欧元，同比增长 4.3%。此外，2023 年德国对华投资占德国海外投资总额的比重达到 10.3%，为 2014 年以来的最高水平。报告也指出，德国企业过去三年在中国的投资额大致相当于其 2015 年至 2020 年的投资额。尽管 2023 年年中德国发布了对华战略报告，呼吁德国大企业降低对中国的依赖。欧盟也出于安全考虑加强对华投资的审查，但报告指出，投资数据显示没有出现撤离中国的多元化投资趋势，德国公司依然热衷在中国市场扩张。

2024 年中国发展高层论坛吸引了近百家跨国企业负责人齐聚北京，许多国际组织负责人和全球工商界代表表达了对中国经济发展前景的高度认可。中国对国际投资者保持着强大吸引力。2023 年，中国发布稳外资的 24 条政策措施，率先在 5 个自贸试验区和海南自由贸易港试点对接相关国际高标准经贸规则；2024 年《政府工作报告》提出全面取消制造业领域外资准入限制措施，放宽电信、医疗等服务业市场准入；国务院办公厅印发的《扎实推进高水平对外开放更大力度吸引和利用外资行动方案》，从扩大市场准入、畅通创新要素流动等多方面采取务实措施，加大力度吸引外资。中国商务部数据显示，2024 年前两个月，全国新设立外商投资企业 7 160 家，同比增长 34.9%，达到了近 5 年来最高水平。

收入增长和消费疲软的"背离"

根据国家统计局（NBS）发布的数据，2023年全国居民人均可支配收入和消费分别实现了6.3%和9.2%（名义，本小节内下同）的同比增长。但彭博社引用国内招聘网站智联招聘的数据显示，32%的中国白领表示，2023年他们的工资经历了至少自2018年以来最高比例的下降[①]。而城市一般人群普遍感觉消费复苏放缓且相对疲软。假设这些数据都是可信的，那么出现分歧的原因是什么？我们可以从城乡对比和劳动力白领蓝领对比这两个维度来理解这个问题。

2023年中国居民收入和消费支出的统计情况显示出两个明显特征：第一，城乡差距明显，农村居民的收支增速都显著超过全国平均水平，城镇居民的收支增速低于全国平均水平；第二，收入类型增长差距明显，城镇和农村居民的工资性收入和经营净收入增长都显著超过了其他收入来源，城镇居民的财产净收入是较大的增长拖累。所以2023年，农村人比城里人赚钱更"容易"，依靠劳动和经营赚取收入也更"容易"，城里人依靠财产（例如房产和股票）赚取收入则更"艰难"。而农村人或依靠劳动和经营赚取收入的人群相比于其他人群，较少在媒体发出自己的声音。

再来看另一个维度。一段时间以来，中国一直在运行**双速劳动力市场**：高收入白领工人的收入增长速度低于低收入蓝领工人。这导致后疫情时代消费复苏放缓且相对疲软。智联招聘专注于白领在职职工，并不包括体力劳动者或个体工商户。NBS官方收入数据试图从"体力劳动者和白领"那里获取城市工资数据，是衡量城市劳动力池的更广泛指标，尽管仍然不完整（例如没有包括个体经营者、小型家庭企业）。

[①] https://www.bloomberg.com/news/articles/2024-01-30/more-of-china-s-white-collar-workers-say-their-wages-are-falling.

表 14-1-1 2023 年全国居民收支主要数据

指标	绝对量(元)	比上年增长(%)（括号内为实际增速）
（一）全国居民人均可支配收入	39218	6.3（6.1）
按常住地分：		
城镇居民	51821	5.1（4.8）
农村居民	21691	7.7（7.6）
按收入来源分：		
工资性收入	22053	7.1
经营净收入	6542	6.0
财产净收入	3362	4.2
转移净收入	7261	5.4
（二）全国居民人均可支配收入中位数	33036	5.3
按常住地分：		
城镇居民	47122	4.4
农村居民	18748	5.7
（三）全国居民人均消费支出	26796	9.2（9.0）
按常住地分：		
城镇居民	32994	8.6（8.3）
农村居民	18175	9.3（9.2）
按消费类别分：		
食品烟酒	7983	6.7
衣着	1479	8.4
居住	6095	3.6
生活用品及服务	1526	6.6
交通通信	3652	14.3
教育文化娱乐	2904	17.6
医疗保健	2460	16.0
其他用品及服务	697	17.1

表 14-1-2 2023 年城乡居民收支主要数据

指标	绝对量(元)	比上年名义增长(%)
(一)城镇居民人均可支配收入	51821	5.1
按收入来源分：		
工资性收入	31321	5.9
经营净收入	5903	5.7
财产净收入	5392	2.9
转移净收入	9205	3.6
(二)城镇居民人均消费支出	32994	8.6
按消费类别分：		
食品烟酒	9495	6.0
衣着	1880	8.4
居住	7822	2.3
生活用品及服务	1910	6.1
交通通信	4495	15.0
教育文化娱乐	3589	17.7
医疗保健	2850	14.9
其他用品及服务	953	17.1
(三)农村居民人均可支配收入	21691	7.7
按收入来源分：		
工资性收入	9163	8.4
经营净收入	7431	6.6
财产净收入	540	6.0
转移净收入	4557	8.4
(四)农村居民人均消费支出	18175	9.3
按消费类别分：		
食品烟酒	5880	7.2
衣着	921	6.6
居住	3694	5.5
生活用品及服务	992	6.2
交通通信	2480	11.2
教育文化娱乐	1951	15.9
医疗保健	1916	17.4
其他用品及服务	341	13.5

来源：国家统计局，https://www.stats.gov.cn/sj/zxfb/202401/t20240116_1946622.html。

卢克引用了确凿的非官方数据来表明，蓝领工人的收入和就业情况好于白领（Glenn Luk，2024b）。低收入人群的工资增速较高，特别是农民工的就业形势良好（彩图31-1）。

我们看到了一个分裂的劳动力市场，中产阶级家庭相比于低收入群体的前景不太乐观。疫情后重新开放后，A股上市公司的员工遭受了就业保障和工资增长放缓的双重担忧。

更担心就业保障。截至2023年上半年，上市公司雇用了2 980万名工人，仅同比增长1.8%，为疫情暴发以来的最低增速。相比之下，早在复工后的第一季度，农民工数量就迅速回升至1.82亿人，这超过了疫情前2019年第一季度的1.765亿人。截至2023年第四季度，农民工就业同比增长2.7%。重新开放可能会使劳动力市场的低端部分受益更多。

工资增长放缓。2023年上半年A股公司雇员平均工资同比上涨3.4%，低于城镇居民家庭可支配收入5.4%的同比增速和农民工工资6.5%的同比增速。2023年上半年，高收入群体的收入增长率明显下降。不过，这并不是前几年的普遍模式。A股员工群体内部的情况也类似。我们根据2022年的平均工资对A股雇主进行分类，发现高收入群体的平均工资增长率和中位工资增长率都较低。值得注意的是，平均工资超过50万元的公司在上半年出现了工资负增长。

即使是最近青年失业率的负面趋势也证实了劳动力市场的双速增长。如今，中国五分之三的年轻人正在上大学，青年失业率数据越来越多地反映了白领劳动力的动态。

使工资效应更加复杂的是，非工资的财产性收入的两个主要来源是房地产和股票市场。高收入人群还拥有不成比例的房地产（用于投资）和股票。因此，房地产市场和股市的低迷也对占中国消费一半的前20%的人口产生了负面的财富效应。低收入人群把钱花在基本生活的必需品上，几乎没有剩余的储蓄。他们的消费主要基于收入。高收入人群有更多的可自由支配的支出类别，如休闲旅行。当新冠疫情来袭时，他们削减了这些支出，导致储蓄率上升。"三道红线"打击了房地产投机，疫情防控期间流动性储蓄的积累增多证明了这一点。疫情导致家庭部门犹豫不决，并开始积累储蓄。

因此，尽管在疫情防控期间，广泛的收入指标继续上升，但我们看到消费持平，这主要是由于高收入阶层的支出低迷（和储蓄增加）。低收入人群的支出不足以推动广泛的消费。他们没有足够的弹性储蓄，也不倾向于那样做。他们主要是为了生存，也许是为了养老（包括买房）而存钱。

因此，后疫情时代的消费复苏在很大程度上依赖于占消费大部分的高收入人群。由于他们的收入（包括工资和财产）一直疲软，所以消费反弹也不明显。这是当今政策制定者面临的主要困境之一——是否继续采取倾向于支持低收入而不是高收入生计的政策，或者现在优先考虑高收入或那些能够消费的人？因此，这里的政策困境是不同收入群体之间的平衡：过去三年对蓝领群体相对有利，对高收入群体相对不利。基金经理老齐分析了2024年年初政府"救市"面临的这种困境（齐新阳，2024）：

> 市场充满了"救市"的呼声，实际上中国股民和基民人数虽然众多，但是总资金量占比较小。尤其是持仓市值10万元以下的股民才是大多数。
>
> 那救市实际上救了谁？谁持有的股票多就救了谁，也就是国有股和个人大股东（资本家）。国有股其实压根没打算卖，我们很少见到国有资金减持，救市实际上是救了资本家。救市以后，资本家乐呵呵地减持，再割一次韭菜。为什么媒体都在呼吁救市？是不是资本也控制了媒体？

如今更平衡、更平等的发展，深深植根于"共同富裕"和"高质量增长"等理念之中。这意味着即便会牺牲 GDP 的绝对增长，也要换取对普通民众来说更均衡的增长。如上所述，目前的劳动力市场和消费习惯显示了这一点。这需要更多的一致性。如果在 21 世纪第一个十年因为社会经济不平等的扩大而批评中国的经济政策，那么你现在应该对长达十年为解决这个问题所付出的持续努力而感到欣慰。基尼系数下降、贵州等贫困省份的赶超、极端贫困的缓解、城乡差距的缩小等都体现了这一点。当然，也有人认为我们可能走得太快了……但这种政策取向对缩小贫富差距的净效应是难以忽视的。从长远来看，平衡对社会来说才是一个净积极因素。

就业稳健

我们需要关注的关键是失业数据。稳定的失业率意味着从房地产部门转出的破坏性影响并不剧烈。中国的 PMI 数据表明，失业率略有上升，但也表明宏观形势是稳定的。其他调查也支持了这一点。稳定的劳动力市场意味着家庭收入也是稳定的。很难预测家庭何时会打开钱包，开始消费，但只要家庭的收入保持稳定，就一定有机会。2023 年从中国整体就业情况来说，青年就业难和制造业招工难并存，普工难招，技术人员短缺。制造业人力短缺充分表明中国从房地产和基础设施向制造业转型的积极势头。

在最近对年轻人失业率的关注中（彩图 8），人们忽略了 16～24 岁的年轻人占劳动力总数的百分比仅是个位数，也没有注意到约 94% 的就业率的劳动力市场是多年来最紧张的。年轻人较低的就业率是多方面的原因造成的：20 世纪八九十年代后出生的几代人不仅经历了高等教育的蓬勃发展，而且愈发厌恶体力劳动或低技能服务业工作，他们更青睐有更高技能要求的专业化工作；过去几十年中国家庭财富和可支配收入的增加也增强了承受失业/不就业的能力；中国经济转型过程中，对高技能服务业的需求或许落后于人力资本的供给。因此，年轻人更多是主动选择不就业，而不是被动失业。

这种判断与笔者对社会的观察也是一致的。一位朋友日常光顾的一家小有名气的足浴（连锁）店，里面的老师傅抱怨，现在万元月薪也非常难招募和挽留年轻人，因此不得不额外提供一个月的薪水来吸引新人，即使这样员工也不稳定，通常做几个月就不辞而别。笔者的邻居中有一位年轻妈妈，加盟了一家连锁甜品店，生意极好，但邻居抱怨她雇来的年轻人极其"不靠谱"，不仅工作不认真而且经常无端消失。

国家统计局（NBS）在 2023 年下半年暂停发布青年失业率，直到 2024 年 1 月才调整了该指标的计算方法并重新发布。以前的方法将寻找兼职工作的在校大学生统计在内，新方法将他们排除在分母之外。这种调整是合理的，并且符合标准的失业统计方法。

在原青年失业率统计方法下，被测算的青年失业率的稳步快速上升与大学录取率的快速上升相吻合。自 2010 年以来，大学录取人数一直在上升，2023 年突破了 3 600 万。从 2018 年首次发布到 2022 年，青年失业率的上升主要是由于在就业调查中对寻找兼职工作这一选项回答"是"的全日制大学生人数增加。调整后的方法可能启用了新的就业调查，可以区分寻找兼职工作的在读全日制大学生和正在寻找全职工作的应届毕业生。

说句题外话，关于青年失业率以及围绕上升的失业率和 2023 年 7 月份该指标暂停这类话题而编织的各种投机性叙事是值得我们警醒的。对中国统计数据的一些奇怪解释，往往与有缺陷的方法、误读的数据系列有关。

《经济学人》的一篇关于青年失业率统计调整的文章指出，新调整与旧方法具有一定的向后兼容性，即寻找兼职工作的在校生占失业人数的约 2/5（Economist，2024a）。因此，重新发布的 14.9% 的青年失业率大致相当于旧方法下的 22%。这相比一年前没有改善。

农民工流动性的积极面

在房地产转型期间就业能够保持相对稳定的原因之一是蓝领农民工

劳动力的流动性。虽然户口限制经常被视为抑制城市化进程的重要因素，但并没有以阻碍长期经济发展的方式实质性地限制中国的劳动力流动（Glenn，2023b）。相反，蓝领农民工"浮动人口"劳动力极具流动性和灵活性。

户口限制了农村移民获得城市服务，抬高了城市移民的门槛，而且通常只激励潜在的工人（而不是他们的受抚养人）移民。这抑制了在城市扎根的动力，意味着更容易即兴地来与走——一段说走就走的人生旅程。换句话说，从实际情况来看，它促进了高流动性。GFC 期间充分展示了这一点，当时数千万农民工离开沿海地区关闭的出口加工厂，前往各地的建筑工地。中国的大部分建设是由这些工人推动的，他们住在工厂宿舍或建筑工地的临时住房中，在全国（有时甚至到海外）从一个工地到另一个工地，不停建设。

这就是为什么应该对正在进行的房地产调整和过渡更加乐观。房地产的建设大军主体是农民工，这一群体的流动性和适应性使得将劳动力重新分配到其他部门和地区变得相对容易。数百万工人现在正从公寓的建筑工地转移到风力涡轮机、太阳能电池板和公用事业级电池阵的建设工地，或正在建造电动汽车工厂。今天，经济资源正在从房地产和建筑业动态地重新分配到可再生能源基础设施和先进制造业。这有力地表明，资本和劳动力从房地产和建筑业向先进制造业和服务业的转移是以相对可控、平稳的节奏进行的。根据国家统计局《2023 年农民工监测调查报告》（国家统计局，2024a），2023 年农民工在建筑业的就业占比下降了 2.3%，但相应地在服务业的就业占比增加了 2.1%。从建筑业转出的劳动力，除被先进制造业吸收外，基本上都被面向消费者的服务业所吸收。该报告也显示，农民工正在变老。现在，1 名 30 岁以下的农民工对应 1.8 名 50 岁以上的农民工。这一比率在 2010 年仅为 0.3。这可能是中国蓝领劳动力的最后一次大规模轮换：他们年纪越来越大，正在退休；他们的孩子正在获得大学学位，对蓝领工作不感兴趣；快速城市化阶段将在 21 世纪 40 年代完成。这意味着他们终于要安定下来了。许多人一直在攒钱购买公寓，地点选在离村庄更近或孩子学习、工作所在地附近的小城市。有些人向往/选择农村生活，并在村庄建造养老院。其他人则带着家人在工作的大城市"取得成功"并安居落户。需要明确的是，这一趋势正在进行——在前几代定居在城市并拥有户口的移民身上可以看到这一点。从城市发展模式的变化中也能看到这一点，特别是随着二线和三线城市崛起和对一线城市的赶超。

一方面，随着农民工劳动力流动性的放缓，这个地理上具备灵活性的时代即将结束。随着中国进入快速城市化的最后十年，我们必须解决这一群体的定居和养老问题。在接下来的20年里，几十年来一直为中国经济发展提供动力的独特、充满活力的劳动力将逐渐走下舞台。这也应该意味着生活质量的实质性改善，让流动人口获得应有的舒适的退休生活。中国蓝领时代的终结还有10年或20年的时间，但它已经达到顶峰，预计21世纪30年代会急剧下降。安置好这一群体是城市化最后阶段的关键的主题之一，他们将成为影响中国社会方方面面的主要力量。

20世纪90年代，中国的政策选择是由稀缺性驱动的。住房和基础设施投资、农民工人口统计、高收入门槛，以及户口政策等这些话题都与城市化相关的数十年大趋势相关联。城市化最终是为了解决稀缺性问题。蓝领农民工劳动力正在萎缩，当进入21世纪三四十年代后，这一趋势将加速。当1985—1990年出生的那一代人在21世纪40年代达到退休年龄时，城市化将基本完成。正如房地产投资越过高峰一样，户口限制也在逐渐解除。预期这种情况会以渐进的方式继续下去。农民工正越来越多地在城市扎根。

另一方面，白领劳动力正在增加，并将经济推向更高的价值链。对于白领工人来说，户口政策确实限制了劳动力流动。大学毕业生的涌入以及大多数人口目前居住在城市的客观情况，意味着可以更有效地向普通民众部署现代卫生和教育服务。逐步淘汰户口这一限制条件的做法将与城市增加对这些类型服务的投资相契合。

城市正越来越多地在提供最好的生活质量方面而不是在谁成长最快的领域相互竞争。例如，未来十年，城市对训练有素的医护人员的需求会非常高。取消户口限制和提供激励措施以吸引来自国内其他地区的医护人员，将是相互竞争的城市之间人才争夺战的一部分。2023年12月，北京市民政局等六部门印发文件明确高层次养老服务人才可引进落户。

最柔软的着陆

但不是所有人都对中国经济在后房地产时代的转型持（至少是"谨慎"）乐观态度，提出中国过度投资理论的佩蒂斯用明斯基的"金融不稳定假说"来佐证，中国房地产部门的调整比任何人想象的都要痛苦得多。他认定现在没有接近房地产行业动荡的尾声，风险仍然隐藏在企业、银行、家庭和政府资产负债表中。

对于任何赞同中国"自2005年前后以来一直大规模过度投资"这一观点的人来说，需要了解这种房地产过渡/调整远比任何人预期的要良性得多。此时，在"三道红线"实施三年后，中国经济几乎完成了房地产转型任务。根据高盛的预测，房地产对经济造成的拖累可能持续到2024年年底，但正在接近（或已经达到）可持续的平衡点。所以，自2005年前后以来积累了15年的过度投资，如果真存在的话，难道只需要大约3年的去杠杆化就使房地产部门接近一个可持续的均衡状态？这足以表明，过度/不当投资的水平被严重夸大了。自2020年8月实施"三道红线"以来，房地产部门对GDP的直接和间接贡献已从约30%下降至约23%（到2023年年底）。通常情况下，随着这种结构性转变，失业率会上升，即使是暂时的。

但我们看到的实际情况是，总体就业率一直保持强劲态势，如前文讨论，失业率实际上接近周期性低点。在2020—2022年疫情防控期间，家庭可支配收入增长与人均GDP增长保持同步：人均GDP增长了11.9%，人均可支配收入增长了13.6%。这有力地表明，资本和劳动力从房地产和建筑部门向先进制造业和服务业的部门转移已经以相对可控、平稳的速度进行。

当然，还有一些重大的坏资产需要化解，但这需要时间。关键是我们应该为值得的项目获得后续资本，同时避免把"好钱"投入不值得的项目中。这里的工作不仅是要揭开"隐性债务"，还要弄清楚哪些地方政府融资平台值得支持。这主要涉及中央与地方政府的协调工作。但从GDP的角度来看，重组过程本身产生的影响最小。重组主要涉及现有价值的转移，较少涉及调动新的经济资源。

在几乎所有的金融危机中——我并不认为中国现在处于这种状态——大部分对GDP的影响（例如失业、部门转移）发生在头三年，而实际重组活动需要更长的时间。如重组雷曼兄弟花了十多年的时间。在这种情况下，一个被忽略的主要区别是，中国的部门去杠杆化（"三道红线"）具有内源性特征。而大多数重大金融危机是由计划外的外生事件引发的。三年前中国的"三道红线"引发了LGFV的"慢镜头"式流动性危机，这可能成为改革的动力。本书在关于LGFV的章节讨论了这个话题。但这与亚洲金融危机（AFC）期间的韩国形成鲜明对比，AFC是由外国资本突然撤出（与韩国本身无关的因素）引发的，因此耗尽了韩国国库的外汇资产并导致货币危机，韩元贬值了一半。这是一个计划外的危机局势。

"三道红线"调整后的房地产价格下跌使房屋更加实惠。从价格／收入等指标来看，房价可能会回到2014—2017年的水平。中国经济可能已接近房地产调整的最后阶段。至于房地产行业对经济的逆风作用能持续多久，很大程度上取决于政策制定者希望为潜在买家提供多少可负担的住房。而且中国的城市化进程也尚未完成。

一篇文章的数据显示，**中国仍有1.2亿人没有住房**（YU HAIRONG, DING FENG and HAN WEI, 2023）。对于这些人来说，降价无疑是一件好事。这是政策制定者面临的平衡问题。较低的价格会伤害已经拥有房屋的前5%~10%的人，他们通常在价格低廉时获得住房，往往会获得收益以积累更多的房地产资产。抑制房价（更不用说非常疲软的股市）自然会对大众富裕阶层产生不利的财富影响。但对于底层40%的人口中尚未购买城市住房的人来说，这是非常有益的。事后看来，房地产调整比大多数人预期的要温和得多，特别是如果你关注的是实体经济活动，而不是按市值计价的住房和股票价格。

从GDP影响的角度来看——经济似乎确实在经历大部分"逆风"，或许还有一年时间房地产会继续拖累整个经济，该部门将在2024年年底缩减到2016年年底的绝对水平。2016年12月，国家首次谈论"房住不炒"，如果这个时间点的房地产部门还是可持续、健康产出的，那么有理由相信房地产部门的紧缩将显著早于2024年年底之前结束，毕竟自2016年年底以来，中国经济规模已经增加了约40%。

十几年来反复听到"硬着陆"，但笔者相信最糟糕的情况已经过去，中国经历的是最柔软的"着陆"。地方政府和开发商的股权持有人承担主要压力（相信政府能迫使开发商完成"保交楼"，或退还预售资金。此外，2024年3月住建部部长倪虹称，对资不抵债房企将依法依规处理，维护房地产市场秩序），这也体现了社会公正。

国家统计局发布的2023年第三季度数据，包含一些亮点：第三季度证实，可支配收入的增长继续强劲，为5.9%的实际增长，超过GDP增长0.7%；农村收入的增长速度快于城市，缩小了两者之间的差距。支持家庭收入的主要因素是就业。尽管正在进行房地产调整，但失业率仍然很低。政策制定者没有诉诸家庭刺激措施，因为就业一直很稳定。中国的决策者认为就业和家庭收入增长是内需主要的长期驱动力。照顾好就业/家庭收入，需求将随之而来。因此，尽管缺乏以家庭为重点的刺激措施，但消费已经显示出复苏的迹象，更多地由旅行和软件等无形服务而不是实物商品引领。家庭开始将其正在增加的收入的一部分用于消费活动，并减少储蓄。只要家庭收入保持强劲，这最终将导致消费上升——这是现在看到的，即使花费的时间比预期的要长一点。固定资产投资数据继续支持受控的部门过渡的概念，从房地产部门转向其他部门，特别是高科技制造和高科技服务。基础设施也很坚挺，在跟随房地产进入平台期之前还有几年的发展时间。

三、减少外需依赖，部门转移提振生产力

中国与贸易伙伴国的潜在趋势

2022年，中国与全球南方的贸易超过与全球北方的贸易，并且东盟超过美国和欧盟成为中国第一大贸易伙伴。这是全球贸易格局的历史性变化。自此，出现一种说法：中国欲建立一个以发展中国家为中心的集团来取代美国和欧盟。著名的国际收支分析师布拉德·赛瑟认为这从根本上是不可能的，因为中国巨大的贸易盈余持续增长，从绝对数量和相对世界GDP占比角度来看都是如此。

虽然赛瑟的观点极具洞察力，但他过于关注总体数字，忽视了重要的潜在趋势。中国的贸易伙伴国有三种类型，分别呈现不同的动态特征。

1. 富裕国家

我国对富裕国家的出口历来包括劳动密集型制成品。这些产品通常专门用于出口，不太适合国内消费者市场。这些业务主要由东亚（如中国香港/中国台湾、韩国）出口商提供资金，并利用其现有的联系达成。这些出口商将业务离岸到中国大陆，以利用庞大的劳动力资源库。这种出口贸易在全球金融危机后趋于稳定，成为"现金牛"。

中国的进口主要是由无法在国内生产的高价值资本货物和飞机、汽车、机器人、芯片等技术组成。随着科技的发展，我国已经掌握了如何制造这些种类的产品，因此会出现更便宜的国产替代品。这加剧了富裕国家的商品过剩，而中国增加进口它们提供的服务（如旅行和教育），则对此有所

缓解。自 2015 年前后以来，地缘政治紧张局势不断加剧，有些意想不到的事件对这一贸易产生影响。美国的关税加速了价值链中劳动密集型最密集部分已经存在的离岸外包趋势，或推动了规避关税的活动。尽管采取了制裁和关税等早期保护主义措施，但中美制成品贸易仍有所增加，部分原因是与新冠疫情防控相关的需求激增。与此同时，美国对高科技产品的出口管制产生了好坏参半的影响，中国对某些产品的进口在禁令生效之前激增。

这真正表明的是，依赖关系是双向的：一方面，富裕国家依赖中国，而中国已经牢固地确立了大量商品低成本制造大国的地位。这个定位不是基于劳动力，而是基于技术、专业知识和供应链。这就是为什么价值链中的劳动密集型部分离岸外包，却并没有大幅减少中国的制造业贸易顺差。另一方面，中国需要富裕国家拥有的尖端技术，例如芯片和航空航天等相关技术。这种贸易关系的双方现在都受到了冲击。富裕国家对中国新一代高科技产品（如电动汽车）持谨慎态度，并限制尖端技术的出口。与此同时，劳动密集型消费品以越来越快的速度离岸。这实际上意味着，随着时间的推移，中国与富国的贸易关系正在萎缩，尤其是在相对规模上。这种相对下降的速度是缓慢的，因为驱动这种贸易的潜在经济因素仍然相当强大。

2. 大宗商品生产国

中国资源匮乏，即在能源、商品和耕地方面处于相对劣势。几十年来，我们一直在利用相对制造优势来获得发展经济所需的大量石油、铁和农产品。然而，随着清洁能源转型和摆脱资本密集型发展方式，这种相对劣势会逐渐扭转。在接下来的二十年里，我国的石油和大宗商品进口费用将下降，速度会先慢后快。在清洁能源转型的推动下，中国将从世界上最大的能源进口国转变为能源出口国。

这将改变中国与美国（农产品）、俄罗斯（石油/大宗商品）、中东（石油）和澳大利亚（大宗商品）等自然资源丰富的贸易伙伴国的贸易性质。

从贸易角度来看，能源/大宗商品/农产品进口费用的减少可以通过更强的人民币汇率来抵消，从而减少制造业盈余。或者这可能意味着"进口"出境游的再次激增。

3. 发展中国家

与富裕国家和大宗商品生产国的贸易额降低的趋势相对的是，中国与中等收入和发展中国家长期贸易的增长迅速。这种贸易流动将主要包括高价值知识产权、技术和先进制造业——无论是直接出口还是通过对外FDI——而不是与富裕国家和大宗商品生产国进行劳动力贸易。

从贸易盈余的角度来看，目前尚不清楚这将朝着哪个方向发展。中国将越来越多地从发展中经济体，特别是东南亚经济体进口低成本劳动力，主要是通过劳动密集型工厂离岸/近岸的间接进口。

这些不断发展的贸易关系和动态远比狭隘地关注总体贸易余额更重要。有些流行观点夸大了中国对国外需求的"依赖"程度。虽然富裕国家的需求仍然有意义，但对于推动生产力提高和中国经济持续发展的作用远不如20年前那么重要。可以说，**在未来中国与发达国家的贸易关系比总体贸易余额更为重要**。此外，富裕国家的需求本身具有相当的黏性，代表了另一种形式的依赖——对中国作为高效、低成本生产国的依赖。最近的历史表明，如果双方不共同经历大规模的镇痛，这种需求就不可能迅速消失。

贸易平衡实际上需要从两个层面来理解：（1）比较优势如何推动商品顺差，以及（2）外汇政策如何真正推动整体贸易顺差。与20世纪80年代的日本不同，中国的外汇政策在很大程度上处于中国政策制定者的监督之下，因此将在很大程度上根据预期的政策结果和对外来宏观事件的反应进行调整。

我确实预计，随着时间的推移，中国整体的顺差和制成品顺差都会减少，特别是相对于整体经济规模而言。这将受到不断变化的比较优势/劣势和外汇政策（与人口转变有关）的推动。但我不认为，像一些人所预期的那样，这会显著减缓长期生产力增长。长期生产力增长是中国实现中长期经济发展目标的关键。虽然富裕国家过去曾为中国经济增长提供了大部分需求和先进技术，但国内技术、国内需求和与发展中国家的贸易日益成为关键驱动力。

这里重要的不是贸易顺差总额及其演变，而是潜在贸易流动的性质以及中国经济中的经济资源如何分配。显然，未来存在重大的生产力利好因素：资源从劳动密集型制造业转向先进制造业，从房地产/基础设施转向工业和高价值服务业，减少能源/大宗商品进口费用等。

重要的事情说三遍：生产力，生产力，还是生产力！过分关注贸易平衡和会计恒等式会分散对真正重要的事情的注意力。

从部门视角考虑生产力增长

考虑生产力增长的一种方式是从部门角度出发。有些部门具有很高的生产力增长潜力，有些则较低。生产力增长可以由部门转移推动：在具有不同生产力特征的部门之间重新分配劳动力和资本。

一些部门，如技术和制造业，可以推动经济整体的通用生产力的提高。这些"生产"和"发明"部门在推动经济的其余部分的生产力提高方面发挥着关键作用。其他部门，特别是零售业或餐饮业等服务业，并没有真正推动生产效率，而是采用了新的提高生产力的技术。这些服务业在创造就业机会方面非常出色，但生产力的提高最终是由关键技术和制造部门推动的。在一个部门内，随着关键使能技术的兴起和最终成熟，生产力增长潜力可能会随着时间的推移而起伏。随着新技术的发明，各行各业可以重新焕发活力。

来深入了解一下真实世界的例子。中国生产力一次较大的提升来自农村非生产性劳动力向劳动密集型出口加工产业的部门转变。20世纪80年代初市场改革释放了农业部门大量生产力红利。提高生产力意味着我们可以用同样的劳动力生产更多的粮食，但会出现过剩的"非生产性"劳动力。

我们将目光锁定在劳动密集型出口加工业上，尽管这种工作很辛苦，而且按照现代标准衡量报酬很低，但它仍然会带来工资的倍数增长，这最终反映为生产力收益。每个从农场走出来到沿海工厂的个体都代表着巨大的生产力收益。此外，劳动密集型制造业在开始时也具有充足的生产力增长潜力，增加一台小型机器并培训工人使用，可以快速提高劳动生产力（每个工人的产出）。

从20世纪90年代到21世纪第一个十年，以下两个方面都带来很大的生产力收益：（1）农业部门过剩的非生产性劳动力向劳动密集型制造业的第一阶段的转移；（2）在制造业内部，部署更多资本商品。

出口加工业的"好日子"在全球金融危机期间结束。OECD的需求急剧萎缩。这些沿海出口加工厂中有许多在春节期间关闭，之后没能重新开业。幸存的工厂也在苦苦挣扎着，竭力与不断上涨的成本抗争。21世纪第二个十年许多上市的出口加工企业，必须努力削减运营成本和提高生产力，并不断适应缺乏定价权和艰难的宏观环境等。许多这样的工厂变成了"现金牛"。这些企业的运营者已经用尽了能够提高生产力的技能，并且未能在其核心OECD渠道之外开发品牌或开拓市场。这类企业很少试图打入中国大陆市场。也就是说，出口加工业务模式已经成熟，进一步的生产力提高非常有限。它达到了所谓的"帕累托效率"。想要推动前沿的生产力发展，就需要对战略进行大规模的转变——进入先进制造业。

这一次是由中国国内需求推动的，而不是由富裕世界的OECD消费者。这次不是中国香港和台湾地区的企业主，而是由大陆企业家领导的。在20世纪90年代和21世纪第一个十年，我们并不富有，对成本非常敏感。从现代住房和蛋白质等基本生活用品到现代化的消费品汽车、电话、电视等，一切都普遍稀缺，我们也买不起这些沿海出口加工厂生产的东西。但大陆企业家用他们的方式满足了消费者的需求。当然，那时产品质量远未达到OECD的标准，中国大陆的消费者负担不起这种质量水平。但沿海制造业也有溢出效益。中国大陆企业家逐渐掌握了基本的制造技术，之后开始学习更先进的制造技术。他们还有与出口加工厂相同的丰富的劳动力资源。但为了满足大陆消费者的价位要求，他们别无选择，只能开始思考如何通过产品研发和制造自动化来降低成本。而他们拥有的一个优势是国内市场的绝对规模。

国内市场的绝对规模允许雄心勃勃的企业家去想象建立在产品研发基础上的商业模式，这些研发成本可以分摊到数亿单位产品上。这为"做大"开辟了新的道路。

比亚迪和华为等公司创始于20世纪90年代，它们的第一批产品模仿的是原有成熟产品，但它们学得很快。比亚迪的核心优势是制造自动化，华为通过研发实现了突破。这两家公司之所以典型，是因为它们代表了关键的两大支柱："生产"（制造）和"发明"（研发）。比亚迪正在招聘数以千计的高等教育体系所能培养的最优秀、最聪明的工程师和STEM毕业生。华为一直在制造这个星球上最先进的产品——芯片。

自全球金融危机以来，中国一直在从主要面向OECD国家的劳动密集型制造业逐步转向主要由收入增加的国内消费者推动的高资本支出/研发行业。与二三十年前从农业向劳动密集型制造业的部门转变类似，这次部门转变也导致出现以下两种情况：（1）当工人转向先进制造或研发时，生产力逐步提高；（2）这些先进制造部门内部生产力快速提高。

部门转移带来的巨大生产力收益和收入增长可以进入其他部门，包括所谓的"低生产力"服务部门，或高价值服务，例如中国迅速增长的老年人口急需的医疗保健服务。生产力和生产效率收益使中国经济能够负担得起扩大的医疗保健和其他类型社会服务。这种持续发生的部门转变及其对生产力的影响是"新质生产力"要求的核心。

当然，还有其他的部门转变正在发生，彼此重叠。众所周知，房地产业主要转向清洁能源基础设施，如电网、可再生能源发电和储能，老基建（即LGFV喜欢参与的，如运输）已经接近峰值或达到峰值，未来几年，劳动力和资本资源将从这里流向其他部门。

部门转移如何改变中国与世界其他国家的关系和贸易平衡？正如前文所谈，中国与 OECD 的贸易关系相对来看正在下降。OECD 国家曾经充分享受劳动密集型消费品进口，但对与其核心产业竞争的高科技产品持谨慎态度。这一趋势再加上美国关税的上升，加速了劳动密集型活动的离岸外包，也对盈余产生了降低作用。到目前为止，对贸易顺差的总体影响是温和的，因为被转移到海外的主要是劳动密集型最终组装的微薄的增加值层。中国在许多制造门类中仍然保留着更高价值的上游零部件和核心供应链。

从部门转移/资源的角度来看，这一趋势也将工人从这些劳动密集型制造业转移到了其他部门。如前所述，生产力下降是温和的，如果它们进入先进制造业等部门，甚至可能带来显著收益。与此同时，我们与发展中国家的贸易在增长。劳动密集型制造业通常离岸到这些地区，并且中国经常会进口成品。作为交换，中国出售更多的高科技产品。目前，中国与东盟的贸易迅速增长。

OECD 的需求被发展中国家的需求所取代，促使国内资源从劳动密集型活动转向高价值活动。尽管这会导致贸易顺差下行，但也会带来由部门转移驱动的生产力收益。在这样的趋势下若将个人代入两个选项，你更愿意在哪里工作——劳动密集型出口加工工厂，为 OECD 消费者生产商品；在先进制造业工厂管理机器，主要为本国消费者和一些外国消费者生产不断改进的产品？显然，每个人都应该选择后者。

这进一步说明部门转移如何导致可持续的经济发展和长期增长——最终由真正重要的事情驱动，那就是生产力。

生产力与劳动密集度的均衡

卢克引入了一个新框架来说明生产力和劳动强度之间的权衡（彩图 34）（Glenn Luk，2024f），使用了"帕累托效率框架"的概念。在这里，生产力（Y 轴）被定义为两个关键因素的组合：该部门内剩余的生产力收益（即与"帕累托最优"的距离）；生产力对广泛经济的影响（生产力驱动因素 vs 生产力吸收因素）。后者指的是某些部门和工作如何推动其他部门的生产力提高，而其他部门（通常通过技术或制成品）吸收生产力并且在创造就业机会方面表现"更好"。

这个框架中，科技、制药、医疗技术和先进制造业等行业被称为"生产力之王"。如果做得好，它们可以通过研发或技术应用到经济中来推动持续的生产力增长。与其他行业相比，这些行业的工资往往更高，劳动力强度较低（指容纳的就业较少）。研发通常在软件和制药等"高价值服务"行业中占有突出地位。而先进制造业通常具有较高的资本密集度。尽管它们在创造就业机会方面并不出色（因为它们倾向于支付更高的工资），但在经济其他领域推动生产力提高可以创造支持性就业机会。

有些部门更加具备劳动密集型（X 轴）特征，包括个人服务（理发师）、教育（教师）、医疗保健和政府公务等行业和工作。这些行业是新技术的吸收者，但并不倾向于将生产力收益带入经济的其他部分。相反，它们擅长创造新的就业机会或以更高工资的形式将（其他地方产生的）生产力收益传递给工人。因此，这些行业称为"鲍莫尔就业创造者"。这里引用了现代经济领域常见的"鲍莫尔效应"的概念，指某些行业（通常是服务业）的成本上升是由基本工资的持续增长驱动的。

在中国，基础设施部门可以吸收大量劳动力，例如农民工。同时，可以通过（1）生产中间投入（如能源和电力）来提高其他部门的生产力，或（2）创造住房等长期递延消费资产，从而提高其他部门的生产力。随着基础设施产业的成熟并接近"帕累托最优"，我们会看到边际递减的回报，推动经济生产力提高的空间也会缩小。因此有必要区分"新型基础设施"和"传统基础设施"。

对于像中国这样的发展中国家来说，传统农业属于自己的类别，这些国家通常以农业劳动力为主，主要指自给自足的农民。他们通常是非生产性劳动力的来源，需要在现代经济中找到一席之地。经济是动态的，正如关于基础设施的讨论所暗示的那样，随着时间推移，各行各业可能会在彩图 34 上发生变化。例如，21 世纪 20 年代的"传统基础设施"在 21 世纪第一个十年可能是"新型基础设施"。当时的"新基建"包括高铁、电信网络建设和地方基础设施等新兴领域。在彩图 34 上，还可以想象劳动力资源从传统农业向其他具有更高生产力潜力和工资的部门迁移的"刘易斯拐点"。

彩图 34 上用醒目的字体和颜色标明"新质生产力"，列举了很多的"新质生产力"部门：下一代网络/电信/数据中心；太阳能电池/电池板制造；电动汽车制造；电池制造；特高压线路；大型风（光）电与绿氢一体化项目；水力抽水蓄能；5G 基站设计与制造；下一代高铁和低真空磁悬浮；海上风电、绿氢、水产养殖一体化项目，以及中国在芯片制造和上游 SME 领域的所有努力等。

四、新质生产力推动中国经济增长（以电动汽车为例）

经济学家喜欢说"生产力就是一切"，但看起来不是所有经济学家都真正了解生产力的经济学。2024 年 2 月纽约联储评论（Thomas Klitgaard, 2024）指出，除非通过出口，否则纯电动汽车对中国 GDP 增长"可能不会有太大贡献"。在我看来，这种观点错了，有几个明显的理由。

该评论承认，纯电动汽车是对内燃机汽车的技术改进。这种车质量更高，功能更好，生产成本更低。由于更低的燃料成本，其生命周期 TCO（总拥有成本）更低。该评论指出，纯电动汽车对 GDP 的贡献受限于燃油车行业的成熟度，而中国乘用车的销量在 2017 年达到顶峰。因此纯电动汽车并不代表创造新需求的创新，相反，它们是一个熟悉产品的新版本，其销售额可能不会大幅超过目前的水平。

但很明显，中国的汽车工业绝对还没有达到成熟水平。中国是全球最大的石油进口国，汽油对中国家庭来说也相对昂贵。因此，中国的人均机动车保有量为每千人238辆，仍处于发展中国家的水平，排名位于阿尔巴尼亚和危地马拉之间。中国汽车渗透率之所以低，正是因为典型的中国人负担不起燃油车——不仅是前期购置成本，还有持续投入的汽油成本。随着电动汽车降低前期成本，甚至更重要的是降低了未来的运营成本，电动汽车对中国家庭来说更加实惠，从而扩大了潜在市场。如果汽车成本相对于中国家庭收入降得足够低，可能会使中国的汽车保有量达到韩国（每千人526辆）甚至日本（每千人661辆）的水平。达到韩国的渗透率意味着净增加约4亿辆汽车加上现有燃油车规模（替换为电动汽车）。

这是如何推动经济增长的？

· 为了满足这种不断增长的需求，电动车制造商必须在新工具上投入大量资金。这是增量GDP，即使旧的燃油车生产线更快地被淘汰了。一些而不是全部的燃油车生产线设备可以被重新利用。过时的设备仍然具有一定的清算价值——也许可以将其出售给发展中国家的燃油车工厂，或者用作正在进行的国内燃油车生产的备件。事实上，正如国家统计局2024年3月公布的1月至2月数据所显示的那样，工业和制造业投资的强劲增长可能是其中的一部分。这些指标的趋势表现强于新冠疫情前。经济资源持续从房地产转移到工业部门，这正在导致工业生产加速，相较于新冠疫情前的趋势。

· 在国内，电动车取代燃油车意味着更多的国内研发和其他运营支出。国内燃油车产量大部分来自外国合资企业，在这种安排中，本地合作伙伴负责在岸制造，而国外合作伙伴则提供技术和设计。这意味着利润（包括日常管理费用）回流到外国跨国公司，以帮助支付企业费用，如用于支付研发和管理的高薪。每辆电动车需要价值1万多元的芯片，比亚迪半导体声称其自主研发的芯片现已覆盖八大领域及80%的车规级芯片。未来几年，比亚迪1 000亿元人民币的智能汽车投资（福布斯中国，2024）可能大部分会流入目前比亚迪明显缺乏的 AI 推理芯片和主驾舱芯片等。大部分电动汽车生产由国内公司承担并负责管理整个价值链。这意味着这些管理费用留在了国内，支持在岸企业的日常管理工作。这些通常收入相对较高的工作（如研发、营销和管理）本身就具有乘数效应，并且还会带来公司或社区的额外工作岗位。这是增量的高质量 GDP。从 2019 年到 2023 年，比亚迪在中国新增了 474 350 名员工，远远超过其他增长的产业拉动就业的企业，如立讯精密、宁德时代、美的、隆基、晶科等（"00 后"的汽车圈，2024）。这些企业没有一家新增员工超过 10 万人。总体来说，汽车行业增加了约 50 万个就业岗位，其次是电子、集成电路、新能源、化工等行业，而房地产、石油和保险业就业都在减少。"新质生产力"实际上意味着高质量的工作。目前，全国各省都在"追求"比亚迪，以增加就业岗位。

• 用国产电力取代进口石油可以提振 GDP。纽约联储评论承认石油进口目前有所减少。那意味着用更少国内生产来换取进口燃料。部分国内生产将转向用于满足电力生产适度的增量增长需求。预计清洁能源将覆盖电网未来增长的 100% 以上（更不用说开始取代煤炭了）。这意味着电动汽车转型还将以可再生能源生产的形式推动 GDP 增长。

• 也许最大的 GDP 增长将是这些更好、更便宜的汽车创造的**消费者盈余**。家庭会更多地选择开车，因为开车更便宜。更多的驾驶意味着更多的辅助服务，如洗车和维护。随着电动汽车全部通过 5G 连接，新的按需订制的信息娱乐服务为电动汽车原始设备制造商及其合作伙伴创造了新的收入来源（即 GDP）。更多的驾驶意味着更多的休闲旅行、工作联系、咖啡聚会、露营旅行、看电影、走亲访友等。这可能不会归因于汽车行业，但这是真正的增量 GDP 增长，可能正好对应更高的生活质量。许多电动汽车都具有 ADAS（高级驾驶辅助系统）等新功能，这使驾驶和停车更轻松。对于许多家庭来说，电动汽车将是他们人生第一次购车的选项，有数百种型号，可以选择适合自己的品牌、型号、颜色和外观。从社交媒体到车展，甚至抖音号，与电动汽车相关的营销 GDP 都会呈爆炸式增长。所有这些新的和多样化的经济活动也会增加税收收入——地方税、所得税、增值税。这推动了政府财政支出方面的GDP。

・不能低估更多的二阶和三阶收益，例如建设支持这种规模的纯电动汽车所需的电气化基础设施意味着将推动中国的电力电子行业成为世界上最好的。

归根结底，更便宜、更好的汽车意味着生产力的大幅提高，这直接转化为汽车行业的GDP增长，或以令人眼花缭乱的方式间接转化为其他行业的GDP增长。额外的出口将增加更多GDP，但对GDP的影响绝大部分来自国内。

如果一种创新在减少生产所需资源（例如劳动力）的同时还提高了质量，这无疑对经济是有利的。经济学家感到困惑的地方在于如何归因这些经济收益。对于电动汽车，大多数经济收益甚至不会直接体现在"汽车GDP"中。

在本章"生产力与劳动密集度的均衡"小节介绍的劳动力 vs 生产力框架中，生产力被定义为两个因素的结合：在部门内保留的生产力潜力，即"帕累托效率"原则；在部门外驱动的生产力提高。之所以把汽车等制造业称为"生产力之王"，是因为设计和制造过程中的生产力提高对行业本身乃至整个社会都有好处。但问题在于如何在汽车行业利益相关者和社会（消费者）之间分享收益。前者包括资本所有者、员工、工厂和公司周边的本地社区，后者是汽车行业利益相关者的超集。如果行业结构的建立方式使汽车利益相关者不成比例地从生产力的提高中获益——资本所有者获得更多利润，汽车行业员工获得更高的工资——那么更多的GDP增长自然会直接归于汽车行业。如果行业结构以相反的方式建立（例如更高水平的竞争），那么大部分生产力的提高将以相对较低的驾驶成本但更高质量和更佳舒适度的形式在社会的"消费者盈余"中积累。

回到纽约联储那篇评论。即使接受文中假设，即中国的汽车市场已经达到"成熟"，但电动汽车的驾驶成本大幅下降，并且该行业工资因生产力提振而增加，因此仍可以收获消费者盈余！

截至2023年年底，中国汽车保有量约3.36亿辆[①]，其中约93%是燃油车。这些消费者证明，在过去他们可以买得起更高价格的汽车。那么现在我们以较低价格提供优质车辆的创新就意味着，未来几年从现有保有量基础中获得的潜在消费者盈余将逐步增加，毕竟旧车还需要更换。举个例子，燃油车的平均成本为2万美元，终身能源成本为9 000美元（行驶18万公里）。现在，同等电动汽车售价为1.8万美元，终身能源成本为3 000美元。这样算来，这一替换会创造8 000美元的消费者盈余。仅在3.3亿辆汽车保有量的基础上乘以这个数字，就是2.6万亿美元的消费者盈余。如果更替周期为10年，那么每年的实际经济收益可达2 600亿美元，占中国2023年GDP的约1.5%。由于电动汽车的技术和制造水平仍处于相对早期阶段，因此还会有更多的收益——从技术实现的额外特性和功能乃至更多的成本削减。生产成本每降低（或特性/功能价值每增加）1 000美元，在3.3亿保有量基础上，就会产生3 300亿美元的潜在消费者盈余。

这些只是增量研发和制造投资的巨大社会回报。请记住，这甚至没有考虑潜在市场扩张带来的未来经济增长潜力。随着电动汽车前期成本降低，甚至更重要的是未来运营成本的降低，中国家庭能够以更加实惠的价格购买的话，还会扩大潜在市场。

真正实现这种大规模消费者盈余的，是电动汽车生产成本的迅速下降，以至于在经济上优于燃油车。换句话说，若电动汽车价格居高不下，那么替代燃油车就不会产生消费者盈余或经济增长。

纽约联储评论的说法——中国电动汽车战略取决于出口——是在混淆视听。如果出口电动汽车要匹配每年的国内经济收益（2 600亿美元）的话，每年必须出口1 440万辆价值1.8万美元的电动汽车。况且，2 600亿美元的数字是非常保守的，没有计算任何正外部性（污染、国家能源安

---

① 截至2023年年底，全国机动车保有量达4.35亿辆，汽车保有量3.36亿辆（公安部，2024）。

全），也没有纳入中国达到韩国人均汽车保有量水平等可能的增长因素。这些因素很容易使这个数字成倍增加。

世界上有九个主要的汽车生产国拥有具有竞争力的汽车品牌，它们占全球汽车产销量的69%，这九个汽车生产国的人口占全球人口的44%[①]。假设，在主要的汽车生产国之外，有一个潜在市场，每年销售约1 440万辆乘用车。为匹配上述保守的2 600亿美元国内经济收益，即使是中国大陆的直接出口（它也在国外当地制造汽车，这不算作出口）就能占据一半市场，因此中国电动汽车出口的经济影响力仍然小于国内市场的影响力。因此，所有关于出口是中国电动汽车行业"主要"市场的讨论都很荒唐。相反，电动汽车和更广泛的"新质生产力"的主题是关于国内经济和未来几年将"收获"的巨额消费者盈余收益。

五、西方批评中国"产能过剩"以掩饰企业缺乏竞争力

2024年4月，美国财政部部长耶伦对中国进行了为期6天的访问。耶伦在此次访问期间，重点提出了对中国"工业产能过剩"的担忧，认为这些"过剩产能打乱全球价格，损害美国企业和工人"。美方尤为关注中国"新三样"（新能源汽车、锂电池、太阳能）（王露，2024）。

对于耶伦提到的"这些担忧"，中国驻美国大使谢锋4月5日接受美国《新闻周刊》（News Week）高级外交政策记者汤姆·奥康纳专访时谈道："有些人指责中国产能过剩对其他国家构成威胁，这是一个伪命题。全球范围来看，优质产能不是过剩，反而是严重不足。世界各国，尤其是发展中国家能否从发展优质产能当中受益，是对人类良知和能力的考验。"（外

---

① 卢克根据2019年生产数据和2022年销售数据进行的计算（Glenn Luk，2024l）。

交部，2024）

彭博社的专栏作家大卫·费克林（David Fickling）评论说（David Fickling，2024），耶伦对中国发表"产能过剩"言论，正在"拒绝 200 多年来经济学最基本的原理之一：比较优势"。他指出，这种政策转变令人瞠目结舌，而且没什么道理。这里有几个理由。

第一，"华盛顿在谈论气候变化时认为清洁技术是必要的，跟与中国对抗时美国认为清洁技术过度，两者之间是脱节的。"这几乎就像一种双重人格障碍：四个月（基于文章发表于 2024 年 4 月）前，美国同意中国将可再生能源产能提高两倍，但在同一时间（四个月不算什么，因为"一个大型制造厂通常需要至少 3 年才能起步"），美国又立即抱怨同一部门的产能过剩。这怎么可能说得通？

第二，被指责为"产能过剩"的清洁技术和电动汽车仅占中国出口的 5.7%，这比"手提箱和背包、家具（不包括椅子）、轮式玩具和滑板车以及台灯和灯具"的出口收入还要少。那么，为什么要特别针对这些，而不是创造更多出口收入的手提箱和背包呢？而且中国没有任何清洁技术产品的出口量接近其最大的出口部门——手机和电脑。

第三，"相对于美国经济规模，美国和中国之间的双边贸易逆差是自 2002 年以来最低的"。所以在目前这一时刻如此大声地抱怨与中国的贸易不平衡是很奇怪的，从美国的角度来看，美中贸易不平衡是 20 多年来问题最小的。

第四，费克林反驳了耶伦支持的一种流行说法，即中国产品之所以如此具有竞争力，是因为"不公平的国家支持"。他在先前发表的一篇文章（David Fickling，2024a）中指出，"中国清洁技术公司对软钱（一般目的的政治捐款）的依赖程度并不比世界其他地区的竞争对手高"。在 WTO 针对中国的 50 多起争端中，只有一起（自 2011 年以来一直处于搁置状态）与清洁技术有关。这意味着甚至没有人试图证明这一领域的贸易存在潜在的不公平现象。令人感到讽刺的是，中国的清洁能源行业目前完全是在无补贴条件下运行的，而美国的《通胀削减法案》将在未来十年为清洁能源技术提供近 4 000 亿美元资金。

费克林总结道："通过打击清洁技术出口，世界正在打击民营部门占主导地位的经济领域，而这一领域减少全球排放的前景良好。作为这项政策的旗手，耶伦拒绝遵守经济学的基本原则，为限制公众获得负担得起的清洁技术的政策辩护。这是一场正在酝酿的保护主义灾难——对美国和地球都是如此。"我对此表示赞同。

耶伦的观点得到一些著名分析师的积极响应。布拉德·赛瑟认为，"产能过剩"的概念经常被随意使用，应该明确其定义，**产能是相对于（中国）国内需求，还是相对于全球需求，或相对于（美国／欧盟的）脱碳需求是"过剩"的**（Brad Setser，2024）。他认为中国的政策将新增供给置于需求之上，这正在造成全球性问题，并使其他国家的绿色工业转型更加困难。

从中国的角度来看，"产能过剩"被用来支持其经济"失衡"的叙事——这种"失衡"不利于中国长期经济发展，因此它应该停止"补贴生产"和"将更多收入转移给家庭"。中国的政策制定者显然不同意这种做法，而且在可见的未来也不太可能采纳。与此相关的是，在上面讨论的许多新兴行业中，国内需求占绝大多数。这表明这些产业主要依靠内需，而不是出口来驱动。中国企业首先关注的是国内需求，其次才是国外需求（同样值得注意的是，发展中经济体的需求越来越大，而不是经合组织）。

但是，如果**从中国之外的角度来看**，正如赛瑟所指出的，由于中国如此之大，即使是贸易流动／动态的微小变化也会对其他国家和它们的经济产生非常大的影响。从这个角度来看，关注正在发生的事情并作出相应的反应至关重要。

30 年前，中国也曾担心发达国家的先进制造产品会阻碍国内制造业的发展。我们采取措施一方面保护国内新兴产业，一方面开放贸易学习先进技术，从而实现发展国内制造业的目标。

今天，情况发生了变化。在某些领域，中国公司拥有最好的技术和最高效的制造工艺。其他国家需要像 30 年前的中国一样拥有战略眼光，并决定应该关注什么。

赛瑟（以及他所支持的美国政客耶伦）的潜台词暗示，在中国规模和人均程度上，中国拥有的先进制造业 / 技术 / 产业，是发达国家及其产业所无法接受的。与其批评中国"工业产能过剩"，不如直白地说，让中国陷入"中等收入陷阱"更符合它们的利益。

赛瑟的问题在于他认为发达国家代表了整个世界。如果他能够像埃隆·马斯克一样思考，一揽子的廉价太阳能、廉价电动汽车、廉价电池，能为发展中国家带来什么，他就会意识到它们对全世界来说是一种福祉。过去 30 多年来，中国在鞋类等低端劳动密集型制造业方面的产能过剩相对于美国来说是一件坏事吗？只有当进口国想要保护其国内生产时，这才会成为问题。当中国出口廉价内衣和塑料垃圾桶时，西方没有任何抱怨而是大肆购买。现在，随着中国进入西方主导的先进制造业，西方开始斥责这是"倾销"，人们开始听到越来越多关于"产能过剩"的讨论。

关键指标不支持中国"工业产能过剩"的说法

评估一个国家是否存在"工业产能过剩"的关键指标有三个：

1. **产能利用率**：显示一个国家工业产能实际利用率的百分比。如果利用率不高，则产能过剩。

2. **库存水平**：未售出商品的数量多 / 大可能表明产量超过需求，即产能过剩。

3. **利润率**：制造业利润率下降可能表明产能过剩，因为企业可能会降低价格来刺激销售。

来看一下中国这三方面的情况。首先，过去 10 年，中国产能利用率基本保持不变，目前约为 76%，而美国的产能利用率约为 78%（Arnaud Bertrand，2024）。这一比例并没有什么问题。其次，截至 2024 年年初，中国的成品库存 PMI 指数约为 49，而美国的制造业库存为 48[①]。指数超过 50 表明库存水平正在上升：这两个国家的情况都不是这样的，即两国库存水平没有问题。最后，2024 年前两个月，中国工业利润增长 10.2%（Bloomberg，2024），巩固了自 2023 年 8 月以来的连续增长势头。所以这也没有问题。无论怎么看，中国都不存在工业产能过剩的迹象。那么到底是怎么回事呢？

美国指责中国"工业产能过剩"，是不是意味着中国通过"倾销"违反了 WTO 相关规则？倾销指的是企业以低于国内市场价格或低于生产成本的价格出口产品，这并不是中国被指控的行为：尽管电动汽车或光伏板的价格非常低，但相关企业仍然赢利（工业利润在以两位数的速度增长），而且它们在国外的定价高于国内。

这里真正的问题其实不是工业能力，而是竞争力。显而易见的是，中国企业的竞争力是压倒性的：如今，在光伏或电动汽车等数十个行业中，美国或欧洲企业根本无法与中国企业竞争。这才是真正的问题：耶伦和西方领导人担心，如果情况继续下去，中国将抢走所有人的饭碗。

与普遍看法相反，这种竞争力并非归功于中国的"廉价劳动力"。苹果公司的蒂姆·库克对此做出了非常好的解释："人们对中国存在误解。普遍的看法是，公司来中国是因为劳动力成本低。我不确定他们去的是中国的哪个地区，但事实是中国多年前就不再是劳动力成本低的国家了。从供应角度来看，这不是来中国的原因。原因在于技能，以及一个地方的技能数量和技能类型。"（GLENN LEIBOWITZ，2017）他将此归功于中国的教育体系："我非常赞赏教育体系能继续推动这一进程，即使其他国家不再强调职业教育……中国从一开始就强调了这一点。"

不仅拥有坚实的技术基础，中国还控制着整个供应链，因为中国是世

[①] "China – Official PMI – New Orders & Finished Goods Inventory"，https://en.macromicro.me/collections/25/cn-industry-relative/5728/china-pmi-new-order-and-stock-index；"US – ISM Manufacturing PMI – Inventories Index"，https://en.macromicro.me/collections/8/us-industry-relative/40/ism-inventory.

界上唯一一个生产世界海关组织（WCO）商品分类目录的所有商品类别的国家。这给中国在制订最终价格方面带来了一个关键优势：如果想制造某种东西，几乎可以在中国国内找到整个供应链。

能源价格是另一回事。例如，国际能源署（IEA）强调"低成本电力是太阳能光伏供应链主要支柱竞争力的关键"（IEA，2022）和"目前多晶硅生产所耗电力的约80%在中国各省，平均电价约为每兆瓦时（MWh）75美元"。相比之下，2023年德国工业客户的能源价格平均为每兆瓦时（MWh）251.21美元[①]。

中国已成为创新强国。2023年，中国申请的专利数量大致相当于世界其他国家的总和（Brevetti News，2024），预计中国将在未来44项关键技术中领先37项（ASPI，2023）。所有这些也将对其产品的最终价格产生影响。再次以太阳能电池板为例，"自2011年以来，中国引领的持续创新已使太阳能光伏制造业的排放强度减半"（IEA，2022），这意味着中国不仅拥有比西方便宜得多的原始电价，而且其创新方式使其在生产太阳能电池板时使用的电力更少……

还有，中国制造业的自动化程度比其他地方高出一个数量级，这意味着更高的生产率和更低的价格。2022年中国新安装的工业机器人数量远超世界其他经济体新安装工业机器人的总和。这与"产能过剩"无关，产能过剩指的是中国生产的汽车超过了对其产品的需求。现在全球对廉价电动汽车的需求巨大，可以说中国实际上生产的汽车还不足以满足这一需求。所以，如前文所说，耶伦和其他所有人真正抱怨的是竞争力：中国电动汽车与其他国家相比价格如此便宜（部分原因在于自动化，也有许多其他因素），以至于西方根本无法跟上。

因此，"中国工业产能过剩的威胁"的实际含义是中国的竞争力太强了，而耶伦和西方国家要求中国解决这个问题，实际上就像有些短跑运动

---

① "Electricity prices for commercial and industrial customers in Germany from 2013 to 2023"，https://statista.com/statistics/1346782/electricity-prices-commercial-industrial-customers-germany/.

员要求博尔特跑慢一点，因为他们跟不上。

当竞争对手的实力不断增强时，你会对自己的未来感到担忧，这是可以理解的。但必须以正确的方式看待这个问题：说中国故意"产能过剩"，甚至抹黑成是恶意的，这种说法非常不公平。中国的做法是正确的：正如库克所解释的，中国首先投资于人民，投资于教育，还投入大量资金进行创新，在能源价格和其他许多政策方面，中国没有像欧洲那样搬起石头砸自己的脚。

西方跑得慢是过去几十年灾难性的领导力造成的：选择浪费数万亿美元用于战争（伊拉克战争、阿富汗战争、俄乌冲突等），而不是投资于自身的进步……

事实上，所有关于"产能过剩"的话题都需要逐个行业、逐个部门地进行分析和讨论。

中国新能源汽车供应严重不足
油电转型以及中国作为汽车出口国角色的演变

西方汽车制造商特别关注的是中国汽车出口的增加。近年来，这些汽车出口量大幅上升，到 2023 年已达到 490 万辆，中国超越日本成为世界上最大的汽车出口国。一些人将出口增长与"产能过剩"和"需求疲软"混为一谈。事实上，汽车制造业是一个地缘政治敏感的行业——我们应该都还记得 20 世纪 80 年代美国对日本汽车的强烈抵制。40 多年后，中国汽车正在经历类似的周期。

中国出口增长的背后有许多因素，但影响最大的是交通电气化。新能源汽车（NEV）在中国的快速普及，得益于功能改进和降价，使其与燃油车相比极具竞争力。然而，并非中国所有的汽车出口都是一样的，这需要更深入地挖掘数字。

首先我们需要关注乘用车领域。在 2023 年出口的 490 万辆汽车中，有 76.9 万辆是商用车，如公共汽车、拖拉机和轻型到重型卡车（TP

HUANG，2024a）。这些商用车不少都销往了独联体国家、中东和东南亚等市场，现有汽车制造商不太关心这些。剩下约 410 万辆乘用车中，可以进一步细分为燃油车（300 万辆）和新能源汽车（110 万辆）出口。这两类分别由一组不同的动态驱动（Glenn Luk，2024h）。

燃油乘用车出口

消费者对 NEV 的快速采用推动了燃油车的出口。在燃油车市场，中国品牌和通过合资企业生产的外国品牌是不一样的。随着国内市场份额的萎缩，奇瑞等中国品牌正在成功地将一些新释放的燃油车产能转移到出口市场，主要是发展中国家。然而，外国合资企业最初并非以出口为目的，并且首当其冲地承受着产能利用率下降的影响。许多没有拿出有竞争力的 NEV 产品的外国汽车制造商选择退出中国市场。最近的一个例子是三菱汽车，该公司 2023 年 10 月将其合资企业的份额转让给合作伙伴广汽埃安。与此同时，燃油车工厂正在转型为 NEV 工厂。合资公司关闭后，广汽埃安将原燃油车生产基地改造为 NEV 生产基地，产能扩大 50%。建造一个新的 NEV 工厂需要时间，在原有工厂基础上改建可以缩短交付时间。预计未来几年燃油车工厂将进行更多整合，这将促使过剩产能被消化吸收。

这种过剩的燃油车产能主要是由外国合资企业释放的，这些合资企业存在利润预期和股东"有效运营的压力"。作出投资决策的人是受科尔奈"硬约束"的经济行为者。

当这些工厂建成时，很少有人预料到它们会以如此快的速度被 NEV 淘汰。在进行投资时，事情并不总是完全按照人们的预期发展。这发生在许多行业领域，关键是，这种过剩的燃油车产能寿命有限，一旦汽车制造商建立新的 NEV 生产线，就会迅速被吸收。

NEV 乘用车出口

中国的 NEV 出口大致分为两大阵营。第一，在中国生产并出口的高价值外国品牌，主要是销往欧洲。这包括特斯拉、名爵、大众、宝马、梅赛德斯-奔驰和雷诺。第二，比亚迪和吉利等一些国产品牌刚刚开始开拓出口市场。值得注意的是，外国品牌比中国品牌更依赖中国作为出口基地。例如，2023年，特斯拉出口了其中国产量的36%。相比之下，比亚迪汽车只有8%用于出口。这表明中国汽车公司更加关注国内市场。与20多年前以出口为导向的工业化热潮不同，中国的内需正在为推动其先进产业提供能量。相比之下，德国、日本和韩国的汽车制造业大部分（约50%~75%）用于出口。

这也意味着，随着外国品牌在世界各地开设制造工厂，中国的出口自然会被取代。例如，2024年前两个月，NEV对欧洲的出口下降，这可能是由于特斯拉柏林超级工厂的产能提升。该工厂于2022年开始运营，并一直在逐步提高产量。

中国汽车制造商也在积极投资海外制造工厂。与21世纪第一个十年出口导向型工业化热潮形成鲜明对比的是，中国汽车制造商将重点放在发展中市场，而不是试图对抗发达经济体。比亚迪正在泰国和巴西建设本地生产基地。奇瑞刚刚宣布在越南建厂。随着这些制造设施的增加，中国出口的NEV将被当地制造的汽车所取代。

汽车制造"产能过剩"的说法没有数据支持

目前并没有确凿的数据支持汽车制造业产能严重过剩的观点。就中国广义工业部门产能过剩而言，往往是指水泥和玻璃等受到住房建设下降影响的类别。汽车制造业的产能利用率自2022年年中触底后，实际上一直在上升。有观点称中国有超过4 870万辆年汽车制造能力，这当中的计算可能包括大量过时产能。其他所谓产能过剩指标也证实了产能利用率数据——汽车制造业的非流动资产（主要是工厂资产）的周转率在过去两年一直呈上升趋势（Tom Hancock，2024）。

中国整车厂库存处于正常水平，经销商展厅里也没有堆积成山的汽车。事实上，向NEV的过渡也正在改变汽车的销售方式，开始采用更直接的面向消费者的销售方法，这是特斯拉在试图打破美国三巨头寡头垄断时开创的著名方法。小米以直接向消费者销售智能手机而闻名，最近推出了保时捷式的 SU7，展示了这种方法的力量——发布的第一天就获得了 88 898 个预订。

这种分销方式通过将需求直接与生产联系起来从而减少所需的库存量。此外，制造业的进步、更简单的设计和供应链的深化意味着更短的制造和交货时间，并降低了系统中积累过剩产能的风险。中国 NEV 制造商的产能利用率普遍远高于传统燃油车。

随着汽车行业迅速从燃油车转向 NEV 汽车（预计 2024 年国内销量的一半以上将是 NEV 汽车），汽车行业的产能利用率和营运资金需求有望随着时间的推移继续改善。中国汽车市场目前是全球竞争最激烈的市场，就连特斯拉第一季度的销量也因竞争而萎靡不振。2022 年年底，NEV 的消费者补贴逐步取消，NEV 销量在短暂下滑后再次加速。NEV 正在接管汽车市场，因为它们在总拥有成本方面早已超过燃油车，而残酷的竞争继续在整个供应链中推动生产效率的提升。较低的价格释放了新的需求并进一步推动了市场增长。事实上，中国 NEV 制造商不仅没有遭受产能过剩的困扰，还面临着无法足够快地开设新工厂的制约。中国大陆若达到台湾地区的车辆渗透率水平（每千人约 350 辆），未来十年，每年必须增加 300 万至 400 万辆汽车的产能。这个年产量大致相当于韩国国内的全部产能和日本的国内销量。

鉴于中国家庭转向 NEV 带来了巨大的消费者剩余和生活质量收益［参见本章"新质生产力推动中国经济增长（以电动汽车为例）"小节］，所以，从长远来看，更准确地说应该是该行业**供应严重不足**。

光伏和锂电池催生几乎无限、免费的能源供应

一些分析师认为中国的汽车产能大约是内需的 2 倍，在其他行业，如电池，中国的产能更像是国内需求的 4 倍。乍一看，根据容量和需求数据，光伏和电池的"过剩产能"似乎确实明显高于汽车。但光伏和电池与汽车不同，我们需要结合上下文来解读这些数字。

1. 汽车主要是消费终端产品，而光伏和电池是中间投入

光伏用于电网，从公用事业规模的光伏农场到屋顶装置；电池则更加具有通用性，从消费电子产品到电动汽车再到电网规模部署。在电网部署中，光伏和电池的组合产生电力，用于各种可能的应用。换句话说，光伏和电池是通用的"平台"或"商品"技术，支撑近乎无限的用例——包括那些甚至还没有被发明出来的用例。与光伏和电池相比，汽车的用例较为有限。

2. 光伏和电池的成本降低曲线呈指数级下降，而汽车的成本降低曲线是渐进的

尽管电池在汽车物料清单中占了很大比例，当然汽车也从电池成本的大幅降低中受益，但汽车仍然涉及大量的设计、组装和分销/营销，这最终限制了以生产为导向的成本可降低的范围。因此，尽管光伏和电池成本在过去十年中下降了一个数量级，但不应该指望汽车价格，甚至是电动汽车的价格，也会出现几乎相同的降幅。对于汽车来说，从长远来看，改进往往来自功能/安全性提升或更多消费者选择，而不是生产成本降低。燃油车发展早期有长达几十年是在不断降低生产成本的。同样的事情也发生在电动汽车上：第一阶段也是将生产成本降低到可承受水平，这主要是由对价格敏感的国内首次购买者推动的。但未来的消费将更多倾向于功能、选择、定制，而不是成本。但可以预期，对于光伏和电池等平台/商品技术来说，就完全取决于商品的价格/性能。因此，它们的重点是提高效率并降低成本，没有人关心电池是什么颜色。

3. 光伏和电池具有最小的负外部性

太多的汽车会造成交通事故和污染，并占用宝贵的空间。虽然NEV减轻了污染影响，但仍然会导致拥堵并需要停车位。有分析师指出，廉价电动汽车的冲击将使中低收入国家的道路和高速公路系统不堪重负。过去，电动汽车高昂的采购成本是问题所在；如果没有适当规划，未来交通拥堵将成为新的问题。

光伏和电池的成本几乎完全来自前期生产成本。一旦安装，这些资产基本上可以为社会提供几乎免费的能源。不同于化石燃料终有耗尽之时，太阳能对于人类来说是取之不尽的。需求真的没有上限，会有各种有趣的方法来利用这种额外的新能源。唯一的制约因素是成本，如果继续下降，可以安装的数量没有上限。

4. 中国政策制定者对光伏和电池的预测一直非常保守

国家发展改革委员会曾经的目标是"到2020年达到20~30吉瓦"。上一个目标曾经是到2030年达到1 200吉瓦（太阳能和风能）。2024年2月我们就已达到这一目标了。中国政策制定者2024年设定了190~220吉瓦的并网光伏装机容量目标，与2023年的216吉瓦持平/稍微下降。但2024年前两个月的同比增速超过80%。美国抱怨中国的可再生能源产能，但中国的光伏成本已经下降得如此之多，以至于隆基可以用光伏板完全覆盖荒山。此外，越来越多的大型离网项目，例如齐齐哈尔价值60亿美元的项目，用现场清洁能源（初期是风能，但也可以很容易地扩展到太阳能，或两者兼有）生产航空燃料（Leigh Collins, 2023）。在电池方面，中国目前优先考虑抽水蓄能而不是电池储能。原因之一是电池生产优先用于乘用车生产。商用NEV的增长速度也较慢，就是因为电池生产受到限制。

本章前文讨论了降价如何解锁NEV新需求的话题：由于太阳能和电池是更通用的技术，因此释放出的对几乎无限、免费的能源的社会需求的潜力会扩大一个数量级。一些持"产能过剩"或"过度产能"的观点的人的问题在于，只从表面上看旧的预测，或者将需求视为静态的，没有考虑到持续降价释放的巨大增长潜力。

IEA年复一年地持续低估光伏预测。中国太阳能光伏和电池的出口比率远高于汽车，占国内产量的一半以上；而汽车出口量现在只占国内产量的10%~15%。但前者不是"国内需求疲软"的函数，而是因为国外对有助于清洁能源转型的商品的高需求。根据卢克测算，目前美国国内光伏板无补贴生产成本大约是中国的三倍（Glenn Luk, 2024n）。

首先，外国需求不会突然消失——有些国家可能会出于战略原因实施保护主义，但许多国家可能永远不会倾向于制造自己的光伏板，而是会继续支撑中国的出口。其次，如果外需真的消失，需求的高弹性意味着可以在国内被吸收。由于没有上述负外部性，清洁能源是"越多越好"，唯一的问题是前期生产成本足够低。

对于清洁能源，人们需要改变思维方式——从思考"稀缺"到思考"丰富"。这意味着，应专注于如何以最具成本效益的方式收获这种潜在能源，以及打开想象力去考虑无限、免费能源的可能性。

与关注"产能过剩"相反，每个国家更应该关注：如何有效地收集这种潜在的能源，以便也可以享受到几乎免费／无限能源的好处。

传统芯片产能提升主要为满足国内需求

2024年4月美国战略和国际研究中心的博客文章《中国传统芯片产能过剩：神话与真相》（Paul Triolo，2024）（以下简称"该文"）探讨了中国在成熟节点半导体（也称"传统芯片"）市场中可能产生的过剩产能问题。

成熟节点半导体／传统芯片通常指的是28纳米或以上级别的半导体产品。中国在全球成熟节点半导体市场中的份额正在增长，但市场对"过剩产能"的担忧可能被夸大了。成熟节点半导体市场包含多种类型的芯片，每种都有其供需动态。全球大多数成熟节点产能由集成设备制造商（IDMs）掌握，而在中国，这一产能则由代工厂主导。代工厂倾向于与客户建立长期合同，以确保特定类型的半导体供应。行业内认为一定程度的经济过剩产能（15%～20%的过剩生产）对于应对供需波动是必要的。

中国的企业扩大产能的主要目标是满足国内需求，而不是出口。由于中国仍然需要进口来满足国内半导体消费需求的绝大部分，因此有商业驱动因素来扩大国内产能。美国出口管制也加速了这一趋势。这些管制阻碍了像中芯国际这样的公司专注于先进的节点生产，并且刺激中国鼓励企业在一系列政府组织和工业部门为硬件和软件寻找替代外国供应商的国内产品。例如，中芯国际从 5 年前（截至 2024 年）60% 的生产用于服务外国客户，到现在近 80% 的产能用于服务国内客户。华虹近 80% 的生产也适用于国内客户。这与光伏的情况非常不同。

关于中国成熟半导体产能过剩的大部分讨论都集中在供应方面，具体来说就是推断所有正在建设的成熟节点工厂在未来 3~5 年内完成时将出现的产能扩张情况。但半导体的关键问题是需求，中国的国内需求仍然很高，会大幅增长到 2030 年。到 2030 年（假设中国宣布的所有代工厂到 2030 年已实际建成并正在运营），国内产能将覆盖约 90% 的国内需求，包括中国 OEMs 和在中国拥有工厂的外国 OEMs。2020 年这一覆盖率约为 37%。

我们对半导体制造商的补贴可能会带来好处，但目前还没有明显的迹象表明这些补贴导致了价格削减或产能过剩。美国和欧盟的政策制定者正在关注潜在的过剩产能问题，并试图制定政策响应。政策制定者需要理解半导体供需的复杂性，以及中国公司在全球和国内价值链中的位置。

该文最后得出结论，尽管中国半导体制造商获得的补贴规模和国内成熟节点产能的增长引起了行业和西方国家的关注，但半导体行业与光伏和电动车行业有显著不同。预计到 2030 年，即使国内产能显著增长，**满足国内需求仍将是中国代工厂的重点**。文章强调，政策制定者在考虑如何应对成熟节点半导体的过剩产能问题时，必须全面考虑上述所有因素，并深入了解行业的供需、商业考量、地区和地缘政治驱动的商业偏好以及技术路线图。没有对行业的透彻了解，就无法确定是否真的存在问题，也无法明确应采取何种措施。

六、中国银行业危机损失评估和资本重组的方法

中国银行业危机损失评估

关于中国银行业潜在损失引发了大量讨论，其中不乏了解技术主题的真正的专家，但更多人并不了解内情。实际上，在计算任何银行系统中的内嵌损失和银行资本重组所需的金额以及适用的方法时，以下因素在起作用：不当投资的总体水平（占资产的百分比）；股本缓冲/不良贷款回收；银行体系流动性/投资期。

1. 不良投资的总体水平

大规模的资本错配问题一直都存在，重要的是有多少——具体来说，资产的账面与真实价值是多少？这不是一个容易回答的问题。这需要按资产类别进行分析，也是工作难点所在。单个资产层面的审计和评估，是目前中国政策制定者和IMF等组织正在进行的工作。中国上一次不得不处理银行体系中大量的不良贷款是在20世纪90年代国有企业重组之后。目前的不良投资在总量上和GDP占比都要大得多。然而，现在有更多的实物/有形资产支撑，并且有股本缓冲来支持当前的债务——这意味着更高的不良贷款回收率。

2. 股本缓冲/不良贷款回收

一旦在资产层面建立了内嵌损失的基线，就可以开始评估不良贷款的回收率了，这是基于资本结构的。中国银行资产主要包括发行的贷款。这些贷款在清算优先级中排在股权之前。因此，**计算不良贷款必须考虑股本缓冲**。15%的资产不良投资率不等于15%的不良贷款损失率。股权持有人最先吸收损失。例如，就LGFV而言，LGFV可能是不良贷款的最大来源，平均股本缓冲为38%（IMF，2021）。这还只是账面净值，因为LGFV资产很少按市值计价，其账面价值可能并不准确，但并非完全没有意义。股本缓冲意味着在开始减值之前有更大的"安全边际"。就家庭抵押贷款而言，

平均来看，股本缓冲甚至更高。因此一些分析师预测抵押贷款损失会相对较小。

另一个复杂的因素是，在单个资产层面上存在广泛的资产减值和资本化。因此，资产减值水平平均为 20%，并不意味着所有资产都减值 20%。有些资产的价值高于账面价值，而有些资产可能一文不值（甚至是负值，如像偏僻地带未完工的建筑这种还需要额外工作才能修复的资产）。每项资产都具有独特的资本结构，包括贷款、债券、营运资金负债、关联方贷款等的组合。这都会影响贷款的价值，贷款通常位于资本结构的最顶端。但为简单计算起见，可以安全地假设，因为银行贷款在资本结构中的位置，贷款损失率将远低于资产减值率。例如，如果总资产减值 33%，但考虑到上述 38% 的股本缓冲，这可能意味着 10%~15% 的贷款损失率。因此，即使假设所有 66 万亿元的 LGFV 银行债务（IMF，2023）都是银行持有的贷款（实际上，这些债务大部分是在银行以外持有的债券），这是 7 万亿~10 万亿元的内嵌贷款损失，或是 GDP 的 5%~7%。

我们只讨论了 LGFV，但我也相信 LGFV 占大部分的贷款损失。2023 年，高盛估算房地产开发商的贷款损失约为 2 万亿元（Alexandra Scaggs，2023）（占 GDP 的 2%）。这个数字还需要与银行已有的贷款拨备相抵消。

3. 银行体系流动性 / 投资期

因此，在完成各部分的总和并将系统中的所有内嵌损失相加并减去拨备后，得出的**结果是 15 万亿元**。这是中国银行系统资本重组所需的资金。

另一个关键因素是现有银行体系是否有足够的流动性来抵御严重的金融危机。普遍共识是，中国的金融体系受到非常严格的控制，因此是低风险级别。这意味着流动性引发的金融危机造成的金融困境成本很低，从而使政策制定者有更长的时间来解决问题。但是，将重组拖得太久也会带来真正的成本，因此这种情况不可能永远持续下去。基础资产得不到修复或处理的时间越长，实际成本——主要表现为回报率低于预期水平的"滞留资本"——就累积得更高。这是一种机会成本，会拖累未来的潜在增长。

合理的投资期确实为政策制定者提供了有效吸收这些损失的空间。这可以通过多种方式发挥作用，下面小节予以详论。

这里快速粗略地进行估算得出 15 万亿元作为总损失数字，相当于 GDP 的 11%~12%。需要注意的是，这不是一个经过严格研究的估算，目的是给出一个感觉上最大可能的损失。其他估算，比例从低的占 GDP 的 18% 到高的占 GDP 的 33% 不等。可以说，中国银行业危机"将至少损失 33% 的 GDP"的预测基本上是在信口开河。

中国银行系统资本重组的方法

下文分析对中国银行进行资本重组的几种可能的方法。

1. 注资

这是最直接的方法。承压的银行可能会遭遇需要融资的流动性紧缩。它们还需要维持监管资本比率，尽管这可以通过简单的不放贷和减记减值资产来博弈。LGFV 问题主要出在地方层面上，因此有麻烦的更多的是成百上千的地方和区域银行，而不是全国性银行。将较弱的银行与相对较强的银行合并是资本重组的一种形式。

直接现金注入需要资金。由于土地使用权出让等财政收入来源的减少，地方政府自身处于不同程度的流动性受限的境地。因此，它们需要一些途径来筹集现金——或者出售其他资产，或者与中央政府协商。前者最典型的例子是贵州省可以将其最有价值的公司贵州茅台的股份变现，以偿还债务。至于后者，中央政府相对杠杆率较低，拥有庞大而健康的资产负债表。对于像贵州这样的省份来说，中央政府已经提供了大部分财政收入。

2. 随着时间的推移用银行收入吸收损失

如果银行没有面临流动性紧缩或挤兑，那么它能简单地用未来的利润来逐步吸收损失。银行的大部分收入来自息差。在为预期损失拨备后，该"净息差"可用于通过逐步核销来吸收不良贷款的损失。但这取决于银行的健康状况。LGFV 问题很可能只集中在少数几个省份。这意味着，由于不良贷款增加、融资成本上升以及存款基础不稳定、增长放缓（甚至下降）等多重打击，这少数的几个省份的本地和区域性银行可能会趋于羸弱。这种长尾吸收的另一个问题是，没有处理基础资产。它们可能会变成"滞留"在资产负债表上的僵尸资产，等待银行有能力时才能将其减记。

这不是一个理想的结果。拖延处理这些受损资产的机会成本是，多年低于标准的资产回报会剥夺增长潜力。这就是日本从20世纪80年代开始处理债务积累的方式，导致30年的停滞。

3. 通胀

债务按名义价值计价，但资产是按真实价值。通胀可以吞噬债务的名义价值，却不能吞噬资产价值。有趣的是，在过去两年中，通胀帮助美国处理了债务问题。但这是有代价的——谁来承担通胀成本？很多时候，家庭收入的增长速度不如通胀。即使整体收入增长与通胀一致，收入增长的家庭分布也不均匀，这意味着有赢家和输家。非银行债券持有人也会蒙受损失。此外，国内的通胀很低，这似乎是结构性的。因此，这种方法虽然简单，但在国内实际上被排除掉了。

4. 将受损资产移出银行表外（如使用资产管理公司）

这也是资本重组的一种方式。中央政府以账面价值（高于内在价值）购买受损资产并将其存放（"仓储"）在资产管理公司中，从而将受损资产从账面剥离。这应该是最好的方法，因为这减轻了处理银行资产的负担，并将它们置于拥有更多专业知识和更好动机来处理基础资产的实体的责任之下。这降低了资产在未来很长一段时间内变成僵尸"滞留资本"的风险。一旦进行了仓储，就有多种方法可以处理资产。例如半完工的房屋可以改建为公共住房。

还可以引入私人资本，带来更好的运营商和更专注的投资者。这可以提高基础资产的回报，并更快地将"滞留资本"回收到经济中。

再强调一次，这不是一个详尽的清单，但讨论了债务及其基础资产可以重组的一些方式。问题不在于"可负担性"，而在于如何最好地修复或以其他方式重组基础资产。实际上，考虑到问题的规模和范围，所有这些方法（可能除了"通胀"）以及这里没有涉及的其他方法，都将被用来处理位于中国国家资产负债表底部（质量较差的）的23万亿美元地方政府资产[①]。

七、中国经济增长的长期预测

预测中国经济长期增长情况，关键在于对中国TFP和生产力趋势的看法。2022年，洛伊（Lowy）研究所的一份报告显示（Roland Rajah和Alyssa Leng，2022），使用索洛方法估算中国到2050年长期GDP增长率为2%~3%。一些分析师认为这份报告是对中国TFP最好的分析，其逻辑和方法非常清晰，而且最为关键的是纳入了世界银行理查德·赫德的数据（Herd，2020）来突出中国不断变化的资本构成。再回忆一下，赫德最深刻的洞察是指出21世纪第二个十年中国资本投资构成发生了变化——更多投资由住房和基础设施构成，而商业投资的百分比下降。尽管该报告认识到有不同的资本投资类型，但未能考虑不同类型资本存量的资产久期，以及改变的资产久期对TFP的重大影响。此外，该报告还使用与东亚经济体的历史对比来对中国未来TFP趋势进行预测，这导致对中国经济增长潜力的低估。

此外，PWT[②]（Penn World Table：佩恩表）是大多数TFP估算中最常被引用的数据来源。TFP是基于GDP的指标，计算时面临一个挑战，即GDP数据来源相互矛盾。

---

① 23万亿美元来自（Glenn Luk，2023j）的测算。
② PWT是一个数据库，包含收入、产出、投入和生产力的相对水平信息，在1950年至2019年期间覆盖了183个国家的数据。详情参见，https://www.rug.nl/ggdc/productivity/pwt/。

中国不同类型资本存量的资产久期/折旧率及其对TFP的影响

大部分其他机构预测中国到2050年长期增长率为3.5%~4%。关于洛伊报告的预测和其他预测之间的差距，关键在于对中国TFP和生产率的判断不同。乍一看，2%~3%与3.5%~4%之间的差异似乎微不足道，但长期复利的计算结果相差甚远。数十年之后，增长率为2%~3%的经济体的人均生产率仍然很低，而3.5%~4%的经济体的人均生产率与目前的发达经济体更为接近。所以是2%~3%还是3.5%~4%，结果很重要。洛伊将长期GDP预测分解为索洛模型三个组成部分的变化——资本（分为商业、公共、住房类型），劳动力（劳动年龄人口、教育）和生产率增长。这种方法比前文（彩图4-1）讨论的GDP增长的分解更加复杂。值得注意的是，它将资本分为三个子组成部分，即正确地认识到存在不同类型的资本存量。第九章"不同投资原型对GDP的影响有差异"小节对不同资本投资类型进行了详细讨论。

洛伊选择使用一种修改后的方法，该方法使用经济回报而不是使用GCF/资本形成总额，即ROI（Return On Investment）中的"R"而不是"I"（"I"对应GDP中的GCF）。（基于资本存量的）经济回报小于当年资本形成总额。"不同投资原型对GDP的影响有差异"小节中说明性的示例表明，不同类型资本的ROI差异显著。彩图3显示，到21世纪第二个十年的中期，中国正在投资建设住房和基础设施的资本存量，而不是商业资本存量，对GDP的经济贡献（ROI中的"R"）不成比例地降低。这是因为住房和基础设施投资的初始ROI通常远低于商业投资。例如，住房/基础设施的ROI（从GDP的角度来看）最初可能低至2%~4%，而商业投资的ROI通常为百分之十几或更高。但是，请记住，最初以百分比计算较低的ROI并不一定作为投资会"更糟"，还需要考虑使用寿命和折旧率，因此终生的投资回报倍数更重要。虽然最初的ROI低，但基础设施投资将在几十年甚至几个世纪内继续带来经济红利。住房对GDP的贡献将继续增长，与未来几十年的家庭收入增长基本一致。相比之下，商业投资通常会产生更高的

ROI（以百分比计算），但使用寿命要短得多。较短的使用寿命意味着在不久的将来，需要更换它以保持经济同等的生产能力。对于长期经济发展来说，重要的是总回报。前期 ROI 为 4% 但使用寿命超过 50 年的住房可以说比在 10 年内提供 20% 固定回报率的商业投资更好。前者终生实现了 4 倍的整体回报，而后者只有 2 倍。

因此，尽管洛伊报告承认存在不同类型的资本，但其方法没有考虑到不同类型资本存量的资产久期，也没有考虑到从 GDP 数据中梳理出生产率时的相关缺陷。"投资构成的变化对 TFP 的影响"小节已经指出，GDP 是一个有缺陷的指标，并且这些缺陷严重影响了从 TFP 或类似指标中得出的结论。本书在多处反复强调，TFP 和 ICOR 等类似指标的计算没有考虑到自 2005 年前后以来中国资本存量构成的变化。与商业投资相比，房地产（尤其是住宅）本质上是一种更高 ICOR（较低资本比率、更长久期）的资产类别。类似地，基础设施投资也是一个具有相对较高 ICOR 的资产类别（相对于商业）。

资产久期的改变对 TFP 会产生重大影响。资产久期对应不同的折旧率，这又会影响资本存量的计算。洛伊报告使用不同的折旧计算方法对 TFP 进行了建模，得出关于 TFP 和整体增长率的不同预测结果。下面我们来着重看看它采用的三种折旧计算方法。

模型一使用 PWT 的折旧率。作为最经常被引用的 TFP 数据来源，PWT 用于调整资本存量的折旧率或多或少是固定的，在 2000—2019 年期间中国资本存量的折旧率在 5.2%~5.6% 之间。但这与资本存量构成的重大变化背道而驰——世界银行的赫德指出 21 世纪第二个十年中国投资从短期商业投资向长期住房和基础设施投资的重大转变。折旧率不应该上升（意味着资产久期缩短），而是应该下降，因为寿命较长的住房和基础设施资产在资本存量资产基础中占了更大份额。格伦·卢克根据赫德的想法，估计折旧率从 2003 年到 2019 年下降了约 0.8%（Glenn Luk, 2024g）。PWT 数据库（以及 IMF 等其他数据库）的问题在于，就中国而言，它没有使用像赫德那样详细的资本明细，因为这些数据没有被正式公布。赫德的数据是从其他数据源重建的，并仅运行到2016年。所以模型一使用了PWT**更平坦且偏高的折旧率**。模型二使用**赫德数据中较低的折旧率**。模型三使用IMF提供的资本存量估计。IMF在其资本存量估算中使用更基本的折旧假设——根据经济体的发展类别（高、中、低收入）采用统一的折旧率。

相较于模型一/三，模型二使用较低的折旧率导致更高的TFP和整体增长预测。这是令人信服的证据，表明**正确的折旧率/资产久期**（并认识到不断变化的资本组合）**对资本存量、TFP和索洛增长核算模型有重大影响。**

2%~3%还是3.5%~4%的长期增长预测之间的差异实际上就出现在这一生产率假设上。在它们的基础场景下，洛伊和其他人假设生产率将保持平稳或下降。本书对基础场景持不同的观点。虽然TFP曾经的下降并不能全部归因于中国资本存量基础中资产久期的增加，但TFP下降在相当大的程度上可以归因于此。"模拟资本存量构成和对投资回报的影响"小节使用一个概念模型，展示了**中国从2005—2021年ICOR上升（或TFP下降）的约2/3可归因于其资本存量构成的变化。**

洛伊报告和其他分析都强调了21世纪第二个十年TFP或生产率的下降（或相反，ICOR的上升），并假设这反映了生产力的真正下降并且强调很可能是永久性的。但另一种解释是，中国做出了具体的政策选择，有意识地在住房和基础设施方面进行大量投资。通过挤出其他经济活动，其初始低ROI对GDP的衡量产生了**抑制效应**。这种抑制效应（至少部分）是由于GDP核算的一种缺陷，即GDP**不考虑或不关心折旧**。因此，这不能全部归咎于生产力下降。最终，当密集的住房和基础设施投资期结束时，这种抑制效应将会逆转。即使投资大幅萎缩，住房/基础设施资本存量（通过递延消费）仍将继续对GDP作出越来越大的贡献。与此同时，以前分配给重型住房/基础设施投资的经济资源将被释放给其他部门，如先进制造业（ROI较高）和资产密集度较低的部门，如医疗保健。

与21世纪第二个十年新冠疫情前的基线相比，我认为**TFP不会持平**

或下降，而是会上升 0.5%~1.5%。这并不是回到 20 世纪 90 年代和 21 世纪第一个十年，只是反映了**抑制效应的算术逆转**。基于此 TFP 预测和洛伊报告在资本投资和劳动力方面的预测，本书对中国经济长期的预测是，**21 世纪 20 年代实现 4%~6% 的增长率，在 21 世纪 30 年代减速至 4%，在 21 世纪 40 年代降至 3%**。如果美国到 2050 年每年增长 2%，中国大陆的人均 GDP（PPP）将从 2023 年占美国的 29% 增加到 2050 年的 48%，即接近达到美国一半的生产率，中国台湾在 1993 年达到了这一水平。而韩国在 2001 年达到了这一水平。其他人均生产率约为美国一半的国家还有葡萄牙、匈牙利、土耳其、希腊、马来西亚。

基于中国台湾地区与韩国经验的 TFP 趋势线低估了中国大陆的经济增长潜力

洛伊报告另一个主要的假设是，根据以前的东亚奇迹，TFP 将下降到"当前趋势"的 70%。初看起来这是一个完全合理的假设，因为两个因素：随着发展中经济体的追赶，生产力增长下降；将韩国和中国台湾作为历史比较对象是很合理的。但中国大陆与韩国和中国台湾有一些关键的区别需要考虑。

东亚发展模式以其高投资水平而著称。虽然与其他第二次世界大战后的发展故事相比，韩国/中国台湾的储蓄和投资水平很高，但中国大陆更进一步。20 世纪 70 年代，在朴正熙的领导下，韩国以大型家族财阀集团为首的高水平工业投资而著称。相比之下，它在住房和基础设施方面的投资相对较低。而中国台湾在公共基础设施方面的投资相对较大。但与韩国形成鲜明对比的是，中国台湾的产业以专注于玩具、服装和消费电子产品等轻资产产业的小型家族企业为主。此外，中国台湾非常具体地推行限制住房投资的政策，以便将储蓄用于基础设施、商业和军事。

在过去的二十年里，中国大陆同时在三个类别中均以很高的速度投资：媲美韩国最高水平的工业投资；和中国台湾相当或更高水平的基础设施投资；自成一派的住房投资。现在，中国大陆通过同时推进三个类别的投资来发展经济的想法是合理的。这是否真的起作用会持续引发争论。但是，由于这种想法关系到与韩国/中国台湾的历史比较以及对未来 TFP 轨迹的影响，因此它产生了影响。这种密集的投资使得典型的中国大陆家庭比 20 世纪八九十年代的典型中国台湾家庭或韩国家庭享有更高质量的住房和公共基础设施。

这也意味着中国大陆更早（相较于类似的发展阶段，从城市化阶段而言，现在的中国大陆对应 20 世纪八九十年代的韩国和中国台湾）地摆脱了"低 ROI"的住房和基础设施投资，而在八九十年代，中国台湾和韩国仍然面临未来有更多"低 ROI"的住房和公共基础设施建设的局面，这降低了（未来的）TFP。从这个角度来看，中国台湾和韩国在后来的发展中因为住房/基础设施的逆风而经历的 TFP 下降，可能根本不适用于评判中国大陆。事实上，明显地正在进行的部门轮动正在从房地产转向先进制造业，基础设施投资可能正在接近顶峰/平台期（占 GDP 的百分比），这表明中国大陆的 TFP 在未来几十年内甚至可能会迎来温和的顺风。

PWT 的中国 GDP 数据来源问题

计算 TFP 的一个严重问题是 GDP 数据来源相互矛盾。PWT 的中国 GDP 数据来自麦迪逊（Maddison）项目[①]。麦迪逊项目的中国相关数据来自伍晓鹰（Harry X. Wu）[②]的整理和分析。伍晓鹰调整后的 GDP 数据比国家统计局公布的 GDP 数据低 2%～3%。例如，对于 1978—2012 年期间，伍晓鹰计算的 GDP 年增长率为 7.2%，而不是国家统计局公布的 9.6%。不妥之处在于，PWT 用了一个明显较低的 GDP 数字来计算 TFP。TFP 只是 GDP 减去资本和劳动力投入后的剩余部分，吸收了对 GDP 调整的所有影响。因此 PWT 使用的较低的中国 GDP 数据导致 TFP 估值降低了 2%～3%。

---

① https://www.rug.nl/ggdc/historicaldevelopment/maddison/
② https://www.nsd.pku.edu.cn/szdw/qzjs/w/497019.htm.

PWT 是大多数 TFP 估算中最常被引用的数据来源。大多数依赖 TFP 的人似乎并不了解这些底层因素。伍晓鹰调整后的数据给官方数据打了折扣。值得注意的是，佩蒂斯与人合著的《贸易战是阶级战》一书中也引用了伍晓鹰的数据，以支持中国自"90 年代初以来没有有意义地提高其生产力"的观点。这是一个非常荒谬的说法。不仅是这些，大量商业评论也严重依赖伍晓鹰的数据。根据他的数据，人们可能会得出一些非常疯狂的结论，但这些结论本身根本经不起推敲。

伍晓鹰职业生涯的大部分时间都在研究索洛增长核算模型的关键输入，最终得出了他调整后的数据集。但许多人质疑他调整背后的逻辑。他调整后的数据集、具体的调整和设计调整的方法极具争议。甚至国家统计局与伍晓鹰之间就"2014 年中国经济增长是 3.9% 还是 7%"展开了一场激烈的辩论，这场辩论后来升级使得英国《金融时报》2015 年用一整个版面报道"中国的 GDP"。事后证明国家统计局才是正确的。然而，该数据集已被纳入 PWT，并进一步为主流中最常引用的 TFP 计算提供支持。这里的问题是，大多数人在引用这些数字时似乎没有注意到或意识到这一点。

TFP 下降不能仅仅解释为生产力下降

从理论上讲，TFP 应该涵盖劳动力和实物资本之外的一系列要素，这些要素决定了一个国家的生产能力。它通常等同于技术和生产效率。当谈论某些类型的资本（例如工厂设备）时，这些概念是有道理的。新的工厂设备应该会提高一个国家的制造生产能力；但住宅不同，投资住房会扩大或改善家庭的生活空间。这将导致未来住房 GDP（虚拟租金和实际租金）的增加，但这与一个国家的"生产能力"有很大不同。从概念上讲，这是一种以消费为导向的活动，与提高制造业或服务业产出很大程度上是脱节的。对住房的大量投资反映了一种消费选择，在这种情况下，与选择进口奢侈品没有什么不同。在传统的 TFP 测算下，住房与基础设施和工厂设备混合在一起，成为通用"资本"的一个整体。宏观经济学中的许多问题都来自类似这种同质性的假设。

中国政策制定者在 21 世纪第一个十年中期作出了一个重大决定，即将加快住房投资作为数十年城市化计划的一部分。这导致住房"挤出"了工厂设备等商业投资。自 2011 年以来，商业投资占 GDP 的百分比有所下降。从技术上讲，国家在这一时期投入了更多的"资本"，但这些"资本"中的大部分都是为了提高生活质量，而不是为提高实际的制造业和服务业生产产出。因此，TFP 本身即使根据前面的一些观点被正确计算（使用正确的折旧率），它所描绘的（当经济大量投资于住宅时）经济底层生产能力的真实改善，仍然具有误导性。

在一定程度上，住房投资也是基础设施投资，它的增加实际上应该归入消费类别，从而大大提高中国家庭的生活质量（更多的居住空间、更舒适的交通等）。换言之，不应该将（在正确计算的情况下）TFP 的下降仅仅视为生产力/效率下降的指标，它也反映了政策驱动的消费导向型选择，为中国家庭带来了更高质量的住房和基础设施。

2023 年 IMF 一篇有趣的工作论文（Bas B. Bakker，2023）指出，在像新加坡和中国香港等土地受限、快速增长的经济体中，错误地将地租纳入资本收入份额，这导致 TFP 增长被低估。这篇文章说，自 2007 年以来，中国也经历了这种情况。因此，随着央地财政模式改革和土地财政（以及相应的地租经济）的衰退，中国 TFP 在未来几十年可能迎来更多的顺风。

八、中国经济结构转型的最大障碍

家庭偏好

从中国家庭的角度思考有助于理解中国经济转型的节奏。在快速城市化的前二十年（城市化率每年增长超过 1.5%）中，家庭部门集体地将不成比例的收入用于购买城市里的新房。城市的新建住房在 GDP 中归属于资本形成总额（即投资部分）。现在的城市化率只有 66%，当达到 75%～80% 时，快速城市化阶段会结束，城市新房建设的强度也会下降。从家庭的角度来看，这意味着更多收入可以花在其他事情上。大多数其他东西，从耐用品到教育、美食和旅行，都被归类为消费。因此，经济将非常自然地跟随家庭对资本形成总额（城市新房）的偏好转向消费。这不是一个政治或意识形态问题，只是家庭自然地从中等收入向高收入的消费模式的转变。

中国家庭的消费模式的变化是可以预测的，将其行为纳入马斯洛的需求层次结构中，可以对不同社会经济群体的消费行为进行研究。在真实的产品和服务类别中思考这些事情有助于认清实际情况，而不是陷入抽象的 GDP 核算恒等式。所以应该深入研究到另一个层次，并按社会经济群体——富人、中产阶级、农民工和农民——思考消费的演变，这也是理解"结构转型"的重点。

劳动力演化

"结构转型"的另一个方面是经济的劳动力构成。今天，中国的大部分劳动力接受过培训，可以建造实物（建筑物、工厂中制造的商品）或提供较低级别的服务。蓝领农民工仍然是劳动力大军的主体。他们虽然受正规教育水平较低，但针对某些类型的工作，有很强的职业道德和优化的技能。

劳动力的演变需要时间，顺应长期的人口趋势。最大的人口群体出生于 1985—1990 年，1965—1970 年（图 14-1）出生的人不少成了第一代农民工。农民工从农村搬到城市，在工厂、建筑工地工作或从事服务工作。许多第一代农民工的孩子出生在 20 世纪 80 年代，他们受益于高等教育的扩张（彩图 18 和彩图 15）并获得了大学学位。大多数农民工渴望自己的孩子接受教育，未来才能找到更好的工作。

要记住中国人口转型的一个关键方面——虽然 20 多岁的人口比 50 多岁的人口（中国最大的人群/即将到来的退休人员）少约四分之一，但受过高中/大学教育的20岁人群比50岁人群多2倍以上（2020年）。中国较年长的工人受教育程度明显不足（彩图15）。今天50多岁和60多岁的一代人是在教育上被耽搁最严重的一代。劳动力受教育程度低，这一现实是决策者做出经济政策选择的重要依据，包括制造业和基础设施建设与医院服务的相对优先级安排。

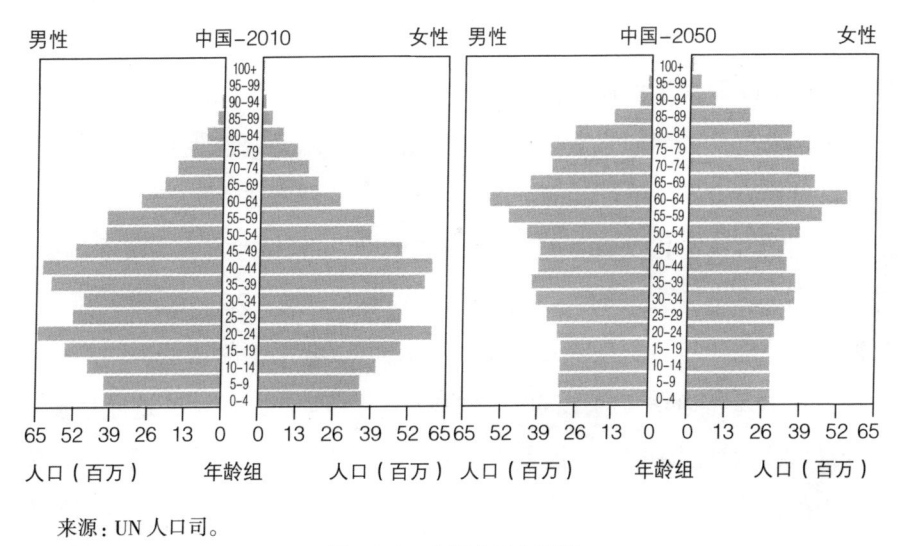

来源：UN人口司。

图 14-1　中国人口金字塔

　　彩图31-2显示，未受过大学教育的劳动力已经达到顶峰，目前以每年1%~2%的速度逐渐下降，并在21世纪30年代开始加速。到21世纪40年代，这个蓝领劳动力池（包括农民工）将缩小到今天规模的一半，而当1985—1990年出生那一代人陆续达到退休年龄时，城市化将基本完成。

　　建筑是体力劳动密集型的工作，一旦这一波在21世纪40年代退休，建筑劳动力将不再充裕。中国高等教育在21世纪第一个十年确实加快了步伐，并且20世纪八九十年代后出生的几代人愈发厌恶体力劳动。因此，确实有这样一种猜测，中国之所以"迫切"完成这么多房地产和建筑，是因为预判到，从21世纪40年代开始，建筑业劳动力将变得紧缺，建筑成

第十四章　最柔软的着陆和稳健的转身

本将大幅提升。在现代，大多数发达经济体至少花了五六十年才达到全面城市化，城市化率70%～90%不等。根据最新的五年规划，中国正进入快速城市化的第三个十年，目标是到2035年达到75%的城市化率。从这个角度看，长期规划中的密集城市化（因此才有偏高的住房和基础设施投资）预期到21世纪30年代中期基本完成。这是一场与人口现实的竞赛。即使有浪费，因为正试图将所有这些密集城市化的工作压缩到一个更短的时间表中完成，也比将其平铺到20年完成更有效，到时候可用的建筑劳动力池要小得多，也更昂贵。

从存量和流量的维度思考人口问题是有帮助的。"结构转型"的最大障碍是人口变化的步伐相对较慢。人口存量需要几代人才能翻转。这就是为什么中国劳动力总体受教育程度仍然很低，但一旦你考察人力资本流量，你会看到一些非常强大的人口趋势。2022年有大约1 200万大学毕业生，而达到正式退休年龄的劳动力人口中只有不到200万大学毕业生。**大学毕业生劳动力每年净增长约1 000万，加上蓝领劳动力的萎缩，这应是推动当今经济结构性变化的最大因素**（Glenn Luk，2024a）。很多时候，一些关于政策的辩论和建议没有充分考虑到这些人口现实。

例如，中国制造和建设如此之多的原因之一是，拥有如此多的为此进行了优化和培训的农民工。虽然缺乏完整系统化的中等教育对蓝领就业的障碍较小，但将这一代处于职业生涯中期的人员过渡到医疗保健和教育等要求更熟练技能的服务部门工作根本不可行。"在医疗保健和教育方面进行更多投资"不仅是为了花更多的钱，也是为了创造合格的医生、护士、医院工作人员、教师等供给。这些工作需要接受中等和高等教育的大学生及更高学历的群体。蓝领农民工和受教育程度低的农民无法通过培训一夜之间成为医护人员，但他们的孩子可以，但代际变化需要时间。

一些人的想法比较天真：中国需要医疗保健，所以应该让农民工通过为期两周的培训计划，成为执业护士。在这些人的想法中，再平衡的问题就这么简单地解决了。在一个幻想的"模拟城市"世界中，转型劳动力没有摩擦成本，简单地把钱投入医疗保健和教育，并使其神奇地瞬间改善，似乎很容易。但在现实世界中，决策者需要考虑到供给侧的人口现实。将没有受过教育的农村移民提升为建筑工人或流水线工人是很容易的事情，但要把他们变成护士、医生等医院工作人员太难了。那些在象牙塔尖呼吁让中国"更多消费"或者"更快取消户口"的人似乎并不理解这些供给侧现实。中国经济将转型，但速度由这些现实情况决定，而不是天真和无知的一厢情愿。人口变化发生在几十年里，而不是几个月和几年。

在这方面，对中国来说，好消息是，进入21世纪第一个十年初高等教育/大学供应的迅速增长，现在正在为医疗保健和教育创造大量原始人力资本。这自然应该能够改善高质量的健康和教育服务，特别是现在66%的中国人生活在城市。

过去二十年高等教育入学率的快速上升正在推动受过大学教育的劳动力群体发生巨大的、逐步的变化。到21世纪40年代，上过大学的人数将超过未上大学的人数（彩图31-2）。中国受过大学教育的劳动力也倾向于不成比例地偏向STEM专业（大约1/3）。到21世纪40年代初，劳动力中可能会有超过1亿STEM专业的学生，是今天的两倍多。

像比亚迪和华为这样的公司真的开始大步前进，并以多元化的方式进入新的领域，在很大程度上是因为它们拥有大量的技术和工程人才，可以投入庞大且不断增长的研发业务中。比亚迪的公众号披露该公司现有11个研究院、超过9万名工程师，其中电动化25 000人、半导体5 000人、智能化15 000人、轨道交通2 000人、汽车集成10 000人、新材料和基础科学3 000人、动力总成7 000人、电子研发11 000人、电池10 000人、商用车3 000人（皆电，2024）。

中国台湾在20世纪80年代末及90年代初也经历了类似的转变——从1990年到2011年，大学入学人数扩张近五倍。这一时期也恰逢中国台湾经济从劳动密集型出口加工向高科技工业经济转型。像台积电这样的公司在此期间如此成功，部分原因是20世纪90年代和21世纪第一个十年毕业的电气工程师和其他技术领域的人才供应不断扩大。同样，从20世纪80年代初开始，韩国的高等教育入学人数迅速增加。到2005年前后，几乎每个高中毕业生都上了大学。不断壮大的大学毕业生群体推动了韩国财阀向先进技术和工业集团的转型。中国台湾和韩国的STEM毕业生比例也同样很高。中国大陆的高等教育，特别是工程领域的情况，与25~30年前的中国台湾地区和韩国相似，但规模是其20倍（Glenn Luk，2024a）。

我朋友正在装修自己的别墅，装修工人几乎都是蓝领农民工。其中一个来自江苏的50多岁男人，已经在建筑工地工作了30年。虽然他不会英语和计算机，但在30年的不间断工作后，他显然知道如何做建筑。他的职业道德非常好。他家里的女儿正在上大学，想要学习成为一名舞者或老师。这个家庭的故事在数以亿计的中国家庭反复上演。这一代蓝领农民工为他们的下一代奠定了有形的基础设施基础。如果不考虑这些潜在的人口结构转型，就无法谈论结构转型、再平衡和中国经济的演变。

"中国经济结构转型"的最大障碍不是意识形态，而是家庭偏好和劳动力演化。关于这个话题的许多有缺陷的分析是因为忽略了这两个因素。随着蓝领农民工数量的下降，住房和基础设施建设等以投资为中心的活动自然也会下降。决策者必须跟随这些长期人口趋势。随着21世纪第一个十年初高等教育快速扩张而出现的大学毕业生和博士人数激增，芯片制造、电动汽车、电池和可再生能源等价值链迅速崛起，以及医疗保健和健康等服务业蓬勃发展，这些都并非巧合。

九、中国第二阶段的工业化

中国制造业的变迁

在第一次制造业繁荣时期，中国输出了低成本但生产性强的劳动力。

而目前，产品类型、目标市场、资本强度、劳动力动态和地缘政治环境方面都发生了变化，中国正在输出的是知识产权、技术和嵌入的专业技术。我们来看这些方面的变化。

产品类型：跨入 21 世纪门槛之前后两个十年是在制造业（服装、玩具等）中劳动力含量高、处于价值链低端的消费品；今天是知识产权/技术含量不断增加的消费/工业产品（汽车、光伏板、工业机器）。

目标市场：跨入 21 世纪门槛的前后两个十年是完全发达、富裕的世界市场，特别是美国和欧盟；今天首先是中国国内市场，其次是东盟等发展中经济体，最后才是完全发达市场。这是一个非常重要的区别。

二十年前，以出口为导向的制造商（主要是外资）没有向中国市场销售产品：它们的产品不是为中国消费者设计的。而且有许多现在仍然没有向中国市场销售！这些外资出口商的有趣之处在于，大多数都无法打入中国市场。这些产品不符合中国低收入消费者所需的严格价格点。它们也无法驾驭本地分销。今天的产品首先由中国公司设计并匹配中国消费者和使用场景。外国消费者是次要考虑因素。与二十年前不同，中国今天的内需是产品设计的主要驱动力。这是很重要的一点，但大多数媒体和分析师都没认识到。下一次制造业热潮将主要由中国需求推动。最关键的因素是设计/制造更好的产品并降低成本，以便这些产品能够触达越来越多的中国消费者。他们是未来需求的主要来源。当然也有国外需求，但不是关键驱动因素。这些下一代制造商的优先的海外市场不是北美和欧洲，而是像东盟这样的发展中经济体，那里的地缘政治风向截然不同。具有讽刺意味的是，到目前为止，中国最大的电动汽车出口商是特斯拉。预计这种动态将继续下去。

在可预见的未来，国内需求将占中国电动汽车、电池、可再生能源和其他高知识产权/技术含量产品需求的绝大部分（超过 2/3）。它们的海外市场战略将主要集中在发展中经济体，并将严重依赖已建成的本地制造和供应链。

中国对全球制造业增加值的贡献将从目前31%的水平向上继续增长，但主要受内需拉动。因此，虽然中国占全球制造业增加值的31%，但如果减去出口驱动型制造业，这一比例将下降到约18%，欧盟从16%升至19%，美国从16%升至18%[①]。简单来说，中国家庭对本国制造业增加值的需求与欧盟和美国家庭对本国制造业附加值的需求大致相同。

在**资本强度**方面，先进制造业（"三新"，即新技术、新材料和新能源）与主导中国工业化第一阶段的劳动密集型制造业截然不同。比亚迪在郑州的新工厂平均每位工人的资本支出约为10万美元（2024年招聘7万人，投资500亿元）[②]。与此形成鲜明对比的是合同制造。世界领先的消费电子制造商富士康宣布在印度投资15.4亿美元，将支持40万个工作岗位。这是每个工人少于4 000美元的资本强度，与比亚迪郑州工厂比较，资本强度差了25倍多（Glenn Luk，2024o）。比亚迪工厂的大部分资本支出都是昂贵的、先进的生产线设备，而不是物理工厂的占地面积和车间。这些设备可以实现高度自动化。合同制造的情况正好相反。请注意，每位工人10万美元的资本支出非常符合西方跨国公司的电动汽车制造标准。特斯拉在上海超级工厂投资了20亿美元，该工厂雇用了2万名工人，因此每位工人的资本支出也为10万美元。

这也是为什么我说对中国劳动年龄人口下降的担忧被夸大了。先进制造业等资本密集型行业的人均生产率明显更高，这意味着更高的工资。低收入国家面临的问题是未能在国内生产足够多的中间投入。先进制造业的中间投入是机器人、生产线设备、视觉系统等资本支出。低收入国家通常没有能力生产这些技术。中国之所以能够在这些先进制造业中如此迅速地扩张，是因为中国本土能力的发展，可以生产许多这些中间资本支出投入。归根结底，如果没有经历首先发展劳动密集型出口导向型制造业的最初阶段，这是不可能的。这最初的阶段有三方面作用：一是中国引进了可以逐

---

① 格伦·卢克使用OECD的TiVa方法测算（Glenn Luk 2023m）。
② 来自《雪球》，https://xueqiu.com/5436386345/278381973。

步升级的外国资本；二是为劳动力提供充足的机会，"边做边学"；三是建立本地供应链，包括越来越多的上游中间投入。

比亚迪本身就是中国制造业发展的一个很好的案例。在开展原有电池业务时，它采用了差异化的劳动密集型方法，使其能够与现有的日本和韩国的OEMs竞争。最后，比亚迪开始重新设计电池制造工艺，以利用90年代廉价的国内劳动力与日本和韩国制造商竞争。随着时间的流逝，随着劳动力变得更加昂贵，它早已实现了自动化，但并不回避雇用工人。它还推出了类似于富士康的合同制造业务，后者再次采用了低资本支出的劳动密集型商业模式。比亚迪于2007年在公开上市中剥离了这项业务。但随着时间的推移，它逐年提高了自动化程度，并提高了其业务组合的整体资本密集度。汽车和电池的自动化制造是地球上资本最密集的制造业之一。

中国产业发展的另一个标志可以从比亚迪等公司的研发强度中看出。与特斯拉相比，比亚迪的研发人员数量是前者的3到4倍。

劳动力动态：跨入21世纪门槛之前后两个十年，中国通过劳动密集型制造业有效地出口低成本劳动力、嵌入式实物商品；今天中国越来越依赖进口低成本劳动力（不是实际进口劳动力，而是把相关工作出口到低成本劳动力经济体），将国内劳动力解放出来，以从事高附加值的活动。从劳动密集型制造业向东盟等地的外流中可以看到这一点。中国毕业生的教育水平迅速上升也体现了这一点——每年净增加1 000万大学毕业生，再加上蓝领农民工劳动力最终将在21世纪30年代开始萎缩。这些劳动力和人口结构的变化是中国经济结构性变化的主要驱动力。这些在本章"劳动力演化"小节进行了详述。

地缘政治环境：跨入21世纪门槛之前后两个十年的主题是自由/开放贸易，中国加入世贸组织；今天全球贸易壁垒日增，保护主义加剧。中国的政策制定者和企业家非常清楚地缘政治和保护主义风向的变化。从中国电动汽车制造商如何积极地在国外市场建立本地制造和供应链中可以看出这一点。传统内燃机汽车制造商正在与中国电动汽车厂商合作，以加速内部电动汽车计划——获得供应链、制造和驾驶舱/ADAS技术。中国车企吉利与马来西亚国有汽车制造商的合作，以及比亚迪在匈牙利投资建立电动车本地供应链，都是典型案例。这种积极主动行为的一方面原因是中国意识到与发达经济体的地缘政治和贸易紧张局势日益加剧。另一方面原因是更好的产品契合度，因为中国消费者需求和价格点与其他发展中经济体的消费者需求更加契合。2024年2月7日中国九部委联合发布《关于支持新能源汽车贸易合作健康发展的意见》，这是关系到中国新能源汽车产业和海外发展的一件大事，与中国新能源汽车出口和在国外建立本地制造的中国对外FDI直接相关。该联合公告提道："提升国际化经营能力和水平……鼓励海外研发合作……提升合规海外运营能力……构建各方共建共享的产业链供应链体系……"[1]

国内的需求"问题"其实与供给侧有关，对更好的住房、更好的产品、更好的生活质量的需求始终是存在的。但目前的经济无法以所有中国人都能负担得起的价格生产出足够多的这些东西。因此，挑战实际上是在供给侧：如何生产更好的产品和服务和/或降低成本？这些是几千年来推动人类进步的基本问题。需求不是一成不变的。降低产品成本，提高产品质量，肯定会有新的需求来源。

因此，中国经济发展下一阶段关键的成功因素将是其以更低的价格生产更好的产品和服务的能力，以便这些产品能够触达越来越多的国内消费者。他们是未来需求的主要来源。

人们应该关注制造能力的提升，而不是"消费者需求疲软"或"通缩"的具有误导性的叙事。前文说，制造业新增信贷增加已经覆盖房地产部门新增信贷的损失。这里的关键点是，经济资源从房地产到下一代和新一代制造业的转移始于2018—2019年。换言之，中国正处于5~6年的重大结构性资源转移阶段。中国经济规模如此之大，重大改革/转型可能需要很

---

[1] https://news.cctv.com/2024/02/07/ARTImE4cHc26267JEn516BOL240207.shtml。

长时间。了解其经济的关键是明确其在这些重大转变的时间和周期中所处的位置。城市化是一个数十年的过程，韩国从35%的城市化率上升到75%花了30年时间。从20世纪90年代末（房地产改革发生时）开始，我们大致走上了相同的轨道，到2023年年底中国的城市化率为66%。

沿海向内陆转移

中国工业化在下一阶段会出现地理上更加分散的特征。最新一代的电动汽车、电池、光伏、芯片和其他先进制造业工厂位于内陆二线、三线城市，如合肥、武汉、荆州、济南和西安。上一阶段的工业化相对来说地理集中于沿海和一线地区：以珠江和长江三角洲为中心的出口加工业；以北京、上海和深圳为中心的软件/高科技传统风投支持的创新集群。

什么促成了这一变化？有三方面的原因：第一，重点投资基础设施和物流，更好地连接二线、三线城市；第二，这些行业生产的产品体积较大，在本地制造经济上更划算；第三是因为本地人才的提升。除了这三方面的原因，还有一个原因是，中国流动劳动力不断变化的行为和愿望，他们越来越不愿意离家数千公里去找工作，这通常意味着每年只能回家两次。现在，他们可以通勤到当地的二线、三线城市，每周或每月都可回家看望家人。更不用说更低生活成本、更熟悉的地区的吸引力了。总的来说，生活质量更好了。这一趋势应该会导致全国范围内更加分散和平衡的增长。

曾经只是一线和沿海城市和地区产生增长份额的日子已经一去不复返了。随着时间的推移，这种趋势也可能有助于解决许多人认为的经济中最大的问题：三线和四线城市的房地产产能过剩，正在撑爆地方政府的资产负债表。

中国住房的过度建设主要发生在内陆三线、四线城市。一线、二线城市的房地产市场状况相对紧张。这里简单讨论一下制造业的发展如何帮助缓解三线、四线城市的过度建设。这反映了出口组合从劳动密集型组装（纺织品、玩具、家具、设备）到更高价值的工业产品（电信设备、智能手机、电子产品和电动汽车）的广泛演变。首先专注于国内市场，这种新型的先进工业公司往往比沿海省份的第一代劳动密集型出口商在地理上更加分散。

与劳动密集型的低附加值出口加工相比，在高度自动化的制造线工作的乘数效应要高得多。例如，特斯拉上海超级工厂拥有约2万名工人，每年可生产超过100万辆汽车。这里的平均生产力超过50辆平均价值3万美元的特斯拉的价值。相比之下，富士康/鸿海拥有130万名员工，创造了1 750亿美元的收入，平均每名员工13.5万美元。先进制造业比劳动密集型出口加工业的生产率高出一个数量级。

在过去的30年里，这种演变或多或少地推动了中国制造业工资的持续增长。劳动力成本的上升非但没有降低制造业的竞争力，反而与制造业竞争力的增加相关（彩图16-3和彩图16-4）。虽然先进制造业的工作较少，但每一个工作都可以通过乘数效应支持其他工作，特别是在当地城市服务经济领域。这些工人有能力买一套公寓，养家糊口。相比之下，工资较低的出口加工工作通常仅够维系农民工在农村的家庭，而在工作的城市生活下去要困难得多。他们经常住在工厂的宿舍里。因此，尽管第一次出口热潮（以及科技热潮）导致一线、二线城市的房地产市场条件紧张，但这次先进制造业热潮正在帮助许多三线、四线城市吸引相对高薪的员工，并支撑当地的房地产市场。

三、四线城市房地产市场过度建设的问题在得到缓解/解决的过程中，同时自然发生变化的是中国城市化模式。虽然一线、二线城市的城市化已基本完成，但三线及以下城市的城市化尚未完成。上海、北京、深圳等一线城市城镇化率已达到90%以上，但还有数百个城市化率不足50%的城市，它们将是下一阶段城市化发展的主体。

相比2021年，2022年离开家乡省份就业的农民工人数有所下降，进入服务业的农民工有所增加。这一转变引发了人们对制造业长期劳动力短缺的担忧。根据国家统计局2023年4月下旬发布的年度《农民工监测调查报告》（国家统计局，2023），2022 年有 7000 多万农民工离开家乡省份就业，比前一年下降了 1%。相比之下，去年在家乡省份就业的农民工人数增加了 0.9%，达到 1.013 亿。根据该报告的 2024 年版（国家统计局，2024a），2023 年只有 38% 的人在外省工作，低于 2008 年的 53%。现在很大一部分农民工甚至根本不用搬家，就在家乡县城打工，他们虽然拥有农业户口，却在非农部门就业。

再次回顾彩图 2-1，我们可以把一些实际情况串联起来：出口增长的第一个时代，由中国香港/台湾企业（蓝色）主导，一直到 GFC 都实现了快速增长，但随后停滞不前；出口增长的第二个时代，在 GFC 之后，主要由中国大陆公司（黄色）主导。中国大陆制造商（黄色）现在占出口的大多数，转换发生在 2014—2015 年。此外，中国大陆制造商通常向不同的市场销售，专注于发展中经济体，而第一个时代的出口商（蓝色）仍然专注于富裕经济体。这与趋势有关——2022 年东盟成为中国最大的贸易伙伴，超过美国和欧盟。

保留全部制造业

中国的"十四五"规划中隐藏了一项中国产业政策的重要变化：服务业占 GDP 的份额保持增长一直是"十二五"规划和"十三五"规划的首要目标之一，但这项长期目标在"十四五"规划首要目标中不见了。这里的潜台词我认为是保证制造业所占 GDP 份额。这意味着中国不仅仅是试图成为领先的高科技制造商，还想（继续）全面发展制造业。

通常产业政策的目标是，支持或保护特定行业，使其能够更快地实现竞争力所需的规模经济。中国在这种产业政策方面拥有丰富的经验：世界已经见证了我们是如何扩大光伏、锂电池和电动汽车的制造规模，以达到主导全球市场的目标的。但关于产业政策的言论正转向一条不同的道路：追求经济的范围和规模。或者，简单来说：国家希望保持和提高各种不同产业的竞争力，而不仅仅是专注于最赚钱的那些。这听起来像是一个简单的变化,但对中国的贸易伙伴来说,这是一个重大的变化。

针对这一变化,中国最高层已经发出了优先事项变化的信号。2023年5月,在二十届中央财经委员会第一次会议上,习近平总书记阐述了他对"现代化产业体系"的愿景。他解释说,这样一个现代化系统有三个关键特征:完整性、先进性和安全性。这些目标中最新的一个提法是"完整性",他强调了这一目标在实践中的意义,"坚持推动传统产业转型升级,不能当成'低端产业'简单退出"(求是网,2023)。

从表面上看这项变化波澜不惊,因为很多国家(包括美国)都在重新审视蓝领制造业的重要性。但这一声明是对中国具体政策辩论的指示,清楚地表明了方向。中国转向以高科技为重点的产业政策早于2012年。在21世纪第一个十年的中后期,"升级产业结构"是个流行语,国家对"新兴"和"战略"产业的支持有所增加。与此同时,政府试图限制资源进入不太受欢迎的产业,通常是被定义为高污染、能源密集型或产能过剩的产业。这些举措在2008年达到顶峰。

在这种工业改造的愿景中,有一些理解不到位的评价:政府支持有利于高端产业和不利于低端产业的政策。这种愿景基于国家专业化和全球一体化贸易的理念。这一观点受到一位日本学者阐述的"雁形模式"理论的影响。该理论于20世纪80年代和90年代在发展经济学家中广受欢迎。简单来说,这个理论的思路是,随着各国在技术阶梯上不断前进,让出了低价值或商品化产品的生产,为较低收入国家创造了通过制造这些商品实现工业化的机会。不同收入水平的国家专门生产不同种类的产品,通过相互贸易,每个国家都会过得越来越好。

我认为,"完整性"这一愿景并不认可这一理论,中国需要保持生产全方位商品的能力。低端产业并没有被放弃,而是成为技术升级的目标,以保持其竞争力。我们面临的显然不再是各国可以专门利用开放的全球贸易体系,所以需要尽量减少外部依赖和改善贸易中断的脆弱性。经济学家余永定称这是中国回应美国脱钩的一部分(YU YONGDING,2023)。

中国确实拥有非常广泛的制造能力：根据余永定的说法，2017年至2020年期间，在全球贸易的4000类中间产品中，有2400类（按数量）中国是世界三大出口国之一。更简单地说，中国不生产的商品很少。在1241个按4位HS代码细分的出口类别中，中国只有不到50个没有出口数据。这一比例在过去十年中基本保持不变。

"雁形模式"理论受到质疑，有观点认为它为美国和其他高收入国家的产业空心化提供了理论背书。但这一理论确实也为与发展中国家的互利贸易提供了基础：由于高收入国家在某些产业失去了竞争优势，低收入国家获得了竞争优势，并可以利用这些产业来提高自己的收入。中国应该说是该理论的受益者。

中国产业政策的这项变化与经典的"雁形理论"和大多数经济学家的建议相悖。那么，为什么我们要这么做呢？

维持大型制造业的论点植根于两个目标——提高生产力和确保经济安全。第一条思路可以追溯到威廉·鲍莫尔（William Baumol）。鲍莫尔指出，"进步"部门可能获得生产力收益，而"停滞"部门则不能。制造业就是前者的经典案例；而一些服务业，如演艺行业，属于后者。鲍莫尔的"成本病"①假设，相对价格变化将把名义需求和劳动力构成转移到停滞的部门。经济增长将因此受到影响。中国最近的一段经历似乎证实了这一点。

美国的制裁是坚持低端制造业的又一个原因。正如2020年4月10日，习近平总书记在中央财经委员会第七次会议上的讲话所说，中国"要在关系国家安全的领域和节点构建自主可控、安全可靠的国内生产供应体系，在关键时刻可以做到自我循环，确保在极端情况下经济正常运转"（求是，

---

① 鲍莫尔成本病最早由美国经济学家威廉·鲍莫尔在1965年提出，在诸多经济体的增长阶段均得到实证数据的验证。理论上讲，鲍莫尔将经济部门分为生产率快速发展的部门，如各类电子产品、现代农业等，一般因技术进步而劳动力需求减少；生产率相对滞后或保持稳定的部门，如艺术表演、教育和医疗等部门的劳动力刚性需求更大。后一类部门的需求始终保持旺盛，而服务供给效率难以通过技术替代提升，结果便是劳动工资显著上升。不仅如此，前一类部门生产率提升而淘汰的部分劳动力退出市场，又会进一步被吸收进后一类服务类部门。

2020）。这就是"为什么"。

"如何"实现这个目标呢？只有少数经济体比中国大陆更富有并拥有相似或规模更大的制造业部门。作为比较对象，中国台湾和韩国就是最合适的例子；捷克、德国和斯洛文尼亚的制造业占GDP的比重略小，但可能也是不错的例子；爱尔兰、新加坡和瑞士就不太合适，因为它们的制造业不需要那么多人。但上述这些经济体在变得富有的时候都坚持了大型制造业，这与鲍莫尔成本病理论背道而驰。因此，我们可以从它们身上学到一些东西。

那么，这些经济体有什么共同点呢？首先，它们的总储蓄率都异常高。这允许对新产能进行大规模投资，可能正因如此才保护了它们的制造业免于空心化。这对中国来说应该不成为问题。尽管从趋势上来看，中国总储蓄率将下降，但可能仍然保持在高位。

其次，它们都有轻税制度。由于资本可以去任何地方为制造能力提供资金，所以往往会去向最被优待之处。这是爱尔兰、新加坡和瑞士也能够支撑大型制造业的主要原因。自2020年以来，中国总体税率一直在下降。税收下降显然是地方政府的一个麻烦，也是共同富裕目标的一个麻烦。因此，中国可能无法效仿爱尔兰的轻税战略。

再次，如果以贸易与GDP的比率来定义开放性，那么所有富裕的大型制造业国家都是开放经济体。但不意味着中国一定要选择这样的开放性。查尔斯·金德尔伯格（Charles Kindleberger）描述了地理和发展如何相互作用，以确定一个国家的开放性。在发展早期，贸易往往比GDP扩张得更快，因为更高的收入导致对国内无法制造的东西的需求上升。但随着需求转向建筑和服务，贸易强度趋于下降。随着内部市场的发展，国内生产商进入并驱逐出口。随着国内价值在出口占比的上升，进口往往会下降。此外，地理也很重要，因为贸易模式在很大程度上是由要素禀赋和运输成本决定的。在规模和资金上较大的国家拥有更多的国内资源，因此往往与其他国家的贸易较少。由于中国在GDP和地理方面都拥有良好的天赋，它将进行更多内部交易，这就是"双循环"以"国内大循环为主体"的内涵所在。

最后，中国的体量远大于这些经济体。所有富有的制造大国都拥有巨额经常账户盈余。实际上，它们通过为全球生产商品和积累出口盈余来避免鲍莫尔成本病。尽管相对价格将经济的需求侧推向服务业，但经济的供给侧仍然偏向于制造业。但中国太大了，无法做到这一点，因为如果希望获得更大的出口份额（出口占自身 GDP 或全球 GDP 的比重），实际上将面临越来越大的困难（彩图 12-7）。

那么中国要做什么呢？中国的政策制定者认为，我们拥有其他富裕制造国所没有的东西——一个庞大且快速增长的国内商品市场。所以我们的计划是通过打破各省贸易壁垒，从城市集群开始，创造一个统一的国内市场。要素价格改革应该可以改善其市场的运作。如果可以减少浪费的房地产投资，那么储蓄率可以降低一些来提振消费并且不会拖累制造业。如果一切按计划进行，在其他富裕制造国的发展剧本中全球市场可以被国内经济部分取代。但是，这就是鲍莫尔成本病成为问题的原因所在。制造业自动化会降低制造业的就业份额和名义 GDP，这意味着较为不进步的服务业将不得不在未来推动增长。其他国家通过抑制消费和出口生产盈余来避免这种情况。但这是其他经济体的剧本，不是中国的。再一次强调，这其实是"双循环"以"国内大循环为主体"的内涵所在。

十、能源转型和长期地缘政治影响

基本数据

我在这里汇总一些基本数据，它们与运输电气化和电网向可再生能源的过渡有关。

中国是世界石油消费大国。2019 年石油消费量的细目为：车辆（包括乘用车和商用车）占 41%，飞机占 6%，产业占 16%，原料占 18%，其他占19%（国家统计局；Glenn Luk，2023n）。国内原油消费量，2023年预测为1 460万桶/天，相当于53亿桶/年。国内原油产量，2023年的预测是400万桶/天，合14.5亿桶/年。这意味着中国需要进口1 060万桶/天，因此中国也是世界上最大的原油进口国。

截至2022年年底，中国有3.19亿辆乘用车（226辆/千人）和8 100万辆摩托车（公安部，2023）。我国的每千人机动车保有量大幅落后于大部分主要经济体，仅领先于印度和印度尼西亚。国内机动车年产量约为2 700万辆[①]，这包括约2 200万辆乘用车和约500万辆商用车，但不包括摩托车。到2022年年底，有1 310万辆新能源汽车，包括1 050万辆纯电动，260万辆混动。2022年在中国售出的汽车中，大约有四分之一是新能源。2021年的目标是到2035年汽车产量的50%为电动汽车，但市场采用率因为降价驱动确实加快了，预计到2025—2026年就将实现这一目标。

有关民用航空（上述约消耗6%的石油），来看一下其疫情前的"正常"年份——2019年的数据：约6.6亿次旅客出行，假设平均行程长度为950公里，就是6 270亿人公里[②]。有关城际客运铁路，2019年有36亿次乘客出行，平均行程长度约400公里，合计14 400亿人公里（交通运输部，2020）。请注意，铁路/民用航空之间的人公里比率为2.5~3。客运铁路（尤其是高铁）对促进运输电气化很重要，因为它可以替代某些中短途航空旅行（中国中短途航空旅行占航空旅行的27%~28%）。而与车辆不同，航空旅行不太可能在中期甚至长期内实现电气化。

乘用车将推动大部分运输电气化（Glenn Luk，2023o）。2019年，中国轻型车辆平均年行驶里程约11 700公里（7 300英里），油车典型的汽油效率为25~30mpg[③]，轻型车辆平均每年使用293加仑（7桶）汽油。在能源

[①] "China Motor Vehicle Production"，https://www.ceicdata.com.cn/en/indicator/china/motor-vehicle-production.

[②] "China Air Industry Overview"，https://www.ceicdata.com.cn/en/china/air-industry-overview.

[③] 每加仑英里数（miles per gallon, mpg）。

使用方面，电动汽车比油车效率高得多，因为大部分内燃过程会浪费热量。电动汽车平均每千瓦时可以行驶约 5.6 公里，每年 11 700 公里等于一辆车从电网获得 2 080 千瓦时 / 年。到 2030 年，随着电动汽车产量从年产的 28% 上升到 80% 以上，以及随着油车报废，电动汽车在车辆保有量中的比例将从 7% 增加到 47%。这意味着用 392 TWh 的增量电力取代 13 亿桶石油。节省的 13 亿桶占中国今天石油总需求（53 亿桶）的约 24%，占中国石油进口（39 亿桶）的约 33%。392 TWh 占今天总发电量 9 300 TWh 的约 4%。

本书预测，到 2040 年，中国道路上 93% 的汽车将是电动汽车。车辆使用量也会继续上升。今天，中国机动车渗透率大概为 226 辆 / 千人；到 2040 年，将达到每千人 438~552 辆。以下是中国与其他经济体的对比。

表 14-2　各经济体汽车保有量（每千人）

国家或地区	数值	年份
美国	831	2023
加拿大	790	2022
澳大利亚	782	2022
意大利	755	2022
法国	668	2022
德国	628	2020
西班牙	627	2020
日本	624	2020
英国	600	2022
韩国	485	2022
俄罗斯	395	2022
墨西哥	391	2020
中国台湾	350	2022
土耳其	254	2022
中国大陆	226	2022
印度尼西亚	82	2021
印度	59	2020

来源：Wikipedia。

从城市发展模式以及可用的公共交通选择角度来看，预计中国大陆的个人车辆使用模式最终会更像日本、韩国和中国台湾等地，而不是像美国或大多数欧洲国家。当然，这有另一个巨大的变量是自动驾驶汽车技术的发展。但是，虽然这一技术将减少车辆数量，但每辆车的利用率将上升，因此对增量电力需求的净影响将微乎其微。

电动自行车也是推动运输电气化的重要部分。电动自行车和三轮车，在脱碳方面，遥遥领先于电动汽车，无论是在（全球）保有量（2.9亿辆 vs 2658万辆）还是销量中电动化的占比（49% vs 14%）方面（BloombergNEF，2023）。电动自行车目前领先于汽车的电气化转型。

电动汽车的快速采用正促使中国早于预测的时间达到汽油使用量峰值。柴油的使用可能需要更长的时间才能达到峰值，但电动汽车对卡车的渗透比乘用车落后2年。网约车一直是电动汽车转型的关键驱动力。2022年年底，中国40%的网约车是电动车，遥遥领先于其他经济体，即便比例最高的欧洲也才只有7%（BloombergNEF，2023）。

清洁能源转型可行性和长期地缘政治影响

高盛研究在2023年3月发表的文章《到2060年中国可能会实现能源自给自足》（GS，2023）预测，到2030年，中国太阳能/风能容量将达到3 300 GW。这明显高于政府1 200 GW的计划。下文讨论该预测的可行性和地缘政治的长期影响。

关于可行性，到2030年，如何才能达到3 300GW的太阳能/风能容量？到2022年年底，我们有759 GW的太阳能/风能，该年内增加了124 GW。预计2023年将增加160GW，达到约920 GW。实际上，中国在2024年2月以风光为代表的新能源发电装机已经突破1 100GW（央视能源，2024）。按照目前的节奏，2024年上半年即可突破1 200GW。

隆基绿能科技（Longi）在2022年生产了85.06GW太阳能晶片（外部销售42.52GW，自用42.54GW）和46.76GW太阳能组件，收入增长了60%。到2022年年底，它的容量为133GW单晶硅片、50GW单晶电池和86GW单晶模组。预计到2023年年底，它将增长到190GW单晶硅片、110GW单晶电池和130GW单晶模组。为了达到高盛的3 300 GW的预测，中国需要每年增加约338GW。这意味着从2023年到2030年，每年所需的约160GW的增量扩大到约425GW。这似乎很激进，但并非不可能。这实际上只是一个扩展能力的问题——而我们对此信心十足。可以说，从数字上看，从160到425比从50（2016年的水平）到160更容易。

更大的瓶颈可能在于扩大存储能源容量，以适应太阳能/风能的间歇性发电。高盛预测，需要520GWh的存储，比2021年（46 GWh）增加了约12倍。然而，鉴于比亚迪等公司加快电池生产的速度，这可能也是可行的。2020年6月，比亚迪绍兴电池厂第一阶段投入生产，这座15GWh的工厂仅仅是在其签署并投资70亿元人民币后10个月就开始投产了。

那么如果到2030年中国达到3 300GW太阳能/风能容量，会发生什么？自2010年以来，总电力需求增长与GDP增长基本同步，2023年总电力需求约为9.3M GWh。展望未来，随着逐渐向能源密集程度较低的服务业过渡，总体电力需求的增长应低于GDP增长，尽管向电动汽车产业过渡的电力需求预计会增加。假设2024—2030年GDP的平均增长率为4.4%，平均电力增长率为3.7%，2030年电力需求将达到11.9M GWh。3 300GW的太阳能/风能将产生约4.8M GWh的电力。中国还计划将核能发电量增加到约0.7M GWh。该数字可能偏保守，因为我们抬升了核电的重要性。2023年10月，中国广核电力股份有限公司副总裁表示，核电将在能源低碳转型中承担重要角色。12月29日国务院核准了4台核电机组，核电审批目前稳定保持在预期8~10台/年。

这将超过总电力需求的增长，并开始削减燃煤发电。根据这些预测，2026年可能会迎来燃煤发电高峰，并在之后开启几十年的下降趋势。2030年可能是太阳能/风能发电量超过煤炭发电的一年。假设到2040年，太阳能/风能净产能增量继续保持在450GW/年不变，中国甚至可以完全"戒掉"煤炭，尽管出于战略目的，会保持一些较小的产能。

与此同时，我们还需要关注电动汽车产能快速扩张推动的汽车市场正在发生的构造变化。有预测显示电动汽车占汽车产量的百分比将从2023年的30%增加到2030年的90%以上。那么，电动汽车保有量将赶上传统的内燃机汽车保有量（今天约3亿乘用车和约3 000万商用车）。运输约占原油消费量的五分之二。中国每年消耗约54亿桶原油，进口约39亿桶原油。向电动汽车产业的过渡将使得原油消费在2026年达到峰值[①]，到2035年降至约30亿桶/年。到那时，中国仍将是一个原油净进口国，但将恢复到2010年前后的水平。如果某些产业（例如塑料）转移到海外的话，进口量可能会进一步减少。

现在来谈谈相当有意义的长期地缘政治影响。众所周知，中国最大的脆弱性来自能源、粮食和淡水。到2040年，能源脆弱性问题不仅可能在很大程度上改善，而且可能转化为一种基于广泛分布和高度分散的能源基础设施的优势。不再在集中式的发电厂（在动能攻击或网络攻击中容易被摧毁），而是在广阔的地理区域内发电——屋顶、高速公路、停车场、山脉、沙漠、近海等。在正式电网的专用能源存储之上，将有数以亿计的分布式电池存储节点（每辆电动汽车都是备用电池）。假设对智能电网技术进行投资，将增加电网的复原力。经济将不再容易受到石油封锁的影响。较低的进口只是其中的一部分原因。鉴于向电动汽车的转型（更不用说高铁了），关键运输不会受到影响。至于食物和水，只是能源的二阶衍生物。中国不会在2040年停止建设太阳能/风能，将继续每年建设数百GW，并将这种能源转化为食物和淡水。这就需要对农业技术（如垂直农业）和海水淡化厂进行大量投资。最近以色列在海水淡化技术方面取得了惊人的成功。

未来二十年最大的地缘政治变化之一是，在清洁能源转型的推动下，

[①] 实际进展看起来很乐观。2024年2月《风电月刊》（*Wind Power Monthly*）报道，由于清洁能源和投资的大幅提升，中国碳排放量有望在2025年下降至249兆吨，这意味着中国将在2025年提前实现碳达峰。

中国可能在 2030 年之前从世界上最大的能源进口国转变为能源净出口国。中国正在将先进制造业方面的比较优势转化为未来在清洁能源生产方面的比较优势。这不仅仅是中国一个国家的事情。清洁能源改变了数十个发展中经济体的能源获取方式，这些经济体的贫困部分是由于无法获得化石燃料能源和其他资源。因此，在某些方面，资源匮乏的发展中经济体可能会受到更大的激励，看看未来它们会如何将清洁能源纳入其发展战略。

怎么强调能源转型的影响都不过分。在 21 世纪第一个十年之初，能源独立对美国也曾是一个大问题。后来发生的页岩油革命将美国从石油进口国转变为油气出口国。这也是美国经济表现优异的一个关键原因。即使不考虑排放成本，页岩油也是有限的。但一旦弄清楚了如何将多余的发电转化为其他形式，太阳能和风能实际上是无限的。清洁能源生产的复合增长将迅速导致能源过剩，这些能源可以直接作为电力出口，或者更有可能转化为其他形式，如绿色氢气再出口。所以当下中国发生的清洁能源转型在地缘政治方面比美国曾经的页岩油革命要重要得多。距离 2030 年还有几年的时间，看看中国与世界的关系如何变化，这将非常有趣。

十一、中日韩比较和中国未发生资产负债表衰退

辜朝明近些年在中国一直是非常受欢迎的宏观观察者之一，2023 年 6 月份还发表了关于中国日本化风险的演讲。他的粉丝们一直笃信他关于资产负债表衰退的论述总有一天会在中国得到印证。

20 世纪 90 年代日本与中国的比较

辜朝明分析并比较了 20 世纪 90 年代的日本和今天的中国。虽然两者有一些相似之处，但更多的是正面和负面的区别。辜朝明强调，日本 80

年代的债务积累是由企业部门推动的，而政府部门后来不得不介入，以弥补随后的去杠杆化。相比之下，2015年以来中国的债务积累是由政府借贷（特别是地方政府）推动的，而企业部门的债务份额一直没有增长。辜朝明强调了以有害的通缩为特征的"资产负债表衰退"。他在90年代末就指出了日本的这一现象，并建议将财政刺激作为应对这一现象的方式。他建议中国也应该介入，通过财政刺激来完成未完工的住宅项目。财政刺激是必要的，但这只是一个短期的解决办法，还有许多其他更深层次的问题需要解决。辜朝明接着指出了日本在1990年所面临的挑战与中国今天所面临的挑战，他得出结论，中国面临的一系列挑战更加艰巨。来逐一看一下辜朝明所作的中日比较存在的缺陷。

第一，辜朝明比较了今天中国建筑业相关的规模（占GDP的26%）与长期停滞前夕的日本建筑业规模（约占GDP的20%）。他表示，这将是一个挑战，因为如果中国经济增长放缓，将有更多的GDP需要替换。但单纯的建筑业相关占GDP比重的比较并没有什么说服力。

今天的中国相对于彼时的日本处于不同的发展阶段。这反映在中国今天66%的城市化率上，而1990年日本或多或少已经完成了完全城市化。以韩国和日本来看，中国的城市化率可能会在80%~90%之间达到均衡。根据城市化趋势，中国距离达到这一水平还有20年左右的时间。城市化推动建设（包括住房和基础设施），所以今天的中国自然应该比1990年的日本有更高的建筑业相关占GDP的百分比。事实上，日本在20世纪60年代处于中国目前的城市化水平，因此，彼时日本建筑业相关占GDP的比例更高。中国仍有一些额外的城市化和基础设施建设，需要至少在未来十年内保持较高的建设水平。因此，鉴于城市化的建设密集性质，人们应该预期投资水平在几十年内保持高位。中国对全球金融危机的政策反应是加快这一进程，但并没有实质性地改变目标结束的日期。

除了住房本身，还有大量额外的建筑密集型投资活动需要重新分配，包括建设可再生能源和交通电气化。BloombergNEF预测的中国"净零情景"

（彩图 14），在未来 27 年内年度基础设施投资达 1.4 万亿美元，大大超出中国高铁网络 500 亿美元 / 年的投资率。

第二，辜朝明认为，尽管日本与美国存在贸易摩擦，但日本面临的地缘政治挑战相对容易应对。辜朝明在这里可能偷换了概念，"容易"应对地缘政治挑战不代表"更有利的"结果。显然，中国与美国的关系比日本与美国的关系更激烈，中美之间不仅仅是贸易问题，还有两个抵消因素。

（1）美国在当今世界经济份额中所占比例较小。对于大多数国家来说，美国已经是相对较小的贸易伙伴。东盟现在对中国而言是比美国或欧洲更大的贸易伙伴。这将强化一个本就显而易见的现实：与东盟在经济上进一步融合，东盟将为中国发挥类似于印度预想为美国所发挥的作用。对中国来说，东盟已经是欧盟 / 北美的竞争对手，而且只会增长。

（2）中国比日本大得多，可以通过其庞大的国内市场来发展更加自给自足的战略。它的国内规模使其能够将资源分散到更多的长期投资上。

（3）更重要的是，所谓日本更"容易"应对地缘政治挑战，仅仅是因为日本实际上是美国的仆从国，屈服于美国对其严格的资本管制施加的地缘政治压力并接受了"广场协议"，从而对日本经济带来长久和持续的伤害，美国赢了两次；中国不是当年的日本，也必然不会选择屈从，无论是"艰难地"还是"从容地"应付美国，中美博弈的结果都不可能是美国独赢。

第三，中国和日本的经济结构也有很大不同。日本的资本密集型企业往往足迹遍布全球；中国的资本密集型企业（主要是国有企业）往往专注于国内。除了基础设施，国企并没有真正出口什么产品。中国国有企业从未在以出口为中心的制造业中占据重要地位。再来看彩图 2——中国的出口增长从来都是由外资和民营企业推动的，国企出口占比一直是个位数。外资企业在 20 世纪 90 年代将工厂转移到中国，并大规模扩张。在 GFC 之后，中国出口商开始加速增长。无论是外资出口加工企业，还是华为或比亚迪等已开发出可出口技术的国内民营企业，中国的出口商要么已经相对灵活，要么资本效率相对较高。它们充满活力、运营良好，并极具竞争力。因此，90年代前后日本资本密集型企业不仅比中国现在的资本密集型企业更依赖国际市场和出口，日本经济整体也更为依赖出口，而恰恰日本还因为"广场协议"失去了货币控制权。任何一种投资密集型的发展方式都需要严格的资本控制，因为资本密集度会导致风险暴露。中国不仅始终掌握了资本管制的闸门，对国际市场和出口的依赖也少很多。

第四，辜朝明举例说，1990年的日本比今天的中国拥有相对更有利的人口结构。这里其实很微妙。虽然中国的人口可能已经见顶，但仍处于结构性劳动力供过于求的状态。它还没有完成城市化，仍然有大量的非生产性农村劳动力可供利用。中国不鼓励大规模移民，部分是因为它仍然处于劳动力供过于求的状态。劳动年龄人口的减少是一种误导——农村地区仍有大量的非生产性劳动力等待就业。别忘了，到1990年，日本几乎已经完全城市化了，所以没有更多的农村到城市的"顺风"。中国从农村到城市的"顺风"还有大约十年的时间。

第五，辜朝明表示，中国陷入"中等收入陷阱"的风险更大，因为中国的收入水平高于东盟等地区，而且中国"不再是成本最低的生产国"。没有量化的数据，比较风险高低都没有实际意义。日本在1990年就已经富裕/发达了，中国因为太大，无法像日本那样"通过出口致富"——这对中国而言是规模劣势之一。尽管如此，中国一直在稳步向价值链上游移动，其工资上涨是一个强有力的指标，而不是即将陷入困境的迹象。在过去的30多年里，这种演变或多或少地推动了中国制造业工资的持续增长。本书在其他章节讨论了劳动力成本的上升远远没有降低中国制造业的竞争力，而是与竞争力的增加相关。

第六，日本是在飞行中解决问题。辜朝明指出，日本浪费了7年时间，在采取行动之前没有理解"资产负债表衰退"。稍后将重点展开，日本经济长期停滞的很大一部分原因是没有进行足够的改革，特别是在国内部门。"广场协议"的危害在于模糊了日本企业集团改革的必要性，导致其在现有产业中逐渐丧失竞争力，并无法在新兴产业中占据重要地位。这一点，再加上中国台湾、韩国以及中国大陆在日本此前占据主导地位的领域崛起，导致其全球竞争力相对停滞。最近，日本的汽车行业就出现了这一情形，而其曾是日本皇冠上的宝石之一。正如20世纪70年代欧佩克（OPEC）石油危机为低油耗的日本轿车创造了一个"入口"一样，电动汽车技术正在为中国汽车制造商在21世纪20年代创造"入口"。半个世纪前的颠覆者现在最有可能被颠覆。如今，中国面临着类似的改革需求，特别是在那些创造了LGFV所持有的大量地方政府资产的机构中，卢克一直认为这些LGFV与日本企业集团中一些效率较低的部分可以作恰当的比较（Glenn Luk，2023e）。在现实中，实际上很少有专注个别业务的LGFV，许多（如果不是大多数）在同一实体内做了"几乎所有事情"，非常混乱。事实上，看待整个LGFV部门的一种方式是将其视为一个庞大的财阀或企业集团。卢克认为，由于能够对日本（以及亚洲金融危机时的韩国）的经验进行反思，中国的政策制定者相对于日本更有可能采取行动，改善这些经济领域的资本和资源配置。

总而言之，有很多原因可以解释为什么20世纪90年代的日本和今天的中国不具有可比性。中国可能更类似于90年代之前至少十年的日本，那个时候日本的城市化发展阶段与中国今天类似。中国仍然有时间进行这项改革。如果不进行正确的改革（类似于日本，没有做得很好），那么可以看到十年后的中国与长达几十年的停滞前夕的日本更加相似。或者，中国可能会进行下一轮关键改革，并将这一中日类比推向更不可能（相似）的境地。实际上，对今天的中国来说，更好的比较对象是90年代中期亚洲金融危机前夕的韩国。这有几个原因。

第一，中国在相对发展和城市化水平上更接近于1995年的韩国，而不是1990年的日本。

第二，韩国的财阀经济与中国的LGFV有许多相似之处。两者都是大型企业集团，在没有进一步改革的情况下，资本效率已经达到极限。

第三，今天的中国和20世纪90年代的韩国都运行重投资的增长模式长达几十年（日本的投资强度峰值出现在60年代）。中国更偏重于住房和基础设施，韩国更偏重于工业（尤其是重工业）。

第四，与亚洲金融危机一样，中国目前的情况也是由流动性紧缩引发的。对韩国来说，流动性紧缩是由外生因素引发的：它大量借入以美元计价的外国债务，当新兴市场投资者受到惊吓时就会撤资。今天中国的主要不同之一，是它的流动性紧缩是由中央政府在2020年8月的"三道红线"之后自我诱发的。不同之二，与20世纪90年代中期的韩国相比，中国还拥有大量的净外国资产头寸。

关于中国资产可以从两个方面来看：（1）在泡沫变得太大之前谨慎地阻止泡沫，或者（2）中国政策制定者别无选择，只能阻止已经很大的泡沫。韩国发生的事情是清晰的：IMF介入，提供救助资金，并开出了一些"猛药"，包括对财阀进行重大改革。这些改革在"提升"韩国经济方面发挥了重要作用，并帮助其在接下来的20年里从新兴工业化经济过渡到以技术和创新引领的经济。在中国，中央政府正在扮演IMF的角色，作为主要的纪律执行者。但是否会循着韩国的道路并实施重大改革，特别是在地方政府层面，使其能够像韩国那样"升级"，还有待观察。不管是哪种情况，我认为韩国在亚洲金融危机中的教训为我们提供了一些宝贵的经验。

"广场协议"对日本的影响

主流专家对中国经济的看法是，中国需要让人民币升值以避免日本化，但日本失去的十年发生在被迫让日元升值后。这两件事情是否有关联？中国向前的增长战略与日本有很大的不同，同样的建议是否会产生同样的效果，这很难说。专家们似乎忽视了以前的结果。

首先，其中的关键问题可能是与经济停滞前夕的日本进行比较。在这个问题上，分析师们有不同的意见。正方认为在"广场协议"之前没有任何东西会表明日本正处于停滞的前夕，但反方强烈地认为，彼时日本正在将出口导向型模式推向极端（约 1 500 美元/人的贸易顺差），而"广场协议"是对此的回应。也就是说它是不可持续的。它无法成功地过渡到另一种增长模式，这是它处于停滞前夕的初步证据。

虽然从政治角度来看不一样，但从经济上将出口导向型模式推向极端对日本仍然具有可持续性。它无法转型与突然的货币重新定价带来的衰退有更大的关系。如果没有遇到突发的货币冲击，日本可以逐渐将生产能力重组。但国际经济最终是由政治支撑的。彼时的日本正生产更多的汽车用于出口，而不是供应本国市场。这是不可持续的。1980 年，日本生产的汽车出口量（600 万辆）超过其国内市场（400 万辆），而且几乎都是日本品牌。日本汽车制造商是被迫在美国建设本地制造厂的。此外，到 20 世纪80 年代，日本公司已经在错误配置资本了。虽然有像丰田这样的好公司，但许多企业都是低投资回报率的企业，只能通过银行获得资金。因此，日本在 80 年代已经开始遭遇资本配置不当和低财务效率问题了。

如果日本能保持对资本价格的控制，资本配置不当和低财务效率这些缺陷就不会削弱经济。出口导向型经济要求廉价货币来维持国际竞争力。当"广场协议"使日本失去对货币的控制，从而失去对重新发行新资本能力的控制，过于依赖出口就成了一个主要风险，这意味着经济根本没那么有弹性。因此，"广场协议"前的日本确实处于停滞的前夜，其出口导向型模式在地缘政治上是不可持续的（因此才会出现"广场协议"）。随后的几十年证明，它无法改革和过渡到新的增长模式。

有人认为，如果日本能够维持严格的资本管制，就是可持续的。但资本管制是一个政治敏感问题，更多与尖锐的地缘政治格局有关，而不是与一般的经济自然法则有关。从来都不能脱离政治谈经济问题，地缘政治因素导致经济制度上的不可行，才是现实。历史是不容假设的，不管出于什么意图，日本违逆美国并保持严格的资本管制都是不可能的，所以，日美最终以"广场协议"的方式解决了日美贸易顺差问题。当在中日比较的背景下讨论这个话题时，梳理中日的这些区别很重要，因为中国显然不会像日本那样屈服于美国对其严格的资本管制施加的地缘政治压力。

"广场协议"对日本的损害不在于日元升值（这是必然的），而在于其发生的速度，这是破坏性的，特别是在助长资产泡沫方面。人民币需要升值，我不认为国家会反对，但我认为国家会希望在更长的时间内慢慢发生（日元兑美元在两年半内翻了一番）。彼时，在之前三十年里推动日本经济发展的企业集团融资模式（挤出缺乏资本和人力的新进入者）正处在迫切需要改革的阶段，以推动日本超越新的技术前沿。但日元的快速升值掩盖了这一基本需求，日本企业由于感受到了财富效应，在国内外的昂贵资产和资本项目上大把撒钱，其核心运营业务的竞争力开始萎缩。

将日本模式与韩国财阀模式进行对比，后者在20世纪90年代末也面临着AFC的破坏性事件。韩国这边产生的是相反的效果。快速的货币贬值与外国借款掺和在一起，迫使财阀们重新思考商业模式。在经历了一段艰难的调整期后，他们变得更加强大，实施了重大的公司治理改革，更加注重资本回报和核心业务。

"广场协议"之后，日本公司在其曾经占据主导地位的许多出口类别中受到韩国、中国台湾以及中国大陆的"下层"攻击，这些东亚出口导向型经济体的崛起显著削弱了日本经济的相对竞争力。韩国和中国台湾是最早有效复制日本出口导向型工业化战略的经济体，而且它们经常在直接竞争的工业部门这样做——从芯片和造船到汽车和消费电子产品。中国台湾出口制造商通常起步的时候都是小型企业，它们采用轻资产商业模式，其成功是由灵活性和资本效率驱动的。在20世纪90年代，它们通过将工厂和业务转移到中国大陆来扩大规模和积累资本。到了90年代，韩国和中国台湾企业已经向价值链上游移动，开始蚕食日本的传统据点。今天许多在电信设备、电池和电动汽车等行业处于领先地位的中国大陆的公司都是在90年代才成立的。

今天，日本将领导地位让给了以前的"学徒们"，它们采用了日本的经济发展模式，并在许多情况下将其管理得更好——消费电子领域的三星对照索尼，汽车领域的现代对照丰田，半导体领域的台积电对照瑞萨等。许多人惊讶于韩国和中国台湾在十多年前就超过了日本的人均GDP（经PPP调整）。日本当然犯了一些战略性错误：比如错过了智能手机革命，尽管在21世纪第一个十年之初拥有最先进的手机；丰田专注于氢能源等令人挠头的决定。公平地说，日本仍然是一个领先的发达经济体，在许多技术制高点（半导体制造设备、先进机器和精密工具）和生活质量方面处于领先地位。随着新技术和新平台从互联网和移动革命到电子商务和企业软件中不断涌现，改革速度慢得多的日本企业，被更灵活、资本效率更高的韩国、中国台湾和中国大陆企业超越。

总而言之，"广场协议"的危害在于，**模糊了日本企业集团改革的必要性，导致其在现有产业中逐渐丧失竞争力，并无法在新兴产业中占据重要地位**。中国很有趣，既有资本密集型企业（偏向国有企业），也有灵活、资本效率高的民营企业。毫不奇怪，民营企业承担了大部分的出口业务。而国有企业往往专注于资本密集型的国内行业，如电信、运输、银行和能源。资本效率相对来说不那么重要，因为这些行业不会受到全球竞争的显著影响。由于中国如此之大，这些国有企业可以很容易地与整体经济一起扩大规模，成为全球同类企业中最大的参与者。日本国内经济规模虽然庞大，但人口仍只有美国的三分之一和中国的十分之一。

中日韩共同的主题是改革。日本公司改革缓慢，错失了最前沿的机会（互联网、智能手机、电动汽车），并被崛起的"亚洲四小龙"从下层削弱。韩国在AFC期间吞下了"猛药"，但它允许财阀"升级"。中国经济，特别是LGFV的地方经济，能够进行重大改革，将是决定其长期增长潜力的关键因素。已经创造的现有资产需要重组，以提高其资本效率。由地方政府充当看门人的创造新资产的过程本身也必须改革。房地产也会萎缩，劳动力和资本可以流向其他更具生产力的部门。

对中国来说，好消息是这一过渡进程已经在顺利进行。而从韩国和日本的情况来看，转型是对其经济的外生强迫。在这种情况下，中国的政策制定者是变革的推动者。这是有益的，不仅是因为这更像是房地产部门的受控通缩以降低金融危机的成本，而且也表明政策制定者在一定程度上的自我约束。这使得他们更有可能认真对待这一问题，并深思熟虑地规划出提升经济水平所需的一系列改革。回顾过去，实际上在过去十年可以观察到一个非常有条理的、循序渐进的方法，为改革奠定了基础。这些改革将有意义地改变中国的经济结构及其最大的 GDP 部门。实际上，我认为基础过渡工作中风险最大的部分已经完成。我一直认为普遍存在的制度化腐败是经济长期发展面临的最大风险。事实上，中央政府能够采取这些行动，表明在过去十年中许多腐败现象得到了清理。尽管腐败仍然存在，但应该不再是改革的关键风险。

中国没有陷入资产负债表衰退

亚当·沃尔夫明智地指出了辜朝明等资产负债表衰退理论倡导者使用的数据扭曲了中国经济，并使用正确的数据得出了结论：中国没有陷入资产负债表衰退（Adam Wolfe, 2023a）。这里正确的数据使用涉及国民经济核算的资金流动，相当有技术性。

中国的问题与 1990 年的日本或 2008 年的美国不同，尽管结果可能相似——增长低于平均水平、低通胀等。辜朝明创造了"资产负债表衰退"（Balance Sheet Recession）一词，用来描述一个经济部门的资产价值下降，使其陷入某种破产状态，然后迫使该部门偿还债务，导致投资和增长下降。但就债务与 GDP 之比而言，中国的主要经济部门都没有偿还债务，甚至没有去杠杆化。此外，较低的利率意味着可能更多的举债，因此债务与 GDP 的比率会进一步上升。

彩图 12-1 是发生资产负债表衰退时，资金流动呈现出来的样子。一个部门的净财务平衡/余额是储蓄减去投资。各个部门的余额总和必须为零，全部的部门包括家庭、政府、企业和国外，企业部门可进一步划分为金融和非金融企业。如果一个部门的储蓄大于投资，那么另一个部门的投资必然大于储蓄。20世纪80年代末，日本企业借钱抬高了现有资产的价值。当这些资产的价值下跌时，公司不得不去杠杆化。1990年以前，日本家庭净储蓄（总储蓄减去投资，投资主要是购房）相当于GDP的10%左右。这些储蓄随后大多被转化为企业投资，因此企业部门投资超出储蓄。一旦公司开始偿还债务，家庭储蓄的一部分就不再被转化为其他部门的收入或投资。这导致家庭收入增长放缓，随后家庭储蓄率下降。

但中国的部门财务平衡与日本完全不同，或者至少到2022年都不是这样。沃尔夫根据国民账户中的其他数据估计（彩图12-2）并得出结论，中国没有陷入资产负债表衰退。自2017年政策制定者推出金融去杠杆化以来，企业部门的借款利率有所下降。但这被更大的财政赤字和更大的经常账户盈余/资本账户赤字所抵消。这张图与辜朝明等人展示的中国部门财务平衡图表不同。他们以这种方式（彩图12-3）呈现财务余额，看起来像是资产负债表衰退。

彩图12-3也来自国家公布的数据，辜朝明等人并没有操纵数据，但使用的数据扭曲了中国经济。这是因为有两种方法来计算净财务余额。两张图的数据都来自标准国民经济核算体系的资金流动，差别在于辜朝明等人使用的是金融交易数据，有时候称为资金的金融流动（Flow of Fund Accounts, Financial Transaction），它是国民账户体系中的金融账户。沃尔夫使用资金的非金融流动（Flow of Fund Accounts, Non-financial Transaction），或称为资金的实物流动，它是标准的国民经济核算体系中的资本项目[①]。在许多情况下，这两种方法应该会给出相同的结果，但大多数国家都很难完全核对这两个账目。

就中国的情况来说，使用金融流动的方法是非常有问题的。最明显的原因是，中国的金融体系仍然只受到部分监管，金融资产的最终所有权并不完全公开。所以这些数据很难被认真对待。使用资金的金融流动数

---

① 金融流动和非金融流动的具体数据可以参见国家统计局（www.stats.gov.cn）的"数据/年度数据/资金流量表（实物交易）"和"数据/年度数据/资金流量表（金融交易）"。

据,并不能很好地匹配已知发生的事情。例如,根据资金的金融流动数据,2012年之前企业借款似乎没有任何增加,尽管杠杆率上升最快的时期发生在2009—2012年。根据资金的非金融流动数据,非金融部门的净借款在过去十年中基本保持稳定,所有明显的去杠杆化都发生在金融部门,包括央行,但辜朝明等人用来显示企业债务净偿还的数据根本没有显示出这一点。不用说,**资金的非金融流动数据,比资金的金融流动数据更好**,至少对中国来说是这样。

因此,所谓的中国发生资产负债表衰退的证据大多是基于有缺陷的数据,但资金的非金融流动也指出了中国的问题所在。这是因为可以看到每个部门的总储蓄和投资。彩图12-4是按宏观经济部门对经济总体投资的细分,问题是,对住宅房地产的管控导致销售量的急剧下降。那些销售热潮应该不会完全回来。这个问题的原因在于住宅投资主要是销售给家庭的。因此,如果房屋销售下降,但家庭总储蓄率没有下降,那么家庭净财务余额肯定在增加。更高的家庭净储蓄必须被某个经济部门吸收,要么被企业或政府部门吸收,要么经常账户盈余将会扩大,因为它会把储蓄借给外国人。但我不清楚有哪个部门能够真正吸收这些储蓄。财政部的资产负债表非常干净,但政府其他部门却面临着债务约束。因此,更多的财政部债务可能会被地方债务发行的下降所抵消(彩图12-5)。房地产开发商必须去杠杆化,这一影响在一定程度上被国家在2020年转向制造业所抵消(彩图12-6)。对制造业的银行信贷增长大致抵消了对房地产部门信贷的下降,因此可以吸收一部分家庭净储蓄,但房地产部门损失的影子信贷可能不会得到补偿。世界上的其他国家可能也无法吸收更高的中国家庭净储蓄。虽然中国贸易顺差占国内GDP的比重可能低于2008年,但现在它占全球GDP的比重更大,进一步上涨似乎不太可能(彩图12-7)。因此,假设政策制定者不想像2016年那样让房地产市场再膨胀,唯一的解决办法就是恢复家庭的信心,以降低储蓄率。

在我看来,最重要的因素是家庭收入和整体就业率。如果家庭收入保持强劲，那么即使需要比预期更长的时间，家庭的信心最终也会恢复。稳定/增长的家庭收入是支持家庭信心的最大因素，可以抵消账面上房地产损失的财富效应。如果家庭收入减弱，这可能引发信心下降的恶性循环，导致出现更低的增长和更弱的收入增长（或下降）。这将放大账面上房地产损失的财富效应影响。经济可能需要一些时间来适应新的循环（远离房地产），前面所说的净财务余额也不可能永远积累下去。最终，足够的积累本身将增强家庭的信心，这一点很关键。实际上，家庭收入已经保持住了相对强劲。到目前为止，在整个新冠疫情防控期间，家庭收入的绝对和相对增长都很高。尽管年轻人失业率情况并不乐观，但总体就业情况较稳定（彩图8）。稳定的就业与收入增长和信心直接相关。如果整体就业开始疲软，将成为家庭收入的危险先兆，但这并没有发生。

事情的发展很有戏剧性。就在发表关于中国日本化风险的演讲一年后，辜朝明2024年5月在接受新书推广的访谈中表示（尹凡等人，2024），他描述的资产负债表衰退并不适用于中国。而曾经高声附和的佩蒂斯也改了口风，说中国相比于日本的巨大优势是中国阅读了辜朝明的资产负债表衰退理论。两位广受好评的"权威人士"正在试图挽救自己的声誉。

彩图

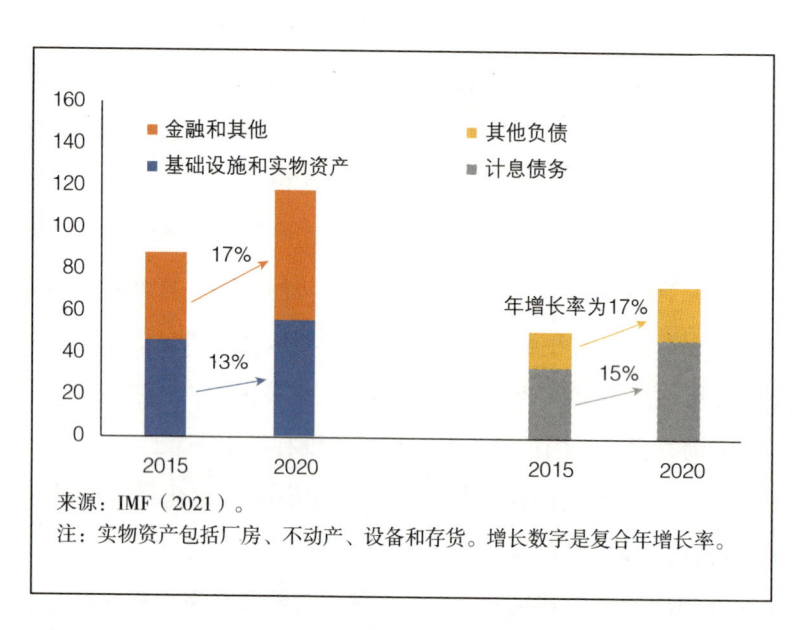

彩图 1-1 LGFV：按选定构成部分分列的资产和负债（占 GDP 的百分比）

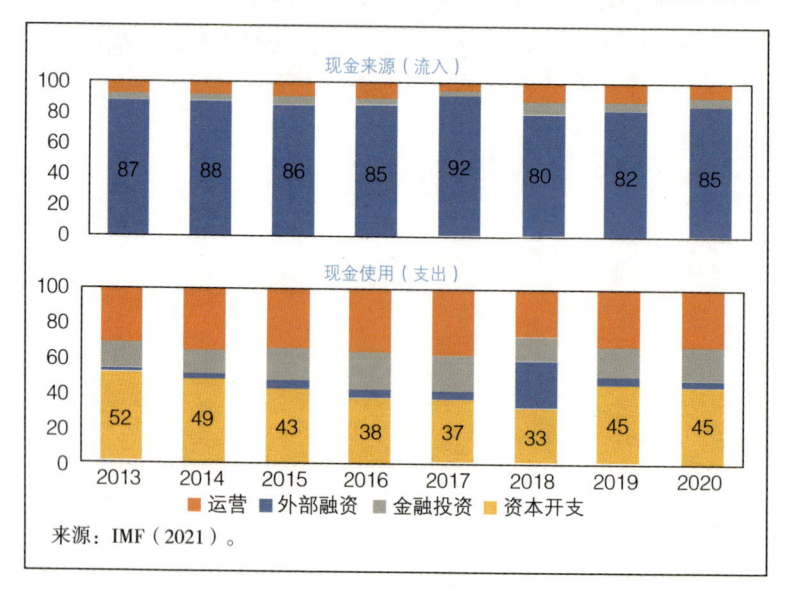

来源：IMF（2021）。

注：实物资产包括厂房、不动产、设备和存货。增长数字是复合年增长率。

彩图 1-2 LGFV：按选定来源和使用的合计现金流（占总金额的百分比）

来源：IMF（2021）。

来源：中国海关总署。

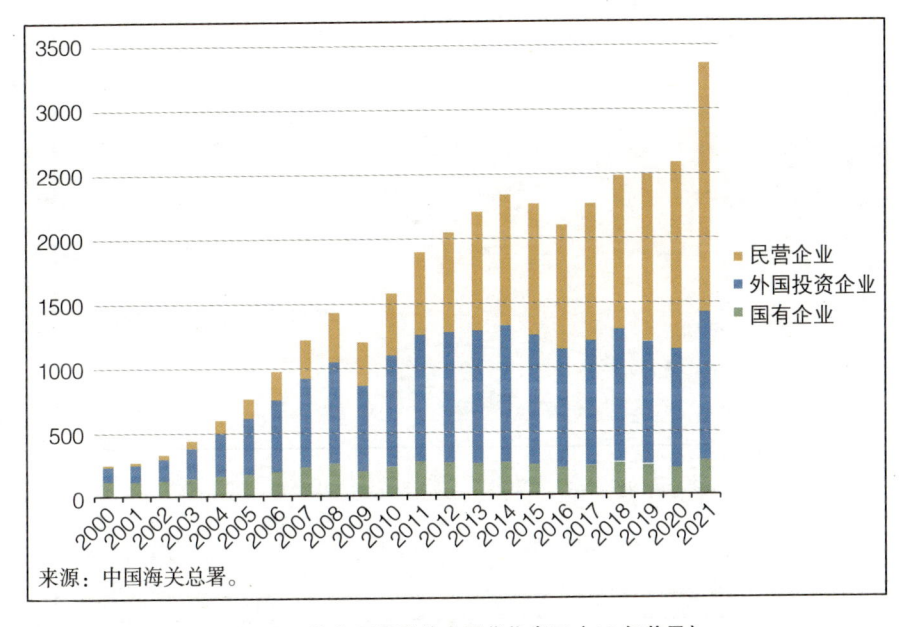

彩图 2　按公司类型的中国货物出口（10 亿美元）

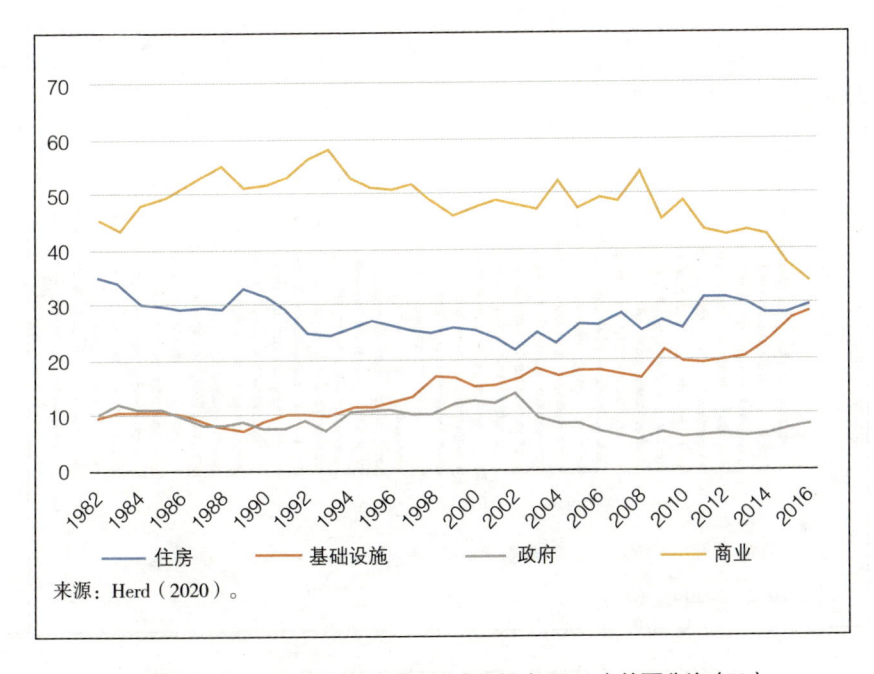

来源：Herd（2020）。

彩图 3-1　经济部门占固定资本形成总额（GFCF）的百分比（%）

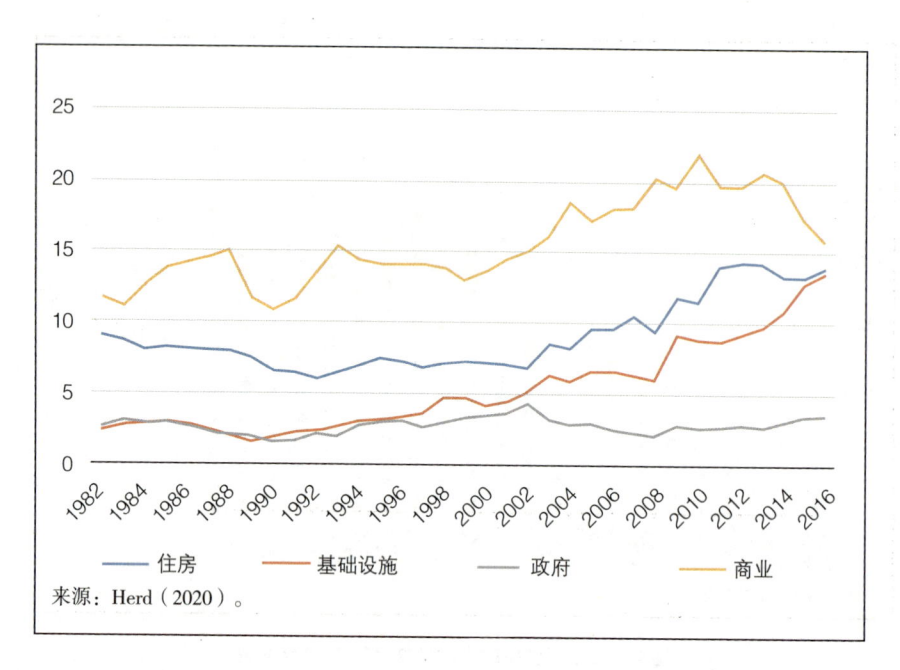

彩图 3-2　各经济部门 GFCF 占 GDP 的百分比（%），不变价格

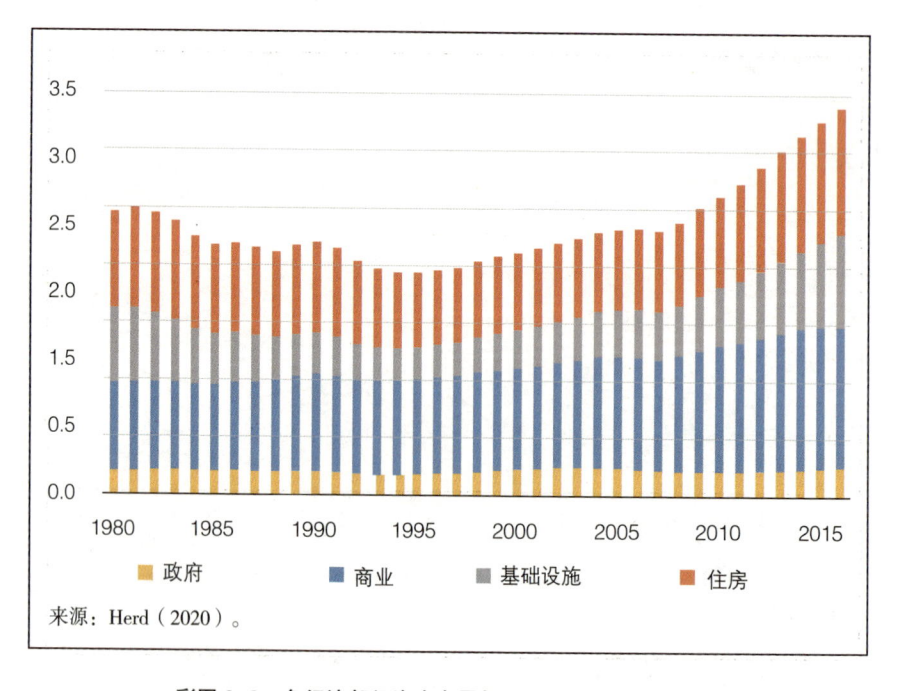

彩图 3-3　各经济部门资本存量与 GDP 的比率，不变价格

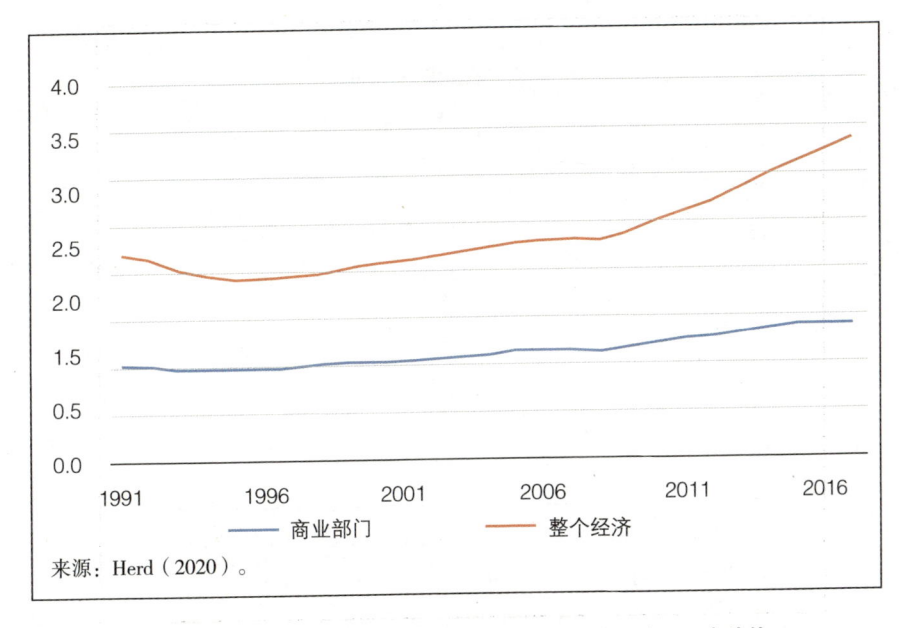

来源：Herd（2020）。

彩图 3-4　各经济部门资本存量与部门 GDP 的比率，不变价格

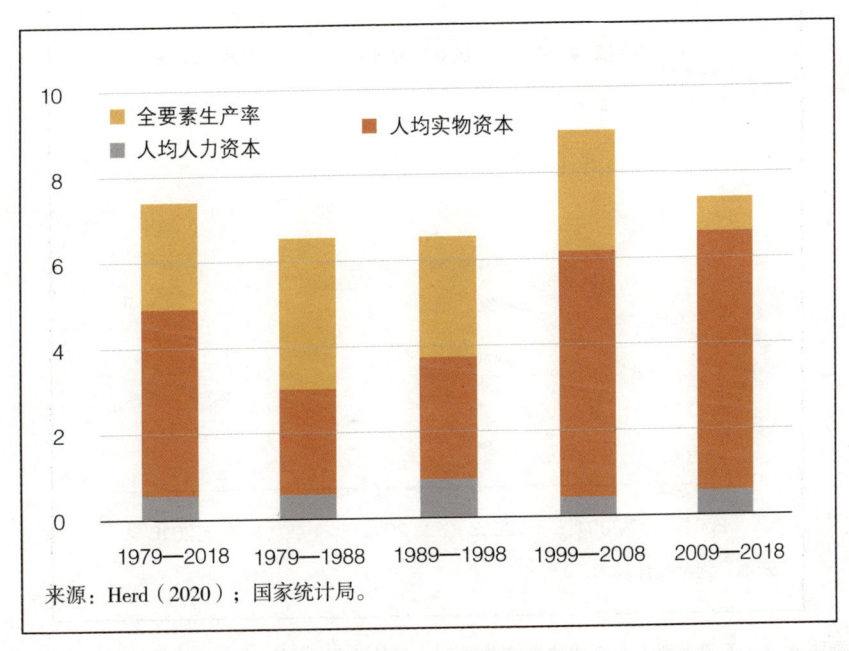

来源：Herd（2020）；国家统计局。

彩图 4-1　中国单位工人产出增长的分解（对人均真实产出平均年增长的贡献度，百分数）

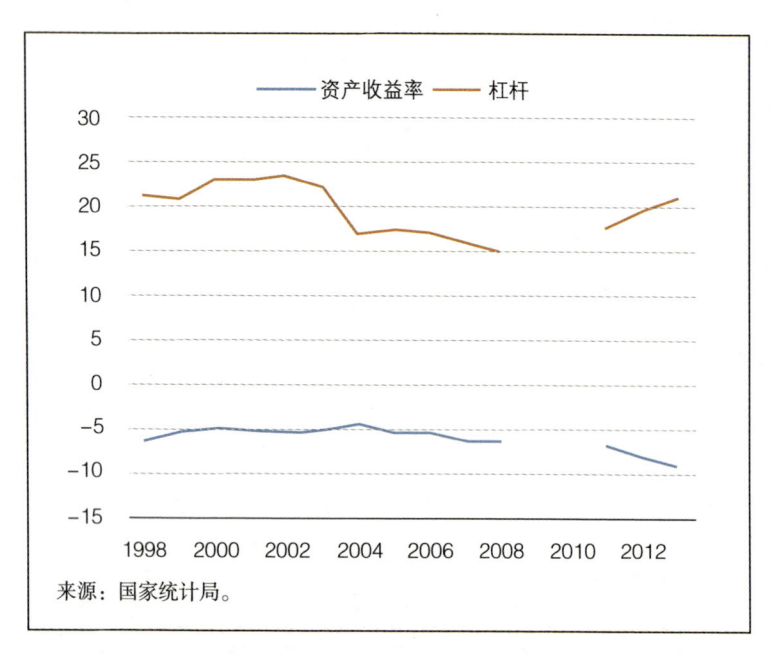

彩图 4-2　国有企业相对民营企业的利润率（百分点）

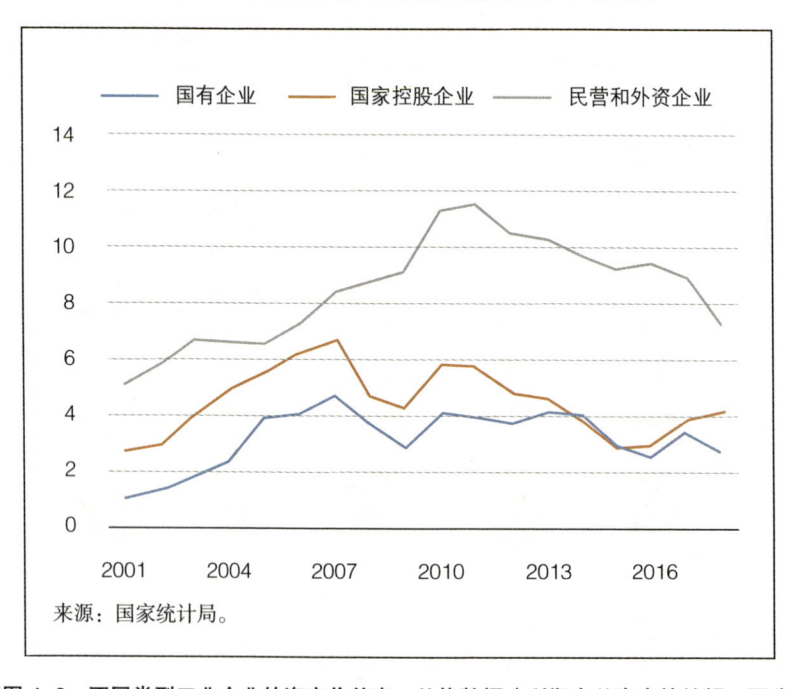

彩图 4-3　不同类型工业企业的资产收益率，总体数据（利润占总资产的份额，百分点）

来源：国家统计局。

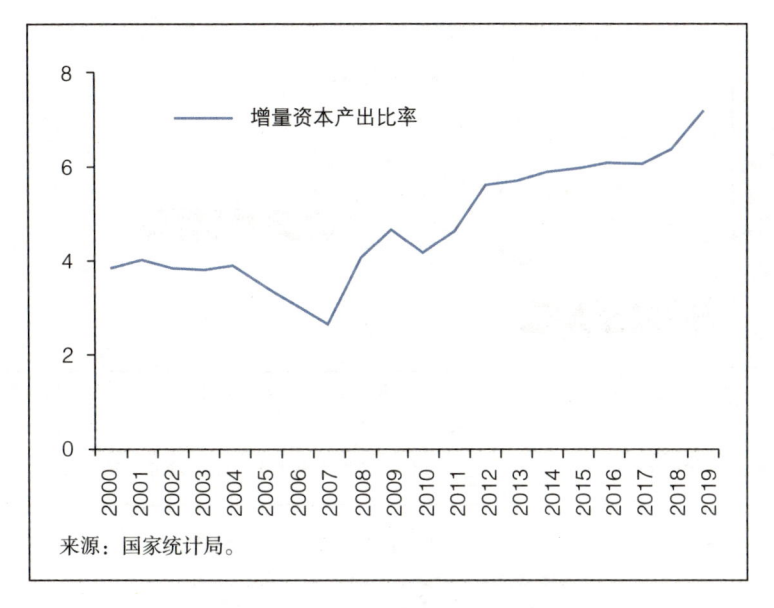

彩图 4-4　中国的增量资本产出比率

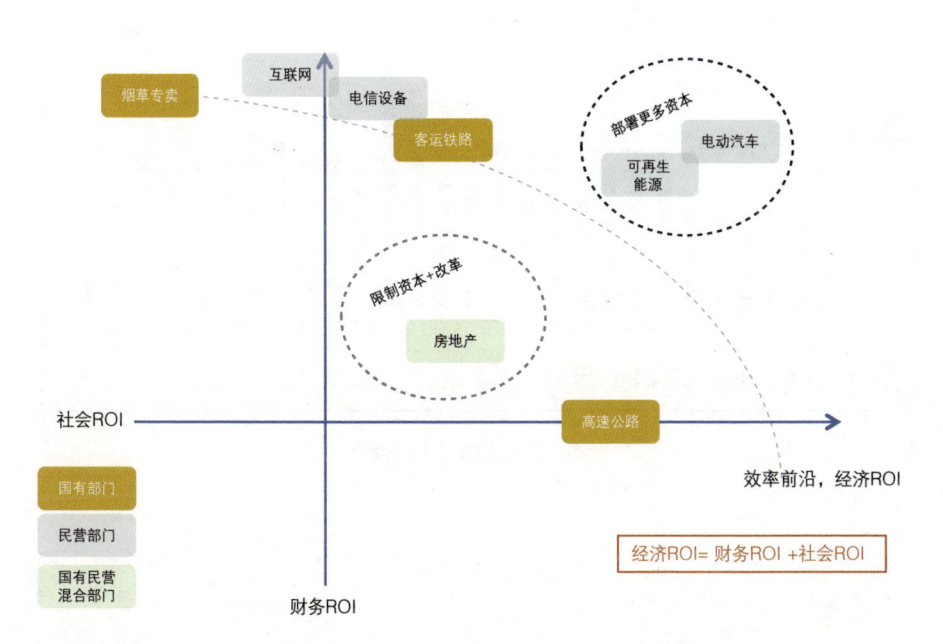

来源：Glenn Luk（2023i）。

彩图 5　不同资产种类的财务 ROI vs 社会 ROI

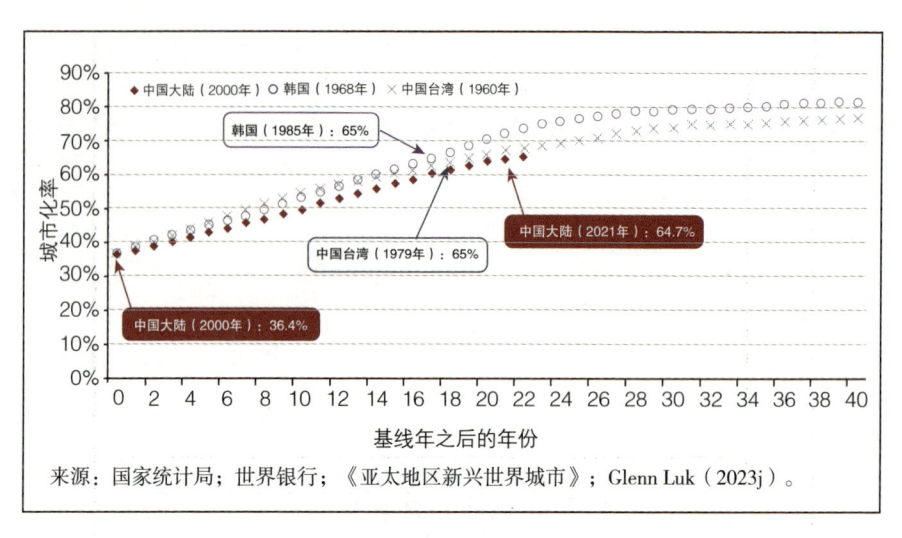

彩图 6　中国和韩国城市化率基线年份比较

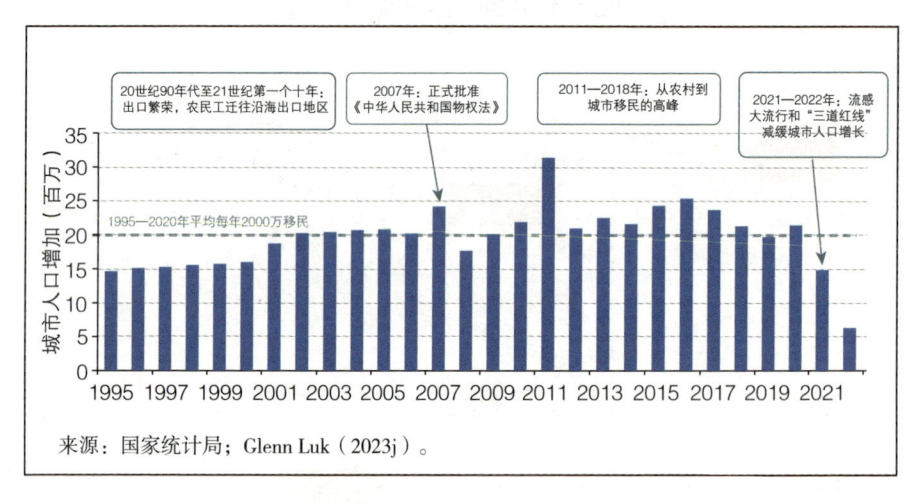

彩图 7　中国城市人口增长

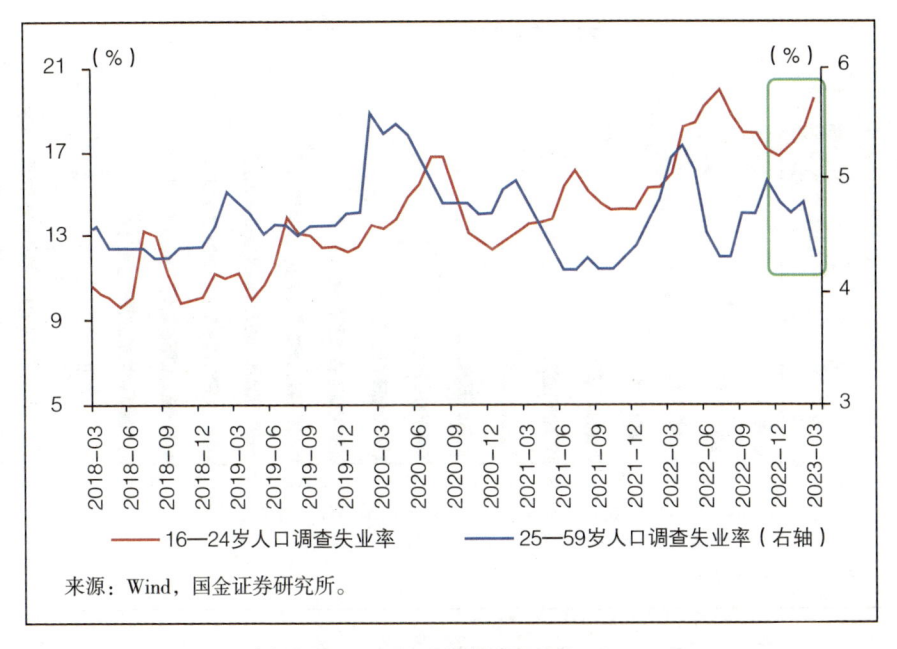

彩图 8　分年龄段城镇调查失业率

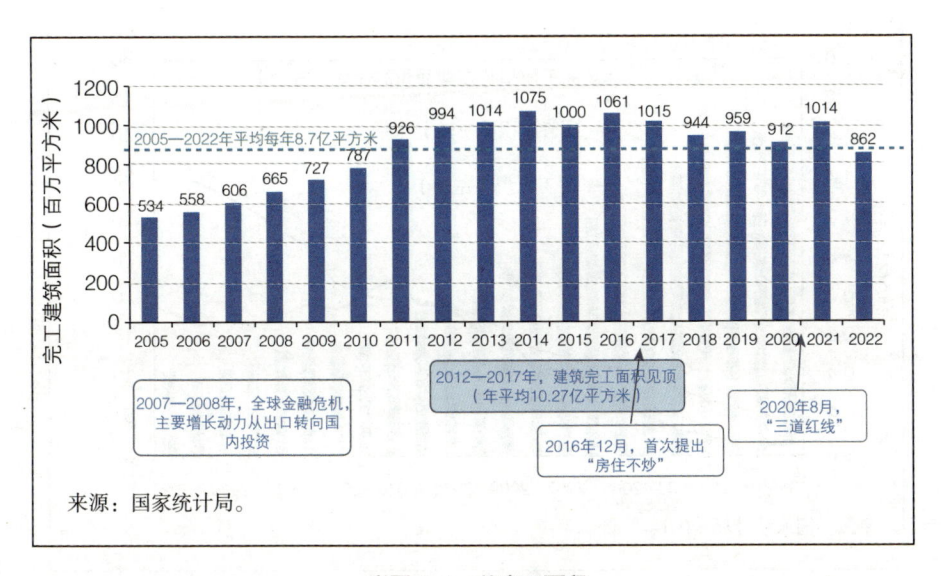

彩图 9-1　总完工面积

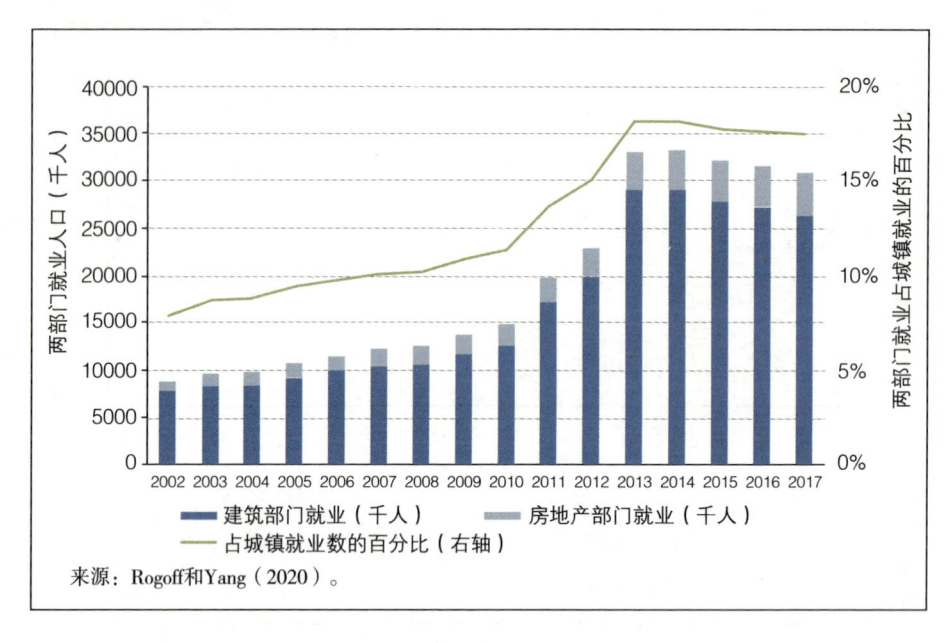

彩图9-2 房地产和建筑部门对城镇就业的贡献

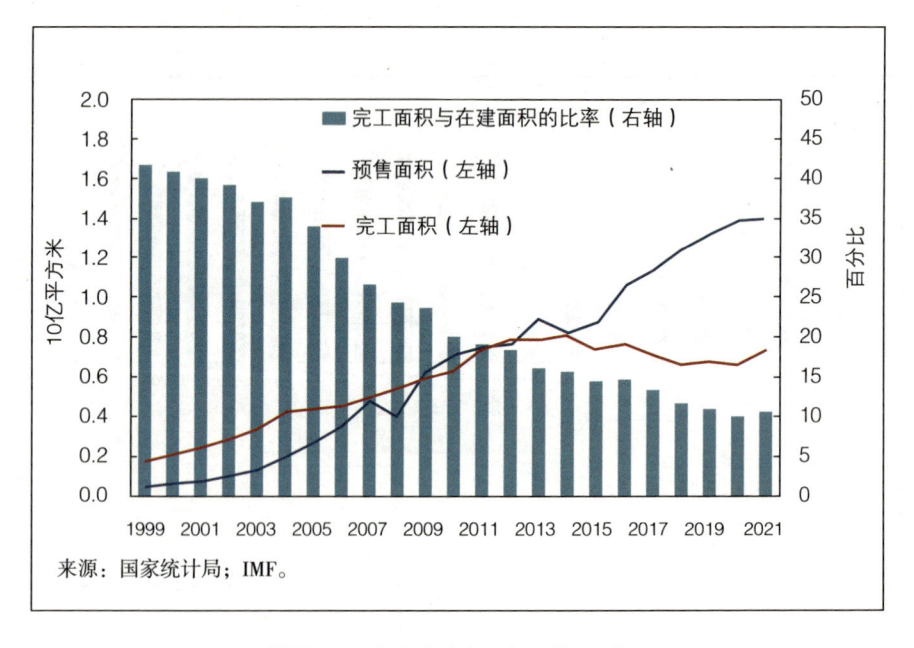

彩图9-3 住宅房地产：年预售 vs 完工

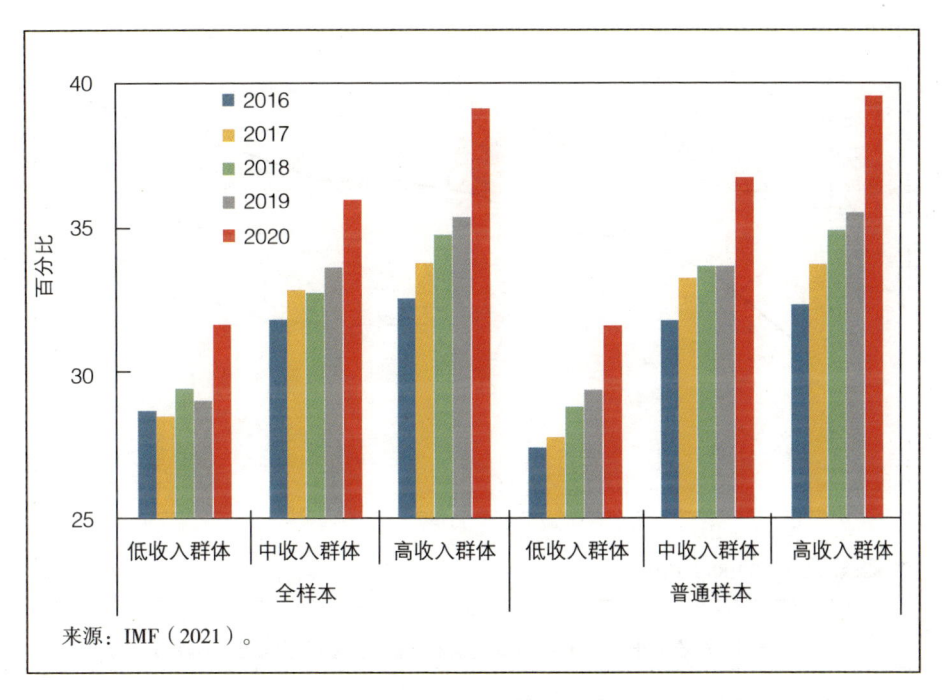

彩图 10-1　按收入群体分列的平均储蓄率（按可支配收入的百分比）

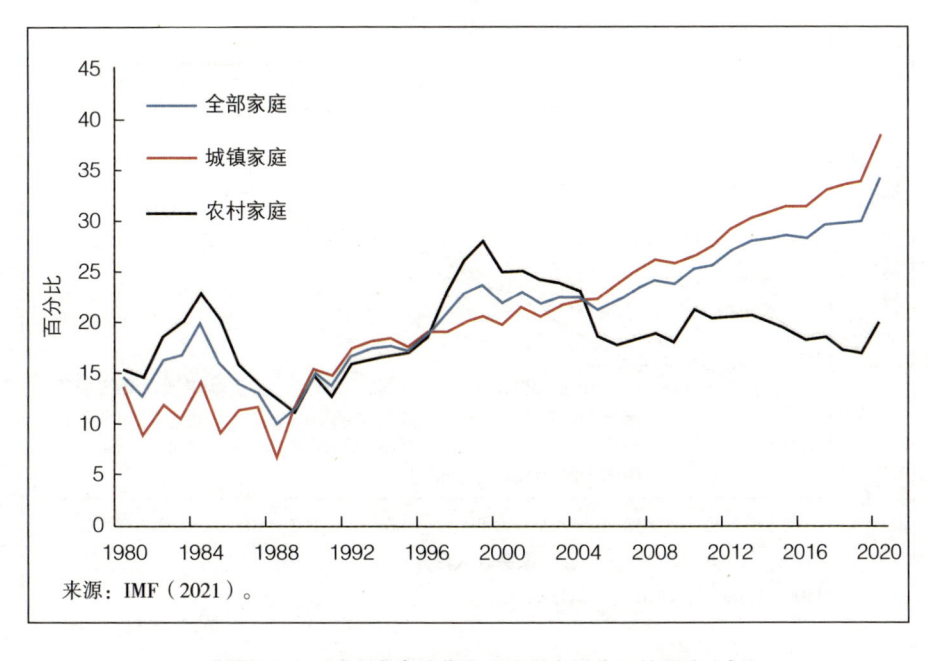

来源：IMF（2021）。

彩图 10-2　城乡家庭储蓄率（按可支配收入的百分比）

来源：IMF（2021）。

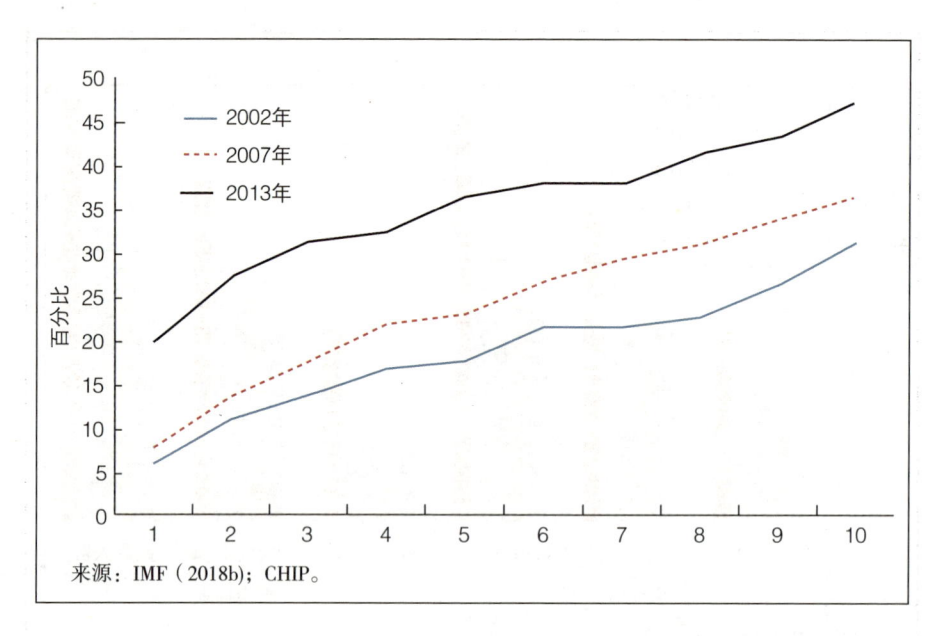

彩图 10-3 按收入十分位分列的城镇家庭储蓄率（按可支配收入的百分比）

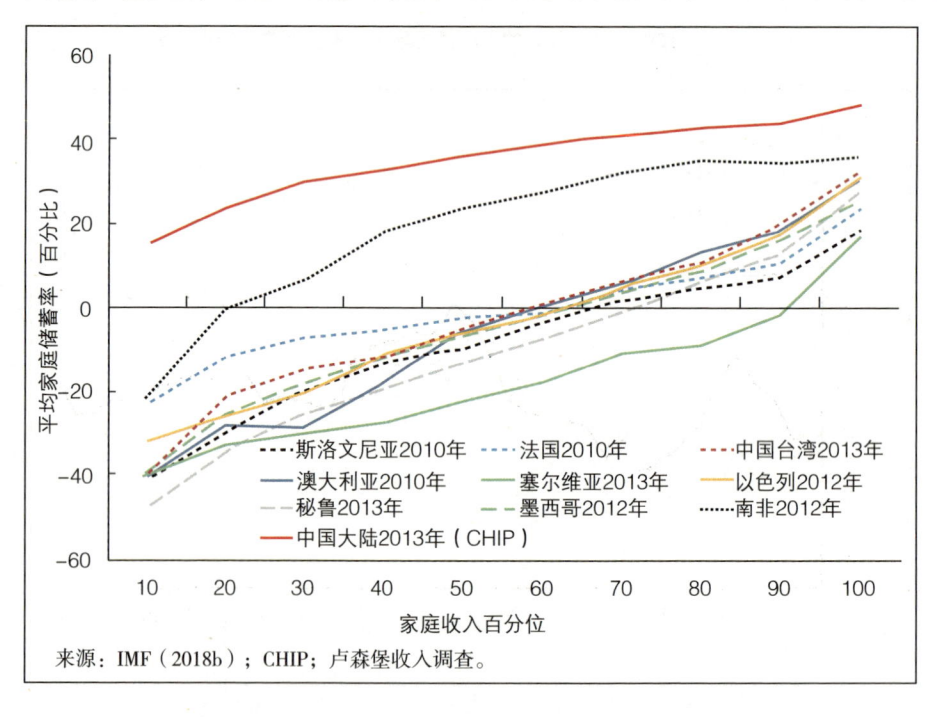

彩图 10-4 按收入百分位分列的平均家庭储蓄率跨地区比较

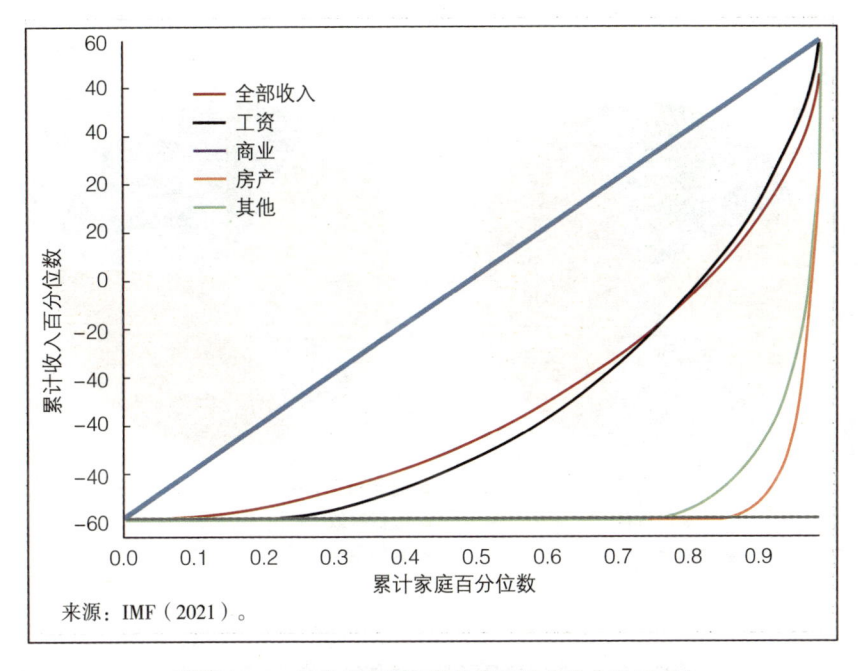

彩图 10-5　按收入来源分列的洛伦兹曲线（2018 年）

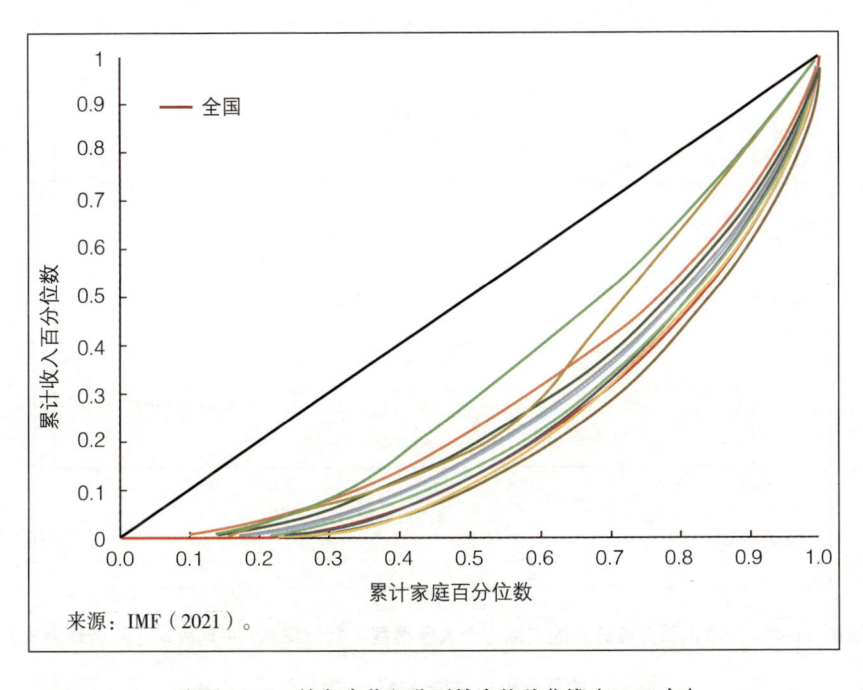

彩图 10-6　按各省收入分列的洛伦兹曲线（2018 年）

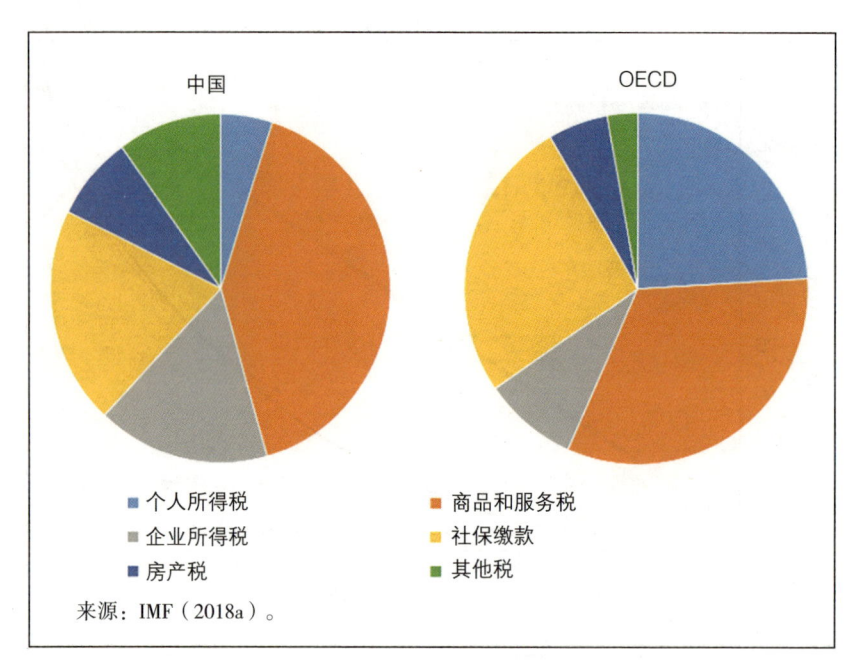

彩图 11-1　中国和 OECD 经济体税收构成（2014 年）

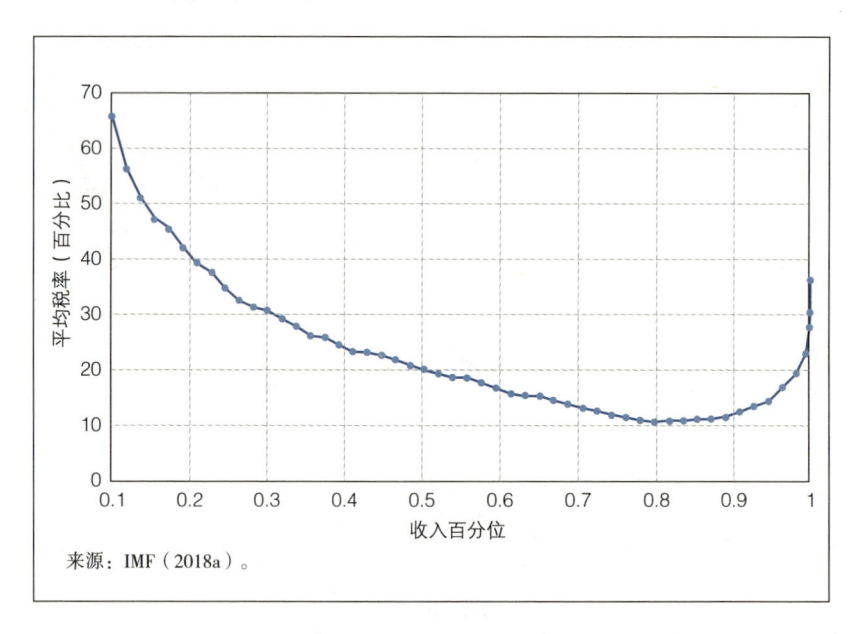

彩图 11-2　按收入百分位分列的实际（个人所得税＋社保缴款）平均税率（按劳动力收入的百分比），城市家庭，2012 年

彩图

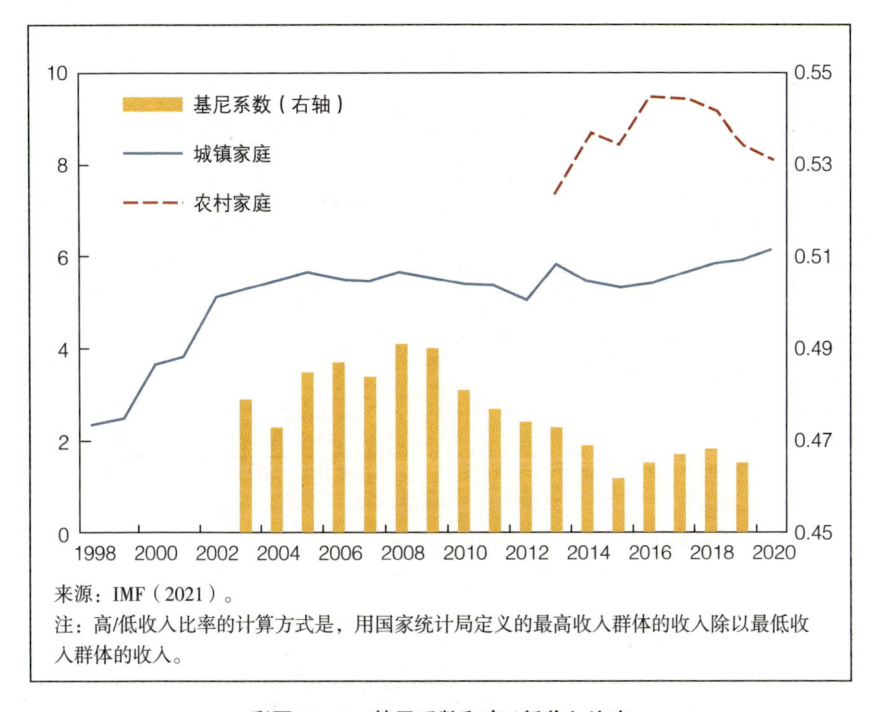

来源：IMF（2021）。
注：高/低收入比率的计算方式是，用国家统计局定义的最高收入群体的收入除以最低收入群体的收入。

彩图 11-3　基尼系数和高/低收入比率

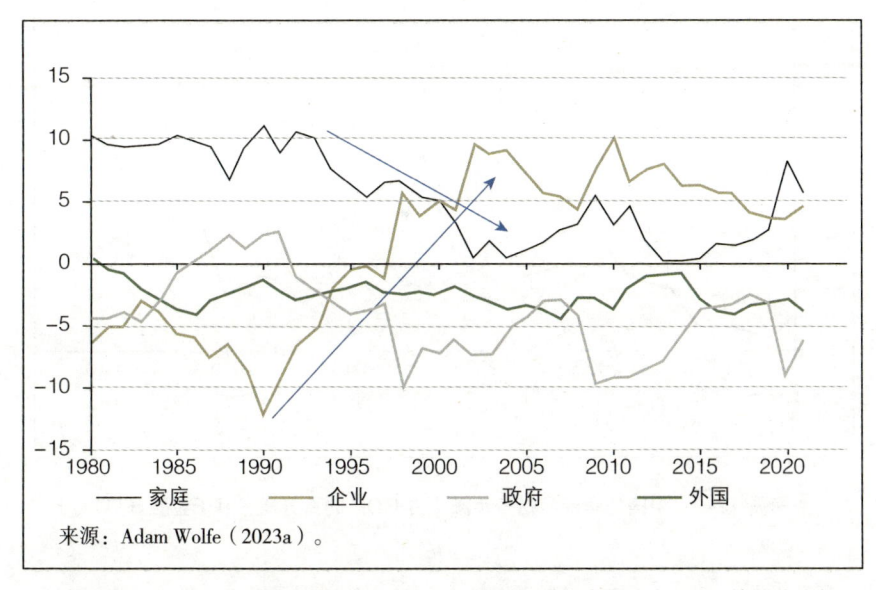

来源：Adam Wolfe（2023a）。

彩图 12-1　资产负债表衰退的例子：日本的部门财务余额（占 GDP 的百分比）

597

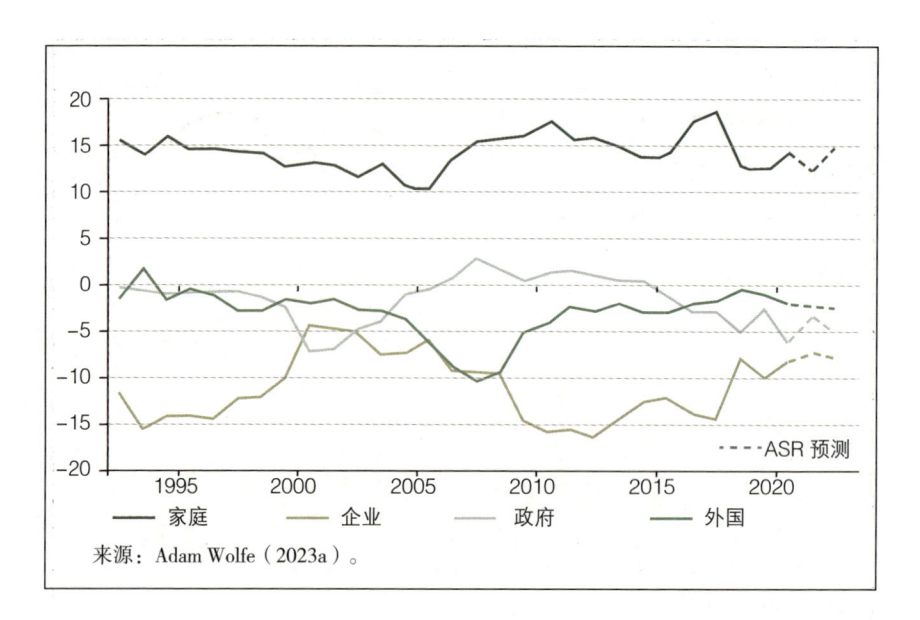

彩图 12-2　中国没有资产负债表衰退：中国部门财务余额（占 GDP 的百分比）

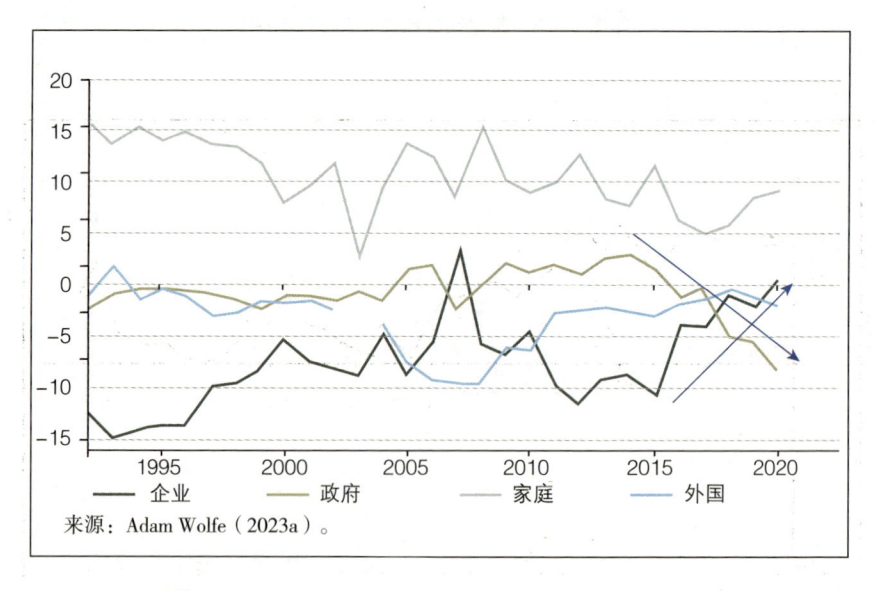

彩图 12-3　中国的净部门财务余额（占 GDP 的百分比，基于金融账户）

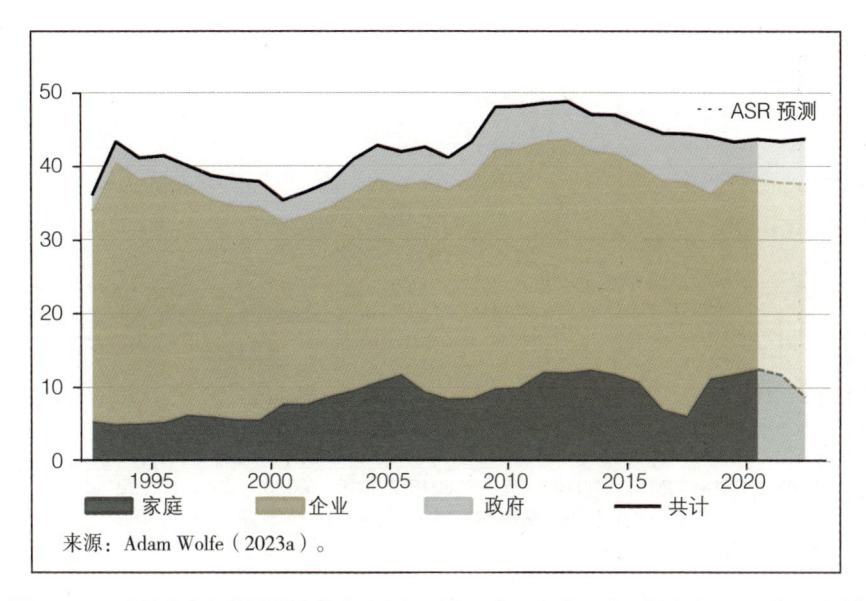

彩图 12-4　房地产危机导致更大的家庭部门财务盈余：资本形成总额（占 GDP 的百分比）

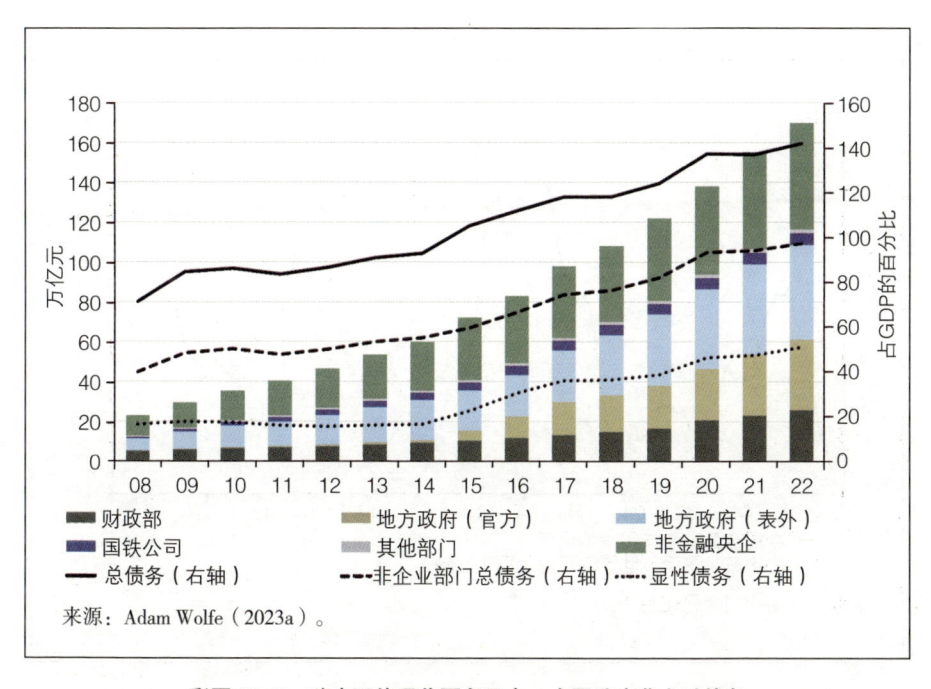

来源：Adam Wolfe（2023a）。

彩图 12-5　政府不能吸收更多盈余：中国政府非金融债务

来源：Adam Wolfe（2023a）。

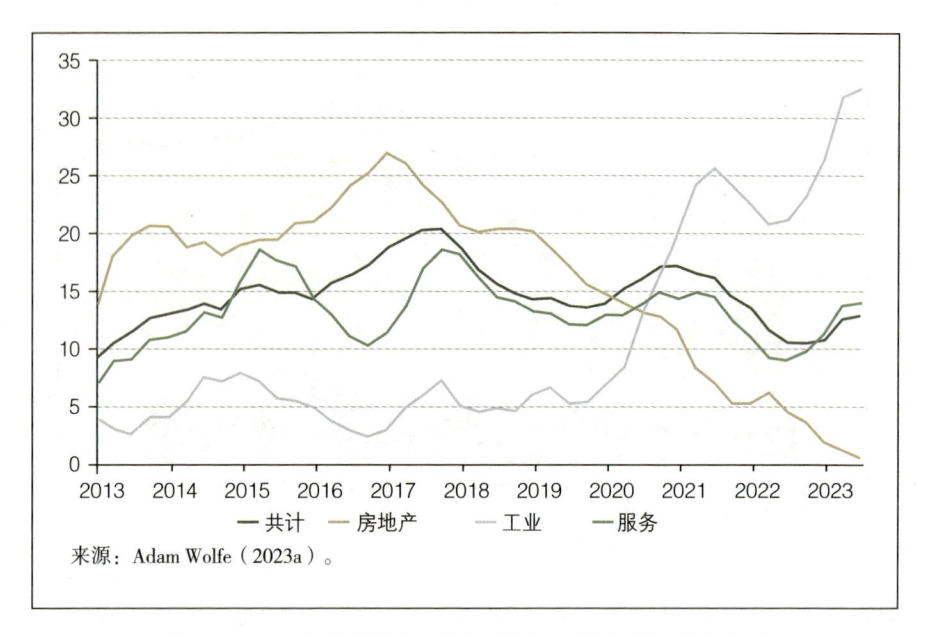

来源：Adam Wolfe（2023a）。

彩图 12-6　中国按部门分列的金融机构中长期贷款（同比增长）

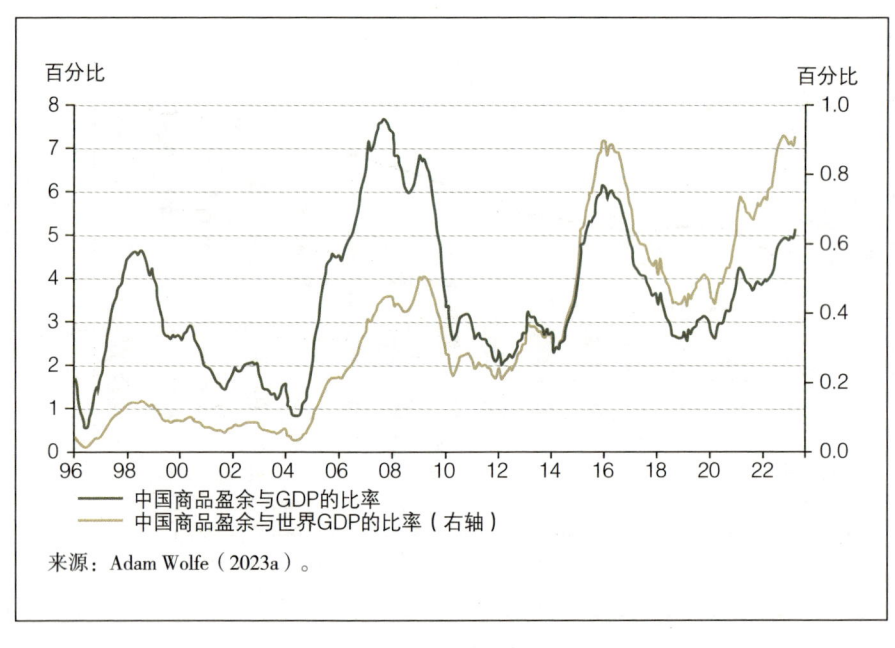

来源：Adam Wolfe（2023a）。

彩图 12-7　世界无法吸收更多中国盈余

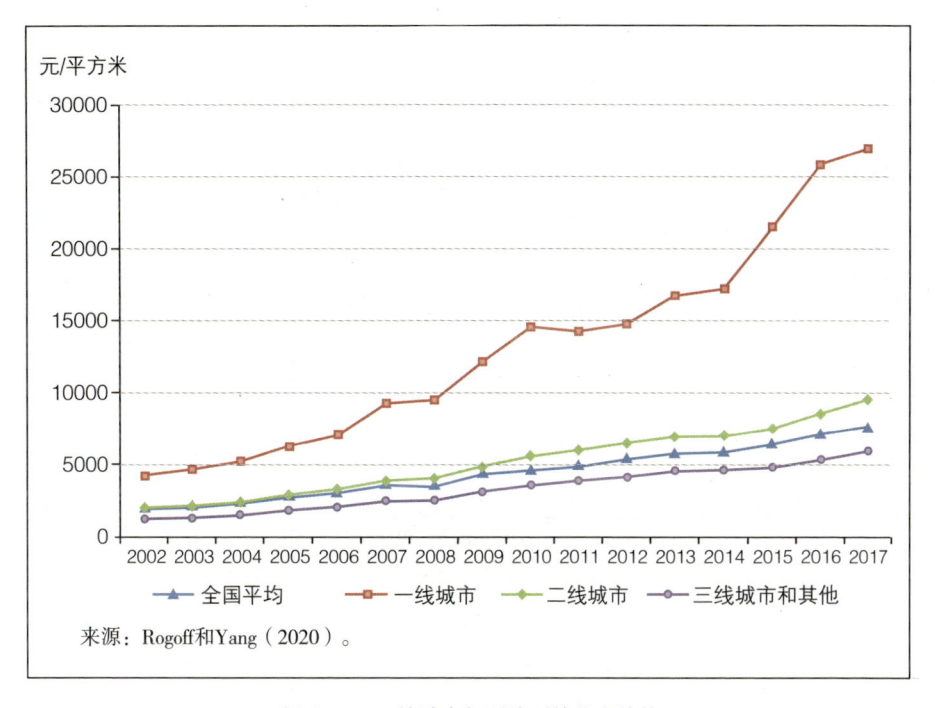

彩图 13-1　按城市级别分列的住宅价格

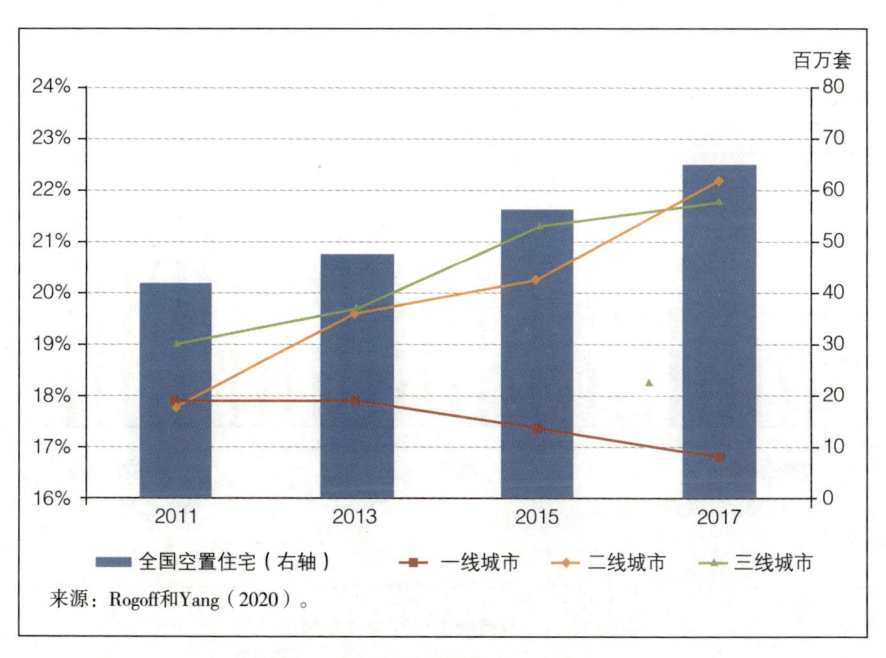

来源：Rogoff和Yang（2020）。

彩图 13-2　按城市级别分列的住宅空置率（2017 年）

来源：Rogoff和Yang（2020）。

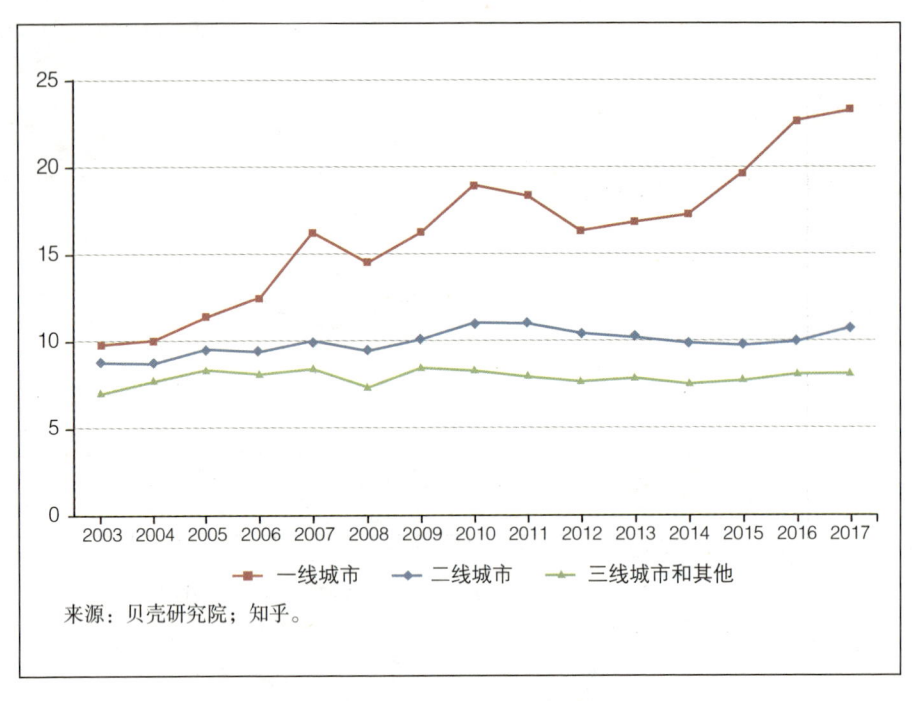

来源：贝壳研究院；知乎。

彩图 13-3 按城市级别分列的房价收入比率

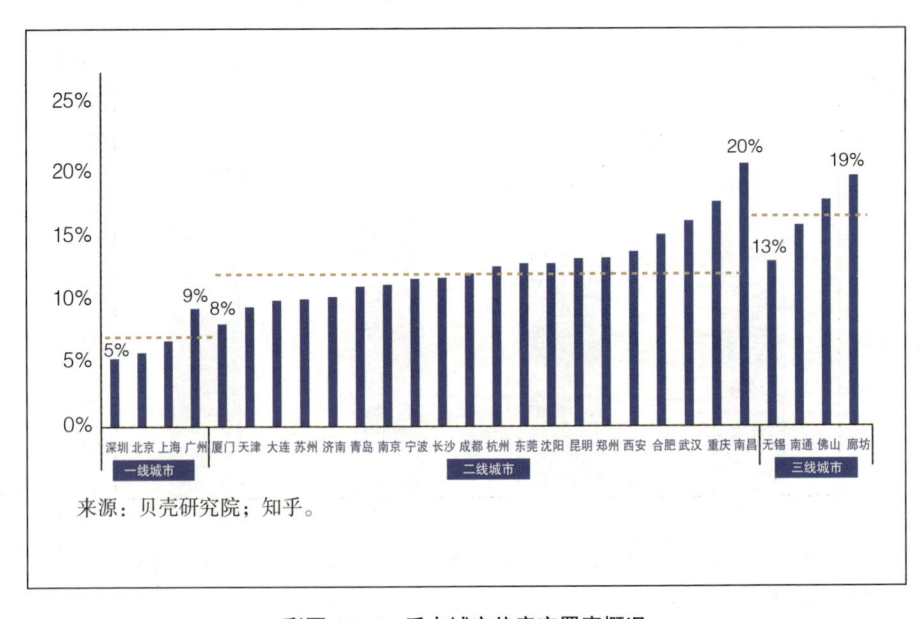

来源：贝壳研究院；知乎。

彩图 13-4 重点城市住房空置率概况

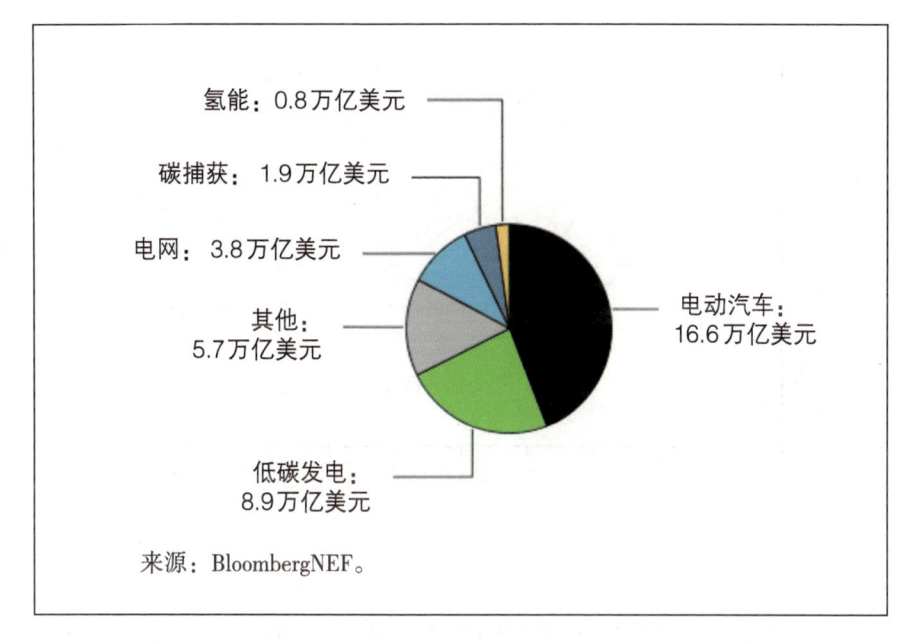

氢能：0.8万亿美元
碳捕获：1.9万亿美元
电网：3.8万亿美元
其他：5.7万亿美元
电动汽车：16.6万亿美元
低碳发电：8.9万亿美元

来源：BloombergNEF。

彩图 14　中国需要在 2050 年之前支出 37.7 万亿美元以实现零碳场景

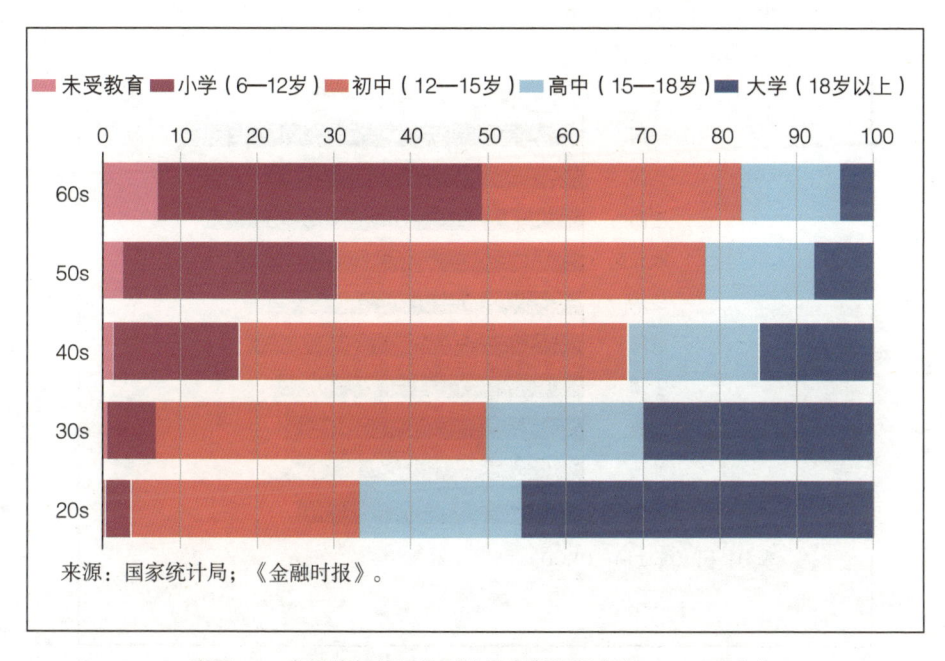

■ 未受教育　■ 小学（6—12岁）　■ 初中（12—15岁）　■ 高中（15—18岁）　■ 大学（18岁以上）

来源：国家统计局；《金融时报》。

彩图 15　中国按年龄组分列的最高教育程度（%，2020 年）

603

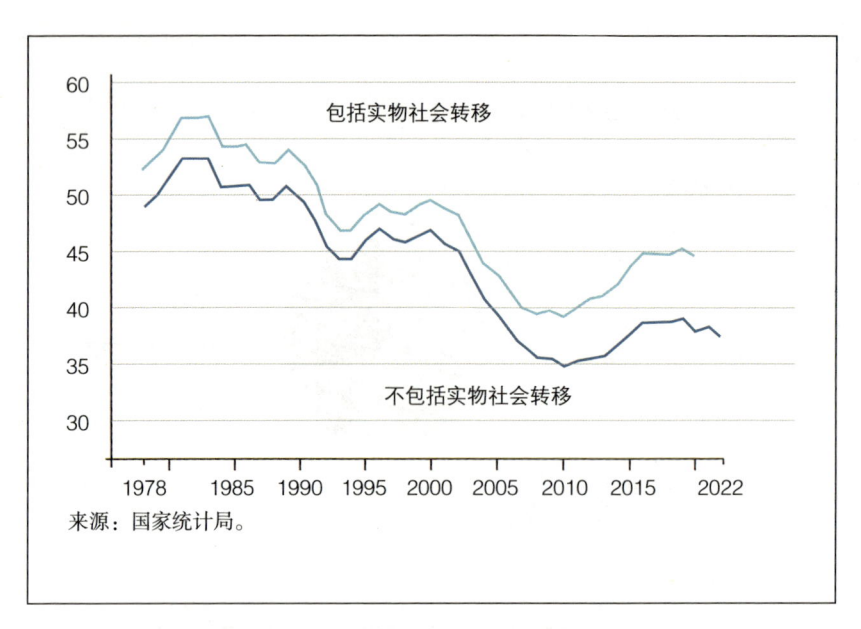

彩图 16-1　中国家庭消费占 GDP 的百分比

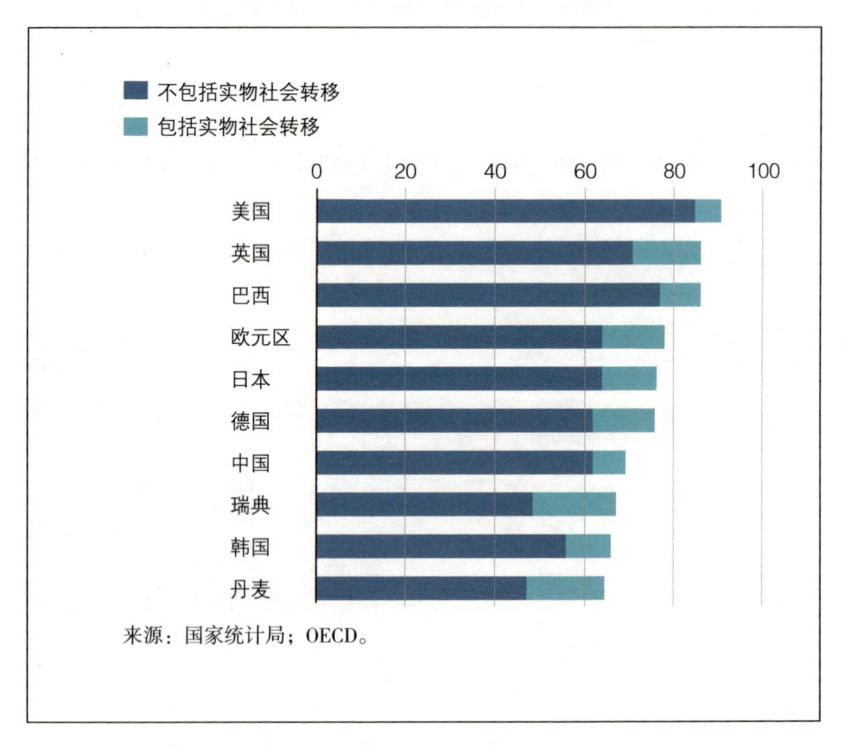

彩图 16-2　家庭可支配收入占国民总收入的百分比（2020 年）

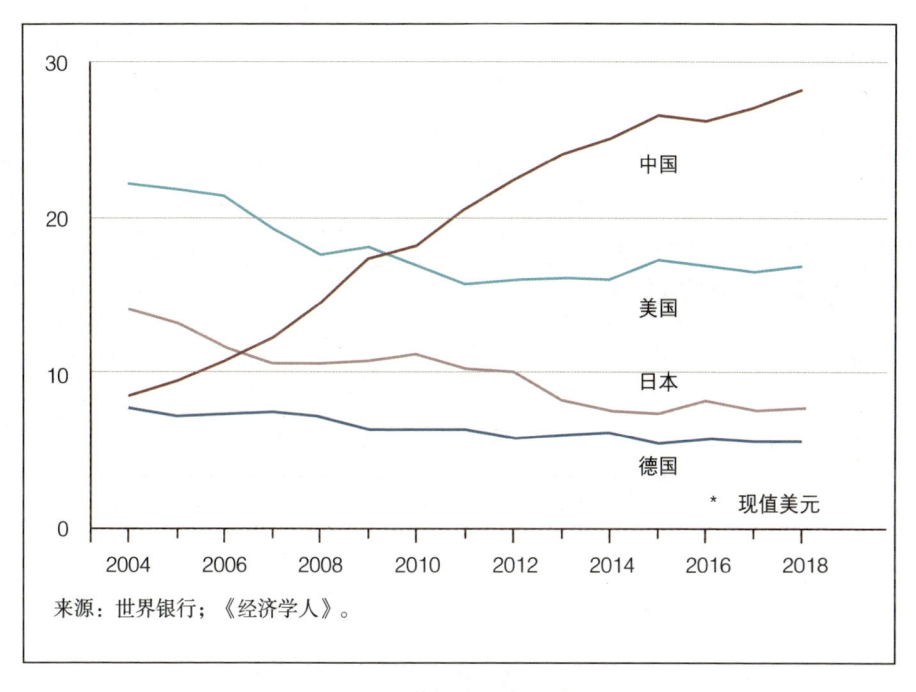

彩图 16-3　占全球制造业增加值的份额，%

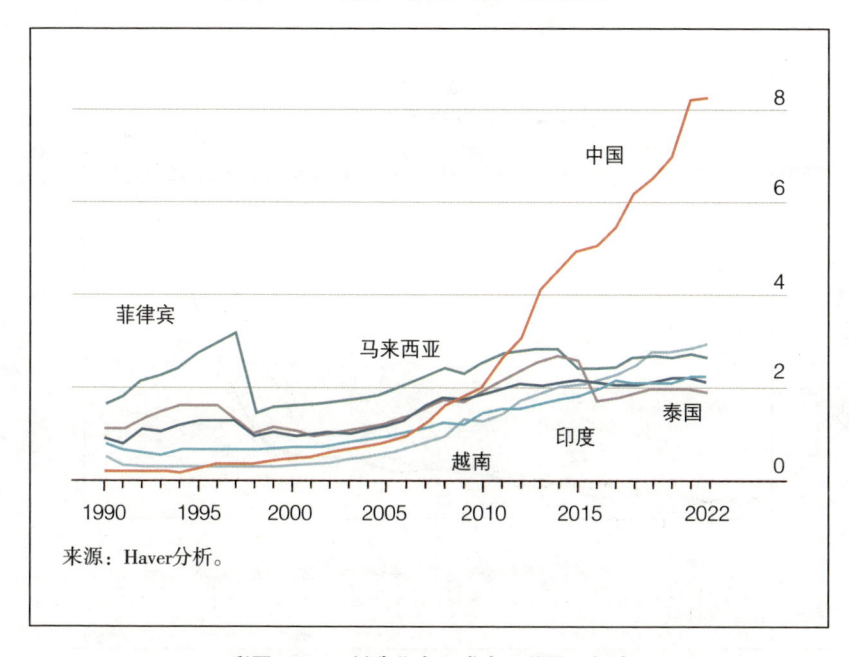

来源：世界银行；《经济学人》。

彩图 16-4　制造业人工成本，美元/小时

来源：Haver分析。

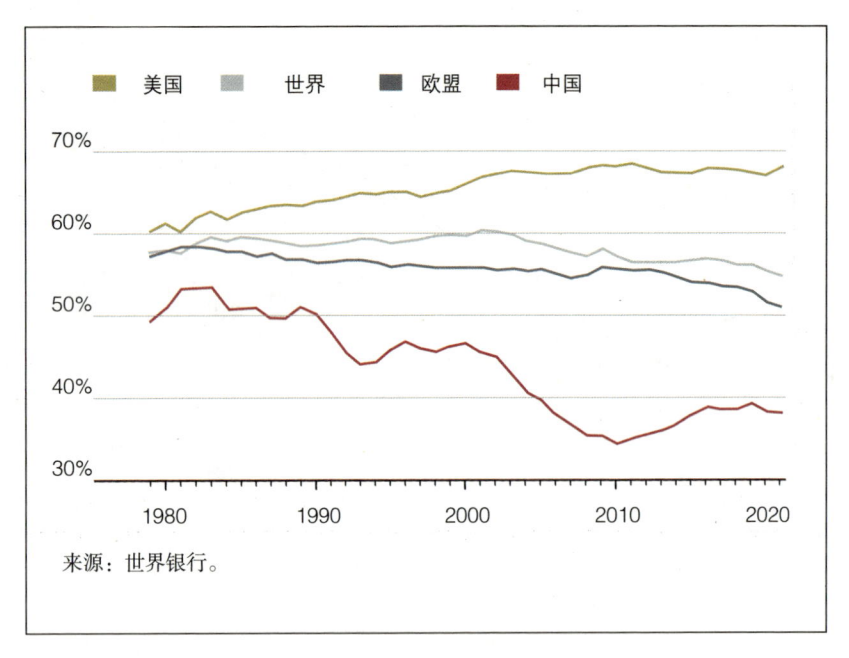

彩图 17　家庭支出占 GDP 的百分比（%）

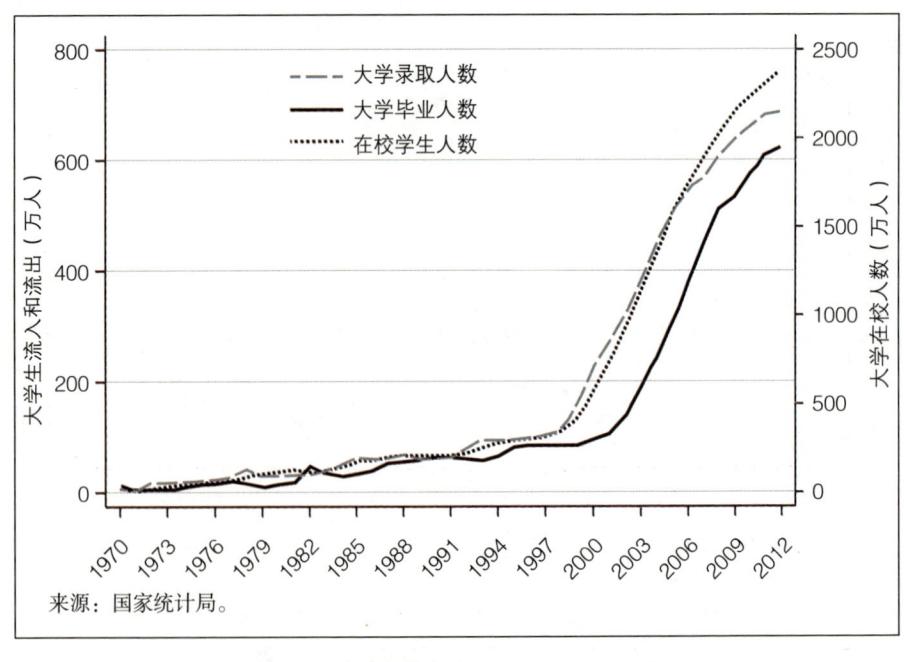

彩图 18　中国大学入学人数（1970—2012 年）

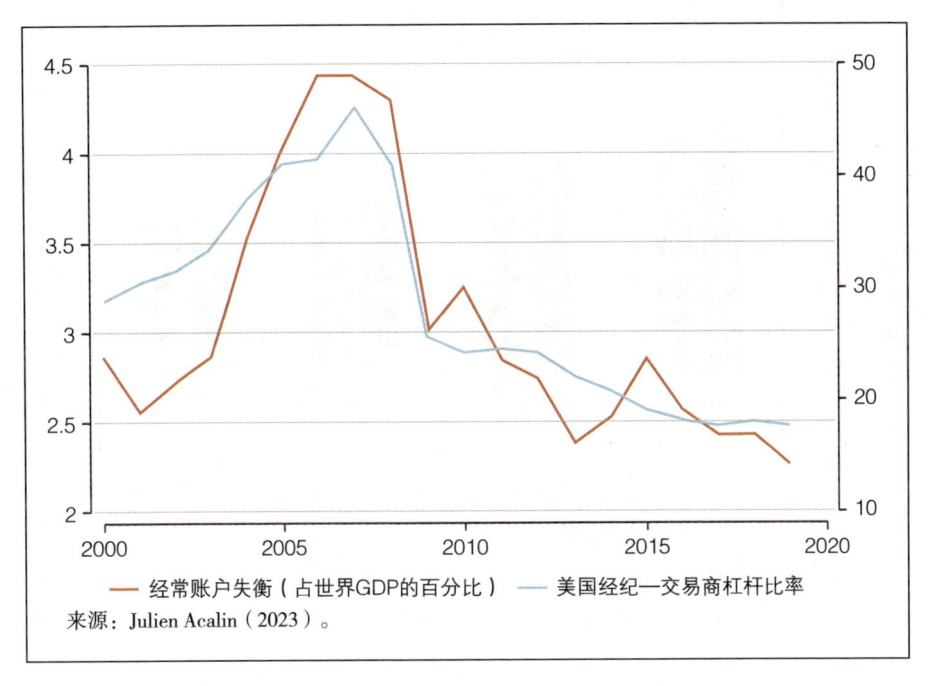

彩图 19　美国经纪—交易商杠杆率与全球经常账户失衡

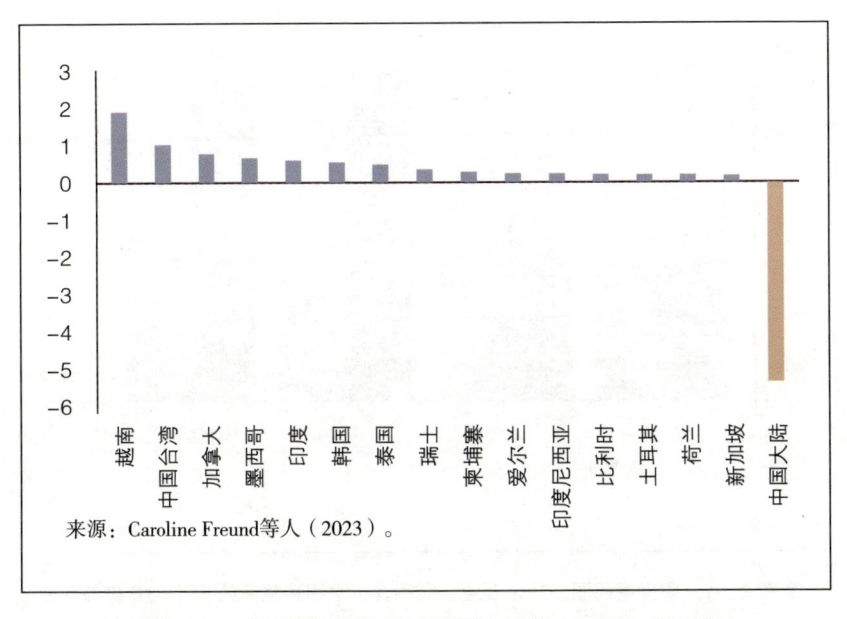

彩图 20-1　按贸易伙伴分列的美国进口变化（2017—2022 年）

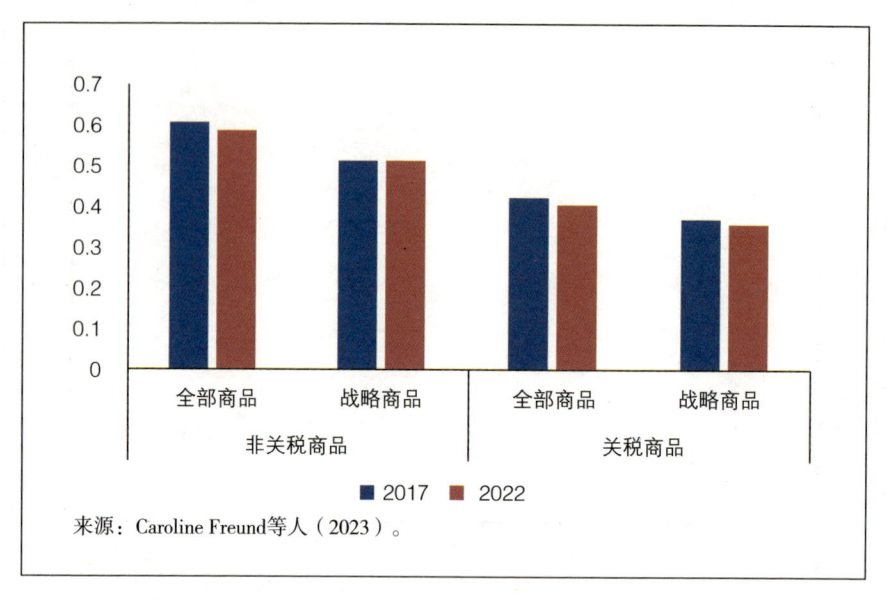

彩图 20-2　平均赫芬达尔指数，关税和非关税商品，2017—2022 年

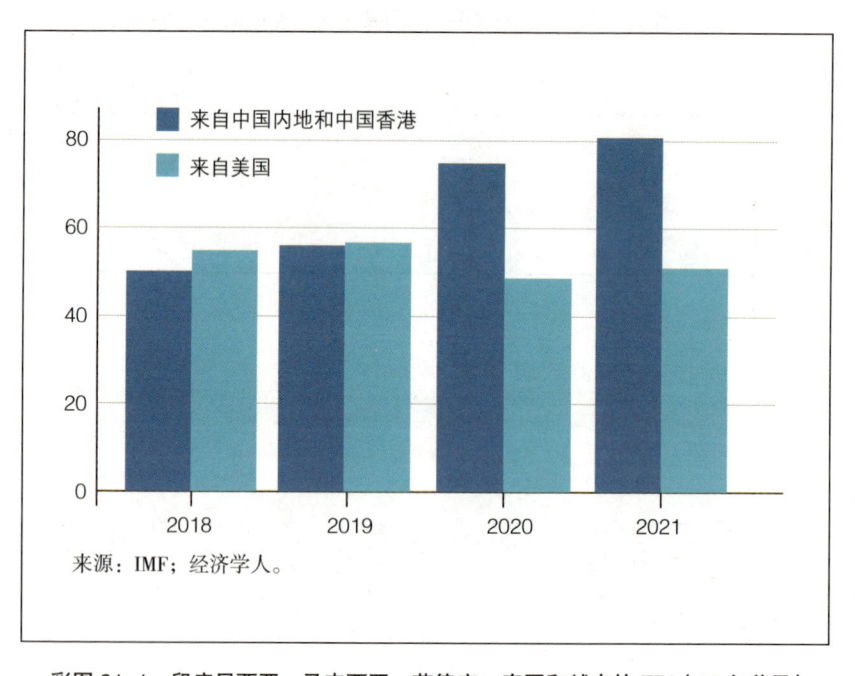

彩图 21-1　印度尼西亚、马来西亚、菲律宾、泰国和越南的 FDI（10 亿美元）

来源：IMF；经济学人。

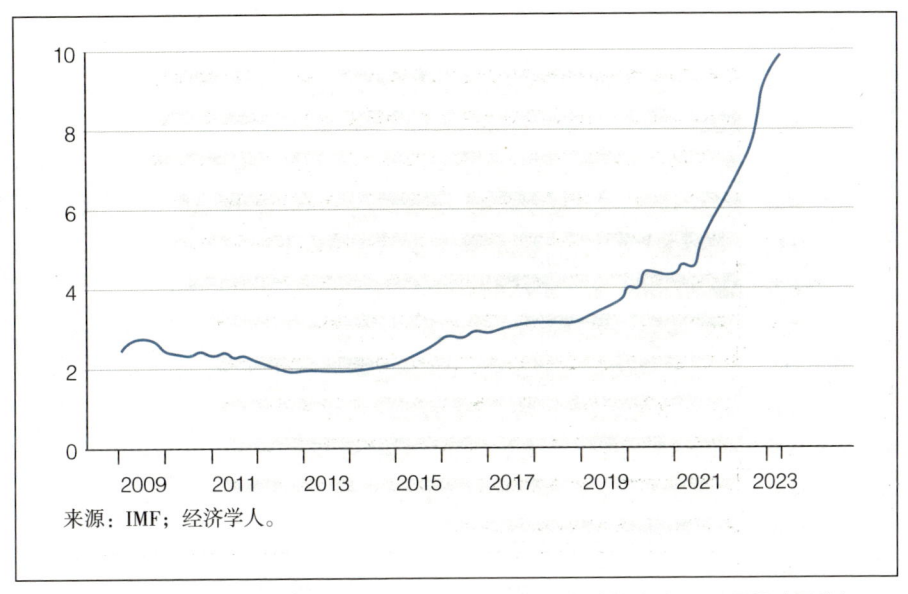

彩图 21-2　东欧从中国进口的汽车零件（占进口总量的百分比，12 月滑动平均）

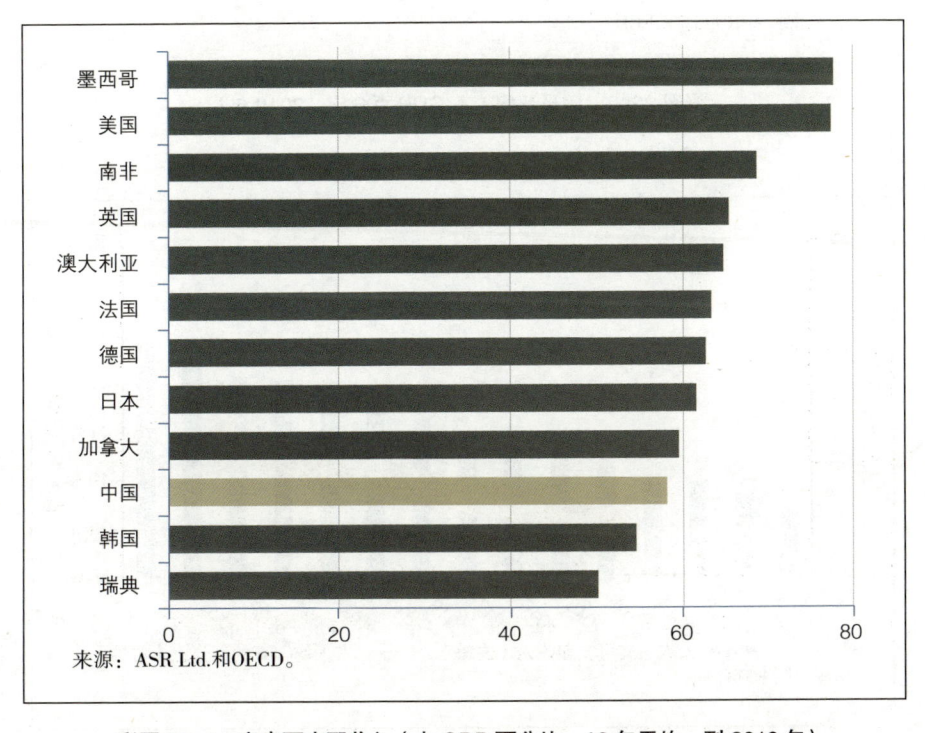

来源：ASR Ltd.和OECD。

彩图 22-1　家庭可支配收入（占 GDP 百分比，10 年平均，到 2019 年）

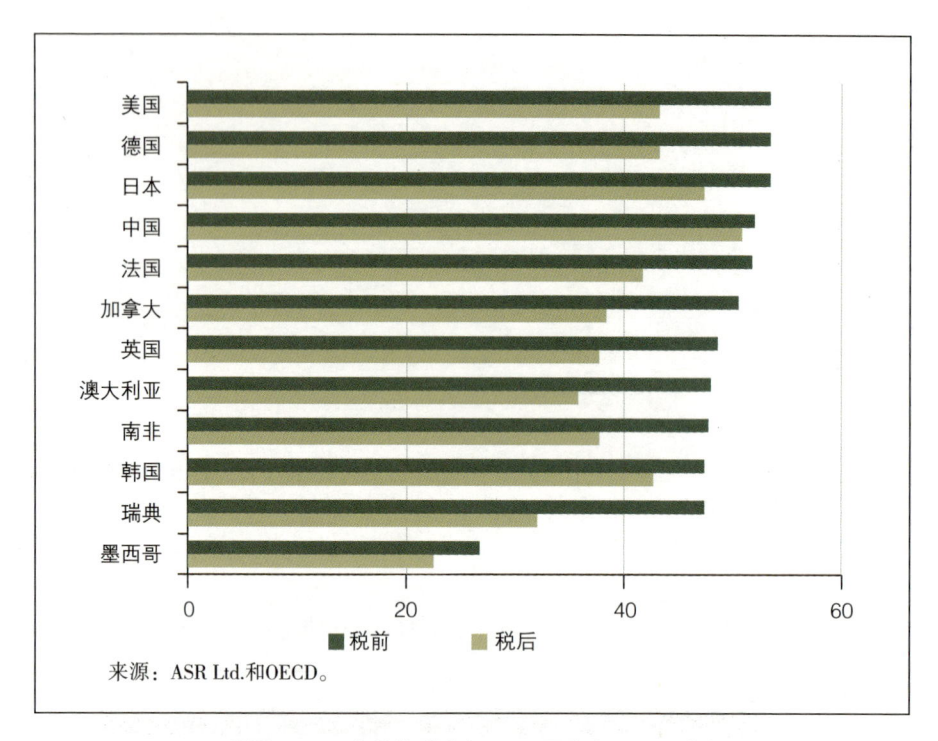

彩图 22-2 雇员薪酬（占 GDP 百分比，2019 年）

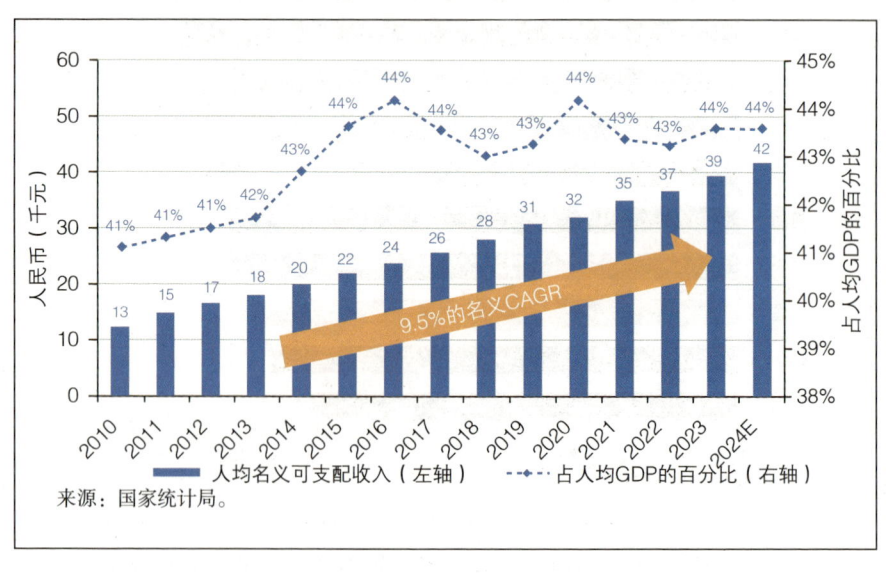

彩图 23-1 中国人均可支配收入（2010—2024E）

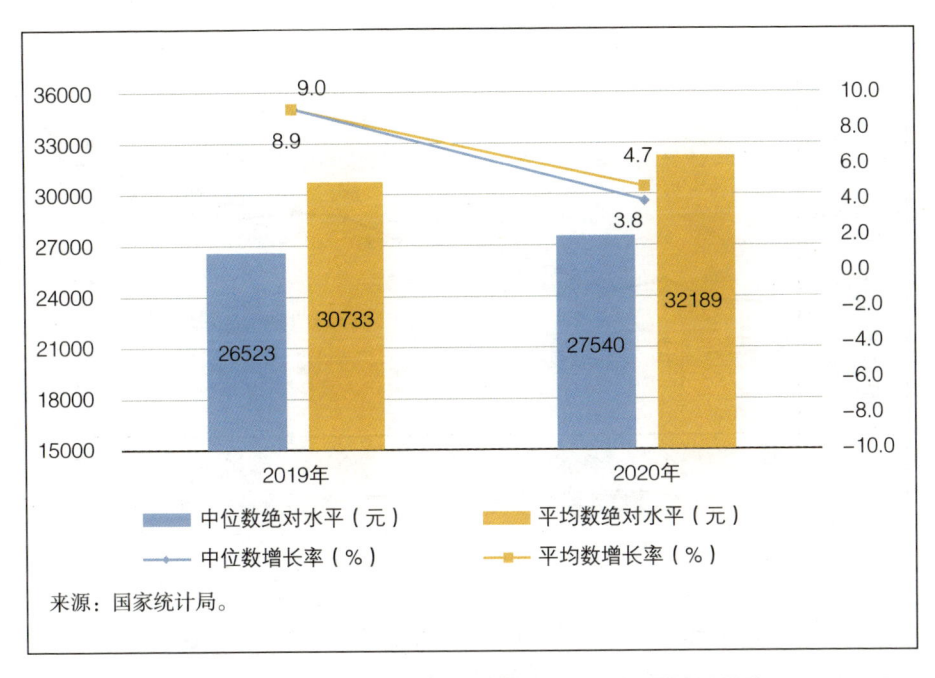

彩图 23-2 2020年全国居民人均可支配收入平均数与中位数

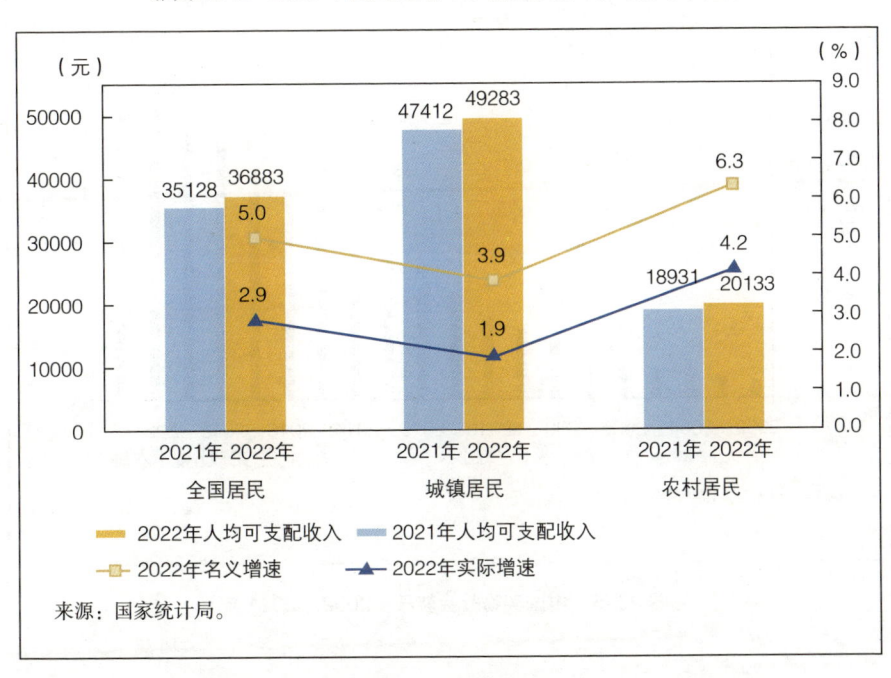

彩图 23-3 2022年全国及分城乡居民人均可支配收入与增速

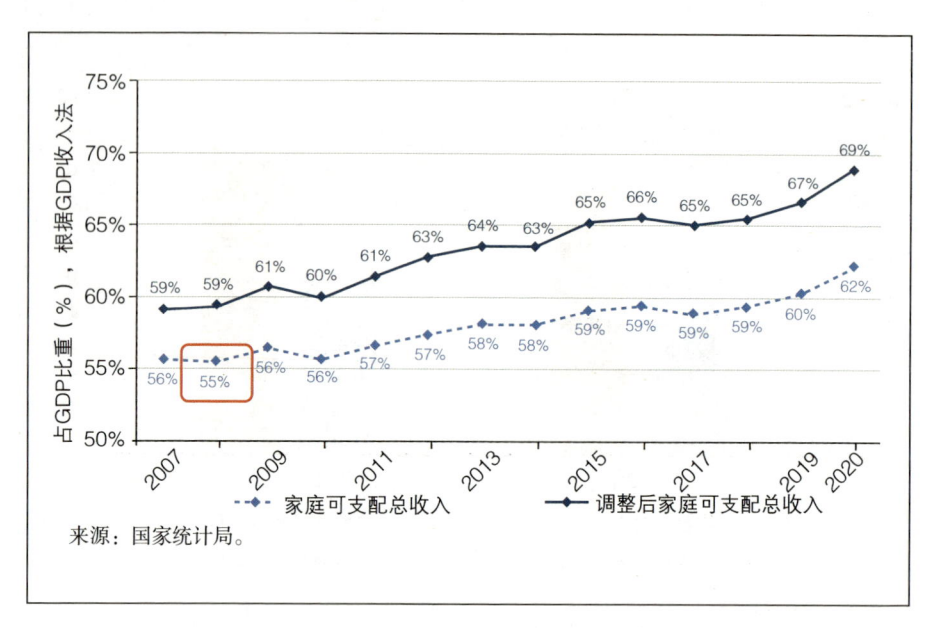

彩图 23-4 调整前后中国家庭可支配总收入（2007—2020）

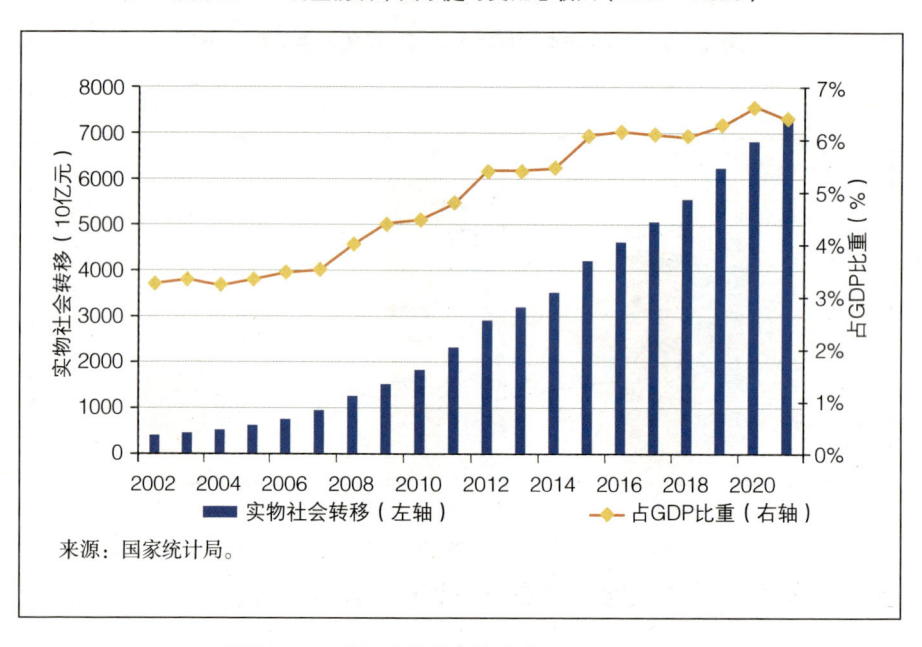

彩图 23-5 中国实物社会转移（2002—2021 年）

612

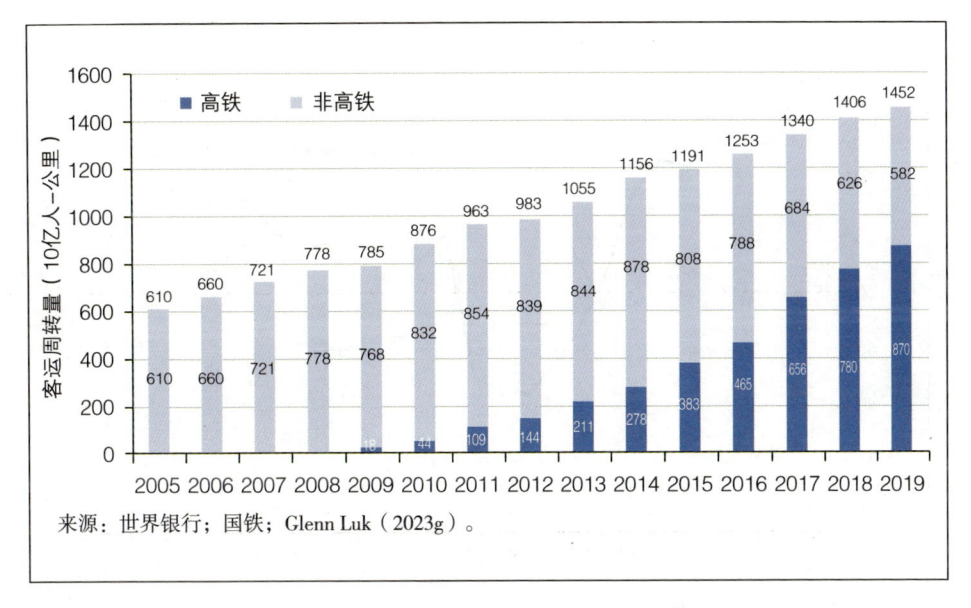

彩图 24-1　按铁路类型分列的客运周转量

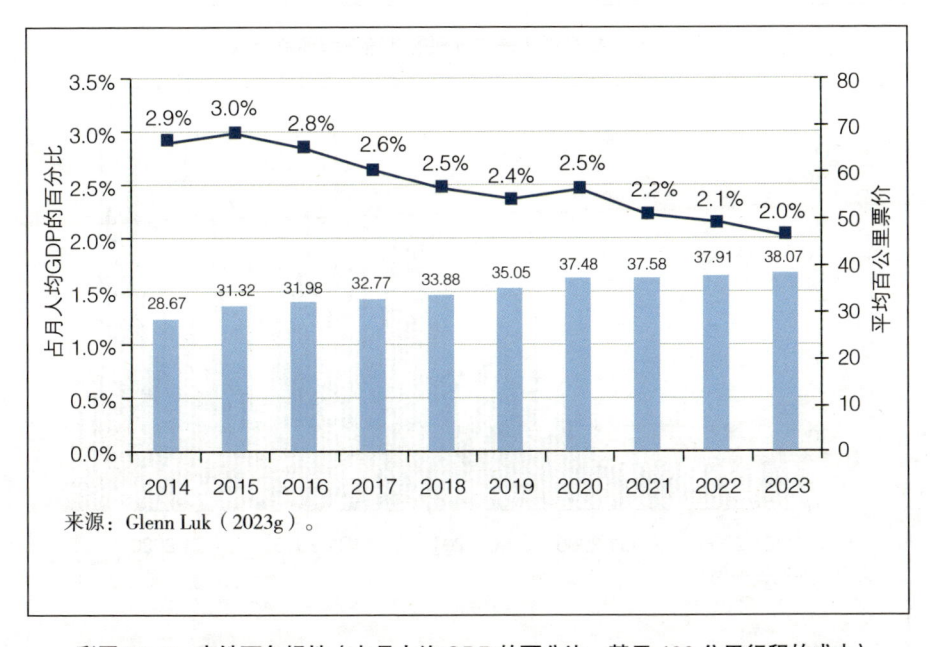

彩图 24-2　高铁可负担性（占月人均 GDP 的百分比，基于 400 公里行程的成本）

来源：Andrew Batson（2023b）。

彩图 25　根据需求来源分列的制造业增加值份额

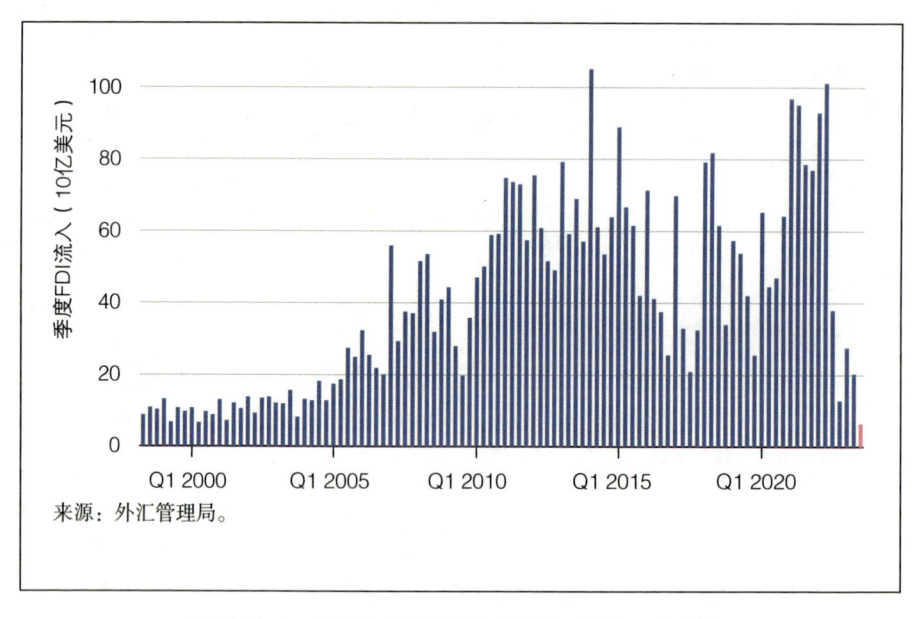

来源：外汇管理局。

彩图 26-1　国际收支数据显示中国 FDI 位于 20 年低点

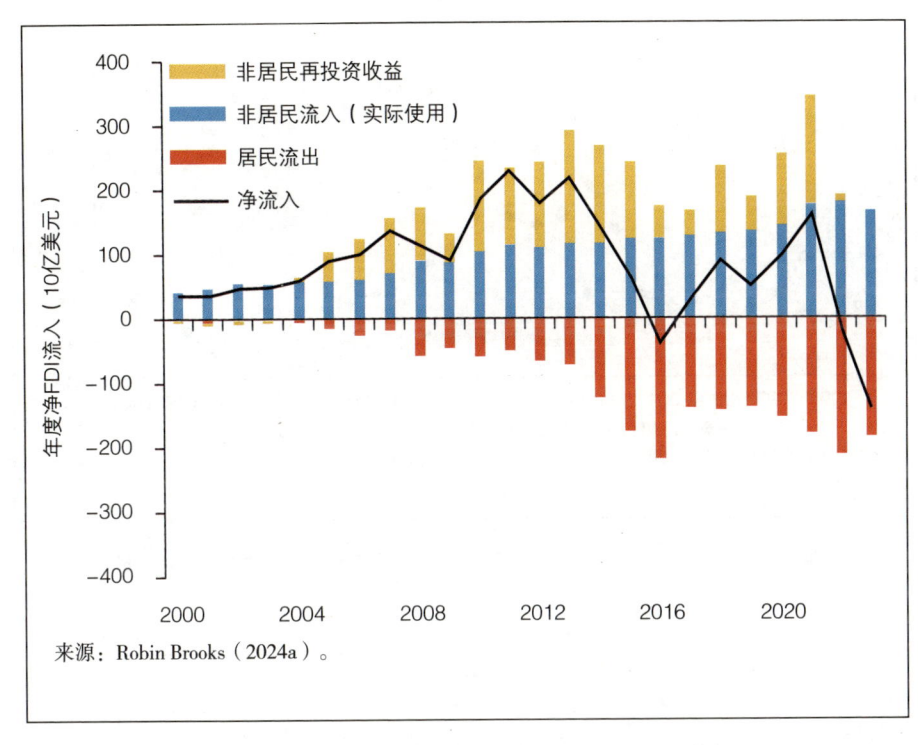

彩图 26-2　中国年度 FDI 流入（2000—2023 年）

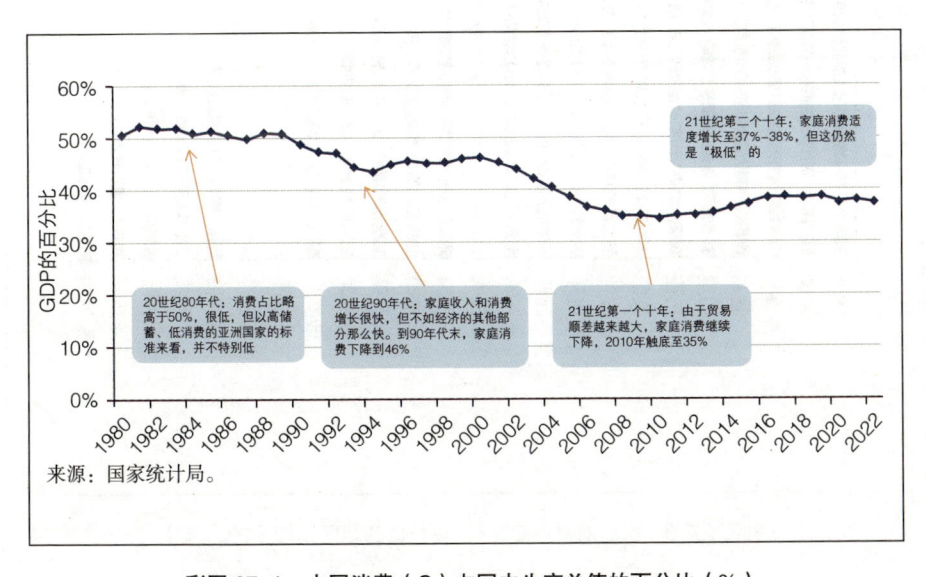

彩图 27-1　中国消费（C）占国内生产总值的百分比（%）

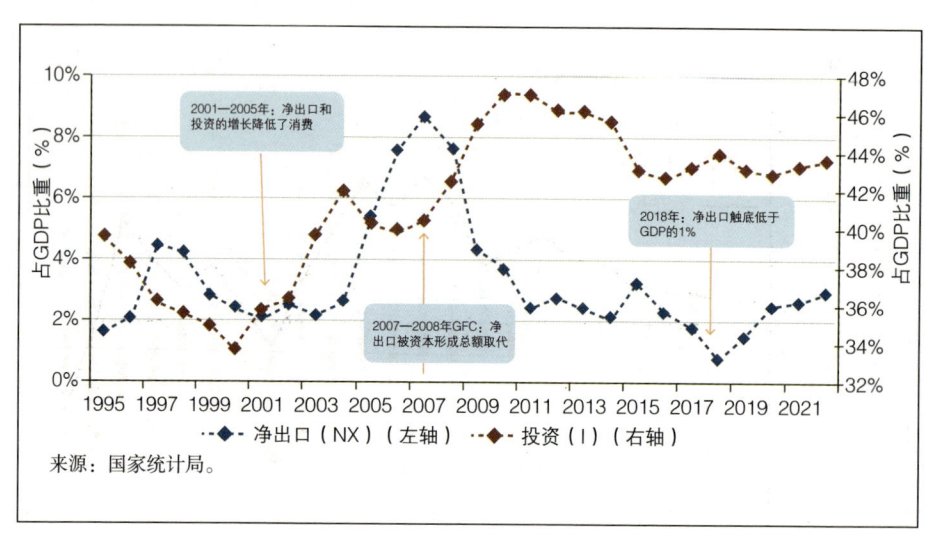

彩图 27-2　中国净出口（NX）和投资（I）占国内生产总值的百分比 (%)

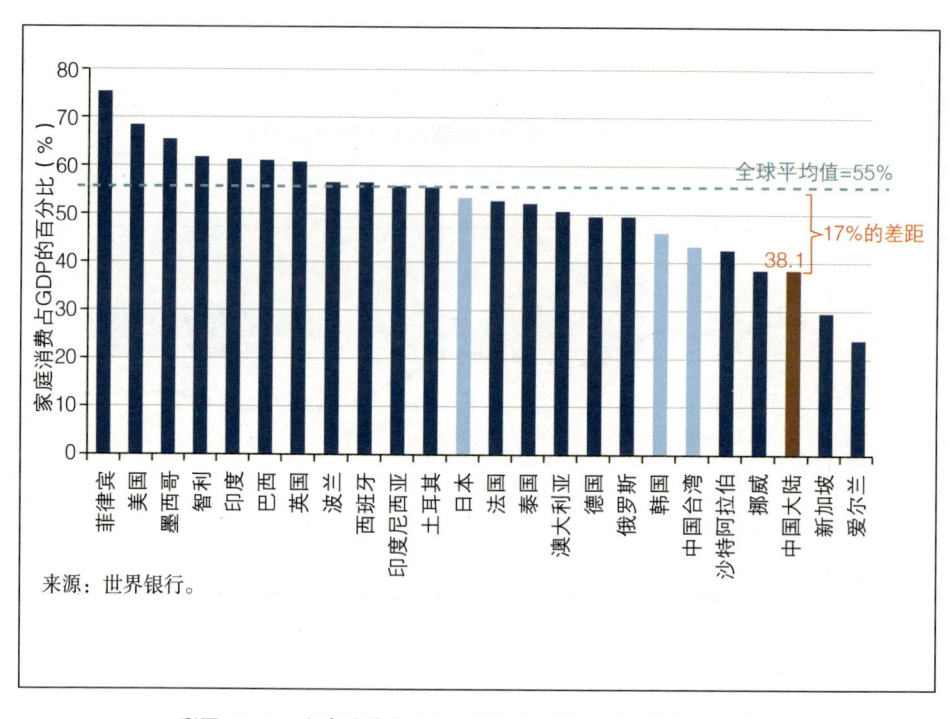

彩图 27-3　家庭消费占 GDP 的百分比跨地区比较（2021 年）

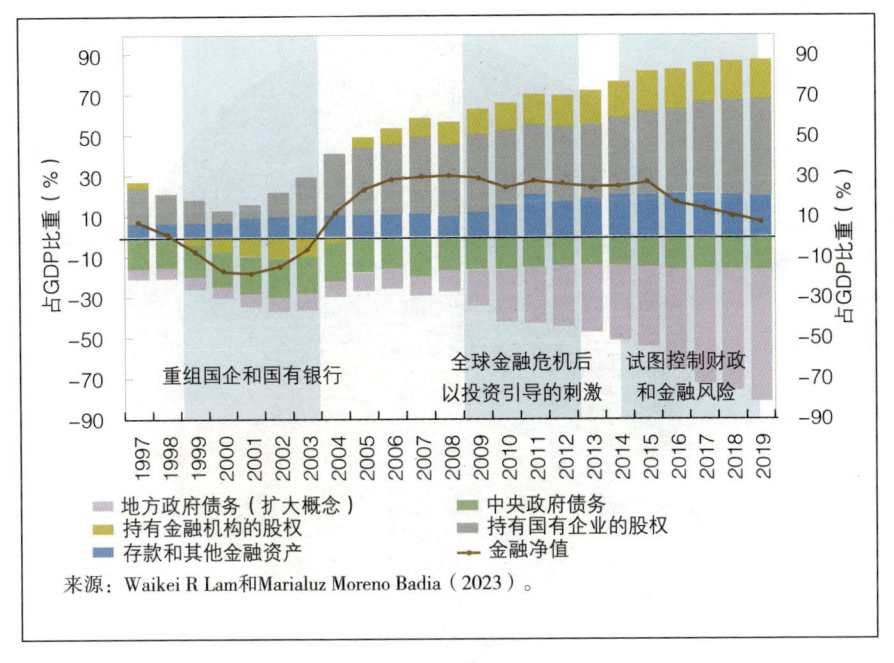

彩图 28-1　中国政府金融资产与负债（占 GDP 的百分比）

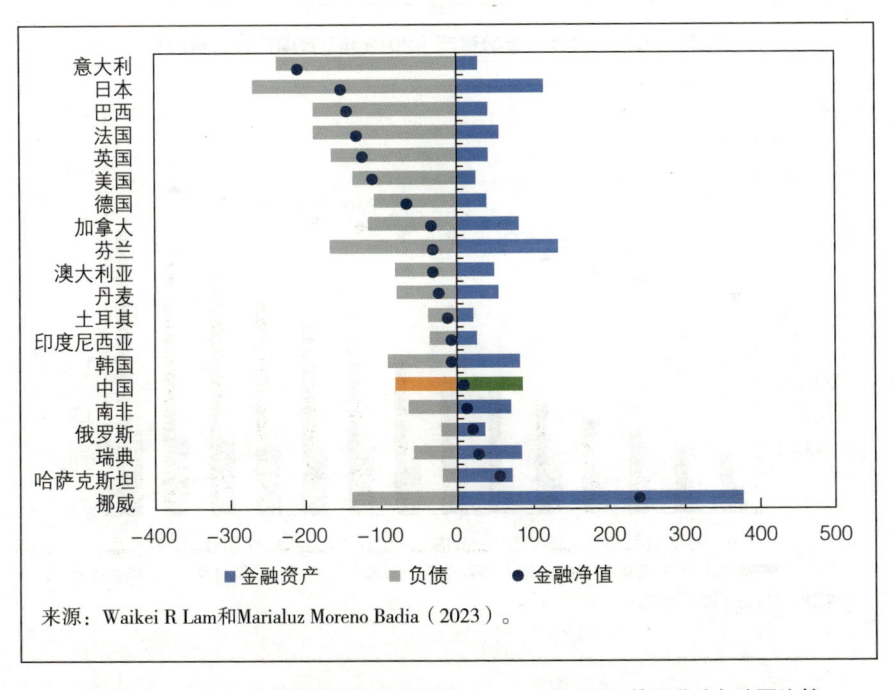

彩图 28-2　一般政府金融资产负债表（占 2019 年 GDP 的百分比）跨国比较

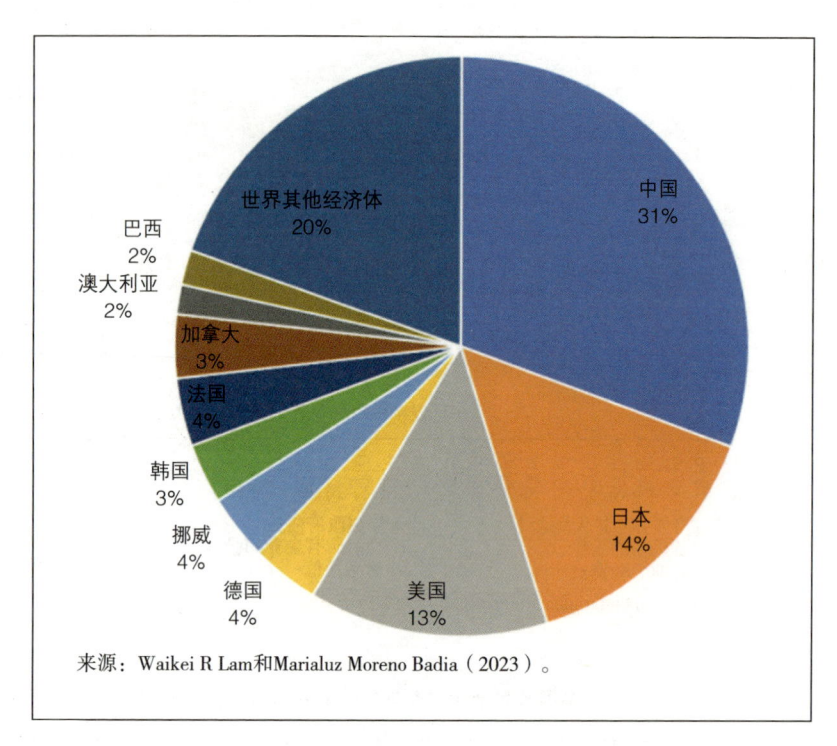

彩图 28-3 一般政府金融资产（2019 年）跨国比较（份额）

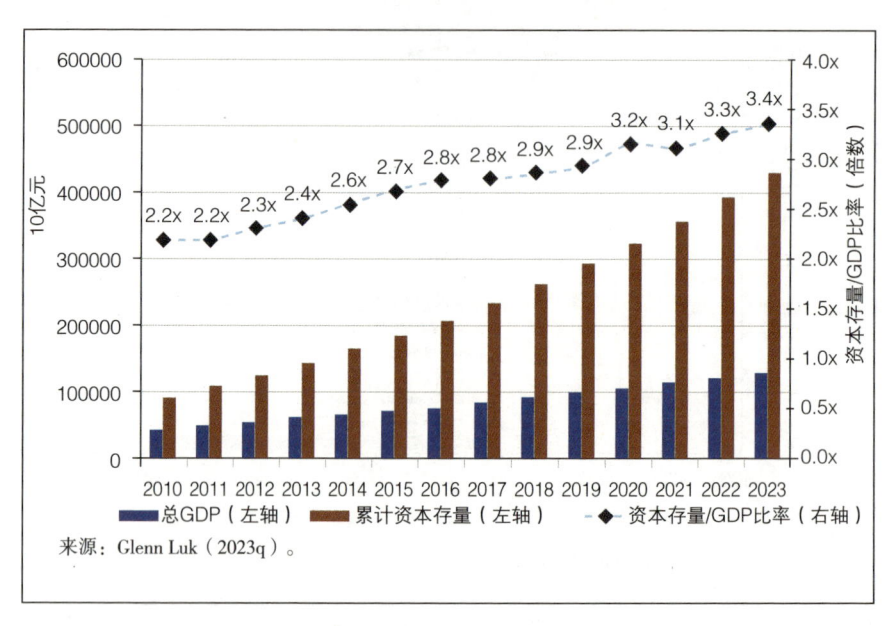

彩图 28-4 GDP vs 资本存量

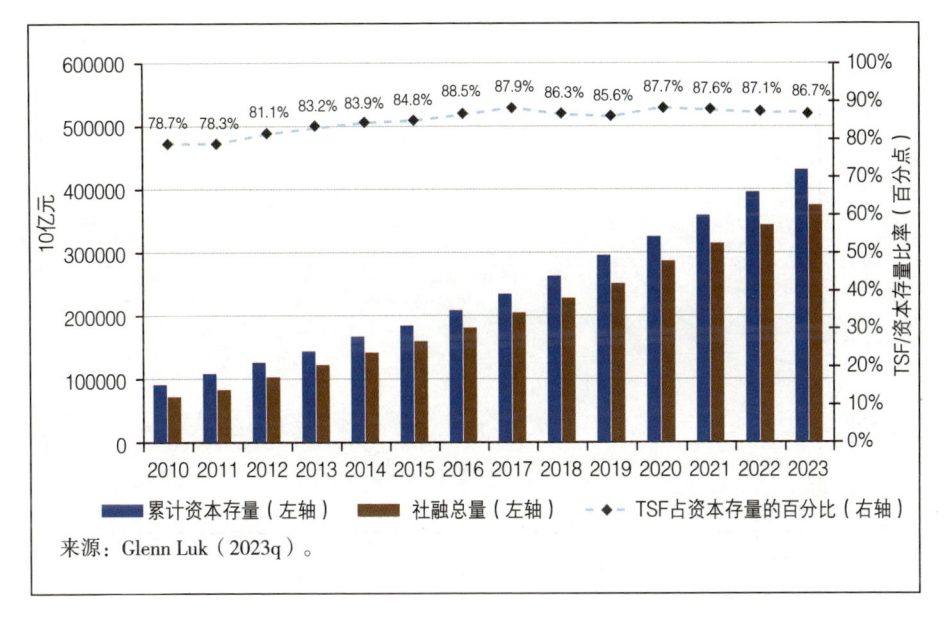

彩图 28-5　社融总量 TSF vs 资本存量

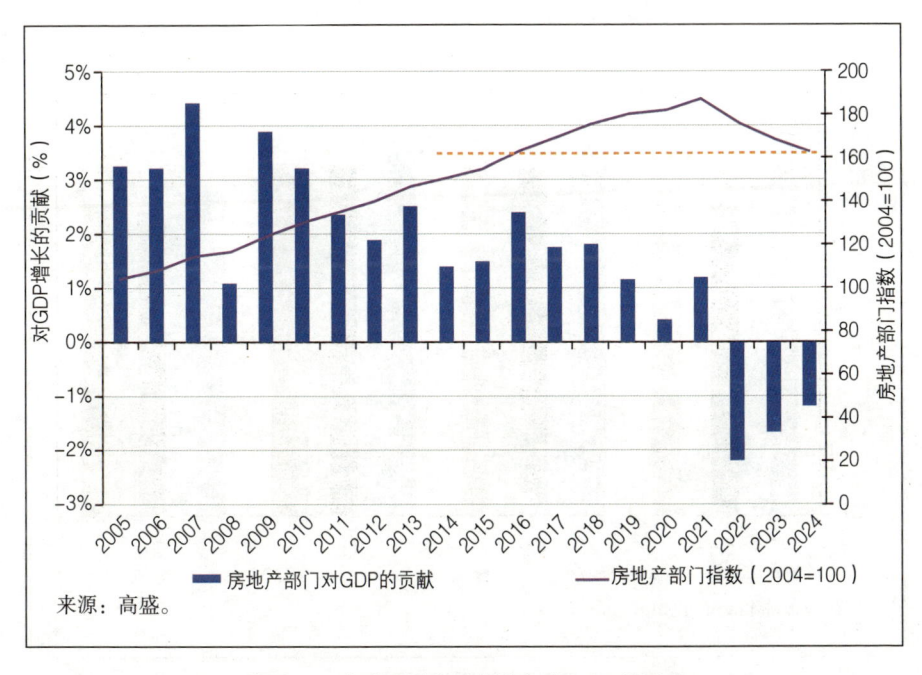

彩图 29　高盛预测中国房地产对 GDP 的影响

来源：中国人民银行。

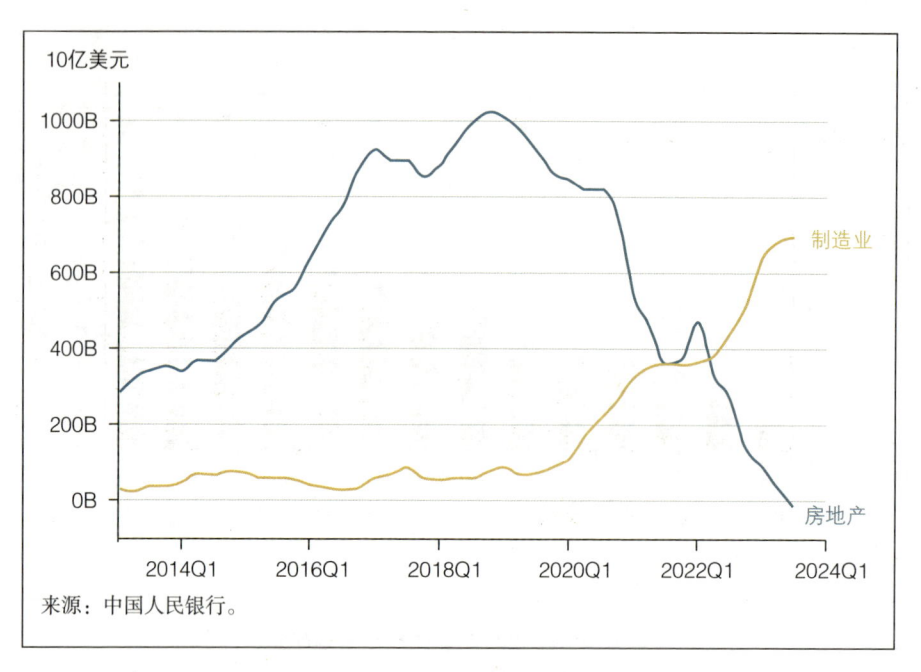

彩图 30　中国新增银行贷款，同比增长

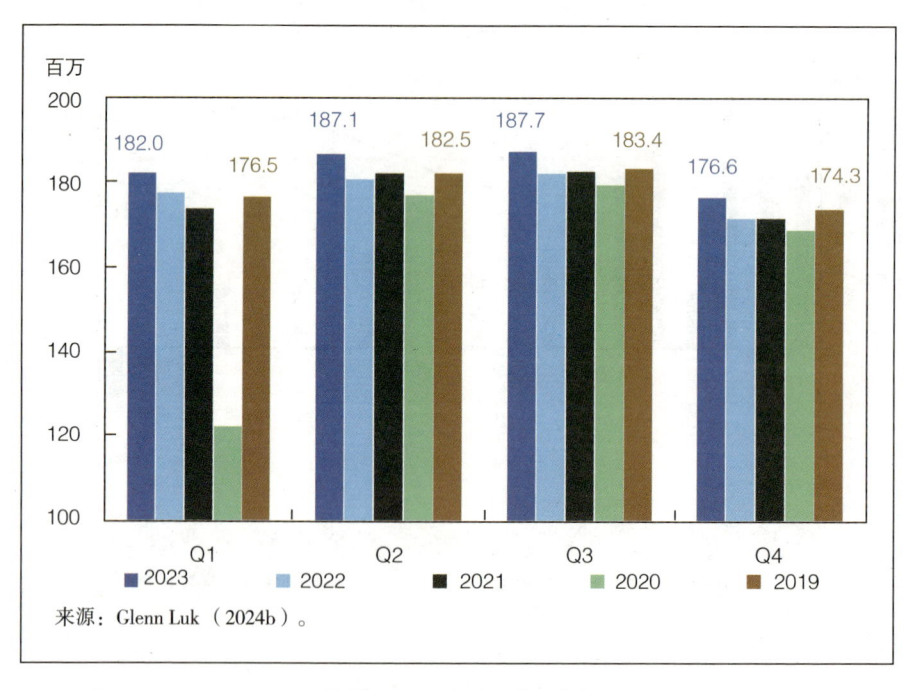

来源：Glenn Luk（2024b）。

彩图 31-1　农民工就业人数

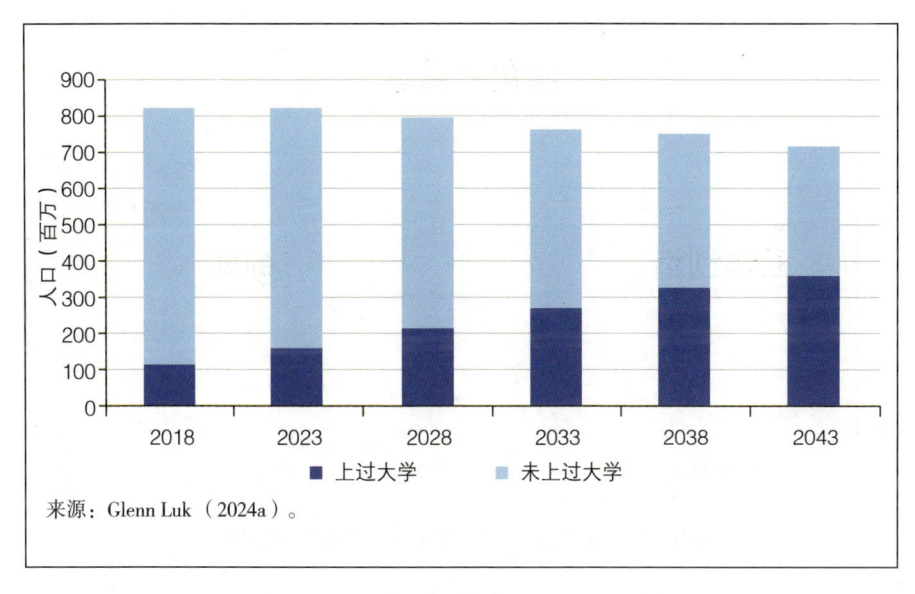

来源：Glenn Luk（2024a）。

彩图 31-2　劳动力结构转型（20—59 岁）

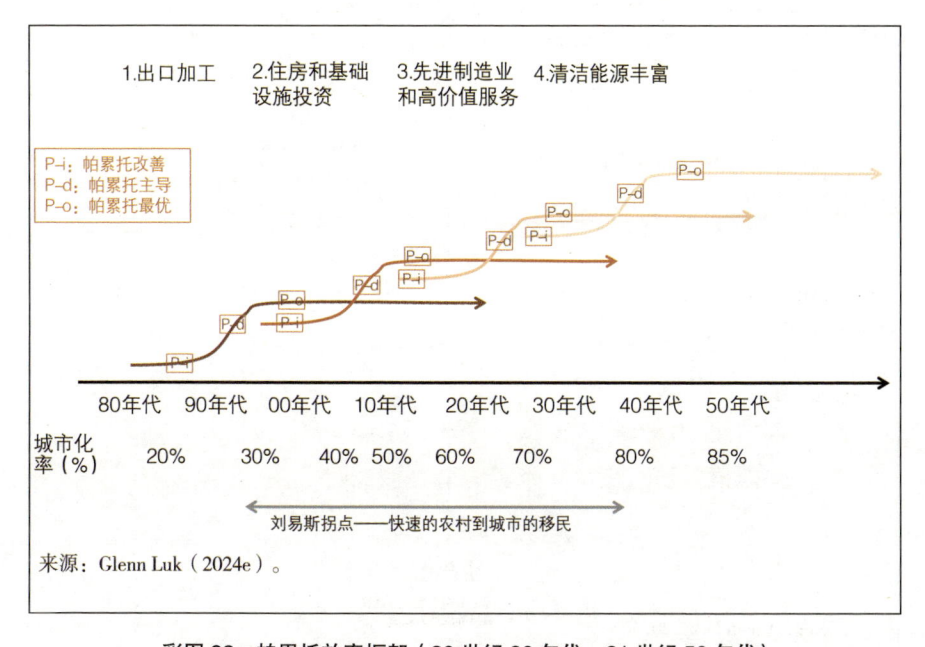

1. 出口加工　2. 住房和基础设施投资　3. 先进制造业和高价值服务　4. 清洁能源丰富

P-i：帕累托改善
P-d：帕累托主导
P-o：帕累托最优

| | 80年代 | 90年代 | 00年代 | 10年代 | 20年代 | 30年代 | 40年代 | 50年代 |

城市化率（%）：20%　30%　40%　50%　60%　70%　80%　85%

刘易斯拐点——快速的农村到城市的移民

来源：Glenn Luk（2024e）。

彩图 32　帕累托效率框架（20 世纪 80 年代—21 世纪 50 年代）

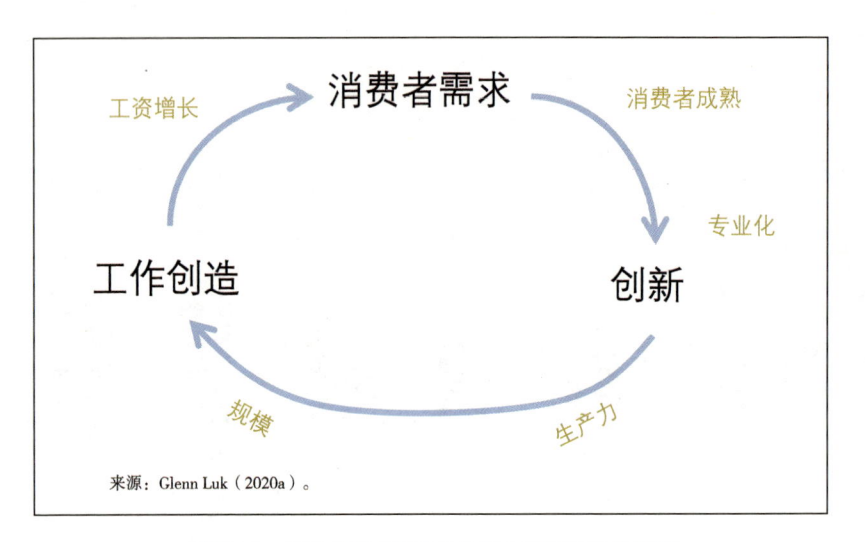

彩图 33　消费者需求引导的生产力增长的良性循环

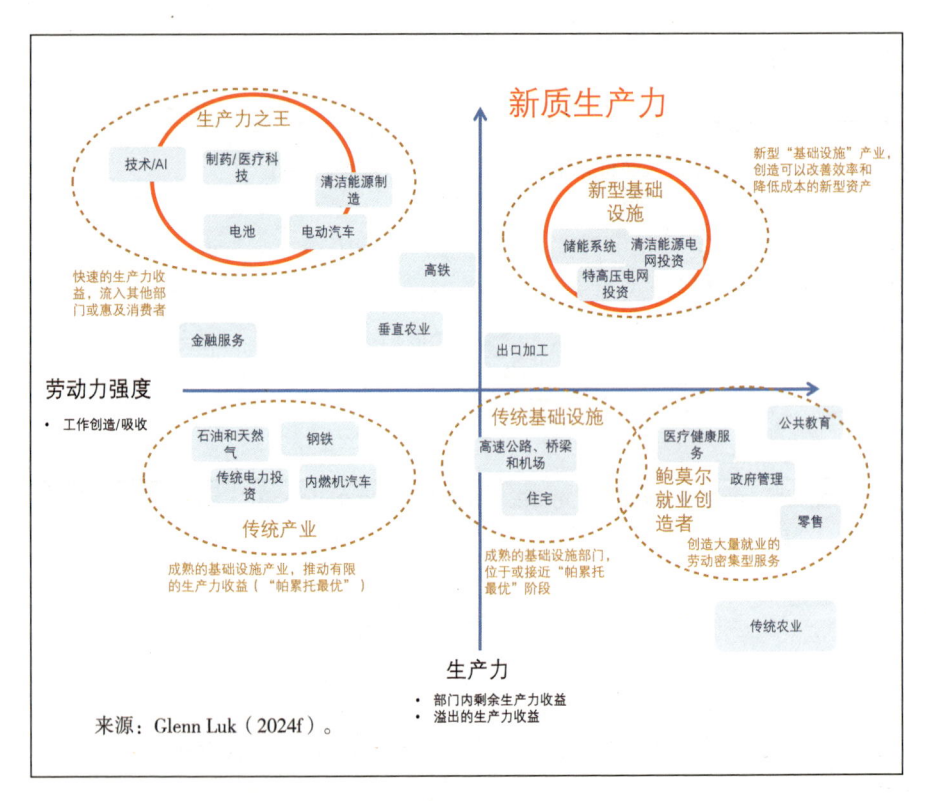

彩图 34　按部门分列的生产力 vs 劳动力强度——说明性框架（中国，21 世纪 20 年代）

参考文献

1. Acalin, Julien (2023). The Global Financial Cycle Meets Global Imbalances. April 23 2023. https://julienacalin.com/files/JMP_AcalinJ.pdf.

2. Adamson, David M. (1994). The Decline of the U.S. Machine-Tool Industry and Prospects for Recovery. RAND Research Briefs, RB-1500. 1994. https://www.rand.org/pubs/research_briefs/RB1500.html.

3. Ahmad, E., 2008. "Taxation Reforms and the Sequencing of Intergovernmental Reforms in China: Preconditions for a Xiaokang Society," in Public Finance in China: Reform and Growth for a Harmonious Society, edited by Lou, J. and S. Wang, World Bank, Washington, DC.

4. Aldasoro, I., Ehlers, T., Eren, E., & McCauley, R. (2017). Highlights of global financial flows. BIS Quarterly Review, 15–23. Retrieved from https://www.bis.org/publ/qtrpdf/r_qt1703.pdf.

5. ASPI (2023). "ASPI's Critical Technology Tracker - The global race for future power". Australian Strategic Policy Institute. September 22. https://aspi.org.au/report/critical-technology-tracker.

6. BADE, GAVIN (2024). "Trump trade advisers plot dollar devaluation". Politico website. April 15. https://www.politico.com/news/2024/04/15/devaluing-dollar-trump-trade-war-00152009.

7. Bakker, Bas B. (2023). Unveiling the Hidden Impact of Urban Land Rents on TFP: Why TFP growth in densely populated economies with rapidly growing capitol stocks has been severely underestimated. IMF Working Paper WP/23/170. https://www.imf.org/-/media/Files/Publications/WP/2023/English/wpiea2023170-print-pdf.ashx.

8. Bai, Jie, Panle Jia Barwick, Shengmao Cao and Shanjun Li (2023). "Quid Pro Quo, Knowledge Spillover, and Industrial Quality Upgrades: Evidence from the Chinese Auto Industry", January 2 2023. https://voxdev.org/topic/firms-trade/did-joint-ventures-help-chinas-automobile-industry.

9. Baldwin, Richard (2024). China is the world's sole manufacturing superpower: A line sketch of the rise. CEPR column. January 17 2024. https://cepr.org/voxeu/columns/china-worlds-sole-manufacturing-superpower-line-sketch-rise.

10. Baschuk, Bryce, Debby Wu, and Peter Elstrom (2022). Apple's Tech Supply Chain Shows Difficulty of Dumping China. Bloomberg Intelligence. September 30 2022. https://www.bloomberg.com/news/

articles/2022-09-30/apple-s-tech-supply-chain-shows-difficulty-of-dumping-china.

11. Batson, Andrew (2023). China wants those low-end industries after all. October 5 2023. Andrew Batson's blog. https://andrewbatson.com/2023/10/03/china-wants-those-low-end-industries-after-all/.

12. Batson, Andrew (2023b). Breaking down China's manufacturing. Andrew Batson's blog. June 13 2023. https://andrewbatson.com/2023/06/13/breaking-down-chinas-manufacturing/.

13. Bertrand, Arnaud (2024). X (Twitter). https://x.com/RnaudBertrand/status/1776486765463048674.

14. Bigsten, Arne & Zheng, Jinghai & Hu, Angang. (2006). Can China's Growth be Sustained? A Productivity Perspective. World Development. 37. 874-888. 10.1016/j.worlddev.2008.07.008.

15. BloombergNEF (2023). "Electric Vehicle Outlook 2023". https://about.bnef.com/electric-vehicle-outlook/.

16. Bloomberg News (2017). "China's Xi Declares 'Critical Battle' to Quell Financial Risks," December 20. https://www.bloomberg.com/news/articles/2017-12-20/china-says-monetary-policy-will-be-prudent-and-neutral-next-year.

17. Bloomberg News (2023). "China's Housing Slump Shrinks Role as Growth Driver, Research Says". November 7. https://www.bloomberg.com/news/articles/2023-11-07/china-s-housing-slump-shrinks-role-as-growth-driver-be-says.

18. Bloomberg (2024). "China Industrial Profits Rise in Sign of Stabilizing Economy". March 27. https://www.bloomberg.com/news/articles/2024-03-27/china-s-industrial-profits-rise-in-sign-of-stabilizing-economy.

19. Blöchliger, H. (2015). Reforming the Tax on Immovable Property: Taking Care of the Unloved, Paris, OECD Economics Department Working Papers No. 1205.

20. Borst, Nicholas (2022a). The Balance Sheet Constraints on China's Economic Stimulus. The Seafarer website. August 2022. https://www.seafarerfunds.com/prevailing-winds/the-balance-sheet-constraints-on-chinas-economic-stimulus/.

21. Borst, Nicholas (2022b). Fixing China's Broken Balance Sheets. The Seafarer website. May 2022. https://www.seafarerfunds.com/prevailing-winds/fixing-chinas-broken-balance-sheets/.

22. Borst, Nicholas (2022c). China's National Balance Sheet – A Framework for Analysis. The Seafarer website. May 2022. https://www.seafarerfunds.com/prevailing-winds/chinas-national-balance-sheet/.

23. Bowes, Pitney (2023). Parcel shipping index 2023: Featuring 2022 data. Pitney Bowes website. https://www.pitneybowes.com/content/dam/pitneybowes/us/en/shipping-index/23-mktc-03596-2023_global_parcel_shipping_index_ebook-web.pdf.

24. Brandt, Loren, John Litwack, Elitza Mileva, Luhang Wang, Yifan Zhang, and Luan Zhao (2020). China's Productivity Slowdown and Future Growth Potential. Policy Research Working Papers 9298. June 2020. https://elibrary.worldbank.org/doi/abs/10.1596/1813-9450-9298.

25. Braun, B. and Gabor, D., 2020. Central banking, shadow banking, and infrastructural power. In: P. Mader, D. Mertens, and N. van der Zwan, eds. The Routledge international handbook of financialization. London: Routledge, 241–252.

26. Brevetti News (2024). "Wipo Annual Report 2023: more patent applications, but less trademarks and design". January 3. https://brevettinews.it/en/patents/wipo-annual-report-2023-more-patent-applications-but-less-trademarks-and-design/.

27. Brooks, Robin (2022). Twitter. https://twitter.com/RobinBrooksIIF/status/1555561205397393410.

28. Brooks, Robin (2024a). Twitter. https://x.com/robin_j_brooks/status/1786042345974063414.

29. Brown, Alexander, François Chimits and Gregor Sebastian (2023). ACCELERATOR STATE: How China fosters "Little Giant" companies. MERICS (Mercator Institute for China Studies) REPORT.

30. BYD (2024). "BYD Concludes 2023 with Record 3 Million Annual Sales, Leading Global NEV Market". January 2. https://www.byd.com/us/news-list/BYD-Concludes-2023-with-Record-3-Million-Annual-Sales-Leading-Global-NEV-Market.html.

31. Chen, Stephen (2024). "China puts trust in AI to maintain largest high-speed rail network on Earth". South China Morning Post. March 12. https://www.scmp.com/news/china/science/article/3255039/china-puts-trust-ai-maintain-largest-high-speed-rail-network-earth.

32. Chen, Stephen (2024a). "China's hypersonic science aces train their sights on high-speed rail safety". South China Morning Post website. April 1. https://www.scmp.com/news/china/science/article/3256186/chinas-hypersonic-science-aces-train-their-sights-high-speed-rail-safety.

33. Carpenter, Marie and William Lazonick (2023). The Pursuit of Shareholder Value: Cisco's Transformation from Innovation to Financialization. Institute for New Economic Thinking Working Paper No. 202. February 21 2023. https://www.ineteconomics.org/uploads/papers/WP_202-Carpenter-and-Lazonick-Cisco-final.pdf.

34. Chan, Kyle (2024). How China is moving up Apple's supply chain. "High Capacity" substack. May 3 2024. https://www.high-capacity.com/p/how-china-is-moving-up-apples-supply.

35. Cheng, Evelyn (2023). "IMF raises China GDP forecast after Beijing's policy moves", CNBC website, November 7 2023, https://www.cnbc.com/2023/11/07/imf-raises-china-gdp-forecast-after-beijings-policy-moves.html.

36. CHENG, TING-FANG and LAULY LI (2024). Apple moves closer to China despite supply chain shifts. Nikkei Asia website. April 26 2024. https://asia.nikkei.com/Business/Business-Spotlight/Apple-moves-closer-to-China-despite-supply-chain-shifts.

37. Chen, Sally and Joong Shik Kang, "Credit Booms—Is China Different?," IMF, January 5, 2018, https://www.imf.org/en/Publications/WP/Issues/2018/01/05/Credit-Booms-Is-China-Different-45537.

38. ChinaDaily (2018). "China's top 10 most profitable companies". China Daily website, July 12 2018, https://www.chinadaily.com.cn/a/201807/12/WS5b468740a310796df4df5e45.html。

39. ChinaDaily (2023), 创业邦发布《2022专精特新小巨人企业发展报告》, 2023年1月3日, http://caijing.chinadaily.com.cn/a/202212/30/WS63aeac5aa3102ada8b22924e.html。

40. Choukhmane, T., Coeurdacier, N. and K. Jin. (2014). The One-Child Policy and Household Savings. Working Paper.

41. Chovanec, Patrick (2011). China's High-Speed Rail Dilemma. Chovanec's blog. January 14.

https://chovanec.wordpress.com/2011/01/14/chinas-high-speed-rail-dilemma/.

42. Cioffi, John & Kenney, Martin & Zysman, John. (2022). Platform power and regulatory politics: Polanyi for the twenty-first century. New Political Economy. 1-17. 10.1080/13563467.2022.2027355.

43. Collins, Leigh (2023). "State-owned power giant unveils China's first gigawatt-scale green hydrogen and synthetic aviation fuel project". Hydrogeninsight website. December 11. https://www.hydrogeninsight.com/production/state-owned-power-giant-unveils-china-s-first-gigawatt-scale-green-hydrogen-and-synthetic-aviation-fuel-project/2-1-1569087.

44. Connor Mycroft and Leona Liu Ying (2022). What are China's major infrastructure projects in an economically fraught 2022? South China Morning Post website. October 25 2022. https://www.scmp.com/economy/china-economy/article/3197048/what-are-chinas-major-infrastructure-projects-economically-fraught-2022.

45. Coppola, Gabrielle (2023). America's Long, Tortured Journey to Build EV Batteries. Bloomberg Businessweek. June 8 2023. https://www.bloomberg.com/news/features/2023-06-08/a-us-startup-s-failure-paved-the-way-for-china-s-ev-battery-dominance.

46. Crosignani, Matteo, Lina Han, Marco Macchiavelli, and André F. Silva. 2024. "Geopolitical Risk and Decoupling: Evidence from U.S. Export Controls." Federal Reserve Bank of New York Staff Reports, no. 1096, April. https://doi.org/10.59576/sr.1096.

47. Curtis, C. C., Lugauer, S. and N. C. Mark. (2015). Demographic Patterns and Household Saving in China. American Economic Journal: Macroeconomics, vol. 7(2), pp. 58–94.

48. Davis Bob and Dinny McMahon (2013). "Xi Faces Test over China's Local Debt," Wall Street Journal, December 30, 2013, https://www.wsj.com/articles/china-local-government-debt-surges-to-3-trillion-1388395467.

49. DEATON, ANGUS (2024). "RETHINKING MY ECONOMICS". (IMF) FINANCE & DEVELOPMENT MAGAZINE. March. https://www.imf.org/en/Publications/fandd/issues/2024/03/Symposium-Rethinking-Economics-Angus-Deaton.

50. DiPippo, Gerard, Ilaria Mazzocco, Scott Kennedy and Matthew P. Goodman (2022). Red Ink: Estimating Chinese Industrial Policy Spending in Comparative Perspective. CSIS report. May 23 2022. https://csis-website-prod.s3.amazonaws.com/s3fs-public/publication/220523_DiPippo_Red_Ink.pdf.

51. Economist (2016). "Special Report: Finance in China," May 7, 2016, http://economist.com/sites/default/files/20160507_finance_china.pdf.

52. Economist (2022). Foreign investors are fleeing China. May 22nd 2022. https://www.economist.com/finance-and-economics/2022/05/22/foreign-investors-are-fleeing-china.

53. Economist (2023a). How economists have underestimated Chinese consumption. October 10 2023. https://www.economist.com/finance-and-economics/2023/10/10/how-economists-have-underestimated-chinese-consumption.

54. Economist (2024a). China's population is shrinking and its economy is losing ground. January 17th 2024. https://www.economist.com/finance-and-economics/2024/01/17/chinas-population-is-shrink-

ing-and-its-economy-is-losing-ground.

55. Edu 指南 (2021),《普查数据公布：全国人口 14.1 亿；接受大学教育增至 2.18 亿人，占国民比 15.5%，利好终身学习》, 36Kr, 2021 年 5 月 11 日, https://www.36kr.com/p/1219541017480583。

56. Elia, Tom and Julius Whigham II (2023). "Brightline train strikes, kills pedestrian on day it began service to Orlando from South Florida". Palm Beach Post. September 22. https://www.palmbeachpost.com/story/news/local/delray/2023/09/22/brightline-train-strikes-kills-pedestrian-in-delray-beach/70928703007/.

57. FDIinsider (2024). "Record High: German FDI Surges in China". FDIinsider website, https://fdi-insider.com/news/record-high-german-fdi-surges-in-china/.

58. Feng, Allen and Logan Wright (2018). "Local Government Implicit Debt and the 2018 Fiscal Policy Outlook,"Rhodium Group, January 29, 2018.

59. Feng, Rebecca and Cao Li (2023). "A Poor Province in China Splurged on Bridges and Roads. Now It's Facing a Debt Reckoning". The Wall Street Journal. May 21. https://www.wsj.com/articles/one-of-chinas-poorest-provinces-faces-imminent-debt-problem-5ca1becf.

60. Fickling, David (2024). "Yellen Junks 200 Years of Economics to Block China Clean Tech". Bloomberg Opinion. April 9. https://www.bloomberg.com/opinion/articles/2024-04-08/yellen-junks-200-years-of-economics-to-block-china-clean-tech.

61. Fickling, David (2024a). "China Easy Money isn't Driven This Clean Tech Boom". Bloomberg Opinion. March 25. https://bloomberg.com/opinion/articles/2024-03-25/china-easy-money-isn-t-driving-this-clean-tech-boom.

62. Frenken, K. and Fuenfschilling, L., 2020. The rise of online platforms and the triumph of the corporation. Sociologica, 14 (3), 101–113.

63. Freund, Caroline, Aaditya Mattoo, Alen Mulabdic and Michele Ruta (2023). Is US Trade Policy Reshaping Global Supply Chains. Paper presented at the IMF conference on Geoeconomic Fragmentation, May. https://cepr.org/voxeu/columns/geopolitical-fragmentation-and-trade.

64. Freund, Caroline, Aaditya Mattoo, Alen Mulabdic and Michele Ruta. US-China decoupling: Rhetoric and reality. CEPR website. August 31 2023. https://cepr.org/voxeu/columns/us-china-decoupling-rhetoric-and-reality.

65. Gibson, Liam (2022). China investors call it quits as Xi, 'zero COVID' sap confidence. Jal Jazeera. Uly 21st 2022. https://www.aljazeera.com/economy/2022/7/21/china-investors-call-it-quits-as-xi-zero-covid-rattle-markets.

66. Goldman, David P (2021). Sino-forming south of the US border. Asia Times website. February 12 2021. https://asiatimes.com/2021/02/sino-forming-south-of-the-border/.

67. Goldman, David P (2022). Sino-forming of Global South passes point of no return. Asia Times website. July 29 2022. https://asiatimes.com/2022/07/sino-forming-of-global-south-passes-point-of-no-return/.

68. Goldman, David P. (2023). Broadband, Business Formation, and Economic Growth in the Global

South: Assessing China's Impact. American Affairs Journal. Winter 2023/Volume VII, Number 4. https://americanaffairsjournal.org/2023/11/broadband-business-formation-and-economic-growth-in-the-global-south-assessing-chinas-impact/.

69. Grabher, G. and König, J., 2020. Disruption embedded. A Polanyian framing of the platform economy. Sociologica, 14 (1), 95–118.

70. Graham, Niels (2023). China's manufacturing overcapacity threatens global green goods trade. The Atlantic Council website. December 11 2023. https://www.atlanticcouncil.org/blogs/econographics/chinas-manufacturing-overcapacity-threatens-global-green-goods-trade/.

71. GS (2023). China may reach energy self-sufficiency by 2060. Goldman Sachs research. March 23 2023. https://www.goldmansachs.com/intelligence/pages/china-may-reach-energy-self-sufficiency-by-2060.html.

72. Hale, Thomas, Ryan McMorrow and Andy Lin (2023). China suffers plunging foreign direct investment amid geopolitical tensions. Financial Times website. October 29 2023. https://www.ft.com/content/56294843-7eff-4b83-9fa2-c46fb4ac1278.

73. Haley, Nikki (2022). Free Enterprise, Not Central Planning, Will Beat China. The Wall Street Journal opinion/commentary. August 15 2022. https://www.wsj.com/articles/central-planning-wont-beat-china-ccp-threat-america-free-markets-chips-and-science-act-beijing-legislation-policy-11660595174?mod=hp_opin_pos_5#cxrecs_s.

74. Hancock, Tom (2024). "US-Europe Gripes on China Overcapacity Aren't All Backed by Data". Bloomberg News. April 2. https://www.bloomberg.com/news/articles/2024-04-02/us-europe-gripes-on-china-overcapacity-aren-t-all-backed-by-data.

75. Hansen, John R. (2017). Why the Market Access Charge is Necessary to Fix Trade Imbalances. Coalition for a Prosperous America website. September 8 2017. https://prosperousamerica.org/why_the_market_access_charge_is_necessary_to_fix_trade_imbalances/.

76. Tale, Thomas, Wang Xueqiao, Nian Liu and Andy Lin (2024). "China's consumers tighten belts even as prices fall". Financial Times website. February 12. https://www.ft.com/content/e06124dc-157f-4dfb-b051-7f93f3195911.

77. Hao, Karen (2023). "China Cultivates Thousands of 'Little Giants' in Aerospace, Telecom to Outdo U.S.". The Wall Street Journal website. March, 16 2023. https://www.wsj.com/articles/china-cultivates-thousands-of-little-giants-in-aerospace-telecom-to-outdo-u-s-97ef9bdb.

78. HEJAZI, WALID AND BERNARDO BLUM (2023). Why so much manufacturing still gets done in China. AsiaTimes website. June 23 2023. https://asiatimes.com/2023/06/why-so-much-manufacturing-still-gets-done-in-china/.

79. Herd, Richard (2020). Estimating Capital Formation and Capital Stock by Economic Sector in China – The Implications for Productivity Growth. World Bank Group, Policy Research Working Paper 9317. July 2020.

80. Hille, K. (2009). China blocks Google website. Financial Times. June 24. Retrieved from https://

www.ft.com/content/8e4ccdce-60cf-11de-aa12-00144feabdc0/.

81. Hille, K. (2010). Social networks steer China web evolution. Financial Times. November 29. Retrieved from https://www.ft.com/content/0b0ba61e-fbe3-11df-b7e9-00144feab49a/.

82. Holmes Alex and David Lancaster, "China's Local Government Bond Market," Reserve Bank of Australia Bulletin, June 2019, 3.

83. HUANG, TP (2024a). Twitter. https://twitter.com/tphuang/status/1750901642134684118.

84. IEA (2022). "Special Report on Solar PV Global Supply Chains". International Energy Agency. August. https://iea.blob.core.windows.net/assets/d2ee601d-6b1a-4cd2-a0e8-db02dc64332c/SpecialReportonSolarPVGlobalSupplyChains.pdf.

85. IMF (2018). Global financial stability report. Washington, DC: IMF.

86. IMF (2018a). Inequality in China – Trends, Drivers and Policy Remedies. IMF Working Paper WP/18/127. June 2018.

87. IMF (2018b). China's High Savings: Drivers, Prospects, and Policies. IMF Working Paper WP/18/277. December 2018.

88. IMF (2018c). Intergovernmental Fiscal Reform in China. IMF Working Paper WP/18/88. April 2018.

89. IMF (2021). PEOPLE'S REPUBLIC OF CHINA (SELECTED ISSUES). IMF Country Report No.22/22. December 20 2021. https://www.imf.org/-/media/Files/Publications/CR/2022/English/1CHNEA2022002.ashx.

90. IMF (2023). IMF Country Report No. 23/67. PEOPLE'S REPUBLIC OF CHINA. February. https://www.imf.org/-/media/Files/Publications/CR/2023/English/1CHNEA2023001.ashx.

91. Indiablooms (2022). China faces huge capital outflows: US-based trade association. India Blooms News Service. June 23 2022. https://www.indiablooms.com/finance-details/16372/china-faces-huge-capital-outflows-us-based-trade-association.html.

92. India News Desk (2022). "Vande Bharat Express train damage: Railway Protection Force in Gujarat registers case against unidentified owners of buffaloes". The Financial Express. October 7. https://www.financialexpress.com/india-news/damaged-nose-cone-of-mumbai-gandhinagar-vande-bharat-express-train-replaced-running-normally/2703125/.

93. Ivashina, V, D Scharfstein and J Stein (2015): "Dollar funding and the lending behavior of global banks", The Quarterly Journal of Economics, vol 130, no 3, pp 1241–1281.

94. Ives, Mike and Dan Bilefsky (2023). "These are some of the deadliest rail disasters in India's recent history". New York Times website. June 3. https://www.nytimes.com/2023/06/03/world/asia/india-rail-crash-history.htm.

95. Jacobides, M.G. and Lianos, I., 2021. Regulating platforms and ecosystems: an introduction. Industrial and corporate change, 30 (5), 1131–1142.

96. Jia, K., & Kenney, M. (2021). Different evolutionary paths: Understanding the Chinese platform business group model, forthcoming. Retrieved from https://kenney.faculty.ucdavis.edu/wp- content/

uploads/sites/332/2021/01/Different-Evolutionary-Paths-Understanding-the-Chinese- Platform-Business-Group-Model.pdf.

97. Jin, Y., Li, H., and B., Wu (2011). Income Inequality, Status Seeking, and Consumption (in Chinese). China Economic Quarterly, Vol. 10, No. 3, pp. 887–912.

98. Ji Siqi (2020). "What happens to discarded bikes from China's sharing boom? Taxpayers pay to clear 25 million of them from bicycle graveyards". South China Morning Post. October 2. https://www.scmp.com/business/china-business/article/3103908/what-happens-discarded-bikes-chinas-sharing-boom-taxpayers.

99. Kennedy, Scott (2023). Beyond Decoupling.

100. Kenney, M., Bearson, D., and Zysman, J., 2021. The platform economy matures: exploring and measuring pervasiveness and power. Socio-economic review, 19 (4), 1451–1483.

101. Kenney, M. and Zysman, J., 2016. The rise of the platform economy. Issues in science and technology, 32 (3), 61–69.

102. Kenney, M., Zysman, J., and Bearson, D., 2020. Transformation or structural change? What Polanyi can teach us about the platform economy. Sociologica, 14 (3), 227–240.

103. Khan, L.M., 2016. Amazon's antitrust paradox. Yale law journal, 126 (3), 710–805.

104. Khan, L.M., 2019. The separation of platforms and commerce. Columbia law review, 119 (4), 973–1098.

105. Klein, Matthew C. and Michael Pettis (2020). Trade Wars Are Class Wars. Yale University Press. May 1 2020.

106. Klitgaard, Thomas (2024). Can Electric Cars Power China's Growth? Federal Reserve Bank of New York website. February 28 2024. https://libertystreeteconomics.newyorkfed.org/2024/02/can-electric-cars-power-chinas-growth/.

107. Krippner, Greta R. 2005.'The Financialization of the American Economy', Socioeconomic Review, vol. 3, pp. 173–208.

108. Kumhof, Michael, Phurichai Rungcharoenkitkul and Andrej Sokol (2020). How does international capital flow? BIS working paper No 890. October 1 2020. https://www.bis.org/publ/work890.pdf.

109. Lam, W.R., J. Wei, and H. van Eden, 2017, "Local Government Finances and Fiscal Risks," in Modernizing China: Investing in Soft Infrastructure, edited by Lam, W. R., M. Rodlauer, and A. Schipke, International Monetary Fund, Washington, DC.

110. Lam, Waikei R and Marialuz Moreno Badia (2023). Fiscal Policy and the Government Balance Sheet in China. IMF Working Paper No. 2023/154. August 4 2023. https://www.imf.org/en/Publications/WP/Issues/2023/08/02/Fiscal-Policy-and-the-Government-Balance-Sheet-in-China-536273.

111. Lardy, Nicholas R. The State Strikes Back: The End of Economic Reform in China? (New York: Columbia University Press, 2019).

112. Lardy, Nicholas R. (2024). "China Is Still Rising". Foreign Affairs. April 2. https://www.foreignaffairs.com/united-states/china-still-rising.

113. Lawrence, Martha B.; Bullock,Richard G.; Liu,Ziming. (2019). China's High-Speed Rail Development (Chinese). International Development in Focus Washington, D.C. : World Bank Group. http://documents.worldbank.org/curated/en/697391567777005065/Chinas-High-Speed-Rail-Development.

114. Lazonick, William. (2014). Profits without prosperity: Stock buybacks manipulate the market and leave most Americans worse off. Harvard Business Review September. Accessed at: https://hbr.org/2014/09/profits-without-prosperity.

115. Lazonick, William. (2018). The functions of the stock market and the fallacies of shareholder value, in Driver, C. and Thompson, G. (eds.), Corporate Governance in Contention, Oxford, OUP.

116. Lazonick, William and Yin Li (2022). China's Development Path: Indigenous Innovation and Global Competition. Institute for New Economic Thinking (INET) website. August 22 2022. https://www.ineteconomics.org/perspectives/blog/chinas-development-path-indigenous-innovation-and-global-competition.

117. Lee Kuan Yew (2000). "From Third World to First, The Singapore Story". Times Media Private Limited.

118. LEIBOWITZ, GLENN (2017). "Apple CEO Tim Cook: This Is the No. 1 Reason We Make iPhones in China (It's Not What You Think". Inc. website. December 21. https://www.inc.com/glenn-leibowitz/apple-ceo-tim-cook-this-is-number-1-reason-we-make-iphones-in-china-its-not-what-you-think.html.

119. Lim, J., Mohapatra, S. and Stocker, M. (2014), Tinker, Taper, QE, Bye? The Effect of Quantitative Easing on Financial Flows to Developing Countries (Washington, DC: World Bank), Policy Research Working Paper No. 6820.

120. Lin, Lauren Yu-Hsin and Milhaupt, Curtis J., China's Corporate Social Credit System: The Dawn of Surveillance State Capitalism? (September 30, 2021). European Corporate Governance Institute - Law Working Paper No. 610/2021, City University of Hong Kong School of Law Legal Studies Research Paper No. Forthcoming, Stanford Law and Economics Olin Working Paper No. 560, The China Quarterly (forthcoming), Available at SSRN: https://ssrn.com/abstract=3933134 or http://dx.doi.org/10.2139/ssrn.3933134.

121. Liu, Adam Y. "Building Markets within Authoritarian Institutions: The Political Economy of Banking Development in China" (PhD diss., Stanford University, 2018): 55, https://www.proquest.com/docview/2458759273?pq-origsite=gscholar&fromopenview=true.

122. Liu, Adam Y. Beijing's Banking Balloon: China's Core Economic Challenge in the New Era, The Washington Quarterly, 46:2, 69-86, DOI: 10.1080/0163660X.2023.2223838.

123. Liu, Adam Y., Jean C. Oi, and Yi Zhang, "China's Local Government Debt: The Grand Bargain," China Journal 87 (2022): 40–71, https://www.journals.uchicago.edu/doi/abs/10. 1086/717256.

124. Liu, Qianer (2023). Alibaba enlists academics in lobbying effort to restore reputation. Financial Times website. January 14 2023. https://www.ft.com/content/782da062-45c0-46a9-a6c7-65806042ba56.

125. Li, Yin and William Lazonick (2022). China's Development Path: Government, Business, and

Globalization in an Innovating Economy. Institute for New Economic Thinking Working Paper No.190. https://www.ineteconomics.org/uploads/papers/WP_190-Li-and-Lazonick-CDP.pdf.

126. Luk, Glenn (2020a). Twitter. https://x.com/GlennLuk/status/1333773032096026624.

127. Luk, Glenn (2023a). Maslow's Hammer: Tyranny of the Accounting Identity, Part II. https://readwriteinvest.substack.com/p/tyranny-of-the-accounting-identity-2.

128. Luk, Glenn (2023b). Twitter. https://x.com/GlennLuk/status/1708559183573131264.

129. Luk, Glenn (2023c). Bike-sharing in China: Success or colossal waste? Glenn Luk's substack. October 16 2020. https://readwriteinvest.substack.com/p/bike-sharing-in-china-success-or.

130. Luk, Glenn (2023d). Twitter. https://x.com/GlennLuk/status/1714244366351716568.

131. Luk, Glenn (2023e). Twitter. https://x.com/GlennLuk/status/1676463382671785990.

132. Luk, Glenn (2023f). Twitter. https://x.com/GlennLuk/status/1684176125432590336.

133. Luk, Glenn (2023g). Is High-speed Rail in China a "Gray Rhino"? https://readwriteinvest.substack.com/p/is-high-speed-rail-in-china-a-gray.

134. Luk, Glenn (2023h). Twitter. https://twitter.com/GlennLuk/status/1651238368359972875.

135. Luk, Glenn (2023i). LGFV: the Good, the Bad, and the Mierda, Part II. Glenn Luk's substack. July 6 2023. https://readwriteinvest.substack.com/p/LGFV-part2.

136. Luk, Glenn (2023j). LGFV: The Path Forward. Glenn Luk's substack. https://readwriteinvest.substack.com/p/LGFV-the-path-forward.

137. Luk, Glenn (2023k). Twitter. https://x.com/GlennLuk/status/1738900943465263422.

138. Luk, Glenn (2023l). Twitter. https://x.com/GlennLuk/status/1700129754257535020.

139. Luk, Glenn (2023m). Twitter. https://twitter.com/GlennLuk/status/1664641842690891778.

140. Luk, Glenn (2023n). X (Twitter). https://x.com/GlennLuk/status/1659287551969042433.

141. Luk, Glenn (2023o). X (Twitter). https://x.com/GlennLuk/status/1662409534466293762.

142. Luk, Glenn (2023p). X (Twitter). https://x.com/GlennLuk/status/1694400406867095893.

143. Luk, Glenn (2023q). X (Twitter). https://x.com/GlennLuk/status/1712017642280902986.

144. Luk, Glenn (2024a). Twitter. https://x.com/GlennLuk/status/1749721935418908854.

145. Luk, Glenn (2024b). Twitter. https://twitter.com/GlennLuk/status/1753961093641461988.

146. Luk, Glenn (2024c). Twitter. https://x.com/GlennLuk/status/1746605680566698438.

147. Luk, Glenn (2024d). Twitter. https://x.com/GlennLuk/status/1748462179177873578.

148. Luk, Glenn (2024e). Twitter. https://x.com/GlennLuk/status/1767274077901693414.

149. Luk, Glenn (2024f). Twitter. https://x.com/GlennLuk/status/1768268441180373150.

150. Luk, Glenn (2024g). Twitter. https://x.com/GlennLuk/status/1752187020280266769.

151. Luk, Glenn (2024h). Producing in the fast lane. Glenn Luk's substack. https://www.readwriteinvest.com/p/producing-in-the-fast-lane.

152. Luk, Glenn (2024i). Controlled capital investment. Glenn Luk's substack. https://www.readwriteinvest.com/p/controlled-capital-investment.

153. Luk, Glenn (2024j). X (Twitter). https://x.com/GlennLuk/status/1777310951672254740.

154. Luk, Glenn (2024k). X (Twitter). https://x.com/GlennLuk/status/1751460495868276867.

155. Luk, Glenn (2024l). X (Twitter). https://x.com/GlennLuk/status/1762845127347749245.

156. Luk, Glenn (2024m). X (Twitter). https://x.com/GlennLuk/status/1746605688707772580.

157. Luk, Glenn (2024n). X (Twitter). https://x.com/GlennLuk/status/1768390306037158329.

158. Luk, Glenn (2024o). X (Twitter). https://x.com/GlennLuk/status/1755931730048106823.

159. Luk, Glenn (2024p). X (Twitter). https://x.com/GlennLuk/status/1754515112323682422.

160. Mack, Eric (2012). iPhone manufacturing costs revealed? CNET website. February 22 2012. https://www.cnet.com/culture/iphone-manufacturing-costs-revealed/.

161. Macro (2021), Industry Policy Practice Overview, April 2021, https://www.macroadvisorypartners.com/files/map_industrial_policy_practice_overview_april_2021.pdf.

162. Marx, K. 1894 [1991]. Capital:Volume III, London, UK, Penguin.

163. Mazzucato, Mariana, Josh Ryan-Collins, Giorgos Gouzoulis (2023). Mapping modern economic rents: the good, the bad, and the grey areas. Cambridge Journal of Economics, Volume 47, Issue 3. May 2023. Pages 507–534. https://doi.org/10.1093/cje/bead013.

164. McCarthy, N. (2018). China now boasts more than 800 million internet users and 98% of them are mobile. Forbes. Retrieved from https://www.forbes.com/sites/niallmccarthy/2018/08/23/china-now-boasts-more-than-800- million-internet-users-and-98-of-them-are-mobile-infographic/?sh=7b0f44217092/.

165. McGee, Patrick (2023a). How Apple tied its fortunes to China. Financial Times website. January 17 2023. https://www.ft.com/content/d5a80891-b27d-4110-90c9-561b7836f11b.

166. McGee, Patrick (2023b). What it would take for Apple to disentangle itself from China. Financial Times website. January 18 2023. https://www.ft.com/content/74f7e284-c047-4cc4-9b7a-408d40611b-fa.

167. McKinsey Global Institute. (2020). Risk, resilience, and rebalancing in global value chains. https://www. mckinsey.com/business-functions/operations/our-insights/risk-resilience-and-rebalancing-in-global-value-chains.

168. McKnight, Scott & Kenney, Martin & Breznitz, Dan. (2021). Platformizing the Economy? Building and Regulating Chinese Digital Platforms. SSRN Electronic Journal. 10.2139/ssrn.3885190.

169. McIntyre, D., et al., 2020. Multi-sided platforms as new organizational forms. Academy of management perspectives. doi:https://doi.org/10.5465/amp.2018.0018.Mcneill, William. (1986). American Money and the Weimar Republic.

170. Miao, W., Zhu, H. J., & Chen, Z. (2018). Who's in charge of regulating the internet in China: The history and evolution of China's Internet regulatory agencies. China Media Research 14(3), 1-7.

171. Minsky, Hyman P. 1964. "Financial Crisis, Financial Systems, and the Performance of the Economy". Pages 173-380 in Private Capital Markets. Commission on Money and Credit Research Study. Englewood Cliffs, NJ: Prentice Hall.

172. Minsky, H. (1977). The financial instability hypothesis: An interpretation of Keynes and an al-

ternative to 'standard' theory'. Challenge, 20(1), 20–27.

173. Miranda-Agrippino, S. and Rey, H., 2020. U.S. monetary policy and the global financial cycle. The review of economic studies, 87 (6), 2754–2776. doi:https://doi.org/10.1093/restud/rdaa019.

174. Mitter, Rana (2024). The Real Roots of Xi Jinping Thought. Foreign Affairs website. February 20 2024. https://www.foreignaffairs.com/reviews/china-real-roots-xi-jinping-thought.

175. MORISSET, JACQUES (2023). "To reduce South Africa's unemployment, make work more attractive". World Bank Blogs. October 23. https://blogs.worldbank.org/en/africacan/reduce-south-africas-unemployment-make-work-more-attractive.

176. Myllyvirta, Lauri, Qi Qin, Jingcheng Dai, Xinyi Shen and Chengcheng Qiu (2024). Analysis: Clean energy was top driver of China's economic growth in 2023. CarbonBrief guest post. January 25 2024. https://www.carbonbrief.org/analysis-clean-energy-was-top-driver-of-chinas-economic-growth-in-2023/.

177. KIHARA, TAKESHI and INUJIMA, AKIRA (2022). Foreign cash flees China as investors shun autocracies. Nikkei Asia. April 10 2022. https://asia.nikkei.com/Spotlight/Datawatch/Foreign-cash-flees-China-as-investors-shun-autocracies.

178. Naughton, Barry (2009). "Understanding the Chinese Stimulus Package," China Leadership Monitor, no. 28 (Spring 2009).

179. Nikkei (2023). "Tesla relies on China for 40% of battery supply chain: analysis", Nikkei Asia website. August 9 2023. https://asia.nikkei.com/Business/Automobiles/Tesla-relies-on-China-for-40-of-battery-supply-chain-analysis.

180. Nolan, P., 2019a, China and the West: Crossroads of Civilisation, London: Routledge.

181. Nolan, P., 2019b, 'Finance, class relations and the real economy in pre-1914 Britain', Critique, vol 47 (1), 11-37.

182. Nolan, P., 2020a, China in the Asian Financial Crisis, London: Routledge.

183. Nolan, P., 2020b, Finance and the Real Economy: China and the West since the Asian Financial Crisis, London: Routledge.

184. NYT (2016). The New York Times website. December 29 2016. https://www.nytimes.com/2016/12/29/technology/apple-iphone-china-foxconn.html.

185. NYT (2024). "A Pivot to China Saved Elon Musk. It Also Binds Him to Beijing.". The New York Times website. March 27. https://www.nytimes.com/2024/03/27/world/asia/elon-musk-tesla-china.html.

186. NYT (2024a). "China Is Raising Bullet Train Fares as Debts and Costs Balloon". New York Times website. May 13 https://www.nytimes.com/2024/05/13/business/china-bullet-trains-ticket-prices.html.

187. OECD (2009), Growing Unequal? Income Distribution and Poverty in OECD Countries (Paris: OECD).

188. OECD. 2010. Measuring globalization. Paris: OECD.

189. OECD (2013), OECD Employment Outlook, 2013 (Paris: OECD).

190. OECD (2014). Financing State-Owned Enterprises: An Overview of National Practices.

191. OECD (2015). Business and finance outlook, 2015. Paris: OECD.

192. OECD (2019). Measuring distortions in international markets: The semiconductor value chain. December 2019. OECD Trade Policy Papers no. 234. doi:10.1787/8fe4491d-en.

193. OKOSHI, YUKI and MASAHARU BAN (2023). iPhone 15 teardown reveals 10% costlier parts than 2022 flagship. NIKKEI Asia website. October 21 2023. https://asia.nikkei.com/Business/Technology/iPhone-15-teardown-reveals-10-costlier-parts-than-2022-flagship.

194. Orlik, Tom (2020). China: The Bubble That Never Pops. Oxford: Oxford University Press, 2020.

195. Parramore, Lynn (2022). Top Antitrust Expert: We Need a New Approach to Giant Tech Firms Like Google. Institute for New Economic Thinking website. November 28 2022. https://www.ineteconomics.org/perspectives/blog/top-antitrust-expert-we-need-a-new-approach-to-giant-tech-firms-like-google.

196. Pasquale, F., 2015. The black box society: the secret algorithms that control money and information. Cambridge, MA: Harvard University Press.

197. Pettis, Michael (2011). China's Troubled Transition to a More Balanced Growth Model. New America policy paper. March 1 2011. https://www.newamerica.org/economic-growth/policy-papers/chinas-troubled-transition-to-a-more-balanced-growth-model/.

198. Pettis, Michael (2013). Avoiding the fall: China's economic restructuring. Washington, DC: Carnegie Endowment for International Peace.

199. Pettis, Michael (2013a). The Great Rebalancing: Trade, Conflict, and the Perilous Road Ahead for the World Economy. Princeton University Press; 34089th edition (January 22, 2013).

200. Pettis, Michael (2013b). Winners and losers in China's next decade. McKinsey&Company website. June 1 2013. https://www.mckinsey.com/featured-insights/asia-pacific/winners-and-losers-in-chinas-next-decade.

201. Pettis, Michael (2020). The problems with China's "Dual Circulation" economic model. Financial Times opinion. August 25 2020. https://www.ft.com/content/a9572b58-6e01-42c1-9771-2a36063a0036.

202. Pettis, Michael (2021). Will China's Common Prosperity Upgrade Dual Circulation? Carnegie Endowment for International Peace. October 15 2021. https://carnegieendowment.org/chinafinancialmarkets/85571#comments.

203. Pettis, Michael (2021b). Twitter. https://x.com/michaelxpettis/status/1395802780338688001.

204. Pettis, Michael (2022a). China's record trade gap a symptom of struggle to rebalance its economy. https://www.ft.com/content/a38c83c2-4e1a-45dd-8558-9ff25bd870c8#comments-anchor.

205. Pettis, Michael (2022b). Twitter. https://twitter.com/michaelxpettis/status/1556153834786811907.

206. Pettis, Michael (2022c). Twitter. https://twitter.com/michaelxpettis/status/1559536726502125568.

207. Pettis, Michael (2022d). Twitter. https://twitter.com/michaelxpettis/status/1561382063772643328.

208. Pettis, Michael (2022e). Twitter. https://twitter.com/michaelxpettis/status/1561212016181645312.

209. Pettis, Michael (2022f). Twitter. https://twitter.com/michaelxpettis/status/1559131014563106816.

210. Pettis, Michael (2022g). Changing the Top Global Currency Means Changing the Patterns of Global Trade. Carnegie Endowment for International Peace. April 12 2022. https://carnegieendowment.org/chinafinancialmarkets/86878.

211. Pettis, Michael (2022h). The Only Five Paths China's Economy Can Follow. Carnegie Endowment for International Peace. April 27 2022. https://carnegieendowment.org/chinafinancialmarkets/87007.

212. Pettis, Michael (2022i). Why the Bezzle Matters to the Economy. Carnegie Endowment for International Peace. August 23 2021. https://carnegieendowment.org/chinafinancialmarkets/85179.

213. Pettis, Michael (2022j). China's Overextended Real Estate Sector Is a Systemic Problem. Carnegie Endowment for International Peace. August 24 2022. https://carnegieendowment.org/chinafinancialmarkets/87751.

214. Pettis, Michael (2022k). Bad Trade. American Compass website. October 7 2022. https://americancompass.org/essays/bad-trade/.

215. Pettis, Michael (2022l). Is Peter Navarro Wrong on Trade? Carnegie Endowment for International Peace website. February 2 2017. https://carnegieendowment.org/chinafinancialmarkets/67867.

216. Pettis, Michael (2022m). Foreign Saving Gluts and American Financial Imbalances. Carnegie Endowment for International Peace. December 1 2020. https://carnegieendowment.org/chinafinancialmarkets/83365.

217. Pew 研究中心 (2022). Public Trust in Government: 1958-2022. https://www.pewresearch.org/politics/2022/06/06/public-trust-in-government-1958-2022/.

218. Progressive Railroading (2023). "Brightline report highlights ridership, revenue growth". January 13. https://www.progressiverailroading.com/passenger_rail/news/Brightline-report-highlights-ridership-revenue-growth--68351.

219. Rajah, Roland and Alyssa Leng (2022). Revising down the rise of China. Lowy Institute analysis. March 14 2022. https://www.lowyinstitute.org/publications/revising-down-rise-china.

220. Rapier, G. 2019. Uber and Lyft Drivers Are Planning a Massive Strike This Week Over Work Conditions and Pay Rates, https://www.businessinsider.com/uber-and-lyft-strike-protest-drivers-planning-to-over-pay-rates-2019-5?r=US&IR=T.

221. Reuters (2014), 'China Plans Investment and Reform to Ease Urbanization Drive', Reuters, 16 March. Available from: http://www.reuters.com/article/2014/03/16/us-china-urbanisation-idUSBREA2F0O420140316.

222. Reuters (2016). "China's Xi Says to Maintain Prudent Monetary Policy, Control Asset Bubbles". October 28, 2016. https://www.reuters.com/article/uk-china-economy-xi-idUKKCN12S18U.

223. Rogoff Kenneth and Yuanchen Yang. Peak China Housing. NBER Working Paper 27697. http://www.nber.org/papers/w27697.

224. Scaggs, Alexandra (2023). On China's property mess and its banks' 'impossible trinity'. Finan-

cial Times. August 24 2023. https://www.ft.com/content/f4382d3a-b423-4151-a204-8789960ff42a.

225. Setser, Brad W. (2019). Shadow FX Intervention in Taiwan: Solving a 100+ Billion Dollar Enigma. CFR (Council on Foreign Relations) website. October 3 2019. https://www.cfr.org/blog/shadow-fx-intervention-taiwan-solving-100-billion-dollar-enigma-part-1.

226. Setser, Brad W. (2023a). Twitter. https://x.com/Brad_Setser/status/1620628946080641024.

227. Setser, Brad (2023b). Can China Reduce Its Internal Balances Without Renewed External Imbalances? CFR website. October 8 2023. https://www.cfr.org/blog/can-china-reduce-its-internal-balances-without-renewed-external-imbalances.

228. Setser, Brad (2024). X (Twitter). https://x.com/Brad_Setser/status/1776699723929272802.

229. Shah, Gourang, Jasmine Tan, Becky Chen and Shilling Zhang (2022). "Unlocking Billions: Working Capital Index China Report 2022". https://www.jpmorgan.com/content/dam/jpm/treasury-services/documents/wci-report-english.pdf.

230. SHARIFE, KHADIJA (2017). Guptas, Big Banks Linked to South African-Chinese Locomotive Deal, https://www.occrp.org/en/investigations/7257-guptas-big-banks-linked-to-south-african-chinese-locomotive-deal.

231. Smith, Noah (2023). What the Solow Model can teach us about China. Noah Smith's blog. December 23 2023. https://www.noahpinion.blog/p/what-the-solow-model-can-teach-us.

232. Smith, Noah (2024). X (Twitter). https://x.com/Noahpinion/status/1777124504910873036.

233. Smith, Noah (2024a). "Tariffs are coming". Smith's substack. February 5. https://www.noahpinion.blog/p/tariffs-are-coming.

234. Nathan Sperber (2023). Macro-Control: Making Sense of a Central Concept in Chinese Economic Policy. American Affairs Spring 2023/Volume VII, Number 1. https://americanaffairsjournal.org/2023/02/macro-control-making-sense-of-a-central-concept-in-chinese-economic-policy/.

235. SPG (2020). LGFV Strains May Inflict A RMB2 Trillion Hit On China Regional Banks. S&P Global. October 18 2023. https://www.spglobal.com/ratings/en/research/articles/231018-lgfv-strains-may-inflict-a-rmb2-trillion-hit-on-china-regional-banks-12883203.

236. Srnicek, N., 2017. Platform capitalism. Hoboken, NJ: John Wiley & Sons.

237. Sullivan, Jake (2023). Remarks by National Security Advisor Jake Sullivan on Renewing American Economic Leadership at the Brookings Institution. The White House website. April 27 2023. https://www.whitehouse.gov/briefing-room/speeches-remarks/2023/04/27/remarks-by-national-security-advisor-jake-sullivan-on-renewing-american-economic-leadership-at-the-brookings-institution/.

238. Sullivan, Jake (2023a). The Sources of American Power. Foreign Affairs November/December 2023 issue. https://www.foreignaffairs.com/united-states/sources-american-power-biden-jake-sullivan.

239. Sykes, Alan O (2021). The Law and Economics of "Forced" Technology Transfer and Its Implications for Trade and Investment Policy (and the U.S.–China Trade War). Journal of Legal Analysis, Volume 13, Issue 1, 2021, Pages 127–171. https://doi.org/10.1093/jla/laaa007.

240. Tian, L and Y Yu (eds) (2023), "DP18429 Geographic Integration and Firm Exports: Evidence

from China", CEPR Press Discussion Paper No. 18429. https://cepr.org/publications/dp18429.

241. Todino, M., van de Walle, G., and Stoican, L., 2019. EU merger control and harm to innovation – a long walk to freedom (from the chains of causation). Antitrust bulletin, 64 (1), 11–30.

242. Tooze, A. (2016). Just another panic? New Left Review, 97, 129–138.

243. Tooze, A., 2018. Crashed: how a decade of financial crises changed the world. London: Penguin Publishing Group.

244. Triolo, Paul (2024). Legacy Chip Overcapacity in China: Myth and Reality. Paul Triolo's blog on CSIS website. April 30 2024. https://www.csis.org/blogs/trustee-china-hand/legacy-chip-overcapacity-china-myth-and-reality.

245. Weber, Isabella M. (2021). How China Escaped Shock Therapy: The Market Reform Debate. Routledge, New York.

246. WEF (2016). The Human Capital Report 2006. World Economic Forum. June 28 2016. http://www3.weforum.org/docs/HCR2016_Main_Report.pdf.

247. Wei, L. (2021). Chinese regulators try to get Jack Ma's Ant Group to share consumer data. Wall Street Journal. January 5. Retrieved from https://www.wsj.com/articles/chinese-regulators-try- to-get-jack-mas-ant-group-to-share-consumer-data-11609878816?mod=article_inline/.

248. Wei, Lingling (2023). China moves to take 'golden shares' in Alibaba and Tencent units. Financial Times website. January 13 2023. https://www.ft.com/content/65e60815-c5a0-4c4a-bcec-4af0f-76462de.

249. Wei, Lingling (2023a). China's New Way to Control Its Biggest Companies: Golden Shares. The Wall Street Journal. March 8 2023. https://www.wsj.com/articles/xi-jinpings-subtle-strategy-to-control-chinas-biggest-companies-ad001a63.

250. Weisenthal, Joe (2024). Twitter. https://x.com/TheStalwart/status/1779798810132111583.

251. Wen, Y. and Wu, J. (2014), Withstanding Great Recession Like China (Federal Reserve Bank of St. Louis), Working Paper 2014–007A. Available from: http://research.stlouisfed.org/wp/2014/2014-007.pdf.

252. White, Edward (2022). "Xi Jinping's last chance to revive the Chinese economy". Financial Times. October 5. https://www.ft.com/content/92cbe94d-05a0-4ece-bca9-68cb82244b17.

253. White, Edward and Gloria Li (2023). "China's $7tn energy overhaul sparks battery 'gold rush'". Financial Times. June 28. https://www.ft.com/content/42627028-5425-4fea-9872-b25023c9f3cb.

254. Wirjawan, Gita (2024). "America vs Everybody: Will The US Win The Chip Race? - Philip Wong | Endgame #182 (Luminaries)". Endgame Podcast with Gita Wirjawan. May 2 2024. https://youtu.be/Gz_buAN5-Bo?si=UCZubmDG_-3gs63_.

255. Woetzel, J., Seong, J., Wang, W., Manyika, J., Chui, M., & Wong, W. (2017). China's digital economy: a leading global force. Discussion Paper, McKinsey Global Institute. Retrieved from https://www.mckinsey.com/featured-insights/china/chinas-digital-economy-a-leading-global- force.

256. Wolf, Martin. 2014.'Holdouts give vultures a bad name'. Financial Times. September 2.

257. Wolf, Martin (2023). America is feeling buyer's remorse at the world it built. Financial Times website. June 28 2023. https://www.ft.com/content/77faa249-0f88-4700-95d2-ecd7e9e745f9.

258. Wolfe, Adam (2023a). Twitter. https://twitter.com/adamkwolfe/status/1696915768837902591.

259. Wolfe, Adam (2023b). Twitter. https://x.com/adamkwolfe/status/1709575101081940169.

260. Wolfe, Adam (2023c). Twitter. https://x.com/adamkwolfe/status/1674084721817444353.

261. Wolfe, Adam (2024a). Twitter. https://x.com/adamkwolfe/status/1785668677926281473.

262. World Bank (WB), 2004, World Development Indicators, Washington DC: World Bank.

263. World Bank (WB), 2017, China - Guiguang Railway Project (English). Washington, D.C.. http://documents.worldbank.org/curated/en/351311498160013357/China-Guiguang-Railway-Project.

264. World Bank (WB), 2018, World Development Indicators, Washington DC: World Bank.

265. World Bank (WB), 2019, World Development Indicators, Washington DC: World Bank.

266. World Bank (WB), 2014, On Line Data Base Series NE.CON.PETC.ZS. http://data.worldbank.org/indicator/NE.CON.PETC.ZS.

267. World Bank Group (2019a). Doing Business 2020: Comparing Business Regulation in 190 Economies. World Bank Group Flagship Report. October 24 2019. https://openknowledge.worldbank.org/bitstream/handle/10986/32436/9781464814402.pdf.

268. Wright, Logan (2023). Grasp Shadow: The Politics of China's Deleveraging Campaign. CSIS (Center for Strategic & International Studies) report. April 2023.

269. Wu, Wendy (2017). "Chinese Leaders Identify Top Three Economic Battles: Risk, Poverty and Pollution". South China Morning Post. December 9 2017. https://www.scmp.com/news/china/economy/article/2123563/chinese-leaders-identify-top-three-economic-battles-risk-poverty.

270. Wu, Xun (2016). "China's Growing Local Government Debt Levels". MIT Center for Finance and Policy, January 2016.

271. Varoufakis, Yanis (2017). Yanis Varoufakis on China. https://www.youtube.com/watch?v=LtK5ra8jB6c.

272. Véron, Nicolas and Tianlei Huang (2022). The advance of the private sector among China's largest companies under Xi Jinping. CEPR website. July 7 2022. https://cepr.org/voxeu/columns/advance-private-sector-among-chinas-largest-companies-under-xi-jinping.

273. Xie, S. Y. (2018). Jack Ma's giant financial startup is shaking the Chinese banking system. Wall Street Journal. July 29. Retrieved from https://www.wsj.com/articles/jack-mas-giant-financial-startup-is-shaking-the-chinese-banking-system-1532885367?mod=article_inline/.

274. Xinhua (2017). "Xi Stresses Financial Security," Xinhua News Agency, April 26, 2017, http://www.xinhuanet.com//english/2017-04/26/c_136237941.htm.

275. Yang, J. (2020). WeChat becomes a powerful surveillance tool everywhere in China. Washington Post. December 22. Retrieved from https://www.wsj.com/articles/wechat-becomes-a-powerful-surveillance-tool-everywhere-in-china-11608633003?mod=article_inline/.

276. Yang, S., & Yang, J. (2021). China regulator fines Tencent, Baidu, others over investment deals.

Wall Street Journal. March 12. Retrieved from https://www.wsj.com/articles/china- regulator-fines-tencent-baidu-others-over-investment-deals-11615553409?mod=article_inline/.

277. YI FUXIAN (2023). "The Long Reach of China's Demographic Destiny". Project Syndicate website. July 7. https://www.project-syndicate.org/onpoint/china-one-child-policy-economic-slowdown-us-trade-imbalance-by-yi-fuxian-2023-07.

278. YU HAIRONG, DING FENG and HAN WEI (2023). "China aims to ease property crunch via new affordable housing push". CAIXIN. December 30. https://asia.nikkei.com/Spotlight/Caixin/China-aims-to-ease-property-crunch-via-new-affordable-housing-push.

279. YU, Lei (2022). CHINA'S NEW AFFORDABLE RENTAL HOUSING STRATEGY. EAI Background Brief No. 1655. https://research.nus.edu.sg/eai/wp-content/uploads/sites/2/2022/08/EAIBB-No.-1655-Chinas-new-Affordable-Rental-Housing-strategy-2.pdf.

280. Yu, Y. (2013), China's Capital Account Liberalization (Australian National University, Pacific Trade and Development), Working Paper Series, Paper No. 36–07.

281. Yu, Yongding (2015). Understanding China's external imbalances. China Economic Journal. 8. 10.1080/17538963.2015.1001052.

282. YU YONGDING (2023). "China's Response to Decoupling". Project Syndicate. June 28. https://www.project-syndicate.org/commentary/economic-decoupling-impossible-for-china-and-costly-for-the-west-by-yu-yongding-2023-06.

283. Zhai, K., & Wei, L. (2021). China lays plans to tame tech giant Alibaba. Wall Street Journal. March 11. Retrieved from https://www.wsj.com/articles/china-regulators-plan-to-tame-tech-giant-alibaba-jack-ma-11615475344?mod=article_inline/.

284. Zhang, Shidong, "China's Central Bank Declares Baoshang Bank Bankrupt As It Picks Apart Xiao Jianhua's Financial Empire," South China Morning Post, August 7, 2020, https://www.scmp.com/business/china-business/article/3096443/chinas-central-bank- declares-baoshang-bank-bankrupt-it.

285. Zhu, Hongshen (2023). Twitter. https://x.com/HongshenZhu/status/1674222090231365633.

286. Zhu, Hongshen (2024a). Twitter. https://x.com/HongshenZhu/status/1759676420962258991.

287. "00后"的汽车圈 (2024),《中国汽车行业崛起，拉动就业人数激增，比亚迪3年增加47万人！》, 2024年5月23日, https://news.yiche.com/hao/wenzhang/91296526/。

288. 安永EY(2023), 安永与浙江大学联合发布《专精特新上市公司创新与发展报告 (2023年)》, "安永EY"微信公众号, 2023年10月30日, https://mp.weixin.qq.com/s/Oflsak45EHXf0E_csDtY8Q。

289. 白云说科技 (2020),《为什么要做社群？告别传统电商，蜂雷带你走进电商新时代》, "白云说科技"百家号, 2020年5月9日, https://baijiahao.baidu.com/s?id=1666192975298007222。

290. 鲍铭东和安莹(2012),《研究人员称国内六大水系雌激素污染较严重》,《现代快报》, 2012年5月18日, https://news.sina.com.cn/c/2012-05-18/025924434882.shtml。

291. 北大国发院(2023), "关于中国经济增长研究的主要问题与最新成果",【朗润·格政】第175期暨增长系列第1讲, 2023年12月28日, https://mp.weixin.qq.com/s/9rXbM-39rOz5iCPy6dx-

umQ。

292. 毕福泉 (2014),《自缚手脚的水务改革》,《经济导刊》, 2014 年第 6 期, https://www.jingjidaokan.com/icms/null/null/ns:LHQ6LGY6LGM6MmM5NDkzOWM1MGE4MjFmMjAxNTBiMmI3MjllYjAzNDcscDosYTosbTo=/show.vsml。

293. 茶壶看世界 (2024),《从 3 件小事, 看微妙的经济形势》, "茶壶看世界"公众号, 2024 年 3 月 5 日, https://mp.weixin.qq.com/s/Ffyj7EorH9P7wr9LXOVNOg。

294. 财政部 (2019),《关于 2018 年中央和地方预算执行情况与 2019 年中央和地方预算草案的报告》, 2019 年 3 月 17 日, https://www.gov.cn/guowuyuan/2019-03/17/content_5374492.htm。

295. 陈锐海 (2021),《罚 34.42 亿元!市场监管总局处罚美团垄断》, 央广网, 2021 年 10 月 8 日, https://baijiahao.baidu.com/s?id=1713042794557060237。

296. 创新研究 (2022),《美国科工劳动力的新变化与特征》, "创新研究"百家号, 2022 年 4 月 1 日, https://baijiahao.baidu.com/s?id=1728896515116439320。

297. 党均章和王庆华(2010),《地方政府融资平台贷款风险分析与思考》,《银行家》, 2010年第4期。

298. 大众网 (2021),《"双减"引K12剧震!上市公司年内跌幅超 9 成 教育行业未来路在何方?》, 2021 年 7 月 26 日, https://finance.eastmoney.com/a/202107262014562475.html。

299.《第一财经日报》(2012),《市场化改革遇阻 民资进入水务仍待突围》, 2012 年 7 月 13 日, https://www.yicai.com/news/1894804.html。

300. 洞察财经 1 号 (2023),《每 10 个清北学生, 只有 1 个农村出身, 寒门出贵子越来越难了?》, "洞察财经1号"百家号, 2023 年11月5日, https://baijiahao.baidu.com/s?id=1781521813010480791。

301. 董进 (2024),《重庆国企收购首批 4207 套房源 将投入租赁市场》, 新浪, https://finance.sina.com.cn/jjxw/2024-02-21-doc-inaiupzk3203802.shtml。

302. 福布斯中国 (2024),《王传福: 比亚迪在整车智能领域将投资超 1 000 亿元》, 2024 年 1 月 17 日, https://www.forbeschina.com/innovation/66861。

303. 何中华 (2021),《马克思与孔夫子: 一个历史的相遇》, 中国人民大学出版社。

304. 黄青春 (2021),《薇娅出局, 品牌狂欢?》, 虎嗅, 2021 年 12 月 21 日, https://news.sohu.com/a/510383849_115207。

305. 刘强东 (2022),《刘强东终于说了实话, 农村教育和城市教育的区别, 真的是太精辟!》, B 站, 2022 年 7 月 22 日, https://www.bilibili.com/video/BV1jV4y177D8?share_source=copy_web。

306. 刘欣怡 (2021),《直播带货真的这么好赚? 李佳琦、薇娅单日带货总额超过九成 A 股上市公司》,《深圳商报》, 2021 年 12 月 20 日, https://m.thepaper.cn/baijiahao_15935898。

307. 南方 Plus(2023),《国家发改委: 总投资约3.2 万亿, 2900 余个投资项目拟近期向民间资本推介》, "南方 Plus"百家号, 2023年7月24日, https://baijiahao.baidu.com/s?id=1772276785190732010。

308. 威廉·戈兹曼 (2017),《千年金融史: 金融如何塑造文明, 从 5000 年前到 21 世纪》, 中信出版社。

309. 玩转企业直播 (2020),《李佳琦选货通过率仅 5%, 坑位费 15 万起, 万商之家击穿企业直播难局》, 搜狐, 2020 年 4 月 7 日, https://www.sohu.com/a/386132368_120632139。

310. 杉山正明 (2017),《忽必烈的挑战: 蒙古帝国与世界历史的大转向》, 社会科学文献出版社。

311. 皆电 (2024),《20 年做到万亿市值的秘密,起底王传福背后的"比亚迪工程师天团"》,2 月 16 日,https://new.qq.com/rain/a/20240216A02Z7Z00。

312. 界面新闻 (2024),《国家统计局副局长盛来运:要理性看待这一轮房地产调整》,"界面新闻"百家号,2024 年 4 月 16 日,https://baijiahao.baidu.com/s?id=1796465637374788908。

313. 金观涛和刘青峰 (2011),《兴盛与危机:论中国社会超稳定结构》,法律出版社。

314. 金观涛和刘青峰 (2011a),《开放中的变迁:再论中国社会超稳定结构》,法律出版社。

315.《经济日报》(2023),《目前全国已培育 9.8 万家 —— 专精特新企业发展势头强劲》,2023 年 8 月 7 日,https://www.gov.cn/yaowen/liebiao/202308/content_6897015.htm。

316. 陈家建 (2019),《多样的现代化:一个苏南村庄的"集体主义"史 (1950—2017)》,社会科学文献出版社。

317. 陈明凡 (2012),《越南政治革新研究》,社会科学文献出版社。

318. 董静媚 (2021),《新发展格局构建下的隐形冠军培育路径》,2021 年 11 月 15 日,https://m.thepaper.cn/baijiahao_15401144。

319. 发改委规划司 (2007),国家《中长期铁路网规划 (2004 年版本)》,发改委网站,2007 年 9 月 28 日,https://www.ndrc.gov.cn/fggz/fzzlgh/gjjzxgh/200709/t20070913_1196580_ext.html。

320. 发改委规划司 (2009),国家《中长期铁路网规划 (2008 年调整)》,发改委网站,https://www.ndrc.gov.cn/fggz/zcssfz/zcgh/200906/W020190910670447076716.pdf。

321. 发改委 (2016),《关于印发"中长期铁路网规划"的通知》(2016—2025 年),发改基础〔2016〕1536 号,2016 年 7 月 13 日,https://www.ndrc.gov.cn/xxgk/zcfb/ghwb/201607/t20160720_962188_ext.html。

322. 发改委 (2023),《国家发展改革委关于进一步抓好抓实促进民间投资工作努力调动民间投资积极性的通知》,发改投资〔2023〕1004 号,2023 年 7 月 14 日,https://www.gov.cn/zhengce/zhengceku/202307/content_6893858.htm。

323. 发改委就业司 (2022),《持续扩大中等收入群体》,发改委网站,2022 年 4 月 27 日,https://www.ndrc.gov.cn/fggz/jyysr/jysrsbxf/202204/t20220427_1323432.html。

324. 费孝通 (2009),《城乡结合发展研究》后记,《费孝通全集》第十三卷,内蒙古人民出版社。

325. 冯禹丁和张玉洁 (2013),《分钱还是分权重说分税制》,《南方周末》,2013 年 8 月 15 日,http:// business.sohu.com/20130815/n384260161.shtml。

326. 高敏雪:《- 6.8%,一次不可能复制的压力测试——疫情压力测试下的宏观经济指标解析》,澎湃,2020 年 4 月 22 日,https://m.thepaper.cn/baijiahao_7084860。

327. 工业和信息化部 (2021),《关于印发"十四五"促进中小企业发展规划的通知》,国务院部门文件,工信部联规〔2021〕200 号,2021 年 12 月 11 日,https://www.gov.cn/zhengce/zhengceku/2021-12/17/content_5661655.htm。

328. 公安部 (2023),《全国机动车保有量达 4.17 亿辆 驾驶人超过 5 亿人》,2023 年 1 月 11 日,https://www.gov.cn/xinwen/2023-01/11/content_5736278.htm。

329. 公安部 (2024),《全国机动车保有量达 4.35 亿辆 驾驶人达 5.23 亿人 新能源汽车保有量超过 2000 万辆》,2024 年 1 月 11 日,https://www.gov.cn/lianbo/bumen/202401/content_6925362.htm。

330. 辜朝明 (2023),《日本的教训，中国经济遇到的真问题》,东吴证券(香港)策略年会发言,2023 年 6 月 27 日,https://zhuanlan.zhihu.com/p/640868248。

331. 国家统计局 (2016),《中国统计年鉴—2016》,https://www.stats.gov.cn/sj/ndsj/2016/indexch.htm。

332. 国家统计局 (2023),《2022 年农民工监测调查报告》,2023 年 4 月 28 日,https://www.stats.gov.cn/sj/zxfb/202304/t20230427_1939124.html。

333. 国家统计局 (2024),《中华人民共和国 2023 年国民经济和社会发展统计公报》,2024 年 2 月 29 日,https://www.stats.gov.cn/sj/zxfb/202402/t20240228_1947915.html。

334. 国家统计局 (2024a),《2023 年农民工监测调查报告》,2024 年 4 月 30 日,https://www.stats.gov.cn/sj/zxfb/202404/t20240429_1955161.html。

335. 国联证券 (2024),《美团研究报告：核心本地商业稳固，万物到家开启新增长》,《国联证券研究报告》,https://baijiahao.baidu.com/s?id=1787668866452525703。

336. 国铁集团 (2020),《新时代交通强国铁路先行规划纲要》,2020 年 8 月 13 日,http://www.china-railway.com.cn/xwzx/ywsl/202008/t20200813_107656.html。

337. 国铁集团 (2024),《央媒点赞铁路 2023 年"成绩单"！》,腾讯网"中国铁路"官方账号,2024 年 1 月 13 日,https://new.qq.com/rain/a/20240113A02YKI00。

338. 国务院 (2006),《国家中长期科学和技术发展规划纲要 (2006—2020 年)》,《中华人民共和国国务院公报》,2006 年第 9 号,https://www.gov.cn/gongbao/content/2006/content_240244.htm。

339. 国务院 (2012),《国务院关于印发"十二五"国家战略性新兴产业发展规划的通知》,国发〔2012〕28 号,2012 年 7 月 9 日,https://www.gov.cn/gongbao/content/2012/content_2192397.htm。

340. 国务院 (2015),《国务院关于印发〈中国制造 2025〉的通知》,国发〔2015〕28 号,2015 年 5 月 19 日,https://www.gov.cn/zhengce/zhengceku/2015-05/19/content_9784.htm。

341. 国务院 (2015a),《国务院关于改革和完善中央对地方转移支付制度的意见》,国发〔2014〕71 号,2015 年 2 月 2 日,https://www.gov.cn/zhengce/content/2015-02/02/content_9445.htm。

342. 国务院 (2016),《国务院关于印发"十三五"国家战略性新兴产业发展规划的通知》,国发〔2016〕67 号,2016 年 11 月 29 日,https://www.gov.cn/zhengce/content/2016-12/19/content_5150090.htm。

343. 国务院 (2016a),《国务院关于推进中央与地方财政事权和支出责任划分改革的指导意见》,国发〔2016〕49 号,2016 年 8 月 24 日,https://www.gov.cn/zhengce/zhengceku/2016-08/24/content_5101963.htm。

344. 国务院办公厅 (2023),《国务院办公厅转发国家发展改革委关于恢复和扩大消费措施的通知》,国办函〔2023〕70 号,2023 年 7 月 31 日,https://www.gov.cn/zhengce/zhengceku/202307/content_6895600.htm。

345. 贵州卫视《论道》(2023),《从万桥飞架看中国奋斗丨专访许湘华：高度·跨度·精度·密度 总工带你 360° 看遍贵州桥》,2023 年 3 月 11 日,https://www.gzstv.com/a/8de574c556dd48e5b-f06ea8d418b85b3。

346. 黄玲文和姚洋 (2007),《国有企业改制对就业的影响》,《经济研究》,2007 年第 3 期, https://econ.sufe.edu.cn/_upload/article/files/da/f1/27c22458435394d7fcad64313621/aac5b573-ad23-4413-82dc-384968c6ee24.pdf。

347. 交通运输部 (2020),《2019 年交通运输行业发展统计公报》,2020 年 5 月 12 日,"交通运输部"百家号, https://baijiahao.baidu.com/s?id=1666487216938594107。

348. 康为 (2024),《六部门发文!郑州楼市放大招》,《中国房地产报》公众号,2024 年 4 月 1 日, https://mp.weixin.qq.com/s/SMq8lrbSWTfzZxmO6yOrkQ。

349.《科技导报》(2023),《中国科技工作者结构特征分析及建议——基于 2020 年中国科技工作者的总量测算》,2023 年 6 月 21 日, https://www.163.com/dy/article/I7P61F4M0511DC8A.html。

350. 李金磊 (2016),《媒体揭外卖环境成本:15 天塑料袋可覆盖西湖》,中国新闻网,2016 年 4 月 19 日, https://news.cctv.com/2016/04/19/ARTItdZkMpUl0QKBEYbrHFyl160419.shtml。

351. 兰小欢 (2021),《置身事内:中国政府与经济发展》,上海人民出版社。

352. 楼继伟 (2015),《国务院关于规范地方政府债务管理工作情况的报告》,2015 年 12 月 22 日,第十二届全国人民代表大会常务委员会第十八次会议, http://www.npc.gov.cn/zgrdw/npc/xinwen/2015-12/22/content_1955661.htm。

353. 郑永年 (2021),《制内市场:中国国家主导型政治经济学》,浙江人民出版社。

354. 王露 (2024),《大外交丨耶伦访华结束:中美取得新共识成果,亦坦率讨论产能分歧》,澎湃新闻,2024 年 4 月 9 日, https://www.thepaper.cn/newsDetail_forward_26968147。

355. 王蓉 (2017),《直面我国的"教育拉丁美洲化"挑战》,中国教育财政,2017 年第 5 期。

356. 吴红毓然 (2020),《融资类信托将压降 1 万亿,监管称反复做过压力测试》,财新网,2020 年 6 月 19 日, https://finance.caixin.com/2020-06-19/101569919.html。

357. 何新 (2001),《思考:新国家主义的经济观》,时事出版社。

358. 潘维 (2003),《农民与市场:中国基层政权与乡镇企业》,商务印书馆。

359. 余英时 (2013),《士与中国文化》,上海人民出版社。

360. 余英时 (2004),《余英时文集·第 3 卷,儒家伦理与商人精神》,广西师范大学出版社。

361. 陶庆梅 (2022),《史观重建:从"主旋律"到"新主流"》,《文化纵横》杂志,2022 年 6 月。

362. 周安安和吴靖 (2022),《重述改革开放史:〈大江大河〉的突破》,《文化纵横》杂志,2022 年 6 月。

363. 王立胜和晏扩明 (2022),《"儒家传统—共产主义"文明新形态——中国道路对人类文明新形态的现代探索》,《文化纵横》杂志,2022 年 6 月。

364. 丁学良 (2011),《辩论"中国模式"》,社会科学文献出版社。

365. 张颖馨 (2022),《设立中国乡村振兴银行丨聚焦两会》,"财经五月花"公众号,2022 年 3 月 5 日, https://mp.weixin.qq.com/s/zfp8XhulNyrs0JQx1bk9xw。

366. 贾根良 (2020),《国内大循环:经济发展新战略与政策选择》,中国人民大学出版社。

367. 聂庆平 (2015),《证金董事长解密 2015 年股灾原因及应对:救市是唯一选择》,中国财经网,2017 年 6 月 13 日, http://finance.china.com.cn/stock/zqyw/20170613/4246703.shtml。

368. 潘昱辰 (2019),《年终奖来了!特斯拉从中资银行获得超百亿元贷款》,观察者网,2019

年 12 月 27 日，https://www.guancha.cn/qiche/2019_12_27_529739.shtml。

369. 彭珊珊 (2015)，《专访李政道之子李中清：150 年来中国的精英出身什么家庭》，澎湃新闻，2015 年 11 月 12 日，https://www.thepaper.cn/newsDetail_forward_1395229。

370. [美] 曼瑟·奥尔森 (2018)，《国家的兴衰——经济增长、滞胀和社会僵化》，上海人民出版社。

371. [美] 彭慕兰和史蒂文·托皮克 (2018)，《贸易打造的世界——1400 年至今的社会、文化与世界经济》，上海人民出版社。

372. [美] 斯蒂格利兹 (2018)，"中国为什么成功"，挪威商学院演讲。

373. [德] 贡德·弗兰克 (2008)，《白银资本：重视经济全球化中的东方》，中央编译出版社。

374. 吴邦雷和余治国 (2015)，《金融史海拾贝》，安徽师范大学出版社。

375. 许靖华 (2014)，《气候创造历史》，生活·读书·新知三联书店。

376. 许宪春 (2023)，《透视中国政府统计数据：理解与应用》，社会科学文献出版社。

377. [日] 上田信 (2015)，《讲谈社·中国的历史 09：海与帝国，明清时代》，广西师范大学出版社。

378. [美] 泰勒·丹涅特 (1959)，《美国人在东亚》，姚曾廙译，商务印书馆。

379. [美] 魏斐德 (1998)，《洪业——清朝开国史》，陈苏镇、薄小莹等译，江苏人民出版社。

380. [英] 罗伯特·C. 艾伦 (2015)，《牛津通识读本：全球经济史》，陆赟译，译林出版社。

381. [英] 哈耶克 (1944)，《通往奴役之路》，芝加哥大学出版社。

382. 卢麒元 (2015)，《市场化与私有化——对厉以宁和吴敬琏的深刻批判》，"侨声"公众号，2015 年 2 月 15 日，https://mp.weixin.qq.com/s/jNqQoUhavF0iV2vZCvu0Vw。

383. 马克思和恩格斯 (1963)，《马克思恩格斯全集》第 15 卷，人民出版社。

384. 马克思和恩格斯 (1962)，《马克思恩格斯全集》第 12 卷，人民出版社。

385. 马克思和恩格斯 (1974)，《马克思恩格斯全集》第 39 卷，人民出版社。

386. 马克思和恩格斯 (2003)，《马克思恩格斯全集》第 46 卷，人民出版社。

387. 马克思和恩格斯 (2006)，《马克思恩格斯全集》第 19 卷，人民出版社。

388. 马克思和恩格斯 (1998)，《马克思恩格斯全集》第 12 卷，人民出版社。

389. 马克思和恩格斯 (1964)，《马克思恩格斯全集》第 14 卷，人民出版社。

390. 马克思和恩格斯 (1998)，《马克思恩格斯全集》第 31 卷，人民出版社。

391. 马克思 (2018)，《资本论》第一卷，人民出版社。

392. 马云 (2020)，"10 月 24 日第二届外滩金融峰会发言 (全文)"，"转型投资家"微信公众号，2020 年 10 月 26 日，https://mp.weixin.qq.com/s/d5-ntoKFOfkIcUhxLriiDg。

393. 李忠杰 (2018)，《马克思恩格斯怎样看待中国文明和中国经济社会结构》，《科学社会主义》(双月刊)，2018 年第 4 期，第 4—12 页。

394. 外交部 (2024)，《驻美国大使谢锋就"新质生产力"和中国经济形势接受美〈新闻周刊〉资深记者专访》，2024 年 4 月 6 日，http://russiaembassy.fmprc.gov.cn/wjdt_674879/zwbd_674895/202404/t20240407_11277340.shtml。

395. 温铁军等人 (2013)，《八次危机》，东方出版社。

396. 温铁军等人 (2011),《解读苏南》,苏州大学出版社。

397. 温铁军 (2009),《"三农"问题与制度变迁》,中国经济出版社。

398. 温铁军、唐正花和刘亚慧 (2021),《从农业 1.0 到农业 4.0:生态转型与农业可持续》,东方出版社。

399. 张斌和朱鹤 (2020),《中国银行业利润畸高,可向实体让利近万亿元》,《财经》杂志"公众号,2020 年 12 月 26 日,https://mp.weixin.qq.com/s/28MzHVMieLNQJ3znso7KdQ。

400. 唐要家和傅樟洋 (2022),《平台佣金征收的影响因素及剥削性滥用分析》,《东北财经大学学报》。

401. 淘宝干货 (2024),《水很深 —— 天猫开店经营成本详解》,福优网,2024 年 1 月 1 日,https://www.fybj.org.cn/tb/25148.html。

402. 麦肯锡全球研究院 (2016),《中国的选择:抓住 5 万亿美元的生产力机遇》,https://www.mckinsey.com.cn/wp-content/uploads/2016/09/Full-report_CN_China-economy_20160928.pdf。

403. 高雅麟 (2018),《威立雅水务:看大象如何跳舞》,"水务经理人"公众号,https://mp.weixin.qq.com/s/Ye8Kw9b5h4K65DYDl8L4zw。

404. 国家统计局 (2022),《中国统计年鉴 2022》表 19-8。

405. 国家统计局 (2024),《王萍萍:人口总量有所下降 人口高质量发展取得成效》,2024 年 1 月 18 日,https://www.stats.gov.cn/xxgk/jd/sjjd2020/202401/t20240118_1946711.html。

406. 工业和信息化部 (2009),《2008 年全国电信业统计公报》,http://cn.chinagate.cn/reports/2009-04/27/content_17682020.htm。

407. 陈振芳 (2022),《"专访"北大国发院院长姚洋:把教育资源拉平,共同富裕就完成了 80%》,界面新闻,https://baijiahao.baidu.com/s?id=1722339097675111537&wfr=spider&for=pc。

408.《21 世纪经济报道》(2014),《反思兰州水务改革:公用事业改革需再探路》,https://mp.weixin.qq.com/s/7gOOGB__AolT4LD32ziI0Q。

409. 林毅夫 (2004),《窗口指导和宏观调控:对我国当前宏观经济政策的思考》,北京大学国家发展研究院。

410. 鹿鸣财经 (2022),《生物医药及高性能医疗器械"小巨人"平均有效发明专利量 38 件》,2022 年 10 月 27 日,https://www.sohu.com/a/600259094_99990181。

411. 民生智库环境水务研究中心 (2021),《从协同治理角度谈外卖垃圾问题》,"民生智库"公众号,https://mp.weixin.qq.com/s/oZ-ckymLnHqL6Ysy2tNWOw。

412. 赵妍 (2020),《清流 | 美的供应商艰难处境:想拿到货款,得给利息!》,"网易财经"公众号,https://mp.weixin.qq.com/s/W0RSpd-crKNDz3bQlnD9og。

413. 辛继召 (2020),《拆解蚂蚁千亿 ABS:"出表"利器如何被压至 4 倍"杠杆"》,《21 世纪经济报道》,http://finance.china.com.cn/industry/company/20201126/5439882.shtml。

414. 徐森和陈欣怡 (2022),《骑手谜云》,"一席"公众号,https://mp.weixin.qq.com/s/KNLWP-jHf6YzTMUNWUkZrUg。

415. 打工人的律师朋友 (2021),《骑手谜云:法律如何打开外卖平台用工的"局"?》,"致诚劳动者"公众号,https://mp.weixin.qq.com/s/FIdsv8K-tESolDNLlXGMog。

416. 张子渊 (2021),《外卖用工模式法律研究报告发布：平台认劳率仅为1%》,《北京青年报》。

417. 丁辰灵 (2021),《拆掉资本吸血闭环，在线教育崩盘背后的顶层设计》,"丁辰灵" 公众号, https://mp.weixin.qq.com/s/czJfhno5560xDurFk8tvHA。

418. 王瑞民和王微 (2022),《国研中心 | 估"实"居民自用住房虚拟租金的时机已经成熟》,澎湃新闻, 2022 年 7 月 27 日, https://www.thepaper.cn/newsDetail_forward_19194788。

419. 钱穆 (2012),《中国历代政治得失》,生活·读书·新知三联书店。

420. 求是网 (2023),《加快建设现代化产业体系 筑牢现代化强国建设基石》, 2023 年 6 月 30 日, http://www.qstheory.cn/wp/2023-06/30/c_1129726547.htm。

421. 余英时 (2012),《中国文化史通释》,生活·读书·新知三联书店。

422. 国库司 (2022),《2021 年财政收支情况》,财政部网站, 2022 年 1 月 29 日, http://gks.mof.gov.cn/tongjishuju/202201/t20220128_3785692.htm。

423. 国家发展改革委 (2022), 国家发展改革委召开推进有效投资重要项目协调机制第一次会议,"国家发展改革委" 公众号, 2022 年 7 月 29 日, https://mp.weixin.qq.com/s/w_a33x3lR-ManCPqE-tjHuA。

424. 国家互联网信息办公室 (2022),《国家互联网信息办公室对滴滴全球股份有限公司依法作出网络安全审查相关行政处罚的决定》,中国网信网, 2022 年 7 月 21 日, https://www.cac.gov.cn/2022-07/21/c_1660021534306352.htm。

425. 国家税务总局 (2022),《2021 年全年新增减税降费约 1.1 万亿元》, 2022 年 1 月 27 日, http://www.chinatax.gov.cn/chinatax/n810214/n810641/n2985871/n2985918/c101807/c5172660/content.html。

426. 国家税务总局浙江省税务局 (2021),《杭州市税务局稽查局有关负责人就黄薇偷逃税案件答记者问》, 2021 年 12 月 20 日, https://zhejiang.chinatax.gov.cn/art/2021/12/20/art_13226_529542.html。

427. 环球网 (2015),《支付宝钱包成国民应用 活跃用户数超 2.7 亿》, 2015 年 4 月 22 日, https://tech.huanqiu.com/article/9CaKrnJKf2W。

428. 潘功胜 (2023),《中国人民银行行长、国家外汇局局长潘功胜在 2023 金融街论坛年会上的讲话》,"中国人民银行" 公众号, 2023 年 11 月 8 日, https://mp.weixin.qq.com/s/hxvo-uHqa15fAB-9GftjGuQ。

429. 澎湃 (2021),《养娃需要多大的教育成本？》, 2021 年 5 月 14 日, https://www.thepaper.cn/newsDetail_forward_12663543。

430. 齐新阳 (2024),《谈谈 2024 版股灾》,"老齐投资笔记" 公众号, 2024 年 2 月 7 日, https://mp.weixin.qq.com/s/AJhk2Q59yQXGsNUpU_tf0g。

431. 全新丽 (2023),《时代的注脚：威立雅退出兰州供水项目》,中国水网, 2023 年 2 月 6 日, https://www.h2o-china.com/column/1684_5.html。

432.《人民日报》(2023),《必须向科技创新要答案 —— 习近平总书记推动科技自立自强战略擘画》, 2023 年 5 月 29 日, https://baijiahao.baidu.com/s?id=1767214008580562654。

433.《人民日报》(2023a),《提升供给质量，改善消费环境，激发消费潜力 消费市场持续回暖动力足》，2023 年 2 月 8 日，https://www.gov.cn/xinwen/2023-02/08/content_5740578.htm。

434.《人民日报 (海外版)》(2024)，《每年超 500 万 STEM 毕业生，全球领先！——读懂中国经济新优势》，2024 年 4 月 1 日，https://www.gov.cn/yaowen/liebiao/202404/content_6942783.htm。

435. 人民网 (2015)，《苹果 CEO 库克：中国制造的吸引力不在于劳动力成本，而是技能》，2015 年 12 月 22 日，http://usa.people.com.cn/n1/2015/1222/c241376-27962306.html。

436. 人民网 (2024)，《首座"纯贵州造"悬索桥架起一座跨江"天道"》，2024 年 4 月 29 日，http://gz.people.com.cn/n2/2024/0429/c361324-40828561.html。

437.《上海证券报》(2022)，《住房城乡建设部：全国家庭户住房建筑面积总量超过了 500 亿平方米》，2022 年 9 月 14 日，https://news.cnstock.com/news,bwkx-202209-4956463.htm。

438. 睿兽分析 (2023)，《一季度专精特新融资近五成集中在北京、上海，A 股三成新增上市企业为小巨人 | 专精特新资本市场季报》，2023 年 3 月 15 日，https://finance.sina.com.cn/tech/roll/2023-05-15/doc-imytvrpe7311928.shtml。

439. 世界银行和国务院发展研究中心 (2014)，*Urban China: Toward Efficient, Inclusive, and Sustainable Urbanization*, World Bank, Washington, DC.

440. 时雨 (2020)，《在金融科技发展中需要思考和厘清的几个问题》，《金融时报》——中国金融信息网，2020 年 11 月 2 日，https://www.financialnews.com.cn/kj/jrcx/202011/t20201102_204390.html。

441. 思想火炬 (2018)，《水务私有化是为利益集团牟利——跨国"水龙王"搅浑中国水务市场》，"思想火炬"公众号，2018 年 10 月 5 日，https://mp.weixin.qq.com/s/-6AKkev_H7vvc02NK-jGlDg。

442. 王海燕 (2018)，《美团、饿了么等外卖平台每天产生 8000 万个一次性餐具，沪人大代表建议遏制外卖污染》，上观新闻，2018 年 5 月 26 日，https://www.jfdaily.com/news/detail?id=90776。

443. 王桦宇 (2021)，《透明时代的智慧税务：从薇娅案看大数据治税》，澎湃新闻，2021 年 12 月 22 日，https://www.thepaper.cn/newsDetail_forward_15953864。

444. 王沪宁 (1991)，《美国反对美国》，上海文艺出版社。

445. 王雅洁 (2020)，《国资委：央企集团公司已经完成改制 总部人员编制平均减少 20%》，《经济观察报》，2020 年 11 月 28 日，https://new.qq.com/rain/a/20201128A06FGP00。

446. 王一鸣 (2022)，《聚焦硬科技领域 765 家专精特新"小巨人"已上市》，证券时报网，2022 年 9 月 10 日，https://www.stcn.com/article/detail/682156.html。

447. 维基百科，"中华人民共和国高速铁路"词条，https://zh.wikipedia.org/wiki/ 中华人民共和国高速铁路。

448. 魏勇猛 (2024)，《王传福称合资品牌份额将降到 10%，比亚迪今年海外目标 50 万辆》，界面新闻，2024 年 3 月 28 日，https://www.jiemian.com/article/10975057.html。

449. 吴苏 (2021)，《外资砸钱抢占中国水务市场污染事件却频发，中国反击稳定基本盘》，"华商韬略"公众号，2021 年 6 月 24 日，https://new.qq.com/rain/a/20210624A071M300。

450. 梧桐树下 V(2022)，《专精特新小巨人企业奖励标准：国家级 600 万元 / 家，每年 200 万》，2022 年 1 月 11 日，https://web.archive.org/web/20230703151213/https://www.861718.com/fagui/show-1694-2.html。

451. 新华社 (2011),《今年我国高速铁路初步成网 确保安全成首要任务》, 2011 年 1 月 4 日, https://www.gov.cn/jrzg/2011-01/04/content_1778082.htm。

452. 习近平 (2016),《在庆祝中国共产党成立 95 周年大会上的讲话》,《求是》杂志, 2021 年 4 月 15 日, https://www.gov.cn/xinwen/2021-04/15/content_5599747.htm。

453. 习近平 (2016b),《为建设世界科技强国而奋斗 —— 在全国科技创新大会、两院院士大会、中国科协第九次全国代表大会上的讲话》, 2016 年 5 月 30 日, https://news.12371.cn/2016/05/31/ARTI1464698194635743.shtml。

454. 习近平 (2020),《国家中长期经济社会发展战略若干重大问题》,《求是》杂志, 2020 年 11 月 1 日, https://www.court.gov.cn/xinshidai/xiangqing/267881.html。

455. 习近平 (2021),《把握新发展阶段, 贯彻新发展理念, 构建新发展格局》,《求是》杂志, 2021 年 4 月 30 日, https://www.gov.cn/xinwen/2021-04/30/content_5604164.htm。

456. 习近平 (2022),《促进我国社会保障事业高质量发展、可持续发展》,《求是》杂志, 2022 年 8 月, https://www.ccps.gov.cn/xtt/202204/t20220415_153618.shtml。

457. 习近平 (2022a),《把中国文明历史研究引向深入, 增强历史自觉坚定文化自信》,《求是》杂志, 2022 年 7 月 16 日。

458. 习近平 (2023),《习近平著作选读》第一卷,《确保我国粮食安全》, 人民出版社。

459.《新民晚报》(2024),《涉上海出发的高铁! 12306 宣布: 下月起涨价, 涨幅近 20%》, 2024 年 5 月 5 日, https://m.gmw.cn/2024-05-05/content_1303729362.htm。

460. 新华社 (2013),《习近平: 再也不能简单以 GDP 增长率来论英雄》, 2013 年 6 月 30 日, https://jingji.cntv.cn/2013/06/30/ARTI1372549948267136.shtml。

461. 新华社 (2016),《人民日报署名专访稿件: 开局首季问大势 —— 权威人士谈当前中国经济》, 2016 年 5 月 10 日, https://www.gov.cn/xinwen/2016-05/10/content_5071712.htm。

462. 新华社 (2017),《习近平: 决胜全面建成小康社会 夺取新时代中国特色社会主义伟大胜利 —— 在中国共产党第十九次全国代表大会上的报告》(十九大报告), 2017 年 10 月 27 日, https://www.gov.cn/zhuanti/2017-10/27/content_5234876.htm。

463. 新华社 (2017a),《全国金融工作会议在京召开》, 2017 年 7 月 15 日, https://www.gov.cn/xinwen/2017-07/15/content_5210774.htm。

464. 新华社 (2017b),《中央经济工作会议举行, 习近平李克强作重要讲话》, 2017 年 12 月 20 日, http://news.sina.com.cn/china/xlxw/2017-12-20/doc-ifypwzxq4597862.shtml。

465. 新华社 (2018),《"民营企业和民营企业家是我们自己人" —— 习近平总书记主持召开民营企业座谈会侧记》, 2018 年 11 月 1 日, http://www.xinhuanet.com/politics/leaders/2018-11/01/c_1123649947.htm。

466. 新华社 (2020),《中国共产党第十九届五中全会公报》(十九届五中全会公报), 2020 年 10 月 29 日, https://www.nia.gov.cn/n794014/n1050181/n1050479/c1361877/content.html。

467. 新华社 (2020a),《习近平: 在企业家座谈会上的讲话》, 2020 年 7 月 21 日, http://www.qstheory.cn/yaowen/2020-07/21/c_1126267637.htm。

468. 新华社 (2020b),《中共中央办公厅印发〈关于加强新时代民营经济统战工作的意见〉》,

2020 年 9 月 15 日，http://politics.people.com.cn/n1/2020/0915/c1001-31862625.html。

469. 新华社 (2021)，《习近平主持召开中央全面深化改革委员会会议：加强反垄断反不正当竞争监管力度 完善物资储备体制机制 深入打好污染防治攻坚战》，2021 年 8 月 30 日，https://www.gov.cn/xinwen/2021-08/30/content_5634220.htm。

470. 新华社 (2021a)，《中华人民共和国国民经济和社会发展第十四个五年规划和 2035 年远景目标纲要》，2021 年 3 月 12 日，https://www.gov.cn/xinwen/2021-03/13/content_5592681.htm。

471. 新华社 (2022)，《习近平：高举中国特色社会主义伟大旗帜 为全面建设社会主义现代化国家而团结奋斗 —— 在中国共产党第二十次全国代表大会上的报告》(二十大报告)，2022 年 10 月 25 日，https://www.gov.cn/xinwen/2022-10/25/content_5721685.htm。

472. 新华社 (2022a)，《中共中央 国务院印发〈扩大内需战略规划纲要 (2022 — 2035 年)〉》，2022 年 12 月 14 日，https://www.gov.cn/zhengce/2022-12/14/content_5732067.htm。

473. 新华社 (2023)，《中央金融工作会议在北京举行》，2023 年 10 月 31 日，http://www.xinhuanet.com/politics/2023-10/31/c_1129951150.htm。

474. 新华社 (2023a)，《引领中国经济大船乘风破浪持续前行 ——2023 年中央经济工作会议侧记》，2023 年 12 月 14 日，https://www.gov.cn/yaowen/liebiao/202312/content_6920222.htm。

475. 新华社 (2023b)，《货币政策精准有力 金融服务大有可为 —— 访人民银行党委书记、银保监会主席郭树清》，2023 年 1 月 7 日，https://www.gov.cn/xinwen/2023-01/07/content_5735583.htm。

476. 新华社 (2023c)，《两会特稿丨努力实现民营经济健康发展、高质量发展 —— 习近平总书记在民建工商联界联组会上的重要讲话引发热烈反响》，2023 年 3 月 7 日，http://www.xinhuanet.com/politics/2023lh/2023-03/07/c_1129417261.htm。

477. 新华社 (2024)，《中共中央政治局召开会议 审议〈新时代推动中部地区加快崛起的若干政策措施〉〈防范化解金融风险问责规定 (试行)〉 中共中央总书记习近平主持会议》，2024 年 5 月 27 日，https://www.gov.cn/yaowen/liebiao/202405/content_6953803.htm。

478. 新华社 (2024a)，《我国高铁达到 4.5 万公里》，2024 年 1 月 9 日，https://www.gov.cn/yaowen/liebiao/202401/content_6925054.htm。

479. 新华社 (2024b)，《李强在政府工作报告中提出，着力扩大国内需求，推动经济实现良性循环》，2024 年 3 月 5 日，https://www.gov.cn/yaowen/liebiao/202403/content_6936337.htm。

480. 新华社 (2024c)，《高层论坛 2024丨"各类企业在中国都将有广阔发展空间" —— 郑栅洁介绍国家发展改革委培育和发展新质生产力相关举措》，2024 年 3 月 24 日，https://mp.weixin.qq.com/s/d5a2DqiZhS9JjN9armQohg。

481. 新华社 (2024d)，《政府工作报告 ——2024 年 3 月 5 日在第十四届全国人民代表大会第二次会议上》，2024 年 3 月 12 日，https://baijiahao.baidu.com/s?id=1793374565846206774。

482. 新华网 (2024)，《72 亿人次自驾出行！今年春运发生结构性变化》，2024 年 1 月 24 日，https://news.cctv.com/2024/01/24/ARTIWK1ILIjnniCzYJVO4AiO240124.shtml。

483. 熊剑辉 (2023)，《他，中国制造最隐秘的王！》，"华商韬略"公众号，2023 年 8 月 4 日，https://mp.weixin.qq.com/s/l9WQpvr5vBRoJrUvZFR7dQ。

484. 徐高 (2019)，《去杠杆政策应向稳杠杆政策转化》，新浪财经，2019 年 1 月 23 日，https://

finance.sina.cn/zl/2019-01-23/zl-ihqfskcn9754817.d.html。

485. 央视能源 (2024),《我国新能源发电装机达到 11 亿千瓦》, 2024 年 3 月 28 日, http://energy.cctv.cn/2024/03/28/ARTIoQ3vkQUqspEhZKiUDlrI240328.shtml。

486. 央视网 (2024),《商务部等9单位：支持新能源汽车贸易合作健康发展》,2024年2月7日, https://news.cctv.com/2024/02/07/ARTImE4cHc26267JEn516BOL240207.shtml。

487. 姚丽 (2020),《详解蚂蚁集团贷款业务：牌照下的自营撬动逾2万亿规模》,"零壹财经"百家号,2020 年 9 月 29 日, https://baijiahao.baidu.com/s?id=1679133332271677380。

488. 尹凡, 沈璎, 曹昱浩, 孙雪冬 (2024),《独家专访辜朝明：资产负债表衰退？中国和日本不一样》,"第一财经"公众号, 2024 年 5 月 7 日, https://mp.weixin.qq.com/s/L3W37p9NP-WN-mcameTtrLQ。

489. 易纲 (2022),《国务院关于金融工作情况的报告——2022 年 10 月 28 日在十三届全国人民代表大会常务委员会第三十七次会议上》,2022 年 10 月 30 日, http://m.safe.gov.cn/safe/2022/1030/21646.html。

490. 银保监会 (2018),《商业银行理财子公司管理办法》, 2018 年 12 月 2 日, https://www.gov.cn/gongbao/content/2019/content_5368622.htm。

491. 银保监会 (2020),《中国银保监会 中国人民银行关于〈网络小额贷款业务管理暂行办法（征求意见稿）〉公开征求意见的公告》, 2020 年 11 月 3 日, https://www.gov.cn/xinwen/2020-11/03/content_5556884.htm。

492. 银保监会 (2020a),《中国影子银行报告》,《金融监管研究》,2020 年第 11 期, https://mp.weixin.qq.com/s/Te3OKYZUNwGw06HAdgVDXQ。

493. 银监会 (2014), 中国人民银行、银监会、证监会、保监会、外汇局联合发布《关于规范金融机构同业业务的通知》,银发〔2014〕127 号, 2014 年 4 月 24 日, https://www.gov.cn/xinwen/2014-05/16/content_2680922.htm。

494. 余东晖 (2023),《美商界承认最怕中国国内竞争但必须留在中国》, 中国评论新闻网, 2023 年 12 月 6 日, https://gb.crntt.com/doc/1068/2/7/0/106827056_2.html。

495. 尉奕阳 (2020),《股权穿透后名流云集, 谁在分享蚂蚁上市盛宴|特稿精选》, 财新网, 2020 年 8 月 27 日, https://www.caixin.com/2020-08-27/101619374.html。

496. 赵坚 (2019),《谨防高铁灰犀牛》, 界面新闻, 2019 年 2 月 1 日, https://www.jiemian.com/article/2844468.html。

497. 张军 (2016),《被误读的消费率》,复旦发展研究院网站, https://fddi.fudan.edu.cn/d3/ae/c19095a185262/page.htm。

498. 张琪和徐芸茜 (2022),《国资大数据首次公开！央企资产总额75.6 万亿, 国企混改引资超 2.5 万亿》,《华夏时报》, 2022 年 6 月 17 日, https://baijiahao.baidu.com/s?id=1735886626831967834。

499. 张娱 (2019),《徐忠：去杠杆关键在于提高全要素生产率增长和资产回报率》, 财新网, 2019 年 1 月 12 日, https://economy.caixin.com/2019-01-12/101369457.html。

500. 浙江省财政税务研究所 (2004),《地方政府债务研究》, 经济科学出版社。

501. 郑利鹏 (2017),《黄奇帆详解金融市场四大风险防控：跑几千公里做小贷都是吹牛骗人的》,

《中国经营报》，2017 年 12 月 9 日，http://finance.sina.com.cn/roll/2017-12-09/doc-ifypnqvn2142495.shtml。

502.《证券日报》(2024)，《比亚迪去年净利达 300.41 亿元 研发费用暂列已披露年报 A 股公司之首》，2024 年 3 月 26 日，http://www.zqrb.cn/auto/qichedongtai/2024-03-26/A1711467427161.html。

503. 致诚劳动者 (2021)，《骑手谜云法律报告发布，专家痛批饿了么丨行动简报》，"致诚劳动者"公众号，2021 年 9 月 18 日，https://mp.weixin.qq.com/s/7V0HviXa6qYMkRvKEWQ5Hg。

504. 知乎 (2021)，《在线教育不同的客户结构在获客方式和获客成本上的差异？获客成本是如何的？》，https://www.zhihu.com/question/383879934。

505. 中共中央办公厅 (2013)，《关于当前意识形态领域情况的通报》，简称《9 号文件》，2013 年 4 月 22 日由中共中央办公厅印发的一份旨在通报意识形态领域情况的内部文件。https://zh.wikipedia.org/wiki/关于当前意识形态领域情况的通报。

506. 中国互联网络信息中心 (2010)，《中国互联网发展报告 (2010)》，电子工业出版社。

507.《中国经济周刊》(2024)，《又一轮降价潮》，"中国经济周刊"微信公众号，2024 年 3 月 4 日，https://mp.weixin.qq.com/s/mpqJsNfd-_cwl20PppbaHw。

508. 中国人民银行 (2024)，《2023 年社会融资规模存量统计数据报告》，2024 年 1 月 12 日，http://www.pbc.gov.cn/diaochatongjisi/116219/116225/5202052/index.html。

509.《中国日报》(2023)，《特斯拉：上海超级工厂零部件本土化率超 95% 与本土供应商共同成长》，2023 年 11 月 29 日，https://cn.chinadaily.com.cn/a/202311/29/WS656706bba310d5acd8770ed0.html。

510. 中国石化 (2022)，《可降解塑料的环境影响评价与政策支撑研究报告》，"中国石化"公众号，2022 年 9 月 27 日，https://mp.weixin.qq.com/s/zJ0Jc9uT7xnFmxNf5AGD2Q。

511. 中国水网 (2008)，《威立雅——"巧妙"进军中国水务市场》，2008 年 7 月 21 日，https://www.h2o-china.com/news/73187.html。

512. 字母榜 (2021)，《没有薇娅的时代，也没有时代的薇娅》，网易，2021 年 12 月 22 日，https://www.163.com/dy/article/GRR9RHF505399DAP.html。

513. 朱云汉 (2015)，《高思在云：中国兴起与全球秩序重组》，中国人民大学出版社。

图书在版编目（CIP）数据

锚定中国 / 龙白滔著 . -- 北京：东方出版社，2025.5. -- ISBN 978-7-5207-4095-1

Ⅰ. F12

中国国家版本馆 CIP 数据核字第 20245MQ912 号

锚定中国
MAODING ZHONGGUO

作　　者：龙白滔
责任编辑：袁　园
出　　版：东方出版社
发　　行：人民东方出版传媒有限公司
地　　址：北京市东城区朝阳门内大街 166 号
邮　　编：100010
印　　刷：北京联兴盛业印刷股份有限公司
版　　次：2025 年 5 月第 1 版
印　　次：2025 年 5 月第 2 次印刷
开　　本：710 毫米 × 1000 毫米　1/16
印　　张：43
字　　数：600 千字
书　　号：ISBN 978-7-5207-4095-1
定　　价：98.00 元
发行电话：（010）85924663　85924644　85924641

版权所有，违者必究

如有印装质量问题，我社负责调换，请拨打电话：（010）85924602　85924603